PROCÈS
DU
MARÉCHAL BAZAINE

RAPPORT COMPLET

DU GÉNÉRAL DE RIVIÈRE

PARIS. — GARNIER FRÈRES, LIBRAIRES-ÉDITEURS
6, RUE DES SAINTS-PÈRES, ET PALAIS-ROYAL, 215

1874

RAPPORT COMPLET

DU GÉNÉRAL DE RIVIÈRE

PROCÈS
DU
MARÉCHAL BAZAINE

RAPPORT COMPLET

DU GÉNÉRAL DE RIVIÈRE

PARIS. — GARNIER FRÈRES, LIBRAIRES-ÉDITEURS
6, RUE DES SAINTS-PÈRES, ET PALAIS ROYAL, 215

1874

PROCÈS
DU
MARÉCHAL BAZAINE

RAPPORT DE M. LE GÉNÉRAL DE RIVIÈRE

AVANT-PROPOS.

Par décision en date du 7 mai 1872, le ministre de la guerre, en conséquence de l'avis émis par le conseil d'enquête chargé d'examiner l'affaire de la capitulation de l'armée du Rhin et de la place de Metz, a rendu un ordre d'informer contre M. le maréchal Bazaine, ex-commandant en chef de cette armée.

Les conclusions formulées par le conseil d'enquête, dans sa séance du 12 avril 1871, sont les suivantes :

« Considérant que le maréchal Bazaine, par dépêches des 19 et 20 août 1870, a fait décider
« la marche du maréchal de Mac-Mahon, de Reims sur la Meuse, pour se porter au secours de
« l'armée de Metz ; que les tentatives de sortie, le 26 et le 31 août, ne sauraient être considérées
« comme assez sérieuses pour opérer une diversion utile à l'armée de Châlons ; par ces motifs,
« le conseil d'enquête pense que le maréchal Bazaine est en grande partie responsable des revers
« de cette armée.

« Le conseil est d'avis que le maréchal Bazaine a causé la perte d'une armée de cent cinquante
« mille hommes et de la place de Metz, que la responsabilité lui en incombe tout entière et que,
« comme commandant en chef, il n'a pas fait ce que lui prescrivaient le devoir et l'honneur.

« Le conseil blâme le maréchal d'avoir entretenu avec l'ennemi des relations qui n'ont abouti
« qu'à une capitulation sans exemple dans l'histoire.

« Si, dans ses précédents avis sur les autres capitulations, le conseil a toujours blâmé les
« commandants de place qui, forcés de se rendre, n'ont pas détruit leur matériel de guerre avant
« de signer la capitulation et ont ainsi livré à l'ennemi des ressources dont il a largement usé
« dans la suite de la guerre, à plus juste titre encore le maréchal Bazaine mérite-t-il le même
« blâme.

« Le conseil le blâme d'avoir accepté la clause de la capitulation qui permet aux officiers de
« rentrer dans leurs foyers en donnant par écrit leur parole d'honneur de ne pas servir contre
« l'Allemagne pendant la guerre.

« Le conseil le blâme de n'avoir pas, conformément à l'article 256 du décret du 13 octobre
« 1863, veillé dans la capitulation à améliorer le sort de ses soldats et stipulé pour les blessés et
« les malades toutes les clauses d'exception et de faveurs qu'il aurait pu obtenir.

« Le conseil le blâme, enfin, d'avoir livré à l'ennemi les drapeaux qu'il pouvait et devait dé-
« truire, d'avoir mis ainsi le comble à l'humiliation de braves soldats dont son devoir était de
« sauvegarder l'honneur. »

Les résultats de l'information de l'affaire de la capitulation de Metz sont consignés dans le présent rapport.

Le maréchal Bazaine a-t-il fait comme commandant en chef de l'armée du Rhin ce que lui prescrivaient le devoir et l'honneur ?

Telle est la question complexe qu'il s'agit de résoudre.

Il est indispensable, pour cela, de faire l'exposé des faits accomplis pendant la période du commandement exercé par le maréchal. Cet exposé est divisé en trois parties, correspondant aux trois périodes suivantes : — Opérations actives (du 5 août au 1er septembre). — Blocus (du 1er septembre au 7 octobre). — Capitulation (du 7 au 29 octobre).

A la suite de cet exposé, on a réuni les développements spéciaux que comporte l'examen des questions relatives aux communications, à l'artillerie et aux subsistances.

Un résumé général groupe les faits principaux, recueillis par l'instruction, et motive les conclusions finales du rapport.

PREMIÈRE PARTIE.

Opérations actives antérieures au blocus jusqu'au 1er septembre 1870.

DÉBUTS DE LA GUERRE. — BATAILLE DE FORBACH. — ORGANISATION DE L'ARMÉE DU RHIN.

Lorsque, après la guerre de 1866, une lutte fut devenue probable entre l'Allemagne du nord et la France, le maréchal Niel, entre autres mesures préparatoires, étudia quelles devaient être la composition et la répartition de nos troupes en vue de cette grave éventualité. Il s'était arrêté au projet de former trois armées : deux en première ligne dans la Lorraine et dans l'Alsace, une troisième en réserve à Châlons. Deux corps distincts devaient être constitués, en outre, à Belfort et à Lyon; ils étaient destinés à être le noyau de nouvelles réserves. Dans la pensée du maréchal Niel, le commandement des trois armées devait être donné aux maréchaux Bazaine, de Mac-Mahon et Canrobert.

D'après un mémoire militaire rédigé en 1867 par le général Frossard en vue d'une guerre avec l'Allemagne et communiqué par le maréchal Bazaine, on devait opposer à l'ennemi dans le cas de la défensive : — 1° une armée en Alsace forte de 120,000 hommes et divisée en deux groupes d'égale force, l'un à Wissembourg, l'autre à Huningue; — 2° une armée en Lorraine, forte de 140,000 hommes, placée devant le grand débouché de Sarrebruck et s'appuyant par un de ses corps sur Thionville; — 3° une armée de la Meuse, forte de 60,000 hommes, groupée entre Mézières et Guise, dans le cas où la neutralité de la Belgique ne serait pas respectée; — enfin, une armée de réserve de 120,000 hommes se constituant à Châlons.

Au moment où fut décidée la guerre de 1870, le gouvernement français, sentant bien qu'au début de la campagne nos forces seraient inférieures en nombre à celles de l'ennemi, s'était décidé, pour compenser ce désavantage, à prendre l'offensive. Comme dans le projet de 1866, on devait avoir deux armées en première ligne, en Alsace et en Lorraine, pour laisser l'ennemi dans l'incertitude sur le point où se porterait le principal effort.

Deux combinaisons étaient en vue. Dans une première hypothèse, celle où nous aurions des alliés, l'on devait passer le Rhin et se jeter entre les armées allemandes du nord et du sud. Dans une seconde hypothèse, celle où le concours que nous espérions nous ferait défaut, le théâtre de la guerre devait se circonscrire tout d'abord dans le Palatinat et la Prusse rhénane. Dans tous les cas, la flotte devait opérer une diversion dans la Baltique.

Malheureusement, au moment même où nos armées furent mobilisées, on renonça à ces sages dispositions, dans le but, paraît-il, de pouvoir modifier plus facilement la répartition des forces, suivant les circonstances. L'on ne forma qu'une seule armée, subdivisée en huit corps d'armée, y compris la garde. Cette combinaison permettait de réunir au besoin plusieurs corps sous la main de l'un des maréchaux. Quant au commandement suprême, l'empereur se l'était réservé.

Afin de diminuer le plus possible la confusion qui allait se produire pendant la période critique du passage de l'état de paix à l'état de guerre, on jugea à propos de répartir les corps d'armée en formation le long de la frontière, et assez à proximité d'elle pour protéger le territoire contre les pointes de la nombreuse cavalerie de l'adversaire.

Ces corps se constituèrent sur les points de rassemblements suivants : le 1er à Strasbourg ; le 2e à Saint-Avold ; le 3e à Metz ; le 4e à Thionville ; le 5e à Bitche ; le 6e au camp de Châlons ; le 7e à Belfort ; la garde à Paris.

La concentration des corps devait suivre rapidement leur formation dès que celle-ci paraîtrait assez avancée pour qu'on pût mettre les troupes en mouvement. On espérait pouvoir l'opérer vers la fin de juillet, et dans ce but, on avait réuni sur l'extrême frontière, notamment à Forbach et Sarreguemines, de grands approvisionnements. L'on ne sait que trop les retards qu'éprouva le rassemblement des hommes de la réserve et la réunion des services administratifs, retard que l'on aurait pourtant bien dû prévoir; cette cause, jointe à l'incertitude qui pesait sur les projets réels de l'ennemi, fit ajourner jusqu'au 4 août les premiers mouvements de concentration, et l'ennemi nous surprit avant qu'ils fussent terminés. C'est ainsi qu'après avoir été provocateurs, nous fûmes envahis.

L'empereur s'était réservé, avons-nous dit, le commandement de l'armée ; des intérêts politiques le retenant à Paris, le maréchal Bazaine, pour parer à toute éventualité, fut investi, le 18 juillet, du commandement provisoire de l'armée.

Par décret du 19 juillet, le maréchal Le Bœuf fut nommé major général de l'armée, et se rendit à Metz le 24 juillet pour activer l'organisation des corps, au point de vue des services administratifs, précédant ainsi de quelques jours la venue de l'empereur qui arriva à Metz le 28 juillet.

En prenant en main le commandement, l'empereur jugea convenable, jusqu'à ce que l'on fût fixé sur les projets de l'ennemi, de rapprocher l'armée de la voie ferrée de Metz à Sarrebruck, en la portant plus près de la frontière. D'après ses ordres, elle vint occuper, le 21 juillet, les positions suivantes :

2ᵉ corps, Forbach; — 3ᵉ, Saint-Avold; — 4ᵉ, Boulay.

Rien n'était changé aux emplacements des 5ᵉ, 1ᵉʳ et 7ᵉ corps, et de la garde qui venait d'arriver à Metz.

Du moment où l'on ne prenait pas l'offensive, il était certain que l'ennemi allait le faire. Les lignes d'invasion, dans ce cas, étaient nettement indiquées par les voies ferrées de Sarrebruck à Metz et de Saverne à Nancy. Tout commandait donc de grouper les troupes françaises, que l'on savait inférieures en nombre à celles de l'ennemi, à cheval sur ces voies ferrées, et dans de bonnes conditions de défense.

Rien ne fut fait en Alsace dans cet ordre d'idées, et le commencement de concentration opéré en Lorraine sur une partie saillante de la frontière, exposée par cela même à une attaque brusquée, était tout à fait insuffisant. L'événement se chargea de le démontrer.

Les premiers jours d'août se passèrent dans cette situation périlleuse. Une reconnaissance opérée, le 2, à Sarrebruck par le 2ᵉ corps, n'apprit rien de précis sur les dispositions de l'ennemi; mais les jours suivants les renseignements recueillis sur ses préparatifs permirent d'apprécier que sa concentration était imminente. En ce moment, en effet, se formaient et arrivaient en ligne une première armée commandée par le général Steinmetz, entre Sarrebruck et Sarrelouis, et une seconde armée sous les ordres du prince Frédéric-Charles, vers Kaiserlautern et Hombourg ; enfin une troisième armée, commandée par le prince royal, se formait dans la Bavière rhénane, au nord de la Lauter.

CONCENTRATION DES ARMÉES DE LORRAINE ET D'ALSACE.

Sous l'impression des renseignements parvenus à ce sujet au quartier général, l'empereur jugea indispensable, le 5 août, de répartir ses forces en deux groupes principaux : l'un, destiné à opérer en Alsace, fut formé des 1ᵉʳ, 5ᵉ et 7ᵉ corps et placé sous le commandement du maréchal de Mac-Mahon ; le second se composait des 2ᵉ, 3ᵉ et 4ᵉ corps ; il fut mis sous les ordres du maréchal Bazaine, en ce qui concernait les opérations militaires ; l'empereur se réservait la direction générale et le commandement direct de la garde.

L'armée de Lorraine dut prendre ce même jour 5 août, et par ordre de l'empereur, les positions suivantes : le 4ᵉ corps, qui formait la gauche de l'armée, vint occuper Tetersheim, Boulay et Boucheporn. Le 3ᵉ s'établit à Saint-Avold, Marienthal, Puttelange et Sarreguemines, où se trouvait la brigade Lapasset du 5ᵉ corps. Le 2ᵉ corps, groupé en avant, dut se replier légèrement de Sarrebruck sur les hauteurs en arrière. La garde était en échelons sur la route de Metz ; l'armée du 6ᵉ corps était annoncée à Nancy pour les jours suivants ; quant au 5ᵉ corps, il devait se porter à Bitche et former la gauche de l'armée d'Alsace.

Le 5 août, le maréchal Bazaine prit possession de son commandement. Par suite des modifications apportées successivement au projet d'organisation de l'armée, élaboré par le maréchal Niel, le maréchal Bazaine, chef désigné de l'armée de Lorraine, et qui, dans cette vue, avait été appelé précédemment au grand commandement de Nancy, s'était vu réduit au rôle de simple commandant d'armée. Ce dut être une véritable déception pour lui.

La décision du 5 août, qui lui donnait le commandement de trois corps d'armée en présence de l'ennemi, vint lui rendre en partie la haute position qu'il ambitionnait. Nous allons voir comment il sut exercer le commandement qui venait de lui être confié. Le combat du lendemain, 6 août, jette un jour particulier sur les sentiments qui animaient le maréchal, et, à ce titre, demande à être exposé avec un grand détail.

BATAILLE DE FORBACH.

Le terrain sur lequel allait s'engager ce combat affecte entre Sarrebruck, Saint-Avold et Sarreguemines la forme d'un triangle en saillie dans le territoire allemand, ayant pour sommet Sarrebruck, point de débouché probable pour l'ennemi, en arrière duquel était massé le 2ᵉ corps. La base du triangle était formée par la route de Saint-Avold à Sarreguemines, sur laquelle étaient réparties les divisions du 3ᵉ corps, à Saint-Avold, à Marienthals, à Puttelange et à Sarreguemines.

Entre Forbach et Sarreguemines s'étend à peu près parallèlement à la base de ce triangle la belle position des hauteurs de Cadenbronn qui commande le cours de la Sarre et celui de la grande Rosselle, également à portée des positions du 2ᵉ corps, avant-garde de l'armée du maréchal Bazaine et du 3ᵉ corps, placé sous ses ordres directs et répartis comme nous venons de le dire.

Cette position de Cadenbronn reconnue en détail, en 1867, par le général Frossard, avait été signalée par lui depuis longtemps au maréchal. Elle présentait à ce moment un intérêt tout particulier par la protection qu'elle assurait aux grands magasins de vivres préparés à Forbach et à Sarreguemines, dans l'hypothèse d'une guerre offensive et que le moindre mouvement en arrière devait faire tomber aux mains de l'ennemi.

En présence des renseignements qui arrivaient sur la concentration et le voisinage des forces ennemies, le général Frossard, justement inquiet de la position avancée qu'il occupait à Sarrebruck, télégraphiait le 5 août à l'empereur : qu'il se trouvait un peu en flèche ; que le 2ᵉ corps serait beaucoup mieux sur le plateau de Forbach et de Sarreguemines. Il lui fut répondu d'avoir à reporter le lendemain son quartier général à Forbach.

Ce fut dans l'après-midi de ce jour-là (5 août) que le général fut placé sous le commandement du maréchal Bazaine, auquel il rendit compte immédiatement de l'ordre qu'il venait de recevoir.

Le 5 août, à dix heures du soir, une dépêche du major général signalait des mouvements considérables de l'ennemi entre Sarrebruck et Sarrelouis, et prescrivait la plus grande vigilance. Le 6 août, à quatre heures quarante minutes du matin, nouveau télégramme du major général au maréchal Bazaine et au général Frossard, ordonnant de se tenir prêts à une attaque sérieuse qui pouvait avoir lieu le jour même. Deux heures après, la garde ainsi que la division Forton sont mises sous les ordres du maréchal.

Le petit mouvement en arrière du deuxième corps, commencé le 5 au matin, avait été complété pendant la nuit, et les troupes étaient bien établies sur leurs nouvelles positions : la division Laveaucoupet à Spickeren, la division Vergé dans la vallée en avant de Styring, et la division Bataille en réserve à Œttingen, lorsque se dessina, le 6 au matin, le mouvement offensif de l'ennemi. A neuf heures dix minutes du matin, le général Frossard télégraphie au maréchal Bazaine :

« J'entends le canon à mes avant-postes, je vais « m'y porter ; ne serait-il pas bien que la division « Montaudon envoyât de Sarreguemines une bri-« gade vers Grossbliederstroff, et que la division « Decaen se portât en avant vers Merlebach et « Rosbruck ? »

A dix heures six minutes, nouveau télégramme du général Frossard : « L'ennemi a fait descendre « des hauteurs de Sarrebruck vers nous de fortes « reconnaissances, mais il ne prononce pas encore « son mouvement d'attaque. Nous avons pris nos « mesures sur le plateau et sur la route. » — Presque au-sitôt après le général communique au maréchal l'avis qu'il reçoit d'un mouvement de l'ennemi sur Rosbruck, et le maréchal lui répond qu'il envoie là la brigade de dragons de Juniac.

Le moment est venu ou de recevoir le combat de pied ferme, ou de se replier pour aller attendre l'ennemi sur la position de Cadenbronn.

Le général Frossard recule devant la pensée d'abandonner, sans coup férir, Forbach et les approvisionnements considérables qui s'y trouvent accumulés dans la gare ; au lieu de se reporter en arrière, il reste sur place et attend l'ennemi. Le maréchal estimait, lui, ainsi qu'il le dit dans son interrogatoire, qu'il était avantageux d'occuper les hauteurs de Cadenbronn. C'était donc à lui, puisque le général Frossard hésitait à prendre cette détermination, à la prescrire et à ordonner l'occupation immédiate de la position. Mais il se contente de l'indiquer comme point de concentration générale (dépêche de onze heures un quart) pour le cas où le danger deviendrait sérieux.

Cependant, sentant le général Frossard fortement engagé, comprenant la nécessité de prendre des précautions et de rapprocher les divisions du 3ᵉ corps du lieu du combat, il envoie, à onze heures un quart, le capitaine de Locmaria transmettre l'ordre au général Metmann de quitter Marienthal et de se porter à Béning pour surveiller le débouché de Merlebach, en laissant une partie de ses troupes à Macheren, à droite de Saint-Avold. Chose digne de remarque, il n'est question, dans les ordres dictés au capitaine Locmaria, qui en a déposé, ni du général Frossard, ni des éventualités du combat qui se livre en ce moment. Deux autres lettres adressées au général Metmann précisent son rôle : il doit s'établir solidement sur ses positions et défendre le terrain compris entre la voie ferrée et la frontière. Sa mission est donc de couvrir le maréchal lui-même sur sa position de Saint-Avold. Le général exécute cet ordre et arrive à Béning à trois heures de l'après-midi ; s'il eût continué sa marche vers Forbach, il y serait arrivé à quatre heures et demi.

Après avoir transmis les ordres dont il était porteur au général Metmann, le capitaine de Locmaria se rend près du général Castagny, qui, sur le bruit du canon qu'on entend du côté de Spickeren, s'était mis en marche vers Guebenhausen. Il lui transmet l'ordre de se porter avec une brigade à Frœschwiller et d'envoyer la seconde à Thédin, à gauche de Cadenbronn.

Le général doit donc se rapprocher du lieu du combat, mais il ne reçoit pas l'ordre de se mettre à la disposition du général Frossard (déposition du capitaine de Locmaria). Il était une heure en ce moment, et la seconde brigade aurait pu, si les ordres du maréchal eussent été exécutés, arriver en ligne entre quatre et cinq heures. Au lieu de s'y conformer, le général poursuit sa marche ; mais, n'entendant plus rien dans le vallon entouré de bois où il avait conduit sa division, il revient bientôt après sur ses pas à Puttelange, d'où, sur le bruit distinct de la canonnade qu'il entend de nouveau, il repart vers six heures du soir dans la direction indiquée par le maréchal. Il reçoit en route du commandant Castex, de l'état-major du maréchal, l'ordre de se mettre à la disposition du général Frossard (dépêche du maréchal à l'empereur, sept heures du soir), mais trop tard pour lui être du moindre secours.

Quant à la division Montaudon, qu'un fil télégraphique reliait au quartier général et qui était la plus rapprochée du 2ᵉ corps, elle ne reçoit ni instructions ni ordres à l'heure où il en était envoyé aux autres divisions du 3ᵉ corps.

Si, comme tout le commandait, comme le général Frossard l'avait lui-même demandé, dès neuf heures du matin, elle eût été dirigée, en même temps que les autres divisions, vers le 2ᵉ corps, si elle eût reçu l'ordre de l'appuyer, cette division serait arrivée de bonne heure en ligne et les affaires auraient vraisemblablement pris une tout autre tournure. Mais l'ordre ne devait parvenir au général Montaudon qu'à trois heures.

Ainsi, au moment où le maréchal, appréciant la gravité de la situation de l'avant-garde de son armée, donne des ordres à ses divisions, il ne dirige vers le général Frossard que la division la plus éloignée (division Castagny), absorbe pour se couvrir lui-même l'appui de la division Metmann, et laisse dans ses campements de la Bliess la division Montaudon, qui est pourtant la plus voisine du champ de bataille, et celle à laquelle ses ordres peuvent arriver instantanément.

Cependant le danger grossissant devant le général Frossard, il télégraphia à une heure vingt-cinq minutes :

« Je suis fortement engagé, tant sur la route et « dans le bois que sur les hauteurs de Spickeren ; « c'est une bataille. Prière de faire marcher votre « division Montaudon vers Grossbliederstroff et « votre brigade de dragons sur Forbach. »

Le maréchal donne enfin des ordres dans ce sens à deux heures trente minutes. A ce moment ses troupes sont en marche, il n'y a plus qu'à laisser s'effectuer le mouvement, rien ne retient le maréchal à Saint-Avold. La voie ferrée peut le conduire en vingt minutes à Forbach. Où pourrait-il mieux se rendre compte que sur le champ de bataille des péripéties de la lutte et des résolutions à prendre ? N'est-il pas à craindre, en agissant autrement, qu'au lieu de diriger les événements il ne soit emporté par eux ? Pressé de questions, le maréchal se borne à répondre qu'il a jugé plus utile sa présence à Saint-Avold, centre de ses opérations.

Ainsi abandonné à ses propres inspirations, le général Frossard, de plus en plus inquiet de la gravité de la situation, presse la marche du général Montaudon et appelle à lui le général Metmann. Il vient alors seulement sur le terrain pour se rendre compte par lui-même de la situation de ses troupes engagées pourtant depuis le matin dans un combat opiniâtre. Le général se dirige d'abord sur Styring ; il y appelle le reste de sa division de réserve commandée par le général Bataille.

Cependant aucun secours ne paraissait ; par contre, l'ennemi qui, lui, recevait continuellement des renforts, débordait notre gauche par les bois et montrait ses têtes de colonnes sur la route de Sarrelouis à Forbach, prenant ainsi en flanc le 7ᵉ corps d'armée et menaçant les derrières de sa gauche. Comprenant qu'une plus longue résistance dans la vallée pouvait amener un désastre, le général Frossard donna l'ordre aux troupes qui la défendaient de se reporter sur les hauteurs. Elles se retirent tout en contenant l'ennemi, à travers l'incendie de Styring et des premières maisons de Forbach, sur le plateau qu'elles atteignent à la nuit.

La série des télégrammes échangés entre le maréchal et le général Frossard peint d'une manière saisissante les événements qui se précipitent :

« 5 heures 45. — Ma droite sur les hauteurs a « été obligée de se replier. Je me trouve compro« mis gravement. Envoyez-moi des troupes très-« vite, par tous les moyens. »

« 6 heures 2. — Le maréchal répond : « Je vous « envoie par le chemin de fer le 60ᵉ de ligne, ren« voyez-le moi par la même voie sitôt qu'il ne sera « plus nécessaire. » — Et à 6 heures 6 : « Je vous « envoie un régiment par le chemin de fer : le « général Castagny est en marche vers vous, il « reçoit l'ordre de vous joindre. Le général Mon« taudon a quitté Sarreguemines à cinq heures, « marchant vers Grossbliederstroff. Le général « Metmann est à Béning. Vous avez dû recevoir la « brigade du général de Juniac. »

Le général Frossard lui écrit de nouveau à six heures trente-cinq minutes :

« Les Prussiens font avancer des renforts consi« dérables, je suis attaqué de tous côtés. Pressez « le plus possible le mouvement de vos troupes. »

Puis à 7 heures 22 : « Nous sommes tournés par « Werden, je porte tout mon monde sur les hau« teurs. »

Le maréchal répond : « Je vous ai envoyé tout « ce que j'ai pu, je n'ai plus que trois régiments « pour garder la position de Saint-Avold. Veuillez « m'indiquer les positions que vous croirez devoir « occuper. » Comme si ce n'était pas à lui, général en chef, à donner des ordres. A ce moment-là, le télégraphe est coupé, et toute direction disparaît.

Sous l'impression du mouvement tournant qui se dessinait par la route de Sarrelouis, le général Frossard, au lieu de se reporter seulement en arrière, vers la position de Callenbronn, pour s'y établir avec les divisions Montaudon et Castagny, qu'il savait en marche vers lui, position qui lui avait été indiquée le matin par le maréchal comme point de concentration générale, crut opportun de diriger son corps d'armée vers Sarreguemines. Son but était, dit-il, d'aller prendre place de bataille à droite des troupes du 3ᵉ corps.

La nuit était venue ; malheureusement, en se retirant, il ne laisse aucune instruction pour les troupes qu'il a appelées à son soutien, et ne les avertit pas du mouvement qu'il opère. Quant à lui, après avoir envoyé à la division Laveaucoupet encore cramponnée au terrain, à 800 mètres environ de Spickeren, quoiqu'à bout de ses munitions, l'ordre de le suivre, il se met en marche vers Sarreguemines, qu'il ne fait que traverser pour se diriger sur Puttelange.

C'est alors que se déroulent fatalement les con-

RAPPORT DU GÉNÉRAL DE RIVIÈRE

séquences des dispositions prises par le maréchal, de ses ordres de marche trop tardifs et incomplets, et du silence du général Frossard vis-à-vis des divisions qu'il a appelées à lui.

La division Montaudon mise en mouvement dès l'arrivée de son ordre de départ, malgré une dépêche inexplicable du major général qui lui annonçait qu'elle allait être attaquée, débouche de Sarreguemines à cinq heures, arrive à la nuit sur le plateau, à Roulheing, et, trouvant le 2ᵉ corps en pleine retraite, redescend à une heure et demie vers Puttelange.

Le général de Castagny, parti une seconde fois de Puttelange à six heures, se dirige sur Forbach, s'arrête à Folking, apprend que Forbach est évacué et revient à la pointe du jour à son bivouac de Puttelange.

Quant au général Metmann, qui n'a répondu qu'à sept heures au pressant appel du général Frossard, il arrive à neuf heures du soir à Forbach, d'où il repart dans la direction de Sarreguemines, s'arrête et rentre à Puttelange le lendemain matin.

C'est ainsi qu'après avoir été mises en mouvement trop tard pour être au général Frossard du moindre secours, ces malheureuses divisions ne recevant d'ordre de personne, errèrent toute la nuit sur les plateaux et furent s'entasser le lendemain matin avec le 2ᵉ corps tout entier à Puttelange.

Si, en prévision d'un mouvement en arrière du 2ᵉ corps, le maréchal eût assigné comme point de ralliement à son armée la position de Candenbronn, aux abords de laquelle les mouvements qu'il avait ordonnés allaient porter ses troupes, les conséquences malheureuses de la défaite de Spickeren, dues principalement au désordre qui se produisit à la suite du combat et qui jeta l'armée dans la confusion, auraient pu être facilement conjurées. Cette première rencontre qui témoignait si hautement de la solidité de nos troupes, loin de compromettre son moral, aurait donné à notre armée le sentiment de sa valeur ; peut-être même la lutte aurait-elle pu recommencer le lendemain, soutenue par des troupes fraîches établies sur une position d'une très-grande force, et ayant en seconde ligne le 1ᵉʳ corps et la garde qui dans la matinée du 7 allaient arriver à Saint-Avold.

Telle paraît avoir été l'impression reçue par l'ennemi, à en juger par la prudence de sa marche le lendemain. Ce ne fut que dans les jours suivants que le désarroi général qui suivit l'affaire du 6 lui révéla toute l'étendue de l'avantage qu'il venait de remporter.

En résumé, en ne donnant pas en temps utile des ordres aux troupes placées sous son commandement, en restant éloigné du champ de bataille et par conséquent dans l'impossibilité de diriger le combat, en n'indiquant pas de point de ralliement à son armée, le maréchal Bazaine a pleinement assumé la responsabilité de la perte de la bataille de Spickeren, du désordre qui marqua les journées suivantes, du découragement profond qui en résulta pour nos troupes et de l'exaltation extraordinaire que ces événements inspirèrent à l'ennemi.

On ne trouve d'explication plausible à la conduite du maréchal que dans le parti pris de ne pas compromettre les troupes placées sous ses ordres directs et de les conserver intactes. L'exactitude de cette appréciation résulte d'un propos tenu par le maréchal le soir du combat. D'après le dire d'un témoin, qui en a déposé, le maréchal s'exprimant sur la position en flèche si dangereuse du général Frossard, fit la réflexion qu'il ne s'était pas soucié d'engager ses divisions à la suite de celles du général.

Chose singulière, le maréchal paraissait considérer sa responsabilité comme tout à fait dégagée dans cette circonstance :

« Il y a trois ans que le général Frossard étudie « la position de Forbach et qu'il la trouve superbe « pour y livrer bataille, — dit-il à un officier qui « en a déposé. — Eh bien, il l'a maintenant, cette « bataille. »

Qui donc commandait cette bataille, si ce n'est le maréchal Bazaine ?

Le maréchal Bazaine nie formellement le premier de ces deux propos qu'on lui prête. Quant au second, il déclare ne pouvoir se souvenir des paroles prononcées, peut-être dans un moment de mauvaise humeur ; mais en tout cas il déclare qu'il n'y a pu avoir dans ses expressions et encore moins dans sa pensée un sentiment hostile au général Frossard en le dénigrant pour ce qui venait de se passer.

RETRAITE DE L'ARMÉE VERS METZ.

En même temps que la nouvelle de la triste issue du combat de Forbach arrivait au quartier général impérial, on y apprenait la défaite de Reischoffen et la retraite précipitée du maréchal de Mac-Mahon. L'empereur, prévoyant que la barrière des Vosges allait être forcée et l'armée de Lorraine débordée, résolut de se reporter en arrière par Metz et Verdun jusqu'à Châlons, pour barrer au vainqueur la route de Paris. Ce projet de retraite allait être traversé par des hésitations bien naturelles. Il était dur, en effet, après avoir provoqué la guerre, de reculer jusque dans le cœur du pays dès les premières hostilités et d'abandonner ainsi à l'ennemi, presque sans coup férir, la Lorraine et la Champagne.

L'armée se mit en marche le 7 vers Metz ; le corps du maréchal Canrobert, déjà en route pour Nancy, où était même arrivée la première de ses divisions, reçut l'ordre de se concentrer de nouveau à Châlons, où devaient le rejoindre les corps Frossard et de Failly et la réserve générale d'artillerie.

Mais de même que toutes les combinaisons qui s'étaient succédé jusqu'à ce moment, ce projet fut aussitôt abandonné que conçu, et le 8, sur des observations présentées par M. Émile Ollivier au nom du conseil des ministres sur les dangers politiques d'un mouvement en arrière, un nouveau plan surgit. Les 2e, 3e, 4e corps et la garde furent destinés à former à Metz les éléments d'une forte armée qui, en s'appuyant sur cette place, devait manœuvrer de manière à arrêter celle du prince Frédéric-Charles ou à se jeter sur le flanc ou sur les derrières de celle qui allait pénétrer par Saverne. Le maréchal de Mac-Mahon et le général de Failly ne devaient pas dépasser Nancy sans instructions de l'empereur. Enfin, le maréchal Canrobert avait mission d'aller constituer à Paris une nouvelle armée.

Le 9 août, les 2e, 3e, 4e corps et la garde, sous les ordres du maréchal Bazaine, occupèrent les positions de la Nied, à cheval sur cette rivière et sur la Seille; et l'empereur, en prévision d'une grande bataille, rappela la réserve générale d'artillerie, la division du Barrail et les mit également à la disposition du maréchal.

Le 10, averti par l'impératrice que la jonction des deux armées prussiennes allait lui mettre 300,000 hommes sur les bras, l'empereur se décida à faire venir le maréchal Canrobert de Châlons; l'infanterie de marine devait le suivre, et le corps de Failly reçut l'ordre de se diriger sur Metz.

L'espérance d'avoir prochainement ces nouvelles troupes sous la main ramène la confiance au quartier général impérial, et ce jour-là le major général télégraphie :

« L'empereur compte prendre l'offensive sous
« peu de jours. »

Pendant la journée du 10 on hâte autant que possible les divers mouvements prescrits. Mais, comme en même temps les renseignements qui arrivent de divers côtés sont tous concordants pour établir la grande supériorité numérique de l'ennemi, l'empereur se décide à venir occuper le 11 des positions plus rapprochées de Metz, sous le canon des forts de la rive droite de la Moselle.

LE MARÉCHAL BAZAINE EST NOMMÉ COMMANDANT EN CHEF.

En présence des revers inattendus qui venaient de nous atteindre, des hésitations continuelles de l'empereur qui trahissaient une inexpérience absolue de la conduite des armées, du désarroi qui en était la conséquence, l'opinion publique soulevée demandait qu'un chef capable et résolu fût mis à la tête de l'armée.

La mesure qui, depuis le 6 août, avait placé sous les ordres du maréchal Bazaine les quatre corps réunis en Lorraine, tout en laissant au souverain la direction générale des opérations militaires, n'a donné à l'opinion qu'une satisfaction incomplète. — Ainsi, sous la pression du sentiment général et d'après les conseils mêmes de son entourage, l'empereur abdiquant officiellement tout pouvoir se décide-t-il, le 12, à investir le maréchal du commandement suprême de l'armée du Rhin, en plaçant sous sa direction les corps qui allaient se réunir au camp de Châlons sous les ordres du maréchal de Mac-Mahon.

L'incident que nous allons rapporter précipita sans doute ce dénoûment.

Dans sa déposition devant la commission de l'Assemblée nationale, instituée pour faire une enquête sur les actes du gouvernement de la Défense nationale, déposition qui a été imprimée, M. de Kératry a affirmé que, dix-huit ou vingt jours avant la révolution du 4 septembre, madame la maréchale Bazaine était venue le trouver de la part du maréchal pour lui dire que la présence de l'empereur à l'armée compromettait les opérations militaires, que le maréchal n'en acceptait plus la responsabilité et qu'il désirait se retirer. M. de Kératry a ajouté que, de concert avec MM. Jules Favre et Picard, délégués par l'opposition, il avait été chez le ministre de la guerre, le comte Palikao, pour lui faire cette déclaration, et que celui-ci avait répondu que, conformément au désir de la Chambre, le maréchal Bazaine allait être investi du commandement suprême.

Le général de Palikao ayant pris possession du ministère le 10 août, et le maréchal ayant été nommé le 12, l'entrevue racontée par M. de Kératry a dû avoir lieu le 11.

M. de Kératry a confirmé ces divers faits dans sa déposition, reçue par voie de commission rogatoire; il a ajouté que madame la maréchale, ayant eu connaissance de sa déposition, était venue le trouver à Marseille le 28 février 1872, pour lui dire que jamais le maréchal ne l'avait chargée de faire une déclaration du genre de celle qui se trouvait formulée par les termes de la déposition; que sa visite d'avant le 4 septembre n'avait été qu'une visite *de bonnes relations dans des moments critiques* : « Madame la maréchale s'est-elle mal expli-
« quée, — dit M. de Kératry, — a-t-elle été au delà
« de sa pensée? Ai-je donné à son intervention
« personnelle une portée qu'elle récuse? J'affirme
« que j'ai été l'interprète de sa parole, et je reste
« persuadé que, puisque le maréchal l'affirme,
« il est resté complètement étranger à cette dé-
« marche. »

Appelés à déposer sur cet incident, MM. Jules Favre et Picard reconnaissent être intervenus auprès du ministre, en vue d'arriver à obtenir l'unité et l'aptitude dans le commandement. M. Picard a gardé le souvenir de la communication faite par M. de Kératry, de la part du maréchal, et des éventualités qu'elle laissait entrevoir; quant à M. Jules Favre, ces détails ne sont pas parfaitement présents à sa pensée. M. le comte de Palikao se rappelle également la démarche faite auprès de lui, au sujet du commandement de l'armée du Rhin, mais il déclare que le nom de la maréchale ne fut pas mêlé à cette affaire et qu'il ne lui fut pas dit que le maréchal voulût donner sa démission. Interrogé sur cet incident, le maréchal a répondu que, lorsque l'ouvrage de M. de Kératry a paru, il fut fort ému du passage relatif à la visite faite à ce député par madame la maréchale dans un but politique, et que madame Bazaine s'était décidée à faire le voyage de Marseille pour inviter M. de Kératry à modifier ce passage, qui était une pure invention de sa part.

Quelle qu'ait été la portée de l'intervention directe ou indirecte du maréchal, sa nomination, imposée surtout par l'opposition, lui créait, vis-à-vis de l'empereur, une situation des plus difficiles. D'un autre côté, la prépondérance du souverain donnait à ses désirs, malgré sa position nouvelle, l'apparence d'un ordre et enlevait ainsi au maréchal la liberté d'action qui lui était si nécessaire dans une conjoncture aussi grave. Par ce double motif, le maréchal dut n'avoir plus qu'un désir, celui de se soustraire à une position embarrassante, à une tutelle périlleuse. Nous allons voir se traduire ce sentiment dans la conduite du maréchal pendant les jours qui vont suivre ; seul, il peut donner l'explication des fautes énormes qui furent commises durant cette période.

CHAPITRE II

Mouvement de retraite vers l'intérieur. — Combat sur les plateaux.

Ainsi que nous l'avons dit plus haut, le 12 août, jour de la prise de possession, par le maréchal Bazaine, du commandement en chef, l'armée occupait, en avant des forts de la rive droite de la Moselle, l'espace compris entre la Seille et la basse Moselle. Le projet de retraite sur Châlons venait d'être repris et le maréchal reçut l'ordre de l'exécuter.

Nous croyons devoir relever le détail de la prise du service du commandement de l'armée. Voici la demande qui a été posée à ce sujet au maréchal :

« Dans quelles conditions avez-vous pris le com-
« mandement ? Y a-t-il eu un conseil de guerre
« tenu ? Aviez-vous connaissance de la situation
« générale et des positions occupées par l'aile
« droite de l'armée du Rhin ? »

Le maréchal répond :

« J'ai reçu l'avis de ma nomination le 12 dans
« l'après-midi ; je suis allé immédiatement faire
« observer à l'empereur qu'il y avait des maré-
« chaux plus anciens et plus aptes que moi, pour
« accepter le commandement dans la situation dif-
« ficile où nous étions. Il ne fut question d'aucun
« détail de service, ni de projets ultérieurs, ni de
« la marche en retraite des 1er, 5e et 7e corps, ni
« des renseignements qu'on pouvait avoir sur
« l'ennemi. Le major général, qui était présent,
« n'en a pas donné non plus. Il n'a pas été ques-
« tion, non plus, dans cette entrevue de la concen-
« tration des troupes au camp de Châlons et les
« ordres relatifs à ce mouvement expédié au ma-
« réchal de Mac-Mahon ont dû l'être par le major
« général ; mais je n'en ai aucune connaissance. »

Toute réflexion paraît superflue en présence de l'aveu que fait le maréchal de la négligence avec laquelle il prend possession de son commandement.

TRAVERSÉE DE LA MOSELLE.

Le premier mouvement de retraite avait été décidé le 7 ; ce même jour, le général Coffinières était nommé gouverneur de Metz ; dès le 8 on entreprit sous sa direction, tant en amont qu'en aval de la place, la construction de trois séries de ponts sur la Seille et sur les divers bras de la Moselle pour faciliter, avec les deux ponts en pierre de la ville, le passage rapide de l'armée. Ces ponts furent terminés le 12 au soir, et déjà quelques régiments avaient pu franchir la Moselle lorsque, dans la nuit du 12 au 13, survint une crue qui submergea les tabliers des ponts du grand bras et les rampes d'accès et en emporta même quelques parties.

On ne parvint à rétablir la circulation que dans la matinée du 14, et ce fut seulement dans l'après-midi de ce jour, que commença le défilé de l'armée. Il faut dire que ces ponts n'étaient nullement indispensables, et que si l'on avait tenu à hâter son mouvement, on aurait très-bien pu se contenter des deux ponts de la ville et de celui du chemin de fer.

Du reste, si, au lieu de construire en amont et en aval trois séries de ponts dépassant à peine le niveau de l'eau, on se fût borné à en établir deux ou même une dans de bonnes conditions de solidité et de relief, la crue du 12 au 13 n'aurait pas pu entraver le passage. Ces dispositions vicieuses ne sauraient engager en rien la responsabilité du maréchal, mais l'instruction relève à sa charge le fait de n'avoir pas utilisé dès le 13 au matin les trois ponts de la ville et du chemin de fer, d'avoir ainsi attendu *sans le moindre nécessité* jusqu'à l'après-midi du 14 pour mettre son armée en mouvement. En s'attardant de la sorte sur la rive droite, il laissa à l'ennemi, qui avait suivi jusqu'à ce jour notre retraite d'assez loin et sans l'inquiéter, le temps de masser ses forces et de venir nous attaquer au moment où la plus grande partie de l'armée avait déjà franchi la Moselle.

L'inaction du maréchal est d'autant moins explicable que l'empereur, justement inquiet de la situation, et cette fois bien inspiré, le pressait vivement d'activer sa marche.

« Plus je pense à la position qu'occupe l'ar-
« mée, — lui écrivait-il le 12 août, — plus je la
« trouve critique, car si une partie était forcée, et
« qu'on se retirât en désordre, les forts n'empê-

« cheraient pas la plus épouvantable confusion.
« Voyez ce qu'il y a à faire, et, si nous ne som-
« mes pas attaqués demain, prenons une résolu-
« tion. »

L'empereur lui écrit de nouveau dans la journée du 13 :

« Il n'y a pas un moment à perdre pour faire le
« mouvement arrêté. »

Le maréchal lui répond :

« Le général Coffinières, qui est en ce moment
« avec moi, m'affirme que, malgré toute la dili-
« gence possible, les ponts seront à peine prêts
« demain matin. »

A ce moment, le maréchal paraît hésiter sur
l'opportunité de passer sur la rive gauche. Il écrit
à l'empereur ce même jour, à neuf heures et demie
du soir :

« L'ennemi paraissant se rapprocher de nous et
« vouloir surveiller nos mouvements de telle fa-
« çon que le passage à effectuer sur la rive gau-
« che pourrait entraîner un combat défavorable
« pour nous, il est préférable, soit de l'attendre
« dans nos lignes, soit d'aller à lui par un mouve-
« ment général d'offensive. Je vais tâcher d'avoir
« des renseignements ; j'ordonnerai alors les mou-
« vements que l'on devra exécuter, et j'en ren-
« drai compte immédiatement à Votre Majesté. »

L'empereur lui répond à onze heures du soir :

« La dépêche que je vous envoie de l'impéra-
« trice montre bien l'importance que l'ennemi at-
« tache à ce que nous ne passions pas sur la rive
« gauche ; il faut donc tout faire pour cela. Si vous
« croyez devoir faire un mouvement offensif, qu'il
« ne nous entraîne pas de manière à ne pas pou-
« voir opérer notre passage. »

Le maréchal abandonne son projet, et donne
l'ordre de passer sur la rive gauche ; mais au
moment où la plus grande partie de ses forces a
franchi la Moselle, l'ennemi, qui avait mis à profit le temps perdu par nous, attaque notre arrière-
garde. Il est repoussé avec la plus grande vigueur.

Le combat de Borny inaugura d'une manière
brillante, reconnaissons-le hautement, le commandement du maréchal Bazaine. Il releva le moral de
notre armée, mais il retarda notre marche, et à
ce moment, puisque l'on voulait quitter Metz, il
était bien plus important de gagner du temps
qu'une bataille, car l'ennemi, secondé par tous
nos retards, entreprenait en toute hâte le mouvement tournant qui allait le porter sur notre ligne
de retraite et nous enlever toute communication
avec l'intérieur.

Quelles mesures ordonna le commandant pour
activer la marche de nos troupes et retarder celle
de l'ennemi ? Chose triste à dire, dans un moment
où une question d'heure allait décider du sort de la
France, les précautions les plus élémentaires furent
négligées.

Les débouchés des deux ponts de la ville et des
deux séries de ponts provisoires, en amont et en
aval, aboutissaient à la route de Verdun, qui à la
sortie de la place est parallèle au cours de la Moselle. Une fois les ponts franchis, il fallait s'élever
sur les plateaux de la rive gauche. Plusieurs routes
y conduisaient ; la première, celle de Verdun, par
Longeville et Moulins, se bifurquait à Gravelotte,
suivant deux directions, aboutissant toutes deux à
Verdun : l'une par Rézonville et Mars-la-Tour, la
seconde par Doncourt et Étain.

On pouvait également atteindre directement le
plateau en suivant la route de Plappeville par le
col de Lessy, Chatel, le vallon de Monvaux et Amun-
villers.

A ce dernier point aboutissait aussi, venant de
Metz, un très-beau chemin passant par Lorry, et
dont le tracé suivait le faîte du contre-fort du Saint-
Quentin.

Enfin, on pouvait utiliser la grande route de Metz
à Briey, par Woippy, Saulny et Saint-Privat-la-
Montagne.

Rien n'était donc plus simple que de tracer quatre itinéraires distincts pour atteindre les plateaux.
Malheureusement, aucune reconnaissance générale
ne fut ordonnée dans ce sens, et l'ordre de marche
n'assigne pour tous les corps que les deux routes
de Verdun par Mars-la-Tour et par Étain, et comme
ces deux routes avaient un tronc commun entre
Metz et Gravelotte, c'est sur cette unique voie que
vint à la sortie des ponts s'engouffrer l'armée tout
entière.

Puisque le maréchal ne voulait utiliser qu'une
seule route, les trois ponts de la ville et du chemin
de fer auraient largement suffi. Pourquoi, en présence d'un danger pressant et des vives instances
de l'empereur, a-t-il perdu trente-six heures à attendre le libre usage des ponts provisoires, dont
l'emploi dans ces conditions ne pouvait pas accélérer
d'une minute la retraite de l'armée ?

Sur l'avis venu de Paris, transmis par l'impératrice, et que l'empereur avait adressé le 13 au soir
au maréchal, avis annonçant un mouvement probable de l'ennemi dans la direction de Thionville, le
général en chef jugea dangereux, assure-t-il, de
faire usage de la route de Woippy, et cela bien à
tort, car aucun renseignement local n'était venu
confirmer la réalité du mouvement annoncé, et le
chemin de fer des Ardennes, ainsi que le télégraphe, continuaient à fonctionner sans obstacle. Une
surprise n'était donc pas à craindre dans cette direction.

En présence de l'effroyable encombrement qui se
produisit, encombrement dont les dangers avaient
été signalés au général Jarras, une partie des troupes fut dirigée le lendemain 15 par le col de Lessy.
En même temps, le maréchal donnait des ordres de
licencier immédiatement le convoi auxiliaire, malgré les représentations de l'intendance, justement

effrayée des conséquences de cette mesure, qui aurait privé l'armée des vivres nécessaires pour sa marche. En raison des impossibilités matérielles que devait rencontrer son exécution, cet ordre n'eut d'autre suite que le maintien au ban Saint-Martin des convois des trois corps d'armée. Celui du grand quartier général, qui était déjà engagé dans le défilé, dut continuer sa marche et atteignit en entier le plateau où l'avait déjà précédé celui du 2ᵉ corps.

Le lendemain 16, la route de Lessy était également encombrée; le 4ᵉ corps, sous l'empire de la nécessité, dut suivre, contrairement aux ordres qu'il avait reçus, la route de Saulny, et put ainsi arriver à temps pour prendre une part glorieuse à la bataille de Rézonville. Toutefois, celle de ses divisions qui formait tête de colonne, et qui avait été engagée le 15 sur la route de Lessy, ne parvint sur le plateau que le 16, à dix heures du soir. Il en eût été de même pour tout le 4ᵉ corps, si son chef, heureusement inspiré, n'eût pris le lendemain 16 cette résolution de passer par la route de Briey.

C'est en vain que le maréchal Bazaine cherche à rejeter la responsabilité des dispositions prises pour la marche sur son chef d'état-major. L'ordre de mouvement du 14, *dicté* par le maréchal, n'indique qu'une seule route à suivre à la sortie de Metz, alors qu'il en existait trois autres; tout est là.

Ce fut à cette occasion que se manifesta clairement le défaut d'entente entre le maréchal et le chef d'état-major, qui pesa d'une manière si fâcheuse pour le bien du service sur la conduite des opérations.

« Le maréchal, — a déposé le général Jarras, — « m'a tenu dès le commencement systématiquement « à l'écart, sans me faire part de ses projets, qui « ne m'étaient connus qu'au moment où il me don- « nait des ordres pour en assurer l'exécution, de « telle sorte que je n'avais pas le temps de les étu- « dier et de proposer ensuite les mesures de dé- « tail. Pour être constamment en mesure, en état « de remplir ses fonctions dans toute leur étendue, « le chef d'état-major, ajoute-t-il, a besoin d'une « autorité qu'il ne peut tenir que de la confiance du « commandement. Il ne peut rien faire par lui- « même sans l'ordre ou l'autorisation de son chef. « S'il agit sous sa propre responsabilité, ce ne peut « être qu'avec l'assurance qu'il seconde les inten- « tions de celui-ci. De là résulte la nécessité d'une « entente complète et incessante entre le comman- « dement et le chef d'état-major. Sans cette entente, « qui implique une confiance absolue, ce dernier est « entièrement paralysé. »

C'est évidemment ce qui eut lieu, et l'on ne comprend pas que le maréchal Bazaine et le général Jarras aient pu supporter la situation fausse dans laquelle ils se trouvaient vis-à-vis l'un de l'autre.

Tandis que l'armée française atteignait si péniblement les plateaux, avait-on pris au moins des mesures pour arrêter ou entraver la marche de l'ennemi, en rompant les ponts situés en amont de Metz, tant sur la Seille que sur la Moselle?

En prévision des événements qui se déroulaient des dispositifs de mine avaient été ménagés dans les ponts de Magny et de Marly sur la Seille, dans les deux ponts d'Ars et dans celui de Pont-à-Mousson sur la Moselle; mais un seul de ces dispositifs, celui du pont barrage d'Ars, avait été chargé; enfin, à Novéant, existait un pont suspendu qui pouvait être détruit en quelques minutes.

Lorsque l'arrivée des coureurs ennemis fut signalée en avant de Corny, des demandes réitérées furent adressées au général en chef dans la journée du 13 et dans la matinée du 14, par les habitants de Novéant et d'Ars, pour que l'autorisation fût donnée de détruire les ponts.

Aux deux premières dépêches on répondit : « Attendez. » Une troisième resta sans réponse. De son côté, le service local du génie faisait auprès du général Coffinières une démarche semblable pour la destruction du pont d'Ars, démarche qui n'aboutit qu'à un refus.

La nécessité de rompre le pont de la Moselle entre Frouard et Metz aurait dû préoccuper le commandant, du moment où le mouvement de retraite de l'armée avait été décidé. Il devenait très-urgent, en effet, d'assurer dès lors la sécurité de la circulation sur la ligne du chemin de fer de Châlons, Frouard, Metz, par laquelle allait arriver le 6ᵉ corps, et qui, par suite du tracé très-rapproché de la frontière du chemin des Ardennes, était la seule voie sûre pour communiquer avec l'intérieur de la France et approvisionner l'armée. Tout commandait d'occuper par un détachement la position de Frouard et l'entrée du défilé de Toul, et de rompre les ponts en aval. On aurait ainsi coupé court aux insultes des coureurs et aux tentatives de destruction de la voie, qui marquèrent le passage des diverses portions du 6ᵉ corps, tentatives dont le commandant fut instruit par le maréchal Canrobert. Le brillant coup de main du général Margueritte sur Pont-à-Mousson prouve que l'attention du général en chef fut attirée sur cette situation alarmante; malheureusement, le seul remède efficace, la rupture du pont, ne fut pas ordonnée.

Bien que le maréchal soit demeuré, jusqu'au 12, subordonné à l'empereur, on observera que sa responsabilité ne saurait être complètement dégagée au sujet des événements qui s'accomplissaient, depuis que la retraite de l'armée était décidée; en fait, dès le 6, il avait le commandement des quatre corps concentrés sous Metz; il avait ainsi qualité pour prendre ou tout au moins pour réclamer les mesures jugées par lui indispensables. L'abstention complète dans laquelle il se renferme durant cette période, ne peut donc que n'être blâmée.

Par suite des faits qui viennent d'être relatés, le 6ᵉ corps ne put en totalité atteindre Metz; mais la voie ayant été définitivement interceptée le 13, les trois quarts de sa dernière division, l'artillerie de deux divisions, les réserves et parcs d'artillerie du génie, et les services administratifs de ce corps ne purent rejoindre et furent rejetés sur Châlons, ainsi que de nombreux convois d'approvisionnements qui suivaient.

On devait, le 18, expier cruellement la faute qui priva ainsi le 6ᵉ corps du quart de son effectif, des trois quarts de son artillerie, de ses réserves de munitions et de son génie, comme plus tard on dut regretter tous ces vivres, qui seraient arrivés dans la place, si on l'avait voulu.

Aucune disposition n'ayant été prise, l'ennemi put profiter en toute sécurité des facilités que lui ménageait notre incurie.

On ne saurait passer sous silence un autre fait déplorable qui en fut la conséquence. Si les ponts voisins de Metz eussent été détruits, il est à peu près certain que les uhlans qui, dans la matinée du 15, insultèrent le village de Montigny et que la batterie qui vint jeter dans la ville de Longeville les quelques obus qui déterminèrent le départ précipité du quartier impérial, ne se seraient pas hasardés aussi près de la place.

Sous l'impression de cette échauffourée, le maréchal crut devoir faire sauter une arche du pont du chemin de fer pour éviter, dit-il dans son mémoire justificatif, un nouveau combat d'arrière-garde. Cette première explosion ne lui parut pas suffisante; il fit rompre dans la même journée une seconde arche, et cependant ce pont, soumis aux feux de la place et du fort Quentin, était à l'abri de toute attaque sérieuse. On regretta beaucoup, dans la suite, d'avoir ainsi perdu une communication précieuse pour les lignes de l'armée, et, pendant tout le temps du blocus, on travailla à la rétablir; mais l'ennemi seul tira parti de ce travail après la capitulation, et ce fut par ce pont que fut dirigé sur Thionville le matériel de siège, tiré de l'arsenal de Metz, qui servit à réduire cette place. Nous reviendrons sur cette circonstance.

Il est vraiment pénible de penser que, parmi tous les ponts situés aux abords de Metz, on ne détruisit précisément que celui qui pouvait nous servir.

Le maréchal Bazaine décline hautement la responsabilité de toutes les mesures relatives à la destruction des ponts, sauf pour celui de Longeville. Il fait observer que le major général et le général commandant le génie qui étaient restés à Metz, pendant qu'il était sur la frontière, et qui devaient être au courant des projets de l'empereur, auraient dû s'en occuper; il ajoute que lorsqu'il avait pris le commandement, il n'avait été question d'aucun détail de service et qu'il a dû penser que les mesures nécessaires auraient été prises. Quant aux dépêches télégraphiques venant de Novéant et d'Ars, il déclare n'en avoir pas eu connaissance.

ARRIVÉE DE L'ARMÉE SUR LES PLATEAUX. — BATAILLE DE RÉZONVILLE.

La mauvaise direction imprimée à la marche de l'armée pour traverser la Moselle et s'élever sur les hauteurs de la rive gauche eut les conséquences les plus regrettables. Ce ne fut que le 15 que les 2ᵉ et 6ᵉ corps, la garde et les divisions de Forton et du Barrail furent réunies sur le plateau. Deux divisions du 3ᵉ corps parvinrent à s'y établir dans la soirée. Le reste du 3ᵉ corps et tout le 4ᵉ ne purent effectuer leur mouvement que le lendemain 16.

L'ennemi avait su bien mieux employer son temps; aussi, lorsque la division de Forton, qui formait sur la route sud de Verdun l'avant-garde de l'armée, se mit en devoir, après avoir dépassé Mars-la-Tour, de se porter à Thionville, conformément aux ordres qu'elle avait reçus, elle constata la présence d'un fort parti ennemi établi à Chambley. A la suite d'un petit engagement à hauteur de Puxieux, elle se replia sur Vionville, d'après l'avis du général Frossard qui, lui-même, dut s'arrêter à Rézonville avec le 6ᵉ corps.

La présence de l'ennemi s'accusait surtout sur la gauche de l'armée. Les commandants des 2ᵉ et 6ᵉ corps signalaient des forces s'élevant à environ 30,000 hommes; ils s'attendaient à être attaqués le lendemain (Lettre du maréchal au général Bourbaki en date du 15). Pourquoi devant cet avis le maréchal Bazaine ne prescrivit-il pas une grande reconnaissance des ravins d'Ars et de Gorze jusqu'à la Moselle? Ce ne fut pas le temps qui fit défaut, puisque le 2ᵉ corps était dès neuf heures du matin à Rézonville. Là encore, les précautions les plus simples furent négligées.

La marche de l'armée devait continuer le lendemain 16, et le départ avait été fixé à quatre heures et demie du matin. Ne recevant pas d'ordres détaillés de marche, le général Frossard écrivait au maréchal, le 15 à minuit, pour être renseigné sur la direction et l'ordre à suivre. Il signalait la présence de partis ennemis du côté de Gorze.

Ce fut dans la matinée du 16 que l'empereur quitta l'armée avec le projet de la précéder à Châlons et de prendre les mesures que réclamait la gravité de la situation.

Ce départ laissait le maréchal entièrement libre de ses résolutions. Dans cette même matinée, arrivait de Verdun au quartier général l'intendant en chef Wolf, qui venait rendre compte des mesures qu'il avait prises pour ravitailler l'armée à son passage à Verdun et pour proposer de réunir également des vivres sur la ligne des Ardennes. Le maréchal accepta sa proposition et lui donna l'ordre de repartir sur-le-champ pour veiller à l'exécution de ces diverses mesures. Le maréchal ajouta qu'il comptait faire une démonstration sur Pont-à-Mousson avant de se mettre en marche pour Verdun, où il pensait arriver sous peu de jours. Cette parole dénote évidemment, chez le maréchal, la pensée de ne pas poursuivre immédiatement sa marche sur Verdun et jette une vive lumière sur les décisions qui vont se succéder.

La déposition d'un officier supérieur, reçue dans le cours de l'instruction, établit également que le maréchal n'était nullement décidé le 15 août à gagner coûte que coûte la place de Verdun ; son véritable désir était de se dégager de la tutelle de l'empereur.

« Le maréchal, dit il, causant familièrement avec
« moi, se plaignait des embarras que lui donnaient
« les ordres qui venaient à la traverse des siens.
« Il me dit qu'il aimerait mieux emmener autre
« chose que ce pont de bateaux que l'empereur
« avait voulu emmener avec lui pour, me dit le ma-
« réchal, faciliter le passage de la Meuse, passage
« que, selon lui, il n'y avait pas lieu d'effectuer.

« Le maréchal entendait-il, ajoute le témoin, dire
« par là qu'il voulait revenir sous Metz après le
« départ de l'empereur ou aller opérer vers le sud ?
« C'est ce que je ne pourrais préciser. »

Ainsi, le maréchal ne comptait pas passer la Meuse, son projet de marche vers le sud a été abandonné aussitôt que formulé. Que conclure de là, sinon qu'il n'a jamais voulu s'éloigner de Metz ?

Pendant la nuit du 15 au 16 était arrivée au quartier général une lettre du maréchal Le Bœuf datée de onze heures du soir, annonçant qu'il n'avait en ligne que deux de ses divisions et une faible partie de son artillerie. Il ajoutait que le 1ᵉʳ corps n'ayant pas encore rejoint, il serait peut-être préférable, dans ces conditions de dispersion, d'attendre l'ennemi que d'aller à lui. Le maréchal, approuvant cette manière de voir, donna, après le départ de l'empereur, l'ordre de suspendre la marche jusque dans l'après-midi, lorsque aurait eu lieu l'arrivée en ligne des 3ᵉ et 4ᵉ corps.

La décision du maréchal fut-elle dictée par une saine appréciation de la situation ? — Sans entrer dans la discussion de ce point, on ne peut que regretter qu'il n'ait pas mis à profit cette halte pour éclairer la gauche de son armée. Le passage suivant d'une lettre au maréchal Le Bœuf écrite à cinq heures un quart du matin prouve que si ces précautions ne furent pas prises, ce ne fut pas pour cause d'ignorance de la situation.

« Le danger est pour nous du côté de Gorze, sur
« la gauche du 2ᵉ et du 6ᵉ corps. »

Puisque le danger est là, pourquoi ne pas chercher à en préciser l'étendue ? Pourquoi donc, dès la veille, en présence du mouvement parfaitement dessiné de l'ennemi, ne pas avoir occupé en force le débouché des ravins descendant à la Moselle, véritables coupe-gorge que les Allemands étaient obligés de suivre pour atteindre les plateaux afin de pouvoir se déployer ? — En un mot, si le maréchal Bazaine avait bien l'intention d'aller à Verdun, pourquoi laisser à l'ennemi toute facilité pour venir lui barrer le chemin ? Pourquoi ne pas ordonner tout au moins dans la matinée du 16, au général Frossard, d'éclairer à fond les gorges qui aboutissaient aux positions occupées par ses troupes, au lieu de lui prescrire d'une manière vague, comme à tous les autres commandants de corps, de faire les reconnaissances journalières ? pourquoi ce général, que sa position, tout à fait à gauche de l'armée, expose d'une manière particulière aux entreprises de l'ennemi, et qui a signalé lui-même sa présence, ne s'assure-t-il pas avec plus de soins de ce que renferment les gorges d'où l'ennemi va déboucher ?
— Quoi qu'il en soit, le maréchal, dont le quartier général est sur la place, à Gravelotte, ne saurait décliner la responsabilité de la surprise qui marqua le début de la bataille, et qui faillit en compromettre le résultat. Cette réserve une fois faite, reconnaissons que, dans le moment critique où le 2ᵉ corps fut brusquement assailli par l'ennemi, le sang-froid et l'intrépidité du maréchal furent au-dessus de tout éloge. En peu de temps, ses sages dispositions, après avoir réparé le mal déjà fait, préparèrent le succès de la journée, que l'entrée en ligne du 4ᵉ corps devait définitivement assurer.

MOUVEMENT RÉTROGRADE DE L'ARMÉE.

La nuit était venue ; nous demeurions les maîtres du terrain ; l'étendue des pertes, 17,000 hommes hors de combat, sur lesquels les 2ᵉ et 6ᵉ corps comptèrent chacun plus de cinq mille hommes, témoigne de l'énergie de la lutte que nous venions de soutenir. Les pertes de l'adversaire étaient encore plus considérables ; toutes ses attaques avaient échoué. Une grande confusion devait régner dans les corps qu'il avait successivement engagés. Dans cette situation il n'y avait que deux partis à prendre pour rétablir les communications de l'armée avec l'intérieur : ou attaquer l'ennemi et le rejeter du côté de la Moselle, ou se dérober par une marche rapide vers Briey dans la direction du nord. Toute hésitation, tout retard devaient être fatals, car ils permettaient à l'ennemi de s'établir sur la ligne de retraite de l'armée. Ce fut là un moment décisif de la campagne.

La première de ces combinaisons ne se présenta jamais à l'esprit du maréchal ; il n'en est fait mention ni dans son mémoire justificatif ni dans le rapport que le soir même du 16 il expédia à l'empereur. On n'y trouve également aucune trace du projet de marche sur Briey.

Voici en quels termes le maréchal fit connaître à l'empereur, dans un rapport qu'il lui adressa le soir même, les résolutions auxquelles il s'arrêtait :

« Gravelotte, 16 août, 11 h. soir.

« Sire,

« Ce matin, à neuf heures, l'ennemi a attaqué la
« tête de nos campements à Rezonville. Le comba

« a duré depuis ce matin jusqu'à huit heures du
« soir. Cette bataille a été acharnée; nous sommes
« restés sur nos positions après avoir éprouvé des
« pertes sensibles. La difficulté aujourd'hui gît
« principalement dans la diminution de nos parcs
« de réserve, et nous aurions peine à supporter
« une journée comme celle d'aujourd'hui avec ce
« qui nous reste dans nos caissons. D'un autre côté
« les vivres sont aussi rares que les munitions, et
« je suis obligé de me reporter sur la ligne de Vi-
« gneulles à Lessy pour me ravitailler. Les blessés
« ont été évacués ce soir sur Metz. Il est probable,
« selon les nouvelles que j'aurai de la concentra-
« tion des armées des princes, que je me verrai
« obligé de prendre la route de Verdun par le
« nord. »

Les vivres sont aussi rares que les munitions,
dit-il dans ce rapport. Je suis obligé de me replier
sur la ligne de Vigneulles à Lessy pour me ravitailler.

Ainsi, dans son appréciation, il va se replier
sous Metz et ne reprendra sa marche qu'après le
ravitaillement de l'armée.

La détermination du maréchal s'accentue encore
plus fortement dans sa lettre écrite au général Bourbaki le soir même à minuit et demi : — « Ainsi
« que nous en sommes convenus, vous avez dû,
« à 10 heures, reprendre vos campements, en les
« resserrant. La grande consommation qui a été
« faite, dans la journée d'aujourd'hui, de munitions
« d'artillerie et d'infanterie, ainsi que le manque de
« vivres pour plusieurs jours, ne nous permettent
« pas de continuer la marche qui avait été tracée.
« Nous allons donc nous reporter sur le plateau
« de Plappeville. »

Ainsi, ce n'est pas la crainte de ne pouvoir s'ouvrir la route de Verdun qui arrête le maréchal, mais
seulement la pénurie des vivres et des munitions.
Qu'y avait-il de vrai dans cette double assertion?
C'est ce que nous allons examiner.

LES MUNITIONS ET LES VIVRES ÉTAIENT SUFFISANTS POUR CONTINUER LA MARCHE. — SITUATION DES MUNITIONS.

Dans le courant de la soirée du 16, le général
Soleille, commandant l'artillerie de l'armée, avait
envoyé son chef d'état-major prévenir le maréchal
que la consommation des munitions avait été considérable; qu'on pouvait l'apprécier au tiers ou à
la moitié de l'approvisionnement de l'armée pour
les munitions d'artillerie, et qu'il serait utile d'envoyer à Metz dans la nuit même, chercher de nouveaux caissons. On doit regretter qu'avant d'adresser au général en chef un rapport aussi alarmant,
le général Soleille n'ait pas fait recueillir des renseignements par les officiers de son état-major auprès des généraux commandant l'artillerie des corps
sur les consommations de la journée. S'il les eût
consultés, les indications transmises par lui eussent
été tout autres; il est facile de s'en rendre compte.

Complétement réapprovisionné après le combat
du 14, où les consommations furent d'ailleurs assez
modérées, l'armée traînait avec elle sur le plateau
de Gravelotte environ 95,460 coups de canon à obus
de 4, et 11,030 coups à obus de 12, soit en totalité
106,493 coups à obus, non compris la mitraille et
les coups de canon à balles qui étaient surabon-
dants.

La consommation de la bataille de Gravelotte
n'atteignit pas, pour les deux calibres, 26,000 obus.
L'armée disposait donc, le 15 au soir, de 80,493
coups au moins. Il n'était donc pas exact de dire
que la consommation de la journée avait été du
tiers ou de la moitié de l'approvisionnement total.
Elle n'en atteignait pas le quart.

Si 80,300 coups de canon ne paraissaient pas suffisants au maréchal pour poursuivre sa marche sur
Verdun où l'attendaient de nouvelles ressources,
l'arsenal de Metz était en mesure de livrer en quelques heures et dans la nuit même, 9,000 coups de 4
et 3,500 coups de 12, soit 12,400 coups immédiatement disponibles, chargés en coffres et montés sur
roues. Cet approvisionnement supplémentaire,
emprunté en partie aux batteries mobiles de la place,
pouvait être reconstitué en moins d'un jour par
l'arsenal de Metz, le 19, le 20 et le 21, livra à l'armée
plus de 23,000 coups de canon.

L'exactitude de ces données est établie de la manière la plus précise dans un chapitre spécial du
rapport relatif à l'artillerie. Elles diffèrent des
chiffres produits par le général Soleille, par la bonne
raison que cet officier général a omis de faire entrer
en ligne de compte les livraisons journalières de
l'arsenal de Metz, qui atteignaient le 18, 24,059 obus
et dépassaient le 25, 54,077 obus.

En ce qui concerne les munitions d'infanterie, les
soldats, en partant pour Verdun, avaient dans le sac
ou la giberne 90 cartouches et même jusqu'à
108 cartouches dans quelques régiments, ce qui
représentait un total de plus de 11 millions. Les
réserves divisionnaires et les parcs en transportaient, en outre, plus de 6 millions lui-même.

On était donc muni, le 16, au matin, d'un approvisionnement de 47 millions 580 mille cartouches.
Le général Soleille restreint ce chiffre à 5 millions,
parce qu'il omet de faire entrer en ligne de compte
les munitions de sac et de giberne. Or, les consommations de cartouches dans toute la campagne jusqu'au 19 septembre, au dire de cet officier général,
n'ont pas atteint le chiffre de 3 millions 500 mille
cartouches. Elles s'élevaient, dans la journée du 16,
à 1 million, il restait donc, le 16 au soir, plus de
16 millions de cartouches.

On peut donc affirmer hautement que le 16 au soir,
l'armée était suffisamment approvisionnée pour
continuer sa marche.

En recevant les renseignements que lui envoyait
le général Soleille, le maréchal, qui avait l'expé-

rience de la guerre, n'aurait pas dû s'en émouvoir ; il savait que plusieurs de ses divisions n'avaient été que faiblement engagées, et qu'il était possible de procéder pendant la nuit à une répartition sommaire des munitions.

Quoi qu'il en soit, au lieu d'envoyer chercher immédiatement des munitions à Metz, comme le demandait le général Soleille, le maréchal remit au lendemain pour prendre cette mesure. Il ne jugeait donc pas les besoins bien urgents.

SITUATION DES VIVRES

En ce qui concerne la pénurie des vivres, l'inexactitude des assertions du maréchal est encore plus flagrante. L'armée à la sortie de Metz emmenait avec elle 3,390 voitures qui portaient 750,000 rations (pain, biscuit et farine) pour les hommes, et 200,000 d'avoine, soit quatre jours et demi de vivres. De grands approvisionnements avaient été préparés, en outre, par l'intendant général Wolff sur les plateaux fertiles qui séparent Metz de Verdun. Enfin, dans cette dernière place, 600,000 rations attendaient l'armée. L'ensemble de ces dispositions assurait donc très-largement la subsistance des troupes lorsque l'ordre de licenciement du train auxiliaire vint jeter la perturbation dans ces préparatifs. S'il avait été donné suite à cet ordre, le maréchal n'aurait eu à s'en prendre qu'à lui-même de la situation critique où cet ordre l'aurait placé. C'est bien alors qu'il y aurait eu pénurie, d'autant plus qu'au moment où l'ordre de laisser les vivres fut donné, il n'était pas possible de faire des distributions pour reconstituer l'approvisionnement de sac, les troupes étant en marche et ayant dépassé le convoi.

Mais, comme nous l'avons dit plus haut, une partie seulement des convois avait été arrêtée en route, ceux du 2ᵉ corps et du grand quartier général avaient atteint le plateau. Avec leurs seules ressources, l'armée avait de quoi vivre pendant deux jours, car le convoi du quartier général portait à lui seul, le 16 au soir, 173,000 rations de pain et de biscuit, 136,000 rations de farine et 3 jours de vivres de campagne pour toute l'armée.

Les soldats étaient alignés en vivres, jusqu'au 17 inclus, en moyenne ; on pouvait donc continuer la marche sans courir le moindre risque. Si l'inquiétude était permise, le 16 au soir, aux commandants de corps que l'ordre de licenciement du train auxiliaire avait séparés de leurs convois, le maréchal, qui avait été suivi par le sien dont les ressources permettaient de subvenir aux besoins de toute l'armée, devait être tranquille. Le maréchal connaissait les approvisionnements existants à Verdun et sur la route, il avait été renseigné à ce sujet, le matin même, par l'intendant général Wolff ; il avait vu le convoi du grand quartier général groupé autour de Gravelotte. Au lieu de se laisser gagner par l'inquiétude de quelques commandants de corps, il avait le devoir de les rassurer.

Il est vrai que l'intendant de Préval, qu'il fit appeler à l'issue du combat, ne sut pas renseigner le maréchal sur l'existant à Gravelotte. Ce fonctionnaire, investi depuis trois jours seulement des fonctions intérimaires d'intendant en chef et chargé jusque-là du seul service des ambulances, pouvait ignorer les détails du service des vivres. Mais il s'agissait ici d'une question capitale, et il aurait dû tout au moins s'informer auprès des directeurs des services des subsistances et des transports, MM. Gaftiot et Mouy, qui se trouvaient avec lui. Il n'en fit rien, et permit ainsi au maréchal d'invoquer, pour expliquer son mouvement rétrograde, un motif dénué de fondement et qui devait impressionner d'une manière fâcheuse les troupes justement surprises de voir qu'après deux jours de route, les vivres faisant défaut, elles étaient contraintes à la retraite.

C'est à tort, toutefois, que le maréchal voudrait profiter de l'ignorance où il a été laissé par l'intendant de Préval, pour rejeter sur lui la responsabilité. En effet, dans un de ses interrogatoires, il s'est exprimé en ces termes : « *Quand je lui par« lai, le 16 au soir, de notre situation, il me répondit « qu'il n'était pas au courant du service des vivres.* » S'il tenait à être renseigné au juste, que ne s'adressait-il à ceux qui étaient en mesure de lui répondre ?

Gagné par l'inquiétude que le maréchal lui témoigna, l'intendant de Préval lui offrit d'aller chercher à Metz le convoi qui s'y trouvait tout prêt à marcher ; et avec l'assentiment du maréchal il partit immédiatement dans ce but ; non content de cela, il puisa largement dans les magasins de la place, où il enleva notamment tout le biscuit. Il amenait ce convoi le lendemain au point du jour sur le plateau, lorsqu'il fut arrêté par la nouvelle que l'armée se repliait sur Metz.

En résumé, le 16 au soir, le maréchal avait sur le plateau des vivres pour toutes les journées du 17, du 18 et une partie de celle du 19 ; à proximité se trouvait le reste des convois qui pouvaient rejoindre dans la matinée du 17 ; enfin, des approvisionnements étaient préparés à Verdun et sur la route.

Il serait étrange que dans ces conditions le commandant en chef ait pu croire à une pénurie telle qu'il fût forcé de rétrograder. Aussi bien n'y croyait-il pas ; il le reconnaît dans son interrogatoire et il rejette sur un défaut de rédaction les assertions de sa dépêche au sujet du manque de vivres.

« *Dans ma pensée*, dit-il, *ce n'étaient pas les « vivres qui manquaient, mais il fallait les distri« buer de façon à ce que les hommes aient deux « ou trois jours de vivres dans le sac, de manière « à nous débarrasser de notre immense convoi.* »

Ainsi, il ne s'agit plus que de faire les distributions ; mais cette difficulté qui provenait de l'ordre de licenciement qui avait séparé les corps d'armées de leurs convois n'était pas insurmontable; en donnant des ordres le soir même, le convoi qui était massé au ban Saint-Martin aurait facilement franchi les 12 kilomètres qui séparent Metz des plateaux, et la distribution pouvait avoir lieu dans la matinée du 17.

L'instruction doit constater que le maréchal Bazaine, en se ravitaillant à Metz en vivres et en munitions, allait diminuer d'autant les ressources de la place, et que son devoir était de prendre, sans perdre un moment, les mesures nécessaires pour les remplacer. Le télégraphe était à sa disposition; dès le 16 au soir il pouvait en demander. Au lieu d'agir ainsi, de rendre compte par dépêche de la situation, il rédige un rapport qu'il confie à M. Belle, secrétaire d'ambassade, et dirige son envoyé sur Verdun au lieu de le faire passer par le chemin de fer des Ardennes. M. Belle n'arriva au camp de Châlons que le lendemain 17 dans la soirée.

Ce ne fut que dans l'après-midi du 17, à 2 h. 15 et à 4 h. 30, que le maréchal songea à avoir recours au télégraphe pour informer le ministre et l'empereur des événements. Chose digne de remarque, sa dépêche au ministre se tait, comme on verra ci-après, sur le point essentiel de la situation, la pénurie de vivres et de munitions ; en sorte que le ministre ne peut prendre que dans la soirée du 17 des mesures pour le ravitailler. Par le fait de ce retard, les approvisionnements expédiés par son ordre trouvèrent la voie coupée et ne purent arriver à Metz.

Comment expliquer le silence du maréchal, si ce n'est par la résolution de se soustraire à des invitations trop pressantes d'avoir à continuer sa marche? Car on ne saurait admettre les excuses qu'il a présentées dans son interrogatoire : l'oubli de la ligne des Ardennes, la crainte de se servir du télégraphe, alors que l'armée ennemie était sur ses derrières, puisqu'il pouvait se servir du chiffre existant pour la correspondance officielle; l'ignorance enfin où il avait été laissé, en prenant possession de son commandement, des ressources de l'armée, puisque son devoir l'obligeait de s'en enquérir.

L'assertion du maréchal relative à la pénurie des vivres allait recevoir un éclatant démenti. Une partie des voitures du grand quartier général avaient été déchargées dans la soirée du 16, soit en vertu de l'ordre de licenciement, soit pour permettre d'évacuer sur Metz les blessés de la journée. Dans le mouvement rétrograde exécuté dans la matinée du 16, on ne prit aucune mesure pour distribuer aux troupes ces denrées qui avaient été déposées aux abords de Gravelotte, et au moment où l'on abandonnait cette position, on dut y mettre le feu pour éviter qu'elles ne tombassent aux mains de l'ennemi.

Dans le procès-verbal des pertes, dressé à cette occasion, 2,063,000 rations de vivres de toute espèce, dont 50,000 rations de biscuit et 625,000 de sel, furent ainsi détruites.

Les faits qui précèdent ayant été portés à la connaissance du maréchal, il a répondu: que la vraie cause déterminante du mouvement rétrograde qu'il a ordonné a été la dissémination dans laquelle se trouvaient les corps dans la soirée du 16, et qu'il n'a pas cru, au point de vue tactique, devoir remettre l'armée en marche sans avoir rétabli l'ordre. D'après lui, le mouvement en arrière du 17 n'a été qu'une rectification de la ligne de bataille, dans le but de recevoir dans de meilleures conditions l'ennemi s'il se présentait. Le maréchal a ajouté dans un autre moment que le mouvement sur Briey aurait nécessité une conversion de l'armée, et que le convoi n'aurait pas pu suivre.

Ces raisons, eussent-elles été suffisantes dans les conditions ordinaires de la guerre, ne peuvent justifier la détermination du maréchal dans ce moment aussi critique, alors qu'il n'y avait pas un moment à perdre pour conserver sa ligne de retraite.

L'ARMÉE S'ÉTABLIT SUR LA LIGNE DE ROZÉRIEULLES A SAINT-PRIVAT.

Après avoir annoncé à l'empereur qu'il allait s'établir sur la ligne de Vigneulles-Lessy, le maréchal hésita devant l'exécution d'un mouvement rétrograde aussi prononcé, et se décida à occuper, le lendemain 17, une position intermédiaire en avant du vallon de Monvaur, entre Rozérieulles et Saint-Privat. Sa détermination de rentrer sous Metz était cependant déjà bien arrêtée dans son esprit; car, après avoir dicté les ordres qui allaient reporter l'armée sur ces nouvelles positions, le maréchal, s'adressant à des officiers de son état-major. leur dit : « — Si quelqu'un d'entre vous « voit quelque chose de mieux à faire, je suis prêt « à l'écouter. Du reste, il faut sauver l'armée, et « pour cela revenir sous Metz.

Cette réflexion, qui laissait voir le fonds de sa pensée, n'était guère en concordance avec la dépêche télégraphique suivante, n° 3428, qu'il envoie le 17, à quatre heures vingt-huit minutes de l'après-midi, à l'empereur :

Le maréchal Bazaine à l'empereur, au camp de Châlons.

« Metz, 17 août.

« J'ai eu l'honneur d'écrire à Votre Majesté hier
« soir pour l'informer de la bataille soutenue, de
« neuf heures du matin à huit heures du soir,
« contre l'armée prussienne qui nous attaquait
« dans nos positions de Doncourt à Vionville.
« L'ennemi a été repoussé et nous avons passé la
« nuit sur les positions conquises. La grande con-
« sommation qui a été faite de munitions d'artil-

« lerie et d'infanterie, la seule journée de vivres
« qui restait aux hommes, m'ont obligé à me
« rapprocher de Metz pour réapprovisionner le
« plus vite possible nos parcs et nos convois.

« J'ai établi l'armée du Rhin sur les positions
« comprises entre Saint-Privat et Rozérieulles. Je
« pense pouvoir me remettre en marche après-
« demain, en prenant la direction plus au nord, de
« façon à venir déboucher sur la gauche de la
« position d'Haudiomont, dans le cas où l'ennemi
« l'occuperait en force pour nous barrer la route
« de Verdun, et pour éviter des combats inutiles
« qui retardent notre marche.

« Le chemin de fer des Ardennes est toujours
« libre jusqu'à Metz, ce qui indique que l'ennemi a
« pour objectif Châlons et Paris. On parle toujours
« de la jonction des armées des deux princes. Nous
« avions devant nous, hier, le prince Frédéric-
« Charles et le général Steinmetz. »

Le maréchal télégraphiait en même temps au ministre de la guerre : « Nous avons été attaqués le
« 14 dans nos lignes devant Borny, au moment où
« une partie de l'armée était déjà sur la rive gau-
« che de la Moselle. Hier, 16 août, une bataille a
« été soutenue de neuf heures du matin à huit heu-
« res du soir sur la position que nous occupions
« entre Doncourt et Vionville, contre les corps réunis
« du prince Frédéric-Charles et du général Stein-
« metz. L'ennemi a été repoussé dans les deux
« rencontres en subissant des pertes considérables.
« Les nôtres sont sensibles. »

Le parti auquel s'arrêtait le maréchal rendait bien difficile l'exécution des projets de départ qu'il communiquait à l'empereur. En reportant l'armée en arrière des positions qu'elle avait glorieusement conservées la veille, le maréchal laissait à l'ennemi toute facilité pour venir s'établir sur les routes d'Étain et de Briey. De plus, loin de diminuer les chances d'une rencontre, sa résolution rendait un combat inévitable pour s'ouvrir un passage vers le nord. Le mouvement du 17 n'a-t-il été qu'une mesure préparatoire précédant la rentrée de l'armée sous Metz ? Ou, comme l'expose le maréchal dans son mémoire justificatif, en s'établissant sur les positions d'Amanvillers, se proposait-il de livrer une bataille défensive dans de bonnes conditions tactiques pour déboucher après avoir infligé à l'adversaire de grandes pertes ? Telle est l'alternative dans laquelle on se trouve placé.

Si les avis qu'il adresse le 17 au soir à l'empereur par le commandant Magnan ; si, comme nous le verrons ci-après, la mission qu'il donne en même temps à l'intendant de Préval d'aller préparer des vivres à Longuyon et sur la ligne des Ardennes, semblent témoigner du désir de s'éloigner de Metz, le reste de sa conduite ne correspond nullement à cette détermination. Les ordres qu'il donne pendant les journées des 17 et 18 peuvent seuls indiquer quelles étaient ses véritables intentions.

S'il eût été réellement dans la pensée du maréchal de reprendre sa marche vers l'intérieur, tout l'intérêt de la position eût été pour lui à la droite de son armée, côté par où il devait déboucher et qui présentait la position la plus faible. Il y aurait placé ses meilleures troupes, ses réserves, sa belle cavalerie. Au lieu de cela, nous le voyons établir sur le plateau de Saint-Privas, la clef de la position, le corps du maréchal Canrobert, corps très-éprouvé dans la journée du 16 et resté fort incomplet, comme nous l'avons dit, avec une artillerie très-réduite, sans aucun parc, sans même d'outils pour s'établir solidement sur le terrain.

Quant aux réserves, il les dispose à gauche de son armée, sur les hauteurs difficilement abordables de Saint-Quentin que couronnent des fortifications permanentes. Sa cavalerie, reléguée dans le fond du vallon de Monvaur, se trouve forcément dans l'inaction; lui-même porte son quartier général à Plappeville. Ces dispositions, bien loin d'indiquer un projet de départ de Metz, témoignent de la crainte, bien peu fondée d'ailleurs, de voir l'ennemi se glisser entre la place et l'armée. La préoccupation du maréchal à ce sujet paraît avoir été si grande que, dans l'après-midi du 17, il a manifesté un moment la pensée d'établir l'armée le soir même ou dans la nuit sur les positions qu'elle occupa le 19 sous l'appui des forts.

L'anxiété provoquée par le silence du maréchal le soir du combat de Rézonville et dans la matinée du lendemain se manifeste dans la dépêche expédiée le 17 du quartier impérial au général Coffinières :
« Avez-vous des nouvelles de l'armée ? Envoyez-
« les d'urgence à Sa Majesté au camp de Châlons. »

Cet officier général répond : « Hier, 16, il y a
« eu une affaire très-sérieuse du côté de Grave-
« lotte; nous avons eu l'avantage dans le combat,
« mais nos pertes sont grandes. Le maréchal s'est
« concentré sous Metz et campe sur les hauteurs
« de Plappeville. Nous demandons du biscuit et de
« la poudre. Metz est à peu près bloqué. »

Ces nouvelles alarmantes sont confirmées dans le rapport que le maréchal expédie le 17 au soir par le commandant Magnan :

« Metz, 17 août.

« J'ai l'honneur de confirmer à l'empereur ma
« dépêche télégraphique en date de ce jour, et de
« joindre à cette lettre copie de celle que j'ai adres-
« sée à Votre Majesté hier soir à onze heures.

. . . .

« On dit aujourd'hui que le roi de Prusse serait
« à Pange ou au château d'Aubigny, qu'il est suivi
« d'une armée de 100,000 hommes, et qu'en outre
« des troupes nombreuses ont été vues sur la route
« de Verdun, à Mont-sur-les-Côtes. Ce qui pourrait
« donner une certaine vraisemblance à cette nou-
« velle de l'arrivée du roi de Prusse, c'est qu'en ce
« moment où j'ai l'honneur d'écrire à Votre Ma-

« jesté, les Prussiens dirigent une attaque sérieuse
« sur le fort de Queuleu. Ils auraient établi des
« batteries à Magny, à Mercy-le-Haut et au bois de
« Pouilly. Dans ce moment le tir est même assez
« vif.

« Quant à nous, les corps sont peu riches en
« vivres. Je vais tâcher d'en faire venir par la li-
« gne des Ardennes, qui est encore libre. M. le
« général Soleille, que j'ai envoyé dans la place,
« me rend compte qu'elle est peu approvisionnée
« en munitions et qu'elle ne peut nous donner que
« 800,000 cartouches, ce qui, pour nos soldats, est
« l'affaire d'une journée. Il y a également un petit
« nombre de coups pour pièces de quatre, et
« enfin, il ajoute que l'établissement pyrotechnique
« n'a pas les moyens nécessaires pour confection-
« ner des cartouches. M. le général Soleille a dû
« demander à Paris ce qui est indispensable pour
« remonter l'outillage; mais cela arrivera-t-il à
« temps? Les régiments du corps du général Fros-
« sard n'ont plus d'ustensiles de campement et ne
« peuvent faire cuire leurs aliments. Nous allons
« faire tous nos efforts pour reconstituer nos
« approvisionnements de toutes sortes, afin de
« reprendre notre marche dans deux jours, si cela
« est possible. Je prendrai la route de Briey; nous
« ne perdrons pas de temps, à moins que de nou-
« veaux combats ne déjouent ma combinaison.

« J'adresse à Votre Majesté la traduction d'un
« ordre de combat trouvé sur un colonel prussien
« tué à la bataille du 16.

« Je mettrai Votre Majesté au courant des mou-
« vements de l'ennemi dans cette journée.

« J'y joins une note de M. le général Soleille,
« commandant l'artillerie de l'armée, qui indique le
« peu de ressources qu'offre la place de Metz pour
« le ravitaillement en munitions d'artillerie et d'in-
« fanterie. »

En résumé, il n'y a qu'un petit nombre de coups
de quatre. Les cartouches font défaut ainsi que
l'outillage pour en confectionner. Metz ne peut
fournir que 800,000 cartouches, ce qui pour l'armée
est l'affaire d'une journée. Les corps sont peu
riches en vivres, et on va se hâter d'en faire venir
par la ligne des Ardennes, qui est encore libre.

Ainsi, il n'y a ni vivres ni munitions à Metz, la
poudre, le biscuit font défaut; tel est le résumé de
ces dernières et tristes dépêches qui vont porter la
stupeur et la désolation dans toute la France et
provoquer dans tous les esprits une exaspération
profonde, avant-coureur de la tempête du 4 septembre.

Et pourtant, bien que beaucoup moins abondants
qu'il n'eût été désirable, les vivres étaient loin de
faire défaut, puisque 200,000 hommes allaient subsister pendant 70 jours avec les ressources que
renfermait la place. Les munitions ne manquaient
pas non plus, puisque, six jours après ce cri
d'alarme, le général Soleille déclarait, le 22 août,

être aussi complétement réapprovisionné qu'au
début de la campagne.

BATAILLE DE SAINT-PRIVAT.

Pendant la journée du 17, l'armée s'établit en
bataille sur les crêtes qui forment à l'ouest la berge
du vallon de Monvaur. Sa gauche s'appuyait au
ravin de Rozérieulles; sa droite s'étendait jusqu'au delà du village de Saint-Privat, point culmi-
nant du terrain ente l'Orne et la Moselle. C'est en
arrière de Saint-Privat que se détache du plateau
le contre-fort du Saint-Quentin, encadré par les
vallons de Monvaur et de Saulny. Il était de la plus
haute importance de demeurer maître de la naissance de ce contre-fort, car le mouvement de concentration que préparait en ce moment même le
maréchal allait ramener l'armée sur les hauteurs
du Saint-Quentin, et la possibilité de reprendre la
marche vers le nord était subordonnée à la possession du seul débouché sur le plateau qui allait
rester entre nos mains. Ces considérations d'une
évidence saisissante ne pouvaient échapper à l'expérience du maréchal. Si rien, dans les dispositions qu'il ordonne, n'indique la résolution de
défendre à outrance les positions occupées par la
droite de son armée, comment expliquer sa conduite,
si ce n'est par la pensée arrêtée dans son esprit de
ne plus quitter Metz, qu'on a déjà été amené à
reconnaître?

Une lettre du maréchal Bazaine au maréchal
Canrobert du 18, à 10 heures du matin, jette une
vive lumière sur ce point :

« Le maréchal Le Bœuf m'informe que des forces
« ennemies qui lui paraissent considérables sem-
« blent marcher vers lui. Installez-vous le plus soli-
« dement possible sur vos positions. Si, par cas,
« l'ennemi, se prolongeant sur votre front, semblait
« vouloir attaquer sérieusement Saint-Privat, pre-
« nez toutes les dispositions nécessaires pour y
« tenir et permettez à toute aile droite de faire un
« changement de front pour occuper des positions
« en arrière si c'était nécessaire, positions que l'on
« est en train d'étudier. »

Ainsi, avant que le combat s'engage, le maréchal
Bazaine est déjà décidé, à ne pas défendre sa dernière ligne de retraite et à reporter, en cas d'attaque
sérieuse, son aile droite en arrière, c'est-à-dire à
abandonner le débouché sur les plateaux.

Cependant, l'armée était rangée en bon ordre sur
ses positions, la garde et l'artillerie de réserve
groupées au Saint-Quentin. On attendait de pied
ferme l'ennemi, dont les masses s'ébranlèrent dans
la matinée. L'attaque commença vers onze heures
et se prolongea pendant toute la journée par une
série d'assauts dont l'intensité allait toujours en
croissant vers la droite. Comme tout l'indiquait, les
efforts accumulés de l'ennemi se portèrent sur cette
aile de notre armée qui seule pouvait être débordée et entourée. Trois corps d'armée, s'élevant en-

semble à 90,000 hommes munis de 280 bouches à feu, se réunirent pour accabler le 6ᵉ corps, qui n'avait à leur opposer que 26,000 hommes, 78 bouches à feu mal approvisionnées et pas une seule batterie de mitrailleuses sur un terrain admirablement propice à l'emploi de cette arme nouvelle. La résistance du maréchal Canrobert fut héroïque; elle aurait triomphé des efforts de l'ennemi si la garde et l'artillerie de réserve avaient été envoyées à temps à son secours. Mais, pour saisir l'occasion favorable, il aurait fallu que le commandant en chef, qui seul disposait des réserves, eût été en mesure de se rendre un compte exact de la situation. — Comment aurait-il pu en être ainsi, puisqu'il ne parut pas de toute la journée sur le champ de bataille?

Cette conduite extraordinaire, au moment où se livrait la lutte acharnée qui allait décider du sort de l'armée de Metz et de la guerre, demande à être examinée de près. Pour l'apprécier en toute connaissance de cause, il convient de préciser quels furent les rapports du maréchal avec les divers commandants de corps, et le compte qu'il rendit à l'empereur des péripéties de la lutte.

Vers 6 heures du matin, on aperçut, du quartier général du 3ᵉ corps, des troupes nombreuses, qui, marchant déployées, dans les plaines basses, situées en arrière de Gravelotte, se dirigeaient de gauche à droite en faisant un grand mouvement de conversion. Frappé de cette marche, qu'il distinguait à grande distance, le maréchal Le Bœuf en prévint le général en chef, qui répondit de s'établir solidement sur la position et de la conserver à tout prix.

Dès 9 heures du matin, le commandant du 3ᵉ corps signale de nouveau au maréchal Bazaine des mouvements considérables de troupes, en avant du front des 2ᵉ et 3ᵉ corps.

Le maréchal Bazaine en avise vers midi et demi le maréchal Canrobert, et, en lui prescrivant de tenir ferme à Saint-Privat, il lui annonce l'envoi de munitions.

A 10 heures un quart, le maréchal Canrobert informe le général en chef de l'apparition de quelques troupes ennemies à Vallery.

Vers midi, il prévient qu'un combat sérieux s'engage, et que la rareté des munitions l'oblige à ralentir le feu de son artillerie. Le maréchal Bazaine lui fait répondre qu'il donne des ordres pour qu'une division de la garde et de l'artillerie aillent le soutenir.

Vers une heure et demie, le maréchal Le Bœuf télégraphie que des forces très-nombreuses prononcent leur attaque sur toute la ligne.

A une heure et demie, le maréchal Canrobert répond, par l'officier qui lui a porté l'ordre de tenir ferme à Saint-Privat, qu'il résistera autant qu'il le pourra et tant qu'il aura des munitions, mais qu'elles s'épuisent et qu'il n'en a pas encore reçu de nouvelles.

A deux heures et demie, il dépêche au maréchal le capitaine d'artillerie de Chalus, pour hâter l'envoi des munitions déjà demandées et en ramener lui-même, s'il est possible. Cet officier, conduit auprès du maréchal, lui explique en détail, sur une carte, la situation de l'aile droite et ne lui dissimule ni la gravité de la position du 6ᵉ corps, ni les inquiétudes qu'elle cause à son chef. Il obtient et emmène quatre caissons d'artillerie.

A cinq heures, le commandant du 6ᵉ corps adresse au général en chef un billet ainsi conçu :
« L'attaque a cessé sur le front du 4ᵉ corps pour « se porter plus intense sur la droite du 6ᵉ; un « feu d'artillerie considérable a presque éteint le « nôtre. Les munitions me manquent. »

Enfin, à sept heures, le maréchal Canrobert annonce que le 6ᵉ corps est contraint d'évacuer Saint-Privat, qui est en feu et où il n'y a plus possibilité de tenir.

Comme on le voit, le commandant en chef est tenu au courant d'une manière complète et continue des progrès de l'attaque dirigée contre la droite de son armée, de la faiblesse de l'artillerie du 6ᵉ corps et de la pénurie de munitions qui l'oblige à ralentir son feu.

Il a été donné connaissance au maréchal Bazaine des renseignements que l'instruction avait relevés au sujet des communications que le maréchal Canrobert avait eues avec lui dans la journée du 18; invité à faire connaître s'il persistait à dire qu'il n'avait pas été tenu au courant de la situation du 6ᵉ corps, le maréchal s'est exprimé de la manière suivante :

« J'avais donné des instructions le matin au « maréchal Canrobert; elles contenaient l'ordre de « replier la droite dans le cas d'une attaque sé- « rieuse de l'ennemi contre Saint-Privat, et je lui « envoyai dans la journée ce qu'il me demandait. »

Les secours envoyés directement par le maréchal Bazaine au 6ᵉ corps se bornèrent à deux batteries de réserve et à quelques caissons, ce qui ne répondait nullement aux demandes du maréchal Canrobert et à la gravité de la situation.

Suivons maintenant le maréchal pendant cette journée. Il ne quitta pas de la matinée son quartier général. Vers deux heures et demie, il monte à cheval, et au lieu d'amener avec lui tout son état-major, dont le nombreux personnel lui aurait permis d'avoir, d'une manière continue, des nouvelles du combat, il refuse les ordres du général Jarras et ne prend que quelques officiers. Il se rend d'abord au fort Quentin; de là, il peut apercevoir les positions occupées par les 2ᵉ et 3ᵉ corps. Le combat est engagé avec violence, le bruit de la canonnade est continu. De grandes masses de fumée s'élèvent sur la droite au-dessus des bois qui bornent l'horizon de ce côté. A la gauche, vers Jussy, se montre une tête de colonne ennemie.

Le maréchal fait pointer lui-même quelques canons dans cette direction, elle disparaît. Il est environ quatre heures. Il part de Saint-Quentin, redescend au col de Lessy, rencontre en route le capitaine de Beaumont, commandant de l'escorte du général Bourbaki, et le charge de dire à son général de prévenir le maréchal Canrobert qu'il ne le soutient plus et de rentrer ensuite. A quelques pas de là, il trouve sur son chemin des officiers d'ordonnance du général Bourbaki qui vont le rejoindre; il leur dit que tout est fini et de rentrer. Il remonte ensuite en avant du fort de Plappeville, pour voir ce qui se passe dans la plaine de la basse Moselle, aperçoit de la poussière au-dessus de la route de Saulny, et, craignant une pointe de l'ennemi, fait appeler deux batteries de la réserve. Puis, reconnaissant que ce mouvement est causé par des bagages et des isolés qui rentrent précipitamment vers Metz, il s'écrie : « Que faire avec de pareilles troupes? » et redescend au quartier général vers sept heures et demie. Pendant toute cette journée, il n'envoie personne aux nouvelles, reçoit sans s'émouvoir les avis des dangers toujours croissants qui menacent le 6ᵉ corps, et se contente, pour tout soutien, de lui envoyer 20 caissons dont 12 d'artillerie et qui arrivent sur le terrain au moment même où la lutte se termine. Ces munitions alimentent quelques instants de plus ce feu terrible qui des hauteurs de la Croix arrête court au moment critique les progrès si menaçants de l'ennemi.

Quelles étaient les réserves disponibles et quel parti le maréchal Bazaine pouvait-il en tirer? Tel est le point qui reste à préciser.

L'infanterie de la garde avait été répartie comme il suit : la 1ʳᵉ brigade de voltigeurs, sous les ordres du général Brincourt, à Châtel-Saint-Germain, pour soutenir le 3ᵉ corps; la 2ᵉ brigade, sous les ordres du général Deligny, était maintenue au Saint-Quentin, par suite de cette crainte d'une attaque sur les derrières de la gauche de l'armée, dont les feux croisés de la place et du fort Saint-Quentin rendaient le succès invraisemblable. La division de grenadiers demeurait seule disponible. En présence de ces dispositions, le général Bourbaki fait observer au maréchal qu'ainsi morcelée la garde ne sera plus en mesure de produire les résultats sérieux qu'on est en droit d'attendre d'elle, tant en raison de la valeur des éléments qu'elle renferme que par suite de sa constitution en corps d'armée.

L'artillerie de réserve de la garde, composée de 4 batteries, et la réserve générale, forte de 12 batteries, en tout 96 bouches à feu, dont 36 de calibre de 12, étaient massées au Saint-Quentin.

Dans la matinée du 18, d'après un rapport du général Bourbaki, en date du 21 août, il avait reçu l'ordre du maréchal de se tenir prêt à marcher, et l'autorisation de mettre ses troupes en mouvement quand il le jugerait convenable.

Vers trois heures, le général Bourbaki, comprenant que la lutte prenait de grandes proportions, se décida, en l'absence de tout ordre direct, à porter sa division de grenadiers au Gros-Chêne, vers la droite de l'armée. Il y arrive à quatre heures ; un moment après il se porte un peu en avant, dans la direction de Saint-Privat et attend ; à six heures un quart, arrivaient successivement près de lui le capitaine de la Tour du Pin et le commandant Pesmes, envoyés par le général de Ladmirault, pour lui demander de venir appuyer le 4ᵉ corps, qui avait obtenu, disent-ils, un succès. Le général se met en marche et appelle à lui l'artillerie de réserve de la garde, restée au Saint-Quentin. A la sortie des bois avoisinants Amanvillers et Saint-Privat, le général, à la vue du mouvement de retraite du 4ᵉ et du 6ᵉ corps qui se dessine nettement, déploie ses troupes pour le protéger. A sept heures quarante minutes, arrive à toute vitesse l'artillerie de réserve de la garde.

Dans cette dernière période de la bataille, l'artillerie du 6ᵉ corps, qui n'avait plus que quelques coups à tirer, s'adosse au bois, près de la route de Saulny, vis-à-vis de Saint-Privat, pendant que l'artillerie de la garde et deux batteries de la réserve s'établissaient au-dessus de la route de Châtel, en face d'Amanvillers. Cette masse de bouches à feu ouvre un feu très-vif et arrête net l'offensive de l'ennemi. A huit heures et demie le combat cesse.

Ainsi donc, pendant toute cette après-midi, le maréchal Bazaine est averti à plusieurs reprises du danger qui grossit vers la droite de son armée, de la situation plus que critique du maréchal Canrobert, de l'insuffisance de son artillerie, de la pénurie de munitions qui le force à ralentir son feu dès le début du combat; non-seulement il ne se porte pas de sa personne sur le point menacé pour y diriger au besoin ses réserves, mais il abandonne à l'initiative nécessairement hésitante du général Bourbaki le soin de mettre la division de la garde en mouvement, et laisse sur le Saint-Quentin soixante bouches à feu absolument inutiles.

Le maréchal, resté comme on l'a vu en dehors du champ de bataille, mais auquel les commandants de corps, dirigeant au milieu du feu leurs troupes engagées, firent parvenir des renseignements précis, adressa pendant la journée plusieurs dépêches à l'empereur et au maréchal de Mac-Mahon.

A deux heures de l'après-midi, il télégraphie au maréchal de Mac-Mahon :

« Par suite des combats successifs que j'ai livrés
« le 14 et le 16, ma marche sur Verdun a été arrêtée
« et je suis obligé de séjourner dans la partie nord
« de Metz pour me ravitailler en munitions, surtout
« en vivres. — Depuis ce matin, l'ennemi montre
« de fortes masses qui paraissent se diriger vers
« Briey et qui peuvent avoir l'intention d'attaquer

« le maréchal Canrobert, qui occupe Saint-Privat-la-
« Montagne, se reliant par sa gauche avec Aman-
« villers, point d'appui de la droite du 4e corps.
« Nous sommes donc de nouveau sur la défensive
« jusqu'à ce que je sache la véritable direction des
« troupes qui sont devant nous et surtout celle de
« l'armée de réserve que l'on dit à Pange, sur la
« rive droite de la Moselle, sous les ordres du roi,
« dont le quartier général serait à Aubigny.
« Transmettre cette dépêche à l'empereur et au
« ministre de la guerre. Je crains pour la voie ferrée
« des Ardennes. »

A quatre heures, nouveau télégramme adressé à l'empereur :

« En ce moment, quatre heures, une attaque, con-
« duite par le roi de Prusse en personne, avec des
« forces considérables, est dirigée sur tout le front
« de notre ligne. Les troupes tiennent bon jusqu'à
« présent ; mais des batteries ont été obligées de
« cesser le feu. »

Enfin, à sept heures cinquante, il télégraphie à l'empereur :

« J'arrive du plateau. L'attaque a été vive. En ce
« moment, sept heures, le feu cesse, nos troupes
« sont constamment restées sur leurs positions ! »

A ce moment, le dernier fil télégraphique qui reliait Metz à Châlons et à Paris, Thionville, est rompu.

Le texte de ces dépêches indique lui-même que le commandant en chef fut tenu au courant des diverses phases de la bataille, mais l'expression de la situation telle qu'il la connaît ne s'y retrouve pas ; aucune mention n'est faite de la position du 6e corps.

La dernière de ces dépêches, dont la série semblait témoigner des impressions reçues successivement pendant le combat, allait avoir inévitablement pour effet d'induire en erreur le souverain sur les résultats de la journée, puisque, à la fin de la bataille, le maréchal annonçait que nos troupes étaient constamment restées sur leurs positions.

On ne saurait évidemment faire un crime à un général de perdre une bataille. Mais quand on voit le maréchal Bazaine ne donner aucun ordre en présence des demandes réitérées et de plus en plus pressantes du maréchal Canrobert, et le laisser écraser sans lui porter le moindre secours, comment ne pas lui demander compte de sa coupable inaction, du sang inutilement versé, de la défaite infligée à nos armes, prélude du désastre final ? Pourquoi est-il demeuré loin du théâtre où se livrait la plus grande bataille des temps modernes, alors que le roi de Prusse conduisait l'attaque en personne, ainsi que le maréchal l'annonçait lui-même à l'empereur ? On comprend que dans une rencontre ordinaire, il est nécessaire que le général en chef demeure sur le même point, afin que ses lieutenants puissent, au milieu des péripéties du combat, lui faire demander ses ordres. Mais dans une bataille comme celle du 18, où l'armée française, établie sur le haut des berges du vallon de Monvaur, n'avait qu'à tenir ferme, l'immobilité du chef n'était nullement commandée. Il n'y avait là ni manœuvre ni imprévu. Le maréchal avait donc toute liberté de se porter sur un point quelconque de ses lignes ; tout l'appelait à la droite de son armée, car là seulement on réclamait des secours, de l'artillerie, des munitions ; lui-même signale à l'empereur, à quatre heures, que ses batteries sont en partie éteintes. Il vient de traverser sa réserve d'artillerie au Saint-Quentin, et il ne songe pas à remplacer les bouches à feu hors de combat par celles de la réserve.

C'est en vain que le maréchal voudrait, pour excuser son immobilité à la gauche de son armée, faire accepter comme sérieux les dangers qui, selon lui, menaçaient ce côté de la ligne. C'était, au contraire, le point le plus fort, incontestablement, car de ce côté les positions occupées par le 2e corps étaient soutenues, comme on l'a déjà dit, en arrière par les hauteurs du Saint-Quentin que couronnent des ouvrages permanents. Enfin, la place pouvait couvrir de ses feux l'étroite langue de terre qui règne entre le pied du Saint-Quentin et la Moselle, par où seulement l'ennemi aurait pu se glisser entre Metz et l'armée. En vain cite-t-il, dans son mémoire justificatif, une note d'un officier supérieur du génie, faisant ressortir l'assiette défectueuse des forts de la rive gauche, mais dont les déductions critiques n'ont eu vue que des attaques régulières et dans la supposition que l'ennemi serait maître du terrain qu'occupaient les 2e et 3e corps d'armée. Ces explications, ces excuses, ne sauraient porter ni la conviction ni même l'hésitation dans aucun esprit. Oui, le maréchal Bazaine a abandonné sans secours le maréchal Canrobert ; oui, il est responsable personnellement de la défaite du 18 août et de ses terribles conséquences.

NOUVEAU MOUVEMENT RÉTROGRADE DE L'ARMÉE.

Dans la matinée du 18, un ordre du maréchal Bazaine avait convoqué à Châtel-Saint-Germain les sous-chefs d'état-major des différents corps, pour aller reconnaître, sous la direction du colonel Lewal, des emplacements à occuper ultérieurement quand l'ordre en serait donné. Ce fut à la suite de cette opération que furent arrêtés les ordres qui allaient reporter l'armée sous l'appui immédiat des ouvrages de la rive gauche, position sur laquelle le maréchal avait eu un moment la pensée de s'établir dès le 17 au soir. Un détail caractéristique demande à être relevé à ce sujet.

Lorsque, dans la soirée, des officiers d'état-major du 4e et du 6e corps vinrent en toute hâte chercher des ordres au quartier général pour placer les troupes, ils furent conduits chez le général en chef pour lui rendre compte des derniers incidents de la journée, incidents qu'il ignorait encore. Une fois qu'ils eurent terminé leur récit, le maréchal leur dit :

« Ne vous chagrinez pas; ce mouvement devait « être fait demain matin, vous le faites douze « heures plus tôt. »

Ce furent toutes les réflexions que lui suggérait la nouvelle que la route de Briey nous était désormais fermée et que l'armée, après un combat des plus acharnés et des plus sanglants, était refoulée sous Metz.

La fin du combat laissait inoccupée la naissance du contre-fort du Saint-Quentin et la route de Saulny.

L'ennemi, maître de Saint-Privat, n'avait pu le dépasser. Mais les ordres du maréchal reportèrent les lignes de l'armée bien en arrière de la route et du bois de Saulny, et le 2ᵉ et le 3ᵉ corps, qui pendant toute la journée avaient conservé leurs positions, durent revenir rejoindre au petit jour le reste de l'armée accumulée sous l'appui des forts.

Cette fois on était bien établi sur la ligne Vigneul-les-Lessy, position que nous avons vue arrêtée dans l'esprit du maréchal dès la soirée du 16. Le lendemain 19, le maréchal dictait à M. Debains, secrétaire d'ambassade attaché au grand quartier général, une note destinée à être communiquée, sans indication d'origine, au journal le *Courrier de la Moselle*, qui la publia le lendemain 20 août. On y trouvait la phrase suivante :

« L'une des armées de la France est aujourd'hui « concentrée sous Metz, sur les emplacements que « le maréchal a désignés à la suite de l'affaire du « 18. On peut dire que l'ensemble du plan de « l'ennemi, pour la journée du 18, n'a pas réussi. « En tenant autour de Metz, l'armée du maréchal « Bazaine fait face à des nécessités stratégiques et « politiques. »

Quelles pouvaient être ces nécessités, alors que l'armée de Metz avait ordre d'aller à Châlons pour couvrir Paris ?

Le maréchal Bazaine avait donc un but, en dehors de l'exécution de ses ordres. Ce but se dégage invinciblement du récit des événements du 12 au 18 août. Le maréchal Bazaine n'a pas voulu quitter Metz.

S'il eût voulu quitter Metz, en prenant le commandement, il aurait ordonné, à défaut des ponts provisoires, recouverts par la crue de la Moselle, de faire défiler, dès le 13 au matin, l'armée par les ponts de la ville et du chemin de fer.

S'il eût voulu quitter Metz, au lieu d'engouffrer toutes ses troupes sur l'unique route de Gravelotte, il aurait utilisé les trois autres routes, dont l'emploi simultané lui aurait permis d'atteindre rapidement le plateau.

S'il eût voulu quitter Metz il n'aurait pas donné le 15 l'ordre de licencier le train auxiliaire, mesure qui devait le priver de ses vivres et arrêter sa marche.

S'il eût voulu quitter Metz, après s'être ravitaillé le 17 de grand matin, il aurait recommencé le combat ou pris le chemin de Briey. Tout au contraire, il ne pense tout d'abord qu'à aller établir l'armée entre Vigneulles et Lessy ; puis hésitant devant un mouvement de retraite aussi accentué, il vient occuper le haut des berges du vallon de Monvaur, en arrière desquelles il compte porter l'armée dès la matinée du 19, comme nous venons de voir.

Si donc le maréchal Bazaine n'a pas voulu quitter Metz, on se demande, sans pouvoir trouver une raison plausible, pourquoi il n'a pas évité cette bataille inutile du 18 août, qui coûta tant de sang à son armée et qui allait augmenter de la manière la plus dangereuse l'encombrement des blessés dans la place de Metz et ébranler le moral de l'armée.

Dans la pensée du maréchal, dépose M. Debains, actuellement premier secrétaire d'ambassade à Berlin, et qui avait été attaché à l'état-major général de l'armée du Rhin, tant au point de vue de la conservation du territoire à la paix, qu'au point de vue des opérations militaires, il était très-important que l'armée protégeât Metz jusqu'à ce que les travaux destinés à couvrir la place fussent achevés. Ces motifs existaient avec la même force le jour où le maréchal prenait le commandement. S'ils étaient prépondérants, pourquoi ce simulacre de départ ? La conduite du maréchal s'explique par d'autres considérations. — Tout annonce une catastrophe prochaine. Dans cette prévision, il est moins compromettant d'attendre les événements à l'abri d'un camp retranché ; quelle que soit l'issue de la crise, on comptera toujours avec le commandant en chef de Metz ; sa position politique est inattaquable, car, s'il a été nommé général en chef par l'empereur, c'est en partie à l'intervention des membres de l'opposition qu'il doit son commandement.

Il reste à voir quel compte le maréchal allait rendre de la situation de l'armée et de ses projets. Le télégraphe de Thionville était coupé le 18, entre six et sept heures du soir. Ce ne fut que le 19 qu'il rédigea son rapport à l'empereur, et il l'expédia seulement le lendemain 20, à trois heures de l'après-midi, par Verdun, par le garde Braidy, auquel il le remit lui-même :

« L'armée s'est battue hier toute la journée sur « les positions de Saint-Privat-la-Montagne à Rozérieulles, et les a conservées. Les 4ᵉ et 6ᵉ corps « ont fait, vers neuf heures du soir, un change« ment de front, l'aile droite en arrière, pour parer « à un mouvement tournant par la droite, que des « masses ennemies tentaient d'opérer à l'aide de « l'obscurité. Ce matin, j'ai fait descendre de leurs « positions les 2ᵉ et 3ᵉ corps, et l'armée est de « nouveau groupée sur la rive gauche de la Mo« selle, de Longeville au Sansonnet, formant une « ligne courbe, passant derrière les forts de Saint« Quentin et de Plappeville. Les troupes sont fa-

« tiguées de ces combats incessants, qui ne leur
« permettent pas les soins matériels, et il est in-
« dispensable de les laisser reposer deux ou trois
« jours. Le roi de Prusse était ce matin à Rézon-
« ville, avec M. de Moltke, et tout indique que
« l'armée prussienne va tâter la place de Metz. Je
« compte toujours prendre la direction du nord et
« me rabattre ensuite par Montmédy, sur la route
« de Sainte-Menehould à Châlons, si elle n'est pas
« fortement occupée; dans le cas contraire, je con-
« tinuerai sur Sedan et même Mézières pour ga-
« gner Châlons. »

En résumé, une grande bataille a été livrée, mais l'armée est encore en état de reprendre sa marche à l'intérieur.

La dernière dépêche expédiée le 18 au soir par le maréchal annonçait que l'armée avait conservé ses positions; le lendemain, le maréchal confirme dans la dépêche que nous venons de citer son projet de marche dans la direction du nord en passant par Montmédy.

On devait donc à Châlons être persuadé que la bataille du 18 laissait le maréchal libre de ses mouvements et en mesure de repartir.

Quelques heures après avoir adressé son rapport à l'empereur, le maréchal expédiait le soir même à sept heures, par Thionville, trois nouvelles dépêches.

La première, à l'empereur, était ainsi conçue :
« Mes troupes occupent toujours les mêmes posi-
« tions. L'ennemi paraît établir des batteries qui
« doivent lui servir à appuyer son investissement; il
« reçoit constamment des renforts. Nous avons
« dans la place de Metz au delà de seize mille
« blessés. »

Il télégraphie au ministre :
« Nous sommes sous Metz, nous ravitaillant en
« vivres et en munitions. L'ennemi grossit tou-
« jours et paraît commencer à nous investir. »

Ces dépêches sont bien moins rassurantes que le rapport daté du 19.

Le maréchal est encore plus explicite avec le maréchal de Mac Mahon :
« J'ai dû prendre position près de Metz pour
« donner du repos aux soldats et les ravitailler en
« vivres et en munitions. L'ennemi grossit toujours
« autour de moi et je suivrai très-probablement, pour
« vous rejoindre, la ligne des places du nord et
« vous préviendrai de ma marche, si toutefois je
« puis l'entreprendre sans compromettre l'armée. »

Avant de se mettre en marche, le maréchal Bazaine préviendra le maréchal de Mac-Mahon. Tel est le fait qui se dégage de cette dépêche si importante, qui parvient à Reims le 22 dans la soirée, c'est-à-dire le même jour que le rapport du 19, lequel détermina le départ du maréchal de Mac-Mahon. Nous indiquerons plus loin les détails relatifs à l'expédition et à l'arrivée de cette dépêche.

Au moment même (20 août) où le maréchal Bazaine publiait dans les journaux de Metz que son armée était retenue sur la place par des nécessités politiques et militaires, il n'entretenait l'empereur que de ses projets de départ (dépêche du 19 expédiée le 20); en même temps, ajoutons, et cela fera ressortir la prévoyance des combinaisons du maréchal, il évitait de prendre vis-à-vis de son lieutenant des engagements précis, et il lui disait (20 août): « Je vous préviendrai de ma marche. » En d'autres termes, il y avait à cette date du 20 août, dans les déclarations du maréchal, trois affirmations différentes au sujet de ses résolutions et de ses projets ultérieurs.

Interrogé sur l'hésitation que semblaient trahir ces contradictions entre les dépêches du 19 et du 20, le maréchal Bazaine a fait la réponse suivante :
« Il n'y avait pas d'hésitation dans mes projets
« et c'était un simple avis que je donnais à l'em-
« pereur sans indiquer l'époque précise de l'exé-
« cution, puisque l'empereur ne commandait plus
« et que tout mouvement était subordonné à l'en-
« nemi qui nous entourait et à l'état de mes troupes.
« Le 20, j'ai écrit au maréchal de Mac-Mahon pour
« lui dire : « J'ai dû prendre position près de Metz
« pour donner du repos aux soldats et les ravitailler
« en vivres et en munitions. L'ennemi grossit
« autour de nous, et je suivrai probablement
« pour vous rejoindre la ligne des places du nord.
« Je vous préviendrai de ma marche, si toutefois
« je puis l'entreprendre sans compromettre l'ar-
« mée. »
« Cette dépêche était donnée à titre d'avis seule-
« ment, comme les dépêches précédentes adressées
« à l'empereur; mais c'était une dépêche officielle
« de service, la seule liant le maréchal, puisqu'il était
« sous mes ordres. »

Les dépêches dont il vient d'être question forment un groupe important sur lequel nous reviendrons un peu plus loin.

Ultérieurement, au départ de ces dépêches, nous en trouvons, à la date du 21 août, une autre expédiée par Verdun et par Luxembourg au ministre de la guerre. Elle était conçue en ces termes :
« J'ai reçu toutes vos dépêches jusqu'au 19 inclu-
« sivement ; je ne puis communiquer que difficile-
« ment et par piétons isolés avec Thionville et
« Verdun. Vous avez dû recevoir une dépêche ; j'en
« ai adressé une à l'empereur, une au maréchal
« Mac-Mahon. L'état sanitaire de l'armée est satis-
« faisant, l'état moral laisse moins à désirer. En
« ce moment, onze heures, de grosses masses
« prussiennes tiennent la crête des bois de Saulny
« et de Lessy, à petites distances de mes positions ;
« d'autres masses occupent les hauteurs boisées au
« nord et au nord-est de Saulny, de l'autre côté de
« la route de Briey à Metz. Il y a également du
« monde devant les 4e et 6e corps, de l'autre côté de
« Woippy. »

Rien n'indique qu'elle ait pu passer. Le 22, la

dépêche suivante était adressée à l'empereur par le Luxembourg ; elle n'a pas dû parvenir :

« Il n'y a rien de changé dans la situation, l'ennemi continue à nous investir, il élève des batteries, coupe les routes et intercepte toutes nos communications. Nous poussons les travaux des forts et leur armement. Nos positions sont elles-mêmes protégées par de nombreux ouvrages que j'ai fait exécuter et que l'on consolide chaque jour.

« On porte l'effectif de l'armée ennemie à 350,000. Le roi de Prusse est à Pont-à-Mousson avec M. de Bismark. »

Le 23, le maréchal écrit à l'empereur :

« Les derniers renseignements indiquent un mouvement du gros des forces ennemies, et il ne resterait à cheval sur les deux rives de la Moselle que les armées du prince Frédéric-Charles et du général Steinmetz. Des témoins oculaires affirment avoir vu des équipages de ponts entre Ars et Gravelotte. Si les nouvelles ci-dessus se confirment, je pourrai entreprendre la marche que j'avais indiquée précédemment par les forteresses du nord, afin de ne rien compromettre. Nos batteries ont été réorganisées et réapprovisionnées, ainsi que l'infanterie. L'armement de la place de Metz est presque complet et j'y laisserai deux divisions, car les travaux de Saint-Julien et de Queuleu sont loin d'être terminés. L'état moral et sanitaire des troupes laisse moins à désirer. Nos pertes ont été si considérables dans ces derniers combats, que les cadres sont très-affaiblis ; j'y pourvoirai autant que possible. »

Cette dépêche put traverser les lignes, on la retrouve à Sedan le 31, d'où elle est expédiée au ministre. Les registres de correspondance du maréchal Bazaine n'indiquent pas de dépêches expédiées le 24 août.

Le 25, il écrit à l'empereur après le 20, il n'adresse plus aucune dépêche au maréchal de Mac-Mahon, particularité à noter en présence de la déclaration du maréchal Bazaine que nous avons citée) :

« Pour dégager la place de Metz, j'ai échangé les blessés prussiens contre les nôtres, et j'ai renvoyé 800 prisonniers contre pareil nombre des nôtres. Les forces ennemies ne sont pas modifiées depuis ma dernière dépêche. Malgré toutes les recherches possibles et en utilisant tout, nous n'avons pu compléter tous les coffres de batteries pour canons de 4. »

Pendant les journées qui suivirent la bataille de Saint-Privat, nous voyons le maréchal Bazaine s'occuper à établir, le 19, le 20 et le 21, l'armée sur le terrain, à la reformer et à reconstituer ses approvisionnements en munitions d'artillerie. Grâce à l'activité déployée par l'arsenal de Metz et à la découverte d'un convoi de quatre millions de cartouches qui était demeuré confondu dans la gare avec du matériel de toute sorte, l'armée, à la date du 22 août, était presque aussi bien pourvue qu'au début de la campagne. Cette heureuse nouvelle fut annoncée au maréchal Bazaine par le général Soleille, qui demanda formellement qu'elle fût communiquée à l'armée. Il ne fut pas donné suite à cette demande ; ajoutons cependant que le lendemain, 23, il fut porté, indirectement il est vrai, à la connaissance de l'armée, qu'elle était réapprovisionnée en munitions comme au commencement de la guerre. Cet avis, rejeté à la fin d'une dépêche prescrivant de veiller avec le plus grand soin à la conservation des munitions, perdait toute son importance, et prenait l'apparence d'une simple communication destinée uniquement à relever le moral des troupes, fâcheusement impressionnées par les bruits répandus sur la pénurie des munitions. Il ne rappelait ni les chiffres présentés dans la lettre du général Soleille, ni l'annonce de la découverte de quatre millions de cartouches à la gare. Aussi cette communication passa-t-elle à peu près inaperçue pour les commandants de corps, comme nous le verrons lorsqu'il sera question de la conférence tenue le 26 août.

Le 25, au moment où il fallait passer la dernière des dépêches qui ont été rapportées plus haut, le maréchal préparait une sortie pour le 26. Quelle a été la cause déterminant cette sortie, ou pour mieux dire cette démonstration ? Il faut, pour s'en rendre compte, entrer dans les détails des projets combinés pour les opérations de l'armée de Châlons et de Metz, et des communications qui furent échangées à cette occasion.

Cette étude va faire l'objet du chapitre suivant :

COMMUNICATIONS AVEC L'ARMÉE DE CHALONS.

Un certain nombre de dépêches expédiées de Metz pendant la période du 17 au 26 août ont été citées dans le chapitre précédent ; l'ensemble des communications qui eurent lieu entre le commandant en chef de l'armée du Rhin et l'extérieur présente un tel intérêt, qu'il a paru nécessaire d'en faire une étude complète dans une annexe spéciale.

Mais, dégagée des détails qui ont été mis en lumière ailleurs, cette question doit prendre place dans le corps du rapport ; dans le présent chapitre consacré à l'examen de ces relations, antérieurement au 26 août, l'instruction exposera les faits suivants :

Mission confiée par le maréchal Bazaine à l'intendant de Préval et au commandant Magnan.

Concordance du projet indiqué par le maréchal de se diriger sur Montmédy avec celui du ministre et du conseil de régence.

Influence que les nouvelles venant de Metz ont exercée sur la décision à prendre ultérieurement pour l'armée de Châlons.

Détermination du mouvement du maréchal de

Mac-Mahon vers l'est, prise à l'arrivée d'une dépêche du maréchal Bazaine, datée du 19 août.

Retour du commandant Magnan ; facilités que cet officier supérieur a eues pour communiquer avec Metz.

Préparatifs faits à Montmédy pour la jonction des deux armées.

Suppression de la dépêche du 20 août adressée par le maréchal Bazaine au maréchal de Mac-Mahon.

Arrivée à Metz, le 23 août, d'une dépêche annonçant la marche de l'armée de Châlons.

Réponse que le maréchal Bazaine a faite à cette communication.

Aussitôt après nos premiers revers, on s'occupa de réunir au camp de Châlons des forces nouvelles. Les gardes mobiles de la Seine y avaient été envoyés ; le 12e corps, formé en grande partie de régiments de marche, s'y organisait ; enfin les 1er, 5e et 7e corps reçurent ordre de s'y reconstituer. Dans la pensée du ministre de la guerre, du général de Palikao, ces troupes étaient destinées à aller renforcer l'armée de Metz et à former avec elle une masse capable d'arrêter le mouvement offensif de l'ennemi. Mais le 17 août, dans un conseil de guerre réuni près de l'empereur, il fut décidé que le général Trochu, commandant le 12e corps, retournerait à Paris en qualité de gouverneur, et que le maréchal de Mac-Mahon, nommé commandant en chef de cette nouvelle armée, la ramènerait à Paris.

Le ministre de la guerre, en apprenant cette nouvelle, expédia le soir même (10 h. 27) à l'empereur le télégramme suivant :

« Je supplie l'empereur de renoncer à cette idée « qui paraîtrait l'abandon de l'armée de Metz, qui « ne peut faire en ce moment sa jonction à Verdun.
« L'armée de Châlons aura dans trois jours « 85,000 hommes, sans compter le corps de Douay, « qui rejoindra dans trois jours, et qui est de « 18,000 hommes. Ne peut-on pas faire une puis-« sante diversion sur les corps ennemis déjà épui-« sés par plusieurs combats ? L'impératrice partage « mon opinion. »

Ainsi, le 17 août, le ministre annonçant à l'empereur que la formation de l'armée serait terminée dans trois jours, le mouvement pouvait commencer le 21. Le plan du général Palikao, auquel il attachait une importance capitale, cette puissante diversion qu'il avait en vue, consistait à porter, par une pointe hardie, l'armée de Châlons en quatre jours à la hauteur de Verdun.

Si, dans cet ordre d'idées, l'armée se mettait en marche le 21 août, elle devait être le 25 aux environs de Verdun, combattre le 26 et opérer sa jonction avec celle du maréchal Bazaine.

L'empereur répondit au ministre, le 18 au matin (9 h. 14) : « Je me rends à votre opinion. »

Dans cette même matinée, vers dix heures, arrivait devant Metz le commandant Magnan, envoyé par le maréchal Bazaine à l'empereur, pour lui remettre des dépêches et lui rendre compte, de vive voix, de la situation de l'armée.

Le caractère de la mission du commandant Magnan ressort des télégrammes suivants, échangés le 17 entre l'empereur et le maréchal Bazaine :

« *Empereur au maréchal Bazaine.* — Dites-moi la vérité sur votre situation, afin de régler ma conduite ici. Répondez-moi en chiffres. »

« *Maréchal Bazaine à l'empereur.* — Au moment où je reçois votre dépêche, j'écris à Votre Majesté. Le commandant Magnan part ce soir pour lui porter une lettre et lui donner de vive voix plus de détails qu'elle n'en contient. »

Interrogé sur les renseignements qu'il apportait à l'empereur et sur les projets du maréchal, le commandant Magnan a déposé en ces termes :

« La pensée du maréchal était toujours la même « et tendait à effectuer sa retraite sur Verdun, « quelque périlleuse que lui parût cette opération... « Le maréchal ne m'avait pas chargé d'indiquer « d'une manière absolue à l'empereur la route qu'il « suivrait. Il n'était pas encore fixé à cet égard ; mais « il m'avait chargé, ainsi que M. l'intendant de « Préval, de faire avancer autant que possible vers « la place de frontière (Montmédy) tous les trains « qui pourraient se trouver sur la ligne des Ar-« dennes, à destination de l'armée.. »

Ces déclarations manquent de vérité, et nous trouvons des indications bien plus précises dans la déposition de l'intendant de Préval, qui accompagnait le commandant Magnan et avait reçu du maréchal Bazaine, en présence de ce dernier, des instructions spéciales : « Le maréchal me parla de « son projet de s'élever vers le nord : il me pres-« crivit de me rendre à Châlons par Thionville, d'ex-« pédier à toute vitesse sur Metz tout ce que je trou-« verais en pain et biscuit, de manière à en pour-« voir l'armée sans dégarnir la place de Metz.

« Il m'indiqua en même temps Longuyon, comme « centre de ravitaillement, et me prescrivit de « donner des ordres pour y faire réunir des appro-« visionnements. »

Comme on le voit, il n'est fait aucune mention de Verdun comme objectif de la marche de l'armée ; c'est à Longuyon que l'on doit préparer des vivres. C'est donc vers ce point que se dirigea le maréchal Bazaine. L'hésitation indiquée par le commandant Magnan au sujet du choix de la route à suivre n'existait donc pas dans l'esprit du maréchal ; et s'il songea alors sérieusement à quitter le camp retranché de Metz, ce ne pouvait être que par la route de Montmédy.

Nous voyons dans les instructions données à l'intendant de Préval la preuve que l'annonce du projet de marche sur Montmédy a été apportée au camp de Châlons par le commandant Magnan. Cette affirmation ressort d'ailleurs des termes mêmes de la dépêche adressée le 19 août à l'empereur par le maréchal Bazaine :

« Je compte toujours prendre la direction du nord et me rabattre par Montmédy. » — Or, c'est la première fois que la correspondance du maréchal Bazaine mentionne le nom de Montmédy. Ce mot *toujours* indique pourtant que le projet de marche dans cette direction a été déjà communiqué à l'empereur. Le commandant Magnan seul a été en mesure de lui faire cette communication.

Lorsque le 17 au soir le maréchal Bazaine envoyait le commandant Magnan rendre compte à l'empereur de la situation, la route de Biez était encore libre, le commandant en chef de l'armée du Rhin, qui avait ordre de la ramener vers l'intérieur de la France, ne pouvait, vis-à-vis de l'empereur, formuler d'autres projets que celui d'effectuer ce mouvement.

La mission de l'intendant de Préval devait être subordonnée à ce projet.

Le maréchal connaissait l'existence d'approvisionnements considérables à Verdun ; dans l'hypothèse où il ne lui aurait pas été possible de se départir des instructions de l'empereur, il était urgent de préparer, en outre, un centre de ravitaillement sur le chemin de fer des Ardennes à hauteur de Montmédy. L'intendant de Préval reçut des ordres dans ce but, et préalablement il devait faire expédier sur Metz tous les trains qu'il trouverait sur la ligne.

Les circonstances allaient donner à la mission de chacun d'eux une importance bien autrement sérieuse.

Sur la ligne des Ardennes, on ne se contentera pas d'assurer le ravitaillement des troupes de Metz, tout y sera préparé pour la jonction des deux armées françaises ; le commandant Magnan repartira pour Metz avec une mission nouvelle. Enfin les renseignements qu'il a apportés sur la situation de l'armée du Rhin pèseront sur les déterminations que le commandant en chef de l'armée du Rhin va avoir à prendre.

Nous avons vu l'aide de camp du maréchal Bazaine arriver au camp au moment même où l'empereur, cédant aux instances du ministre de la guerre, se décidait à porter l'armée de Châlons au secours du maréchal Bazaine. Après une longue conférence avec l'empereur, il reprit la route de Metz ; en repartant immédiatement, cet officier supérieur emportait évidemment le secret de nouvelles résolutions du souverain et ses instructions pour le maréchal. Ces instructions se bornaient, au dire du commandant Magnan dans sa déposition, à donner de pleins pouvoirs au maréchal pour des mutations dans le haut personnel de l'armée.

Mais cette déposition renferme un si grand nombre d'erreurs qu'on doit en conclure que les souvenirs du commandant Magnan sont des plus confus.

Il sera plus sûr, dans cette situation, de rechercher, dans les mesures qui vont être prises à la suite de sa mission, l'indice des instructions qu'il avait reçues, que de s'en référer aux assertions de ce témoin. La manière dont le retour du commandant Magnan fut annoncé au maréchal montre d'ailleurs toute l'importance qui s'attachait à la mission qu'il reçut de l'empereur.

« Commandant part pour Reims et Thionville. « Arrivera ce soir, » télégraphie en chiffres au maréchal, le secrétaire de l'empereur, M. Piétri.

Avant de reprendre la route de Metz, le commandant Magnan eut une conversation avec le maréchal de Mac-Mahon ; sa déposition fait connaître qu'il exposa au maréchal que la tâche de l'armée de Metz, pour venir jusqu'à Verdun, serait fort allégée si l'armée de Châlons pouvait venir jusqu'à elle.

Il ressort de la déposition de M. Rouher devant la commission d'enquête du 4 septembre que, le 21 août, le maréchal de Mac-Mahon lui avait fait connaître que le maréchal Bazaine n'avait ni vivres ni munitions, et que l'armée de Châlons arriverait trop tard.

Ces appréciations, qui confirment les dépêches alarmantes transmises par le maréchal, ne pouvaient venir que du commandant Magnan, que l'instruction retrouve quelques jours après à Montmédy, dépeignant au lieutenant de vaisseau Nogues la pénurie extrême de l'armée de Metz. Le pain selon lui y faisait complètement défaut ; on n'avait pour toute ressource que de la viande de cheval et des pommes de terre qui devaient être rapidement consommées.

DÉPART DU MARÉCHAL MAC-MAHON POUR REIMS, PUIS POUR MONTMÉDY.

On comprend quelle dut être l'influence de semblables renseignements pour décider la marche de l'armée de Châlons. Le 19 août, le maréchal de Mac-Mahon se rallia au projet du conseil de régence, comme l'empereur l'avait fait dès le 18, et il adressera au ministre de la guerre le télégramme suivant :

« Veuillez dire au conseil des ministres que je ferai « tout pour rejoindre Bazaine. » Mais cette assurance donnée par le maréchal de Mac-Mahon ne mit pas cependant un terme à ses perplexités. Il resta encore trois jours en proie à cette cruelle hésitation.

« Abandonner le maréchal Bazaine que je croyais « pouvoir arriver d'un moment à l'autre sur la Meuse « me causait un véritable chagrin, » a-t-il déclaré devant la commission d'enquête du 4 septembre. « Mais d'un autre côté, il me semblait urgent de « couvrir Paris et de conserver à la France la seule « armée qu'elle eût encore de disponible. J'envoyai « alors au maréchal Bazaine la dépêche suivante :

« Si, comme je le crois vous êtes forcé à battre en « retraite très-prochainement, je ne sais à la distance « où je me trouve, comment vous venir en aide

« sans découvrir Paris. Si vous en jugez autrement
« faites-le-moi connaître. »

Le 20, le maréchal de Mac-Mahon écrivit au ministre de la guerre la dépêche suivante datée de huit heures quarante-cinq, matin :

« Les renseignements parvenus semblent indi-
« quer que les trois armées ennemies sont placées de
« manière à intercepter à Bazaine les routes de
« Briey, de Verdun et de Saint-Mihiel. Ne sachant
« la direction de la retraite de Bazaine, bien que je
« sois aujourd'hui prêt à marcher, je pense que je
« dois rester au camp jusqu'à ce que je connaisse
« la direction prise par Bazaine, soit par le nord
« soit par le sud. »

Vers midi la nouvelle arrive que les coureurs de l'armée allemande ne sont plus qu'à 40 kilomètres du camp. Le maréchal jugeant que dès le lendemain il pouvait être en contact avec l'ennemi, se décide à partir pour Reims et annonce comme il suit sa détermination au ministre, à 4 h. 4 m. du soir.

« Je partirai demain pour Reims. Si Bazaine per-
« ce par le nord je serai plus à même de lui venir
« en aide. S'il perce par le sud ce sera à une telle
« distance que je ne pourrai, dans aucun cas, lui
« être utile. »

L'armée se mit effectivement en mouvement le lendemain, 21, pour Reims.

« Le 21, déposa le maréchal de Mac-Mahon, l'armée prit position à Reims. Le soir, après avoir visité le campement des troupes, je rentrai à mon quartier général, à Courcelles ; j'y trouvai M. Rouher, président du Sénat. Je me rendis chez l'empereur avec M. Rouher. Il expliqua les raisons qui lui faisaient penser que l'armée de Châlons devait marcher au secours de Bazaine. J'exposai à mon tour que je ne croyais point l'armée de Châlons en état de se compromettre au milieu de plusieurs armées ennemies ; que l'armée opposée au maréchal Bazaine près de Metz devait se composer de plus de 200,000 hommes ; qu'une armée, commandée par le prince de Saxe, estimée à 80,000 hommes, se portait dans la direction de Verdun ; enfin, que le prince royal de Prusse arrivait à Vitry, à la tête de 150,000 hommes, qu'en me portant vers l'est, je pouvais éprouver un désastre. L'armée de Bazaine pouvait être battue ; par suite, il était de la plus haute importance de conserver à la France l'armée de Châlons, qui avait encore assez de cadre pour organiser une armée de 250,000 à 300,000 hommes. En terminant, je déclarai de la manière la plus positive que si je ne recevais pas, le lendemain 22, des instructions du maréchal Bazaine je me porterais sur Paris. L'empereur, qui partageait, je crois, cette opinion, mais qui m'avait laissé libre d'agir comme je jugerais convenable, ne fit aucune objection. M. Rouher rédigea alors un projet de décret et de proclamation qui indiquait l'arrivée prochaine de l'armée de Châlons à Paris. M. Rouher partit de Châlons, à onze heures du soir, avec ces instructions.

« Le 22, j'avais envoyé des ordres de mouvement sur Paris lorsque, sur les 10 heures du matin, l'empereur me communiqua la dépêche suivante du maréchal Bazaine, datée du ban Saint-Martin, le 19 (qui venait d'arriver au quartier impérial à 9 heures 25) :

« L'armée s'est battue toute la journée sur les
« positions de Saint-Privat à Rozerieulles et les a
« conservées. J'ai fait descendre de nouveau ce
« matin l'armée sur la rive gauche de la Moselle.
« Je compte toujours prendre la direction du nord
« et me rabattre ensuite par Montmédy sur la route
« de Sainte-Menehould à Châlons, si elle n'est point
« fortement occupée. Dans le cas contraire, je con-
« tinuerai sur Sedan ou même Mézières pour gagner
« Châlons. »

« A la réception de cette dépêche, je donnai des ordres pour partir le lendemain dans la direction de l'Est. »

On le voit, c'est la dépêche du maréchal Bazaine datée du 19 août qui fixa la détermination du maréchal de Mac-Mahon.

Dès 10 heures 45 du matin, moins d'une heure après l'arrivée de cette dépêche, le commandant de l'armée de Châlons télégraphie au ministre :

« Le maréchal Bazaine a écrit du 19 qu'il comp-
« tait *toujours* opérer son mouvement de retraite
« par Montmédy. Par suite, je vais prendre mes
« dispositions pour me porter sur l'Aisne. »

A 1 heure 45, le comte de Palikao adresse le télégramme suivant à l'empereur :

« Le sentiment unanime du conseil en présence
« des nouvelles du maréchal Bazaine est plus éner-
« gique que jamais. Les résolutions prises hier soir
« devraient être abandonnées. Ni décret, ni lettre,
« ni proclamation ne devraient être publiées. Ne
« pas secourir Bazaine aurait à Paris les plus dé-
« plorables conséquences. En présence de ce dé-
« sastre, il faudrait craindre que la capitale ne se
« défende pas. Votre dépêche à l'impératrice nous
« donne la conviction que notre opinion est par-
« tagée. Nous attendons une réponse par le télé-
« graphe. »

L'empereur répond aussitôt, à quatre heures.

« Reçu votre dépêche. Nous partons demain
« pour Montmédy. »

Mais cette journée néfaste du 22 n'était pas terminée. La dépêche reçue dans la matinée, quoique datée du 19, n'était partie de Metz que le 20 ; le maréchal avait ce même jour 20 envoyé à Thionville, par deux émissaires, trois dépêches : pour l'empereur, pour le ministre, pour le maréchal de Mac-Mahon ; une lettre du général Coffinières avait été expédiée en même temps. Nous reviendrons un peu plus loin sur ces dépêches. Mais avant reprenons le récit au moment où le commandant Magnan quitte le camp de Châlons après son entrevue avec l'empereur.

RETOUR DU COMMANDANT MAGNAN.

Parti du camp de Châlons le 18 à douze heures quarante-cinq minutes du soir, cet officier supérieur arrivait à Hayange, à 7 kilomètres de Thionville, vers neuf heures du soir. Il apprenait là que la voie n'était pas sûre; que l'ordre était donné d'arrêter en ce point tous les trains descendants. Le commandant rebrousse chemin jusqu'à Charleville, à 132 kilomètres en arrière, y arrive le 19 à quatre heures cinq, ne repart de cette ville qu'à onze heures du matin avec l'intendant de Préval, qu'il y avait laissé la veille, et atteint Thionville à deux heures quarante. Là il apprend qu'après avoir été libre toute la matinée, le chemin de fer de Thionville à Metz venait d'être coupé à Maizière-lez-Metz depuis une heure de l'après-midi. Le commandant Magnan fait appeler le commandant de place, le colonel Turnier, s'entretient avec lui, et revient à Montmédy à six heures vingt.

Au milieu de ces allées et venues, le commandant Magnan parvint-il à faire arriver au maréchal les instructions qu'il rapportait du camp de Châlons?

Interrogé sur ce point, s'il avait remis des dépêches au colonel Turnier, pour les faire passer à Metz, le commandant a répondu que non et que c'est le 21 ou le 22 août seulement qu'il est entré en correspondance avec le colonel Turnier, pour faire parvenir les dépêches au maréchal et pour lui demander communication des nouvelles qu'il recevrait de Metz.

Appelé à déposer sur ces diverses circonstances, le colonel Turnier déclare ne pouvoir affirmer si le commandant Magnan lui a remis ou non des dépêches pour le maréchal.

En tous cas, l'instruction a pu constater que les occasions ne firent pas défaut.

Le sieur Mercier, parti le 19 à huit heures du matin de Thionville, y rentra à quatre heures et demie du soir, après avoir porté à Metz les dépêches dont il était chargé.

Le garde forestier Déchu, parti de Thionville le 19 vers sept heures du soir, arriva à Metz le lendemain 20, à dix heures du matin et rentra le même jour à son poste. L'agent de police Flahaut quitte Thionville le 20 à huit heures du matin et arrive à Metz à deux heures, sans avoir rencontré personne. Le lendemain, 21, il rentra à Thionville en échappant aux poursuites de quelques uhlans.

Le même jour, la femme Imbert fit sans encombre dans sa voiture la route de Metz à Thionville.

Enfin, le sieur Renou, parti de Montmédy à neuf heures du matin, le 20, arriva à Metz en voiture dans la soirée.

Ainsi, le 18 au soir, avant de rétrograder d'Hayange sur Charleville, le commandant Magnan aurait pu envoyer à la station télégraphique de Thionville, avec laquelle on communiquait, un télégramme qu'aurait emporté Mercier le lendemain matin.

Le 19, le commandant Magnan vint à Thionville conférer à la gare avec le colonel Turnier.

Après cette entrevue, deux agents sont expédiés à Metz. Peut-on raisonnablement admettre qu'ils n'emportaient aucune dépêche pour le maréchal?

Le commandant Magnan l'affirme, mais il affirme également que, dans la nuit du 18 au 19, la barrière s'est faite autour de Metz, et qu'il était absolument impossible de traverser les postes prussiens, même pour l'homme le plus résolu. Nous venons de voir quelle était la valeur de cette assertion.

Il a paru nécessaire de relever dans l'annexe relative aux communications, les erreurs étranges contenues dans la déposition du commandant Magnan. Nous y renvoyons.

Quant au colonel Turnier, qui se retranche derrière les défaillances de sa mémoire, nous apprécierons également dans cette annexe l'attitude qu'il a prise devant l'instruction.

Maintenant, est-il admissible que le maréchal, prévenu, le 18, du retour du commandant Magnan, par M. Piétri, et informé le 20 par une lettre du colonel Turnier au général Coffinières, que son aide de camp attend ses instructions à Montmédy, ne lui ait pas donné de ses nouvelles depuis le 18 jusqu'au 21, par les divers émissaires qui emportèrent ses propres dépêches?

Devant une semblable situation, l'instruction ne saurait admettre que le maréchal Bazaine et le commandant Magnan ne se sont pas mis en communication. On est même autorisé à affirmer que, si le commandant Magnan, dont la bravoure et l'intelligence ne peuvent être mises en doute par personne, n'a pas rejoint son poste, alors qu'il avait toutes les facilités pour le faire, c'est qu'il ne l'a pas voulu.

Ou bien le maréchal lui a-t-il enjoint de ne pas le rejoindre? Cette seconde explication paraît d'autant plus probable qu'une détermination de ce genre donnait au maréchal la faculté de se retrancher, s'il en avait besoin plus tard, derrière l'ignorance des instructions qui lui étaient envoyées et de demeurer ainsi le maître de ses résolutions. On est fortifié dans cette appréciation quand on voit, plus tard, le maréchal nier avec obstination l'arrivée de la dépêche du 23. Le soin que nous verrons, par la suite, le maréchal Bazaine prendre de se couvrir derrière l'impossibilité de communiquer par l'intérieur de la France avec le nouveau gouvernement, dénote clairement tout un système de conduite qui semble se révéler dans la circonstance qui nous occupe.

L'hypothèse que nous venons de formuler donne seule la clef des manœuvres, sans cela inexplicables, au moyen desquelles a été faite l'obscurité sur les communications entre Metz et Thionville pendant les premiers jours du blocus, manœuvres qui ont continué jusqu'à la capitulation.

Ce point est traité en détail dans l'annexe relative aux communications.

L'instruction aurait peut-être reculé devant l'énoncé d'une semblable hypothèse, si dans tout le cours de ces investigations elle n'avait pas eu à constater chez le maréchal Bazaine une habitude évidente de se ménager des faux-fuyants pour échapper aux responsabilités du commandant.

PRÉPARATIFS POUR LA JONCTION DES ARMÉES DE CHALONS ET DE METZ A MONTMÉDY.

On se souvient que le commandant Magnan était revenu le 19 à Montmédy. Dans la nuit du 19 au 20 y arrivait, venant de Verdun, l'intendant en chef de l'armée, M. Wolff, et le général Dejean, nommé commandant du génie de l'armée de Metz, qui cherchaient à rejoindre leur poste. Tous deux quittaient Verdun qui commençait à être enveloppé par la cavalerie ennemie. L'intendant en chef, après s'être mis en relation avec l'intendant de Préval et le commandant Magnan, adresse le 20, à 11 heures 11 minutes, au général commandant supérieur de Verdun le télégramme suivant que le général Dejean signe avec lui pour donner plus d'autorité à cette communication :

« Dirigez de suite sur Montmédy le convoi de
« vivres et le troupeau. Faites partir pour Reims
« les vivres chargés sur wagons et toutes les mu-
« nitions. *Nos renseignements sont tels que nous
« ne mettons pas en doute l'opportunité de cette
« mesure.* »

De son côté, le ministre donnait des ordres en vue de la retraite de l'armée par la ligne des Ardennes.

Dès le 19, à sept heures du soir, il télégraphiait au commandant de place à Thionville :

« Veillez à ce que les dispositifs de mines ne
« soient point chargés sur le chemin de fer de Mé-
« zières à Thionville pour que les Prussiens pré-
« venus ne mettent pas le feu. Il faut seulement
« avoir poudre, mèches et moyens de bourrage,
« préparés en lieu sûr et cachés à proximité, pour
« le cas d'une retraite de l'armée dans cette direc-
« tion. »

Dans l'esprit des ministres, il n'est donc plus question de la retraite sur Verdun.

Quelques heures après, 20 (treize heures trente minutes), le ministre prévenait le maréchal Bazaine de ces dispositions relatives à la ligne des Ardennes et recommandait de lui faire parvenir la dépêche qui les lui annonçait par tous les moyens possibles.

Ainsi, dès le 20, l'intendant général Wolff sait que le maréchal Bazaine renonce à se diriger sur Verdun et qu'il doit battre en retraite par Montmédy, puisqu'il ordonne de diriger sur cette place les vivres qu'il a réunis à Verdun par ordre du maréchal. Ces mesures sont prescrites évidemment avec l'assentiment, sinon sur l'indication du commandant Magnan, qui a reçu des instructions directes du maréchal Bazaine et de l'empereur. Elles sont l'unique objet des préoccupations des officiers qui attendaient à Montmédy l'arrivée de l'armée, et qui, du 20 au 23, avaient chacun de leur côté envoyé au maréchal Bazaine dépêche sur dépêche pour l'avertir des mesures prises.

L'intendant général Wolff ne peut dire d'où lui venaient ces renseignements qui lui ont permis de donner avec une telle autorité un ordre si grave et qui devait impliquer de sa part une connaissance certaine des projets du maréchal Bazaine.

L'instruction a constaté que ces renseignements ne lui venaient pas de l'armée du maréchal de Mac-Mahon. Par suite, ils ne pouvaient lui avoir été transmis par l'intendant de Préval ou le commandant Magnan. Ce qui l'établit d'ailleurs d'une manière incontestable, c'est que tous les préparatifs se font à Montmédy, sous l'inspiration des intendants de l'armée de Metz et de l'aide de camp du maréchal Bazaine. Il y a donc un plan combiné par le maréchal Bazaine pour les mouvements de son armée.

Nous en trouvons également les preuves dans la dépêche adressée aux préfets par le ministre de l'intérieur le 22 août (12 h. 20 m.).

Le gouvernement n'ayant pas reçu des nouvelles de l'armée du Rhin depuis deux jours, par suite de l'interruption des communications télégraphiques, a lieu de penser que *le plan arrêté par le maréchal Bazaine n'a pas encore abouti...*

Nous avons vu précédemment que le plan de campagne conçu par le ministre devait porter l'armée de Châlons le 25 à hauteur de Verdun, pour combattre le 26 entre Verdun et Montmédy et indiquait nécessairement ce point comme nouvel objectif de la marche du maréchal de Mac-Mahon, marche que cette modification devait du reste notablement faciliter.

Dans cet ordre d'idées, c'était aux environs de cette place et non plus à Verdun que devait s'opérer la jonction des deux armées à la date du 26.

L'intendant général Wolff donne à ce sujet les affirmations les plus positives.

« Je puis d'autant moins l'oublier, dit-il dans sa
« déposition, que toute la journée du 26 j'ai été aux
« aguets attendant l'arrivée de l'armée. L'intendant
« Préval ayant été envoyé directement par le ma-
« réchal Bazaine pour préparer des vivres sur la
« ligne des Ardennes, à hauteur de Montmédy, et
« avisé moi-même du camp de Châlons, d'avoir à
« en préparer pour l'armée du maréchal de Mac-
« Mahon, sur le même point et à la date du 26, je
« n'ai pu que conclure à la jonction des deux
« armées, à cette date-là. » Comme confirmation de la déposition de l'intendant Wolff, nous trouvons au dossier une dépêche qu'il adressa le 25, à

7 heures 17 minutes, au sous-intendant militaire de Stenay et dont les prescriptions annonçaient l'imminence d'une bataille.

« Réunissez tous vos moyens de transports et « ceux des environs. Faites garnir les voitures de « paille et tenez-les prêtes à aller chercher des « blessés. Invitez les habitants à avoir du bouil- « lon. »

En même temps le sous-préfet de Montmédy envoie aux maires de l'arrondissement des instructions commençant par ces mots : *Il y a tout lieu de croire qu'un engagement aura lieu très-prochainement tout près de nous.*

Ainsi donc à Montmédy et dans les environs, on continue, du 19 au 26 août, à tout préparer pour la jonction des deux armées françaises.

Dépêches envoyées par le maréchal Bazaine le 20 août.

Cependant de Metz ont été envoyées le 20 dans la soirée les trois dépêches dont il a déjà été question, destinées à l'empereur, au ministre et au maréchal de Mac-Mahon. Leur importance nous oblige à les reproduire intégralement une deuxième fois.

« *A l'empereur.* Mes troupes occupent toujours « les mêmes positions. L'ennemi paraît établir des « batteries qui doivent servir à appuyer son inves- « tissement. Il reçoit constamment des renforts. « Le général Marguerat a été tué le 16 ; nous avons « dans la place plus de 10,000 blessés. »

« *Au ministre de la guerre.* Nous sommes sous « Metz, nous ravitaillant en vivres et en munitions ; « l'ennemi grossit toujours et paraît commencer à « nous investir. J'écris à l'empereur, qui vous don- « nera communication de ma lettre. J'ai reçu dépê- « pêche du maréchal de Mac-Mahon auquel j'ai « répondu ce que je compte pouvoir faire dans « quelques jours.

« *Au maréchal de Mac-Mahon.* J'ai dû prendre po- « sition près de Metz pour donner du repos aux sol- « dats et les ravitailler en vivres et en munitions. « L'ennemi grossit toujours autour de moi, et je « suivrai, très-probablement, pour vous rejoindre, « la ligne des places du Nord, et vous préviendrai « de ma marche, si toutefois je puis l'entreprendre « sans compromettre l'armée. »

Il est inutile d'insister sur la différence essentielle existant entre la dernière de ces dépêches et les deux autres, celle-là seule contient une réserve formelle qui pouvait arrêter la marche du maréchal de Mac-Mahon, faire cesser ou retarder l'exécution des préparatifs qui se poursuivaient à Montmédy.

Le maréchal Bazaine, dans ses interrogatoires, fait ressortir le caractère spécial des diverses communications qu'il a transmises au maréchal de Mac-Mahon ; ce sont des instructions données par un chef à son subordonné ; les autres informations sont simplement des avis. — La dépêche pour le maréchal de Mac-Mahon présentait donc un intérêt capital.

Malheureusement, cette dépêche le maréchal de Mac-Mahon ne l'a jamais reçue. Elle a été interceptée.

L'instruction a établi qu'une femme, Louise Imbert, avait été chargée de porter de Metz à Thionville les dépêches du 20, que des duplicata furent également remis à un agent de police nommé Flahaut.

Cet homme apportait en outre au colonel Turnier une lettre du général Coffinières ainsi conçue :

« Metz, 20 août 1870.

« Mon cher commandant,

« Votre commissionnaire m'est arrivé fidèlement. « Je lui compte les cinquante francs que vous lui « avez promis.

« Si vous êtes certain de faire passer une dépê- « che, vous pouvez dire que les Prussiens ont atta- « qué notre armée sur les plateaux d'Armanvilliers, « à 12 kilomètres environ à l'ouest de Metz. Après « un combat des plus vigoureux, nos troupes, « cédant vers la droite, faute de cartouches, se « sont retirées sous Metz et sont entassées entre « Longeville, Saint-Quentin, Plappeville, le Cou- « pillon, et la droite au fort Moselle. C'est une « assez mauvaise position, attaquable sur les deux « faces de l'est et de l'ouest. Les Prussiens s'éta- « blissent fortement autour de nous, et ne nous « laisseront pas longtemps pour nous refaire. Nous « avons 11 à 12,000 blessés dans la place et peu « de ressources pour les soigner.

« Général COFFINIÈRES DE NORDECK. »

Ces dépêches arrivèrent à Thionville le 21 août, vers midi. Le télégraphe ayant été coupé depuis deux heures (à 10 h. 15 du matin), le colonel Turnier les fit partir immédiatement par le sieur Guyard, commissaire de police cantonal à Longwy. Il remit en même temps une expédition de ces dépêches à M. de Bazelaire, élève de l'École polytechnique, qui se rendait à Paris. Ce jeune homme les expédia le lendemain par la station télégraphique de Givet. L'annexe relative aux communications contient, au sujet de l'envoi des dépêches du 20, des détails multipliés qui ont dû y être renvoyés afin de ne pas interrompre l'exposé général des faits.

La dépêche destinée à l'empereur lui arriva à deux heures douze minutes de l'après-midi, par l'intermédiaire du commandant de place de Longwy, le colonel Massaroli. Celle adressée au ministre lui fut remise à deux heures vingt minutes, par la même voie.

Cette dépêche fut transmise directement à l'empereur par des inspecteurs délégués de l'état-major en mission à Longwy. L'empereur la fit parvenir au ministre à huit heures trente-cinq minutes.

Le colonel Massaroli n'adressa pas directement au maréchal de Mac-Mahon la dépêche qui lui était destinée. Ce furent les inspecteurs délégués qui en prirent possession et qui la transmirent au colonel Stoffel, chef de la section des renseignements à l'état-major du maréchal de Mac-Mahon. En voici le texte officiel :

« Longwy, le 22 août 1870, 4 h. 50 du soir.

« Ampliation. Les inspecteurs délégués de l'état-
« major au colonel Stoffel, attaché près de S. Exc·
« le maréchal de Mac-Mahon.

« J'ai dû prendre position... Le colonel comman-
« dant de place de Thionville — Signé : Turnier. »

« Nous sommes possesseurs de l'original : Dé-
« pêches envoyées en même temps à S. M. l'empe-
« reur par le colonel Massaroli, commandant de
« place à Longwy, qui fait connaître les positions
« qu'occupe le maréchal Bazaine. Faut-il rentrer ?
« Réponse de suite. — Signé : Rabasse et Miès.

« Reçu de Longwy (heure non indiquée). Reims. Faites. »

Cette dépêche ne parvint jamais au maréchal de Mac-Mahon.

Interrogé à ce sujet, le maréchal a répondu :
« Cette dépêche est assez importante pour qu'elle m'eût frappé si j'en avais eu connaissance, et je ne m'en souviens nullement. »

Pas plus que le maréchal les officiers de son cabinet, les colonels d'Abzac et Broyé, n'ont eu connaissance de cette dépêche.

Tandis que la dépêche expédiée le 20 août au maréchal de Mac-Mahon ne lui était pas remise, celle envoyée à l'empereur par le même courrier arrivait à son adresse. Le maréchal, auquel il a été demandé s'il avait reçu communication de la dépêche du 20 à l'empereur, a répondu :

« Je me rappelle que l'empereur m'a fait connaître
« que le général Marguenot avait été tué, mais je
« ne pense pas qu'il m'ait communiqué la dépêche
« entière. »

Cependant la dépêche destinée au maréchal avait été expédiée au colonel Stoffel par les sieurs Rabasse et Miès, inspecteurs délégués de l'état-major, comme on le voit par la minute qui a été reproduite.

Quels étaient ces inspecteurs délégués de l'état-major ? C'étaient des agents de la police de sûreté qui avaient été demandés, le 18 août, à M. Piétri par le colonel Stoffel.

Cet officier supérieur leur avait donné, le 20 août, pour instructions, de chercher à pénétrer jusqu'au maréchal Bazaine et de recevoir ses dépêches ; il leur avait recommandé de lui adresser personnellement tous les renseignements qu'il pourraient recueillir.

Les agents se dirigent sur Longwy où arrivait en même temps qu'eux le nommé Guyard, leur collègue, venant de Thionville porteur de quatre dépêches du 20. Ils en prennent possession, en expédient copie au colonel Stoffel, reçoivent de cet officier supérieur l'avis de l'arrivée des dépêches et l'ordre de revenir à l'armée. Ils la rejoignent le 26 à Rethel et remettent au colonel les originaux dont ils sont porteurs.

La dépêche a donc été arrêtée au moins deux fois par le colonel Stoffel : le 22, quand elle lui arriva par le télégraphe, et le 26, lorsque les agents lui en ont remis en mains propres l'original. Nous disons au moins deux fois, car l'expédition remise au jeune de Bazelaire n'est pas parvenue davantage et a dû être également interceptée par le colonel Stoffel.

Interrogé sur ce point, le colonel Stoffel s'est rejeté d'abord sur un défaut de mémoire, puis a contesté la possibilité d'un pareil incident. Pressé de plus en plus, il a nié, mais d'une manière très-embarrassée.

L'ensemble si accablant des preuves ne laisse aucun doute sur ce point. Le colonel Stoffel a intercepté la dépêche adressée au maréchal. Maintenant est-il admissible qu'il ait osé prendre sur lui un pareil détournement ? On ne saurait s'arrêter un moment à cette pensée. Évidemment il a dû recevoir des ordres à cet effet. De qui les tenait-il ? Qui pourrait le dire ? Quoi qu'il en soit, en s'associant à une manœuvre destinée à tromper son propre chef, auquel il devait plus que personne la vérité, et comme officier de son état-major particulier et comme chargé du service des renseignements, le colonel Stoffel a commis un acte inouï.

Ce fait pourra prendre aux débats une importance considérable, car il sera invoqué certainement pour chercher à décharger le maréchal Bazaine de la part de responsabilité qui lui incombe au sujet de la catastrophe de Sedan. Bien que le maréchal soit complétement étranger à la manœuvre qui a arrêté la dépêche du 20 adressée au maréchal de Mac-Mahon, il reste à sa charge d'avoir gardé le silence dans ses dépêches du même jour, vis-à-vis de l'empereur et du ministre de la guerre, sur ce point essentiel, qu'un avis ultérieur serait donné annonçant la mise en mouvement de l'armée de Metz. Pourquoi ne lui indiquait-il pas cette restriction si importante, dont il faisait mention dans sa dépêche au maréchal de Mac-Mahon ? Ne devait-il pas également la vérité au souverain et au ministre ?

Il est juste d'ajouter que le maréchal de Mac-Mahon, auquel il a été demandé si, ayant reçu la dépêche qui se termine par ces mots : « Je vous
« préviendrai de ma marche, » il serait parti, et s'il n'aurait pas cru indispensable d'attendre un nouvel avis du maréchal Bazaine, a répondu que *consciencieusement* il est probable que, même après la réception de cette lettre, il aurait continué sa marche

sur la Meuse, sauf à voir ce qu'il y avait à faire y étant arrivé.

L'instruction n'a qu'à s'incliner devant cette déclaration généreuse. Mais si la suppression de la dépêche du 20 ne fit qu'épargner des hésitations nouvelles au maréchal de Mac-Mahon, elle ne saurait décharger le maréchal Bazaine de la responsabilité première dans la catastrophe de Sedan.

En entretenant le gouvernement de ses projets de sortie, en continuant, une fois rentré sous Metz, à se plaindre de la pénurie de vivres et de munitions, de manière à faire craindre un déssstre imminent, en ne rectifiant pas ses premières assertions, le maréchal Bazaine devait déterminer des efforts désespérés pour lui venir en aide. Si ces efforts ont abouti à une catastrophe, comment échapperait-il à la responsabilité de l'avoir provoquée?

Nous allons voir, du reste, cette responsabilité singulièrement aggravée par la conduite que tint le maréchal Bazaine une fois qu'il eut été informé de la marche du maréchal de Mac-Mahon.

Le maréchal a eu, en effet, connaissance de ce mouvement, et cependant il est resté immobile et n'a rien tenté dans le but de diminuer le péril extrême auquel s'exposait son lieutenant pour venir le dégager.

Arrivée le 23 à Metz d'une dépêche annonçant la marche de l'armée de Châlons.

De nombreux émissaires avaient été expédiés vers Metz afin d'aviser le maréchal Bazaine de la situation.

L'impératrice, le ministre de la guerre en avaient fait partir. Il en avait été envoyé des différents points de la ligne des Ardennes par le général Dejean, par l'intendant général Wolff, par l'intendant de Préval, par le commandant Magnan, par le capitaine d'état-major Tossent.

L'instruction établit qu'un émissaire arriva au quartier général dans l'après-midi du 23. Voici en quels termes s'est exprimé le colonel Lewal dans sa déposition :

« Le 23 dans l'après-midi, vers deux ou trois « heures, un courrier civil me remit une dépêche « roulée en cigarette; je l'apportai immédiatement, « comme d'habitude, à M. le maréchal Bazaine. Je « lui demandai s'il n'avait rien à renvoyer par le « courrier ; il me répondit que non et de conserver « l'homme. Je saluais pour me retirer, lorsque le « maréchal me dit : « Attendez, nous allons voir ce « que dit cette dépêche. » Il l'ouvrit et la lut tout « haut ; elle indiquait un mouvement sur la Meuse « de M. le maréchal de Mac-Mahon. A ce moment, « connaissant à peu près la position des armées « ennemies, je fus frappé du danger que courait « l'armée de Châlons, pouvant être attaquée de flanc « par des forces supérieures, et je m'écriai : Mon« sieur le maréchal, il faut partir tout de suite. » Le maréchal répliqua : « Tout de suite, c'est bien tôt. »
« — Je veux dire demain, ajoutai-je. » Le maréchal « allégua des nécessités de ravitaillement en vivres « et en munitions qui devaient prendre assez de « temps. J'insistai pour que ces opérations fussent « menées très-rapidement, m'efforçant de faire res« sortir l'urgence du départ. Je demandai au maré« chal de vouloir bien supprimer d'une manière « complète tous les bagages ; nous eûmes une dis« cussion à ce sujet. L'entretien fini, le maréchal me « dit : « Je vous ferai appeler quand il y aura lieu « d'étudier le mouvement de sortie. »

Sur la demande faite au colonel Lewal si la date du 23 se rattachait dans son esprit à d'autres circonstances, cet officier supérieur a répondu :

« Je devais préparer tout un ensemble d'ordres; « j'ai dû en parler au colonel d'Andlau, qui était le « chef de la section des mouvements. »

Interrogé à ce sujet, le colonel d'Andlau a répondu ce qui suit :

« Dans la journée du 23, j'eus l'occasion de cons« tater que le colonel Lewal étudiait un projet de « sortie par la rive droite. Il me donna communi« cation de ce projet. L'armée fut mise en mouve« ment, comme l'on sait, dans la matinée du 26... En « arrivant sur le terrain, le maréchal convoqua les « commandants de corps pour prendre leur avis sur « la situation. Il fut décidé dans la conférence qui « eut lieu à ce sujet que le mouvement projeté ce « jour-là serait ajourné, et nous dûmes regagner « nos campements. Tout le monde était fort désap« pointé de ce qui se passait, et comme j'exprimais « ce sentiment devant le colonel Lewal, il me dit : « Tout cela est bien plus triste que vous ne le pen« sez, car le maréchal sait, par une dépêche reçue « le 23, que le maréchal de Mac-Mahon est en route « pour venir à lui. » Il me raconta alors que, dans « cette journée du 23, un émissaire était arrivé por« teur d'une dépêche roulée en forme de ciga« rette. Il ajouta que, l'ayant apportée au maréchal, « celui-ci l'avait dépliée et l'avait lue tout haut « devant lui. Cette dépêche annonçait la marche du « maréchal de Mac-Mahon dans la direction de « Metz. »

Le maréchal Bazaine a nié avec la plus grande énergie avoir jamais reçu la dépêche dont parlent les colonels Lewal et d'Andlau. Il assure que ces officiers font erreur et que le fait dont ils témoignent se rapporte au 29 août et non au 23 ; il reconnaît toutefois avoir reçu une dépêche le 22 ou le 23 ; mais il ajoute que c'est celle que lui a adressée le maréchal de Mac-Mahon, le 19, du camp de Châlons, ainsi conçue :

« Si, comme je le crois, vous êtes forcé de battre « en retraite très-prochainement, je ne sais à la « distance où je suis de vous, comment venir « en aide sans découvrir Paris? Si vous en jugez « autrement, faites-le-moi savoir. »

Il est revenu plusieurs fois sur cette assertion.

Nous la trouvons dans son ouvrage : l'*Armée du Rhin*. Il l'a répétée dans sa déposition devant le conseil d'enquête, dans son mémoire justificatif, enfin, dans son interrogatoire.

M. le capitaine de Mornay-Soult, son officier d'ordonnance, est venu confirmer les dires du maréchal. Il en a écrit à M. le maréchal Baraguey d'Hilliers, déposé devant le conseil d'enquête, puis devant le rapporteur. Il entre dans les détails les plus circonstanciés : la dépêche reçue le 22 ou le 23 est bien celle du maréchal de Mac-Mahon du 19, et ne peut être aucune autre : il affirme, en effet, que c'est la première communication venue par émissaire depuis la rupture du télégraphe, que jusque-là il n'en était pas arrivé une seule.

On conçoit l'intérêt du maréchal à présenter une explication de nature à détruire les témoignages si concluants de MM. Lewal et d'Andlau ; mais cette explication, établie avec tant de soin, un fait matériel démontre péremptoirement qu'elle est controuvée.

La dépêche du maréchal de Mac-Mahon du 19 n'a pas été apportée le 22 ou le 23 ; elle a été remise le 20 au bureau télégraphique par le garde forestier Déchu et transmise immédiatement au maréchal par M. de la Vasselais, directeur du télégraphe ; bien plus, le maréchal a écrit de sa main, sur l'original envoyé par le directeur du télégraphe, la minute de sa réponse, datée du 20, transcrite sur le registre de correspondance et expédiée le même jour à Thionville par l'émissaire Flahaut. Cette pièce existe au dossier.

Du reste, la dépêche du maréchal de Mac-Mahon étant écrite en chiffres ne pouvait être que celle que le maréchal déplie en la recevant et lit tout haut devant le colonel Lewal.

Mis en présence des preuves matérielles de l'inexactitude de ses déclarations et de celles de son officier d'ordonnance à ce sujet, le maréchal est revenu dans ses derniers interrogatoires sur ses précédentes assertions. Il s'explique en ces termes :

« J'ai entendu dire, lors de mon arrivée en Alle-
« magne, que l'on prétendait que j'avais reçu le 23
« une dépêche du maréchal de Mac-Mahon dans la-
« quelle il me prévenait du mouvement qu'il allait
« exécuter le 22 vers l'est.

« Je me suis demandé si ma mémoire ne me fai-
« sait pas défaut, puisque je n'avais pas les archives
« à ma disposition, et je me suis figuré que c'était
« celle que vous signalez comme étant arrivée le 20
« et qui n'était arrivée que le 22 ou le 23. J'en ai
« entretenu les officiers qui m'entouraient. De là est
« venue leur conviction comme la mienne, que c'é-
« tait bien celle-là, parce que nous croyions qu'elle
« était venue par un piéton soit de Verdun, soit de
« Longuyon... »

Les observations suivantes ont été formulées sur cette réponse :

« J'ai l'honneur de vous faire observer que vous
« avez déclaré à plusieurs reprises et à de longs in-
« tervalles qu'il vous était envoyé une dépêche le 22
« ou le 23.

« D'un autre côté, je me trouve en présence
« d'une affirmation des plus formelles du colonel
« Lewal, qui déclare vous avoir entendu lire une
« dépêche le 23, annonçant la marche du maréchal
« de Mac-Mahon. La dépêche signalée par le colo-
« nel Lewal ne saurait d'ailleurs se rapporter à celle
« du 19 : « Si, comme je le crois... » puisque cette
« dernière était en chiffres, et par conséquent ne
« pouvait être lue couramment. Quelle peut donc
« être cette dépêche en clair que le colonel Lewal
« vous avait entendu lire à la date du 23, date dont
« l'exactitude est appuyée par d'autres déclarations ?
« Comment expliquez-vous cet incident ? Quand je
« rapproche ces circonstances de ce fait, qu'une
« quarantaine d'émissaires vous ont été expédiés
« pour vous informer de la situation à partir du
« 18 août, je considère comme fort probable que
« vous ayez été informé du plan conçu par le mi-
« nistre de la guerre, qui devait porter l'armée du
« maréchal de Mac-Mahon sur la Meuse, à la date
« du 26, ce qui supposerait qu'elle se mettait en
« marche vers le 20. »

R. — « Je m'en réfère à la réponse que j'ai faite
« ci-dessus. Je n'ai aucun souvenir d'une dépêche
« venue le 22 ou le 23, traitant de la marche du
« maréchal de Mac-Mahon, et je persiste à croire
« que M. le colonel Lewal a confondu avec la dé-
« pêche arrivée le 29. Je profite de la circonstance
« pour dire que si, par cas, une dépêche pareille
« était arrivée à titre de renseignement, puisqu'elle
« n'émanait pas du maréchal de Mac-Mahon, elle
« n'aurait pas eu pour moi une autorité assez
« grande pour remettre en opération une armée
« qui se reconstituait après des combats qui avaient
« fait subir aux cadres des pertes très-sensibles,
« sans connaître d'une manière positive les mou-
« vements opérés par le maréchal de Mac-Mahon.
« Ce que je dis là est à titre de réflexion. »

L'instruction relève tout d'abord que le maréchal n'explique pas dans sa réponse comment lui et les officiers de son état-major ont pu confondre une dépêche chiffrée et une dépêche en clair. Le maréchal se tait sur cette circonstance bien esssentielle pourtant.

Il n'est pas besoin de faire remarquer combien les réflexions qui terminent la réponse du maréchal ressemblent à un aveu. La preuve de l'arrivée de la dépêche signalée par le colonel Lewal ressort d'ailleurs des mesures qui vont être prises par le maréchal pour le prochain départ de l'armée.

Le 23 août, le maréchal ordonne de réduire les bagages en raison des mouvements que l'armée peut être appelée à faire prochainement. Le 24, nouvelle instruction dans ce sens. On constitue un convoi pour le 6ᵉ corps. Enfin, on forme un corps de cavalerie sous les ordres du général Desvaux, et on donne les ordres de marche pour le lendemain 26.

Devant cette réunion de preuves, devant toutes ces coïncidences, l'instruction est en droit d'affirmer que le maréchal Bazaine a été informé de la marche du maréchal de Mac-Mahon, probablement le 20, et certainement le 23.

Réponse du maréchal Bazaine à l'annonce de la marche de l'armée de Châlons à son secours.

Il existe à ce sujet une dernière preuve accablante pour le maréchal.

Le 27, partait de Thionville la dépêche suivante :

« Le colonel Turnier fait savoir qu'il reçoit de « Metz, pour être communiquée à l'armée française, s'il est possible, une dépêche ainsi conçue :

« Nos communications sont coupées, mais faiblement, nous pourrons percer quand nous voudrons, nous vous attendons. »

C'était la réponse à la dépêche apportée à Metz le 23 août. On n'a pu retrouver ni la date exacte du départ de Metz de cette communication, ni le nom de l'émissaire qui l'a apportée à Thionville.

Mais, le 27 août, elle fut confiée par le colonel Turnier à M. Lallement, procureur impérial du tribunal de Sarreguemines, qui avait été forcé de fuir les mauvais traitements exercés sur lui par la résidence de l'armée d'invasion.

Ce magistrat était prié de la remettre au premier général français de l'armée de Châlons qu'il pourrait rencontrer.

Le 29 août, entre 8 et 9 heures du matin, M. Lallement remit cette dépêche, que par discrétion il n'avait pas lue, au général commandant à Sedan. Le substitut du procureur impérial de Sedan, M. Bouchon-Garnier, est appelé pour constater l'identité de M. Lallement, et la dépêche est remise de suite à M. Hulme, filateur à Mousson et adjoint de cette ville, qui doit la porter au maréchal de Mac-Mahon à Raucourt.

M. Hulme avait depuis quelques jours mis à la disposition de l'autorité militaire à Sedan, pour le service des éclaireurs, sa connaissance parfaite du pays, sa personne et tous les moyens dont il disposait. Quelques cavaliers du 3ᵉ régiment de cuirassiers avaient été placés sous ses ordres. Sa déposition renferme l'exposé complet de la mission qu'il a remplie ;

« J'étais à la citadelle de Sedan, le 29 août 1870, à huit heures du matin, lorsque M. le lieutenant-colonel Melcion d'Arc, commandant de la place de Sedan, m'informa qu'il venait d'être remplacé par le général de Beurmann.

« Au moment où nous sortions du bureau de la place, pour être présentés au général de Beurmann, est arrivé M. Lallement, procureur impérial à Sarreguemines, qui a remis à M. Melcion d'Arc une dépêche que celui-ci a ouverte, et qu'il a donnée immédiatement au général de Beurmann.

« A ce moment celui-ci ne portait aucun insigne de commandement, était vêtu en bourgeois, et paraissait très-peu au courant de ce qui se passait.

» Voici, sinon les termes de cette dépêche, du moins le sens :

« ..... Le colonel Turnier fait savoir qu'il reçoit « de Metz, pour être communiquée à l'armée fran« çaise, s'il est possible, une dépêche ainsi conçue : « Nos communications sont coupées, mais faible« ment, nous pourrons percer quand nous vou» drons et nous vous attendrons. »

« M. Melcion d'Arc me demanda, en présence du général, qui du reste intervint pour réitérer la demande de M. Melcion d'Arc, si je voulais me charger de porter cette dépêche à l'empereur et au maréchal de Mac-Mahon ; j'acceptai... J'arrivai à midi à Raucourt.

Je communiquai immédiatement la dépêche à l'empereur, qui arrivait en même temps que moi à Raucourt.

« Quand l'empereur eut lu la dépêche, il me dit de la porter au maréchal de Mac-Mahon, ce dernier étant arrivé à Raucourt vers deux heures ; je la lui remis.

« Le maréchal, sachant que j'étais chargé du service des dépêches, me fit beaucoup de questions sur les routes, les approvisionnements du côté de Montmédy, où je lui dis qu'il y en avait pour deux jours pour toute son armée. Il finit par se plaindre de ne pas en trouver assez à Raucourt et me demanda si l'on pouvait mieux faire à Mouzon pour le lendemain. Je lui répondis que s'il m'autorisait à donner des ordres en son nom, il aurait à Mouzon le nécessaire pour approvisionner son armée pendant deux ou trois jours ; il m'autorisa à user de son nom, je le fis, et les provisions étaient prêtes, lorsque l'armée arriva à Mouzon. »

M. le colonel Melcion d'Arc, auquel il a été donné communication de la déposition de M. Hulme, a fait la déclaration suivante :

« Les détails si précis donnés par M. Hulme « m'ont rappelé mes souvenirs ; j'ai souvenance, en « effet, d'avoir reçu au château de Sedan M. le « procureur impérial Lallement, qui a remis au « général de Beurmann une dépêche qu'il apportait « de Thionville. Cette dépêche avait trait à la situa« tion de l'armée du maréchal Bazaine. Elle éma« nait de lui et énonçait la possibilité de franchir « le cercle d'investissement. Je me rappelle avoir « donné l'ordre à M. Hulme de porter en toute hâte « la dépêche dont il s'agit et de faire la plus grande « diligence possible, parce que j'en sentais toute « l'importance. Je saisis cette occasion, — ajoute « le colonel, — pour signaler le dévouement, l'in« telligence et l'activité apportés par M. Hulme « dans l'accomplissement des missions périlleuses

« que je lui ai données et qu'il avait offert sponta-
« nément d'accepter. »

Communication a été donnée à M. le maréchal de Mac-Mahon de tous les incidents qui viennent d'être signalés ; à la demande qui a été faite au maréchal s'il avait reçu la dépêche dont il s'agit, il a répondu de la manière suivante :

« Je ne me rappelle point qu'il m'ait été remis
« une dépêche à Raucourt. La chose peut m'avoir
« échappé, mais toutefois je suis certain de n'avoir
« point eu connaissance d'une dépêche dans le sens
« de celle qui précède. Au Chêne-populeux, j'avais
« pris, malgré les observations de l'empereur, la
« décision de me porter dans la direction de Metz;
« si j'avais reçu cette dépêche qui était dans le sens
« des opérations que j'exécutais, elle m'aurait cer-
« tainement frappé. »

M. Hulme, confronté avec M. le maréchal de Mac-Mahon, a déclaré persister dans sa déposition.

L'instruction, tout en s'inclinant devant les déclarations du maréchal de Mac-Mahon, doit faire observer qu'une certaine confusion a très-bien pu se faire dans l'esprit de M. le maréchal par suite des incidents qui se sont multipliés dans l'après-midi du 29 août à Raucourt, ce qui expliquerait comment le souvenir de l'arrivée de la dépêche dont il s'agit s'est effacé de sa mémoire, mais on ne saurait concevoir de doute sur le fait de l'existence *d'une dépêche importante* qu'une série de témoignages précis et circonstanciés nous montrent remise le 27 août par le colonel Turnier à M. Lallement et apportée par ce dernier le 29 au commandant de place de Sedan, le colonel Melcion d'Arc.

D'autre part, on verra dans la partie du rapport spécialement consacrée aux communications que cette dépêche a dû partir de Metz le 26. Quelle nouvelle importante le maréchal Bazaine pouvait-il annoncer à cette date ? Comme nous l'indiquerons dans le chapitre suivant, il avait mis son armée en ligne.

L'ennemi, dit-il lui-même, *n'avait pas paru vouloir accepter le combat.* En même temps, il faisait adopter par ses lieutenants, dans la conférence de Grimont, la résolution d'attendre sous Metz qu'un effort suprême du pays déterminât un mouvement de retraite de l'armée ennemie.

Dans ces circonstances que pouvait-il annoncer au maréchal de Mac-Mahon, sinon ce que nous dit M. Hulme :

« Nous sommes entourés, mais faiblement, nous
« pourrons percer quand nous voudrons, et nous
« vous attendons. »

La déposition de M. le colonel Melcion d'Arc confirme d'ailleurs le sens général de ce message :
« Cette dépêche, dit-il, avait trait à la situation gé-
« nérale de l'armée du maréchal Bazaine, elle éma-
« nait de lui et énonçait la possibilité de franchir
« le cercle d'investissement. »

En résumé, les faits suivants sont établis d'une manière incontestable.

Le maréchal Bazaine a indiqué Montmédy pour point de direction de son armée. Ce projet concordé avec le plan d'opération arrêté par le conseil de régence. Il est de nouveau confirmé par le maréchal Bazaine, dans sa dépêche du 19 août, dépêche qui détermine le mouvement de l'armée de Châlons vers l'est.

Une seconde dépêche, expédiée de Metz le 20 août, est de nature à arrêter ou à suspendre tout au moins cette marche ; elle est interceptée, et le maréchal de Mac-Mahon, auquel on la cache, continue son mouvement vers Montmédy, où tout est préparé pour la jonction des deux armées.

Un avis parvenu le 23 au maréchal Bazaine lui indique que la deuxième armée française marche à sa rencontre ; cette nouvelle ne le détermine pas plus que ne l'avaient fait les ordres laissés, le 16 août, par l'empereur, à s'éloigner du camp retranché de Metz ; il se contente de répondre « *qu'il attend.* »

Mais, comprenant tout l'odieux qui rejaillira sur lui s'il demeure dans l'inaction, tandis que son lieutenant court risque de se faire écraser en venant à son aide, il va chercher à rejeter sur ses commandants de corps la responsabilité de cette conduite. Nous allons voir dans le chapitre suivant les moyens qu'il employa pour atteindre ce but.

CHAPITRE IV
Conseil du 26 août.
DÉMONSTRATION DU 31 AOUT.

Nous avons vu dans les chapitres précédents, comment, après avoir reçu l'ordre de l'empereur de ramener l'armée à Châlons, le maréchal Bazaine prit toute une série de dispositions de nature à faire avorter ce dessein, et comment, après les batailles de Rézonville et de Saint-Privat, s'était replié sans nécessité sous les murs de Metz, en laissant aux mains de l'ennemi les positions par lesquelles il aurait pu déboucher de nouveau sur les plateaux.

Bien que le maréchal fût lié par la nouvelle qu'il avait fait parvenir à Châlons de son projet de marche vers Montmédy, projet qu'il avait formulé de nouveau dans sa dépêche du 19, il ne se souciait nullement de la réaliser.

A l'abri de toute attaque dans l'intérieur du camp retranché, le maréchal pouvait attendre le dénoûment de la crise politique et militaire qui se préparait, lorsque la dépêche du 23 vint lui imposer des devoirs auxquels il ne semblait pas possible de se soustraire.

Devant l'annonce de l'armée de secours, il fallait nécessairement venir en aide au maréchal de Mac-Mahon, ou tout au moins paraître tenter une diversion en sa faveur.

Ce fut dans ce dernier ordre d'idées que le maréchal Bazaine se décida à concentrer l'armée, le 26 août, sur la rive droite de la Moselle, pour y attirer une partie des forces ennemies et attendre ainsi les événements sans compromettre ses troupes et sa propre situation.

D'un autre côté, le maréchal avait à tenir compte de l'opinion de son armée, qui s'attendait de jour en jour à reprendre sa marche vers l'intérieur; il était nécessaire de lui faire accepter, en la masquant sous l'apparence de combinaisons stratégiques, l'inaction dans laquelle il allait la maintenir, et d'amener ses lieutenants à admettre la convenance d'un séjour prolongé dans le camp retranché de Metz.

Tel fut le but de la conférence tenue le 26 août, dans laquelle le maréchal Bazaine détermina ses commandants de corps à prendre une décision dans ce sens, en leur cachant l'arrivée prochaine du maréchal de Mac-Mahon, le rendez-vous qu'il lui avait donné à Montmédy, et en leur traçant tout un programme d'opérations militaires dont Metz serait le pivot, — programme qui ne devait jamais recevoir même un commencement d'exécution.

Ce fut dans la nuit du 25 au 26 que furent expédiés les ordres de marche pour le lendemain. L'armée devait se mettre en mouvement au jour pour passer sur la rive droite de la Moselle et essayer de déboucher sur les plateaux situés en avant du fort de Saint-Julien.

Cette manœuvre avait pour but d'attirer sur la rive droite une partie des forces ennemies et de dégager les plateaux de la rive gauche, par lesquels pouvait arriver l'armée de secours. Mais elle présentait le grave inconvénient de ne pas inquiéter les concentrations de l'ennemi contre le maréchal de Mac-Mahon, et de mettre l'armée de Metz dans l'impossibilité de soutenir directement celle de Châlons. Le rôle le plus difficile était ainsi réservé à l'armée la plus faible, à celle qui se trouvait sans appui et en rase campagne. En se bornant à faire une semblable démonstration, le maréchal exposait à un désastre l'armée qui se dévouait pour lui venir en aide.

Quoi qu'il en soit, le passage de la Moselle était déjà commencé lorsque se présentèrent chez le maréchal Bazaine les généraux Coffinières et Soleille pour lui soumettre des observations sur la situation. Le général Coffinières a déposé dans les termes suivants sur cet incident :

« J'avais reçu, dans la nuit du 25 au 26, communication de l'ordre de marche pour la journée du « 26. Je me rendis le 26 au matin chez le maréchal pour régler certaines questions de service, « et, en retournant à Metz, je passai chez le général Soleille qui logeait à côté du maréchal. « Notre entretien porta naturellement sur le départ « de l'armée, et nous exprimâmes l'avis qu'il serait « peut-être préférable d'ajourner ce mouvement « en utilisant ce délai pour terminer l'armement, « pour donner plus de consistance aux parties dé- « fectueuses et incomplètes des forts.

« La position de la place de Metz me paraissait « d'ailleurs éminemment stratégique, et le main- « tien temporaire de l'armée sur ce point pouvait « être très-utile en menaçant très-sérieusement la « ligne d'opérations de l'ennemi. Il est d'ailleurs « très-important de faire observer que dans ce mo- « ment nous ignorions, l'un et l'autre le point où « se trouvait l'armée du maréchal de Mac-Mahon. « Il semblait rationnel d'être fixé à ce sujet avant « d'aller à sa rencontre. Cette armée pouvait se « diriger sur Metz par deux ou trois lignes diffé- « rentes. Cette manière de voir me semblait d'au- « tant plus soutenable et rationnelle que depuis la « bataille de Forbach nos troupes s'étaient cons- « tamment repliées, ce qui pouvait influer sur leur « valeur morale. Frappés de ces considérations, « nous nous rendîmes chez le maréchal pour lui « soumettre nos idées. Je ne saurais dire quelle im- « pression ces observations produisirent sur le ma- « réchal. Toujours est-il qu'il maintint son ordre « de mouvement. »

La déposition du général Coffinières indique qu'il avait connaissance de la marche du maréchal de Mac-Mahon. Il en fut question entre le maréchal et les deux généraux. Tous les trois gardèrent le silence à ce sujet dans le conseil qui allait être tenu à Grimont.

Ainsi que l'ordre en avait été donné, l'armée fut se masser sur la rive droite de la Moselle, en avant des forts de Saint-Julien et de Queuleu. Les dispositions prescrites dans l'ordre de mouvement démontrent catégoriquement qu'il ne s'agissait dans l'esprit du maréchal que d'une simple démonstration, comme il l'a du reste avoué.

Une tentative sérieuse de sortie ne pouvait avoir chance de réussir qu'en surprenant l'ennemi. Tout commandait, dans ce but, de faire, pendant la nuit, les marches préparatoires, de manière à se trouver sur le plateau au petit jour et à ne trouver devant soi que les gardes habituelles des lignes. On savait l'ennemi en force sur la rive gauche, il ne fallait pas lui laisser le temps de porter des troupes sur le point menacé. L'armée ne fut mise en mouvement qu'au jour. On se demande en vain pourquoi.

Toute surprise doit être menée vivement, et, si l'on rencontre des obstacles, il faut être en mesure de les briser rapidement. On allait aborder des lignes dont les feux convergeraient sur nos troupes. Il fallait pouvoir les éteindre rapidement, à cet effet, avoir toute l'artillerie de réserve sous la main. Pourquoi, au lieu d'arriver la dernière sur le plateau, n'y a-t-elle pas précédé l'armée ?

Si l'affaire qui allait s'engager eût été sérieuse, on aurait commencé l'attaque dès le point du jour avec les troupes campées déjà sur la rive droite, en les faisant soutenir par les différents corps au fur t à mesure de leur arrivée. On n'en fit rien et l'on attendit que toutes les troupes fussent à peu près massées sur le plateau.

Puisque l'on s'assujettissait à cette condition, il fallait au moins accélérer la traversée de la Moselle en utilisant les deux ponts de la ville ; c'était d'autant plus nécessaire que, les ponts provisoires construits pour la retraite de l'armée ayant été, sans motifs sérieux, repliés le 15, dès le lendemain du passage de l'armée, par ordre du général Coffinières, il avait fallu en improviser de nouveaux. A part le 2e corps qui traversa la ville et défila sur le pont des Morts, et le 3e corps déjà établi sur la rive droite, toute l'armée dut passer sur les ponts provisoires et vint s'accumuler sur l'unique rampe du village de Saint-Julien. Ainsi, le 13 août, le maréchal avait retardé de vingt-quatre heures la retraite de l'armée afin de pouvoir effectuer son passage par huit ponts à la fois, et le 26, alors qu'il en avait encore quatre à sa disposition, il n'en emploie que trois, dont l'un, construit à la hâte, ne pouvait servir qu'à l'infanterie. On n'utilisa pas le pont Tiffroy, ce qui retarda d'autant le passage. Enfin, les mesures avaient été prises de telle sorte que le défilé de l'armée, commencé à cinq heures du matin, ne fut pas terminé à trois heures de l'après-midi.

Pendant ce temps, l'ennemi, qui, des hauteurs de la rive gauche, suivait tous nos mouvements, se portait en toute hâte vers le point menacé. Le gros de ses forces était massé encore sur les plateaux de l'Orne, en sorte qu'il n'y avait devant nous qu'un simple cordon de troupes qu'on aurait traversé sans difficulté. C'est ainsi que les avant-gardes du 3e corps qui avaient été portées un peu en avant ne trouvèrent personne à Nouilly, à Noisseville, à Colomby, position dont la prise devait coûter tant de sang quelques jours après.

Vers deux heures, presque toute l'armée avait enfin débouché en avant du fort Saint-Julien et n'attendait que le signal d'attaquer, lorsque, au lieu d'engager le combat, le maréchal fit appeler les commandants des corps et les commandants d'armes à la ferme de Grimont, pour conférer sur la situation.

Un compte rendu de la conférence fut rédigé par le général Boyer. Il fait partie du dossier remis par le maréchal Bazaine. Bien que ce compte rendu ne soit pas authentique, puisque sa rédaction ne fut pas soumise aux membres de la conférence, l'instruction croit devoir le reproduire à titre de renseignement.

CONFÉRENCE DU 26 AOUT 1870.

Le 26 août, à deux heures de l'après-midi, les commandants des 2e, 3e, 4e, 6e corps d'armée, le commandant en chef de la garde impériale, le général commandant l'artillerie de l'armée, le commandant supérieur de la place de Metz, réunis au château de Grimont, furent priés de donner leur avis sur la situation.

OPINION DU GÉNÉRAL SOLEILLE.

La première chose qui frappe l'esprit dans la situation actuelle de l'armée du Rhin, c'est l'analogie qui existe entre cette situation et celle de l'armée française en 1814. A cette époque, en effet, l'armée alliée avait dépassé Verdun et marchait sur Paris, comme le fait aujourd'hui l'armée allemande. L'empereur Napoléon Ier eut la pensée de réunir les garnisons des places du nord et de se jeter vers la frontière sur les communications de l'ennemi, pendant que l'armée envahissante irait se heurter contre les travaux de défense qu'il avait ordonné d'exécuter autour de Paris. Mais Paris n'était pas fortifié, le plan de l'empereur ne put être réalisé.

Aujourd'hui, l'ensemble de ce plan d'opérations est très-exécutable. Paris est pourvu d'une double enceinte de forts détachés et de fronts bastionnés, et la présence de l'armée du Rhin sous les murs de Metz, à la frontière, on peut le dire, précisément à portée des communications de l'armée prussienne, doit singulièrement inquiéter l'ennemi.

L'armée du Rhin a un rôle immense à jouer, et ce rôle militaire peut devenir et deviendra certainement politique.

Metz est, en effet, non-seulement une grande place de guerre, mais aussi et surtout la capitale de la Lorraine. En admettant une série de revers pour nos armes, et l'obligation pour le gouvernement de traiter avec la Prusse, la possession de Metz, la présence de l'armée dans le camp retranché que nous occupons, pèseraient d'un poids immense dans les décisions à intervenir et sauvegarderaient vraisemblablement à la France la possession de la Lorraine.

Il ne faut pas se dissimuler, en outre, que l'armée n'a de munitions d'artillerie que pour une bataille et qu'il est impossible de la réapprovisionner avec les ressources de la place. Risquer un combat pour percer les lignes ennemies et entreprendre une marche pour rallier Paris ou tout autre point, ce serait s'exposer à user des munitions, à se trouver au milieu des armées prussiennes qui s'acharneraient après nous comme une meute de chiens après un cerf, et à compromettre le sort de cette armée. En restant, au contraire, dans les lignes que nous occupons, nous maintenons l'armée intacte avec tous ses moyens d'action, nous menaçons constamment les communications de l'armée ennemie qui peut éprouver un échec et se trouver obligée de battre en retraite ou de se replier sur sa ligne d'opérations. Nous pouvons changer en désastre un mouvement rétrograde des Prussiens et nous conservons au pays une garantie puissante dans tous les cas.

L'armée ne restera pas inactive pour cela ; elle

pourra faire de fréquentes pointes sur le périmètre des lignes ennemies, qui n'a pas moins de 50 à 60 kilomètres ; elle frappera des coups sensibles, les inquiétera et pourra même bouleverser ses travaux, couper ses convois et intercepter ses communications.

Ces mouvements entretiendront son moral, la tiendront en haleine, et seront même favorables à l'état sanitaire.

OPINION DU GÉNÉRAL FROSSARD.

Le général Frossard est absolument de l'avis du général Soleille. Il ajoute que l'armée du Rhin, par suite des événements accomplis, et il ne voudrait pas étendre cette opinion à l'armée entière, est bien plus propre à la défensive qu'à l'offensive.

Il règne dans cette armée une sorte d'épuisement, pour ne pas dire de découragement, qu'il est aisé de reconnaître. Si on la met en marche à l'aventure, on ne pourra plus compter sur elle après un premier combat, fût-il heureux. Si la chance des armes nous était défavorable, il serait impossible de la maintenir ; ce serait une armée dissoute et le prestige qui l'entoure encore s'évanouirait complètement ; ce serait une déroute dont les conséquences sont incalculables.

Comme contre-partie le général Frossard expose que, l'armée prussienne étant en retraite, le caractère propre au soldat français se manifesterait d'une manière entraînante et changerait, sans conteste, en désastre pour l'ennemi un mouvement rétrograde de sa part.

OPINION DU MARÉCHAL CANROBERT.

Le maréchal Canrobert se range absolument à l'avis émis par le général Soleille et par le général Frossard, en ce qui concerne la nécessité de ne point compromettre l'armée par un mouvement offensif ; mais il y met une restriction. Le moral de l'armée, dit-il, ne sera maintenu, l'armée ne vivra moralement, qu'à la condition de ne pas rester inerte. Frappons des coups de tous les côtés ; donnons des coups de griffe partout et incessamment.

Sortir de Metz pour s'allonger dans l'intérieur du pays avec des colonnes immenses de bagages, d'artillerie que nous traînons à notre suite et sur une seule ligne, est chose impossible. La conclusion est qu'il faut rentrer sous Metz, fatiguer l'ennemi, le traquer partout, et si l'on se décide à sortir laisser tous les impédiments..

OPINION DU GÉNÉRAL DE LADMIRAULT.

Il est impossible d'entreprendre une affaire de longue haleine, car à la première affaire on sera usé, faute de munitions.

OPINION DU MARÉCHAL LE BŒUF.

Le maréchal expose tout d'abord, en termes très-vifs, qu'il n'est point responsable de la situation faite à l'armée du Rhin. Il a supporté jusqu'à ce jour le poids des accusations lancées contre son administration, mais il déclare qu'il n'a été ni consulté, ni écouté, lorsqu'il disait qu'un camp retranché comme Metz était fait uniquement pour permettre de constituer, à son abri, une armée forte et prête à répondre aux exigences d'une situation que pouvait créer l'initiative de l'ennemi : on ne l'a point consulté, on ne l'a point écouté, et la dissémination de l'armée sur la frontière n'est point son œuvre. Il voulait la concentrer au début de la campagne, au lieu de la déployer comme elle l'a été sur la frontière.

Conserver l'armée du Rhin intacte est le plus grand et le meilleur service que l'on puisse rendre au pays ; mais comment la ferons-nous vivre ?

OPINION DU GÉNÉRAL BOURBAKI.

Mon désir le plus vif, dit le général, eût été de faire un trou par Château-Salins et de nous donner de l'air. Mais, si nous n'avons pas de munitions, il est clair que nous ne pouvons rien faire.

OPINION DU GÉNÉRAL COFFINIÈRES.

M. le général Coffinières partage l'avis du général Soleille et déclare que la place et ses forts ne sont pas dans un état défensif suffisant et ne pourraient supporter une attaque régulière qu'un nombre de jours fort limité ; que l'armée doit rester sous Metz.

Il indique les lignes qu'elle doit occuper sur les deux rives de la Moselle et les travaux qu'elle doit exécuter pour y être solidement établie.

Le maréchal Bazaine a résumé comme il suit dans son mémoire justificatif les résolutions qui furent prises dans cette conférence :

« L'armée devait rester sous Metz, parce que sa
« présence maintenait devant elle plus de 200,000
« ennemis ; parce qu'elle donnait ainsi le temps à
« la France d'organiser la résistance, aux armées
« en formation de se constituer, et parce qu'en
« cas de retraite de l'ennemi de le harcèlerait si
« elle ne pouvait lui infliger de défaite décisive. »

Il est établi d'un autre côté par le compte rendu de cette conférence et par les dépositions, que l'armée devait rester sous Metz parce qu'elle n'avait de munitions que pour une bataille, et qu'en entreprenant une marche vers l'intérieur elle s'exposait à se trouver désarmée au milieu des ennemis ; parce qu'enfin la place de Metz ne pouvait, au dire du commandant supérieur lui-même, tenir plus de quinze jours sans la protection de l'armée.

En rapprochant ces résolutions des observations présentées au maréchal dans la matinée même par les généraux Soleille et Coffinières, on est frappé tout d'abord du silence profond gardé sur l'armée du maréchal de Mac-Mahon et sur la probabilité de sa marche vers Metz. Non-seulement le maréchal se tait, mais les généraux Soleille et Coffinières gardent un silence absolu sur ce point capital. Tous les autres membres de la conférence déclarent unanimement qu'il n'a pas été fait mention devant eux du maréchal de Mac-Mahon ni de son armée.

Ce fut dans la conférence de Grimont que surgit pour la première fois cette pensée que l'armée ne devait pas quitter Metz. Nous en avons trouvé le germe dans le communiqué à la presse du 20 août. Mais, vis-à-vis de l'armée et du pays, il n'avait jusqu'alors été question que de couvrir les communications de l'armée avec l'intérieur. Le 23 encore, le maréchal entretenait l'empereur de son projet de sortie :

« En restant devant Metz, dit le maréchal, l'armée « neutralisait 200,000 ennemis. »

Comme si un rôle purement expectant convenait à la seule armée fortement constituée que possédât la France. On ne saurait trop s'élever contre une semblable théorie qui légitimerait en apparence, dans l'avenir, l'inertie des généraux et laisserait à d'autres qu'aux véritables soldats le soin de tenir la campagne et de se battre.

En restant devant Metz, on donnait, dit-on, le temps à la France d'organiser la résistance, et avec quels éléments, puisque l'armée renfermait à peu près tous les cadres de l'armée active?

En cas de retraite de l'ennemi, elle le harcèlerait si elle ne pouvait lui infliger de défaite décisive. Ainsi, c'était aux nouvelles levées, constituées à la hâte, à rejeter l'ennemi hors du territoire.

Tout en reconnaissant, comme on le verra dans un des chapitres suivants du rapport, que le maréchal Bazaine, après le désastre de Sedan, aurait pu concourir de la manière la plus efficace à la défense du pays par des opérations actives autour de Metz, on ne saurait l'excuser d'avoir voulu restreindre à de simples fourrages le rôle de son armée, alors que le maréchal de Mac-Mahon s'avançait vers lui, croyant le rencontrer en chemin.

Examinons maintenant en détail la valeur des motifs qui déterminent les résolutions du 26 août.

La place de Metz ne pouvait tenir plus de quinze jours sans la protection de l'armée. Le général Coffinières, au dire des membres de la conférence, a avancé cette opinion; il la renie maintenant et la caractérise même très-sévèrement; mais pourquoi s'est-il exprimé de façon qu'à la sortie de la conférence ses membres pussent emporter une impression aussi désolante? Strasbourg, qui n'était protégé que par une enceinte, a tenu quarante-cinq jours, et Metz entouré de forts serait tombé en quinze jours! Ce simple rapprochement suffit pour éclairer cette situation : ajoutons que les observations du général Coffinières étaient d'autant plus mal fondées qu'il obtenait pour la garnison de Metz l'effectif demandé par lui le 14 août. Depuis cette date, les défenses de la place avaient été notablement améliorées et la garnison se trouvait doublée, puisqu'on devait laisser la division Castagny en sus de la division Laveaucoupet, déjà désignée. Le commandant supérieur de Metz n'aurait pas dû oublier que le maintien de l'armée allait réduire de la façon la plus périlleuse les approvisionnements de la place et hâter l'heure de la reddition forcée. Au lieu de provoquer une semblable résolution, il aurait dû tout faire pour l'empêcher d'être admise.

Le maréchal Le Bœuf a caractérisé très-nettement la situation dans sa déposition. Il déclare qu'au moment où il résignait ses fonctions de major général, il demanda au général Coffinières de consentir à reprendre le commandement du génie de l'armée et à lui céder le poste de gouverneur de Metz. Après avoir exposé en détail les ressources que les forts offraient à la défense, le maréchal Le Bœuf ajoute qu'il est hors de doute qu'en réservant la question des vivres on aurait pu tenir près de trois mois contre des attaques régulières.

Enfin, l'armée n'avait de munitions d'artillerie que pour une seule bataille. Cette assertion paraît plus qu'étrange dans la bouche du général Soleille, qui vient d'annoncer quatre jours auparavant, au maréchal Bazaine, que les approvisionnements de l'armée sont reconstitués en entier et qu'elle possède autant de munitions qu'au commencement de la guerre. Si, avec l'approvisionnement existant le 5 août, l'armée a pu livrer les combats du 6, du 14, du 16 et du 18 sans vider ses coffres et bien loin de là, comment un nouvel approvisionnement complet ne pourrait-il suffire qu'à une bataille? Il est impossible de se rendre compte de cette déclaration; bien coupable est celui qui, par sa position spéciale, va donner à une semblable erreur l'apparence de la vérité. Bien plus coupable encore est le maréchal Bazaine qui, renseigné sur tout et connaissant, par la lettre du 22 août, la reconstitution complète des approvisionnements de l'armée, laisse passer cette assertion et en consacre l'exactitude par son silence.

La conférence du 26 a été le point décisif du blocus de Metz. C'est à ce moment que son chef trace à l'armée le rôle qu'il lui réserve, et, pour amener ses lieutenants à s'associer à ses nouveaux desseins, il leur cache la vérité.

Une armée a été improvisée à Châlons; son organisation est encore incomplète. Le maréchal de Mac-Mahon, qui la commande, le sait, et cependant, dans un sentiment de généreuse abnégation il s'est mis en marche pour venir dégager l'armée de Metz.

Le maréchal Bazaine le sait en route. Son premier devoir n'était-il pas, en exposant la situation, d'informer ses lieutenants de tout ce qu'il savait à ce sujet et des renseignements qu'il avait lui-même transmis sur ses projets de marche vers l'intérieur?

Que dire de son silence sur le point capital de la situation? Est-ce en la cachant qu'il espère obtenir des avis utiles? N'est-il pas évident que des avis ainsi obtenus ne peuvent lui être d'aucun secours? Quel peut être alors son but en les provoquant, si ce n'est d'essayer de rejeter sur ses subordonnés une partie de la responsabilité qu'il sent peser sur lui?

Mais ce n'est pas assez que de garder le silence sur le maréchal de Mac-Mahon. Il laisse dire par le général Soleille qu'il n'y a de munitions que pour une bataille, alors que la lettre du 22 août, qu'il a gardée pour lui seul, établit que l'armée est complètement réapprovisionnée et en mesure de soutenir plusieurs combats.

Il laisse dire que la place de Metz ne peut tenir plus de quinze jours sans le secours de l'armée!

Mais s'il est nécessaire de protéger Metz, s'il est périlleux d'aller manœuvrer et combattre en rase campagne, quel rôle destine-t-il à l'armée? Il charge le général Soleille de l'exposer, déclarant à l'avance qu'il penche vers son opinion. On pourrait croire à la sincérité des considérations stratégiques qui sont développées, si le maréchal Bazaine avait jamais essayé sérieusement d'opérer en prenant Metz comme pivot de manœuvres; puisqu'il ne l'a jamais fait, il n'y eut là qu'un leurre pour ses lieutenants et son armée, qu'il a trompés.

Devant ce plan nouveau qu'on arrête se dresse immédiatement un grand besoin, un grand danger. Comment nourrir l'armée sans consommer les approvisionnements de la place et compromettre la durée de la résistance? Le maréchal Bazaine se tait à ce sujet. Seul, le maréchal Le Bœuf s'écrie : « Comment vivrons-nous? »

Toutes ces réflexions, tous ces projets sont agités au milieu d'une discussion confuse que personne ne résume. Mais, dans un coin de la pièce obscure où se tient la conférence, le colonel Boyer, aide de camp du maréchal Bazaine, est là qui prend des notes. Ces notes sont transformées en un procès-verbal, et ce n'est que lorsque paraîtra, longtemps après la guerre, l'ouvrage du maréchal, que les membres de la conférence apprendront qu'il y a eu un procès-verbal dressé dont ils n'ont pas été appelés à contrôler l'exactitude.

Cette responsabilité de ses résolutions que, le 26 août, le maréchal a fait porter à ses lieutenants aux yeux de l'armée, il a voulu plus tard la leur imposer devant l'opinion publique. C'est dans ce but manifeste que le général Boyer emporta de Metz, en se rendant en Angleterre, et remit dès le 2 novembre à M. Tachard le singulier procès-verbal qu'il avait rédigé.

Ce document devait être communiqué à la délégation de Tours. Le maréchal déjà préparait sa défense en compromettant ses subordonnés après les avoir trompés.

L'instruction montre, du reste, qu'avant de réunir les commandants de corps sa détermination était prise. Dans son ordre de mouvement pour le 26, il n'indique aucune disposition au sujet des équipages de pont, et, avant son arrivée au château de Grimont, il avait déjà suspendu le mouvement de la garde impériale. Le général Bourbaki a déposé de ce dernier fait et le maréchal l'a reconnu dans son interrogatoire : « Pour éviter tout encombrement et avoir également du monde sur la rive « gauche, dit-il, la garde et l'artillerie de réserve « auraient suivi la vallée en cas de marche sur « Thionville. »

Ainsi, le maréchal qui, en suivant la rive droite de la Moselle, sera contraint de repasser cette rivière, se prive volontairement des moyens de le faire, il n'aura à sa disposition que l'unique pont de Thionville. Il pense laisser la garde et l'artillerie de réserve sur la rive gauche, et il n'emmènera pas les ponts qui lui donneraient le moyen de mettre en communication les deux fractions de son armée à cheval sur la Moselle.

Le maréchal, pour expliquer ces dispositions, dit, il est vrai, qu'il comptait, en cas de succès, tirer profit des ponts de l'ennemi : mais n'était-ce pas compter sur une ressource bien aléatoire?

Dans sa déposition, M. le général Soleille indique pour la décision relative aux équipages de ponts un motif plus sérieux : l'artillerie, en raison de ses pertes en chevaux dans les batailles précédentes, manquait, selon lui, d'attelages en nombre suffisant, et on avait emmené de préférence la réserve de munitions.

Pour que cette raison soit valable, il faudrait que l'obligation de choisir entre la réserve de cartouches et l'équipage de ponts eût existé réellement. Or, il y avait en ce moment environ 12,000 chevaux de convoyeurs enfermés dans la place. Ne pouvait-on trouver parmi eux les attelages nécessaires, si l'on ne voulait pas recourir aux convoyeurs civils, comme l'avait fait le général Soleille lui-même pour la réserve de munitions? La partie du rapport relative au service de l'artillerie montre, que cette mesure n'était pas indispensable et qu'on eût pu trouver dans les ressources de l'arme même assez d'attelages pour traîner l'équipage de ponts. Si le maréchal ne l'a pas fait, c'est qu'il ne voulait pas sortir.

Que pouvait devenir, en présence de tous les faits qui viennent d'être rappelés, le projet de sortie du maréchal?

Il ajourna l'opération; le temps, dit-il, était mauvais. Comme s'il n'était pas également mauvais pour l'ennemi! — Et les troupes, au milieu d'une confusion inexprimable, rentrèrent dans leur bivouac.

Le lendemain, 27 août, le maréchal de Mac-Mahon était au Chêne-Populeux. Ne recevant aucune nouvelle de Metz, il hésitait ; puis repartait de nouveau pour aller au secours de l'armée du Rhin.

Le maréchal Bazaine indique, dans son registre de correspondance, que le même jour, 26 août, il écrivit au ministre de la guerre :

« Toujours sous Metz, avec munitions d'artillerie
« pour un combat seulement. Impossible de forcer
« les lignes ennemies dans ces conditions, derrière
« ses positions retranchées.

« Aucune nouvelle de Paris, ni d'esprit national,
« urgence d'en avoir ; agirai efficacement si mou-
« vement offensif à l'intérieur force l'ennemi à
« battre en retraite. »

Dans cette dépêche, le général déclare, pour justifier le maintien de l'armée sous Metz, qu'il est impossible de forcer les lignes de l'ennemi derrière ses positions retranchées.

Cette opinion, personne ne l'avait émise dans le conseil. Les commandants de corps, questionnés à ce sujet, ont déclaré avoir eu l'opinion contraire.

Le moment où le maréchal écrivait qu'il était impossible de sortir de Metz, fut en effet celui où l'armée aurait pu percer avec plus de facilité les lignes ennemies. Deux corps d'armée avaient été détachés des troupes d'investissement pour appuyer les armées allemandes qui opéraient contre le maréchal de Mac-Mahon. Le maréchal Bazaine en avait été averti par ses émissaires ; et s'il avait pu croire, le 26, à l'impossibilité de sortir du blocus, il n'aurait pas manqué d'invoquer devant ses lieutenants ce motif à son inaction, qui l'eût dispensé d'en invoquer d'autres.

Dans le procès-verbal de la conférence, il dit lui-même que l'ennemi ne montra ce jour-là que peu de troupes, et qu'il n'accepta pas le combat qui lui était offert !

La dépêche au ministre ne fut pas la seule expédiée à ce moment par le commandant en chef de l'armée du Rhin.

On se rappelle, en effet, que le 27 août, le colonel Turnier faisait passer par M. le procureur impérial Lallement une dépêche du maréchal Bazaine au maréchal de Mac-Mahon, ainsi conçue :

« Nos communications sont coupées, mais faiblement, nous pourrons percer quand nous voudrons, nous vous attendons. »

Cette dépêche a dû partir de Metz le 26 août.

Ainsi, tandis que le maréchal écrit au ministre qu'il est impossible de forcer les lignes ennemies, il annonce au maréchal de Mac-Mahon qu'il passera s'il le veut et qu'il l'attend.

Toute réflexion serait superflue devant des contradictions aussi formelles.

Les journées du 27 et du 28 août se passèrent sans incident. Le 29, parvint au maréchal Bazaine une dépêche de Thionville ainsi conçue :

« Général Ducrot commande corps Mac-Mahon ;
« il doit se trouver aujourd'hui 27 à Stenay, à
« gauche de l'armée, général Douay à droite sur la
« Meuse. Se tenir prêt à marcher au premier coup
« de canon. Signé : Turnier. »

Cette dépêche avait été expédiée à Thionville par le général Ducrot de son camp d'Attigny. Elle y avait été apportée, au péril de ses jours, par un courageux citoyen, M. Lagosse, manufacturier et maire de Montgon. Le colonel Turnier la fit passer aussitôt au maréchal par l'agent de police Flahaut, qui avait déjà fait un premier voyage à Metz.

Ce même jour, 29, des ordres sont donnés pour recommencer le lendemain, 30, l'opération projetée pour le 26. Il était urgent, en effet, de réparer au plus vite le temps perdu et de se porter au secours du maréchal de Mac-Mahon. Néanmoins, les ordres sont contremandés dans la journée sans que l'on puisse trouver un motif sérieux à cet ajournement.

Le 30 arriva à Metz, par la voie de Verdun, la dépêche expédiée le 22 de Reims par le maréchal de Mac-Mahon, ainsi conçue : « Reçu votre dépêche
« du 19 à Reims ; me porte dans la direction de
« Montmédy ; serai après demain sur l'Aisne d'où
« j'agirai selon les circonstances pour vous venir
« en aide. »

Cette dépêche avait été également expédiée le 22 par la voie de Thionville et se trouvait, depuis le 23, dans les mains du colonel Turnier. Le texte chiffré de cette dépêche était précédé par ces mots : « En-
« voyez au maréchal Bazaine la dépêche ci-après,
« très-importante. Faites-la-lui parvenir par cinq
« ou six émissaires différents auxquels vous remet-
« trez les sommes nécessaires pour accomplir leur
« mission. » Malgré cette recommandation pressante, Flahaut ne l'apporta pas avec lui le 29, et l'instruction est en droit de conclure que si le colonel Turnier ne profita pas de cette occasion, c'est qu'il savait la dépêche déjà parvenue à destination.

Ces mots : « Nous vous attendons, » dans la dépêche remise le 27 par M. Turnier à M. Lallement, montrent, d'autre part, que le maréchal Bazaine connaissait, le 26, la marche de son lieutenant.

En rapprochant la dépêche du maréchal de Mac-Mahon de celle du général Ducrot, transmise par le colonel Turnier, le maréchal devait présumer, comme il l'a écrit lui-même, *que l'armée de Châlons se trouvait probablement, le 30, à une vingtaine de lieues de Metz, peut-être à quinze.* En conséquence, le 31 au matin, reprenant les ordres donnés la veille et indiquant comme objectif la prise du plateau de Sainte-Barbe, il déploya l'armée des forts Queuleu et de Saint-Julien.

Malheureusement, aucune modification essentielle ne fut apportée à l'ordre de la marche du 26, et, si un troisième pont fut construit au pied de l'unique rampe de Saint-Julien, l'on n'utilisa aucun des deux ponts de la ville.

Quant aux équipages de ponts, il n'est pas prescrit de les emmener, l'armée n'aura encore pour repasser sur la rive gauche que le pont de Thionville. Enfin, toutes les dispositions dont l'expérience de la démonstration du 26 avait fait reconnaître les inconvénients et les périls furent de nouveau prescrites et produisirent les mêmes résultats.

Il était deux heures environ lorsque toute l'armée fut massée sur le plateau. De toutes parts accourait l'ennemi. Le poste d'observation de la cathédrale avertissait à chaque instant le maréchal des mouvements de concentration qui s'opéraient. Rien de plus saisissant que la lecture de ces dépêches qui se succédaient d'une manière continue, mais qui toutes trouvaient le maréchal imperturbable.

Une fois l'armée réunie, il appelle les commandants de corps, leur donne ses instructions, puis l'idée lui vient de faire établir sur la route de Sainte-Barbe une batterie de gros calibre pour combattre l'artillerie ennemie. On va chercher les pièces au fort Saint-Julien. On construit aussi vite que possible un épaulement pour les couvrir. Pendant ce temps, l'ennemi se renforce, se masse, occupe les positions que depuis le 26, éclairé par la démonstration faite ce jour-là, il a fortifiées et puissamment armées. Enfin, à quatre heures le signal est donné et le combat s'engage.

L'on sait quels efforts exigea la prise des positions de Nouilly et de Noisseville qu'avaient occupées sans coup férir, le 26, les avant-gardes du 3ᵉ corps, et comment l'on n'avait encore atteint que le village de Servigny quand la nuit vint forcément mettre un terme au combat.

Nos troupes couchèrent sur le terrain qu'elles venaient de conquérir. Le 1ᵉʳ septembre, de grand matin, le maréchal expédia aux commandants des 3ᵉ, 4ᵉ et 6ᵉ corps l'ordre confidentiel suivant :

« Selon les dispositions que l'ennemi aura pu
« faire devant nous, nous devons continuer l'opé-
« ration entreprise hier, qui doit : 1º nous conduire
« à occuper Sainte-Barbe, et 2º faciliter notre
« marche vers Bethinville. Dans le cas contraire, il
« faudra tenir dans nos positions, s'y fortifier, et
« ce soir nous reviendrons alors sous Saint-Julien
« et Queuleu. Faites-moi dire par le retour de l'of-
« ficier qui vous remettra cette note ce qui se
« passe devant vous. »

Un pareil ordre n'était que trop significatif et ne pouvait aboutir qu'à un mouvement de retraite. C'est ce qui eut lieu ; il s'effectua en bon ordre, et dans l'après-midi, l'armée avait regagné ses quartiers.

A ce moment même succombait, sous les efforts réunis des armées, le maréchal de Mac-Mahon accouru au travers de tous les périls au secours de son chef.

RÉSUMÉ DE LA PREMIÈRE PARTIE.

Les opérations actives de l'armée de Metz prirent fin le 1ᵉʳ septembre.

La défaite de Forbach, ainsi que nous l'avons vu, fut uniquement causée par l'absence de direction dans laquelle le maréchal laissa le général Frossard et son propre corps d'armée.

L'armée, une fois repliée sous les murs de Metz, devait battre en retraite sur Châlons. Tel était l'ordre formel de l'empereur. Cette mesure était commandée par la nécessité de conserver une communication avec les réserves de l'armée du Rhin, qui contenait la plus grande partie des cadres de l'armée française.

Au lieu d'exécuter sans retard cet ordre, le maréchal prend des mesures entraînant forcément le ralentissement de la marche de l'armée et laisse à l'ennemi toute facilité pour le devancer sur les plateaux.

Après la bataille du 16, alors que les routes d'Étain et de Briey sont encore libres, le maréchal suspend sa marche, et revient sur ses pas sous le prétexte de se ravitailler. Le 17, au soir, il envoie le commandant Magnan assurer l'empereur qu'il compte toujours se conformer à son ordre de retraite. Puis, dès le lendemain 18, il prépare un nouveau mouvement en arrière ; mais au même moment la bataille s'engage, bataille inutile, puisque le maréchal est déjà décidé à rentrer dans le camp retranché de Metz : la manière dont il dispose ses troupes sur le terrain et les ordres qu'il donne au maréchal Canrobert, le prouvent complètement.

La bataille de Saint-Privat est perdue par la faute du commandant en chef, qui confie la clef de la position à un corps incomplet et très-affaibli, et qui, demeurant loin du champ de bataille, reste sourd aux appels pressants et réitérés de son lieutenant. L'armée est reportée en arrière des plateaux, et ne pourra désormais déboucher qu'au prix des plus grands efforts ; cependant, le lendemain 19, le maréchal Bazaine écrit à l'empereur qu'il compte toujours partir dans la direction du nord.

Le 18, au soir, revenait de Châlons le commandant Magnan, apportant la nouvelle de la constitution d'une deuxième armée, destinée à venir au secours de celle de Metz. Bien que les chemins soient ouverts, le commandant Magnan ne passe pas. Mystérieuse circonstance, qui va laisser le maréchal libre de ses résolutions.

Le 23, une dépêche annonçant l'arrivée prochaine de l'armée de secours, le force à prendre un parti. Au lieu de faire tous ses efforts pour aller au-devant du maréchal de Mac-Mahon vers Montmédy, comme il l'a toujours annoncé, le maréchal Bazaine tourne le dos à cette direction, porte ses troupes sur la rive droite, et borne ainsi son concours à une simple démonstration, résolu qu'il est à ne pas quitter le camp retranché de Metz, sous la protection duquel il compte attendre le dénoûment de la crise militaire et politique qui se prépare.

Ce n'est pas tout : en exposant dans la conférence de Grimont, à ses lieutenants, la situation de l'armée sous un jour faux, en se taisant sur le mouvement du maréchal de Mac-Mahon, en déclarant qu'il n'a de munitions que pour une seule bataille, alors que son approvisionnement de munitions est entièrement reconstitué, il provoque une déclaration, en vertu de laquelle l'armée doit demeurer à Metz et renoncer à gagner l'intérieur de la France.

Le même jour il annonce au ministre de la guerre qu'il est impossible de percer les lignes d'investissement. En même temps, il écrit au maréchal de Mac-Mahon qu'il est cerné, mais faiblement, qu'il percera quand il le voudra, et qu'il l'attend.

Sur un nouvel avis du maréchal de Mac-Mahon, le maréchal Bazaine fait le 31 août une nouvelle démonstration, que les dispositions qu'il ordonne condamnent à l'avance à un avortement.

Telle fut la conduite du maréchal Bazaine pendant la période des opérations actives. La pensée de soustraire son armée aux bouleversements, devenus inévitables, dicta ses résolutions. Ces préoccupations égoïstes vont encore le dominer pendant le blocus. La révolution qu'il a prévue éclate. Un nouveau gouvernement surgit. Contre toute attente, Paris va tenir ; la défense nationale s'organise. Devant une résistance, dont la durée dépassera certainement celle de ses approvisionnements, le maréchal va chercher à précipiter le dénoûment de la situation, non en combattant, mais en traitant avec l'ennemi. Comment entraîna-t-il dans cette voie, qui n'était pas celle du devoir, ses lieutenants et sa brave armée, dont la loyauté ne put croire à de semblables trames que le jour du désastre ? C'est ce qu'il nous reste à exposer.

DEUXIÈME PARTIE.

Période du blocus jusqu'au 7 octobre.

CHAPITRE Ier.

CONDITIONS DE RÉSISTANCE DE LA PLACE DE METZ.

État des travaux de défense et de l'armement des forts le 1er septembre.

A partir du 1er septembre, le maréchal renonça à toute opération importante. Le sort de l'armée se trouvait donc lié désormais à celui de la place de Metz.

Le moment est venu d'examiner quelles étaient la situation de cette place et ses conditions de résistance.

D'importants travaux avaient été entrepris en 1865 pour remettre en parfait état de défense les fortifications du corps de place. En 1868, on se décida à étendre le rayon d'action des défenses en construisant cinq forts destinés à protéger la ville contre un bombardement, et à constituer un camp retranché qui pût servir à la fois de refuge et de soutien pour nos armes. Ces forts étaient loin d'être terminés lorsque la guerre fut déclarée ; mais, bien qu'inachevés, ils présentaient de tout autres conditions de résistance que les ouvrages improvisés par les Russes devant Sébastopol, et dont la prise nous coûta tant d'efforts et de sacrifices.

Les forts de Plappeville et de Saint-Quentin avaient leurs fossés creusés dans le roc. Les escarpes et les contre-escarpes étaient complètes : les logements avaient été occupés dès l'hiver de 1869-1870. Les remparts étaient massés, ainsi que les glacis ; il ne restait plus qu'à recouvrir de cette terre végétale la surface des remblais et les parapets. L'armement en batteries s'élevait, au 1er septembre, à 75 bouches à feu au fort de Plappeville, et à 44 au fort Saint-Quentin.

Le fort de Saint-Julien est un grand pentagone composé de quatre fronts principaux de 250 mètres de longueur et d'une gorge de 500 mètres ; les escarpes étaient achevées à peu près complètement sur les quatre fronts de tête et sur la moitié de la gorge. Les portions non revêtues étaient palissadées. Une brèche considérable existant dans le bastion de gauche voisin de la gorge avait été barrée par une forte palanque. Les fossés étaient à peu près à profondeur, mais ils n'étaient à largeur que devant les bastions de trois des fronts de tête : il n'y avait pas de contre-escarpe. La grande caserne centrale n'était pas voûtée. Elle fut blindée en charpente. Deux grands magasins à poudre, 300 mètres courants d'arceaux en décharge, de grandes et vastes poternes, présentaient de précieuses ressources pour abriter les hommes et le matériel. Les parapets du corps de place étaient à peu près massés. Mais il existait une lacune dans le milieu du cavalier. L'armement en batterie s'élevait à 78 bouches à feu à la date du 1er septembre.

En avant de Saint-Julien, de fortes redoutes avaient été organisées sur les positions de Châtillon et de Grimont.

Le fort de Queuleu est un grand pentagone de même forme que Saint-Julien, mais avec des fronts de 250 mètres et une gorge de 700 mètres de longueur. Les escarpes achevées sur trois fronts et demi étaient très-près de l'être sur une grande partie de la gorge. Il en restait 450 mètres à construire.

Les fossés étaient à profondeur et à largeur sur deux fronts et à une profondeur moyenne de 7 mètres dans le restant, sauf sur le front latéral de gauche, où la profondeur ne dépassait pas 4 à 5 mètres. La caserne sous le cavalier était terminée et pouvait contenir 1,600 hommes. Il existait en outre un grand nombre d'abris, notamment dans les arceaux en décharge de la gorge. Le grand cavalier était entièrement massé. L'armement en batterie du 1er septembre s'élevait à 95 bouches à feu bien traversées et munies d'abris. Le plus grand nombre de bouches à feu était du calibre de 24 court.

Un ouvrage avancé avait été construit sur les positions des Bordes, en avant du fort Bellecroix.

Quant au fort de Saint-Privat, il était seulement massé et ne possédait pas d'abris. Mais en arrière de lui se développait la ligne du chemin de fer dont la partie centrale en déblai était inabordable. Cette ligne, garnie d'épaulements bien armés et soutenue par trois redoutes, constituait une avancée très-solide, que l'ennemi aurait eu de grandes difficultés à emporter et où il n'aurait pu se maintenir d'ailleurs sous les feux croisés de Saint-Quentin et de Queuleu.

En résumé, à l'époque du 1er septembre, les forts de la rive gauche étaient en parfait état de défense. Quant à ceux de la rive droite, ils étaient certainement à l'abri d'une attaque de vive force et en mesure de résister à un siège régulier, grâce aux perfectionnements qu'on apportait chaque jour à leur organisation.

Etablissements de lignes de défense.

En outre des défenses permanentes et des grosses redoutes dont il vient d'être fait mention, les campements de l'armée étaient protégés par des lignes de batteries prenant appui sur les forts et sur les redoutes et qui, dans le cas d'un siège régulier, auraient permis à la garnison de prolonger la défense extérieure. Mais si ces lignes étaient bien combinées dans ce but, par contre elles ne répondaient guère aux conditions d'une défense active et éloignée, la seule digne d'une grande armée.

L'occupation sur la rive gauche de la naissance du contre-fort du Saint-Quentin, au-dessus du bois de Saulny et de Fèves et sur la rive droite de la ligne de faîte de Mercy par Laquenexy jusqu'à Bellecroix, aurait rejeté au loin les lignes d'investissement et soustrait l'intérieur des campements aux vues de l'ennemi ; mais le terrain sur lequel on s'établit est si restreint que s'il était entré dans les desseins de l'ennemi de bombarder les camps, rien n'aurait pu l'en empêcher.

Cette situation, qui ne pouvait échapper à la perspicacité du maréchal, fut causée en partie par l'incertitude qui pesa dès l'abord sur les destinées de l'armée. Aussi, quand, le 26 août, le général Coffinières, à la fois commandant supérieur de Metz et commandant du génie de l'armée, eut à donner ses indications sur le système de défense à adopter, il était tout naturel qu'il en restreignît le développement à la force de la future garnison. Comme commandant du génie de l'armée, il aurait dû indiquer une autre solution : mais comme commandant supérieur de Metz, il pouvait, si l'armée s'éloignait, être appelé à défendre la place : c'étaient des lignes de garnison qu'il devait naturellement indiquer et non des lignes d'armée.

La place, les forts et les lignes constituaient, comme on le voit, un ensemble redoutable qui aurait permis à une garnison vaillante, bien secondée par une population virile et patriotique, de tenir indéfiniment. La durée de la résistance dans les conditions ordinaires de la défense était donc uniquement subordonnée à celle des approvisionnements.

Rôle actif que devait prendre l'armée retenue dans le camp retranché.

Le séjour de l'armée sous les murs de Metz changeait totalement ces conditions.

Il ne pouvait plus être question de résistance passive, de lutte pied à pied. Il fallait, comme il en avait été question dans la conférence du 26 août, entreprendre de grandes sorties coup sur coup, harceler sans relâche l'ennemi, lui enlever tout repos par des attaques nocturnes ou simulées, lui infliger enfin de telles fatigues que le maintien du blocus devînt impossible.

La position de la place dans le voisinage de la seule communication ferrée par laquelle les armées envahissantes prenaient appui sur l'Allemagne, créait pour l'ennemi un péril imminent ; il fallait en profiter pour détruire sa ligne d'opération principale.

Ainsi aurait dû être comprise la défense de Metz dans la situation nouvelle des choses : ainsi aurait dû être utilisée l'armée de 150,000 hommes réunie dans le camp retranché.

Le maréchal, au lieu de tomber dans la stupeur à la suite des événements de Sedan et de Paris, redoublant d'énergie à mesure que grandissait le péril, aurait pu devenir ainsi le sauveur de son pays, tandis qu'il fut incontestablement l'un des instruments les plus actifs de sa perte.

Mais rien ne fut fait pour organiser la défense active ; les précautions les plus élémentaires prescrites pour la défense des simples places furent même mises en oubli.

Les dispositions réglementaires prescrites pour la défense des places sont négligées à Metz.

L'article 245 du règlement du 13 octobre 1863 sur le service des places spécifie les mesures que le ministre de la guerre ou le général commandant l'armée ordonnent au commandant d'une place déjà en état de guerre, et qu'ils jugent menacée d'un siège.

Lorsque le 6 août, le général Coffinières avait été nommé commandant supérieur de Metz, le commandement en chef de l'armée appartenait à l'empereur ; lui seul avait, à ce titre, qualité pour ordonner. Mais il tombe sous le sens, qu'à défaut d'ordre émanant de l'initiative propre et directe du commandement, c'était à l'officier général chargé de la défense de la place à provoquer les mesures destinées à l'assurer. Cela est tellement vrai, qu'une partie des mesures édictées par le décret furent prises spontanément par le commandant supérieur.

Ce fait montre qu'il se regardait lui-même chargé d'assurer l'exécution des prescriptions du décret.

Il ne saurait par suite s'excuser de n'avoir pas pris toutes les mesures indiquées, en alléguant l'absence d'ordre précis.

Dans le cours du rapport, on cherchera à déterminer en quoi la responsabilité du maréchal Bazaine se trouve engagée à ce sujet.

L'oubli des mesures réglementaires devait exercer une influence funeste sur la défense de Metz et sur le sort de l'armée. Dans le chapitre suivant nous verrons la même négligence présider à la constitution des approvisionnements, et nous établirons comment il se fit que la population civile de la place put, avec la tolérance de l'autorité militaire, s'accroître de 20,000 âmes au moment du blocus, tandis que les règlements prescrivent le renvoi des bouches inutiles. Cette tolérance créait un danger réel : une place assiégée est toujours exposée à être bombardée ; toute agglomération de population doit donc être soigneusement évitée, afin d'atténuer les conséquences du tir de l'ennemi.

MISE EN ÉTAT DE SIÉGE DE LA PLACE DE METZ, 7 AOUT.

Ordre relatif aux étrangers.

Les autorités militaires ont le devoir, aux termes des règlements, de faire sortir de toute place menacée d'un siège, les personnes de nationalité étrangère ; l'arrêté que prit à ce sujet le général Coffinières fut complètement insuffisant. Le commandant supérieur de Metz contraignait les étrangers originaires des pays avec lesquels on était en guerre à demander un permis de séjour, faute duquel ils devaient quitter le territoire sous peine d'être mis en état d'arrestation. La forme même de cet ordre d'expulsion, dans lequel est édicté tout d'abord le moyen de s'y soustraire, donne la mesure du soin avec lequel il fut appliqué.

Un nombre considérable d'Allemands reçut par condescendance des permis de séjour. On trouve là l'explication du développement extraordinaire pris par l'espionnage pendant le blocus.

CHAPITRE II
Constitution des approvisionnements.

L'approvisionnement de siége pour la place de Metz n'a pas été constitué au début de la guerre.

L'armée et la place de Metz ont résisté jusqu'au dernier morceau de pain. Cette circonstance donne une importance capitale à la question des subsistances. A-t-on pris à temps les mesures nécessaires pour constituer des approvisionnements suffisants ? Une fois la place investie, la consommation a-t-elle été réglée de manière à assurer le maximum de durée à la résistance ?

Ces deux questions ont été étudiées en détail dans la quatrième partie du rapport ; nous ne présentons ici qu'un résumé succinct indispensable pour permettre de suivre le récit des événements.

Voyons d'abord les mesures qui furent prises pour constituer les approvisionnements.

Lorsque la guerre fut décidée, la place de Metz, comme toutes les autres places de la frontière du Nord-est, ne renfermait que les approvisionnements du service courant. Elle n'était donc pas en mesure de servir de base d'opération et de ravitaillement pour l'armée et tout était à improviser. Malgré les efforts de l'administration, le défaut de préparation eut pour conséquence inévitable le trouble, l'encombrement et la confusion.

L'intention du commandement était de prendre l'offensive. Dans cette pensée, on concentra une partie des approvisionnements dans les villes frontières destinées à servir de base d'opération, Forbach et Sarreguemines. On organisa, en seconde ligne, de grands dépôts à Metz et à Strasbourg. En constituant ainsi des magasins dans des villes ouvertes, on courait le risque de tout perdre au moindre mouvement en arrière. C'est ce que l'on reconnut, mais trop tard, lorsque la défaite de Forbach obligea l'armée de se replier.

La retraite de l'armée de Châlons, ordonnée dès le 7 août, allait avoir pour conséquence immédiate le siège ou tout au moins le blocus de Metz. Les mesures imposées en pareil cas au commandant de l'armée et au commandant de la place par les règlements militaires devenaient d'une urgente nécessité.

En ce qui concerne le service des subsistances, il appartenait au premier d'ordonner ces mesures, au second de les mettre à exécution. Aux termes du décret de 1863, il fallait former les approvisionnements de siège, faire sortir les bouches inutiles, inviter l'autorité civile à activer les mesures nécessaires pour assurer la subsistance des habitants et la réunion des ressources que le pays pouvait fournir pour les besoins de la garnison, faire rentrer dans la place les récoltes, les bestiaux, constituer le comité de surveillance des approvisionnements. Le ministre de la guerre avait prescrit, le 7 août, la formation des approvisionnements de siège de la place, mais il ne fut pas donné suite à cet ordre. Un fond d'approvisionnement fut constitué plus tard seulement, pour Metz, avec les ressources considérables en farine et en vivres de campagne que l'administration y avait réunies pour le service de l'armée proprement dite.

Les ressources du pays aux environs de Metz n'ont pas été recueillies.

L'armée en se retirant abandonnait à l'ennemi des contrées fertiles. La récolte de 1870 venait d'être recueillie et il existait dans tous les villages d'immenses ressources en céréales, en fourrages, sans compter un nombreux bétail. Tout commandait de procéder sans retard, soit au moyen d'achats, soit par voie de réquisition, à la rentrée de ces approvisionnements. Il y avait là un double intérêt : se procurer des ressources utiles et en priver l'ennemi. Malheureusement aucun ordre ne fut donné à ce sujet ni par le commandant de l'armée, ni par le commandant supérieur de la place.

Dès que l'ordre de constituer des approvisionnements de siège était parvenu dans la place, c'est-à-dire le 8 août, le général Coffinières aurait dû procéder à la constitution de l'approvisionnement de siège et former un comité de surveillance, comme le prescrit l'article 260 du décret de 1863.

Son inaction en présence d'une semblable situation demeure inexplicable.

Cependant, une fois l'ordre de retraite donné, l'empereur, changeant de résolution, s'était décidé, le 8 août, à maintenir l'armée sous Metz et à manœuvrer à l'appui de cette place. Cette détermination donnait une importance encore plus grande à la constitution des approvisionnements de la place, car on ne pouvait plus espérer les former avec les magasins que l'armée laisserait en arrière, puisqu'elle allait évidemment les consommer.

Tout commandait donc de mettre à profit les ressources de la région que l'on abandonnait à l'ennemi. Le temps ne fit pas plus défaut que les moyens de transport ; cela ressort des faits rappelés dans la partie du rapport relative aux subsistances. En se bornant à recueillir le dixième de la récolte, proportion bien faible si on la compare aux évaluations formulées par des gens compétents, les approvisionnements de la place eussent été doublés.

Admission dans la place des émigrants des campagnes, au chiffre de 20,000.

Non-seulement on ne prit aucune mesure dans ce sens, mais, au lieu de faire sortir de la place les bouches inutiles, on en ouvrit les portes à la population rurale. Un arrêté préfectoral du 10 août, rendu sur l'ordre du général Coffinières, vint régulariser cette atteinte formelle au règlement, en stipulant qu'aucune personne ne serait admise dans la place si elle n'apportait avec elle des vivres pour quarante jours au moins. Comme on le pense bien, la constatation des ressources était des plus difficiles ; aussi, devant le flot toujours croissant des émigrants, on dut, le 12 août, rapporter l'arrêté. Il était trop tard, car déjà plus de 20,000 personnes étaient venues augmenter la population civile de Metz, dont le chiffre normal de 50,000 âmes fut ainsi porté à 70,000. Interrogé sur les conséquences de l'arrêté du 10 août, le général Coffinières exprime l'opinion que les approvisionnements introduits par les réfugiés ont été très-considérables, et que la mesure a été plutôt utile que nuisible. Quoi qu'il en soit de cette opinion, rien ne légitime la fixation du chiffre de quarante jours indiqué par le commandant supérieur. De deux choses l'une : ou il croyait que la durée de la résistance de la place ne dépasserait pas quarante jours, ou, dans le cas contraire, il s'imposait la nécessité de nourrir au delà de ce terme la population civile qu'il laissait pénétrer dans Metz.

Il est impossible de se rendre compte des motifs qui déterminèrent à n'exiger qu'un apport aussi restreint, qu'on reconnut plus tard être beaucoup trop faible, puisque la place est restée bloquée jusqu'au 29 octobre et que, par conséquent, elle fut obligée de nourrir pendant trente-sept jours les réfugiés qui s'étaient conformés aux prescriptions de l'autorité militaire.

Il semble qu'on hésitait alors à prendre les mesures imposées par les règlements, de peur de troubler l'esprit de la population.

Situation des approvisionnements à Metz lorsque le maréchal Bazaine prit le commandement en chef.

Au moment où le maréchal Bazaine prit possession du commandement en chef, le 12 août, il y avait dans la place de Metz, au dire des gens compétents, des vivres pour une période de soixante à soixante-dix jours pour la population normale de la ville, soit pour cinquante jours en tenant compte de la population réfugiée. Quant aux approvisionnements de l'armée, en raison du désordre qui régnait dans les gares, la situation était loin d'être connue. On l'évaluait à la quantité de vingt-trois à vingt-huit jours de vivres pour les hommes, sur le pied de 200,000 rationnaires militaires, et à celle de douze à quinze jours de fourrages pour les chevaux, sur le pied d'un effectif de 50,000 chevaux.

Ce n'est pas sans raison que le maréchal a pu dire que les autorités militaires n'avaient pas pris toutes les mesures propres à assurer les subsistances, mais il a tort de leur associer dans ce reproche les autorités civiles auxquelles n'incombait que le soin de se conformer aux instructions du commandant supérieur, qui ont toujours exécuté avec dévouement et patriotisme les prescriptions qu'elles reçurent et qui ont constamment pris l'initiative des propositions susceptibles de prolonger la résistance. De son côté, le maréchal Bazaine n'a donné aucun ordre en prévision du siège de la place. S'il pouvait supposer que ce fût chose faite, tout au moins aurait-il dû s'en assurer et s'informer des besoins de la place qu'il allait abandonner à elle-même.

On peut admettre qu'en présence des efforts que l'armée de Châlons allait tenter pour dégager l'armée de Metz, le maréchal ait pu jusqu'aux premiers jours de septembre considérer son séjour sous les murs de la place comme provisoire. Il ne pouvait plus avoir cette pensée à partir du moment où il apprit le désastre de Sedan, puisqu'il considéra dès lors comme impossible de reprendre la campagne ainsi que l'ont confirmé ses propres déclarations.

Aucune tentative n'est faite pour améliorer la situation des approvisionnements.

Pendant la première période qui correspond au présent chapitre, les préoccupations du maréchal auraient dû se porter sur la nécessité de rehausser les approvisionnements de la place, que le séjour de son armée allait diminuer, et de profiter de la faible occupation de la plaine de la basse Moselle et de la rive droite, résultant de la concentration de l'armée ennemie sur les plateaux de la rive gauche, pendant les premiers jours du blocus, pour faire rentrer les récoltes de cette partie des environs de Metz. Aucune tentative ne fut faite dans ce sens.

D'après les états fournis au général en chef et les renseignements donnés par les personnes les plus autorisées, les approvisionnements, tant de l'armée que de la ville, pouvaient s'élever au commencement de septembre à trente-huit ou trente-neuf jours de pain au taux de 750 grammes; on commençait à consommer de la viande de cheval. Le sel faisait défaut. Cette situation commandait impérieusement l'emploi de mesures promptes et énergiques, tant pour ménager que pour rehausser ses approvisionnements.

Pour obtenir le premier de ces résultats, il importait de rechercher scrupuleusement toutes les ressources existantes, d'en faire une masse commune et de rationner, sans délai, la population comme l'armée; enfin, de réduire le taux de la ration au strict nécessaire et d'éviter soigneusement tout gaspillage. Malheureusement aucune de ces dispositions ne fut prise et les quelques mesures que le maréchal se borna à prescrire dans la suite n'ont été décidées que trop tardivement et furent par là même illusoires.

En second lieu, bien qu'on eût laissé passer, sans la saisir, l'occasion de recueillir, presque sans coup férir, les récoltes de la plaine de la basse Moselle et des plateaux de la rive droite, on aurait pu encore faire, dès le commencement de septembre, des fourrages très-productifs. Des résolutions formelles avaient été prises à ce sujet dans le conseil du 26 août; il n'y fut donné suite que près d'un mois après, et les opérations entreprises dans ce but, annoncées généralement trop à l'avance, conçues sans plan d'ensemble, exécutées à la hâte, furent loin de produire ce qu'on aurait pu en attendre et n'aboutirent qu'à faire incendier les villages que ces opérations, faites un mois à l'avance, auraient préservés.

Du reste, le général en chef laissa jusqu'à la fin le service de l'intendance opérer comme en campagne, en l'entretenant, comme le reste de son armée, dans l'idée d'une reprise imminente des hostilités. Il le détourna ainsi de son but principal, qui devait être la recherche des moyens qui pouvaient permettre de prolonger la durée des vivres, et ce ne fut pas là une des moindres causes de leur épuisement prématuré.

Par suite de l'ignorance dans laquelle se trouvait l'administration sur les véritables intentions du maréchal, elle se détermina, entre autres mesures fâcheuses, à recourir à l'emploi du blé pour la nourriture des chevaux. Cette fatale décision, qui diminua de deux semaines environ la durée des approvisionnements, ne fut prise que dans le but de maintenir jusqu'à la dernière extrémité l'armée en état de tenir la campagne en lui conservant ses chevaux. Si l'intendant en chef avait su que le maréchal ne croyait plus possible de sortir, il est hors de doute qu'au lieu de sacrifier l'avenir en vue de ce résultat, il se fût exclusivement appliqué à prolonger la résistance en ne nourrissant que le nombre d'animaux nécessaire pour atteindre la limite des approvisionnements en pain.

En résumé, si, à partir du jour de sa nomination au commandement supérieur de la place de Metz, le général Coffinières a négligé de prendre les mesures nécessaires pour réunir dans le camp retranché les ressources du pays en blé, fourrages et bestiaux, le jour où le maréchal Bazaine a été investi du commandement de toute l'armée, il n'a donné aucun ordre pour constituer les approvisionnements de la place qu'il allait abandonner à elle-même. Plus tard, lorsque, revenu dans le camp retranché, il allait faire vivre ses troupes sur les magasins de la place, il ne prit aucune mesure pour recueillir les ressources qui se trouvaient à portée de ses campements, ni pour ménager celles dont il disposait. Il sera établi, dans la partie du rapport spécialement consacrée à la question des approvisionnements, qu'on pouvait se procurer aisément, à proximité, des vivres pour un mois, et qu'une sage économie dans la consommation de ceux qu'on avait en magasin, eût prolongé la durée pendant une égale période de temps.

CHAPITRE III

Premières nouvelles de la bataille de Sedan et des événements du 4 septembre.

L'armée apprend les événements de Sedan et la révolution du 4 septembre. — Le maréchal porte à la connaissance de ses troupes la composition du gouvernement de la Défense nationale.

La marche de l'armée de Châlons avait été annoncée par la dépêche du 23 août et confirmée ensuite avec la plus grande précision, ainsi que nous l'avons précédemment exposé par les dépêches reçues le 29 et le 30, du général Ducrot et du maréchal de Mac-Mahon. A la suite de ces dernières communications, le maréchal Bazaine essaya, a-t-il dit dans son interrogatoire, une diversion pour attirer sur la rive droite de la Moselle une portion des forces ennemies concentrées sur les plateaux entre Meuse et Moselle. Le maréchal s'attendait, pendant les journées du 31 août et du 1er septembre, à entendre d'un moment à l'autre le canon du maréchal de Mac-Mahon. Le silence qui ne cessa de régner, d'autre part les manœuvres rapides de l'ennemi qui ne trahissaient aucune inquiétude dénotant le voisinage de l'armée de secours, devaient faire penser au maréchal Bazaine que la marche de cette armée avait éprouvé quelque retard.

Les premiers jours de septembre se passèrent dans l'attente et dans l'anxiété.

La nouvelle de la catastrophe de Sedan parvint au maréchal le 4 septembre; ce jour-là le commandant d'état-major Samuel, attac'é à la section des renseignements, ayant été envoyé en parlementaire pour traiter de l'échange des blessés de l'affaire du 1er septembre, apprit du chef-d'état major de M. le général Manteuffel la capitulation de Sedan et la captivité de l'empereur. — Quelles allaient être les conséquences de ce nouveau désastre ? Le régime impérial pourrait-il survivre à cette catastrophe, ou la situation militaire de la France, déjà si compromise, allait encore être aggravée de la manière la plus dangereuse par une révolution ? Ce fut le 10 septembre seulement, que le maréchal fut fixé sur ces terribles questions. Ce jour-là arriva aux avant-postes un officier d'infanterie, le capitaine Lejoindre, qui, blessé à l'affaire de Sarrebruck, avait été recueilli par l'ennemi et venait d'être échangé. Cet officier avait eu connaissance des journaux français jusqu'à l'affaire du 5, et des derniers journaux allemands. Conduit chez le maréchal, il lui apprit les événements du 4 septembre, la proclamation de la République et la composition du Gouvernement de la Défense nationale, sous la présidence du général Trochu. Le capitaine Lejoindre reçut l'ordre de garder un silence absolu.

Les nouvelles qu'il apportait furent confirmées, le lendemain 11, par le commandant Samuel; son service l'ayant appelé de nouveau aux avant-postes, communication lui fut donnée d'un journal allemand, la *Gazette de la Croix*, qui ne laissait aucun doute sur l'exactitude des renseignements recueillis par le capitaine Lejoindre.

Ces graves nouvelles allaient évidemment transpirer. Le maréchal voulut les porter, lui-même, à la connaissance des commandants de corps et des généraux de division, et les convoqua à cet effet, le 12, à son quartier général. Dans cette réunion, il exposa les événements qui venaient de s'accomplir, et traçant le rôle qu'il voulait assigner désormais à l'armée, il déclara qu'en présence du désastre de l'armée de Sedan, il fallait renoncer aux grandes luttes, — se contenter, pour tenir les troupes en éveil, de petites opérations de détail dont les commandants de corps auraient à prendre l'initiative ; — on attendrait ainsi les ordres du gouvernement.

Enfin, il chargea les officiers généraux de communiquer à leurs troupes ce qu'ils venaient d'entendre. Chacun se retira en silence. — Interrogé sur ce point : à quel gouvernement il faisait allusion, le maréchal a répondu que, s'il a parlé d'attendre les ordres du gouvernement, ce dont il n'a pas un souvenir précis, il entendait par là celui de la Défense nationale.

Renseignements recueillis par M. Debains. — Leur communication aux commandants de corps d'armée.

Ce même jour, 12 septembre, un secrétaire d'ambassade, M. Debains, qui avait été attaché à l'état-major général au début de la guerre, jugeant que ses services trouveraient un emploi plus utile ailleurs que dans Metz, sollicita et obtint du maréchal l'autorisation d'essayer de franchir sous un faux nom les lignes prussiennes. Arrêté et conduit à Ars, il y passa la journée, en compagnie d'officiers hessois, en attendant la décision du prince Frédéric-Charles. Ces officiers lui dépeignirent la situation de la France comme étant des plus tristes, lui communiquèrent quelques journaux, lui apprirent la nouvelle, prématurée d'ailleurs, de la reddition de Strasbourg, à la date du 9. L'autorisation de franchir les lignes ayant été refusée, M. Debains dut regagner les avant-postes français. Le lendemain 13, il rédigea spontanément un rapport confidentiel pour le maréchal, dans lequel il résumait ses conversations et les nouvelles contenues dans les journaux allemands. Les conclusions de ce document en précisent le caractère.

« En résumé, disait M. Debains, 600,000 Allemands sur le territoire français. Plus d'armée
« régulièrement organisée en France, si ce n'est
« celle de Metz; pas d'enthousiasme vigoureux pour
« la cause nationale dans les provinces envahies,
« — union complète des Allemands pour le triom-
« phe de la cause, — toute discussion sur la forme
« de l'État allemand remise après la fin de la
« guerre; — pas de chances d'intervention armée
« de l'Autriche, — l'Autriche et la Russie travail-
« lant à la paix, sans avoir encore signifié à la
« Prusse les bases à accepter; — grand effort de
« l'armée ennemie sur Paris; — Metz, laissé à l'ar-
« rière-plan, siège prochain, dans 6 à 8 jours,
« quand la grosse artillerie sera arrivée. »

Aussitôt après avoir pris connaissance de ce document, le maréchal prescrivit d'en envoyer immédiatement copie aux commandants de corps d'armée. La raison et les règlements militaires lui faisaient pourtant un devoir de tenir absolument secret un document de cette nature. Le décret de 1863 est formel sur ce point : « Le commandant d'une place assiégée doit demeurer sourd aux nouvelles que l'ennemi lui fait parvenir ; à plus forte raison lui est-il interdit de les divulguer et de les répandre, car son premier devoir est de soutenir le moral de son armée et d'éviter tout ce qui est de nature à lui porter atteinte. »

Ces sentiments se firent jour spontanément dans son état-major. Laissons parler le colonel Nugues, qui fut chargé de la transmission de ce rapport :

« Sachant qu'il s'agissait d'un document confi-
« dentiel, j'appelai des officiers pour le leur dicter
« moi-même. A mesure que j'avançais dans ce
« travail, je ne pus me défendre d'un sentiment
« pénible en voyant communiquer aux comman-
« dants de corps d'armée des renseignements de la
« nature de ceux contenus dans ce rapport. Les
« officiers qui écrivaient sous ma dictée parta-
« geaient mon opinion et l'exprimaient hautement.
« Arrivé à la conclusion, je dis à ces messieurs :
« Restons-en là, je m'en vais protester auprès du
« général Jarras contre la transmission de ce do-
« cument. Je représentai au général que je trou-
« vais dangereux et coupable de transmettre un
« document semblable; qu'il était fait pour jeter le
« découragement dans l'armée. Le général Jarras,
« qui n'avait pas lu le rapport de M. Debains, après
« avoir pris connaissance du résumé final, me dit :
« Je vais en parler au maréchal. Quelques instants
« après il revint et me donna l'ordre de supprimer
« ce résumé dans les expéditions qui devaient être
« adressées aux commandants des corps d'armée.
« Il ajouta qu'on se contenterait de donner lecture
« à chacun des commandants de corps de l'expé-
« dition qui lui était destinée, et qu'elle serait en-
« suite détruite. »

Cette communication prenait ainsi un caractère clandestin, pouvant donner naissance aux rumeurs les plus étranges.

On a cru devoir bien préciser la nature de cet incident, parce qu'il marque le premier pas fait par le maréchal dans cette série de démarches, qui eurent pour résultat de jeter l'inquiétude et le découragement dans les rangs de l'armée.

L'instruction ayant demandé des explications à ce sujet au maréchal, il a répondu que s'il avait communiqué les nouvelles transmises par M. Debains, c'était par un sentiment de loyauté vis-à-vis de ses compagnons d'armes, et pour ne leur rien laisser ignorer de ce qu'il apprenait; que, d'ailleurs, on ne pouvait établir aucune analogie entre l'état normal que suppose le décret et les circonstances exceptionnelles au milieu desquelles il se trouvait.

Les excuses formulées par le maréchal pourraient avoir quelque valeur, si les nouvelles apportées par M. Debains avaient eu un caractère d'authenticité incontestable. Mais, qui garantissait leur exactitude? Par le fait, Strasbourg n'avait pas capitulé. Cet incident prouve une fois de plus combien il est indispensable pour un commandant d'armée de régler sa conduite sur la stricte exécution des lois militaires.

Le maréchal annonce lui-même, prématurément, la nouvelle de la prise de Strasbourg.

Ce n'était pas assez de transmettre aux chefs de l'armée ces nouvelles alarmantes, le maréchal allait les propager lui-même et annoncer, notamment, la capitulation de Strasbourg. — Le même jour, 13 septembre, il visitait les avant-postes; arrivé au fort Saint-Privat, l'officier supérieur de garde sur ce point l'accompagne jusqu'à la ferme Saint-Ladre. Une conversation s'engage dans le trajet. Le maréchal n'a jamais vu l'officier qui l'accompagne : il le prend pour confident de ses pensées : « — La
« partie est perdue pour cette fois, — dit le maré-
« chal, il faudrait conclure la paix, pour se refaire
« et recommencer dans deux ans. » — Sur l'observation qui lui est faite, au sujet de la supériorité de l'artillerie ennemie, le maréchal ajoute que « dans
« le bombardement du 9 septembre, des obus
« étaient tombés jusque dans le ban Saint-Martin ;
« qu'il venait de recevoir la nouvelle de la capitu-
« lation de Strasbourg, que l'artillerie de gros ca-
« libre qui avait servi à faire le siège de cette
« place était dirigée sur Metz, qui, à son tour, allait
« être prochainement attaquée, et qu'il y avait lieu
« de craindre les suites d'un bombardement dans
« une ville comme Metz qui, déjà encombrée de
« blessés, *allait devenir une véritable nécropole.* »
Nous nous bornons à constater la gravité de ces paroles alarmantes. Tout commentaire est inutile.

Réception des journaux français. — Notification à l'armée de la constitution du gouvernement de la Défense nationale.

Le lendemain 14 se présentait aux avant-postes de la division de Cissey un brigadier de sapeurs, conducteurs du 1er régiment du génie, nommé Pennetier, qui s'était évadé de Sedan et avait gagné Ars, et de là Metz. M. André, maire d'Ars, actuellement préfet de la Drôme; lui remit plusieurs journaux pour le maréchal. Ils contenaient la proclamation adressée le 8 septembre au peuple français par le nouveau gouvernement, la convocation des électeurs à la date du 16 octobre pour la nomination d'une Assemblée nationale; M. André joignait à ces journaux une copie écrite de sa main de la circulaire de M. Jules Favre, en date du 6 septembre. « Comme ce document faisait connaître les dis-
« positions du gouvernement d'alors et constituait
« un appel à la résistance à outrance, je pensai, dit
« M. André dans sa déposition, qu'elle offrait quel-
« que intérêt pour le maréchal Bazaine, au cas où il n'en
« aurait pas déjà eu connaissance. »

Paris peut tenir trois mois. Le nouveau gouvernement se prépare à soutenir une guerre à outrance. Telles sont les résolutions développées dans cette circulaire officielle que le général Coffinières communique aux journaux de Metz et qu'ils insèrent le 16 septembre.

Ce même jour, 16 septembre, le maréchal comprenant l'impossibilité de garder le silence vis-à-vis de l'armée sur des événements d'une importance aussi capitale, publie l'ordre général suivant :

ARMÉE DU RHIN.   ORDRE GÉNÉRAL N° 9.

« A l'armée du Rhin.

« D'après deux journaux français des 7 et 10 sep-
« tembre apportés au grand quartier général par
« un prisonnier français qui a pu franchir les lignes
« ennemies, l'empereur Napoléon aurait été interné
« en Allemagne après la bataille de Sedan, et l'im-
« pératrice, ainsi que le prince impérial, ayant quitté
« Paris le 4 septembre, un pouvoir exécutif sous le
« titre de : Gouvernement de la Défense nationale,
« s'est constitué à Paris.

« Les membres qui le composent sont :

« Le général de division Trochu, gouverneur
« de Paris, président; Jules Favre, député; Gar-
« nier-Pagès, Gambetta, Crémieux, E. Arago,
« Pelletan, Jules Simon, Ernest Picard, de Kératry,
« Ferry, Rochefort, Glais-Bizoin, députés.

« Généraux, officiers et soldats de l'armée du
« Rhin.

« Nos obligations militaires envers la patrie en
« danger restent les mêmes. Continuons à la
« servir avec dévouement et la même énergie, en
« défendant son territoire contre l'étranger, l'ordre
« social contre les mauvaises passions. Je suis
« convaincu que votre moral, ainsi que vous en
« avez déjà donné tant de preuves, restera à la
« hauteur de toutes les circonstances, et que vous
« ajouterez de nouveaux titres à la reconnaissance
« et à l'admiration de la France. »

« Au grand quartier général du ban Saint-Martin,
« le 16 septembre 1870.

« *Le maréchal de France, commandant en chef,*

« Signé BAZAINE.

« *Pour ampliation :*

« Le général de division, chef d'état-major
« général,

« L. JARRAS. »

En résumé, l'ancien gouvernement a quitté la France, un nouvel ordre de choses a surgi, le gouvernement de la Défense nationale est constitué. Le nom de ses membres est publié. Le caractère général de cette proclamation est un acquiescement aux événements accomplis. On ne saurait y voir l'apparence d'une protestation.

Nous trouvons une autre trace de ces dispositions du maréchal dans une lettre adressée par lui, le 14, au général Coffinières, à propos d'articles qui parurent injurieux pour le gouvernement déchu: « Il
« n'est jamais permis, — écrit le maréchal (et cela
« avec raison), — de laisser insulter le malheur et de
« ridiculiser aux yeux de nos soldats ceux auxquels
« nous obéissions naguère. »

Ce même jour, 16 septembre, le maréchal faisait remettre à deux cavaliers du 7ᵉ régiment de cuirassiers une dépêche en clair adressée au ministre de la guerre : ce ne pouvait être qu'à celui du nouveau gouvernement dont il attendait les ordres dès le 12, Nous reviendrons plus loin sur cette dépêche.

Enfin, immédiatement après le 16, le maréchal fait supprimer les armes impériales et les mots rappelant le gouvernement de l'Empire sur les titres de nomination.

Tout indique, dans cette première série d'actes, une adhésion bien caractérisée au nouveau gouvernement.

Le maréchal proteste énergiquement dans un de ses interrogatoires contre ces conclusions ;

« J'ai considéré, dit-il, le gouvernement de la
« Défense nationale comme un pouvoir exécutif de
« fait se rattachant à l'organisation de la résistance
« du pays, mais non comme un gouvernement poli-
« tique ; le gouvernement de la régence, aux termes
« de la Constitution de 1870, existant toujours de
« droit. Ainsi, dans ma pensée, nous pouvions con-
« tinuer à concourir à la défense du territoire, sans
« que le serment qui nous liait à la dynastie impé-
« riale fût annulé ou même amoindri. C'est de cette
« ordre d'idées que je me suis toujours inspiré, per-
« suadé du service que cette armée pouvait rendre
« à la France. »

Cette déclaration est en opposition formelle avec les actes accomplis par le maréchal du 12 au 23 septembre. En même temps qu'il portait à la connaissance de l'armée les noms des membres du nouveau gouvernement, il communiquait aux journaux de Metz certains documents officiels qui lui étaient parvenus, dans lesquels on remarque les passages suivants qui contrastent singulièrement avec ses explications.

Proclamation du gouvernement de la Défense nationale au peuple français.

« Le pouvoir gisait à terre; ce qui avait commencé
« par un attentat finissait par une désertion. Nous
« n'avons fait que ressaisir le gouvernail, échappé
« à des mains impuissantes. »

On lit en outre, dans la circulaire de M. Jules Favre:

« La population de Paris n'a pas prononcé la dé-
« chéance de Napoléon III et de sa dynastie, elle
« l'a enregistrée au nom du droit, de la justice… »

Sans entrer dans aucune appréciation politique, il est évident que l'attitude que veut prendre aujourd'hui le maréchal ne saurait être acceptée en présence de la publication officielle de passages qui témoignent aussi nettement de l'abîme qui séparait le nouveau gouvernement de celui de l'empire.

Ainsi le maréchal a communiqué, le 12 septembre, en conseil, aux commandants de corps d'armée et aux généraux de division, la nouvelle de la chute de l'empire; le 16, il a annoncé à son armée, par l'ordre n° 9, la formation du gouvernement de la Défense nationale, il ne peut par conséquent être admis qu'un doute ait existé pour lui sur l'authenticité des faits qu'il a si formellement notifiés. Cependant, le 16, il demande encore des nouvelles. Et à qui s'adresse-t-il? Au général ennemi.

Cette démarche inconcevable, les premières relations qui s'établirent entre le Maréchal Bazaine et l'ennemi feront l'objet du chapitre suivant.

CHAPITRE IV.

POURPARLERS DU MARÉCHAL BAZAINE AVEC LE PRINCE FRÉDÉRIC-CHARLES.

Le maréchal Bazaine demande au prince Frédéric-Charles des nouvelles. — Réponse du prince.

On lit dans le mémoire justificatif rédigé par le maréchal Bazaine le passage suivant au sujet des ouvertures qu'il adressa au prince Frédéric-Charles pour avoir des nouvelles sur les événements qui s'accomplissaient en ce moment.

« La nouvelle de la formation du gouvernement
« de la Défense nationale et de la proclamation de
« la République à Paris nous parvint par un pri-
« sonnier qui avait pu s'échapper d'Ars-sur-Mo-
« selle. La connaissance de ces événements pro-
« duisit une pénible impression sur l'armée. On
« croyait à une manœuvre de l'ennemi pour influen-
« cer son moral, et généraux, officiers et soldats
« repoussaient comme invraisemblable une révolu-
« tion éclatant pendant que l'ennemi foulait le sol
« de la France et que l'on combattait encore sur la
« frontière. Notre loyauté militaire ne pouvait
« croire que l'ambition des meneurs d'un parti po-
« litique fût capable de sacrifier les intérêts les plus
« sacrés du pays pour arriver au pouvoir convoité.

« Ne recevant aucune confirmation officielle de
« l'installation du nouveau pouvoir exécutif, j'écris
« au prince Frédéric-Charles pour lui demander
« *franchement* la signification et l'importance des
« événements qui seraient survenus. »

Ainsi, au moment où le maréchal exprime la pensée que les nouvelles dont il s'agit de constater l'exactitude peuvent n'être qu'une manœuvre de l'ennemi, c'est à l'ennemi qu'il s'adresse pour les contrôler. La lettre que le maréchal écrivit au prince Frédéric-Charles ne figure pas dans son registre de correspondance. Cette formalité était pourtant bien nécessaire dans une conjoncture aussi délicate. Du reste, la presque totalité de la correspondance échangée entre le maréchal et le prince a été supprimée. Ces suppressions sont trop extraordinaires pour n'avoir pas été motivées.

Le prince Frédéric-Charles répondit le 17 par une lettre datée du 16, à huit heures du soir :

Le prince Frédéric-Charles au maréchal Bazaine.

Quartier général devant Metz,
le 16 septembre 1870.

« Je regrette de ne pouvoir répondre qu'en ce
« moment, par suite d'une excursion, à la lettre de
« Votre Excellence. Les renseignements que vous
« désirez avoir sur le développement des événe-
« ments en France, je vous les communique vo-
« lontiers, ainsi qu'il suit :

« Lorsque après la capitulation de l'armée du
« maréchal de Mac-Mahon, près de Sedan, S. M.
« l'empereur Napoléon se fut rendu personnelle-
« ment à S. M. Mon Seigneur et Roi, l'empereur a
« déclaré ne pouvoir entrer en négociations poli-
« tiques parce qu'il avait laissé la direction politi-
« que au gouvernement de la régence, à Paris.

« L'empereur se rendit ensuite comme prison-
« nier de guerre, en Prusse, et choisit le château
« de Wilhemhohe, près de Cassel, pour son sé-
« jour.

« Deux jours après la capitulation, survint,
« hélas! à Paris, un bouleversement qui établit,
« sans répandre de sang, la République à la place
« de la régence.

« Cette république ne prit pas son origine au
« Corps législatif, mais à l'Hôtel-de-Ville, et n'est
« pas d'ailleurs partout reconnue en France. Les
« puissances monarchiques ne l'ont pas reconnue
« non plus.

« L'impératrice et Son Altesse le prince impérial
« se sont rendus en Angleterre.

« S. M. le roi a continué sa marche, de Sedan à
« Paris, sans rencontrer des forces militaires fran-
« çaises devant elle.

« Nos armées sont arrivées aujourd'hui devant
« cette ville.

« Quant à la composition et aux tendances du
« nouveau gouvernement établi à Paris, l'extrait
« d'un journal, ci-joint, vous en donnera les dé-
« tails.

« Du reste, Votre Excellence me trouvera prêt et
« autorisé à lui faire toutes les communications
« qu'elle désirera.

Signé : FRÉDÉRIC-CHARLES. »

A monsieur le maréchal de l'Empire, Bazaine.

On remarquera la portée de la phrase qui termine la lettre du prince : « Du reste, Votre Excellence me trouvera prêt et autorisé à lui faire « toutes les communications qu'elle désirera. » — Du moment où le prince a reçu une semblable autorisation, ce ne peut être que sur sa demande,

demande sans doute provoquée par une démarche du maréchal.

Erreur commise par le maréchal dans son mémoire au sujet de la date de réunion des généraux de son armée.

Nous lisons dans le mémoire justificatif qu'aussitôt après avoir reçu la réponse du prince Frédéric-Charles, le maréchal Bazaine convoqua au grand quartier général les commandants de corps d'armée et les généraux de division pour leur en donner connaissance. Il y a là une erreur manifeste. C'est le 12 et non le 17 qu'a eu lieu la réunion des commandants de corps d'armée et des généraux de division au ban Saint-Martin. La lettre du prince Frédéric-Charles n'a donc pas pu leur être communiquée. Il convenait de relever cette confusion, compromettante pour les chefs de l'armée, confusion qu'on est étonné de trouver dans un document d'une importance aussi considérable et qui ne peut être que le résultat d'un calcul. Toute cette partie du mémoire est pleine de réticences qui correspondent bien aux hésitations auxquelles était en proie l'esprit du maréchal, à ce moment où nous le voyons porter à la connaissance de son armée l'avènement du nouveau gouvernement, dire que les devoirs militaires restent les mêmes envers la patrie, qu'il faut continuer à défendre le territoire de la France contre l'étranger, et cependant entrer en rapport avec le général en chef de l'armée allemande.

Comment prirent fin ces hésitations, et comment le maréchal fut-il amené à s'engager dans des pourparlers avec l'ennemi ? Nous allons en trouver l'explication dans l'incident suivant :

Communiqué du gouvernement allemand aux journaux de Reims.

Le 11 septembre paraissait dans l'*Indépendant Rémois* un communiqué du gouvernement allemand établissant nettement la situation politique de l'Allemagne vis-à-vis de la France. Nous allons reproduire en entier cet important document :

« Les journaux qui paraissent à Reims ont reproduit la proclamation de la République et « les décrets promulgués par le nouveau pouvoir « qui s'est établi à Paris. Comme la ville est oc-« cupée par les troupes allemandes, l'attitude des « feuilles publiques pourrait donner lieu de sup-« poser qu'elles expriment une opinion inspirée « ou autorisée par les gouvernements allemands. « Il n'en est rien. En permettant à ces feuilles de « publier leurs opinions, les gouvernements alle-« mands n'ont fait que respecter la liberté de la « presse, ainsi qu'ils la respectent chez eux. Mais « ils n'ont jusqu'à présent reconnu en France « aucun autre gouvernement que celui de l'em-« pereur Napoléon, et, à leurs yeux, le gouverne-« ment impérial est, jusqu'à la constitution d'un « nouvel ordre de choses, le seul qui soit en droit « d'entamer des négociations ayant un caractère « national. C'est ici le cas d'ajouter que le bruit « mis en circulation à Paris, et d'après lequel « presque toutes les puissances étrangères au-« raient fait des tentatives d'intervention paci-« fique, n'a rien de fondé. Aucune puissance jus-« qu'à aujourd'hui n'a tenté d'intervenir, et il est « peu vraisemblable qu'une intervention se pro-« duise, car elle n'aurait aucune chance de suc-« cès tant que les bases d'un arrangement ne « seront pas acceptables par l'Allemagne, tant « qu'il n'y aura pas en France un gouvernement « reconnu par le pays, et que l'on puisse consi-« dérer comme son représentant. Les gouverne-« ments allemands, dont le but n'est pas la guerre, « ne refuseraient pas de conclure la paix avec la « France, si elle était sérieusement demandée par « le pays.

« Dans ce cas, il s'agirait seulement de savoir « avec qui on peut la conclure.

« Les gouvernements allemands pourraient en-« trer en négociations avec l'empereur Napoléon, « dont le gouvernement est jusqu'à présent le seul « reconnu, ou avec la régence instituée par lui. Ils « pourraient également traiter avec le maréchal « Bazaine, qui tient son commandement de l'empe-« reur. Mais il est impossible de comprendre de « quel droit les gouvernements allemands pour-« raient négocier avec un pouvoir qui ne repré-« sente jusqu'ici qu'une partie de la gauche de « l'ancien Corps législatif. »

En résumé, le gouvernement allemand est disposé à traiter avec la France ; mais il ne peut entrer en négociations qu'avec l'empereur, l'impératrice ou le maréchal Bazaine. L'empereur est prisonnier, la régente est hors de France, le maréchal Bazaine est donc seul en mesure de traiter ; c'est lui seul qui dispose des forces nécessaires pour servir de garantie aux négociations.

La déclaration de Reims créait ainsi au maréchal une position extrêmement importante. Le gouvernement de la Défense nationale, en se constituant, n'avait pas songé à faire figurer parmi ses membres le général de la seule armée française fortement constituée qui existait alors. L'ennemi avait compris aussitôt tout le parti qu'il pouvait tirer de cette circonstance. En reconnaissant au maréchal le droit de conclure la paix, il allait le détourner de l'accomplissement de ses devoirs militaires pour l'attirer sur le terrain des négociations dont la diplomatie allemande pourrait à son gré hâter ou prolonger le dénouement. Comme on le voit, la déclaration de Reims allait servir de levier pour précipiter dans ce sens les résolutions du maréchal. A quel moment M. de Bismark lui fit-il parvenir cette déclaration ? Le maréchal déclare en avoir eu connaissance par le lieutenant Valdéjo, rentré à Metz le 22 septembre. Il est probable que ce fut beaucoup plus tôt, mais l'instruction n'est pas parvenue à le préciser. Tout ce que l'on a pu constater, c'est que de nombreuses communications directes eurent lieu pendant le mois de septembre entre le prince Frédéric-Charles et le maréchal Bazaine.

Officiers parlementaires allemands admis dans les lignes françaises antérieurement au 23 septembre.

La déposition de M. Arnous-Rivière va nous éclairer à ce sujet. M. Arnous-Rivière, ancien officier démissionnaire, avait été chargé par le maréchal Bazaine d'organiser une compagnie d'éclaireurs. Attaché d'abord au grand quartier général pendant la deuxième quinzaine du mois d'août, M. Arnous-Rivière fut investi, au commencement de septembre, du commandement des avant-postes à Moulins.

C'était par son intermédiaire que se faisait l'échange des correspondances entre les généraux en chef ; c'était lui qui recevait les parlementaires et les conduisait en voiture de Moulins au grand quartier général. Comment une mission aussi délicate avait-elle été confiée à un officier dont les étranges antécédents étaient connus de tous et du maréchal lui-même? C'est ce que l'instruction ne se charge pas d'expliquer. Cette réserve formulée, nous voyons M. Arnous-Rivière dans une première déposition déclarer que, le 11 septembre, il avait reçu d'un parlementaire une lettre du prince Frédéric-Charles pour le maréchal. Depuis, il est revenu sur cette déclaration et a dit avoir porté ce jour-là aux avant-postes allemands une lettre du maréchal que celui-ci lui avait remise en mains propres. Dans l'intervalle de ces deux dépositions, M. Arnous-Rivière a été voir le maréchal dans sa prison; antérieurement à sa première déposition et sur la demande même du maréchal, il avait été lui faire une première visite. Il a été impossible d'établir dans laquelle des deux assertions du témoin se trouve la vérité, car la dépêche du 11 septembre est une des nombreuses dépêches échangées avec l'ennemi, dont on ne retrouve aucune trace dans le dossier.

Continuant ses déclarations, M. Arnous-Rivière a fait connaître que le 17 il était arrivé un nouveau parlementaire porteur d'une dépêche du prince Frédéric-Charles que l'officier allemand remit lui-même à Longeville au général Boyer, avec lequel il eut une conférence particulière. Cette dépêche a été publiée par le maréchal; nous l'avons déjà reproduite.

Le 22, nouveau parlementaire, conduisant des prisonniers échangés et porteur de deux dépêches pour le maréchal. L'une de ces dépêches était relative au service courant; on ne retrouve pas trace de la seconde.

Le 23, il arrive encore un parlementaire apportant une nouvelle dépêche pour le maréchal et conduisant le sieur Régnier.

Nous ne trouvons pas trace dans cette déposition d'un parlementaire qui fut conduit directement au ban Saint-Martin entre le 17 et le 23, jour de l'arrivée du sieur Régnier, parlementaire que le capitaine d'état-major Garcin déclare avoir accompagné. C'était, au dire de ce dernier, un officier de l'état-major particulier du prince Frédéric-Charles, M. de Diskau, que l'on vit venir très-fréquemment chez le maréchal Bazaine dans le courant du mois d'octobre.

Les communications signalées par M. Arnous-Rivière et par le capitaine Garcin ont-elles été les seules? qui pourrait l'affirmer?

Quel est celui des émissaires qui a apporté au maréchal la déclaration de Reims? Il est impossible de le dire; mais à coup sûr, au milieu de pourparlers aussi fréquents et qui ne pouvaient avoir que la politique pour objet, un document que le gouvernement allemand avait tant d'intérêt à porter à la connaissance du maréchal, et qui lui était tout particulièrement destiné, n'a pas été oublié. Ne doit-on pas reconnaître qu'un changement d'attitude s'est produit déjà chez le maréchal, lorsque nous voyons que, dans la conférence tenue à Ferrières le 19 septembre, M. de Bismark fait à M. Jules Favre la déclaration suivante : « Puisque « je parle de Metz, il n'est pas hors de propos de « vous faire observer que Bazaine ne vous appar- « tient pas. J'ai de fortes raisons de croire qu'il « demeure fidèle à l'empereur, et par là même qu'il « refuserait de vous obéir. »

En résumé, en faisant savoir au maréchal Bazaine les intentions du gouvernement allemand d'entrer en négociations avec lui, M. de Bismark va transformer un général en négociateur, paralyser l'armée qu'il commande, et en prolongeant des pourparlers sans issue, attendre sans coup férir le moment encore ignoré où la famine mettra cette armée à sa merci.

Nous allons voir entrer en scène l'agent qui va obtenir du maréchal le secret de cette fatale échéance.

CHAPITRE V.

Incident Régnier. — Départ du général Bourbaki. — Échec des négociations entamées.

Première entrevue entre Régnier et le maréchal Bazaine (23 septembre).

« Le 23 septembre dans l'après-midi, — a déposé « M. Arnous-Rivière, — un parlementaire se pré- « senta aux avant-postes : il était porteur d'une « lettre du prince Frédéric-Charles pour le maré- « chal Bazaine. A vingt pas en arrière était un « homme à pied, un mouchoir blanc au bout d'un « bâton. Au moment où, après avoir remis le pli, « l'officier parlementaire se disposait à partir, je « lui demandai quelle était la personne qui l'ac- « compagnait. « Je ne suis pas, » répondit-il, et il « s'éloigna. Me retournant alors vers cette per-

« sonne, je lui dis : « Qui êtes-vous? — J'ai une mission pour le maréchal Bazaine et je veux lui parler de suite. »

C'est ainsi que le sieur Régnier pénétra dans les lignes françaises.

« Le sieur Régnier, — dépose M. le capitaine Garcin, — fut amené le soir, à la tombée de la nuit, par M. Arnous-Rivière, au quartier général du général de Cissey, à Longeville. Sans que le sieur Régnier descendît de voiture, le général de Cissey, apprenant qu'il y avait un parlementaire qui désirait conférer avec le maréchal Bazaine, me donna l'ordre de le conduire immédiatement auprès de lui. En approchant du ban Saint-Martin, je lui demandai de quelle manière je devais annoncer son arrivée au maréchal. Il me dit : « Vous annoncerez l'envoyé d'Hastings. » On ignorait alors absolument à Metz que l'impératrice eût fixé sa résidence à Hastings. »

Telle fut la façon plus étrange encore qui fut employée par le sieur Régnier pour obtenir accès auprès du maréchal.

Celui-ci conteste le dire du capitaine Garcin et déclare que le sieur Régnier lui fut annoncé comme étant un courrier de l'empereur. Le maréchal emmena aussitôt le sieur Régnier dans son cabinet.

Le sieur Régnier entre en matière en déclarant au maréchal qu'il vient de Ferrières, où se trouvait le quartier général ennemi; qu'il y a obtenu une audience de M. de Bismark, auprès duquel il s'était rendu pour savoir s'il était désireux de faire immédiatement la paix avec le gouvernement impérial. Il montre au maréchal une photographie de la demeure de l'impératrice à Hastings, au bas de laquelle le prince impérial a tracé quelques lignes affectueuses à l'adresse de son père. Le sieur Régnier n'a pas de pouvoirs écrits, et, sur l'observation qui lui est faite à ce sujet, il répond que c'est pour ne pas livrer aux hasards des incidents du voyage des documents importants. Les dépositions du maréchal et du sieur Régnier concordent pour ces préliminaires de leur entretien, sauf sur un point important : « Il m'a dit venir de la part de l'impératrice avec le consentement de M. de Bismark, dit le maréchal. — Je n'ai pas dit au maréchal que j'eusse une mission de l'impératrice, » déclare Régnier.

Ainsi, dès le début, opposition complète entre le maréchal et le sieur Régnier sur la nature même de la mission de cet étrange personnage. Une seule constatation reste hors de doute : le sieur Régnier agit avec le consentement de M. de Bismark. Des divergences plus marquées existent dans les récits que le maréchal et le sieur Régnier ont faits de la conférence qu'ils eurent ensemble.

Par suite de l'existence de ce désaccord, l'instruction a cru devoir communiquer au maréchal la déposition du sieur Régnier paragraphe par paragraphe, et constater son dire sur chacun d'eux. Rien ne saurait donner une impression plus exacte que de reproduire la partie de l'interrogatoire du maréchal à ce sujet.

« D. — Monsieur le maréchal, veuillez me faire connaître ce que vous a dit Régnier?

« R. — Que sa mission avait pour but de proposer, soit au maréchal Canrobert, soit au général Bourbaki de se rendre en Angleterre pour se mettre à la disposition de la régente. Je lui répondis : « Vous serez mis en rapport avec ces messieurs, je leur laisserai la libre disposition de prendre un parti. »

« Il m'exposa, en outre, qu'il était à regretter qu'un traité n'eût pas mis fin à la guerre, après Sedan; que l'entretien des troupes allemandes sur le territoire français était une ruine pour le pays; que ce serait un grand service à lui rendre que d'obtenir un armistice pour arriver à la paix. qu'à cet égard, l'armée sous Metz, restant la seule organisée, donnerait des garanties à l'Allemagne, si elle avait sa liberté d'action; mais que sans doute on exigerait comme gage la remise de la place de Metz. — Je lui répondis que bien certainement si nous pouvions sortir de l'impasse où nous étions avec armes et bagages, en un mot complètement constitués, nous maintiendrions l'ordre à l'intérieur et ferions respecter les clauses de la convention, mais qu'il ne pouvait être question de la place de Metz, dont le gouverneur, nommé par l'empereur, ne relevait que de lui.

« Tout ce qui précède ne fut qu'une simple conversation à laquelle je n'attachai qu'une importance secondaire, puisque le sieur Régnier n'avait aucun pouvoir écrit. »

Avant de continuer la citation que nous avons commencée de l'interrogatoire du maréchal, il convient de restituer à l'entretien qu'il eut avec Régnier son véritable caractère, qui se trouve contesté dans la réponse précédente.

Nous trouvons dans la déposition du général Bourbaki le passage suivant :

« Le maréchal nous fit voir des lettres du prince Frédéric-Charles qui n'avaient pas grande signification, et dit au sieur Régnier de faire savoir au prince qu'il demandait à ce que l'armée sortît avec les honneurs de la guerre sans traiter pour Metz, qui resterait indépendant de l'armée; que le maréchal Bazaine se retirerait avec son armée pour prendre en France une position neutre jusqu'à la paix. »

Cette réserve faite, nous reprenons la suite de l'interrogatoire :

« D. — Régnier a déposé que dans sa pensée l'armée de Metz, la seule qui restât à la France, paraissait être appelée à jouer un grand rôle; que M. de Bismark lui avait déclaré que M. Jules Favre semblait sûr de l'armée de Metz; que c'était en partie pour s'en assurer qu'il était venu; que les alliés allemands ne reconnaissaient au

« gouvernement de la Défense nationale aucun droit « pour traiter; que ce gouvernement avait fait connaître son intention formelle de faire la guerre à « outrance et de ne céder aucun avantage à l'ennemi victorieux; il a ajouté que vous lui aviez « répondu que l'armée n'était pas à la disposition « de M. Jules Favre; que peu de jours avant, vous « aviez même eu l'occasion de connaître l'opinion « des commandants de corps dont vous aviez toute « la confiance; que pour vous, comme pour eux, la « vérité était tout le contraire de ce que M. Jules « Favre avait cru pouvoir annoncer. Qu'y a-t-il de « vrai dans ce dire de Régnier?

« R. — Je ne me souviens pas assez des détails « de la conversation avec M. Régnier pour affirmer ou infirmer son dire; mais, bien certainement, je lui aurai dit que j'ignorais ce qu'avait « pu avancer M. Jules Favre, qu'il ne pouvait non « plus connaître ce qui se passait à Metz, puisque « nous n'avions pas de relations officielles les uns « avec les autres, que l'armée était avant tout l'armée « de la France, étant liée à la dynastie impériale « par son serment.

« D. — Régnier ajoute ceci : qu'il résultait de « vos paroles que vous compreniez très-bien que « l'armée devant Metz devait entrer dans toutes les « combinaisons futures, quelles qu'elles fussent; mais « pour y entrer, il fallait d'abord qu'elle existât; que, « pour peu qu'on attendît, de paralysée qu'elle était « en ce moment par la force des choses, elle aurait « malheureusement cessé d'exister: qu'étant alors « entré dans les détails de la situation de l'armée, « au point de vue des vivres, vous lui auriez déclaré pouvoir difficilement atteindre le 18 octobre; qu'il fallait donc, si on voulait se servir de « l'armée de Metz, agir avant cette époque. Reconnaissez-vous la vérité de ces dires?

« R. — Je n'admets pas cette déclaration faite dans « des termes aussi explicites. J'ai retracé déjà plus « haut le rôle que l'armée aurait pu remplir pour « arriver à la paix, et quant aux détails donnés par « M. Régnier sur les ressources de l'armée, je n'ai « rien dit de semblable; et il m'eût été difficile de « donner des chiffres exacts.

« D. — Je vois que dans sa déposition, dont je « ne vous ai donné que le résumé, il est entré dans « les détails suivants : « Le maréchal me fit connaître que l'on avait déjà diminué la ration de « pain; que l'on allait, par mesure de prudence, la « réduire encore dans quelques jours; que les chevaux manquaient de fourrage : qu'on était réduit « à s'en servir comme viande de boucherie; que, « dans ces conditions, et en tenant compte de la nécessité d'emporter quatre à cinq jours de vivres « pour l'armée et de conserver un certain nombre « de chevaux en état de traîner les pièces et quelques approvisionnements, il aurait une grande « difficulté à atteindre le 18 octobre. » D'où Régnier aurait-il tiré ces renseignements, qui sont « en concordance avec les faits?

« R. — Je ne suis entré dans aucun détail de « cette nature avec M. Régnier.

« D. — Régnier continue ainsi son récit : « Je « dus lui faire observer qu'il comprenait mieux que « moi qu'il fallait se hâter de profiter du désir manifesté par l'ennemi de traiter; que, suivant moi, « il serait possible que la capitulation de l'armée « sous Metz pût me servir à obtenir des conditions « plus avantageuses au point de vue politique; que « ces conditions, quelles qu'elles fussent, seraient, « au point de vue de cette armée, moins désavantageuses que celles qu'elle pourrait obtenir plus « tard; qu'il fallait donc se hâter de profiter de « l'ignorance de l'ennemi au sujet des ressources. »
« Qu'y a-t-il de vrai dans ces dires?

« R. — Je n'ai pas connaissance de cette observation et je ne la trouve même pas fondée, puisque « c'était par l'envoi d'un des officiers généraux auprès de l'impératrice qu'elle pouvait être mise à « même d'entrer en négociations.

« D. — L'accession de l'armée de Metz était le pivot de toute négociation; vous seul pouviez parler « en son nom, et il était tout naturel que Régnier « cherchât à gagner votre assentiment. Régnier « ajoute que vous lui avez répondu que tout retard « serait désavantageux, et que, dans la position que « vous voyiez désespérée à court délai, vous signeriez un traité qui permettrait à l'armée de Metz de « se retirer dans une portion neutralisée du territoire français, qui l'autoriserait à sortir de son « camp avec les honneurs militaires, à la condition « de ne plus se servir de ses armes contre les Allemands pendant le cours de la guerre; la place de « Metz demeurant, d'ailleurs, en dehors de vos « conventions. Est-il vrai que vous ayez fait ces « déclarations?

« R. — Je m'en réfère à la réponse que j'ai déjà « faite à ce sujet. Régnier lui donne un développement qui, pour moi, est tout à fait inexact, en ce « qui concerne la neutralisation et la condition de « ne pas combattre les armées allemandes. Nous « n'aurions jamais consenti à un arrangement qui « aurait divisé la défense nationale.

« D. — La déposition de Régnier se termine « ainsi : « Je lui présentai une vue d'Hastings, « sur le derrière de laquelle le prince impérial avait « apposé sa signature, et je le priai de vouloir bien « y joindre la sienne, afin que je pusse, en la montrant à M. de Bismark, prouver que j'avais son « assentiment. Le maréchal accorda la signature « demandée. » Ces faits sont-ils exacts?

« R. — Je n'avais pas de photographie : et il me « pria alors de signer à côté de la signature du « prince impérial, ce que j'ai fait sans arrière-pensée. »

Pour ne pas entraver le récit, nous suspendons toute réflexion sur cette étrange conférence entre le maréchal Bazaine et Régnier. Citons encore le passage de l'interrogatoire du maréchal relatif à la sortie d'un de ses généraux :

« D. — Vous dites que le sieur Régnier vous
« avait fait savoir tout d'abord que l'impératrice
« demandait que le maréchal Canrobert ou le géné-
« ral Bourbaki se rendissent auprès d'elle. D'après
« Régnier, il n'aurait été question de leur départ
« que le lendemain. Il ajoute qu'en vous quittant il
« ne pensait pas revenir.

« R. — J'affirme que c'est dans la soirée, lors de
« sa première visite, qu'il a été question du départ
« d'un officier général. »

Fut-il question dans cette première visite du sieur Régnier, de l'envoi d'un général auprès de l'impératrice? Le maréchal l'affirme, Régnier déclare le contraire. Quoi qu'il en soit, le lendemain seulement on va voir le maréchal prenant des mesures pour se conformer à ce qu'il appelait les désirs de l'impératrice.

Seconde entrevue de Régnier avec le maréchal (23 septembre). — Départ du général Bourbaki.

Lorsque prit fin la conférence entre le maréchal et le sieur Régnier, il était trop tard pour franchir les lignes, et ce ne fut que le lendemain 25 que Régnier put revenir à Corny où il trouva, dit-il, un télégramme de M. de Bismark autorisant la sortie d'un général de l'armée de Metz. Comme cette sortie devait évidemment être tenue secrète, le général de Stielhe, déclare Régnier, avait eu l'idée de mettre à profit, pour atteindre ce but, une demande de rapatriement dont était saisi l'état-major de l'armée de blocus, de la part du comité de secours luxembourgeois, concernant sept médecins, leurs compatriotes, qui étaient enfermés dans Metz et dont on sollicitait le retour dans leur pays. Ce comité avait adressé, à la date du 20 septembre, une demande en ce sens au maréchal Bazaine. Cette lettre avait été envoyée au quartier général allemand. Le général de Stielhe écrivit donc à la date du 23 au maréchal Bazaine pour appuyer au nom du prince la requête des médecins luxembourgeois, en le priant de vouloir bien ordonner que ces neuf médecins fussent mis en liberté et dirigés hors de Metz par la route de Moulins-les-Metz. Or, les médecins étaient seulement au nombre de sept; le prince donnait donc implicitement par là un sauf-conduit pour le général et Régnier, qui pouvaient ainsi sortir incognito en se mêlant à ces médecins.

Le sieur Régnier revint au camp français le 24 septembre à onze heures du matin, et à la suite d'une nouvelle conférence avec le maréchal, des ordres furent aussitôt lancés pour mander au quartier général le maréchal Canrobert et le général Bourbaki, et pour y réunir les médecins luxembourgeois. Le maréchal Bazaine mit successivement le **maréchal Canrobert et le général Bourbaki** en rapport avec Régnier. Le maréchal Canrobert déclina la mission qui lui était proposée, s'excusant sur son état de santé. Quant au général Bourbaki, il crut devoir accepter. Nous reproduisons textuellement la déposition de cet officier général sur ce point :

« Le 24 septembre 1870, je fus appelé à cinq
« heures et demie chez le maréchal, en descendant de
« cheval. Il m'avait fait demander deux fois dans la
« journée, sans pouvoir me trouver. J'étais à Saint-
« Julien, chez le maréchal Le Bœuf. Je rencontrai,
« en arrivant, le colonel Boyer, qui me dit : « Le
« maréchal va venir tout de suite; » puis, m'emme-
« nant près d'une fenêtre qui donnait sur le jardin,
« il me dit : « Connaissez-vous la personne qui se
« promène avec le maréchal? — Non, lui dis-je. —
« Comment, vous ne l'avez pas vue aux Tuileries ?
« — Non, j'oublie les noms quelquefois, mais non
« les physionomies. Je n'ai jamais vu cette per-
« sonne. Ce n'est ni un familier des Tuileries, ni un
« employé. » Le maréchal rentra en ce moment, il
« me présenta M. Régnier et me dit : « Écoutez ce
« que va vous dire monsieur. »

« Le sieur Régnier entra dans une série de con-
« sidérations politiques sur la nécessité de la
« paix, ajoutant que le gouvernement allemand ne
« se souciait pas de traiter avec le gouvernement
« de Paris; qu'il ne considérait comme légal que
« celui de l'impératrice; que s'il traitait avec elle
« les conditions seraient moins onéreuses; que
« l'intervention de l'armée de Metz dans cette af-
« faire était indispensable; qu'il importait donc
« qu'un de ses chefs se rendît auprès de l'impéra-
« trice pour représenter auprès d'elle l'armée; que
« le maréchal Canrobert ou moi serions très-aptes
« à occuper cette position. — Je n'avais prêté
« qu'une médiocre attention à tous ces discours, et
« voulant voir le dernier mot de ces ouvertures, je
« m'adressai au maréchal et je lui demandai l'ex-
« plication de ce que je venais d'entendre. Le ma-
« réchal me fit voir des lettres du prince Frédéric-
« Charles qui n'avaient pas grande signification,
« et dit au sieur Régnier de faire savoir au prince
« qu'il demandait que l'armée sortît avec les hon-
« neurs de la guerre, sans traiter pour Metz, qui
« restait indépendant de l'armée; que le maréchal
« Bazaine se retirerait avec son armée pour pren-
« dre en France une position neutre jusqu'à la
« paix. Voilà, autant que je me rappelle, la conver-
« sation qui a été tenue. Le but du maréchal en
« envoyant un chef de l'armée auprès de l'impéra-
« trice, qui représentait encore le gouvernement,
« car on n'avait pas une idée exacte de ce qui se pas-
« sait en France, était, je crois, de faire savoir que
« si on voulait sauver cette armée, il fallait traiter.
« Enfin, je dis au maréchal Bazaine : « Monsieur le
« maréchal, que voulez-vous faire de moi? » Il me
« répondit : « Je désire que vous alliez auprès de
« l'impératrice. — Je veux bien, lui dis-je, mais j'y
« mets différentes conditions; vous aurez la bonté

« de me donner un ordre par écrit, de mettre mon
« départ à l'ordre de l'armée ; de ne pas me rem-
« placer dans mon commandement, et de me pro-
« mettre que, jusqu'à ce que j'aie pu rentrer, vous
« n'engagerez pas la garde. » Il me dit : « Vous
« allez partir immédiatement. » Je me rendis à
« mon quartier général pour faire mes préparatifs. »

Il avait été convenu que le départ du général aurait lieu incognito, pour ne rien ébruiter. Le général n'ayant pas d'habits bougeois, le maréchal lui prêta les siens ; une casquette avec la croix de Genève, que Régnier avait demandée à l'un des médecins luxembourgeois, complétait le costume.

L'instruction a cherché à savoir si le général Bourbaki avait été prévenu par Régnier qu'une fois sorti il ne pourrait plus rentrer à Metz. Le général Boyer dépose avoir été avisé de cette condition par Régnier, mais ni le maréchal ni le général Bourbaki n'en ont gardé le souvenir. Il ressort d'ailleurs du vœu formulé par le général Bourbaki, que la garde ne fût pas engagée sérieusement pendant son absence, qu'il ne croyait s'éloigner que momentanément.

On se rend difficilement compte comment le maréchal Bazaine a pu négliger de préciser les conditions dans lesquelles allaient s'opérer la sortie et le retour de son lieutenant. D'un autre côté, comment le général Bourbaki, qui pensait que sa sortie avait lieu à l'insu de l'ennemi, pouvait-il concilier dans son esprit cette espèce d'évasion avec la certitude de pouvoir reprendre son poste, sa mission une fois remplie ; et quand, en traversant les lignes ennemies, il fut reconnu, comment n'a-t-il pas tiré au clair sa situation, en passant au quartier général allemand ?

« Aux avant-postes le général put saisir un in-
« dice de reconnaissance dans le regard respectueux
« d'un colonel de l'état-major du prince qui nous y
« attendait depuis la veille. Arrivé au quartier gé-
« néral, le major général Von Stiehle me demanda
« s'il pouvait présenter ses respects au général,
« dont il admirait la brillante bravoure. Je lui ré-
« pondis que le général avait pour cela le cœur
« trop gros ; il me dit qu'il comprenait ce sentiment
« et me demanda si je pensais qu'il entrât dans ses
« intentions d'accepter une audience du prince. Je
« lui répondis que je croyais qu'il préférait le con-
« traire, mais que cependant j'allais m'en assurer.
« J'en parlai au général, qui me répondit qu'il ne
« voulait voir aucun d'eux, ni manger, ajouta-t-il,
« de leur pain, qui l'étranglerait. Je le quittai une
« demi-heure après lorsqu'il partit avec les méde-
« cins luxembourgeois. S'il eût eu une demande à
« faire quant à sa rentrée, il eût pu la faire, soit au
« major général, soit au prince lui-même. »

Quant au projet que l'on attribue au maréchal d'avoir cherché à éloigner le général, dont la présence pouvait lui paraître un embarras pour sa politique, voici la question qui a été posée au général Bourbaki :

« D. — Vous est-il jamais venu à la pensée que
« l'on avait voulu vous éloigner de Metz ? A ce su-
« jet, je vois dans l'instruction qu'une démarche a
« été faite auprès de vous par des officiers de la
« garde, pour vous sonder sur ce point si vous ac-
« cepteriez pour votre corps d'armée une capitula-
« tion qu'on savait imminente. Vous auriez dit à
« cette occasion que, dans ce cas, la garde saurait
« rafraîchir la vieille devise de Waterloo.

« R. — Je ne crois pas qu'on ait cherché à m'éloi-
« gner. J'étais un subordonné zélé et discipliné. Je
« ne vois pas pourquoi le maréchal aurait cherché
« à m'éloigner. Je crois seulement qu'il a profité
« de l'occasion pour tâcher de sauver son armée de
« la douleur d'être réduite par la faim à capituler.
« Quant à une démarche collective d'officiers de-
« mandant ce que je ferais en présence d'une capi-
« tulation, elle n'a jamais eu lieu. Mais je me rappelle
« en avoir causé une fois avec le général Deligny,
« une autre fois avec le colonel Dumont, et je leur
« exprimai que le cas échéant je mettrais à l'ordre
« du jour le souvenir laissé par l'ancienne garde à
« Waterloo, et que je ferais demander aux soldats
« s'ils voulaient tenter la fortune, quand bien même
« un grand nombre d'entre eux devraient y rester,
« pour sauver l'honneur de l'armée. »

Il est une circonstance à noter, mais qu'il n'a pas été possible d'expliquer d'une manière satisfaisante. — Lorsque le général Bourbaki se fut décidé à accepter sa mission, le maréchal rédigea de sa main son ordre de départ à la date du 15 septembre, au lieu de le dater du 24, jour où il était délivré. Le maréchal déclare l'avoir daté du 25, mais il se trompe. Régnier assure que l'idée d'antidater l'ordre dont il s'agit est venue de lui. Dans sa pensée, déclare-t-il, « il n'était pas désirable que la sortie du
« général concordât avec son apparition au quar-
« tier général ; qu'il ne fallait pas, plus tard, dans
« l'intérêt de la politique du gouvernement impérial
« et des projets que l'on poursuivait, que l'on pût
« dire que cette sortie avait lieu d'accord avec
« les autorités allemandes. » — Cette explication n'a pas de portée sérieuse : car il était impossible que la vérité ne se fît pas jour dans la suite sur cette coïncidence.

Cette circonstance ne se rattache-t-elle pas à la date de la publication de l'ordre général n° 9 annonçant l'avènement du nouveau gouvernement qui eut lieu le 16 ? Y a-t-il simplement confusion, et le maréchal a-t-il écrit 15 au lieu de 25 ? Ce fut simplement en traversant Bruxelles, le 8 octobre, que l'attention du général Bourbaki fut appelée sur ce point. La déposition de M. Tachard, ministre de France en Belgique, ne laisse aucun doute à ce sujet.

8

Les premières négociations n'aboutirent pas. — Lettre du maréchal Bazaine au général de Stiehle.

Pendant que le général Bourbaki poursuivait sa marche vers l'Angleterre, où il allait apprendre de l'impératrice qu'il avait été l'objet d'une mystification de la part du sieur Régnier, celui-ci regagnait Ferrières. Il avait été convenu entre le maréchal Bazaine et lui que, dans un délai de six jours, c'est-à-dire au plus tard le 30 septembre, Régnier lui ferait passer la réponse de M. de Bismarck ; mais que si, au bout de huit jours, il ne lui donnait pas de ses nouvelles, ce serait la preuve que les négociations auraient échoué.

Le maréchal n'entendit plus parler de Régnier ; mais le 29 septembre fut transmise au ban Saint-Martin une dépêche expédiée de Ferrières, non signée, ainsi conçue :

« Le maréchal Bazaine acceptera-t-il pour la reddition de l'armée qui se trouve devant Metz les conventions que stipulera M. Régnier, restant dans les instructions qu'il tiendra de M. le maréchal ? »

Nous trouvons dans le dossier la réponse que fit le maréchal à cette ouverture :

« Metz, 29 septembre 1870.

« Monsieur le général,

« Je m'empresse de vous faire savoir, en réponse « à la lettre que vous m'avez fait l'honneur de m'envoyer ce matin, que je ne saurais répondre d'une « manière absolument affirmative à la question qui « est posée par S. Exc. M. le comte de Bismarck. Je « ne connais nullement M. Régnier, qui s'est présenté à moi comme muni d'un laisser-passer de « M. de Bismarck, et qui s'est dit l'envoyé de Sa « Majesté l'impératrice, sans pouvoirs écrits. M. Régnier m'a fait savoir que j'étais autorisé à envoyer auprès de l'impératrice soit S. Exc. M. le « maréchal Canrobert, soit le général Bourbaki. Il « me demandait en même temps s'il pouvait exposer « les conditions dans lesquelles il me serait possible « d'entrer en négociations avec le commandant en « chef de l'armée allemande devant Metz pour capituler. »

« Je lui ai répondu que la seule chose que je « pusse faire serait d'accepter une capitulation avec « les honneurs de la guerre ; mais que je ne pouvais comprendre la place de Metz dans la convention à intervenir. Ce sont, en effet, les seules « conditions que l'honneur militaire me permette « d'accepter, et ce sont les seules que M. Régnier « ait pu exposer.

« Dans le cas où S. A. R. le prince Frédéric-« Charles désirerait de plus complets renseignements sur ce qui s'est passé, à ce propos, entre « moi et M. Régnier, M. le général Boyer, mon « premier aide de camp, aura l'honneur de se rendre « à son quartier général au jour et à l'heure qu'il « lui plaira d'indiquer. »

L'offre du maréchal d'envoyer le général Boyer auprès du prince Frédéric-Charles demeura sans réponse. De son côté, Régnier ne donnait plus de ses nouvelles. Enfin, le général Bourbaki ne faisait parvenir aucune lettre au maréchal. Les négociations étaient donc rompues. Cette rupture fut causée, d'après Régnier, par des malentendus qu'il était facile de dissiper. Si M. de Bismarck n'a rien fait dans ce sens, c'est qu'il ne l'a pas jugé à propos. L'attitude politique du maréchal lui était connue. Toute crainte d'action combinée entre l'armée de Metz et les armées nationales disparaissait. L'armée de Metz n'avait de vivres que jusqu'au 18 octobre. Elle mangeait ses chevaux ; dans très peu de jours elle allait être réduite à l'impuissance. En s'abstenant de notifier au maréchal Bazaine l'interruption des pourparlers Régnier, on le laissait dans l'attente de nouveaux messages et on prévenait ainsi ou tout au moins on retardait une action désespérée, qui aurait coûté à l'armée prussienne des sacrifices qu'il valait mieux éviter.

Après avoir exposé les circonstances de ce mystérieux incident, de manière à en faire ressortir le plus clairement possible l'enchaînement, le moment est venu de caractériser la conduite du maréchal dans ses rapports avec le sieur Régnier.

Quel était ce personnage qui surgissait ainsi inopinément au milieu de ces graves événements et dont la funeste intervention allait entraîner le maréchal Bazaine dans les résolutions les plus coupables?

Né à Paris en 1822, Régnier a reçu une éducation tout à fait tronquée, ainsi que le prouvent son style étrange et son orthographe vicieuse. Il obtint cependant le diplôme de bachelier et entama, sans les pousser bien loin, des études de droit et de médecine. Plus tard, il s'occupa de magnétisme. On le trouve mêlé de la manière la plus bizarre aux événements du 15 mai et du mois de juin 1848 ; il se marie, se rend en Algérie et est employé en qualité de médecin auxiliaire. Il rentre en France, exploite une carrière de pavés, puis se remarie en secondes noces en Angleterre avec une femme qui lui apporte une certaine aisance.

Régnier est un homme fin et audacieux ; ses manières sont vulgaires ; vaniteux à l'excès, il se croit un profond politique. Il a publié de nombreuses brochures.

Fut-il poussé à se jeter au milieu de ces événements par une de ces monomanies qu'engendrent les époques de troubles et de révolutions ? Était-ce simplement un intrigant faisant métier de ses agissements ? C'est ce qu'il est difficile de décider. Quoi qu'il en soit, et nous bornant aux faits constatés dans l'instruction, nous le trouvons en Angleterre assiégeant de ses projets, dès le 13 septembre, les abords de l'impératrice. Une fois nanti, à force de sollicitations, d'une photographie signée par le prince impérial, sorte de passe qui va accréditer ses menées, il se met en route pour la France.

Où va-t-il faire viser son passe-port ? A l'ambassade prussienne. Il quitte Londres le 18 septembre, arrive à Ferrières le 20 dans la matinée et obtient immédiatement une audience de M. de Bismarck. A ce moment même, se poursuivaient entre M. de Bismarck et M. Jules Favre les conférences qui demeurèrent, comme on le sait, sans résultat. Cette coïncidence fortuite est attestée par la déposition de M. Jules Favre, qui nous révèle un détail montrant Régnier plus engagé qu'il ne veut bien le dire dans la confiance du pouvoir impérial. M. de Bismarck fait voir à M. Jules Favre une photographie que lui a remise Régnier, représentant la vue d'un établissement de bains de mer, et au bas de laquelle sont ces mots : « Ceci « est la vue d'Hastings, que j'ai choisie pour mon « bon Louis. Signé : Eugénie. »

Ajoutons que, le 26 septembre, Régnier passant à Bar-le-Duc et y voyant M. Bompard, qui en a déposé, lui montre une vue de Wilhemshohe avec quelques mots écrits par l'empereur.

Nous avons exposé en détail l'entrevue de Régnier et du maréchal, la sortie du général Bourbaki. Pendant que ce dernier s'achemine vers Londres, Régnier est revenu à Ferrières. Immédiatement après nous le retrouvons à Londres, mêlé aux personnages politiques de l'Empire ; il est reçu par le prince Napoléon, le 28 octobre, a déposé le général Boyer, qui l'a rencontré chez le prince ; de là, il se rend à Cassel, où nous le voyons essayer d'entraîner dans des menées politiques quelques officiers prisonniers, puis retourner à Bruxelles.

Nous le trouvons ensuite à Versailles, figurant parmi les rédacteurs du *Moniteur* prussien, dans lequel il publie une série d'articles sous le titre de Jean Bonhomme. — Au moment de l'armistice, Régnier reparaît de nouveau à Bruxelles, il y rencontre le général Boyer.

« Régnier me dit qu'il se rendait à Versailles, « pour tâcher d'y renouer les négociations tendant « à une restauration impérialiste, a déposé le « général Boyer. Il me montra même le sauf- « conduit que lui avait envoyé M. de Bismarck, et « une lettre du comte de Hatzfeld, qui l'autorisait « à se rendre à Versailles. »

Enfin, le 10 février, il est dans cette ville, où retrouvant une personne de sa connaissance, il lui dit ces mots caractéristiques : « Je ne sais pas si M. de Bismarck me fera partir ce soir. »

Tel est l'ensemble des renseignements recueillis par l'instruction au sujet de Régnier.

Le sieur Régnier a emporté de Metz des renseignements exacts sur la situation de l'armée.

Deux faits d'une importance capitale se dégagent de la déposition de Régnier : d'une part le maréchal livre au premier venu, à un inconnu sans pouvoirs écrits, en relation certaine avec l'ennemi, le secret de la date à laquelle son armée aura épuisé ses vivres ; d'autre part le maréchal lui déclare qu'il est prêt à capituler à la condition de sortir avec les honneurs de la guerre. Après avoir reconnu le gouvernement de la Défense nationale en notifiant à l'armée sa composition, le maréchal Bazaine s'engage dans des négociations ayant pour but la restauration du gouvernement impérial, et cela à l'insu de ses lieutenants, qu'il évite de consulter, tout en les représentant comme animés des mêmes sentiments que lui.

« Le maréchal m'informa, dit Régnier, que l'on
« avait déjà diminué la ration de pain, que l'on
« allait encore, par mesure de prudence, la réduire
« dans quelques jours ; que les chevaux manquaient
« de fourrages, que l'on était réduit à s'en servir
« comme viande de boucherie ; que dans ces con-
« ditions et en tenant compte de la nécessité d'em-
« porter quatre à cinq jours de vivres pour l'armée
« et de conserver un certain nombre de chevaux
« en état de traîner les pièces et quelques appro-
« visionnements, il aurait une grande difficulté à
« atteindre le 18 octobre. »

Où Régnier, qui n'a aucune notion militaire, aurait-il puisé des détails aussi précis ? Enfin, si l'indication de la date du 18 octobre n'est due qu'à l'imagination du sieur Régnier, c'est le fait d'un hasard bien étrange, car cette date du 18 octobre, à laquelle devaient prendre fin les approvisionnements de l'armée était précisément celle qui se retrouve sur la dernière des situations fournies par l'intendance avant la conférence du maréchal avec Régnier, celle du 21 septembre, que le maréchal devait ainsi avoir sur sa table pendant l'entretien.

La certitude de la criminelle indiscrétion du maréchal Bazaine ressort nettement de la déposition du commandant Lamey, attaché à la maison du prince impérial, auquel Régnier déclara, le 19 octobre, à Londres, avant l'arrivée du général Boyer dans cette capitale, tenir du maréchal qu'il avait des vivres jusqu'au 18 octobre.

Qui garantissait au maréchal que ce secret d'État qu'il confiait à ce premier venu n'allait pas être immédiatement livré à l'ennemi, à la merci duquel il allait ainsi se trouver ? Ne devait-il pas craindre que ces négociations dont on l'entretenait ne fussent un leurre employé pour capter sa confiance et connaître la fatale échéance de l'armée et de la place de Metz ?

Les dénégations du maréchal tombent devant la précision des détails formulés par Régnier et devant l'indication conforme à la situation de l'intendance qu'il donne de la quantité des approvisionnements. La date du 18 octobre, indiquée comme limite de leur durée dans sa déposition, confirmée sur ce point par celle du commandant Lamey, est un témoignage irrécusable de la vérité de ses déclarations.

Quant à la capitulation de l'armée, l'interrogatoire du maréchal nous apprend comment il la comprenait et quelle portée il attachait aux propositions qui venaient de lui être adressées ?

« Je répondis au sieur Régnier que bien certai-
« nement si nous pouvions sortir de l'impasse où
« nous étions avec armes et bagages, en un mot
« complétement constitués, nous maintiendrions
« l'ordre à l'intérieur et ferions respecter les clauses
« de la convention. »

Si l'armée avait été laissée libre de sortir du blocus qui l'enserrait, ainsi que le précise le maréchal, il est de toute évidence que c'était à la condition formelle de ne plus porter les armes pendant le reste de la guerre. Cette condition rendait dès lors disponible l'armée du blocus et permettait à l'ennemi d'accabler les forces nationales, pendant que l'armée de Metz aurait été parquée dans un territoire neutralisé. Comment les Allemands, qui la tenaient étroitement bloquée, auraient-ils pu lui rendre bénévolement la faculté de reprendre les hostilités ?

Mais ce n'était pas seulement une attitude purement expectante que le maréchal comptait prendre. Il devait, c'est lui qui le déclare, faire respecter les clauses de la convention qu'il allait passer avec l'ennemi, c'est-à-dire employer au besoin la force contre les armées nationales, et cela au moment où les proclamations officielles, que lui-même avait fait publier, lui apprenaient que l'intention du nouveau gouvernement était de faire une guerre à outrance; que Paris pouvait tenir trois mois ; qu'une Assemblée nationale allait faire entendre la voix du pays. N'était-ce pas plutôt le moment de s'associer aux efforts de la nation par les résolutions les plus énergiques? Le maréchal ne devait-il pas livrer à un conseil de guerre plutôt que d'écouter l'agent qui venait ainsi lui proposer de négocier avec l'ennemi au lieu de le combattre?

Le 23 septembre, le maréchal Bazaine s'est déclaré prêt à capituler avec les honneurs de la guerre.

Ce n'était pas assez de laisser emporter de semblables confidences à Ferrières, nous voyons cinq jours après le maréchal écrire au général de Stiehle cette étrange lettre dont, par une aberration morale incompréhensible, il a réclamé une copie au gouvernement allemand. Rappelons ici la dernière phrase de cette lettre :

« M. Régnier me demandant s'il pouvait exposer
« les conditions dans lesquelles il me serait possible
« d'entrer en négociations avec le commandant en
« chef de l'armée allemande devant Metz, pour ca-
« pituler, je lui ai répondu que la seule chose que
« je pusse faire serait d'accepter une capitulation
« avec les honneurs de la guerre ; mais que je ne
« pouvais comprendre la place de Metz dans la con-
« vention à intervenir : ce sont en effet les seules
« conditions que l'honneur militaire me permit
« d'accepter et ce sont les seules que M. Régnier
« ait pu emporter. »

Ainsi, le 23 septembre, jour de son entrevue avec le sieur Régnier, le maréchal Bazaine, c'est lui qui le déclare, était prêt à capituler si on lui avait accordé les honneurs de la guerre.

Le 29 septembre, il offre lui-même à l'ennemi la capitulation de son armée, alors qu'il y avait encore à Metz des vivres et des munitions, alors qu'aucun effort sérieux n'avait été tenté depuis près d'un mois pour percer les lignes d'investissement.

En prenant une semblable attitude devant l'ennemi, en offrant de lui envoyer son aide de camp pour donner des explications, en faisant ainsi des ouvertures pour renouer les pourparlers, le maréchal avouait implicitement son impuissance absolue de sortir les armes à la main. Il faut bien le dire, une semblable conduite, après une semblable inaction, est inouïe dans l'histoire militaire.

Devant les réclamations que soulevait l'immobilité de l'armée, le maréchal se décida enfin, vers le 20 septembre, à ordonner une série de fourrages ayant pour but de recueillir les approvisionnements renfermés dans les villages voisins de ses camps. Mais il laissa à l'initiative de chacun des commandants de corps d'armée la conduite des opérations à exécuter devant le front des campements occupés par leurs propres troupes.

Ces opérations, qui auraient nécessité une direction unique et le concours de tous, devaient fatalement avorter.

Le maréchal se plaint amèrement, dans son mémoire justificatif, de n'avoir pas été secondé par ses lieutenants ; ceux-ci répondent à leur chef en lui reprochant à leur tour de n'avoir jamais donné des ordres formels et précis.

Rôle imposé au commandant en chef par la situation de l'armée de Metz.

Si le maréchal eût entamé, aussitôt après le 1er septembre, une série d'opérations en vue d'augmenter ses ressources et de harceler l'ennemi, il aurait pu en profiter pour donner de l'extension aux lignes de son armée et englober dans leur intérieur les villages voisins de ses campements, où il aurait trouvé des ressources et des abris pour ses troupes. En repoussant ainsi les lignes d'investissement, on en augmentait le développement, ce qui le leur rendait plus facile à percer. L'ajournement de ces opérations fut, au contraire, tout à l'avantage de l'ennemi. Il lui permit de s'établir plus fortement sur le terrain, de resserrer la ligne du blocus et d'utiliser à son profit ou de détruire les ressources accumulées dans la banlieue de Metz.

Mais ce n'était pas à de simples fourrages que le

maréchal, à la tête de 140,000 hommes, aurait dû borner son action. En prenant fréquemment les armes d'une manière inopinée, en simulant des attaques de nuit réitérées, en portant ses efforts tantôt sur un point, tantôt sur un autre, le maréchal aurait bientôt mis sur les dents l'armée de blocus et, à la suite des simulacres répétés, une attaque à fond aurait eu toute chance de réussir, si les fatigues infligées à ces troupes n'avaient pas forcé l'ennemi à lever le siège. La position centrale de l'armée française, au milieu d'un camp retranché, à l'abri d'une attaque régulière, lui donnait un avantage des plus considérables.

Raisons invoquées par le maréchal pour expliquer son inaction.

On se demande en vain pourquoi le général en chef n'a pas cherché une seule fois à tirer parti de cette position centrale pour tomber à l'improviste et avec des forces supérieures sur l'ennemi dont les troupes, disséminées sur un immense périmètre, étaient en outre séparées en trois fractions par deux cours d'eau qu'il lui fallait du temps pour faire franchir à ses colonnes. Cette question a été posée au maréchal et il a répondu en ces termes :

« La répartition des troupes sur les deux rives « de la Moselle ne constitue pas une position cen- « trale au point de vue tactique, l'ennemi occupant « surtout les points culminants des deux rives ; il « faut, en outre, laisser du monde à la garde des « ouvrages du camp retranché. Il n'est donc pas « possible de surprendre l'ennemi sur un point et « de l'accabler avec des forces supérieures, dans « la situation topographique de Metz et de son camp « retranché. D'un autre côté, les corps composant « l'armée de Metz avaient éprouvé des pertes con- « sidérables dans les combats précédents, princi- « palement dans ses cadres. Il fallait, ainsi que je « l'ai dit plus haut, ménager cette armée et ne rien « laisser au hasard. Quant à une sortie pour tenir « la campagne, je l'ai jugée impossible après Se- « dan : l'armée aurait été dispersée ou se serait dé- « bandée le deuxième jour de marche, vu l'effectif « de l'ennemi qui tenait la campagne. »

Les raisons alléguées par le maréchal sont plus spécieuses que fondées. Rien n'était plus simple tout d'abord que de rétablir les ponts qui, improvisés du 8 au 12 août, avaient été malencontreusement repliés aussitôt après. En multipliant le nombre des passages on aurait eu toute facilité pour concentrer rapidement les troupes sur un point quelconque du camp retranché. Si l'occupation des hauteurs de la rive gauche de la Moselle par l'ennemi constituait un obstacle sérieux à un débouché de ce côté, rien de semblable n'existait sur la rive droite de la Moselle, où les positions occupées par l'ennemi étaient à peu près de plain-pied avec les nôtres. On ne compromettait d'ailleurs en aucune façon le camp retranché de la rive gauche situé entre la place et les forts, en l'abandonnant momentanément à la garde de ces ouvrages.

Les 4e et 6e corps, ainsi que la garde, auraient donc pu être portés en entier sans le moindre inconvénient sur la rive droite, et dans ces conditions de concentration, on était bien certain de ne trouver devant soi que des forces notablement inférieures en nombre. Il est certain qu'une opération ainsi conduite présentait assez de chance de succès pour devoir être tentée. Le maréchal était loin de la considérer comme étant impossible. La déposition du général Lapasset apprend en effet qu'il étudiait cette opération dans les derniers jours du blocus.

Que pouvait-on espérer en évitant d'engager l'armée? La question des vivres était là : une fois consommés, une capitulation était inévitable. Il fallait tout faire pour échapper à cette affreuse nécessité. Le maréchal disait *qu'il ne fallait rien laisser au hasard* ; une tentative quelconque valait mieux que de se résigner dès le premier jour à la certitude de la ruine.

Tout en admettant avec le maréchal que le grand nombre de blessés qui encombraient la place créait des embarras sérieux qu'il y avait danger à accroître, on ne saurait contester qu'en présence des chances qu'une opération comme celle dont il vient d'être question pouvait faire naître, l'hésitation n'était pas permise. Le maréchal savait que la France faisait un grand effort. Son expérience lui démontrait que, si le concours de l'armée de Metz et des cadres qu'elle pouvait fournir pour les nouvelles levées faisait défaut, cet effort allait probablement demeurer impuissant. La sortie de l'armée était, pour le salut du pays, d'une nécessité suprême, devant laquelle toutes les autres considérations devaient être écartées.

En résumé, l'instruction est en droit de demander au maréchal Bazaine pourquoi il a abandonné à l'initiative de ses lieutenants l'exécution d'opérations qui, pour réussir, exigeaient une direction unique ; pourquoi il a attendu jusqu'au 20 septembre pour entreprendre ces opérations, pourquoi il n'en a pas profité pour étendre le développement de ses lignes au lieu d'abandonner chaque fois le terrain conquis, vouant ainsi à l'incendie les villages dont cette occupation momentanée ne permettait même pas de recueillir les ressources ; pourquoi, enfin, il n'a jamais tiré parti de la situation centrale occupée par son armée pour harceler les troupes ennemies, les épuiser par des attaques simulées jusqu'au moment où une concentration rapide lui aurait permis de traverser leurs lignes et de gagner par les Vosges l'intérieur de la France. L'inaction du maréchal Bazaine pendant le mois de septembre constitue une charge accablante, car en ne faisant aucun effort pour sortir, il conduisait fatalement son armée à une capitulation.

CHAPITRE VII.

Rapports du maréchal Bazaine avec le gouvernement de la Défense nationale.

Dernières dépêches adressées par le maréchal au gouvernement de l'empereur.

Avant de s'engager dans des intrigues politiques, quels avaient été les efforts du maréchal Bazaine pour informer le gouvernement de sa situation et lui exposer ses besoins? Aussitôt après la bataille de Servigny, le maréchal Bazaine avait expédié, le 1er septembre, à l'empereur, la dépêche suivante :

« Après une tentative de vive force qui nous a amenés à un combat qui a duré deux jours, dans les environs de Sainte-Barbe, nous sommes de nouveau dans le camp retranché de Metz avec peu de ressources en munitions d'artillerie de campagne; ni viande, ni biscuit, mais du blé pour cinq semaines, enfin un état sanitaire qui n'est pas parfait, la place étant encombrée de blessés.

« Malgré les nombreux combats, le moral de l'armée reste bon. Je continue à faire des efforts pour sortir de la situation dans laquelle nous sommes; mais l'ennemi est nombreux autour de nous. Le général Decaen est mort. Blessés et malades, environ 18,000. »

D'après le registre de correspondance du maréchal, cette dépêche fut expédiée le 1er, le 3 et le 7 septembre. L'instruction constate qu'elle est, en outre, partie de Metz le 8 et le 10. On n'a retrouvé trace que de l'expédition partie le 8 de Metz et confiée à la femme Antermet qui la remit le 7 novembre seulement à M. Tachard, ministre de France à Bruxelles. Cette expédition, qui est chiffrée, contient, intercalé en clair entre les deux paragraphes du texte qui vient d'être cité, le renseignement suivant :

« J'ai reçu hier cinq cents prisonniers français revenus des combats de Sedan en échange de ceux que j'avais rendus. Les Prussiens répandent le bruit que Mac-Mahon aurait capitulé et que l'empereur serait prisonnier ou renfermé à Sedan. »

La date que porte cette dépêche indique qu'elle était destinée au ministre du gouvernement impérial, car le renversement de la régence ne fut annoncé au maréchal que le 10 septembre par le capitaine Lejoindre, ainsi qu'on l'a vu précédemment. Comme on le voit, cette dépêche, qui est la reproduction de celle qui a déjà été adressée à l'empereur le 1er et le 3, donne quelques détails sur la situation de l'armée, sur ses approvisionnements, et fait connaître les nouvelles du dehors qui ont pu pénétrer dans l'enceinte du camp retranché.

Le 10 septembre, le capitaine Lejoindre avait appris au maréchal Bazaine la constitution du gouvernement de la Défense nationale sous la présidence du général Trochu.

Le 12, le maréchal communique cette nouvelle aux chefs de corps et aux généraux de division réunis en conseil.

Le 14, Pennetier apporte à Metz des journaux et des documents d'après lesquels le commandant en chef de l'armée du Rhin porte à la connaissance de l'armée la constitution et la composition du nouveau gouvernement.

Dépêches adressées au gouvernement de la Défense nationale, 15 septembre et 24 octobre.

C'est donc au gouvernement de la Défense nationale que le maréchal Bazaine s'adresse le 15 septembre. Que dit-il à ce nouveau ministre qu'il doit supposer peu au courant des renseignements contenus dans ses dépêches antérieures?

« Il est urgent pour l'armée de savoir ce qui se passe à Paris et en France. *Nous n'avons aucune communication avec l'extérieur, et les bruits les plus étranges sont répandus par les prisonniers que nous a rendus l'ennemi, qui en propage également de nature alarmante.* Il est important pour nous de recevoir des instructions et des nouvelles. Nous sommes entourés par des forces considérables, que nous avons vainement essayé de percer après deux combats infructueux, le 31 août et le 1er septembre. »

Cette dépêche est confiée aux cuirassiers Marc et Henry, qui montrent, dans l'accomplissement de leur mission, la plus louable énergie. Tombés deux fois aux mains de l'ennemi, qui les condamne à mort, ils parviennent à s'échapper et ils arrivent le 13 octobre à Montmédy, où leur message est confié au commandant Reboul; celui-ci le fait porter à Lille par le lieutenant Aulio, qui le remet le lendemain, 14 octobre, dans les bureaux de la division.

A partir de Lille, l'instruction perd la trace de cette dépêche, qui n'est jamais parvenue aux membres de la délégation de Tours.

Le 23 et le 24 septembre, le maréchal voyait le sieur Régnier. Nous ne reviendrons pas sur ces entrevues, dont on vient d'entendre le détail. Nous nous bornerons à rappeler que le maréchal lui avait fait connaître l'état exact de ses ressources, qui ne lui permettait pas de prolonger sa résistance au delà du 18 octobre.

Le même jour, 24 septembre, un paysan de Donchery, qui avait été chargé après la bataille de Sedan de conduire à Sarrebruck un blessé prussien et qui rentrait chez lui muni d'un laisser-passer de l'autorité allemande, se jette dans nos lignes et vient offrir ses services au maréchal.

Il repart le lendemain 25 avec deux lettres, l'une adressée à la maréchale Bazaine, à Tours, l'autre pour le gouvernement de la Défense nationale.

Cette dernière n'est que le duplicata de la dépêche du 15 septembre, adressée au ministre de la guerre, dans laquelle des instructions et des nouvelles sont demandées.

Ainsi encore, à la date du 25 septembre, le maréchal qui, par un ordre du jour officiel, a fait connaître à son armée les noms des membres du gouvernement de la Défense nationale, écrit au ministre qu'il n'a d'autres renseignements que les bruits vagues et alarmants répandus par l'ennemi. Il a fixé à Régnier la date de la fatale échéance qui va le livrer à la merci du vainqueur ! et au ministre il ne fait pas connaître la durée de la résistance, il ne demande même pas des vivres !

L'instruction n'a pas pu retrouver ce paysan de Donchery et, d'après la déposition de M. le chef d'escadron d'état-major Guioth, il y a tout lieu de croire qu'il n'est pas arrivé à destination.

A partir du 15 septembre, on ne retrouve sur les registres du maréchal aucune trace de correspondance avec l'extérieur avant le 21 octobre. A cette date, le surlendemain du départ du général Boyer pour Hastings, il adresse à Tours la dépêche suivante :

« A plusieurs reprises, j'ai envoyé des hommes « de bonne volonté pour donner à Paris (et Tours) « des nouvelles de l'armée de Metz. Depuis, notre « situation n'a fait qu'empirer, et je n'ai jamais « reçu la moindre communication ni de Paris ni de « Tours. Il serait cependant très-urgent de savoir « ce qui se passe dans la capitale; car, sous peu, la « famine me forcera à prendre un parti dans l'in-« térêt de la France et de cette armée. »

Cette dépêche était remise le 22 octobre à six émissaires, parmi lesquels se trouvaient les interprètes Volcom et Prieskewitch. Trois d'entre eux arrivaient directement à Tours et remettaient à M. Gambetta la dépêche dont ils étaient porteurs. Mais cette dépêche était chiffrée, et les membres de la délégation de Tours, n'ayant pas la clef du chiffre de l'armée du Rhin, l'expédiaient le 26 octobre pour la faire traduire à Paris, d'où elle ne revenait que le 17 décembre suivant.

En résumé, en laissant de côté ce dernier message parti de Metz deux jours avant celui où le général Changarnier fut envoyé en négociateur au quartier général du prince Frédéric-Charles, les tentatives du maréchal Bazaine pour se mettre en rapport avec le gouvernement de la Défense nationale se sont bornées à l'envoi qu'il a fait à deux reprises, le 15 et le 25 septembre, dont les termes mêmes dénotent son intention de s'affranchir de toute direction extérieure. On ne saurait en effet considérer comme une communication sérieuse un message dans lequel un commandant d'armée feint d'ignorer ce qu'il sait et se borne à demander des instructions et des nouvelles, sans donner aucun renseignement sur sa véritable situation.

Facilités de communication avec l'extérieur par émissaires pendant le mois de septembre.

Cette appréciation se trouve confirmée par les facilités que le maréchal Bazaine a eues constamment sous la main pour communiquer avec l'extérieur.

Nous avons vu que, le 11 septembre, M. André, maire d'Ars, s'était mis en communication avec le maréchal par l'intermédiaire de Pennetier. Il lui avait envoyé des renseignements importants; le maréchal ne répondit point et négligea d'employer pour correspondre avec l'extérieur un intermédiaire que sa situation officielle recommandait à l'attention. La conduite des eaux de Gorze fut pourtant libre jusqu'au 25 septembre, et un service régulier de dépêches aurait pu, dit M. André, être établi par cette voie entre la place et l'intérieur du pays.

« J'en étais arrivé, dit-il, à partager l'opinion ré-« pandue, que le maréchal, parfaitement servi par « ses émissaires, était tenu très-sûrement au cou-« rant de ce qui se passait chez l'ennemi et dans « l'intérieur de la France. Ce qui me confirmait « dans cette opinion, c'est que, sur le point très-« restreint du cordon d'investissement où nous « nous trouvions, des communications relativement « nombreuses avaient lieu. J'en concluais que l'au-« torité militaire, ne les utilisant pas, correspondait « sans doute plus commodément avec le pays par « quelque autre point du cercle d'investissement. »

Le nombre des personnes qui communiquèrent entre Metz et les villages voisins, où il était facile d'obtenir de l'autorité militaire allemande les autorisations nécessaires pour voyager dans l'intérieur du pays, fut très-considérable.

Nous voyons, le 27 août, M. Arnous-Rivière écrire au général Jarras : « J'ai l'honneur de vous infor-« mer que les gens du pays entrent et sortent de « Moulins comme il leur plaît et que nombre d'entre « eux vont dans les villages voisins occupés par « l'ennemi. »

Des communications se poursuivent sur une large échelle pendant le mois de septembre, et elles continuent, quoique plus difficilement, pendant le mois d'octobre jusqu'à la fin du blocus. L'instruction s'est bornée à en constater un certain nombre pour ne pas tomber dans des redites inutiles. (Voir la partie du rapport qui traite spécialement des communications.)

Ce n'étaient pas seulement les paysans des environs qui franchissaient les lignes d'investissement. Nous lisons dans la déposition du commandant Samuel, chargé du service des renseignements à l'état-major général :

« Mes agents traversaient très-facilement les « lignes et séjournaient dans les camps allemands; « grâce aux renseignements qu'ils rapportaient, « nous avons pu tenir M. le maréchal au courant « de la répartition et de l'effectif des troupes de « l'armée de blocus. »

Interrogé sur ce point, si ces agents auraient pu, s'ils en avaient reçu l'ordre, se mettre en communication avec l'extérieur, le commandant Samuel a répondu : « Sans aucun doute, *journellement.* » Le lieutenant Charret, placé sous les ordres du commandant Samuel, a fait des déclarations analogues.

Comme confirmation de ces dépositions, l'instruction a constaté directement que, pendant le cours du blocus, un sergent nommé Attemburger était sorti plusieurs fois de Metz et avait été jusqu'auprès de Thionville; que le lieutenant Mouth, sorti le 25 août, avait été jusqu'auprès de Saint-Avold; que dans le mois de septembre il aurait franchi une seconde fois les lignes dans la même direction, mais que cette fois il n'avait pu rentrer; que le sieur Crusem était parvenu à passer une première fois dans la direction de Corny, une seconde fois par le bois de Grigy, une troisième fois par Saint-Remy; que, dans ces diverses excursions, il avait parcouru les environs de Metz et poussé, dans la dernière, jusqu'à Luxembourg.

Les occasions n'ont donc pas fait défaut pour envoyer des nouvelles à l'extérieur; mais ces agents n'ont jamais reçu d'autre mission que de rendre compte des mouvements de l'ennemi. D'autre part, les offres pleines de dévouement de quelques officiers et de simples citoyens, qui se sont proposés pour ce service, ne furent pas accueillies.

Le maréchal n'emploie pas, pour communiquer, les ballons partis de Metz.

Enfin, le maréchal n'a pas cru devoir utiliser, pour faire parvenir de ses nouvelles au gouvernement, les ballons qui, pendant plus d'un mois, ont emporté chaque jour de Metz de nombreuses dépêches particulières.

« L'absence de nouvelles et le silence du maréchal Bazaine, dit M. le général Le Flô dans sa « déposition, étaient devenus pour moi un sujet « de vagues et de graves inquiétudes, qui s'ac-« crurent encore lorsque parvint à Paris, peu de « jours avant l'investissement, l'avant-veille peut-« être, la nouvelle officielle qu'un ballon parti de « Metz, et tombé dans les environs de Toul, je crois, « contenant plus de 6,000 lettres, ne donnait aucune « information sur la situation de notre armée et ne « renfermait pas un seul mot du maréchal Bazaine. »

L'instruction a reconnu qu'un second ballon fut trouvé aux environs de Neufchâteau, le 16 septembre; il avait apporté une grande quantité de lettres, mais aucune dépêche, soit en clair, soit chiffrée, pour le gouvernement.

Un troisième ballon, avec 137 lettres, fut recueilli près d'Épinal, le 21 septembre; il n'y avait aucune dépêche officielle.

En dernier lieu, l'instruction constate que, pendant la durée du blocus, il arriva à diverses reprises que des laisser-passer prussiens tombèrent entre les mains des autorités de Metz, sans que l'on songeât à en tirer parti. On trouve dans la déposition du lieutenant Archambaut, qui parvint à rentrer dans le camp retranché, le 21 septembre, le passage suivant :

« Il eût été facile de communiquer par l'aqueduc « de Gorze, surtout le jour de mon arrivée, puisque « j'avais un laisser-passer valable pour toute la « journée pour circuler de Dissy à Ars. On me « demanda des renseignements, mais je me trompai « au sujet du cas que l'on ferait de mes instruc-« tions, car le laisser-passer que je déposai à l'état-« major n'a pas été employé. Je le joins ici pour « être annexé à ma déposition. »

Les moyens de communiquer avec l'extérieur ne faisaient donc pas défaut, et si l'armée de Metz n'a pas été appelée à combiner ses efforts avec ceux des autres armées françaises, on ne doit en rechercher la cause que dans la volonté du commandant en chef. Le maréchal Bazaine, continuant après le 4 septembre le rôle indépendant qu'il s'était déjà attribué vis-à-vis de l'empereur, a poursuivi, sans jamais varier, cette politique toute personnelle que l'ennemi n'a pas manqué d'exploiter.

Tentatives faites par les membres du gouvernement de la Défense nationale pour entrer en communication avec le maréchal.

Pendant que le maréchal Bazaine gardait une si grande réserve à l'égard du nouveau gouvernement, celui-ci multipliait ses tentatives pour se mettre en communication avec l'armée de Metz et pour lui donner les moyens de prolonger son existence. Les dépositions de MM. le général Le Flô, Gambetta, Tachard, de Kératry et de M. l'intendant Richard font connaître les efforts qui ont été renouvelés dans ce but avec la plus louable persistance jusqu'à la capitulation.

Dès les premiers jours de son entrée au ministère, qui eut lieu le 6 septembre, le général Le Flô s'occupa de notifier à Metz la constitution du nouveau gouvernement. Il a déclaré qu'il n'avait négligé aucune occasion de faire parvenir au maréchal Bazaine la connaissance de la situation politique et militaire de la France; mais il n'a jamais eu la certitude que ses dépêches fussent arrivées.

De son côté, le ministre de l'intérieur, M. Gambetta, envoyait, soit de Paris, soit de la province, depuis le 4 septembre jusqu'au jour de la capitulation, des émissaires chargés de transmettre au maréchal Bazaine les instructions du gouvernement; les préfets du Nord et des Ardennes, le sous-préfet de Neufchâteau, le ministre de France à Bruxelles recevaient en même temps mission de transmettre au maréchal Bazaine les nouvelles du pays et les volontés du gouvernement. Des tentatives analogues avaient réussi avec les autres places investies, même avec Strasbourg; Belfort avait envoyé au gouvernement ses rapports mensuels : Bitche avait pu recevoir l'argent de la garnison et envoyer des cadres pour l'organisation des nouvelles armées. Metz seul, au dire du maréchal Bazaine, n'aurait jamais rien reçu.

Le silence du maréchal a toujours paru inexplicable aux membres de la délégation de Tours. M. Gambetta, dans sa déposition, s'est exprimé en ces termes :

« Pendant les cinquante-quatre jours qui se sont écoulés depuis le 4 septembre jusqu'à la capitulation, le gouvernement de la Défense nationale n'a reçu que la dépêche datée du 24 octobre, de telle sorte que M. le maréchal Bazaine n'a songé au gouvernement que pour lui apprendre qu'il avait capitulé. »

La déposition de M. de Kératry fournit, au sujet des tentatives de communications faites après le 4 septembre, un détail qu'il est essentiel de noter. Chargé de faire parvenir à Metz, le 13 septembre, une des dépêches du ministre de la guerre, il y avait joint un billet dans lequel il donnait des nouvelles de la famille du maréchal et annonçait le départ de madame la maréchale pour Tours. Ce billet fut expédié avec la dépêche ministérielle par le matelot Donsellat.

Cet émissaire remettait le 10 septembre son message au colonel Turnier, qui affirme l'avoir envoyé à Metz par un agent qu'il n'a plus revu et sur lequel il ne peut donner aucun renseignement.

Quoi qu'il en soit, l'instruction constate que quelques jours après le maréchal Bazaine sait que sa famille a quitté Paris pour se rendre à Tours, puisqu'il adresse à Tours la lettre destinée à madame la maréchale, qu'il confie le 25 septembre au paysan de Donchery. Comment le maréchal Bazaine connaissait-il la ville où s'était retirée sa famille? Il n'avait à Tours ni propriété, ni lien de parenté qui aient pu lui faire prévoir le choix de cette résidence. On ne peut expliquer ce fait que par l'arrivée à Metz de l'émissaire à qui le colonel Turnier avait confié les dépêches apportées par Donsellat. Nous allons d'ailleurs constater que ces mêmes nouvelles parvenaient une seconde fois au maréchal du 25 au 30 septembre, avec l'avis de l'arrivée à Thionville de vivres pour son armée. Pendant le blocus, le ravitaillement de l'armée de Metz a été une des plus graves préoccupations du gouvernement de la Défense nationale, et les plus louables efforts ont été tentés pour faire aboutir cette importante opération.

Le 16 septembre, l'intendant Richard fut chargé de faire arriver dans les places frontières du nord de grands convois de vivres destinés à l'armée du maréchal Bazaine.

Le lieutenant-colonel Massaroli, prévenu le 21 septembre par l'intendant Richard, reçut à Longwy, dans la nuit du 22 au 23, 120 wagons contenant 6,765 quintaux métriques de vivres de toute espèce, conduits par M. Bellay, inspecteur principal de la compagnie de l'Est.

L'opération présenta des difficultés plus sérieuses pour Thionville. La voie entre cette place et Buttemburg avait été détruite sur une longueur de 500 mètres ; tout l'aiguillage avait été enlevé, et les Prussiens avaient leurs postes dans le voisinage. D'après les instructions de l'intendant Richard, mille hommes furent envoyés sur divers points de la ligne et, sous leur protection, l'inspecteur principal put, dans la nuit du 24 au 25, réparer la voie et faire arriver sous le canon de la place trois trains de farine et de biscuit.

On trouvera dans la section relative aux communications d'autres détails sur les tentatives qui ne cessèrent d'être faites jusqu'au dernier jour du blocus pour donner au maréchal Bazaine cette importante nouvelle. Il nous suffit de constater qu'un des premiers émissaires chargés de cette mission, le garde mobile Risse, envoyé par le colonel Turnier, parvint à franchir les lignes allemandes. Il remit au maréchal, avant le 1er octobre, la dépêche qui annonçait l'arrivée de ces ravitaillements et qui confirmait en même temps les nouvelles apportées à Thionville par le marin Donsellat, de la part du général Le Flo et de M. de Kératry.

Le contenu de la lettre dont Risse était porteur est constaté par la déposition du maréchal des logis Calarnon, parti vers le même moment que lui de Thionville et qui était chargé de transmettre verbalement au maréchal Bazaine les nouvelles que le garde mobile de Thionville apportait par écrit.

L'arrivée de Risse se trouve établie par son acte d'engagement reçu à la mairie de Metz, le 8 octobre, pour le 44e de ligne. Elle est confirmée par les dépositions des témoins Marechal et Flahaut. Ce dernier a reçu à Metz ses confidences. Risse lui a fait connaître de quelle manière on était parvenu à amener à Thionville des approvisionnements considérables pour ravitailler l'armée. Il lui a dit qu'il avait vu le maréchal Bazaine, auquel il avait été chargé de transmettre cette nouvelle. Il a également fait connaître que, d'après l'ordre du maréchal, qu'il avait lui-même reçu du général Jarras, le 3 octobre, mission d'aller prévenir le colonel Turnier du prochain départ de l'armée pour Thionville, où elle irait chercher les vivres qui lui étaient destinés.

La concordance de ces dépositions établit d'une manière irréfutable que le maréchal Bazaine a reçu, avant le 1er octobre au moins, une des nombreuses communications qui lui étaient adressées par le gouvernement de la Défense nationale et qu'il a eu connaissance des mesures qui avaient été prises pour prolonger l'existence de son armée.

En résumé, le gouvernement de la Défense nationale n'a pas admis que, devant l'invasion, le commandant en chef d'une armée française pût avoir d'autres préoccupations que celle de défense de son pays. Il s'est empressé de notifier au maréchal Bazaine son arrivée au pouvoir; il lui a indiqué sa ferme volonté de résister à l'ennemi.

Dès le 16 septembre, il a compris l'urgente nécessité de ravitailler Metz, et, grâce aux habiles mesures prises par l'intendant Richard et au concours patriotique de la compagnie des chemins de fer de l'Est, il faisait arriver, le 25 septembre, à Thionville et dans les places voisines, des approvisionnements considérables pour ravitailler l'armée.

A partir de ce moment, il a eu pour constante préoccupation de faire connaître au maréchal les ressources qui l'attendaient à quelques kilomètres de son camp. Il avait l'assurance que le maréchal, sachant que les moyens de prolonger l'existence de son armée existaient si près de lui, tenterait un effort décisif.

Un grand nombre d'émissaires ont été envoyés dans ce but. Les premiers ont immédiatement réussi. Le maréchal, déjà prévenu des intentions du gouvernement de la Défense nationale, par les nouvelles, les journaux et les documents politiques apportés par les prisonniers évadés, a certainement reçu avant le 25 septembre les lettres du général Le Flô et de M. de Kératry. Du 25 au 30 septembre, il a eu, par l'émissaire Risse, la confirmation de ce premier message et a été en même temps prévenu qu'il trouverait à Thionville et dans les places voisines des vivres pour son armée.

Cet avis arrivait au moment où le maréchal espérait un dénoûment favorable pour les négociations entamées par le sieur Régnier. Si donc, après l'avortement de cette intrigue, le commandant en chef de l'armée du Rhin a repris des pourparlers avec l'ennemi, comme on le verra dans la troisième partie, sans faire aucune tentative pour prolonger l'existence de ses troupes, il ne peut arguer pour justifier sa conduite de l'ignorance où il se serait trouvé des résolutions énergiques du gouvernement et des ressources mises à la portée de son armée.

Résumé de la deuxième partie.

L'inaction, tel est le caractère de la période du blocus comprise entre le 1er septembre et le commencement d'octobre.

Deux causes l'ont déterminée :

L'hésitation produite par les nouvelles de Sedan et de Paris;

Les pourparlers secrets entamés avec l'ennemi.

A l'annonce d'événements qui bouleversaient la situation de la France et changeaient les conditions de la guerre, les préoccupations du maréchal étaient bien naturelles; mais ses devoirs militaires étaient trop pressants pour l'excuser d'être resté pendant tout le mois de septembre dans une inaction qui permit à l'ennemi d'organiser à loisir et sans être inquiété ses lignes d'investissement.

Quelle que fût la forme du gouvernement, il fallait que l'armée vécût et combattît.

Le maréchal savait ses ressources bornées; son premier soin aurait dû être de les accroître, en même temps qu'il avait le devoir de les ménager.

Décidé à ne plus quitter Metz, il devait préparer tout un système de défense active.

Telle était la voie qu'il pouvait parcourir avec honneur pour lui-même et avantage pour le pays. Au lieu de la suivre, nous avons vu le maréchal, après avoir porté à la connaissance de ses troupes la composition du nouveau gouvernement, sans formuler la moindre protestation, prêter l'oreille aux ouvertures de l'ennemi, accueillir l'agent Régnier, accepter les propositions qu'il apporte et combiner avec lui des projets de restauration du régime impérial, dont il a enregistré la chute. Bien plus, le maréchal, pressé de voir le dénoûment de la situation, ne craint pas de faire connaître le nombre de jours que compte encore l'existence de son armée; il révèle le terme fatal où elle aura cessé d'exister.

Il pouvait retarder l'époque de ce dénoûment en ménageant ses vivres; loin de le faire, il se préoccupe uniquement de maintenir en bon état et prête à sortir au premier signal l'armée qu'il destine à jouer un rôle politique. Tout, dans son esprit, est subordonné à des menées où son ambition le guide, et où il ne discerne pas les piéges qui lui sont préparés.

Une fois entraîné dans des pourparlers avec l'ennemi, le maréchal, peu désireux naturellement de se mettre en relation avec le nouveau gouvernement, qui n'a pu flatter ses visées personnelles, repousse les nombreuses occasions qui s'offrent à lui de communiquer avec l'intérieur de la France, et préfère s'en rapporter aux informations que lui fournit l'ennemi pour engager les destinées de son armée.

Cependant le temps s'écoule, les approvisionnements touchent à leur fin; l'agent qui s'autorisait du nom de l'impératrice ne reparaît pas; le général Bourbaki garde le silence. L'impératrice n'approuve donc pas ce qui s'est fait, et l'ennemi, fixé sur l'attitude politique du maréchal, renseigné sur la quantité de vivres qui lui restent, a rompu les négociations. En présence de cette situation bien nette, au lieu de s'inspirer des résolutions énergiques dont était animé le nouveau gouvernement qu'il a reconnu, il continue à se retrancher dans l'isolement, et sans se laisser rebuter par le silence de l'ennemi, il va chercher à renouer ses rapports avec lui et engagera cette fois ses lieutenants et son armée.

Mais si les tentatives secrètes faites par le maréchal n'ont pas abouti alors que l'armée bien organisée constituait dans ses mains une force redoutable, quel succès le maréchal pouvait-il espérer une fois son armée réduite aux abois?

Nous allons voir dans la troisième partie comment les nouvelles négociations avortèrent et comment, au lieu de tomber avec dignité, le maréchal perdit en démarches inutiles le temps qu'il aurait dû consacrer à la destruction du matériel de son armée.

TROISIÈME PARTIE.

Capitulation (du 4 au 29 octobre).

CHAPITRE PREMIER.

Conseil du 10 octobre.

Situation au commencement d'octobre. — Le maréchal demande leur avis à ce sujet aux commandants de corps.

En se séparant du maréchal Bazaine, Régnier lui avait promis de lui faire parvenir une réponse le 30 septembre. Nous trouvons cette circonstance consignée dans la brochure de Régnier; elle a été depuis confirmée par lui.

Ce fait, rapproché d'un passage de la déposition de M. le sous-intendant Gafflot, permet d'apprécier la conduite du maréchal Bazaine dans les premiers jours d'octobre. Le sous-intendant Gafflot a déclaré que, le 28 septembre, il crut devoir appeler l'attention du maréchal sur l'épuisement imminent des approvisionnements de fourrages et sur la nécessité de prendre enfin une détermination.

« Le maréchal, dit ce témoin, après avoir con« sulté son chef de cabinet, le général Boyer, sur « l'époque probable du retour de l'*international*, « me demanda, sur la réponse du général Boyer, « de réunir deux jours d'avoine pour tous les che« vaux de l'armée à la date du 1er octobre. Le 3 oc« tobre, l'armée recevait l'ordre de compléter ses « vivres de réserve à quatre jours, et le 5 octobre « on prescrivait d'évacuer sur Metz tous les mala« des qui se trouvaient dans les ambulances des « quartiers généraux des corps d'armée, lesquelles « avaient été transformées en hôpitaux tempo« raires. »

Lecture de cette déposition a été donnée au maréchal; il a répondu qu'il ne savait rien du retour de Régnier; qu'il attendait celui du général Bourbaki; que c'était ce dernier qu'il avait probablement désigné sous le nom d'*international*.

Or, comme le général Boyer a déposé tenir de Régnier que le général envoyé auprès de l'impératrice ne reviendrait plus à Metz, la dénomination d'*international* ne pouvait se rapporter au général Bourbaki, mais bien à Régnier. De son côté, Régnier a fait connaître que, dans sa seconde entrevue avec le maréchal, le 24 septembre, il lui dit que dans un délai de six jours il lui transmettrait la réponse de M. de Bismarck et que, si au bout de huit jours il n'en était arrivé aucune, sa visite à Metz devait être regardée comme n'ayant jamais eu lieu. C'était donc bien le 1er octobre que le maréchal attendait la réponse de Régnier.

Les mesures qui ont marqué les premiers jours d'octobre avaient pour but de préparer, non une sortie de vive force, mais un simple départ de l'armée, qui aurait été effectué avec l'assentiment de l'ennemi et en vertu des négociations nouées avec lui.

L'existence d'un projet sérieux de sortie à main armée disparaît d'ailleurs devant cette déclaration formelle qu'a faite le maréchal dans son dix-neuvième interrogatoire :

« Quant à une sortie pour tenir la campagne, « je l'ai jugée impossible après Sedan ; l'armée « aurait été dispersée ou se serait débandée le « deuxième jour de marche, en raison de l'effectif « de l'ennemi qui tenait la campagne. »

Le maréchal ne devait plus avoir de nouvelles de Régnier, et les espérances qu'on avait fait luire à ses yeux allaient s'évanouir et faire place aux plus tristes réalités.

Le silence de l'impératrice et de M. de Bismarck montrait que les négociations entreprises par l'intermédiaire de Régnier avaient échoué. A ce moment le maréchal pouvait encore revenir dans le droit chemin. Tout lui commandait de se mettre en relation avec le gouvernement de la Défense nationale; il devait croire imminente la réunion de l'Assemblée, car l'ajournement des élections ne fut connu en province que le 10 octobre.

Seule, dans cette grande crise, l'Assemblée avait le droit de décider de la paix et de ses conditions. Si nous voyons le maréchal, devançant les résolutions des représentants du pays, prendre l'initiative de nouvelles négociations, comment expliquer une semblable conduite, si ce n'est par les calculs de l'intérêt personnel le plus égoïste?

Le communiqué de Reims lui avait créé une grande situation politique vis-à-vis de l'ennemi cette situation, il ne voulut pas la perdre.

Le 7 octobre, le maréchal recevait du général Coffinières la lettre suivante :

« Je dois informer Votre Excellence de la situation des ressources en vivres de la ville de Metz et des magasins de la place.

« Les autorités civiles me déclarent qu'elles n'ont du blé que pour *dix* jours.

« Les magasins de la place ne renferment plus, depuis ce matin, que 832,479 rations de pain; or, le nombre des rationnaires étant de 160,000, nous n'avons plus de pain que pour *cinq* jours.

« Si Votre Excellence jugeait à propos de réduire la ration de pain à 300 grammes, nous pourrions vivre encore huit jours, en portant d'ailleurs la ration de viande à 1,000 grammes.

« Je suis forcé, à mon grand regret, de mettre en consommation les réserves des forts.

« Il faut ajouter que la ville consomme environ 350 quintaux par jour. La fusion de ses ressources avec les nôtres pourrait, tout au plus, faire gagner un jour. Le 3ᵉ corps possède environ 200 quintaux de farine. »

Il n'y avait plus d'illusion à se faire. Les négociations étaient rompues, les vivres allaient faire défaut; la situation prenait une gravité extraordinaire : pour peu qu'on attendît, elle serait désespérée.

Dans cette terrible conjoncture, le maréchal jugea indispensable de s'entourer des avis des commandants de corps et des chefs des armes spéciales, et leur adressa la lettre suivante :

« Ban Saint-Martin, 7 octobre.

« Le moment approche où l'armée du Rhin se
« trouvera dans la situation la plus difficile peut-
« être qu'ait jamais dû subir une armée fran-
« çaise.

« Les graves événements militaires et politiques
« qui se sont accomplis loin de nous, et dont nous
« ressentons le douloureux contre-coup, n'ont
« ébranlé ni notre force morale, ni notre valeur
« comme armée; mais vous n'ignorez pas que des
« complications d'un autre ordre s'ajoutent journel-
« lement à celles que créent pour nous les faits
« extérieurs. Les vivres commencent à manquer,
« et, dans un délai qui ne sera que trop court, ils
« nous feront absolument défaut. L'alimentation de
« nos chevaux de cavalerie et de trait est devenue
« un problème, dont chaque jour qui s'écoule rend
« la solution de plus en plus improbable. Nos res-
« sources sont épuisées, les chevaux vont dépérir
« et disparaître.

« Dans ces graves circonstances, je vous ai ap-
« pelés pour vous exposer la situation et vous faire
« part de mon sentiment.

« Le devoir d'un général en chef est de ne lais-
« ser rien ignorer, en pareille occurrence, aux
« commandants des corps sous ses ordres et de
« s'éclairer de leur avis et de leurs conseils.

« Placé immédiatement en contact avec les trou-
« pes, vous savez certainement, M..., ce que l'on
« doit en espérer. Aussi, avant de prendre un parti
« décisif, ai-je voulu vous adresser cette dépêche,
« pour vous demander de nous faire connaître,
« après un examen mûri et très-approfondi de la
« situation, et après en avoir conféré avec vos gé-
« néraux de division, votre opinion personnelle et
« votre appréciation motivée.

« Dès que j'aurai pris connaissance de ce docu-
« ment, dont l'importance ne vous échappera pas,
« je vous appellerai de nouveau dans un conseil
« suprême, d'où sortira la solution définitive de la
« situation de l'armée dont S. M. l'empereur m'a
« confié le commandement.

« Je vous prie de me faire connaître par écrit,
« dans les quarante-huit heures, l'opinion que j'ai
« l'honneur de vous demander et de m'accuser ré-
« ception de la présente dépêche. »

Le maréchal joignit à sa dépêche la lettre qu'il venait de recevoir du général Coffinières.

Ce jour-là même, 7 octobre, sur l'indication de plusieurs habitants de Metz, déclarant qu'il restait dans les fermes des Grandes et Petites-Tapes, à Saint-Remy et à Bellevue, des approvisionnements considérables de céréales et de fourrages, le maréchal avait ordonné une opération pour les recueillir. Les voltigeurs, les chasseurs à pied et les zouaves de la garde, ainsi que la partie des troupes du 6ᵉ corps qui fut engagée, firent preuve dans cette circonstance d'un élan et d'une bravoure des plus remarquables. Le maréchal expose dans son mémoire qu'il se détermina à livrer ce combat plutôt pour l'honneur des armes que pour le résultat qu'il en attendait. « Cependant, dit-il, j'aurais tenté « d'en tirer parti pour échapper par la plaine, si les « deux rives avaient été tenues par les 3ᵉ et 4ᵉ corps.

« Dans l'après-midi j'avais fait venir les zouaves et
« le 1ᵉʳ régiment de grenadiers de la garde comme
« échelon de soutien pour relever les voltigeurs qui
« se seraient portés en avant.

« Une fois le mouvement bien accentué, j'aurais
« fait filer par brigades tous les corps sans bagages,
« les tentes restant dressées pour donner le change
« à l'ennemi. »

Sans rappeler la déclaration si formelle du maréchal, que l'on vient de citer, au sujet de l'impossibilité de faire une grande sortie, on s'explique difficilement comment se concilie un projet sérieux d'opération avec l'ordre donné aux troupes de laisser les sacs. Les prescriptions qui furent envoyées aux 3ᵉ et 4ᵉ corps indiquaient seulement les positions à prendre dans le but de soutenir le fourrage qui allait être tenté dans la plaine de la basse Moselle. Le 3ᵉ corps ne devait pas dépasser Chieulles; il avait pour mission de contre-battre de là Malroy pour empêcher l'ennemi d'y tenir et de contrarier l'opération par son tir.

Quant au 4ᵉ corps, il était tout simplement chargé d'occuper les bois de Vigneulles et de Lessy, c'était le seul rôle qui lui fût assigné; enfin, rien dans le rapport sur le combat ne donne à penser qu'il ait été question ce jour-là d'essayer sérieusement de sortir.

Le combat du 7 octobre montra, avec la dernière évidence, tout ce que le maréchal aurait pu obtenir de l'élan de ses soldats s'il lui avait fait appel. Ce fut la dernière fois que cette brave armée, si digne d'un meilleur sort, aborda l'ennemi. Malgré les conditions les plus défavorables, elle le refoula devant elle jusqu'au moment où l'ordre lui parvint de rentrer dans ses camps.

L'armée était donc capable d'un grand effort, elle venait de le prouver. Aurait-elle été en état de percer les lignes ennemies, et, cela fait, de gagner l'intérieur de la France ?

On ne peut faire que des hypothèses à ce sujet; mais le succès d'une semblable tentative eût-il été douteux, il fallait l'essayer, car quelques jours encore et l'armée allait être réduite à l'impuissance par la perte de ses chevaux et les privations ; non-seulement toute chance de succès, mais toute possibilité de lutte honorable disparaissaient. Le moment était donc suprême.

Le 10 octobre, le maréchal réunissait au ban Saint-Martin les commandants des corps, les généraux commandants d'armes et l'intendant en chef de l'armée.

Dans quelles conditions s'engagèrent les discussions du conseil ? Par quel avis furent-elles précédées ? C'est ce qu'il importe de préciser.

Conformément à l'invitation du maréchal, les commandants des corps lui avaient fait parvenir leur avis sur la situation de l'armée.

Le maréchal Le Bœuf, commandant le 3e corps d'armée, constatait, dans le rapport qu'il adressait au maréchal Bazaine, que si les soldats n'avaient pas encore souffert, les privations allaient commencer pour eux, et que la situation ne tarderait pas à devenir grave. La cavalerie allait disparaître, l'artillerie était déjà réduite à ne plus atteler ses parcs...

« Telle est la vérité sur la situation présente de l'armée, ajoutait le maréchal ; quoi qu'il en soit, en sommes-nous réduits à ne plus engager d'actions sérieuses ? Nous ne le pensons pas, et nous croyons qu'en concentrant nos efforts sur une partie des lignes ennemies, nous avons des chances pour obtenir un succès qui pourrait sauvegarder l'honneur du drapeau, s'il ne peut l'être autrement, d'une manière honorable et hautement avantageuse au pays. L'on ne se dissimule pas cependant les difficultés de cette entreprise, en présence d'un ennemi fort de sa supériorité numérique et plus vigilant que jamais.

« Les généraux du 3e corps et moi, nous sommes d'avis que l'on doit cependant tenter encore la fortune des armes ; le moral des officiers et celui des soldats sont à la hauteur des circonstances, et l'on peut demander à l'armée un nouvel et grand effort, en lui présentant un objectif bien défini pour cette lutte décisive. Quel serait cet objectif ?

« Au général en chef en appartient la décision. Il peut être assuré que nous mettrons tout notre dévouement à réaliser sa pensée. »

« La discipline est bonne, la voix des officiers est écoutée et leur exemple peut exciter le courage et le dévouement, écrivait le général Ladmirault, commandant le 4e corps d'armée. Les corps d'infanterie pourraient encore répondre à un grand effort qui leur serait demandé ; mais, à côté de l'infanterie, bien des éléments disparaissent chaque jour et vont bientôt manquer. »

Le général, après avoir rappelé que les chevaux de cavalerie, de l'artillerie et de l'administration, insuffisamment nourris, avaient perdu leurs forces et leur vigueur, ajoutait :

« Il ne reste d'assez solide que l'infanterie...
« mais elle seule est privée des appuis qui lui sont
« indispensables dans les combats. Sans parc à sa
« suite, elle ne pourrait renouveler ses munitions
« qu'elle épuise si rapidement. Ses hommes, soumis
« à une nourriture réduite, ne pourraient plus four-
« nir de ces marches rapides qui mettent de gran-
« des distances entre soi et l'ennemi... Quoi qu'il
« en soit, Votre Excellence peut être assurée de
« trouver parmi les troupes du 4e corps d'armée le
« plus énergique dévouement pour tenter d'accom-
« plir les résolutions suprêmes qu'elle jugera con-
« venable de prendre. »

Le maréchal Canrobert, commandant le 6e corps d'armée, faisait connaître « que ses généraux de
« division, vu les forces supérieures de l'ennemi,
« vu les tentatives infructueuses faites pour fran-
« chir les lignes, vu la destruction presque totale
« des chevaux d'artillerie et de cavalerie, vu l'épui-
« sement complet des vivres, pensant qu'il y avait
« lieu de traiter pour obtenir une convention hono-
« rable, c'est-à-dire de partir avec armes et bagages
« sous la condition de ne pas servir contre l'Alle-
« magne pendant un temps qui n'excéderait pas un
« an, dans le cas où les conditions imposées par
« l'ennemi ne sauraient être acceptées par des gens
« d'honneur, étaient résolus à traverser les lignes
« ennemies coûte que coûte. »

Le maréchal, après avoir donné, sur cette déclaration, son appréciation personnelle et motivée, demandait qu'on ne tentât aucune démarche auprès de l'ennemi pour obtenir une convention honorable, tant qu'on aurait des vivres et qu'on pourrait par suite prolonger la résistance.

Le général Desvaux, commandant la garde impériale, exprima l'opinion que, toute tentative pour s'ouvrir un chemin à travers l'armée ennemie, déjà essayée sans succès, était moins réalisable que jamais avec une cavalerie et une artillerie devenues impuissantes il fallait prolonger jusqu'aux dernières limites possibles la défense de Metz ; quand les vivres approcheraient de leur fin, chercher à connaître les conditions que l'ennemi voudrait imposer, et, si l'honneur de l'armée devait en souffrir, sortir en combattant.

Tel était, suivant le commandant de la garde, le rôle qui s'imposerait à l'armée.

Le général Coffinières, après avoir rappelé que l'armée n'avait de vivres que jusqu'au 16 octobre et la place jusqu'au 20, faisait observer que l'armée, parvînt-elle à franchir les lignes, lancée au milieu des forces ennemies qui l'entouraient de toutes parts à grande distance, sans vivres, sans artillerie, sans cavalerie, sans objectif déterminé et surtout sans lignes d'opération, serait une armée perdue.

Il exposait que, d'un autre côté, la ville après le départ de l'armée n'aurait de vivres que pour huit ou dix jours à peu près, qu'elle serait forcée de se rendre, le pays environnant étant d'ailleurs trop épuisé pour qu'il fût possible, ainsi que le croyaient quelques personnes, de s'y procurer des vivres au moyen de sorties lointaines.

Cependant il ne croyait pas devoir passer sous silence *une opinion qui prenait sa source dans des sentiments militaires fort respectables.*

Il semblait impossible à quelques hommes de cœur d'entrer en arrangement avec l'ennemi avant d'avoir tenté un suprême effort et d'avoir livré un grand combat...

Quelle qu'en fût l'issue, on succomberait avec honneur...

D'après le général Frossard, commandant le 2ᵉ corps d'armée, il n'y avait que deux partis à prendre pour faire sortir l'armée de la situation où elle se trouvait : chercher à s'ouvrir un passage les armes à la main ou conclure avec le chef de l'armée ennemie une convention qui lui permît de sortir constituée et en armes, sous la condition de ne pas prendre part à la guerre pendant un certain temps.

Le général croyait à la possibilité du succès pour une première journée; mais, dans la seconde journée, l'ennemi aurait eu le temps de se concentrer, les difficultés deviendraient grandes, peut-être insurmontables; personne ne pouvait répondre du succès dans cette seconde phase de la lutte; on serait peut-être exposé, sans combats nouveaux, à la dispersion ou à la destruction de l'armée. Si, la seconde journée, on avait encore l'avantage, un désastre était assuré pour la troisième, avec des attelages qui, faute de nourriture, ne pouvaient traîner l'artillerie.

« Quant à la place, ajoutait le général, l'insuffisance des défenses du côté de Montigny est telle que cette place, au dire des officiers compétents, ne pourrait tenir au delà de huit jours, après qu'elle aurait perdu l'appui de l'armée.

« Ainsi donc, dans la première hypothèse, perte possible de l'armée et chute de Metz huit jours après.

« Dans l'hypothèse du deuxième parti, consistant à conclure avec l'ennemi une capitulation qui permette à l'armée de sortir du blocus, la durée de la résistance de Metz ne serait pas prolongée; mais, par l'effet de cette convention qui serait une capitulation honorable, l'armée a la faculté de partir avec armes et bagages. Elle demeure debout, entière, organisée et prête à être portée sur les points où la nécessité de sauvegarder l'ordre social nécessiterait son intervention. »

Le général Frossard, d'accord avec ses généraux de division, conseillait de suivre ce second parti et le plus tôt possible, pour que les soldats ne fussent pas découragés par la famine, pour qu'on pût laisser quelques vivres à la place de Metz, et qu'il restât encore quelques chevaux susceptibles d'atteler l'artillerie que l'on emmènerait.

En résumé, le maréchal Le Bœuf est d'avis qu'il faut combattre.

Le général Ladmirault déclare que son corps est prêt à exécuter les résolutions suprêmes que prendra le maréchal.

Selon le maréchal Canrobert et le général Desvaux, toute tentative de sortie est inutile : il n'y a plus qu'à prolonger la résistance jusqu'à épuisement des vivres, et, si les conditions de la capitulation ne donnent pas satisfaction aux sentiments d'honneur de l'armée, sortir en combattant.

Le général Coffinières considère le départ de l'armée comme funeste; les ravitaillements lointains sont impossibles.

Sans ouvrir un avis énergique comme le maréchal Le Bœuf, il expose qu'il semble impossible à quelques gens de cœur d'entrer en arrangements avec l'ennemi avant d'avoir tenté un vigoureux effort.

Quant au général Frossard, il est d'avis de négocier sans retard pour conserver l'armée organisée et prête à être portée sur les points où la nécessité de sauvegarder l'ordre social pourra exiger son intervention.

L'instruction n'a pas à discuter les diverses appréciations énoncées dans les lettres des commandants de corps; il est cependant une assertion contre laquelle elle croit devoir s'élever :

« L'insuffisance des défenses de Metz du côté de Montigny, a écrit le général Frossard, est telle que cette place, au dire des officiers compétents, ne pourra tenir huit jours après qu'elle aura perdu l'appui de l'armée. »

Cette opinion, émanant d'un homme spécial et qu'il a confirmée dans sa déposition, pourrait être invoquée dans l'avenir par des commandants de places fortes pour excuser leurs défaillances.

Si Metz, comme l'a dit le général Frossard, n'était pas en état de tenir plus de huit jours, quelle est la place dont on pourrait attendre désormais une résistance prolongée ? Il y aurait péril à laisser passer, sans les relever, de semblables assertions.

Sans entrer dans une discussion technique qui ne serait pas à sa place dans ce rapport, contentons-nous de rappeler l'exemple déjà cité de Strasbourg qui, sans forts détachés, a tenu pendant quarante-cinq jours et n'a pas atteint la limite de la défense.

Si dès le principe le maréchal Bazaine et le commandant supérieur de Metz avaient fait leur devoir, le premier en ramenant son armée dans l'intérieur de la France, le second en recueillant les ressources des pays environnants, la place de Metz aurait pu tenir jusqu'à l'armistice et la Lorraine serait probablement encore française.

Défendue par une garnison satisfaisante et par sa population guerrière et patriotique, pourvue de munitions, protégée au loin par des forts qu'il fallait enlever avant de soumettre la ville à l'épreuve d'un bombardement, couverte enfin en avant de son enceinte, notamment du côté de Montigny, par les ouvrages que la prévoyance des Vauban, des Carmontaigne et des d'Arçon a accumulés sur ce point, Metz aurait subi le feu de l'ennemi avec la même résignation vaillante que Strasbourg.

Elle aurait opposé aux attaques pied à pied de l'assiégeant, s'il se fût engagé dans une semblable entreprise, ce qui est douteux, une résistance qui n'aurait eu d'autre terme que celui de ses vivres. Voilà ce qu'il importe de bien spécifier, car là est la vérité.

Les avis des commandants de corps étaient loin de s'imposer au maréchal; ils lui laissaient au contraire, par leur diversité, toute liberté de décision.

En sa qualité de général en chef, c'était à lui seul, et non à son conseil, à choisir, parmi ces diverses propositions, celle qui répondait le mieux aux nécessités de la situation. D'après les termes mêmes du décret du 13 octobre 1863 (art. 265), le conseil de défense est purement consultatif :

« Le conseil entendu et la séance levée, le commandant supérieur prend de lui-même, en suivant l'avis le plus énergique s'il n'est absolument impraticable, les résolutions que les sentiments du devoir et de sa propre responsabilité lui suggèrent. »

Le règlement veut donc que de semblables conseils émettent seulement des avis. En formulant au nom du conseil les décisions adoptées, le maréchal substituait en apparence la responsabilité de ses lieutenants à la sienne propre. Mais l'instruction ne saurait admettre ce renversement des rôles, et c'est au maréchal seul qu'elle demande compte des résolutions formulées dans le conseil.

Du moment où le maréchal Bazaine cherchait ainsi à se décharger du choix des déterminations à prendre, tout lui commandait au moins, avant d'entrer dans la discussion des diverses solutions proposées, de faire connaître aux commandants de corps l'exacte situation des choses.

Le devoir d'un général en chef, disait-il dans sa lettre du 7 octobre, est de ne rien laisser ignorer en pareille occurrence aux commandants de corps sous ses ordres. Il n'en fit rien pourtant, et le conseil resta dans l'ignorance complète de la situation, ignorance que la déclaration du maréchal ne lui permettait pas de soupçonner.

A la réunion du 26 août, on a déjà vu le maréchal cachant à ses lieutenants toutes les circonstances de nature à leur inspirer la résolution de reprendre la campagne.

Nous allons le retrouver dans ces mêmes dispositions au conseil du 10 octobre. Le procès-verbal de la séance va nous éclairer à ce sujet. Nous le reproduisons en entier.

Séance du conseil du 10 octobre.

CONSEIL DE GUERRE DU 10 OCTOBRE.

« Le 10 octobre 1870, à deux heures de l'après-midi, le maréchal commandant en chef l'armée du Rhin a réuni les maréchaux et les généraux de division commandants de corps d'armée, le général commandant l'artillerie, le général commandant supérieur de Metz et l'intendant en chef de l'armée.

« Quarante-huit heures auparavant, le maréchal avait adressé à tous ces officiers généraux une lettre circulaire par laquelle il leur exposait la situation, et leur faisait savoir que nos ressources en pain ne dépasseraient pas huit jours; que, faute absolue de moyens d'alimentation, les chevaux de cavalerie et de trait allaient disparaître.

« Il les avait invités à recueillir les avis des généraux de division placés sous leurs ordres et à lui faire connaître par écrit leur opinion personnelle et motivée. Après avoir rappelé les principaux traits de la situation, le maréchal Bazaine a ajouté que, malgré toutes les tentatives faites pour se mettre en communication avec la capitale, il ne lui était jamais parvenu aucune nouvelle officielle du gouvernement, qu'aucun indice d'une armée française opérant pour faire une diversion utile à l'armée du Rhin ne lui avait été signalé.

« M. le général Coffinières, commandant supérieur à Metz, et M. l'intendant en chef de l'armée furent alors successivement invités à exposer le bilan définitif de nos ressources alimentaires de toutes sortes. Il en résulta que, en faisant tous les efforts imaginables, en fusionnant les ressources de la ville avec celles de la place et de l'armée, en réduisant la ration journalière du pain à 300 grammes, en rationnant les habitants, en consommant les réserves des forts et en réduisant le blutage des farines au taux le plus bas, sans s'exposer à compromettre la santé des hommes, il était possible de vivre jusqu'au 20 octobre, y compris les deux jours de biscuit existant dans les sacs des hommes.

« La ration de viande de cheval devait être élevée à 600 grammes d'abord et poussée jusqu'à 750 grammes, tous les chevaux étant considérés comme sacrifiés, vu l'impossibilité de les nourrir autrement que par un pacage presque illusoire, et la mortalité faisant chaque jour chez ces animaux des progrès effrayants.

« M. le général Coffinières déclara ensuite que l'état sanitaire était gravement compromis dans la place, tant par l'accumulation de 19,000 blessés ou malades, que par le défaut de médicaments, de moyens de couchage, de locaux et d'abris, et par l'insuffisance du nombre de médecins. Les rapports des médecins en chef constatent que le typhus, la variole, la dyssenterie et tout le cortége des maladies épidémiques commençaient à envahir les établissements hospitaliers et à se répandre dans la ville.

« L'affaiblissement causé par la médiocre alimentation à laquelle on était réduit ne pouvait qu'augmenter ces causes morbides.

« On constate que les ambulances et les hôpitaux sont encombrés, que près de 2,000 malades ou blessés sont encore recueillis chez les habitants, et la conclusion est que si un nombre considérable de blessés devait de nouveau être dirigé sur la place, il y aurait d'abord impossibilité de les installer, mais surtout danger immédiat pour la santé publique.

« Cet exposé de la situation de nos ressources alimentaires et de l'état sanitaire étant connu de tous les membres du conseil de guerre, on passe à l'examen de la situation militaire.

« Après lecture faite, en conseil, du rapport de Son Excellence M. le maréchal Canrobert, commandant le 6ᵉ corps d'armée ; du rapport de M. le général Coffinières, commandant supérieur de Metz ; du rapport de M. le général Desvaux, commandant provisoirement la garde impériale, la situation militaire se résume dans les questions suivantes :

« 1° L'armée doit-elle tenir sous les murs de Metz jusqu'à l'entier épuisement des ressources alimentaires ?

« 2° Doit-on continuer à faire des opérations autour de la place, pour essayer de se procurer des vivres et des fourrages ?

« 3° Peut-on entrer en pourparlers avec l'ennemi, pour traiter des conditions d'une convention militaire ?

« 4° Doit-on tenter le sort des armes et chercher à percer les lignes ennemies ?

« La *première question* est résolue affirmativement à l'unanimité, par cette raison que la présence de l'armée sous les murs de Metz y retient une armée ennemie de 200,000 hommes, dont il n'est point possible de disposer ailleurs, et que, dans les conditions où elle se trouve, le plus grand service que l'armée du Rhin puisse rendre au pays est de gagner du temps et de lui permettre d'organiser la défense dans l'intérieur.

« La *deuxième question* est résolue négativement à l'unanimité, en raison du peu de probabilité qu'il y a de trouver des ressources suffisantes pour vivre quelques jours de plus, à cause des pertes que ces opérations occasionneraient et de l'effet dissolvant que leur insuccès pourrait exercer sur le moral de la troupe.

« La *troisième question* est résolue affirmativement à l'unanimité, à la condition toutefois d'entamer ces ouvertures dans un délai qui ne dépassera pas quarante-huit heures, afin de ne pas permettre à l'ennemi de retarder le moment de la conclusion de la convention jusqu'au jour et peut-être au delà du jour de l'épuisement de nos ressources.

« Tous les membres du conseil de guerre déclarent énergiquement que les clauses de la convention devraient être honorables pour nos armes et pour nous-mêmes.

« La quatrième question en amène une cinquième. M. le général Coffinières demande s'il ne serait pas préférable de tenter le sort des armes avant d'entamer des négociations, le succès de cette tentative pouvant rendre les pourparlers inutiles, ou bien le résultat infructueux de notre effort pouvant poser dans la balance du poids des pertes que nous aurions fait subir à l'ennemi.

« Cette question est écartée à la majorité, et il est décidé à l'unanimité que, si les conditions de l'ennemi portent atteinte à l'honneur des armes et du drapeau, on essayera de se frayer un chemin par la force avant d'être épuisé par la famine et tandis qu'il reste la possibilité d'atteler quelques batteries.

« Il est donc convenu et arrêté :

« 1° Que l'on tiendra sous Metz le plus longtemps possible ;

« 2° Que l'on ne fera pas d'opérations autour de la place, le but à atteindre étant presque improbable ;

« 3° Que des pourparlers seront engagés avec l'ennemi dans un délai qui ne dépassera pas quarante-huit heures, afin de conclure une convention militaire honorable et acceptable pour tous ;

« 4° Que dans le cas où l'ennemi voudrait imposer des conditions incompatibles avec notre honneur et le sentiment du devoir militaire, on tentera de se frayer un passage les armes à la main.

« Ont approuvé et signé :

« Le maréchal Canrobert, commandant le 6ᵉ corps.

« Le maréchal Le Bœuf, commandant le 3ᵉ corps.

« Le général de Ladmirault, commandant le 4ᵉ corps.

« Le général Frossard, commandant le 2ᵉ corps.

« Le général Desvaux, commandant provisoirement la garde impériale.

« Le général Soleille, commandant l'artillerie de l'armée.

« Le général Coffinières, commandant supérieur à Metz.

« L'intendant en chef Lebrun.

« Le maréchal Bazaine, commandant en chef l'armée. »

Un fait capital se dégage tout d'abord du procès-verbal. Le maréchal n'a pas porté à la connaissance du conseil les correspondances échangées avec le prince Frédéric-Charles, les ouvertures que le sieur Régnier, se disant autorisé par l'impératrice, lui avait faites avec l'assentiment de M. de Bismarck, la mission et le départ du général Bourbaki, la lettre adressée au général de Stiehle, le silence gardé depuis lors par le gouvernement allemand et par l'impératrice, indice certain de l'échec des négociations engagées. Enfin le maréchal déclare d'une manière absolue qu'il n'a reçu aucune communication de l'intérieur et se tait sur l'existence de grands approvisionnements à Thionville et à Longwy.

Il n'est pas douteux, en présence des lettres des commandants de corps, que la majorité du conseil était acquise à l'avance aux mesures d'atermoiement : seul le maréchal Le Bœuf s'était prononcé pour une lutte immédiate; le général de Ladmirault avait tenu le langage d'un soldat, mais n'avait pas témoigné une grande confiance dans le succès d'une tentative de sortie. Cet avis, pas plus que celui du maréchal Le Bœuf, ne fut communiqué au conseil par le maréchal; il était clair, avant l'ouverture de toute discussion, qu'on allait s'engager dans la voie des négociations. Si le maréchal Bazaine eût fait connaître tout d'abord à ses lieutenants que ses tentatives personnelles de négociations avaient échoué, il aurait tourné leurs esprits vers des résolutions énergiques. Ils eussent compris qu'une seule voie de salut restait encore ouverte : combattre sur-le-champ.

La fière attitude de l'armée, pendant la journée du 7 octobre, prouvait que le succès d'une semblable tentative était loin d'être impossible. Mais, en laissant le conseil s'engager dans des négociations dont une seule parole sortie de sa bouche aurait révélé la complète inutilité, le maréchal a assumé la responsabilité des conséquences fatales des décisions du conseil. Il n'est pas besoin d'insister sur le caractère de cette délibération dans laquelle on voit un général en chef décliner ses devoirs, en laissant à ses lieutenants le soin de décider du sort de l'armée qu'il commande, et les pousser à leur insu vers des négociations qu'il sait à l'avance devoir échouer.

Examen des résolutions du conseil.

Mais il est du devoir de l'instruction d'examiner avec soin chacune des questions soumises par le maréchal à l'appréciation de ses lieutenants et la valeur des motifs qui en déterminèrent la solution.

La situation militaire se résumait, dit le procès-verbal, dans les questions suivantes :

« 1° L'armée doit-elle tenir sous les murs de Metz jusqu'à l'entier épuisement de nos ressources alimentaires ? Cette question est résolue affirmativement, à l'unanimité, par cette raison que la présence de l'armée sous les murs de Metz y retient une armée ennemie de 200,000 hommes, dont il n'est point possible de disposer ailleurs, et que, dans les conditions où elle se trouve, le plus grand service que l'armée du Rhin puisse rendre au pays est de gagner du temps et de lui permettre d'organiser la défense dans l'intérieur. »

Le plus grand service que l'armée pût rendre au pays n'était-il pas de percer coûte que coûte, car il y avait un besoin absolu de cadres pour organiser les nouvelles armées françaises ? N'était-il pas dérisoire de parler de gagner du temps, alors qu'il ne restait plus que quelques jours de vivres ? Il semble qu'on voulait se refuser à voir la vérité ; c'était au maréchal, seul instruit de tout, seul responsable, à dissiper toute illusion. Loin de là, nous le voyons cacher la vérité.

« 2° Doit on continuer à faire des opérations autour de la place pour essayer de se procurer des vivres et des fourrages ? Cette question est résolue négativement, à l'unanimité, en raison du peu de probabilité qu'il y a de trouver des ressources suffisantes pour vivre quelques jours de plus, à cause des pertes que ces opérations occasionneraient, et de l'effet dissolvant que leur insuccès pourrait exercer sur le moral de la troupe. »

Il était trop tard, il faut le reconnaître, pour recueillir des ressources dans les environs de Metz. Le maréchal avait laissé échapper le moment opportun. Son inaction pendant la période dans laquelle ces sortes d'opérations auraient été facilement praticables et productives portait maintenant ses fruits. Mais il savait que le gouvernement de la Défense nationale était parvenu à faire arriver à Thionville de grands approvisionnements pour son armée. Pourquoi n'en informait-il pas ses lieutenants ? S'il l'avait fait, on est en droit de croire qu'une tentative pour gagner cette place eût été résolue.

« 3° Peut-on entrer en pourparlers avec l'ennemi pour traiter des conditions d'une convention militaire ? La troisième question est résolue affirmativement à l'unanimité, à la condition toutefois d'entamer ces ouvertures dans un délai qui ne dépassera pas quarante-huit heures, afin de ne pas permettre à l'ennemi de retarder le moment de la conclusion de la convention jusqu'au jour de l'épuisement de nos ressources. Tous les membres du conseil de guerre déclarent énergiquement que les clauses de la convention devaient être honorables pour nos armes et pour nous. »

Le procès-verbal se tait sur les conditions de la convention militaire à obtenir, mais il est clair qu'on ne pouvait songer à demander pour l'armée de Metz la faculté de sortir avec armes et bagages pour aller s'établir sur un territoire neutralisé qu'en échange d'avantages très-sérieux pour l'ennemi.

Les instructions qu'allait emporter le général Boyer à Versailles nous montreront bientôt le fond de cette situation.

« 4° Doit-on tenter le sort des armes et chercher à percer les lignes ennemies ? Cette quatrième question en amène une cinquième. M. le général Coffinières demande s'il ne serait pas préférable de tenter le sort des armes avant d'entamer les négociations, le succès de cette tentative pouvant rendre les pourparlers inutiles, ou bien le résultat infructueux de notre effort pouvant peser dans la balance du poids des pertes que nous aurions fait subir à l'ennemi. Cette question est écartée à la majorité et il est décidé, à l'unanimité, que si les conditions de l'ennemi portent atteinte à l'honneur des armes et du drapeau, on essayera de se frayer un chemin par la force avant d'être épuisé par la famine, et tandis qu'il reste la possibilité d'atteler quelques batteries. »

En ajournant ainsi toute lutte après l'échec des négociations, il ne pouvait pas être douteux pour le maréchal qu'on allait laisser passer le moment où l'armée était encore capable d'un grand effort. Pour peu que les négociations traînassent en longueur, et l'ennemi avait tout intérêt à ce qu'il en fût ainsi, la pénurie des vivres allait rendre absolument impuissante toute tentative de sortie, et une capitulation serait désormais inévitable.

Le maréchal était seul instruit de la situation. Il n'a rien fait pour détourner le conseil de la voie des négociations ; il est responsable du fatal dénoûment.

On allait donc négocier immédiatement et réserver l'armée pour jouer un rôle politique, ainsi que le conseillait le général Frossard au maréchal Bazaine dans sa lettre sur la situation. L'armée n'avait plus que quelques jours à vivre, et ces quelques jours le maréchal allait les dépenser en pourparlers sans issue possible.

On se demande comment il a pu venir à la pensée d'un homme expérimenté que l'ennemi, qui pouvait compter les jours et les heures d'existence qui restaient encore à l'armée, commettrait la faute de la laisser sortir avec armes et bagages du camp retranché, pour se retirer dans un terrain neutralisé, alors que déjà elle était aux abois et qu'une capitulation était inévitable et imminente. Qui lui garantissait, en effet, que cette armée demeurerait unie sous la main de ses chefs? N'avait pas lieu de croire, au contraire, qu'elle se disperserait immédiatement pour aller renforcer les armées françaises de nouvelle formation? Dans cette situation, était-il probable, admissible même, que les Allemands pussent consentir à échanger contre une telle éventualité un triomphe certain, qui allait rendre impuissants les efforts improvisés de la France?

Qu'avait-on à offrir à l'ennemi en échange d'une semblable concession? Les instructions remises par le maréchal au général Boyer, instructions qui émanent de son initiative propre et dont ses lieutenants n'ont eu connaissance qu'après le départ du général, vont nous l'apprendre.

Instructions remises au général Boyer lors de son départ pour Versailles.

« Au moment où la société est menacée par l'attitude qu'a prise un parti violent, et dont les tendances ne sauraient aboutir à une solution que cherchent les bons esprits, le maréchal commandant l'armée du Rhin, s'inspirant du désir qu'il a de sauver son pays et de le sauver de ses propres excès, interroge sa conscience et se demande si l'armée placée sous ses ordres n'est pas destinée à devenir le palladium de la société.

« La question militaire est jugée ; les armées allemandes sont victorieuses, et S. M. le roi de Prusse ne saurait attacher un grand prix au stérile triomphe qu'il obtiendrait en dissolvant la seule force qui puisse aujourd'hui maîtriser l'anarchie dans notre malheureux pays et assurer à la France et à l'Europe un calme, devenu si nécessaire après les violentes commotions qui viennent de les agiter.

« L'intervention d'une armée étrangère, même victorieuse, dans les affaires d'un pays aussi impressionnable que la France, dans une capitale aussi nerveuse que Paris, pourrait manquer le but, surexciter outre mesure les esprits et amener des malheurs incalculables.

« L'action d'une armée française encore toute constituée, ayant bon moral et qui, après avoir loyalement combattu l'armée allemande, a la conscience d'avoir su conquérir l'estime de ses adversaires, pèserait d'un poids immense dans les circonstances actuelles. Elle rétablirait l'ordre et protégerait la société, dont les intérêts sont communs avec ceux de l'Europe. Elle donnerait à la Prusse, par l'effet de cette même action, une garantie des gages qu'elle pourrait avoir à réclamer dans le présent, et enfin elle contribuerait à l'avénement d'un pouvoir régulier et légal, avec lequel les relations de toute nature pourraient être reprises sans secousses et naturellement.

« Ban Saint-Martin, 10 octobre 1870. »

Ces instructions ne font aucune mention de la clause adoptée à l'unanimité, dans le conseil du 10 octobre, de n'accepter que des conditions compatibles avec l'honneur militaire, ni de la résolution de tenter le passage les armes à la main, si l'ennemi formulait de trop dures exigences.

L'armée n'était pas à toute extrémité, l'ennemi avait encore à compter avec elle, car elle pouvait faire éprouver de grandes pertes dans un combat suprême. Il est étrange de ne trouver aucune trace de cette considération dans un document de cette importance.

Des instructions écrites aussi peu précises devaient être sans doute accompagnées d'instructions verbales. Les négociations que le maréchal engageait devaient aboutir à bref délai. Le plénipotentiaire devait donc être en mesure de traiter. Il était certain que, si l'ennemi songeait sérieusement à négocier, ce ne pouvait être qu'en vue de consacrer par un traité ses succès et ses conquêtes. Dès le début des négociations on allait donc se trouver en face de demandes de cession de territoire. Quelle était la limite des sacrifices qu'il fallait accepter, tout au moins en principe? Quelles instructions emportait le général Boyer sur ce point douloureux ? Aucune, répond le maréchal. « Il n'a jamais été question de cession de territoire dans les négociations à entamer. »

On ne saurait admettre qu'il en ait été ainsi. Nous en trouvons la preuve dans le dernier paragraphe des instructions du général Boyer :

« L'action d'une armée française encore toute constituée, ayant bon moral et qui, après avoir loyalement combattu l'armée allemande, a la conscience d'avoir su conquérir l'estime de ses adversaires, pèserait d'un poids immense dans les circonstances actuelles. Elle rétablirait l'ordre et protégerait la société, dont les intérêts sont communs avec ceux de l'Europe. Elle donnerait à la Prusse une garantie des gages qu'elle pourrait avoir à réclamer dans le présent, et enfin, elle contribuerait à l'avénement d'un pouvoir régulier et légal, avec lequel les relations de toute nature pourraient être reprises sans secousses et naturellement. »

Ainsi, pendant que sur tous les points de la France on courait aux armes, que faisant taire tout intérêt particulier devant le danger commun, tous les partis politiques s'effaçaient momentanément pour aider le gouvernement de la Défense nationale, le général en chef d'une armée française allait proposer à l'ennemi de lui *garantir les gages qu'il pourrait avoir à réclamer par suite de ses victoires*. Le maréchal Bazaine devait rétablir l'ordre et *contribuer à l'avénement d'un pouvoir régulier et légal*. Ce n'était donc pas assez de la guerre étrangère ; notre malheureux pays était encore condamné à subir les horreurs de la guerre civile, et l'armée de Metz devait-elle ainsi unir ses efforts à ceux de l'ennemi pour renverser le gouvernement qui luttait pour l'indépendance nationale ? On est obligé de s'arrêter devant la perspective des conséquences de semblables projets. Certes, le sort de l'armée de Metz a été bien lamentable ; mais, en présence des périls auxquels les combinaisons de son chef ont exposé son patriotisme, on doit remercier Dieu de lui avoir épargné un sort encore plus affreux.

Le maréchal avait appris que le gouvernement constitué le 4 septembre avait fixé pour le 16 octobre les élections à une Assemblée nationale ; il ignorait lors de la réunion du conseil que cette décision eût été modifiée, ainsi que nous l'avons dit précédemment.

La déposition du général Boyer indique, en effet, que la première nouvelle de ce fait lui fut donnée à Versailles par M. de Bismarck. On croyait donc à Metz que la réunion de l'Assemblée était imminente. Si dans un semblable moment, alors qu'il avait encore assez de vivres pour attendre encore quelques jours, le maréchal était aussi pressé de traiter, c'est évidemment qu'il ne songeait qu'à servir sa fortune personnelle.

Il ne saurait invoquer l'excuse d'avoir voulu servir le gouvernement impérial. Du moment où il n'avait de nouvelles ni de M. de Bismarck, ni de l'impératrice, c'était la preuve que les projets engagés avaient échoué. Quelle était sa qualité pour les reprendre ? Quels étaient ses pouvoirs ? Jamais pareille imprudence ne présida à des résolutions plus graves.

CHAPITRE II.

Mission du général Boyer auprès du roi de Prusse.

Première audience donnée au général Boyer par M. de Bismarck.

Le général Boyer avait été autorisé le 12, par le roi de Prusse, à se rendre à Versailles. Cet officier général se mit immédiatement en route sous la surveillance de deux officiers de l'état-major du prince Frédéric-Charles. Voici en quels termes le général Boyer a raconté les incidents de son entrevue avec M. de Bismark :

M. de Bismarck entra d'abord dans des considérations politiques sur la situation de la France, situation qui lui avait été faite par la révolution du 4 septembre. Puis, me disant qu'il voulait me mettre absolument au courant de ce qui se passait pour que je pusse en rendre compte à ceux qui m'avaient envoyé, il m'exposa la mission que remplissait alors M. Thiers en Europe. Il m'entretint de l'entrevue qui avait eu lieu à Ferrières entre lui et M. Jules Favre, me donnant son appréciation sur les hommes, sur le rôle qu'ils ont joué et sur les membres du gouvernement parisien. Il me parla des diverses compétitions qui, en dehors de l'Empire, se disputaient le pouvoir, et ajouta que, quoi qu'il arrivât, le gouvernement allemand ne commettrait pas la faute que les alliés avaient commise en 1815, en imposant à la France un gouvernement.

Passant à la situation intérieure de la France, tant au point de vue politique que militaire, M. de Bismarck m'exposa que, d'après les renseignements qu'il recueillait, et les données que lui fournissaient les prisonniers, certaines villes du département du Nord ne feraient aucune résistance aux troupes allemandes ; que dans certaines places de commerce, où l'égoïsme était le sentiment dominant, on ne serait peut-être pas éloigné de recevoir des troupes allemandes ; que, du reste, on était entré sans coup férir à Rouen ; qu'un moment, il avait eu l'espoir qu'il en serait de même du Havre, mais que là il s'était trompé ; les gens qui, sous le nom de francs-tireurs, faisaient autant de mal à leurs compatriotes qu'aux Allemands, étaient sur certains points pourchassés aussi bien par les populations françaises que par les troupes allemandes. Me parlant des départements de l'Ouest, il me les dépeignit comme prêts à se déchirer, sous l'influence des idées religieuses.

Les départements du Midi étaient livrés à l'anarchie la plus absolue ; enfin, l'armée de la Loire venait d'être battue à Orléans ; les troupes allemandes étaient en marche sur Bourges. Cette dernière nouvelle acquit une certaine vraisemblance dans mon esprit, dans la rencontre que je fis à Château-Thierry, le 16, en retournant à Metz, d'un long convoi de prisonniers et de canons français, provenant de l'armée de la Loire.

Après cet exposé général, M. de Bismarck me demanda de lui préciser les désirs du maréchal Bazaine et le but de ma mission. Je lui exposai qu'après les événements de guerre auxquels l'armée de Metz avait pris part, elle pouvait se considérer comme ayant noblement défendu l'honneur du drapeau et comme ayant le droit, dans l'extrémité où elle se trouvait, de demander, non pas une capitulation, elle n'en était pas là, mais une convention militaire qui lui accorderait les honneurs de la guerre, c'est-à-dire la faculté de se retirer en emportant ses armes, son matériel et ses aigles — M. de Bismarck dit que cela ne le regardait pas ; que cette affaire, purement militaire, était du domaine du roi, du ministre de la guerre et de M. de Moltke. Il ajouta :

« Votre mission étant de demander une conven« tion militaire sur ces bases, je dois vous dire à « l'avance que le conseil du roi ne vous accordera « pas d'autres conditions que celles qui ont été sti« pulées à Sedan. »

Conditions posées par M. de Bismarck.

Sur mon observation que ces bases seraient inacceptées par l'armée du Rhin, M. de Bismarck reprit: « Mais je puis, moi, faire valoir des considérations politiques au roi et à son conseil, et je pense obtenir pour l'armée française des conditions que je vous ferai connaître demain, car je verrai le roi ce soir et j'obtiendrai une solution de Sa Majesté. » J'insistai auprès de M. de Bismarck pour connaître ces considérations politiques. Il me déclara qu'il ne traiterait pas avec le gouvernement de la Défense nationale, qu'il ne reconnaissait pas ; qu'il ne pouvait traiter avec l'empereur, qui était prisonnier de guerre et qui avait refusé de traiter à Sedan, mais qu'il pouvait traiter avec le gouvernement de la régente ; que, pour traiter avec l'impératrice, le gouvernement de l'Allemagne entendait se réserver des avantages équivalant pour lui à ceux que lui donnait sa position militaire actuelle vis-à-vis de l'armée de Metz.

« Avez-vous, ajouta-t-il, reconnu le gouvernement de la Défense nationale ? — Non, lui répondis-je, nous n'avons reçu aucune nouvelle du gouvernement du 4 septembre. Nous avons, vers le 14 de ce mois, par l'arrivée au camp de quelques prisonniers de guerre échangés, appris le même jour le désastre de Sedan, la captivité de l'empereur et l'installation du gouvernement de la Défense nationale. Nous avons entre les mains quelques journaux allemands par lesquels nous avons eu connaissance d'un certain nombre de décrets, mais aucune notification officielle ne nous est parvenue, aucun fonctionnaire ne nous a rejoints. Le gouvernement de la Défense nationale n'existe pas pour nous. Nous avons prêté serment à l'empereur, nous resterons fidèles à notre serment jusqu'à ce que le pays en ait décidé autrement.

« En ce cas, me dit M. de Bismarck, nous pouvons nous entendre, je ne vous propose pas de traiter avec l'empereur, il est prisonnier en Prusse et l'on pourrait admettre qu'on exerce une pression sur ses décisions. Il n'en est pas de même de l'impératrice : elle est sur un terrain neutre et en dehors de toute action directe de notre part.

« Je fis observer à M. de Bismarck que je n'avais aucune qualité pour m'occuper d'une négociation de ce genre, mais que je le priais de me développer son système afin que je pusse en transmettre les bases à Metz.

« Son système consistait à affirmer la fidélité de l'armée au gouvernement de la régente par une manifestation témoignant qu'elle était décidée à suivre l'impératrice, et obtenir de l'impératrice la signature des préliminaires de la paix.

« Je fis observer à M. de Bismarck que pareille manifestation était en dehors de nos habitudes militaires, que cela ressemblait à une sorte de pronunciamiento. Sur quoi le chancelier ajouta que cette manifestation de l'armée était indispensable, pour leur donner, à eux, une sorte de sécurité et parce que l'impératrice ne s'engagerait pas dans des négociations si elle ne se savait pas soutenue par l'armée ; les préliminaires de paix signés par l'impératrice, l'armée de Metz se retirera emmenant ses armes, ses canons, son matériel. La place de Metz restera libre et maîtresse d'elle-même. Reprenant alors la note que le maréchal m'avait remise à mon départ, j'exposai à M. de Bismarck le rôle que l'armée devait remplir après avoir quitté Metz : l'armée se rendrait, avec l'assentiment du conseil de guerre, sur un territoire neutralisé où les pouvoirs publics, tels qu'ils étaient constitués avant le 4 septembre, seraient appelés à proposer ou à déterminer la forme du gouvernement et, quelle que fût la décision prise, elle serait acceptée, c'est-à-dire que, soldats de la nation, ils obéiraient à la volonté du pays. Si les pouvoirs déclaraient qu'il fallait faire appel à la nation, l'armée aiderait à faire cet appel.

« Tel est à peu près le sens de l'entretien que j'eus avec M. de Bismarck. Il restait à savoir si ces conditions seraient acceptées par le roi et son conseil à Versailles et par le conseil de guerre à Metz.

Deuxième audience accordée par M. de Bismarck au général Boyer.

« Le lendemain, vers midi, M. de Bismarck vint me trouver et me dit que le roi avait convoqué son conseil ; qu'au premier abord il avait rejeté toute espèce de convention autre que celle formulée à Sedan ; qu'alors il avait, lui, M. de Bismarck, proposé de se placer sur un autre terrain, fait valoir les raisons politiques qu'il m'avait exposées la veille, et que le conseil s'était rangé à son avis. Il me renouvela ce qu'il m'avait dit la veille, que la régence était le seul pouvoir avec lequel il pût traiter ; qu'il ne voulait pas traiter avec le gouvernement de Paris, encore moins avec celui de Tours. Je n'avais plus rien à faire à Versailles ; je priai M. de Bismarck de me faire reconduire au plus tôt à Metz. Je partis le 15 à neuf heures du soir et j'arrivai à Metz le 17 vers deux heures de l'après-midi.

« En passant à Bar-le-Duc, je pus, sur le quai de la Gare, échanger rapidement quelques mots avec le maire de la ville, qui, prévenu de mon passage, s'arrangea de façon à se trouver là. Il me dit que M. de Kératry était tombé la veille en ballon dans les environs et avait pu s'échapper, et je lui glissai que l'armée de Metz manquait de vivres. »

Interrogé sur ce point, si, à l'exception de la rencontre qu'il avait faite à Bar-le-Duc, il n'avait pas pu avoir de communication avec aucun Français, ni à Versailles, ni en route, si on avait pu lui faire passer des lettres, des journaux, le général Boyer a répondu qu'il n'avait pu avoir de communication avec personne, qu'il n'avait reçu aucune lettre ou aucun avis provenant de Français, mais que M. de Bismark, dans ses dernières entretiens, le 15, lui avait remis six ou huit numéros du *Moniteur officiel* et du *Figaro*. Le général ajoute qu'il ne se rappelle pas le contenu de ces journaux, qu'il les remit au maréchal à son arrivée ; il se souvient seulement qu'il y était fait mention de l'ajournement des élections, circonstances que lui avait fait connaître M. de Bismark, ainsi que le départ de Paris de M. Gambetta pour s'opposer à ce qu'elles eussent lieu.

En résumé, d'après le général Boyer, les conditions imposées par M. de Bismark étaient les suivantes :

1° Affirmer la fidélité de l'armée du Rhin au gouvernement de la régente ;

2° Provoquer de l'armée une manifestation témoignant qu'elle était décidée à suivre l'impératrice ;

3° Obtenir de l'impératrice la signature des préliminaires de paix.

Retour du général Boyer et conférence du 18 octobre.

Retour du général Boyer. — Sa rencontre avec M. Bompard à Bar-le-Duc.

Pendant l'absence du général Boyer, le maréchal avait réuni, à la date du 12 octobre, les commandants de corps d'armée, les chefs d'armes spéciales et le général Changarnier; des mesures relatives à la mise en commun des ressources de la ville et des corps furent arrêtées à ce conseil. Le maréchal donna également quelques prescriptions au sujet de la presse.

Dans son mémoire justificatif, le maréchal rend compte du résultat de la mission de son aide de camp de la manière suivante :

« M. le général Boyer revint à Metz, le 17, tou-
« jours accompagné par les mêmes officiers, et
« une nouvelle conférence eut lieu le 18, à laquelle
« voulut bien assister M. le général Changarnier,
« pour entendre le récit de la mission dont le gé-
« néral Boyer avait été chargé. Il rendit compte
« des conditions qui étaient exigées pour que l'ar-
« mée sous Metz pût sortir avec armes et matériel.
« Ces conditions subordonnaient à des engagements
« politiques à prendre les avantages qui pouvaient
« être accordés à l'armée du Rhin.

« ... M. de Bismarck exigeait, comme point de
« départ des négociations à engager, deux condi-
« tions de garanties préalables :

« 1° Une déclaration de l'armée du Rhin en fa-
« veur de la régence ;

« 2° La remise de la place de Metz. »

D'après le général Boyer, il n'aurait pas été question de cette seconde condition entre lui et M. de Bismarck. Il est inadmissible cependant que le maréchal ait commis une erreur sur un point d'une semblable gravité.

Nous avons vu, le 26 août et le 10 octobre, le maréchal cacher en partie la vérité à ses conseillers sur la situation, au moment où il va prendre leur avis. Le même fait va se reproduire encore une fois le 18 octobre.

Le général Boyer va présenter au conseil un tableau inexact de la France; il n'est pas vraisemblable que ce tableau lui ait été tracé par M. de Bismarck, puisque celui-ci a remis au général des journaux qui, comme on le verra plus loin, étaient en contradiction avec les déclarations faites aux commandants de corps.

Dans sa déposition, le général Boyer a déclaré n'avoir eu de communications, pendant sa mission, qu'avec le maire de Bar-le-Duc, actuellement membre de l'Assemblée nationale, qui lui avait appris l'arrivée en province de M. de Kératry, parti en ballon de Paris.

La déposition de M. Bompard jette un jour tout particulier sur la déclaration du général.

« Le 12 octobre, quand je vis arriver un train composé d'un seul wagon duquel descendirent un général français et deux officiers allemands, je me dirigeai vers le général pour lui offrir mes services et lui demander des nouvelles des officiers supérieurs, mes camarades, qui étaient à l'armée de Metz, et surtout de ce qui se passait à Metz. Surveillé par les officiers, je n'obtins que cette parole

« Je vais au quartier général, nous sommes à bout. »

« Je donnai l'ordre à la gare qu'on me prévint du retour du général, espérant que je pourrais avoir des renseignements précis et importants. On vint en effet m'avertir de son retour. Quand j'arrivai, je le trouvai causant avec M. Houzelot, juge à Bar-le-Duc. Il avait été très-réservé, n'avait pas questionné M. Houzelot sur l'état du pays... A mon arrivée au chemin de fer, M. Houzelot était descendu de wagon, j'y étais entré sans difficulté.

« Le général Boyer me dit que Metz serait forcé de se rendre vers le 22, qu'il était impossible de sortir, puisque l'armée avait mangé ses chevaux d'artillerie; qu'il fallait qu'on fit la paix à tout prix; qu'il venait du quartier général pour avoir des conditions plus douces que celles qui leur avaient été faites, mais qu'il avait échoué dans sa mission... que la résistance était désormais impossible; que l'armée de la Loire n'existait pas, que l'anarchie régnait dans toute la France; que les villes de Normandie réclamaient des garnisons allemandes. Je me rappelle très-bien que le général ne m'a pas interrogé sur ce que je pouvais savoir de l'état de la France. Mais ce qui est certain, c'est que les renseignements que j'aurais pu lui fournir n'étaient pas de même nature que le tableau qu'il m'a fait. Alors nous ne songions qu'à la résistance, nous croyions encore à la nécessité de la lutte et à la possibilité de vaincre. »

Le général Boyer avait, on le voit, eu la bonne fortune d'échapper un moment à la surveillance incessante dont il était l'objet, et de causer avec deux Français en mesure de le renseigner sur l'état du pays; il ne leur fait aucune question et propage dans cette circonstance les nouvelles qu'il tient de l'ennemi.

M. le général Boyer a déclaré à M. Bompard que le but de son voyage à Versailles était de solliciter des conditions plus douces que celles qui avaient été faites.

L'instruction reviendra sur cette circonstance. Elle constate dans la déposition du général Boyer que M. de Bismarck lui donna quelques journaux qu'il remit au maréchal.

Ils contenaient des renseignements précieux sur la situation de la France; le devoir du maréchal était d'en donner connaissance au conseil, ainsi que de la rencontre de Bar-le-Duc. Pourquoi se taire, s'il n'y avait pas pris parti d'écarter tout moyen de contrôler les renseignements pessimistes apportés par le général ? Cette conduite du maréchal ne peut s'expliquer que par ce fait que les nouvelles que donnaient ces journaux ne s'accordaient pas avec les dires du général Boyer. En effet, le général Coffinières, dans sa déposition, a fait à ce sujet la déclaration suivante :

« Ayant insisté auprès du maréchal, en particulier, sur ce qu'il y avait d'extraordinaire à ce que le général Boyer n'eût rapporté aucune nouvelle ni aucun journal français, le maréchal m'envoya les deux numéros du *Journal officiel* des 4 et 6 octobre. Les nouvelles contenues étaient si peu en concordance avec celles que rapportait le général Boyer, que le maréchal, qui voulait d'abord les livrer à la publicité, donna contre-ordre. »

Cet incident eut lieu le 19 octobre. A ce moment le conseil avait pris ses déterminations, et le général Boyer était en route pour Londres.

Le général Boyer présente au conseil la situation de la France sous un aspect encore plus triste qu'il ne l'avait fait dans le tableau que reproduit sa déposition.

Les historiques de quelques corps de troupes indiquent jusqu'à quel point furent exagérées les tristes nouvelles que l'on disait rapportées par le général Boyer : ils relatent qu'on annonça alors : que « Rennes, Nantes et bien d'autres villes avaient comme Rouen et Le Havre demandé des garnisons allemandes; que les membres du gouvernement, en complet désaccord, s'étaient séparés et retirés chacun de son côté; que l'Italie revendiquait Nice, la Savoie et la Corse; que les questions religieuses allaient soulever la Vendée et la Bretagne. »

Sans entrer dans une discussion détaillée au sujet de l'exactitude des nouvelles données par le général Boyer, nous nous bornerons à rappeler que l'invasion allemande était loin de s'étendre en France autant qu'il l'annonçait. Depuis le 4 septembre, trois places seulement : Laon, Toul et Strasbourg, avaient succombé; les avant-gardes de l'armée ennemie n'avaient pas encore pénétré en Normandie; des escarmouches avaient lieu dans le Vexin; Rouen, dont la prise était annoncée, ne devait être occupé que le 5 décembre après le combat d'Écouen, d'Étrepagny et de Buchy; le Havre n'a jamais été aux mains de l'ennemi. — Plus au sud, Châteaudun ne s'était pas encore illustré par sa glorieuse résistance. — Les Allemands, dans le Nord, n'atteignirent Saint-Quentin que le 31 octobre; Amiens ne tomba entre leurs mains que le 27 novembre.

Partout en France s'organisait la résistance. L'Ouest, loin de vouloir s'isoler, envoyait ses volontaires aux avant-postes sur la Loire. Les mobiles de la Bretagne combattaient à Paris; dans le nord qui, disait-on, réclamait la paix à tout prix, le gouvernement formait l'armée qui, avec des chances diverses, a tenu tête à l'ennemi jusqu'à l'armistice; enfin, les mobiles de Lyon et de Toulouse accouraient à la défense de Belfort.

En présence de la contradiction flagrante existant entre les faits et les nouvelles rapportées par le général Boyer, on ne saurait admettre que M. de Bismark les ait données lui-même au général. Outre que l'habileté a elle-même ses limites, comment pourrait-on croire que M. de Bismarck se fût exprimé de la sorte, puisqu'il remettait au général des journaux français, qui étaient loin de concorder avec ces nouvelles? On se trouve donc forcément conduit à penser qu'elles ont été tout au moins dénaturées par le général. Cela posé, peut-on croire que ce dernier ait pu prendre l'initiative d'une semblable conduite vis-à-vis du conseil, sans l'assentiment du maréchal ? On ne saurait s'arrêter un moment à cette hypothèse. L'instruction a constaté que le commandant Arnous-Rivière était chargé de remettre une lettre au général Boyer à son arrivée dans les lignes.

En dépeignant la situation de la France comme totalement perdue, en écartant tout contrôle possible des nouvelles apportées par le général Boyer et en n'indiquant qu'un seul moyen de sortir de l'impasse dans laquelle se trouvait l'armée, le maréchal allait précipiter ses lieutenants vers cette unique solution.

Devant une semblable situation on ne saurait attribuer qu'à lui seul la responsabilité des décisions prises le 18 octobre, bien que dans son mémoire justificatif il déclare qu'il fallut l'insistance de la majorité du conseil pour qu'il consentît au départ du général Boyer.

Dans la réunion du 10 octobre il avait été résolu expressément qui si l'ennemi voulait imposer à l'armée des conditions incompatibles avec le sentiment de l'honneur et du devoir, on tenterait de se frayer un passage les armes à la main. En exigeant préalablement à toute négociation la remise de la place de Metz, M. de Bismarck plaçait le maréchal en face d'une concession contraire au devoir et à l'honneur : il ne restait donc plus qu'à combattre.

Mais si à ce moment l'armée était trop affaiblie pour entreprendre une lutte qui offrît la moindre chance de succès, comment ne pas se rappeler que le 10 octobre, alors que cette lutte était reconnue possible, le combat du 7 l'avait prouvé, le maréchal avait laissé entamer des négociations sans issue ?

Un compte rendu de la séance du 18 octobre fut rédigé par ordre du maréchal, mais ce document ne fut pas soumis au contrôle des commandants de corps, et ne possède par conséquent aucun caractère d'authenticité. Malgré cela, il est utile de le faire connaître.

Compte rendu de la séance du 18 octobre 1870.

« Le 18 octobre, à 9 heures du matin, MM. le maréchal Canrobert, le maréchal Le Bœuf, le général de Ladmirault, le général Frossard, le général Desvaux, le général Coffinières, le général Soleille, le général Changarnier, le général Jarras, chef d'état-major général, ont été appelés au quartier général pour entendre le récit de la mission dont avait été chargé, auprès du quartier royal à Versailles, M. le général Boyer, mon premier aide de camp.

« Cet officier général exposa le but de sa mission, le résumé de ses deux entrevues, à Versailles, avec M. de Bismarck, et conclut en faisant connaître les conditions que poserait le gouvernement prussien pour rendre à l'armée impériale sous Metz sa liberté d'action pour se rendre sur un territoire délimité par une convention militaire, afin d'y rallier les dépositaires des pouvoirs publics existant en vertu de la Constitution de mai 1870, et de les consulter sur l'opportunité de continuer au gouvernement de la régence le mandat qui lui avait été conféré par l'empereur, en vertu de cette constitution.

« Ces conditions sont les suivantes :

« 1° L'armée sous Metz déclare qu'elle est toujours l'armée de l'empire, décidée à soutenir le gouvernement de la régence ;

« 2° Cette déclaration de l'armée coïncidera avec un manifeste de S. M. l'impératrice régente, adressé au peuple français et par lequel, au besoin, elle ferait un nouvel appel à la nation pour l'inviter à se prononcer sur la forme de gouvernement qu'elle désire adopter ;

« 3° Ces deux déclarations devront être accompagnées d'un acte signé par un délégué de la régence, et acceptant les bases d'un traité à intervenir entre le gouvernement des puissances allemandes et le gouvernement de la régence.

« La discussion étant ouverte sur le premier point, les membres présents du conseil de guerre déclarent qu'ils y adhèrent, en ce sens qu'ils se considèrent toujours comme liés par le serment qu'ils ont prêté à l'empereur ; mais qu'ils doutent que l'armée les suive, une fois hors des murs de Metz, toute couleur politique donnée à son action pouvant donner lieu à des interprétations fâcheuses et devant être repoussée.

« Sur le deuxième point, la discussion n'est point ouverte, S. M. l'impératrice seule pouvant juger de l'opportunité ou de la convenance de l'acte réclamé par les gouvernements allemands.

« La troisième condition soulève une discussion de laquelle il ressort unanimement que le maréchal commandant en chef de l'armée du Rhin ne saurait accepter la délégation de la régence pour signer les bases du traité à intervenir, dans le cas où il y serait stipulé une cession du territoire.

« Il est même admis que, dans aucun cas, le maréchal ne saurait accepter aucune délégation pour signer le traité, toute son action devant rester uniquement militaire et sauvegarder la situation de l'armée.

« Ces trois points posés, on examine la question de savoir si l'armée peut se soustraire à ces exigences.

« A l'unanimité, les membres du conseil déclarent que tout effort pour sortir des lignes ennemies sera vraisemblablement suivi d'un insuccès ; mais la question de l'honneur des armes se représente toujours, et tout en convenant que les troupes ne suivront pas ou montreront de la faiblesse, que toutes les chances sont pour quelles soient ramenées et se débandent, plusieurs membres du conseil pensent qu'il faudra tenter la fortune des armes, quelque désastreux que paraisse devoir être le résultat.

« Le général Frossard déclare nettement qu'il ne pense pas qu'on doive faire cette tentative.

« Le général de Ladmirault déclare que nous serons ramenés, que l'on ne saurait compter sur les troupes, mais qu'il est prêt, avec ses généraux, à obéir.

« Le maréchal Le Bœuf dit qu'il ne croit pas au succès, mais néanmoins qu'il faut tenter ce qu'il appelle une folie glorieuse.

« Le maréchal Canrobert déclare que c'est une évasion et non une sortie à tenter ; mais qu'il ne croit pas au succès ; que nous serons dispersés, et qu'ainsi on donnera aux Prussiens l'occasion de compter un triomphe de plus et de s'enorgueillir de cette victoire, qui sera un désastre de plus à ajouter à nos revers.

« Le général Desvaux déclare qu'il faut sortir après avoir laissé nos troupes sous Metz, jusqu'à ce qu'elles ne puissent plus y vivre, car on peut encore exiger d'elles un sacrifice.

« Le général Soleille ne veut pas de sortie ; rien ne l'épouvante plus que la pensée des désordres et des conséquences du désastre inévitable qui suivra cette tentative. Il est convaincu qu'on ne franchira même pas les premières lignes ennemies.

« Le général Coffinières dit qu'il s'en tient aux conventions de la première conférence, qui disent que, si l'on ne peut obtenir des conditions honorables de l'ennemi, il faut essayer de se frayer un passage par les armes.

« On revient alors à l'examen de la possibilité de continuer les négociations dans le but d'arriver à une convention militaire honorable et permettant de concourir à l'établissement d'un gouvernement avec lequel le gouvernement allemand pourrait traiter.

« Le général Soleille, le général Desvaux, le général de Ladmirault, le général Frossard, le maréchal Canrobert et le général Changarnier se prononcent pour l'affirmative.

« Le général Coffinières et le maréchal Le Bœuf se prononcent pour la négative.

« En conséquence, le général Boyer se rendra à Hastings, pour voir s'il est possible d'obtenir une convention dans le sens indiqué plus haut ; mais à la condition expresse que nul traité ne devra être signé ni convenu par le commandant en chef de l'armée.

« Il devra également exposer la situation de l'armée à l'impératrice, et s'il n'est point possible d'arriver à la solution désirable, il sollicitera de Sa Majesté une lettre par laquelle elle délie l'armée de son serment à l'empereur et lui rend sa liberté d'action.

« Ban Saint-Martin, 18 octobre 1870. »

Le compte rendu qui vient d'être reproduit fait ressortir avec une évidence saisissante à quel point le maréchal effaçait sa responsabilité. Nous le voyons provoquer des votes auxquels il ne prend même pas part et formule à la suite, au nom du conseil, des décisions qui ne devraient émaner que de lui seul, et dont lui seul demeure malgré tout responsable.

Les conditions imposées par M. de Bismarck pour laisser sortir l'armée de Metz sont formulées d'une manière très-différente dans la déposition du général Boyer, dans l'interrogatoire du maréchal, et dans le compte rendu de la séance du 18 octobre.

En comparant ces documents, on voit que l'armée devait faire une déclaration en faveur de la régence qui coïnciderait avec un manifeste de l'impératrice faisant appel à la nation. Ces deux déclarations devaient être accompagnées d'un acte signé par un délégué de la régence, acceptant les bases d'un traité à intervenir entre le gouvernement des puissances allemandes et le gouvernement de la régence. Enfin, et à titre de garantie, l'ennemi exigeait la remise de la place de Metz.

D'après la déposition du général Boyer, la signature des préliminaires de paix devait être donnée par l'impératrice.

D'après le compte rendu, M. de Bismarck assignait ce rôle à un délégué de la régence : on ne disait pas quel devait être ce délégué, mais évidemment, dans la pensée de l'ennemi, le général en chef de l'armée du Rhin avait seul qualité pour formuler un engagement qui eût quelque valeur.

Devant ces conditions, nous voyons le conseil déclarer qu'il est prêt à signer la déclaration demandée en faveur de l'impératrice, mais il doute d'être suivi dans cette voie par l'armée.

La question relative au manifeste de l'impératrice n'est pas de sa compétence et il s'abstient.

Quant aux bases du traité à intervenir, le conseil pense que le maréchal Bazaine ne saurait accepter aucune délégation pour signer un acte à ce sujet, toute son action devant demeurer militaire.

Enfin, il n'est pas même fait mention de la remise de la place de Metz.

Tout en formulant des déclarations qui ne donnent pas satisfaction aux demandes de M. de Bismarck, le conseil s'arrête néanmoins à la pensée de continuer les négociations dans le but d'arriver à une convention militaire honorable et permettant de concourir à l'établissement d'un gouvernement avec lequel les gouvernements allemands pourraient traiter. Il décide que le général Boyer se rendra à Hastings pour voir s'il est possible d'obtenir une convention dans ce sens, mais à la condition expresse que nul traité ne devra être signé ni convenu par le commandant en chef de l'armée.

Pour résumer en un seul mot la situation sur le point essentiel des négociations, c'était, d'après le conseil, à l'impératrice et non au commandant de l'armée à signer les préliminaires de paix. Ainsi, tout en demandant une faveur exorbitante au point de vue militaire, faveur qui ne pouvait avoir de raison d'être qu'en vue de compensations politiques, le maréchal refuse toute espèce de garanties. On ne saurait que l'approuver d'avoir refusé de mettre son nom au bas des préliminaires de paix stipulant une cession territoriale; mais alors pourquoi continuer des pourparlers évidemment sans issue?

Au lieu de s'engager dans une semblable impasse, de placer l'impératrice dans l'alternative d'abandonner l'armée à son sort ou de consentir à un démembrement du territoire, au lieu de lui demander de reprendre une négociation rompue et de la condamner à des supplications inutiles envers un ennemi implacable, ne valait-il pas mieux, si on était dans l'impuissance de sortir, tomber avec dignité, noyer les poudres, détruire les munitions, le matériel, démanteler les remparts, crever les souterrains, ne laisser en un mot à l'ennemi qu'un monceau de ruines? Les situations désespérées commandent les résolutions les plus énergiques. Il n'y avait plus de vivres que pour quelques jours. Il fallait profiter de ce délai pour tout détruire. N'était-il pas trop certain que la démarche du général Boyer ne devait pas aboutir; que l'ennemi allait faire traîner sa mission en longueur, et qu'une fois les vivres épuisés, on serait obligé de rendre la place et le matériel intacts. Il a été demandé au maréchal, si en présence de cette éventualité, il avait proposé au conseil de détruire le matériel. Voici ce qu'il a répondu :

« Il n'a pas été question en conseil de la des-
« truction du matériel, mais si je me suis entretenu
« de cette éventualité avec les généraux Soleille et
« Coffinières, le premier m'a répondu qu'il était
« ennemi de toute destruction, que cela provoquait
« l'indiscipline parmi les troupes et qu'on se met-
« trait, en outre, en dehors des lois de la guerre ;
« que bien certainement l'ennemi userait de repré-
« sailles, surtout dans ses opérations à l'intérieur.

« Le second, à ma demande, combien il lui fau-
« drait de temps, me répondit que c'était une grosse
« opération qui nécessiterait de longs travaux.
« Comme aucun règlement ne prescrit ces mesures,
« je n'ai pas insisté, mais j'aurais certainement ap-
« prouvé, si un de ces chefs de service avait pris
« l'initiative. Une autre observation a été faite, c'est
« que rien n'indiquait que la place de Metz ne ferait
« pas retour à la France après le traité de paix,
« comme cela avait eu lieu pour les places prises
« ou occupées dans les autres invasions. »

Il a été demandé au général Coffinières s'il avait provoqué des ordres auprès du maréchal pour opérer la destruction du matériel. Le général a répondu :

« Qu'il ne l'avait pas fait pour deux raisons prin-
« cipales : la première, c'est que pendant tout le
« cours des négociations, il n'avait été question
« que de l'armée, le sort de la place restant com-
« plétement réservé ; la seconde, c'est que jusqu'au
« dernier moment il avait été catégoriquement
« spécifié que si les conditions que l'ennemi impo-
« serait n'étaient pas parfaitement honorables,
« nous livrerions un combat suprême. Il eût donc
« été nuisible de sacrifier jusque là nos moyens de
« défense. »

Le général Coffinières a enfin ajouté :

« Au dernier moment, le maréchal dirigeant lui-
« même les détails de la capitulation, il ne m'apparte-
« nait pas, il me répugnait souverainement de m'im-
« miscer dans ses affaires... Il est bien évident d'ail-
« leurs, d'après ce qui s'est passé, que si j'avais
« fait cette proposition, elle serait restée sans ef-
« fet, et puisque vous insistez sur ce point, je dois
« vous dire que cette conviction a exercé une in-
« fluence déterminante sur mon esprit. »

Le général Soleille, auquel a été communiquée la déclaration du maréchal, a répondu de la manière suivante :

« Je ne me rappelle pas les termes des con-
« versations que je puis avoir eues avec le ma-
« réchal à ce sujet; je pourrais même nier avoir dit
« que j'étais ennemi de toute destruction, et que
« j'ai été constamment contraire à toute mesure de
« ce genre.

« Je m'abstiens de tout commentaire, et je m'en
« rapporte pour l'appréciation des allégations du
« maréchal au bon sens militaire. »

Autant il était naturel que le maréchal prît l'avis du commandant de l'artillerie et du génie pour régler les mesures d'exécution, autant cet avis lui était inutile pour décider s'il fallait détruire le matériel ou le remettre intact à l'ennemi. Les considérations de l'ordre le plus élémentaire, le simple bon sens indiquent qu'il ne faut pas armer l'ennemi contre son pays. Et si la perspective de voir Metz rendue à la France après la signature de la paix pouvait faire hésiter le maréchal devant le démantèlement de ses remparts, quelle raison pourrait-il invoquer pour justifier la remise intacte à l'ennemi des armes, des munitions, des poudres, des bouches à feu dont il allait nécessairement tirer parti contre nos armées et contre nos places ; il suffit de rappeler que Thionville fut assiégée peu de temps après avec le matériel de l'arsenal de Metz. De pareilles destructions, restreintes même à celles du matériel, devaient, en raison de son immense importance, exiger un certain temps. On était sûr d'en manquer si on exigeait de nouvelles négociations.

En gardant le silence sur cette question du matériel au moment où se discutait l'envoi du général Boyer à Londres, en négligeant de donner des ordres pour le détruire, le maréchal a assumé une lourde responsabilité. L'instruction a dû rechercher avec soin toutes les circonstances se rattachant à cette question. Parmi les dépositions ayant trait à ce point, celle du colonel de Villenoisy et du général Coffinières présentent un intérêt tout particulier.

Le colonel de Villenoisy a déclaré qu'ayant été chargé, par le général Coffinières, de rechercher les conditions obtenues par des garnisons de places fortes dans des conditions semblables à celles de l'armée de Metz, il saisit cette occasion de lui parler de la destruction des armes et des poudres.

« Lorsque mon travail fut fait, a déposé le colonel, il est daté du 21 octobre, je le lui portai, et il me prescrivit de rédiger, sous forme d'article, ce qui concernait la population civile. Le maréchal avait l'air triste et découragé; nous sortîmes ensemble. Je pris en causant la thèse de la destruction des armes et du matériel. Il me répondit ces mots qui m'ont frappé : « Mon cher camarade, « l'ennemi tient à avoir tout en bon état. » — Mais, répondis-je devons-nous soutenir les intérêts des Allemands ou ceux des Français ? — Nous obtenons quelque chose en échange, reprit-il. On laissera aux officiers leurs chevaux et leurs effets. » Il ne m'est pas possible de préciser la date de cette conversation, dont je n'ai compris que plus tard toute l'importance, mais elle est certainement antérieure au retour du général Changarnier, qui eut lieu le 25 octobre, et j'ai ainsi la preuve qu'on connaissait à Metz les conditions imposées par l'ennemi avant la date assignée aux premières négociations par l'ouvrage du maréchal.

Communication a été donnée au général Coffinières de cette disposition. « Je me souviens, en effet, a déclaré le général, avoir eu des rapports avec le colonel de Villenoisy; je le priai officieusement et confidentiellement de faire des recherches pour me mettre en mesure de pouvoir discuter et défendre, le cas échéant, les intérêts de la ville. Il m'a en effet parlé de la destruction du matériel de guerre. »

Interrogé sur ce point, s'il avait su que l'ennemi exigeait que tout lui fût remis en bon état, et que cette exigence était admise par le maréchal Bazaine, le général a répondu que ses souvenirs à cet égard ne sont pas parfaitement précis; qu'il croit cependant pouvoir dire que vers cette époque, c'est-à-dire du 20 au 24 octobre, quelques réflexions ou indications du maréchal faisaient pressentir l'étendue des exigences de l'ennemi.

Il y avait donc entre le maréchal et le quartier général ennemi des pourparlers directs pour les conditions de la capitulation. Ces pourparlers remontent même à une date antérieure au 10 octobre. On en trouve l'indication précise dans les paroles qu'on a déjà citées du général Boyer à M. Bompard : « qu'il venait du quartier général pour avoir des conditions plus douces que celles qui leur avaient été faites, mais qu'il avait échoué dans sa mission. »

La connaissance des conditions imposées alors par l'ennemi a dû être donnée au maréchal au moyen d'une de ces communications fréquentes qui se sont établies entre les quartiers généraux des deux armées.

Le prince Frédéric-Charles et le maréchal Bazaine ont été constamment en correspondance. Quelques-unes des dépêches échangées entre eux figurent au dossier, la plupart ont disparu.

Le maréchal, interrogé à ce sujet, dit que le général Boyer tenait les écritures de ces sortes de documents, et que, lorsqu'il est parti pour l'Angleterre, il aurait laissé à son insu la consigne de les brûler.

Le 11 septembre, une lettre a été remise aux avant-postes de Moulins. Dans une première déposition, le commandant Arnoux-Rivière a déclaré qu'elle venait du prince Frédéric-Charles. Dans une seconde déposition, il a dit que la dépêche en question venait du maréchal. Quoi qu'il en soit, cette dépêche ne se trouve pas au dossier. (Première dépêche supprimée.)

Le 16 septembre, le maréchal écrit au prince pour lui demander des nouvelles de la situation. Il n'existe pas trace de cette lettre dans le registre de correspondance du maréchal. (Deuxième lettre supprimée.)

Le général de Stiehle écrit le 16 septembre pour annoncer le retour du colonel Bonis, dont l'échange a été demandé par le maréchal; aucune trace de cette demande ne se trouve sur les registres de l'état-major ni dans les documents communiqués par le maréchal. (Troisième dépêche supprimée.)

Entre le 16 et le 22 septembre, le commandant Samuel a été appelé par le maréchal pour traduire une lettre du prince Frédéric-Charles annonçant que l'autorisation de se rendre à Versailles était accordée au général Boyer. Cette lettre n'est pas au dossier. (Quatrième dépêche supprimée.)

Régnier a vu dans les mains du maréchal plusieurs lettres du prince. Le général Bourbaki confirme ce dire. Il n'y a au dossier correspondant à cette époque qu'une lettre du prince annonçant les événements. C'est donc au moins une lettre dont il ne reste pas trace. (Cinquième dépêche supprimée.)

Régnier spécifie avoir vu dans les mains du maréchal des minutes de lettres adressées au prince. Il existe aux dossiers une de ces lettres. Du moment où il y en a eu plusieurs, il en manque au moins une, sans même parler de la réponse qu'elle a dû provoquer et dont on n'a pas de trace. (Sixième dépêche supprimée.)

Le 23, un parlementaire apporte une lettre du quartier général allemand. Il existe à la vérité une lettre du chef d'état-major prussien à cette date, qui est relative aux médecins luxembourgeois. Il y est fait mention du rapatriement de neuf médecins luxembourgeois, tandis qu'il n'y en a que sept à Metz; le général de Stiehle a ainsi ménagé un laisser-passer pour Régnier et le général Bourbaki. Mais cette dernière lettre a été rapportée par Régnier le lendemain 24, lors de son retour chez le maréchal. On ne trouve pas de trace de la lettre remise le 23 par le parlementaire. (Septième dépêche supprimée.)

L'incident Régnier est clos par un échange de lettres entre le prince Frédéric-Charles, qui envoie en même temps un télégramme de M. de Bismarck, et le maréchal, qui répond, le 29, une lettre au général de Stiehle; la lettre d'envoi du télégramme n'existe pas. (Huitième dépêche supprimée.)

Quelques jours après parvint au maréchal une note relative à la demande de rentrée à Metz du général Bourbaki. Cette note a dû être accompagnée d'une lettre d'envoi. Devant l'affirmation du maréchal, qui déclare que la note fut simplement remise par un officier parlementaire, nous ne relevons pas de suppression à ce sujet. Le 18 et le 19 octobre, il y eut, entre le maréchal et le prince Frédéric-Charles un échange de lettres au sujet de l'envoi du général Boyer à Versailles. Ces deux lettres manquent au dossier. (Neuvième et dixième lettres supprimées.)

Le général Boyer emporte une lettre pour l'impératrice; son contenu n'a pas été communiqué par le maréchal; il s'est contenté de déclarer qu'elle ne traitait d'aucune question politique. (Onzième dépêche supprimée, postérieurement à ce moment.)

Le maréchal écrit au prince pour lui demander l'autorisation d'envoyer à son quartier général le général Changarnier. Cette lettre ne figure pas au dossier. (Douzième dépêche supprimée.)

Le 28 octobre, le prince Frédéric-Charles, apprenant que des drapeaux avaient été détruits, fait écrire par le général de Stiehle. Il n'est pas fait mention de la lettre écrite par le général de Stiehle au général Jarras, le 29 octobre, bien qu'elle ait également disparu, attendu que le maréchal est étranger à ce fait. Cette lettre importante à connaître a été laissée par lui, dit le général Jarras, dans le cabinet du maréchal. Elle n'est pas au dossier. (Treizième dépêche supprimée.)

La disparition de ces dépêches officielles suffirait à justifier des soupçons; le soin pris par le général Boyer, aide de camp du maréchal, avant son départ pour l'Angleterre, de prescrire de les brûler, met hors de doute que la plupart d'entre elles aient été singulièrement compromettantes.

Les rapports entre le maréchal et le quartier général allemand n'ont pas consisté seulement dans un échange de correspondances.

Comme il a été indiqué déjà, un officier prussien avait été reçu, par le maréchal lui-même, avant l'arrivée de Régnier et postérieurement après l'entrevue qui eut lieu à Longeville entre le général Boyer et un aide de camp du prince Frédéric-Charles, pour s'en plaindre au maréchal.

L'instruction a constaté que dans l'intervalle du 26 septembre au 29 octobre, il y a eu des allées et venues à peu près continuelles entre le quartier général ennemi et celui du maréchal Bazaine.

La déposition du conducteur de la voiture destinée au transport des officiers parlementaires des avant-postes au quartier du maréchal est formelle à cet égard : « Je n'ai jamais passé quatre jours sans avoir à conduire des officiers allemands chez le maréchal. J'estime que pendant mes trente-six jours de service, ce fait s'est produit douze fois au moins. Il m'est arrivé deux fois de conduire au ban Saint-Martin deux parlementaires dans la même journée. »

Selon le maréchal, auquel cette déposition a été communiquée, le nombre des parlementaires venus au quartier général serait seulement de huit. Ces relations, dit-il, n'avaient trait qu'à des affaires générales concernant le service, et non à des relations particulières.

On a fait observer au maréchal, dans le cours de l'instruction, qu'il aurait dû s'abstenir de pourparlers directs avec l'ennemi et laisser ce soin à l'état-major général, ou ne jamais, enfin, dans une conjoncture aussi délicate que des communications avec l'ennemi, sortir des usages réguliers.

Le maréchal s'est contenté de répondre que si, dès le principe, le chef d'état-major général avait reçu les parlementaires au lieu de les faire conduire au quartier particulier du maréchal, on aurait continué. « Pour moi, ajoute le maréchal, cela a été tout simplement une affaire d'habitude, et je n'ai pas vu dans ces relations la gravité que vous leur supposez, et, à cet égard, ma conscience et ma loyauté sont à l'abri de tout regret. »

Malgré cette protestation, on ne peut s'empêcher de blâmer des relations aussi anormales, alors qu'il était si simple de ne traiter ses affaires que par correspondance et par l'intermédiaire de l'état-major général, les parlementaires restant aux avant-postes, ainsi que le prescrit l'article 94 de l'ordonnance du 3 mai 1832 sur le service en campagne. Les rapports avec l'ennemi font également l'objet des dispositions formelles fixées par le décret du 13 octobre 1860 : « Le commandant supérieur doit avoir le moins de communications possible avec l'ennemi. » Pourquoi ces allées et venues continuelles s'il n'existait pas de pourparlers entre le prince Frédéric-Charles et le maréchal Bazaine? Elles devaient s'ébruiter. Non-seulement une certaine nonchalance dans le service, sorte de trêve tacite, devait être la conséquence de semblables relations; mais leur fréquence devait nécessairement provoquer une tendance à se départir vis-à-vis de l'ennemi des exigences de la guerre. On trouve trace de ce sentiment dans l'ordre donné par le maréchal au commandant du fort Saint-Quentin relativement au tir dirigé contre la gare d'Ars, où s'opéraient de grands mouvements de matériel : le quartier général ennemi avait demandé que l'on ne tirât pas sur les bâtiments affectés au service des ambulances où se trouvaient, disait-on, des blessés français intransportables, ce qui équivalait à demander la suspension du feu en raison de la presque impossibilité de régler suffisamment le tir à une distance aussi grande (6,300 mètres) ; le maréchal recommanda d'avoir égard à cette demande.

Or, indépendamment des mouvements d'approvisionnements et de munitions qui avaient lieu sur ce point, beaucoup d'Allemands étaient venus se fixer à Ars ; on y donnait des fêtes dont le bruit parvenait jusqu'à nos avant-postes. Il résulte enfin de la déposition de M. le docteur André, maire d'Ars, que du Saint-Quentin on ne pouvait apercevoir l'ambulance où avaient été laissés quelques blessés français. Il a été demandé au maréchal s'il n'avait pas vu dans ce fait une ruse de l'ennemi pour faire suspendre un tir qui le gênait ; il a répondu qu'en donnant l'ordre dont il s'agit, il n'a pas entendu faire une concession aux ennemis, mais bien se conformer aux lois de la guerre, qui prescrivent d'éviter de tirer sur les hôpitaux, d'autant mieux qu'il croyait qu'il y avait dans les ambulances d'Ars un bon nombre de nos blessés. On sait quel cas l'ennemi a fait, de son côté, de cette réserve en usage jusqu'à ce jour entre les nations civilisées et chrétiennes.

Les explications qu'a présentées le maréchal ne sauraient l'excuser, car il savait que la gare du chemin de fer, à Ars, servait de dépôt de matériel, de poudre et de munitions à l'ennemi ; le brigadier Pennetier, qui, le 14 septembre, lui avait apporté les premiers journaux envoyés par M. André, le lui avait appris.

Un fait de même ordre demande à être relevé au sujet du pont de Longeville. L'on a vu que dans la matinée du 16 août deux arches de ce pont avaient été malencontreusement détruites. La circulation avait été rétablie pour les piétons, lorsque le 20 septembre le maréchal donna l'ordre de reconstituer la voie.

On terminait, le 8 octobre, une des voies, et le 24 octobre la seconde. Cet énorme terrassement était à une bonne portée des batteries ennemies établies à Jussy et dans les environs, que le général Coffinières avait jugé son exécution impossible. Cependant le travail ne fut jamais inquiété. L'ennemi avait compris, en effet, tout le parti qu'il pourrait tirer du rétablissement de la circulation après la prise de Metz, pour envoyer de Thionville le matériel destiné à réduire cette place et pour rattacher la ligne de Sarrebruck au chemin de fer des Ardennes.

On recherche en vain le motif qui a pu porter le maréchal à faire rétablir la voie, puisqu'il jugeait une grande sortie impossible. S'il eût été bien avisé, c'était plutôt le cas de détruire complètement les ponts et d'interrompre ainsi la circulation sur la voie de raccordement.

Comment le silence des batteries allemandes n'a-t-il pas donné à réfléchir au maréchal ? Interrogé à ce sujet, le maréchal déclare que, s'il a fait exécuter ce travail, « c'était pour faciliter les communications entre les 2e, 3e et 4e corps et pour pouvoir faire passer les locomotives au cas où on irait sur Thionville, enfin qu'il ne fallait rien conclure du silence des batteries ennemies, attendu que ce silence était général.

Il avoue n'avoir pas pensé à détruire cette communication, *qui a rendu, dit-il, des services jusqu'au dernier moment*. Il a rendu surtout des services à l'ennemi, ou, pour mieux dire, seulement à l'ennemi.

CHAPITRE IV

Mission du général Boyer auprès de l'impératrice. — Echec définitif des négociations.

Dans la matinée du 19 octobre, le général Boyer partit pour Londres. Il n'entre pas dans le cadre de ce rapport d'exposer les démarches pressantes qui furent tentées par l'impératrice en faveur de l'armée. Ces démarches, qui ne pouvaient aboutir, puisque l'impératrice se refusait à signer les préliminaires de paix imposés par le gouvernement allemand, se continuèrent jusqu'au moment où la nouvelle de la capitulation de l'armée de Metz arriva à Londres.

Mais, dès le 24 octobre, parvint au maréchal Bazaine, par l'intermédiaire du prince Frédéric-Charles, un télégramme de M. de Bismark, ainsi conçu :

« Grand quartier général devant Metz.
« 24 octobre 1870.

« J'ai l'honneur d'envoyer copie à Votre Excellence d'un télégramme arrivé à minuit, et dont voici la teneur :

« A son Altesse le prince Frédéric-Charles, pour le maréchal Bazaine.

« Le général Boyer désire que je vous communique le télégramme suivant :

« L'impératrice, que j'ai vue, fera les plus grands
« efforts en faveur de l'armée de Metz, qui est l'ob-
« jet de sa profonde sollicitude et de ses préoccupa-
« tions constantes. »

« Je dois cependant vous faire observer, monsieur le maréchal, que depuis mon entrevue avec le général Boyer, aucune des garanties que je lui avais désignées comme indispensables, avant d'entrer en négociations avec la régence impériale, n'a été réalisée, et que l'avenir de la cause de l'empereur n'étant nullement assuré par l'attitude de la nation et de l'armée françaises, il est impossible au roi de se prêter à des négociations dont Sa Majesté, seule, aurait à faire accepter les résultats à la nation française. Les propositions qui nous arrivent de Londres sont, dans la situation actuelle, absolument inacceptables, et je constate, à mon grand regret, que je n'entrevois plus aucune chance d'arriver à un résultat par des négociations politiques.

« BISMARCK. »

« J'ai l'honneur, etc.

« Signé : FRÉDÉRIC-CHARLES. »

Le jour même de l'arrivée de ce télégramme, le conseil fut réuni au quartier général pour en recevoir communication.

Les négociations ayant échoué, le moment était venu de livrer ce dernier combat que tous les membres du conseil jugeaient nécessaire le 10 octobre, pour sauver l'honneur des armes. Cette proposition énergique, renouvelée le 18 octobre par le général Coffinières, n'avait été ni écartée ni adoptée. Un grand effort, disons mieux, une tentative désespérée, pouvait donc, par le fait des exigences de l'ennemi, devenir indispensable.

En présence d'une semblable éventualité, tout commandait au maréchal de prendre les mesures propres à élever à la hauteur de cette résolution héroïque le moral de ses soldats, que les privations de toutes sortes auxquelles ils étaient soumis devaient avoir ébranlé.

Le moral de l'armée n'est pas soutenu.

Rien ne fut fait dans ce sens. Bien au contraire, pendant la période de ces dernières négociations, le maréchal semble s'être attaché à détourner l'esprit public des sentiments énergiques.

Le 18 octobre, les commandants de corps avaient reçu l'ordre de communiquer à leurs divisionnaires les nouvelles apportées par le général Boyer. Elles devaient être transmises par eux, en suivant la voie hiérarchique, aux troupes placées sous leurs ordres.

Le même jour, le maréchal porta à la connaissance de l'armée la description des travaux exécutés par l'ennemi pour empêcher toute sortie. Cette nomenclature, divisée en 18 paragraphes, comprenait tout le détail des ouvrages, lignes, batteries, abatis, etc., dont le tracé était représenté sur une carte des environs de Metz, dont les états-majors furent invités à prendre copie. Or, il ressort des témoignages des officiers demeurés dans la place après la capitulation pour opérer la remise du matériel, que ces indications souvent erronées étaient généralement empreintes d'une grande exagération. Les dépositions Merlin, Salanson, Protche ne laissent aucun doute à cet égard.

Le même jour, 18 octobre, communication fut donnée aux généraux et chefs de corps des emplacements occupés autour de Metz par les sept corps d'armée dont se composait l'armée de blocus. Un résumé sommaire de la note détaillée transmise aux commandants de corps avait été, dès la veille, porté à la connaissance du public par la voie des journaux.

« Le décret de 1863 est formel, le commandant supérieur d'une place doit rester sourd aux nouvelles que l'ennemi lui ferait parvenir, résister à toutes les insinuations et ne peut pas souffrir que son courage, ni celui de la garnison qu'il commande, soient ébranlés par les événements. »

Le maréchal a donc formellement manqué à son devoir, en acceptant comme vrais les renseignements que lui transmettait l'ennemi. En les communiquant à ses troupes, il donnait un caractère de probabilité à des nouvelles de source plus que suspecte. Si au lieu de dépeindre la France comme en état de dissolution, il avait conclu de la continuation de la guerre que le pays opposait une résistance désespérée à l'ennemi, il aurait relevé les cœurs au lieu d'abattre leur élan. Il est clair que ce n'est pas en donnant des nouvelles de la nature de celles qu'il transmettait, en y ajoutant le détail des forces qui entouraient l'armée et des ouvrages préparés pour empêcher les sorties de l'armée, qu'on allait exalter le moral des troupes.

Il y aurait eu parti pris de l'abaisser, qu'on n'eût pas agi autrement. Si ces communications avaient du moins été données à titre tout confidentiel aux commandants de corps, de manière à les renseigner sur les obstacles qu'ils pouvaient avoir à surmonter, elles eussent paru toutes naturelles.

Divulguées, au contraire, les résultats qu'elles allaient produire ne pouvaient être que désastreux.

L'on ne saurait y voir que la pensée de convaincre l'armée de la nécessité de capituler et de la préparer à cette extrémité humiliante.

Influence exercée sur la presse locale.

Le maréchal ne se bornait pas à agir sur l'esprit de ses soldats par les publications que nous venons de rappeler ; depuis longtemps déjà la direction de la presse locale était exercée dans le même sens. Des épreuves de journaux étaient envoyées chaque jour au grand quartier général, d'où partaient les communiqués destinés à être portés à la connaissance du public.

Le 24 septembre, le 5 et le 16 octobre, on insèra, par ordre, dans les journaux, des notes sur l'effectif et la répartition des forces ennemies autour de Metz. Quel pouvait être le résultat d'une semblable communication, — sinon d'amortir l'élan des troupes, dans le cas où l'on aurait voulu tenter une sortie ?

Lorsque, au contraire, les épreuves des journaux soumises à l'examen contenaient des articles destinés à ramener l'espoir dans l'issue de la lutte, le maréchal en empêchait la publication ; ainsi, on arrête l'insertion d'un article du colonel Humbert, ancien directeur des fortifications à Metz, dans lequel cet officier supérieur cherchait à établir, par des considérations historiques, que la situation n'était pas désespérée, et que les efforts tentés par le pays pouvaient aboutir.

C'est dans le même ordre d'idées que fut supprimé un article de l'*Indépendant de la Moselle*, dans lequel on repoussait l'idée d'une capitulation. On se demande pourquoi fut prise cette mesure au lendemain du conseil dans lequel il avait été décidé, à l'unanimité, que l'on tenterait un effort désespéré si l'ennemi voulait imposer à l'armée des conditions incompatibles avec le sentiment de l'honneur et du devoir.

La publication des nouvelles décourageantes trouvées dans les journaux allemands saisis aux avant-postes ne présentait que des inconvénients; on se demande pourquoi elle fut prescrite par le maréchal.

Nous avons vu qu'en revenant de Versailles, le général Boyer apportait des journaux que lui avait remis M. de Bismark. Deux de ces journaux, envoyés au commandant supérieur de Metz pour être communiqués à la presse, parurent au général tellement en discordance avec l'exposé de la situation de la France faite devant le conseil, qu'il jugea leur publication inopportune et les renvoya au général. — Sur ces entrefaites, l'*Indépendant de la Moselle*, ayant voulu publier un article pour démentir les nouvelles rapportées par le général Boyer, reçut l'avis de ne pas l'insérer. Ce fait caractérise nettement la nature de l'action exercée par le maréchal Bazaine sur la presse, et son intention de diriger les esprits dans une voie favorable à ses desseins, fallût-il dans ce but travestir la vérité.

CHAPITRE V

Conseil du 24 octobre. — Discussion des clauses de la capitulation.

Mission du général Changarnier.

Il fallait se résigner, dit le maréchal dans son mémoire, « parce qu'une tentative de vive force aurait été, dans les circonstances actuelles, un véritable suicide, en offrant à l'ennemi une victoire facile sur une armée épuisée et qui, cependant, n'a jamais été vaincue. C'eût été un crime de sacrifier inutilement des milliers d'existences confiées par la patrie à la responsabilité de chefs éprouvés. »

Il était trop tard, évidemment, le 24, pour engager la lutte; mais tout en l'admettant, il convient de se reporter au 10 octobre, où elle était encore possible. Si ce jour-là, en cachant la vérité sur l'insuccès des pourparlers secrets qu'il avait eus avec l'ennemi, le maréchal a laissé engager des négociations qui ne pouvaient être qu'inutiles, il a assumé sur lui seul la responsabilité des résolutions qui ont rendu impossible le combat qu'exigeait l'honneur des armes. Sur les 17,000 prisonniers français qui ont succombé pendant leur captivité en Allemagne, 11,000 appartenaient à l'armée de Metz. C'est plus de morts que n'en comptaient à l'armée du Rhin l'ensemble des batailles livrées par elle depuis le commencement de la guerre.

On doit donc reconnaître que, loin d'éviter la perte d'un seul homme, la capitulation a eu des conséquences beaucoup plus funestes que celles qu'aurait amenées une lutte suprême.

Et quand même il n'en eût pas été ainsi, n'aurait-il pas été cent fois préférable de voir ces soldats tomber glorieusement sur le champ de bataille, en rendant un dernier service à l'armée et à la France, plutôt que d'aller s'éteindre misérablement dans la souffrance de la maladie et de la captivité?

Mais, si après le 12 octobre il était trop tard pour se battre, il était du moins encore temps de détruire la plus grande partie du matériel. Cette question fut traitée dans le conseil du 24 octobre. Le général Coffinières a déposé comme il suit sur cet incident :

Il avait été question de détruire le matériel de guerre dans ce conseil. La discussion fut très-courte, et un membre exprima l'avis qu'il serait plus digne de ne point se livrer à des destructions qui pourraient faire naître de graves désordres. Cette observation mit fin à la discussion. Le général, interrogé sur le nom de ce membre, a répondu :

« Je ne suis pas assez certain de mes souvenirs pour répondre à cette question. »

Le gouvernement allemand refusant de continuer les négociations, il ne pouvait plus être question que de s'assurer des conditions que le vainqueur allait imposer. Le conseil ne crut pas trouver d'interprète plus autorisé auprès du prince Frédéric-Charles que le général Changarnier, ce glorieux vétéran de nos armées, dont l'intrépidité venait de briller d'un nouvel éclat dans la guerre actuelle.

Le général était chargé de « demander la neutralisation de l'armée et du territoire qu'elle occupait, avec un armistice local permettant le ravitaillement nécessaire, et offrant de faire appel aux députés et au pouvoir constitué, en vertu de la constitution de mai 1870, pour traiter de la paix entre les deux puissances.

« Dans le cas où ce premier article ne serait pas accepté, demander à être interné sur un point du territoire français pour y remplir la même mission d'ordre.

« Enfin, si on ne pouvait rien obtenir, demander, dans les conditions d'une capitulation qui serait imposée par le manque de vivres, que l'armée pût être envoyée en Algérie. »

Il est difficile d'admettre que le maréchal Bazaine ait pensé un moment que de semblables demandes auraient quelques chances d'aboutir. Dès lors, pourquoi descendre à des supplications inutiles? Les heures s'écoulaient, les derniers vivres disparaissaient, et si après l'échec de ces démarches on se décidait enfin à détruire le matériel, le temps devait faire défaut.

Ainsi qu'il était facile de le prévoir, le général Changarnier, après avoir été accueilli par le prince Frédéric-Charles avec courtoisie et déférence, ne rapporta qu'un refus formel et catégorique, il n'était donc plus question que de capituler.

Le 24 octobre, l'intendant Lebrun avait déclaré dans le conseil qu'il ne pouvait plus donner aux troupes qu'un peu de riz et de café pour un jour. Un jour de pain, deux au plus, restaient en outre dans les réserves des corps d'armée.

Les vivres avaient duré plus que ne l'annonçait le général commandant supérieur dans sa lettre confidentielle du 9 octobre.

L'épuisement des ressources militaires l'avait forcé à s'adresser, dès le 13, à l'autorité municipale, afin d'en obtenir les blés nécessaires à l'alimentation des troupes. Le général était décidé en même temps à constituer le comité de surveillance des approvisionnements de siège. Il était assurément peu sérieux de créer le comité de surveillance à un moment où il n'aurait plus à surveiller que des magasins vides, puisqu'on avait cru jusque-là pouvoir s'en passer.

L'émotion produite par la nouvelle donnée le 13, au conseil municipal, fut des plus vives. Elle força le général commandant supérieur à décider, sous la pression de l'opinion publique, le rationnement des habitants à 400 grammes de pain par adulte, à partir du 16, puis à 300 grammes le 19 octobre. L'adoption, pour la population civile, du pain de boulanger employé pour l'armée depuis le 9 octobre, fut ordonnée à partir du 16 octobre.

L'application de ces mesures, les perquisitions exécutées en ville depuis le 12 octobre, le versement dans les magasins de la place des blés appartenant aux corps d'armée, enfin les réserves de pain de ces corps ne laissaient pas prévoir qu'il fût possible de prolonger au delà du 28 octobre la durée des vivres.

Mission du général de Cissey. — Conseil du 26 octobre.

Le maréchal pria le général de Cissey, auquel ses brillants services dans la campagne de 1870 assuraient un accueil distingué de la part de l'ennemi, de se rendre auprès du chef d'état-major allemand pour lui demander les conditions qui seraient faites à l'armée dans le cas d'une capitulation qui ne devait pas comprendre la place de Metz. Il fut répondu au général que les conditions seraient celles imposées à l'armée du maréchal de Mac-Mahon et que le sort de la place ne pouvait être séparé de celui de l'armée. Le protocole sommaire préparé par le général de Stiehle fut remis par le général de Cissey au maréchal Bazaine. Ce document important qui fut communiqué au conseil qui se réunit le 26 octobre, ne figure pas au dossier.

Les conditions principales étaient, d'après la déposition du général Jarras, que l'armée entière était prisonnière de guerre, que la place de Metz devait être remise à l'ennemi, ainsi que le matériel de guerre, les drapeaux, etc.

Ces conditions, dit le général Jarras, furent considérées comme excessives. Les généraux Changarnier et de Cissey étaient de cet avis, mais ils déclarèrent qu'ils ne pouvaient conserver aucun doute sur la rigueur dont l'ennemi userait à notre égard et qu'il fallait s'attendre à ce que les clauses portées sur le protocole seraient rigoureusement maintenues.

« Plusieurs fois ces clauses furent relues et commentées, a déposé le général Jarras ; on cherchait le moyen d'obtenir quelque adoucissement à ces dures conditions. Un membre du conseil émit la pensée que l'ennemi, qui avait exprimé aux généraux Changarnier et de Cissey de véritables sentiments d'estime pour l'armée, ne refuserait peut-être pas à un simple détachement composé de troupes de toutes armes, de rentrer en France ou en Algérie avec armes et bagages, sous la condition de ne pas servir contre l'Allemagne pendant toute la durée de la guerre ; mais les généraux Changarnier et de Cissey exprimèrent l'avis qu'on ne devait pas s'abandonner à cette illusion. Le protocole ne faisait aucune mention des épées des officiers. Un membre émit l'avis que ce n'était que le résultat d'une omission involontaire. Cette opinion fut contestée par un autre membre, et les généraux Changarnier et de Cissey déclarèrent que, sans pouvoir donner aucune affirmation, ils pensaient que l'omission était intentionnelle. Cette discussion fut longue et animée. Le conseil prévit, dès lors, que les clauses du protocole seraient rigoureusement maintenues par l'ennemi ; mais comme il avait déjà reconnu que l'armée, manquant de vivres et dépourvue de cavalerie et d'artillerie, était désormais dans l'impuissance de forcer par les armes les lignes ennemies, il se résigna à accepter d'une manière générale les conditions qu'on venait de discuter.

« C'est alors que, sur la proposition du maréchal Bazaine, ajoute le général Jarras, je fus délégué pour fixer les termes de la convention à conclure et la signer pour le commandant en chef..... Je protestai contre cette désignation, mais il fut répondu que cette mission était dans les fonctions du chef d'état-major.

« On me donna pour instructions d'obtenir tous les adoucissements possibles aux dures conditions qui nous étaient imposées. Je devais demander qu'un détachement, composé de troupes de toutes armes, pût rentrer en France ou en Algérie avec armes et bagages, sous condition de ne pas servir contre l'Allemagne pendant toute la durée de la guerre ; il me fut surtout recommandé d'insister pour que tous les officiers pussent conserver l'épée. Le général Coffinières réclamait pour la ville et les habitants des garanties qui furent admises. Le général Frossard demandait que la bibliothèque et les collections de l'École d'application ne demeurassent pas la propriété de l'ennemi.

« Je crus devoir m'adjoindre deux officiers : le lieutenant-colonel Fay et le commandant Samuel, qui parlait couramment la langue allemande. »

Avant le départ du général Jarras pour Frescati, l'intendant en chef de l'armée vint annoncer au maréchal qu'il avait trouvé du pain pour trois et peut-être pour quatre jours; celui-ci parut y attacher peu d'importance et ne suspendit point le départ de son plénipotentiaire.

Il était cependant de son devoir de profiter de l'ouverture des négociations, qui n'avait été décidée qu'en raison de l'épuisement des ressources. Cette hâte d'en finir était d'autant plus coupable que les règlements imposent à tout commandant de place de tenir jusqu'à la dernière extrémité et de ne pas perdre de vue que *de la reddition avancée ou retardée d'un seul jour d'une place peut dépendre le salut du pays.*

Il semble que le législateur ait prévu dans ce passage les événements qui devaient se dérouler. Alors c'était en effet le moment où l'armée de la Loire entrait en opération et allait entamer dans la direction de Paris la marche qui ne fut arrêtée que par l'arrivée des troupes du prince Frédéric-Charles.

C'était le moment aussi où des négociations étaient engagées par M. Thiers et le gouvernement de la Défense nationale. On sait que ces négociations, sur le point d'aboutir, n'échouèrent qu'en raison de l'émeute provoquée dans Paris par la nouvelle de la capitulation de Metz.

On peut mesurer ainsi quelles pouvaient être les conséquences d'une prolongation de quelques jours.

Le général Jarras fut reçu avec courtoisie par le général de Stiehle. Ils eurent d'abord une conférence tête à tête. Le général Jarras voulut aborder la discussion des clauses principales du protocole; le général de Stiehle dit aussitôt que cette discussion avait déjà été abordée la veille et qu'il n'y avait pas à y revenir; que la mission des plénipotentiaires se bornait, selon lui, à rédiger le texte des clauses mentionnées dans le protocole remis au général de Cissey. Le général Jarras fit observer alors que ces instructions étaient tout autres, et qu'en présence de ce désaccord il lui paraissait nécessaire d'aller en chercher de nouvelles. Le général de Stiehle laissa alors le général s'expliquer; mais sur tous les points il déclara qu'il y avait décision prise par le roi et qu'il ne lui appartenait pas de faire le moindre changement. C'est en vertu de ce motif que le général de Stiehle ne voulut pas admettre l'exception demandée en faveur d'un détachement de toutes armes, ni la condition de laisser les épées aux officiers. Le général Jarras insista avec la plus grande force sur ce dernier point.

Le général de Stiehle, bien que paraissant ébranlé par les arguments que faisait valoir le général Jarras, ne variait pas dans ses déclarations. Celui-ci répéta que les instructions qu'il avait reçues lui interdisaient de signer la convention si elle ne contenait pas cette dernière clause et qu'il allait rentrer à Metz. Il pria en même temps le général de Stiehle d'user de son influence sur le prince Frédéric-Charles pour le décider à demander au roi de revenir sur ses premiers ordres, et ajouter que l'on ne pourrait reprendre les conférences que lorsque la réponse à cette demande serait connue.

Dans cette situation, le général de Stiehle proposa, pour gagner du temps, de procéder de suite à la rédaction des clauses sur lesquelles il n'existait pas de dissidence. Les officiers adjoints au plénipotentiaire ayant été introduits en ce moment, le général allemand présenta les pouvoirs écrits qu'il tenait du prince Frédéric-Charles. Le général Jarras ne s'était pas pourvu des siens, mais il ne mit pas en doute que sa signature eût été acceptée ce soir même, car il était facile de voir que l'ennemi avait hâte d'en finir.

La rédaction de la convention fut donc commencée et suivit son cours. A propos de l'article 3, le général de Stiehle proposait de dire que, pour reconnaître le courage dont l'armée française avait fait preuve, le roi accordait l'autorisation de rentrer en France, en laissant l'épée et tout ce qui leur appartenait, aux officiers qui s'engageraient sur l'honneur à ne pas servir contre l'Allemagne pendant toute la durée de la guerre. Le lieutenant-colonel Fay fit alors remarquer que la meilleure manière consistait, dans ce cas, à étendre cette faveur à toute l'armée plutôt qu'à la restreindre à quelques individus seulement.

Il pensait donc qu'il y aurait lieu de demander les honneurs de la guerre tels qu'ils étaient consentis par les anciens usages : le vaincu défilant en armes devant le vainqueur et déposant ensuite ses armes avant de se constituer prisonnier de guerre. Le général de Stiehle refusa d'admettre cette demande, par la raison que les instructions du prince Frédéric-Charles s'y opposaient.

« A cette question des honneurs de la guerre se mêla bientôt naturellement celle des épées réclamées pour les officiers.

« Le général de Stiehle ne consentit qu'après une longue et pénible discussion à prendre l'engagement de presser le prince Frédéric-Charles de transmettre au roi, en l'appuyant, la demande de laisser l'épée à tous les officiers. En ce qui concernait les honneurs de la guerre, les articles de la convention qui pouvaient s'y rapporter furent rédigés de deux manières pour être rapportés à l'option des commandants en chef des deux armées.

« Ce n'est qu'à trois heures du matin que fut terminé ce pénible et amer travail. Je rendis compte dans la matinée du 27, au maréchal, de ce que j'avais fait, a déposé le général Jarras, en lui soumettant la rédaction de la convention. Il y donna son approbation et déclara qu'il adoptait la rédaction française de l'article en litige. Vers une heure ou deux de l'après-midi environ, arriva une lettre du général de Stiehle, faisant connaître que le prince Frédéric-Charles accordait à l'armée les honneurs de la guerre, et que le roi consentait à laisser les épées aux officiers. C'est alors que pour la première fois le maréchal me fit part de sa résolution de refuser le défilé et les honneurs de la guerre qui y étaient attachés. Je crus devoir insister pour l'amener à ne pas maintenir ce refus, en lui faisant remarquer que les honneurs de la guerre seraient pour l'armée un adoucissement aux horreurs de la capitulation, adoucissement qu'elle ne pouvait manquer d'apprécier; mais je dus me retirer sans avoir rien obtenu.

« D'après la lettre du général de Stiehle, nous devions nous retrouver le même jour, à cinq heures du soir, pour arrêter définitivement et signer la convention. Vers quatre heures et demie, je fus appelé chez le maréchal. Il me rappela d'abord qu'il ne voulait pas consentir au défilé, quand bien même les honneurs de la guerre y seraient attachés, et il me commanda expressément de ne pas laisser introduire cette disposition dans la convention.

« Malgré mes instances, le maréchal persista dans sa résolution. Il ne refusait pas les honneurs militaires, disait-il, mais bien le défilé, et il ajouta qu'il fallait proposer au général de Stiehle d'adopter pour la convention écrite la rédaction dite française, mais à la condition que le défilé n'aurait pas lieu, et qu'en réalité les choses se passeraient conformément à la rédaction dite allemande. Je fis observer de nouveau que les honneurs de la guerre et le défilé étaient inséparables, et qu'il ne fallait pas s'attendre à ce que l'ennemi consentît à agir autrement qu'il l'avait dit dans la convention. C'est alors que le maréchal, pour en finir, m'enjoignit impérativement de refuser le défilé avec ses conséquences, et il ajouta qu'il avait vu dans la journée deux commandants de corps qui lui avaient déclaré formellement être opposés aux honneurs de la guerre ainsi compris, et qu'ils n'admettaient pas le défilé.

« Tout aussitôt le maréchal me chargea de dire au général de Stiehle, pour qu'il en informât le prince Frédéric-Charles, qu'il était d'usage en France, après une révolution, de détruire les drapeaux et étendards qui avaient été donnés aux troupes par le gouvernement déchu, et que, conformément à cet usage, des drapeaux avaient été brûlés. Je crus devoir faire observer à ce sujet qu'il n'était pas sage d'appeler l'attention de l'ennemi sur les drapeaux, et que d'ailleurs le prince Frédéric-Charles ne croirait pas à l'usage sur lequel j'avais ordre de m'appuyer et qui n'était pas connu.

« Le maréchal me dit alors qu'il savait que des drapeaux avaient été détruits et qu'il ne voulait pas que le prince Frédéric-Charles pût supposer qu'il avait manqué à ses engagements ; qu'en tout cas c'était ce que j'étais chargé de dire, et revenant sur le premier sujet de ses instructions, il me dit en finissant : « N'oubliez pas que je ne veux pas de défilé.

« En arrivant à Frescati, j'eus une nouvelle conférence en tête-à-tête avec le général de Stiehle. Je transmis la communication dont j'étais chargé au sujet des drapeaux, et, comme je m'y attendais, le général de Stiehle se montra peu convaincu que l'usage invoqué existât réellement. Afin d'éviter autant que possible la discussion sur cette question, je passai brusquement à une autre, et je lui fis connaître que les dernières instructions du maréchal me prescrivaient de ne pas accepter le défilé. Le général de Stiehle ne comprit pas qu'on refusât à ce moment une disposition qui avait été réclamée la veille avec tant d'instance comme un honneur mérité. Je ne fis qu'une seule réponse, la seule qu'il me fût possible de faire: Je regrettais ce refus, mais mon devoir, si pénible qu'il fût, était de le maintenir, attendu qu'il ne m'était pas permis de m'écarter des ordres que j'avais reçus. J'avais soin de faire remarquer que le refus portait sur le défilé et nullement sur les honneurs de la guerre, et, en réponse, on me faisait l'objection prévue, que l'un était la conséquence de l'autre, et qu'il n'était pas possible de les séparer. Cette discussion se prolongea jusqu'au moment où nous fîmes entrer nos officiers pour terminer le travail que nous avions commencé la veille.

« Cette fois, j'étais muni de pleins pouvoirs qui furent échangés avec ceux du général de Stiehle et nous procédâmes à la rédaction définitive de la convention. Lorsque, à l'article 3, il fut question des drapeaux, le général de Stiehle me demanda de répéter la communication dont j'avais été chargé de lui faire, et m'adressa ensuite sur le nombre des drapeaux déjà détruits des questions auxquelles il me fut impossible de répondre. Je dus même déclarer que j'avais répété intégralement et à peu près littéralement ce que le maréchal m'avait chargé de dire et que je n'en savais pas davantage. A l'article 4, je reproduisis la demande que j'avais faite la veille, relative à l'exception demandée pour un détachement de troupes de toutes armes. Cette demande fut répétée comme elle avait été faite la veille, mais le général de Stiehle exprima son regret de ne pouvoir pas l'accueillir, et il ajouta que l'on avait d'abord pensé à accorder spontanément la faveur que je réclamais, mais qu'en y réfléchissant on avait reconnu qu'une troupe française revenant en France en sortant de Metz provoquerait nécessairement une grande et vive émotion parmi des populations déjà toutes surexcitées. On avait donc dû renoncer au projet primitivement formé. A ce même article 4, je dus dire de nouveau que le maréchal Bazaine m'avait prescrit de refuser le défilé et je répétai tout ce que j'avais dit dans notre tête-à-tête. J'ajoutai seulement, dans l'unique but de ne pas omettre un moyen de solution qui m'avait été indiqué par le maréchal, mais au succès duquel je ne pouvais pas croire, j'ajoutai, dis-je, qu'il serait peut-être possible d'admettre dans la convention la rédaction française, en convenant verbalement que les choses se passeraient effectivement ainsi que l'indiquait l'autre rédaction. Mais cette proposition ne fut pas admise, les dispositions écrites ne pouvant indiquer que ce qui serait fait réellement. Nous étions ainsi ramenés forcément à la rédaction allemande. La rédaction du protocole ne souleva pas d'autre incident. »

CHAPITRE VI

Drapeaux.

Après l'échec de la tentative du général Changarnier dans la journée du 25 octobre et à la suite des pourparlers entre les généraux de Stiehle et de Cissey, le maréchal donna connaissance aux commandants de corps, dans le conseil du 26, des conditions que l'ennemi imposait : l'armée entière prisonnière de guerre, Metz remis à l'ennemi ainsi que le matériel de guerre, drapeaux, etc., telles étaient, a déposé le général Jarras, les conditions principales formulées dans le protocole remis par le général de Stiehle au général de Cissey. A la suite d'une discussion longue et pénible, le conseil allait se séparer lorsque le général Desvaux, s'approchant du maréchal Bazaine, lui dit : « Et les drapeaux ? »

« C'est vrai, » répondit le maréchal, et aussitôt il donna l'ordre à haute voix, a déclaré dans sa déposition le général Desvaux, de porter tous les drapeaux à l'arsenal pour y être brûlés.

Il régnait, paraît-il, une certaine confusion à ce moment dans le conseil, car ni le maréchal Le Bœuf, ni les généraux de Ladmirault et Frossard n'entendirent mentionner que les drapeaux seraient brûlés. Le maréchal Canrobert, de son côté, n'en a aucune souvenance, il se rappelle toutefois qu'une conversation s'engagea sur l'importance qu'il y aurait à régulariser la livraison des drapeaux, par les corps, à l'artillerie.

Quant au général Soleille, auquel devait incomber l'exécution des mesures relatives aux drapeaux, après avoir écrit au président du conseil d'enquête, le 2 mars 1872 :

« Je n'ai nullement le souvenir qu'un ordre verbal relatif à la destruction des drapeaux m'ait été donné le 26 octobre. »

Il a modifié pendant le cours de l'instruction cette première affirmation et a déposé dans les termes suivants :

« Autant que je puis me le rappeler, dans le conseil du 26 octobre, il a été question des drapeaux, et le maréchal a témoigné l'intention de les faire brûler. »

Interrogé sur ce point, si le maréchal lui avait donné des instructions à ce sujet, s'il lui avait notamment prescrit de faire recueillir ce jour même les drapeaux et de les faire porter à l'arsenal pour y être brûlés, le général Soleille a répondu : « Oui, le maréchal m'a donné des instructions verbales à ce sujet, et il m'a prescrit de faire recueillir les drapeaux et de les faire porter à l'arsenal pour y être brûlés. »

Dans une nouvelle audition, le général Soleille a cru devoir revenir sur cette déclaration dont les termes sont cependant aussi précis que possible ; l'instruction ne croit pas nécessaire de suivre le général dans ses contradictions.

Interrogé à ce sujet, le maréchal Bazaine déclare avoir donné l'ordre au général Soleille, dans le conseil du 26, de faire réunir les drapeaux et de les brûler à l'arsenal.

Dans tous les cas, si le maréchal a donné des ordres à ce moment au général Soleille, il n'a rien prescrit directement aux chefs de corps ; la preuve en est que le général Desvaux, qui avait provoqué l'incident et devait en conséquence être le mieux fixé sur le caractère des paroles du maréchal, attendit jusqu'au lendemain 27 pour prendre des dispositions à cet égard, et encore ce jour-là il ne donna d'ordre que sur le vu de la dépêche transmise par le général Soleille aux généraux d'artillerie, dépêche dont il sera parlé ci-après.

Pas plus que les autres commandants de corps il ne se considérait comme étant sous le coup d'un ordre direct du maréchal.

Le général Jarras devait aller, le soir même du 26, arrêter avec le général de Stiehle le texte de la capitulation ; il était donc extrêmement urgent de procéder à la destruction des drapeaux dans la journée et avant le départ du général. Aucun ordre ne fut pourtant donné, ni par le maréchal Bazaine aux commandants de corps, ni par le général Soleille au service de l'artillerie. Si le maréchal voulait sérieusement cette destruction, son inaction, dans une circonstance aussi pressante, est absolument inexplicable ; en effet, et comme on devait s'y attendre, la capitulation avait été signée le soir même. On se fût trouvé le lendemain en présence d'engagements pris, il n'eût plus été possible de procéder à l'opération.

Devant cette situation parfaitement définie pour le maréchal Bazaine et le général Soleille, leur attitude passive demeure une énigme.

La pensée que la destruction des drapeaux pourrait irriter le vainqueur et déterminer le retrait des concessions que l'on espérait obtenir, s'était-elle présentée à l'esprit du maréchal Bazaine ou du général Soleille, et a-t-elle arrêté cette destruction, résolue le matin ? Nul ne le sait.

Le général Soleille est-il venu dans la journée

du 26 faire une démarche auprès du maréchal pour le dissuader de détruire les drapeaux ?

Interrogé à ce sujet, le maréchal a répondu : « Mes souvenirs ne sont pas assez précis pour pouvoir l'affirmer, et je n'ai aucune souvenance à cet égard. » Quoi qu'il en soit, dans la journée du 26, on peut reprocher au maréchal de n'avoir pas donné d'ordre pour les drapeaux aux commandants de corps ; il reste à la charge du général Soleille, qui avait reçu des instructions, de n'avoir pris aucune mesure devant une situation qui ne demandait pas le moindre retard.

Les difficultés qui surgirent dans la conférence des généraux de Stiehle et Jarras ayant fait ajourner la signature de la capitulation, il était possible, le lendemain 27, de réparer la faute qui venait d'être commise.

Que se passe-t-il, le 27, entre le maréchal Bazaine et le général Soleille ? L'instruction ne peut l'établir ; mais, à l'issue du rapport du maréchal, où se rendait tous les matins le général Soleille, deux ordres sont formulés en dernier : l'un adressé aux généraux d'artillerie des corps, l'autre destiné au colonel de Girels, directeur de l'arsenal. Ces deux ordres sont rédigés simultanément et établis de la manière la plus nette ; entre onze heures et midi, le chef d'état-major d'artillerie avait réuni ses officiers pour faire les expéditions de ces deux ordres ; ces lettres faites, il les avait présentées à la signature du général.

Quelques instants après, la dépêche destinée aux généraux d'artillerie partait seule, et le général Soleille retenait l'ordre pour le colonel de Girels. Ces deux dépêches étaient ainsi conçues :

Aux généraux commandant l'artillerie des corps d'armée.

« 27 octobre 1870, n. 1002. Par ordre du maréchal commandant en chef, les drapeaux et étendards devront être remis, dans la journée, à l'arsenal de Metz. Les drapeaux seront enveloppés dans leurs étuis et transportés dans un chariot de batterie fermé, conduit par un lieutenant et accompagné d'une escorte de quatre sous-officiers à cheval, s'il est possible. Vous voudrez bien vous entendre avec le commandant de votre corps d'armée pour que des ordres soient donnés aux différents régiments dans ce but.

« Je vous prie de vous rendre à mon quartier général aujourd'hui, à deux heures de l'après-midi. »

Au colonel de Girels.

« 27 octobre 1870, n° 1003. — Par ordre du maréchal commandant en chef, tous les corps de l'armée doivent envoyer à l'arsenal leurs drapeaux et étendards. Je vous prie de les recevoir et de les conserver : ils feront partie de l'inventaire du matériel de la place qui sera établi par une commission d'officiers français et prussiens. »

Par ordre du maréchal, ainsi débutaient ces deux dépêches ; il résulte de ces termes que le général Soleille s'est borné à transmettre les ordres du général en chef. Dans sa lettre au maréchal Baraguey d'Hilliers, président du conseil d'enquête sur la capitulation, cet officier général expose qu'il a dû, le 27, transcrire textuellement l'ordre du maréchal, comme c'était son habitude pour toutes les prescriptions émanant du commandant en chef. « La destruction des drapeaux, dit-il, était un fait trop important pour que j'aie pu omettre ou modifier en quoi que ce soit les dispositions qui concernaient cette grave détermination. »

Contrairement à cette assertion, le maréchal déclare ne pas se souvenir d'avoir donné les deux ordres dont il s'agit. Il n'en existe, à la vérité, aucune trace dans les registres de l'état-major ; mais si l'on songe que le maréchal a vu le général Soleille au rapport le matin même du 27, que celui-ci fit rédiger les deux dépêches en quittant le général en chef, on doit reconnaître que la déclaration du maréchal se heurte à toutes les vraisemblances. Évidemment, le général Soleille a dû entretenir au rapport le maréchal de l'affaire des drapeaux et prendre ses ordres.

Est-il admissible que le général Soleille, formulant ses prescriptions au sortir du cabinet du maréchal, ait fait autre chose que se conformer à la volonté de celui-ci ? Est-il croyable que ces mots : « Par ordre du maréchal », placés en tête de ses dépêches, n'aient été qu'un mensonge ?

Ces prescriptions, d'ailleurs, le général Soleille les a qualifiées d'inusitées. Aurait-il pu, dans de telles conditions, en prendre l'initiative et la responsabilité ? Il s'agissait en effet de conserver les drapeaux pour l'ennemi, tandis que l'ordre avait été donné la veille de les détruire.

En nous reportant à l'ordre destiné aux généraux commandant l'artillerie des corps d'armée, nous voyons qu'il n'y est pas fait mention de la destruction des drapeaux. *Ils doivent être remis à l'arsenal* ; rien n'indique ce qu'ils deviendront ultérieurement.

Quant au colonel de Girels, il lui est donné l'ordre de les recevoir et de les conserver ; les drapeaux *feront partie de l'inventaire du matériel de la place, qui sera établi par une commission d'officiers français et prussiens*.

Que conclure de ces deux dépêches formulées simultanément, sinon que le général Soleille, dans la matinée du 27, savait déjà que les drapeaux qui allaient être enlevés aux troupes n'étaient pas destinés à être détruits ?

Cependant, dans la réunion des généraux d'artillerie qui a lieu le 27, à deux heures, le général Soleille leur déclare formellement que les drapeaux portés à l'arsenal *y seront brûlés*, et il s'entretient avec eux de tous les détails relatifs à la remise et à la destruction de ces insignes. A ce moment même, pendant qu'il donne ses instructions, il a sur sa table, en quelque sorte devant les yeux, l'ordre destiné au colonel de Girels, qu'il a conservé par devers lui et où se lisaient ces mots : « Les drapeaux feront partie de l'inventaire du matériel de la place qui sera établi par une commission d'officiers français et prussiens. »

L'ordre transmis le matin aux généraux d'artillerie avait été communiqué par eux aux commandants de corps d'armée. Il ne trouva pas partout le même accueil. Tandis que le général Desvaux s'y conformait sans hésitation et donnait immédiatement des instructions pour en assurer l'exécution, d'autres commandants de corps, notamment le maréchal Le Bœuf, répondirent qu'il leur fallait un ordre direct du général en chef. Le général de Rochebouët ayant rendu compte au général Soleille de cet incident, celui-ci lui fit savoir que des ordres seraient donnés par l'état-major général.

Dès que se répandit dans la garde le bruit qu'on allait enlever les drapeaux, une vive émotion se manifesta spontanément parmi les troupes. Gagné par cette émotion, le colonel Péan, du 1er régiment de la garde, déchire lui-même son drapeau et en distribue les débris, puis il rend compte de ce qu'il vient de faire au général de brigade Jeanningros qui l'approuva et ordonna aussitôt au colonel des zouaves d'agir de même. Le général de division Picard, apprenant ce qui se passe, prévient le maréchal Bazaine et lui demande ce que deviendront les drapeaux que l'on enlève aux troupes. Devant cette situation, le maréchal s'émeut, et, pour couper court à un mouvement qui pourrait gagner le reste de l'armée et dont les conséquences l'inquiétaient, il envoie un de ses officiers à l'état-major pour ordonner de faire savoir aux troupes, sous la forme d'un post-scriptum à une dépêche circulaire relative au service courant, que les drapeaux apportés à l'arsenal seraient brûlés. Ce post-scriptum était ainsi conçu, a déposé le colonel Nugues : « C'est par erreur qu'en donnant l'ordre de faire porter les drapeaux à l'arsenal, on a omis de dire que c'était pour y être brûlés. » Cette circonstance établit d'une façon péremptoire que le maréchal, n'ayant donné lui-même aucun ordre, connaissait parfaitement celui que le général Soleille avait transmis dans la matinée aux généraux d'artillerie.

Ignorant absolument qu'il eût été donné un ordre relativement aux drapeaux, le colonel Nugues, surpris qu'une prescription aussi importante dût parvenir à la connaissance de l'armée sous une forme aussi peu convenable que celle d'un simple post-scriptum, se rend chez le maréchal pour lui soumettre cette observation et rédige sous sa dictée la lettre suivante :

N° 653. *Aux commandants de corps d'armée.*

« Veuillez donner des ordres pour que les aigles des régiments d'infanterie de votre corps d'armée soient recueillis demain matin de bonne heure, par les soins de votre commandant d'artillerie, et transportés à l'arsenal de Metz, où la cavalerie a déjà déposé les siens. *Vous préviendrez les chefs de corps qu'ils y seront brûlés.* Ces aigles, enveloppés de leurs étuis, seront emportés dans un fourgon fermé; le directeur de l'arsenal les recevra et en délivrera des récépissés aux corps.

« Signé : BAZAINE. »

Il est donc manifeste, d'après cette lettre, que les corps vont se dessaisir de leurs drapeaux, avec la conviction qu'ils seront brûlés à l'arsenal.

Après avoir écrit la lettre adressée aux commandants de corps, le colonel Nugues fait observer au maréchal qu'il est nécessaire de prévenir en outre les généraux Coffinières et Soleille : le premier en sa qualité de commandant de place, le second comme commandant en chef de l'artillerie. Le maréchal répond : « Oui, avertissez le général Coffinières qu'il ait à donner des ordres pour recevoir les drapeaux à l'arsenal. *Il est inutile de lui dire autre chose.* » Voici la copie de la lettre rédigée d'après ces instructions et qui porte également le n° 653 :

« Veuillez donner des ordres pour que l'arsenal de Metz reçoive demain matin les aigles des régiments d'infanterie de tous les corps d'armée. Ces aigles seront apportés, enveloppés de leurs étuis, et dans des fourgons fermés, par les soins de l'artillerie. Les généraux commandant les corps d'armée reçoivent des instructions à cet égard. » Cette dépêche, ainsi que l'a voulu le maréchal, ne fait aucune mention de l'incinération des drapeaux.

La lettre au général Coffinières terminée, le colonel Nugues demanda ce qu'il fallait envoyer au général Soleille, commandant l'artillerie. « N'écrivez pas au général Soleille, répondit le maréchal, il pourrait faire des difficultés. Je me réserve d'écrire quand le moment sera venu. »

« Le maréchal, a déposé le colonel Nugues, ne s'est pas autrement expliqué sur la nature des difficultés que son ordre pouvait soulever. » Quelles difficultés pouvait-il redouter du général Soleille, son subordonné? Ne craignait-il pas, au contraire, de le troubler par cet ordre nouveau jeté à la traverse des dispositions que l'instruction a montrées concertées entre eux? Que signifient ces mots *Quand le moment sera venu?* Ce moment n'est jamais venu. Le maréchal n'a pas écrit à ce sujet au général Soleille.

Ainsi, de l'ensemble des prescriptions données jusqu'au 27 au soir, relativement aux drapeaux, il résulte qu'au point de départ, on annonce qu'ils seront brûlés; au point d'arrivée, l'ordre est donné de les inventorier pour les livrer aux Prussiens.

Les dépêches dictées au colonel Nugues furent expédiées dans l'après-midi, entre quatre heures et demie et cinq heures. Aussitôt, le commandant de la garde complète son ordre du matin; en l'émargeant, le général Jeanningros fait suivre sa signature de l'observation suivante :

« Les drapeaux de mes deux régiments ont été détruits par mon ordre, les hampes et aigles sciés, les morceaux distribués à mes deux régiments ; les drapeaux de ma brigade n'iront pas à Berlin ! »

Noble inspiration dont l'événement allait justifier la clairvoyance.

Il est essentiel de faire remarquer que, d'après les ordres transmis par les généraux commandant l'artillerie, la remise des drapeaux devait avoir lieu le jour même 27, tandis que le général ajourna pour le dernier ordre cette remise au lendemain 28. Pourquoi cet ajournement si l'on avait voulu sincèrement brûler les drapeaux ? Rien n'était plus urgent cependant que d'agir, car le général Jarras allait partir pour arrêter définitivement le texte de la capitulation, et il était essentiel qu'il pût assurer, en toute sincérité, au général de Stiehle, lorsqu'on en viendrait à la clause relative aux drapeaux, qu'ils avaient été détruits.

Interrogé sur ce point, le maréchal a répondu qu'en soumettant à sa signature l'ordre pour les commandants de corps, le colonel Nugues fit observer qu'il était très-difficile que cette opération pût se faire dans la nuit du 27 au 28, et c'est sur cette observation que j'ai dit : « Mettez le 28 au matin ; je ne croyais pas qu'il y eût autant de périls dans ce retard, vu les instructions données au général Jarras. »

Le colonel Nugues, auquel a été communiquée la déclaration du maréchal, a répondu : « Je n'ai pas souvenir d'avoir fait cette observation au maréchal sous forme d'objection, mais il est très-possible et naturel qu'en demandant l'heure de l'opération j'aie exprimé cette idée, préoccupé que j'étais d'assurer l'exécution de la mesure et n'étant venu chez le maréchal que pour cela. Il me semble que c'est lui qui m'a dicté à peu près les termes de la lettre... A ce moment je n'ignorais pas l'entrevue de la veille entre le général Jarras et le général de Stiehle, mais j'ignorais absolument la portée de cette négociation et le point où elle en était arrivée. Dans tous les cas, j'étais bien loin de supposer que la capitulation allait être signée le soir même ; sans cela j'aurais été le premier, non-seulement à ne pas proposer un délai, mais à insister pour que la chose se fît d'urgence. »

Quelles étaient les instructions qu'emportait le général Jarras au sujet des drapeaux ? Voici comment cet officier général a déposé sur cet incident devant le conseil d'enquête :

« Le maréchal me chargea de dire qu'il était d'usage, dans l'armée française, après chaque révolution, de brûler les drapeaux et étendards qui avaient été délivrés par le gouvernement déchu et que, conformément à cet usage, des drapeaux avaient été brûlés, sans en indiquer le nombre ; qu'il en faisait prévenir le prince Frédéric-Charles, afin que plus tard il ne fût pas accusé d'avoir manqué à ses engagements. » Le général Jarras ajoute qu'à son arrivée à Frescati, ayant entretenu en particulier de cet incident le général de Stiehle, celui-ci fit observer qu'on lui disait là quelque chose de tout à fait insolite. « Je vis très-bien, dit le général Jarras, que cela signifiait pour lui qu'il n'y croyait pas du tout.

« Lorsqu'on arriva à la question des drapeaux dans la discussion du protocole, le général de Stiehle posa de nouveau la question, et je dus lui répéter ce que le maréchal m'avait dit. Encore une fois, il exprima par ses gestes un doute très-prononcé. »

Le colonel Fay, qui était présent à l'entrevue, précise ce point encore plus nettement dans sa déposition :

« Soit, dit le général de Stiehle, mais il est convenu que tout ce qui n'est pas brûlé à cette heure nous est acquis. »

Quoi qu'il en soit, la convention signée par le général Jarras fut libellée comme il suit au sujet des drapeaux :

« Les armes, ainsi que tout le matériel de l'armée, consistant en drapeaux, aigles, etc., seront laissés à Metz ou dans les forts, à des commissions militaires instituées par le maréchal Bazaine, pour être remis immédiatement à des commissaires prussiens. »

Le projet du protocole de la capitulation, discuté le 26 entre le général de Stiehle et le général Jarras, n'avait soulevé aucune difficulté, sauf en ce qui concernait les honneurs militaires et les épées des officiers. Les drapeaux étaient considérés dans ce projet comme faisant partie du matériel de guerre et devant être remis à l'ennemi. De la sorte, le 27, la discussion ne devait plus porter que sur deux points. Le maréchal était certain que la capitulation allait être définitivement signée le soir même. Pourquoi, dans cette certitude, avoir renvoyé au lendemain l'exécution de l'ordre que venait d'écrire le colonel Nugues ? On ne voit d'autre explication possible que la suivante :

En vertu de l'ordre direct que l'on venait d'adresser aux commandants de corps, les drapeaux allaient être versés à l'arsenal; l'annonce qu'ils y seraient brûlés devait faire cesser toute hésitation à s'en dessaisir et arrêtait ou prévenait de la part des corps de troupes toute initiative de destruction.

En vertu de l'ordre du général Coffinières, le colonel de Girels devait recevoir ces drapeaux, et, conformément aux prescriptions du général Soleille, il allait les comprendre dans le matériel à inventorier.

Ainsi le maréchal avait pris toutes les précautions pour que les drapeaux fussent versés à l'arsenal, et pour qu'une fois réunis dans cet établissement ils ne fussent pas détruits.

Dans ces conditions, ou bien le général de Stiehle admettait l'assertion transmise par le général Jarras, ou il la repoussait : dans le premier cas, on pouvait procéder sans éclat à la destruction des drapeaux ; dans le second cas, une fois la capitulation signée, tout était préparé pour en exécuter les clauses.

Si le maréchal n'eût pas annoncé à l'armée que les drapeaux seraient brûlés, il est hors de doute que les corps auraient procédé spontanément à leur destruction. Elle avait déjà commencé d'ailleurs et ne s'était arrêtée que devant l'affirmation du maréchal. Le maréchal avait pris en apparence l'initiative de cette destruction, mais l'exécution de l'ordre du 27 ayant été ajournée au 28, il n'était plus maître de la situation ; c'était l'ennemi qui allait trancher la question et, quelque peu glorieuse que fût une capture opérée dans de semblables conditions, la solution ne pouvait être douteuse ; une fois aux mains de l'ennemi, on ne pouvait plus discerner si ces insignes avaient été reçus d'un garde-magasin ou conquis sur le champ de bataille. A Berlin, tout devenait trophée. Un seul drapeau a été le prix du combat dans les sanglantes journées autour de Metz, et ce fut un drapeau prussien, celui du 2ᵉ bataillon du 16ᵉ régiment d'infanterie. Il fut pris le 16 août par un officier du 57ᵉ régiment qui faisait partie de la division de Cissey.

Quel succès pouvait-on d'ailleurs espérer du subterfuge que le général Jarras allait tenter de faire accepter par l'ennemi auprès duquel le maréchal avait conservé sa qualité de commandant des forces impériales ?

Comment pouvait-on arguer, dans cette circonstance, d'un changement de gouvernement, alors que depuis près d'un mois le maréchal cherchait à traiter au nom de l'impératrice ?

La véritable pensée du maréchal était-elle bien de soustraire les drapeaux à l'ennemi ? Le passage suivant du général Jarras jette un doute sur ce point :

« Le maréchal me dit qu'il savait que des drapeaux avaient été brûlés et qu'il ne voulait pas que le prince Frédéric-Charles pût supposer qu'il avait manqué à ses engagements. »

Quels étaient ces engagements pris, puisque la capitulation n'était pas signée ? Ces paroles semblent trahir chez le maréchal une préoccupation bien différente de celle qu'il a indiquée. Il ne s'agissait plus pour lui de sauver les drapeaux qui restaient, il fallait s'excuser près du prince de n'avoir pu les conserver tous.

Si on rapproche des paroles du maréchal Bazaine, rappelées par le général Jarras, l'ordre, donné le 28, dans la matinée, à cet officier général de faire arracher la feuille du registre sur laquelle étaient consignées les prescriptions données la veille, 27, ayant pour but de faire transporter à l'arsenal les drapeaux pour y être brûlés, l'interpellation que nous venons de formuler acquiert un grand degré de probabilité. Elle seule donne une explication plausible de la suppression de l'ordre du 27, ordre antérieur à la signature de la capitulation.

Quoi qu'il en soit à ce sujet, alors que le commandant en chef de l'armée française descendait à de tels procédés, l'instruction constate qu'il n'avait qu'un mot à dire, avant de laisser partir le plénipotentiaire qui allait engager l'honneur de l'armée, pour que les drapeaux fussent détruits par les chefs de corps. Du reste, quelques-uns allaient se charger de ce soin.

Le général de Laveaucoupet a répondu en ces termes à la demande qui lui a été adressée pendant le cours de l'instruction, au sujet de la remise des drapeaux appartenant aux régiments de la division qu'il commandait :

« J'ai dit aux porte-drapeaux : Vous allez vous rendre à l'arsenal, vous demanderez que les drapeaux soient brûlés devant vous ; cela fait, vous viendrez m'en faire votre rapport, que vous signerez. Si les drapeaux ne sont pas brûlés devant vous, vous les rapporterez ici et vous recevrez des ordres.

« Les drapeaux ont été rapportés ; alors j'ai donné l'ordre suivant :

« Vous allez rentrer à vos régiments et, avec la plus grande publicité possible, les drapeaux seront brûlés. J'assume sur moi seul la responsabilité de l'ordre que je vous donne ; on me rendra compte de son exécution dans la journée.

« Dans la journée, j'ai reçu l'avis que les drapeaux de la division avaient été brûlés ; par suite d'une circonstance qu'on n'a pu apprécier, le drapeau du 63ᵉ ne le fut pas. »

Nous lisons dans la déposition du général Lapasset :

« Le 27 octobre, à neuf heures du soir, je reçus de l'état-major du 2ᵉ corps la lettre confidentielle nᵒ 1243, prescrivant de remettre à l'artillerie les drapeaux de nos régiments.

« Ils devaient être transportés à l'arsenal de Metz pour y être brûlés. Je ne pus me faire à cette idée : les drapeaux pour moi représentaient la patrie ; ils avaient été confiés à notre honneur et à notre courage ; les livrer me sembla chose impossible.

« Le lendemain 28, avant le point du jour, je rassemblai mes colonels ; je leur lus la lettre, ils part de mes sentiments, qu'ils partagèrent, et je leur donnai l'ordre de brûler les drapeaux en présence de leurs officiers et de m'apporter les procès-verbaux de l'opération.

« Le fait fut immédiatement accompli, et c'est alors que je répondis au général commandant en chef le 2ᵉ corps :

« Mon général, la brigade mixte ne rend ses « drapeaux à personne et ne se repose sur personne « de la triste mission de les brûler, elle l'a accom- « plie elle-même ce matin; j'ai entre les mains les « procès-verbaux de cette lugubre opération. »

Dominé par des sentiments semblables, le général Pédé Arros, commandant l'artillerie de la garde, envoyait de grand matin son chef d'état-major, le colonel Melchior, porter les drapeaux à l'arsenal, et, dépassant les instructions du maréchal, le général prescrivit au colonel Melchior de les faire brûler devant lui.

Peu d'instants après, arrivait, dans la matinée du 28, au colonel de Girels, cet ordre de recevoir les drapeaux et de les inventorier, daté du 27, que nous avons vu formulé par le général Soleille. Il était en retard de vingt-quatre heures. D'où provenait ce retard ?

La dépêche destinée au colonel de Girels, qui, nous l'avons déjà indiqué, était encore entre les mains du général Soleille lorsqu'il reçut les généraux d'artillerie, fut conservée toute la journée du 27 dans le cabinet du général Soleille. C'est le 28 au matin, seulement, que son aide de camp la remit au bureau de l'état-major d'artillerie, la fit enregistrer et l'expédia à l'arsenal.

L'instruction a dû se demander pour quel motif le général Soleille avait arrêté l'envoi de cette dépêche. En rapprochant ce retard des prescriptions données aux généraux d'artillerie, qui étaient en si complète opposition avec l'ordre envoyé au colonel de Girels, on ne peut trouver d'autre explication que la suivante :

Il fallait éviter que le sort qu'on réservait aux drapeaux pût s'ébruiter par une révélation partant de l'arsenal, qui aurait, en éclairant l'armée sur la contradiction des ordres donnés, compromis le succès de toutes les manœuvres. C'est par la même raison que le maréchal avait évité de spécifier, dans l'ordre dicté au colonel Nugues par le général Coffinières, que les drapeaux seraient brûlés à l'arsenal.

Le général Soleille a déclaré n'avoir pas eu connaissance, dans la soirée du 27, de l'ordre direct du maréchal avertissant les troupes que les drapeaux apportés à l'arsenal y seraient brûlés, et que la remise de ces drapeaux serait retardée jusqu'au lendemain 28.

Cette circonstance eut fortuitement une conséquence heureuse. Elle permit à quelques officiers, notamment au colonel Melchior, de brûler leurs drapeaux et au colonel de Girels de détruire les étendards confiés à sa garde avant que la signature de la capitulation fût connue.

Dans la matinée du 28, le maréchal réunit en conseil les commandants de corps d'armée et d'armes spéciales. Le général Jarras rendit compte de sa conférence avec le général de Stiehle et donna connaissance du protocole de la convention qu'il avait signée. Les termes formels de l'article 3 constituant, en ce qui concernait les drapeaux, une situation nouvelle, on ne pouvait plus les détruire.

Le général Frossard s'écria, en entendant la lecture de cet article : « Mais les drapeaux sont brûlés ! Cette clause ne pourra pas être exécutée... Le maréchal, a ajouté le général Frossard dans sa déposition, nous fit entendre qu'il avait dû arrêter l'exécution de l'ordre qui prescrivait de les brûler. »

La réponse du maréchal était inexacte, il n'a pas arrêté l'incinération des drapeaux, puisque, tout en l'annonçant, il ne l'a jamais ordonnée.

En effet, le soin de régler les détails d'exécution incombait au directeur de l'arsenal seul ; or, nous le répétons, les ordres donnés au colonel de Girels n'ont jamais eu qu'un but : *la conservation des drapeaux*.

Le maréchal Bazaine cherche à expliquer au conseil la non-exécution de l'incinération des drapeaux par les retards provenant des hésitations des commandants de corps. Aucune protestation ne s'éleva au sujet de ce déplorable incident, sur lequel la vérité vient seulement de se faire jour.

Devant l'accomplissement définitif du désastre disparaissait sans doute le sentiment de cette dernière amertume. Mais, lorsque l'armée et plus tard la nation apprirent l'humiliation qui, alors qu'on pouvait l'éviter, avait été réservée à ces emblèmes sacrés, la conscience publique, atteinte dans ses sentiments les plus nobles, se redressa de toute sa hauteur contre les défaillances du maréchal Bazaine, qui, en cherchant à abuser l'ennemi par ses subterfuges, n'avait trompé que la confiance de ses propres soldats.

Les sentiments qui animaient l'armée en ce moment allaient trouver un digne interprète. Écoutons le colonel de Girels ; c'est l'honneur qui va parler :

« Le 27 octobre, à cinq heures du soir, j'appris que la place était comprise dans la capitulation qui se négociait pour l'armée. Je me rendis immédiatement à l'arsenal pour y accomplir un devoir qui me tenait à cœur :

« Huit étendards m'avaient été confiés par sept régiments de cavalerie et un d'artillerie. J'allai donner l'ordre de les brûler ; il était trop tard pour faire le soir cette opération, qui eut lieu le lendemain matin, avant que je n'eusse reçu aucune communication au sujet des drapeaux de l'armée.

« Je n'avais pas cru avoir besoin d'ordre pour prendre une mesure qui, dans ma pensée, aurait été prise par les colonels à qui ces drapeaux appartenaient s'ils les avaient eus à leur disposition.

« Le 28, entre huit heures et huit heures et demie du matin, une demi-heure environ après la destruction de ces étendards, je reçus notification d'un ordre qui prescrivait aux chefs de corps d'envoyer leurs drapeaux à l'arsenal. En me communiquant cet ordre, le général commandant en chef l'artillerie me prévenait que les drapeaux et tout le reste du matériel seraient conservés pour être inventoriés...

« A neuf heures environ, un adjudant-major d'infanterie vint dans mon bureau, il me présenta le reçu de son drapeau en me disant : « Mon colonel, « je viens de remettre mon drapeau, ou m'en a « donné reçu ; mais le colonel de mon régiment « m'a ordonné d'assister à sa destruction. » Il me montra en même temps la copie d'un ordre donné par la voie hiérarchique ordinaire aux chefs de corps, d'envoyer les drapeaux à l'arsenal, en les prévenant qu'ils y seraient brûlés. Ce fut la première nouvelle que je reçus d'un ordre semblable. J'en eus une certaine émotion : je pris sur ma table l'ordre complétement contraire qui me prescrivait de les conserver, et je le montrai à l'adjudant-major. Cet officier se mit à pleurer. Je lui pris les mains et lui dis : « Mon cher capitaine, en présence de deux ordres opposés, il y a pour nous une certaine liberté d'action. Voici ce que je vous offre : vous avez un reçu qui vous a été donné par un garde ; il doit rester étranger à la responsabilité de de ce que nous ferons. Rendez-lui son reçu, je vais l'autoriser à vous rendre votre drapeau et vous en ferez ce que vous voudrez. »

« Derrière moi se trouvait un officier d'infanterie qui était dans la même position et que je n'avais pas encore vu. Tous deux se concertèrent et me demandèrent la permission de réfléchir un instant. Ils sortirent de mon bureau et y rentrèrent au bout de quelques moments. Ils me demandèrent à aller prendre de nouvelles instructions auprès de leur colonel. « Faites ce que vous voudrez, » leur dis-je immédiatement après et sous l'émotion de cette scène, j'écrivis au général Soleille ces quelques lignes :

« Mon général, des officiers apportent des dra-
« peaux à l'arsenal avec un ordre qui prescrit de
« les détruire, ce qui est complétement contraire à
« l'ordre que vous m'avez transmis il y a une
« heure. Je vous prie de faire cesser aussitôt que
« possible une position qui est très-pénible. »

« J'envoyai de suite ce billet, mais le général était au ban Saint-Martin et je devais attendre la réponse assez longtemps, ce qui m'imposait une attente vraiment douloureuse. Je sortis de mon bureau très-agité. Je n'avais pas la résolution de faire brûler tous les drapeaux, mais en face de deux ordres contradictoires cette pensée bouillait dans ma tête....

« Vers onze heures le général Soleille vint en personne apporter la réponse. Il m'expliqua la contradiction de ces ordres de la manière suivante : Il me dit qu'on avait espéré sauver les drapeaux en faisant annoncer par le plénipotentiaire que le changement politique les avait fait détruire, mais que le plénipotentiaire ennemi avait souri d'un air d'incrédulité et avait répondu : « Il est possible que quelques drapeaux aient été détruits, mais je vous garantis que tous ne l'ont pas été et il faut les con server. » C'est à la suite de cette communication que le maréchal a donné un second ordre contraire au premier, celui de conserver les drapeaux. Le général ajouta que l'ennemi tenait beaucoup à cette clause de la convention et qu'il en faisait une condition expresse. »

Tel est le récit du colonel de Girels.

L'explication donnée par le général Soleille ne pouvait s'appliquer à l'ordre de conserver les drapeaux adressé au colonel de Girels, qui fut rédigé bien antérieurement au départ du général Jarras, et, par suite, à la réponse du plénipotentiaire prussien. Tout ce qu'il est permis d'en conclure, c'est que le retard apporté à l'incinération n'était pas accidentel ; car, s'il en eût été ainsi, le général l'aurait dit et n'aurait pas eu besoin de chercher à l'expliquer par des motifs dont l'inexactitude flagrante ressort de la date même de l'ordre donné au directeur de l'arsenal. Une des clauses les plus pénibles de la capitulation allait être exécutée dans toute son intégrité. Ainsi le voulait le respect de la parole donnée.

Inquiétude de l'ennemi au sujet des drapeaux, lettre du général de Stiehle.

Mais pendant que l'on se conformait loyalement aux prescriptions de la capitulation, les méfiances de l'ennemi, éveillées par les insinuations du maréchal, allaient lui infliger une dernière humiliation.

Vers deux heures de l'après-midi de ce même jour 28 octobre, arrivait au quartier général une lettre, émanant du général de Stiehle, au sujet des drapeaux, adressée au général Jarras et que celui-ci porta au maréchal. Cette lettre a disparu depuis ; ni le maréchal ni le général Jarras ne peuvent dire ce qu'elle est devenue. On ne peut donc savoir tout ce qu'elle contenait. Quoi qu'il en soit, son arrivée excite un grand émoi. On court chercher le général Soleille ; il est absent ainsi que son chef d'état-major ; son aide de camp, le commandant Sers, arrive en toute hâte.

« Je trouvai le maréchal dans son cabinet, a déposé cet officier supérieur, avec le général Jarras ; il paraissait fort ému. Il me lut un passage d'une lettre du chef de l'état-major de l'armée ennemie, ainsi conçu : « Je n'ai jamais entendu par-
« ler des règlements que vous invoquez pour la
« destruction des drapeaux et des étendards. Arrê-
« tez donc cet incendie et faites-moi connaître le
« nombre de drapeaux restants. Si le nombre ne
« me semble pas suffisant, aucune des stipulations
« de la convention ne sera exécutée. »

« Le maréchal me donna l'ordre de communiquer verbalement et sans retard la teneur de cette lettre au général Soleille, qui aurait à lui rendre compte des mesures prises et à lui faire connaître le nombre des drapeaux restants. Je courus chercher le général Soleille ; je le rencontrai revenant à la porte de France. Il me répondit : « C'est bien ! » et se fit conduire chez le maréchal. »

Le général Soleille annonça alors au maréchal, et celui-ci l'a déclaré, qu'il avait été apporté environ quarante et un drapeaux à l'arsenal. Malgré cette affirmation et par un surcroît de précaution, le maréchal formula l'ordre suivant au colonel de Girels :

« 28 octobre 1870.

« D'après la convention militaire signée hier au soir, 27 octobre, tout le matériel de guerre, étendards, etc., doit être déposé et conservé intact jusqu'à la paix ; les conditions définitives de la paix doivent seules en décider.

« En conséquence, le maréchal commandant en chef prescrit de la manière la plus formelle au colonel de Girels, directeur d'artillerie de Metz, de recevoir et de garder en lieu fermé les drapeaux qui ont été ou seront versés par les corps. Il ne devra, sous aucun prétexte, rendre les drapeaux déjà déposés, de quelque part que la demande en soit faite.

« Le maréchal commandant en chef rend le colonel de Girels responsable de l'exécution de cette disposition, qui intéresse au plus haut degré le maintien des clauses de la convention honorable qui a été signée et l'honneur de la parole donnée.

« Le maréchal commandant en chef,

« BAZAINE. »

Aussitôt cet ordre donné, le général Soleille le porte lui-même au colonel de Girels. Puis il se rend dans la salle où étaient les drapeaux et les compte. Il y en avait 53.

Pendant ce temps, le maréchal, rassuré sur la conservation des drapeaux, faisait répondre par le général Jarras à la sommation hautaine du général de Stiehle dans les termes suivants :

« Je me suis empressé de mettre sous les yeux de S. Exc. le maréchal Bazaine la lettre que je viens de recevoir de vous, datée de ce matin, à onze heures et demie. Je suis chargé par M. le maréchal de vous dire de nouveau qu'il est d'usage en France de livrer à l'artillerie, pour y être détruits, les drapeaux après la disparition des gouvernements qui les ont remis aux troupes. Notre histoire présente à cet égard des exemples, qui sont malheureusement trop nombreux.

« Pour satisfaire d'ailleurs au désir exprimé par Son Altesse Royale, S. Exc. le maréchal Bazaine m'ordonne de vous faire connaître qu'aucun drapeau n'a été brûlé après la signature de la convention, et que ceux qui ont été déposés à l'arsenal, au nombre de 41 environ, seront versés à la commission spéciale.

« Je dois ajouter que la cavalerie légère et l'artillerie n'emportent jamais leurs étendards en campagne. Quant à la grosse cavalerie, elle les avait déposés par ordre, dans les premiers jours d'août, à l'arsenal. Tous ont été expédiés à Paris avant le blocus. »

Le lendemain 28, le général Stiehle écrivait au général Jarras pour le féliciter au nom du prince Frédéric-Charles de la manière dont avaient été remplies les clauses de la capitulation relatives au matériel. Le commandant Samuel a déposé que cette lettre commençait par ces mots : « Je me félicite avec vous... » mais le général Jarras et le capitaine Guédin affirment que cette expression ironique et méprisante ne s'y trouvait pas. Cette lettre a également disparu. Il n'a donc pas été possible de préciser ce point.

De cet exposé se dégage invinciblement la conclusion suivante : Le maréchal Bazaine n'a jamais voulu détruire les drapeaux de l'armée.

Il ne l'a pas voulu le 26, puisqu'il n'a donné ce jour-là aucun ordre formel à l'appui des propos insuffisants et à peine entendus dans le conseil du matin, puisqu'il a souffert surtout que le général Soleille demeurât toute cette journée dans une inaction trop compromettante pour avoir été spontanée.

Il ne le voulait pas davantage le 27, lorsque, par une circonstance heureuse, la signature de la capitulation, retardée de vingt-quatre heures, laissait encore toute cette journée pour réparer l'inaction de la veille. Les ordres formulés dans la matinée par le général Soleille, en sortant du rapport chez le maréchal, ne témoignent que d'un dessein, celui de les conserver.

Il ne le voulait pas non plus dans l'après-midi du 27, puisqu'en avisant les corps que les drapeaux seront brûlés, il ajournait l'exécution de cet ordre au lendemain 28, sachant bien pourtant que la signature de la convention allait lui lier les mains à ce moment même.

Si le maréchal Bazaine avait voulu brûler les drapeaux, l'ordre en aurait été donné au directeur de l'arsenal. Il y avait un moyen encore plus simple, c'était de confier ce soin aux chefs de corps. Un mot suffisait et les drapeaux de l'armée française ne seraient pas à Berlin.

Ce mot, le maréchal Bazaine ne l'a pas prononcé. Aussi l'instruction n'hésite pas à déclarer, dans cette circonstance douloureuse, que le maréchal Bazaine a manqué à son devoir et à l'honneur.

CHAPITRE VII

CAPITULATION.

Le 28 octobre au matin, le conseil fut réuni pour entendre lecture des clauses de la capitulation. Le conseil donna son approbation au protocole et à son annexe. Ce protocole était ainsi conçu :

« Article premier. — L'armée française, sous les ordres du maréchal Bazaine, sera prisonnière de guerre.

« Art. 2. — La forteresse de la ville de Metz avec

13

ous les forts, le matériel de guerre, les approvisionnements de toute espèce, et tout ce qui est propriété de l'État, seront rendus à l'armée prussienne, dans l'état où tout cela se trouve au moment de la signature de cette convention.

« Samedi, 29 octobre, à midi, les forts de Saint-Quentin, Plappeville, Saint-Julien, Queuleu, Saint-Privat, ainsi que la porte Mazelle (route de Strasbourg), seront remis aux troupes prussiennes.

« A dix heures du matin de ce même jour, des officiers d'artillerie et du génie, avec quelques sous-officiers, seront admis dans lesdits forts, pour occuper les magasins à poudre, et pour éventer les mines.

« Art. 3. — Les armes, ainsi que tout le matériel de l'armée, consistant en drapeaux, aigles, canons, mitrailleuses, chevaux, caisses de guerre, équipages de l'armée, munitions, etc., seront laissés à Metz et dans les forts à des commissaires militaires institués par M. le maréchal Bazaine, pour être remis immédiatement à des commissaires prussiens. Les troupes, sans armes, seront conduites, rangées d'après leur régiment ou corps, et en ordre militaire, aux lieux qui seront indiqués pour chaque corps. Les officiers rentreront alors librement dans l'intérieur du camp retranché, ou à Metz, sous la condition de s'engager sur l'honneur à ne pas quitter la place sans l'ordre du commandant prussien.

« Les troupes seront alors conduites par leurs sous-officiers aux emplacements de bivouacs. Les soldats conserveront leurs sacs, leurs effets et les objets de campement (tentes, couvertures, marmites, etc.).

« Art. 4. — Tous les généraux et officiers, ainsi que les employés militaires ayant rang d'officiers, qui engageront leur parole d'honneur par écrit de ne pas porter les armes contre l'Allemagne et de n'agir d'aucune manière contre ses intérêts jusqu'à la fin de la guerre actuelle, ne seront pas faits prisonniers de guerre ; les officiers et employés qui accepteront cette condition conserveront leurs armes et les objets qui leur appartiennent personnellement.

« Pour reconnaître le courage dont ont fait preuve pendant la durée de la campagne, les troupes de l'armée et de la garnison, il est, en outre, permis aux officiers qui opteront pour la captivité, d'emporter avec eux leurs épées ou sabres, ainsi que tout ce qui leur appartient personnellement. »

C'est ainsi que finit l'armée du Rhin, victime des menées ambitieuses de son chef ; c'est ainsi que fut entraînée dans la ruine de l'armée, la place de Metz qui, abandonnée à elle-même, aurait pu opposer une résistance prolongée à l'ennemi, de manière à attendre le moment de l'armistice. C'est ainsi que la Lorraine devint prussienne.

La campagne de Metz, dont les débuts furent marqués par une série de combats également honorables pour les deux armées, se continua après le 1er septembre par une lutte souterraine. Ce que la force avait noblement commencé, ce fut la ruse qui le termina.

Aux termes de l'article 3 du protocole, le matériel de guerre, drapeaux, armes, etc., devait être remis à l'ennemi. Telle était la conséquence de ces négociations de la dernière heure, dont l'échec n'était que trop certain, et qui avaient fait perdre aux pourparlers décisifs un temps qui aurait suffi non-seulement à détruire le matériel, mais même à démanteler la place.

Nous avons vu quel sort avait été réservé aux drapeaux ; quant aux armes, des mesures furent ordonnées pour assurer leur conservation. Toute tentative de destruction fut arrêtée, et le général de Berkeim, commandant de l'artillerie du 6e corps, ayant, dans les derniers jours, mis ses mitrailleuses hors de service, en fut sévèrement blâmé.

Le bruit avait été répandu avant la capitulation que tout le matériel serait rendu à la France lors de la paix, que cela était convenu avec l'ennemi. En présence de cette éventualité appuyée sur des déclarations officielles que rien ne justifiait, puisqu'il n'en fut jamais question dans la discussion des clauses de la capitulation, le matériel fut réintégré en magasin avec le plus grand soin.

Les troupes, sans armes, devaient être remises à l'ennemi. A Sedan, il n'avait été établi aucune distinction entre les officiers et les soldats pour leur remise aux mains de l'ennemi, et tous les officiers qui préféraient la captivité à l'acceptation des conditions posées pour leur rentrée en France, furent gardés matériellement jusqu'au moment de leur départ. A Metz, au contraire, le maréchal Bazaine stipula qu'après avoir conduit leurs soldats, les officiers rentreraient librement dans l'intérieur du camp retranché ou à Metz, sous la condition de s'engager sur l'honneur à ne pas quitter la place sans l'ordre du commandant prussien. Du moment où le maréchal séparait le sort des officiers de celui des soldats, il aurait au moins dû tracer aux officiers leurs devoirs d'une manière précise, et exclure toute diversité d'interprétation. Les termes de la clause relative aux officiers étaient loin de présenter ce caractère, ce qui fut cause d'une confusion tout à fait regrettable.

Tous les officiers qui engageaient leur parole d'honneur de ne pas porter les armes contre l'Allemagne et de n'agir d'aucune manière contre ses intérêts, jusqu'à la fin de la guerre, furent autorisés à rentrer dans leurs foyers. L'article 256 du décret de 1863 est formel. L'officier ne doit pas séparer son sort de celui de sa troupe. C'est ainsi, d'ailleurs, que le comprirent la presque totalité des officiers de l'armée de Metz. Bien loin de viser cette prescription salutaire éminemment française, car elle correspond au sentiment le plus délicat de l'égalité, l'égalité dans l'infortune, l'article 4 a ouvert la porte à toutes les défaillances, et devant quelle condition ? Prendre l'engagement de n'agir en aucune façon contre les intérêts de l'Allemagne. Cette condition, incompatible avec le patriotisme et le devoir professionnel de la carrière des armes, le maréchal Bazaine autorisa ses officiers à y souscrire. Il ne fut pas le seul, dans le cours de la campagne, déplorons-le, mais il était le plus élevé, et, à ce titre, plus que personne il mérite d'être blâmé sévèrement.

L'article 3 du protocole stipulait : que les armes et tout le matériel de l'armée, etc., seraient laissés à Metz et dans les forts à des commissions militaires, instituées par le maréchal Bazaine, pour être remis immédiatement à des commissaires prussiens.

Immédiatement après la signature de la capitulation, des commissions spéciales furent organisées par le commandant supérieur de Metz, sous la présidence du général Henry. Cette officier général n'eut pour se guider que l'ordre adressé au colonel de Girels par le maréchal Bazaine, dans la matinée du 28 et à l'occasion des drapeaux, et dans lesquels se lisaient ces mots : « D'après la convention militaire signée hier au soir, 27 octobre, tout le matériel de guerre, étendards, etc., devra être déposé et conservé intact jusqu'à la paix ; les conditions définitives de la paix doivent seules en décider. »

« Nous étions convaincus tous que nous allions rendre un service suprême au pays, a déposé le général Henry, en faisant reconnaître à l'ennemi le matériel que nous n'avions plus à lui remettre puisqu'il en était maître et qui devait, selon notre pensée et d'après les phases de la guerre, qui n'était pas finie, faire retour à la France.

« Cela était indiqué dans l'ordre de M. le maréchal commandant en chef, cela était la conséquence même de la mission qui nous était confiée, car les commissions étaient sans but si elles n'avaient eu qu'à remettre un matériel qui était pris virtuellement.

« Les dignes officiers à qui l'on avait donné la douloureuse tâche de remettre aux vainqueurs toutes ces richesses, ont cru de leur devoir de les défendre encore pied à pied, en forçant l'ennemi à les reconnaître en détail, pour qu'à un jour, qu'ils espéraient encore, il pût être obligé de les rendre intégralement ou au moins d'en payer la valeur, car ils ont poussé le soin jusqu'à en faire l'estimation. Je partageais cette opinion. »

On ne saurait que s'associer aux sentiments exprimés par le général Henry. Malheureusement, ce n'étaient pas les conditions de la paix qui devaient décider du sort du matériel, et, contrairement aux déclarations du maréchal, aucune réserve n'avait été faite à ce sujet. Ses déclarations n'eurent qu'un résultat, celui de prolonger, pendant deux mois, les amertumes d'une opération qui, aux termes de la capitulation, aurait dû être immédiate.

Les procès-verbaux officiels constatent qu'il fut remis à l'ennemi :

1,665 bouches à feu, dont 1,136 rayées.
8,922 affûts de voitures.
3,239,225 projectiles.
419,285 kilogrammes de poudre.
13,288,096 cartouches du modèle Chassepot.
9,096,763 cartouches de divers modèles.
124,137 fusils Chassepot.
154,152 fusils de divers modèles.

La valeur de ce matériel et de divers accessoires de toute nature s'élèverait au chiffre total de 36 millions.

Une partie de la poudre remise à l'ennemi avait été fabriquée pendant le blocus. L'usine de la poudrerie s'arrêta seulement le 20 octobre.

Quant à l'arsenal du génie, le travail ne fut jamais suspendu ; les achats des matières premières et la fabrication se continuèrent pendant tout le mois d'octobre, sur l'ordre du commandant supérieur de Metz, qui, consulté par le directeur de l'arsenal, pour savoir s'il y avait lieu d'arrêter les travaux, lui prescrivit de ne rien modifier à la marche de l'arsenal.

Nous avons vu comment fut soulevée et résolue la question des honneurs de la guerre. En présence d'une armée qui avait conscience d'avoir mérité un meilleur sort et qui frémissait à la pensée de subir les hontes d'une capitulation, on ne peut reconnaître qu'il n'eût pas été sage de la faire défiler en si grand nombre en armes devant un ennemi dont l'aspect pourrait déterminer un mouvement spontané et irrésistible de fureur. Disons-le hautement, autant les honneurs de la guerre rendus à un détachement de toutes armes de l'armée française étaient justifiées à tous les points de vue, autant cette mesure étendue à toute l'armée, présentait-elle de difficultés et de dangers. On comprend très-bien que devant des éventualités aussi alarmantes, le maréchal ait renoncé à cette marque de considération pour toute son armée, mais il aurait dû l'accepter pour un détachement. S'il a refusé ce défilé, où sa place était marquée à la tête des représentants de son armée, c'est uniquement par le sentiment de la honte bien naturelle que devaient lui inspirer son inaction et l'échec de ses menées ambitieuses. Si depuis le 1er septembre, au lieu de leurrer son armée par l'annonce d'un départ qui n'avait jamais lieu et de s'engager dans des trames dont il devait être la dupe, il avait livré une série de combats ; s'il avait fait, en un mot, tout ce que lui commandaient le devoir et l'honneur, c'est avec fierté qu'il aurait défilé devant l'ennemi. Le maréchal Bazaine s'est jugé et condamné lui-même en refusant les honneurs militaires que l'ennemi accordait à son armée.

Aux termes de la capitulation, l'armée, la place

et les forts de Metz devaient être remis à l'ennemi le 29 octobre à midi. Le maréchal avait confié aux commandants de corps le soin de fixer le nombre des officiers chargés de conduire les troupes sur les emplacements assignés par l'ennemi. Dans presque tous les corps tous les officiers tinrent à honneur d'accompagner leurs troupes sous leurs ordres. Le maréchal avait quitté dès le matin son quartier général.

Bien que le commandement du maréchal expirât au moment même de la remise officielle de l'armée à l'ennemi, son devoir lui commandait de demeurer jusqu'à la fin au milieu de ses malheureux soldats, pour intervenir au besoin en leur faveur, en cas de difficultés avec l'ennemi. Tout au moins, en quittant l'armée, aurait-il dû laisser à son chef d'état-major le soin de le remplacer dans cette circonstance douloureuse. Une grande confusion, naturellement, résulta du départ du commandant en chef et de son chef d'état-major.

Les troupes avaient reçu, pour chacune des journées du 27 et du 28, la faible ration de 250 grammes de pain seulement, et se trouvaient sans vivres au moment où elles furent constituées prisonnières. Cependant il fut remis à l'ennemi officiellement, provenant tant des magasins des forts que de ceux de la ville, un jour de farine et des quantités proportionnées de lard, riz, sel, café, vin, eau-de-vie. Le lendemain et les jours suivants les fourgons prussiens ramenaient en ville des soldats français morts ou mourant de faim et de misère.

Le prince Frédéric-Charles avait annoncé le 25 octobre au général Changarnier que des approvisionnements avaient été préparés par ses soins pour nourrir l'armée dès qu'elle aurait déposé les armes. Au lieu de stipuler dans le protocole que des vivres seraient distribués aux troupes aussitôt après leur remise à l'ennemi, le maréchal mit en oubli de régler ce point essentiel.

Ainsi, alors que nos magasins contenaient assez de vivres pour la journée du 29, et que l'ennemi avait préparé de son côté des ravitaillements afin de pourvoir aux premiers besoins, les troupes restèrent dans le dénûment. La responsabilité du maréchal se trouve donc doublement engagée dans cette triste circonstance.

Ce douloureux récit ne serait pas complet si l'on ne faisait pas ressortir de combien aurait accru la durée de la résistance, si le maréchal Bazaine avait su imprimer une direction judicieuse aux services des subsistances.

Contentons-nous de dire, et ce sera établi dans le rapport relatif spécial aux subsistances, que si, à partir du 1er septembre, on avait mis en commun toutes les ressources et rationné l'armée et la population, on aurait pu faire durer les vivres recueillis 30 jours de plus, sur le pied de 350 grammes de viande, 500 grammes de pain et 3 kilogrammes de fourrages. Si, en outre, le maréchal avait, dans les premiers jours du blocus, fait rentrer dans le camp retranché les récoltes qui venaient d'être recueillies, on aurait pu gagner en outre 33 jours sur le pied d'une ration de 400 grammes de vin, de 500 grammes de pain, 4 kilogrammes 1/2 de fourrages, soit en tout 63 jours de vivres pour 258,000 rationnaires. Au lieu de capituler le 29 octobre, l'armée aurait pu tenir dans le premier cas jusqu'au 29 novembre, et dans le second jusqu'au 1er janvier.

Si le maréchal Bazaine eût quitté le camp retranché le 1er septembre, la distribution judicieuse des ressources qu'il aurait à Metz eût permis aux 106,000 rationnaires renfermés dans la place de vivre jusqu'au 31 janvier inclus sur le pied d'une ration de 350 grammes de viande, 500 grammes de pain et 4 kilogrammes de fourrages. Si, en outre, du 20 au 29 août, on eût recueilli les ressources immédiatement voisines des camps, la résistance aurait pu être bien autrement prolongée.

Au moment où la pénurie des vivres, pénurie qu'il aurait pu si facilement prévenir, força le maréchal Bazaine à capituler, se rassemblaient sur la Loire, entre Nevers et Blois, cinq corps d'armée français. La cohésion manquait assurément à ces nouvelles levées, mais leur effectif était très-considérable, et les Allemands n'auraient eu à leur opposer, retenus qu'ils étaient par les nécessités du blocus de Paris, que des forces bien inférieures en nombre.

Si l'armée du prince Frédéric-Charles, dont les premières troupes commencèrent à s'ébranler le 24 octobre, et qui atteignit Fontainebleau et Pithiviers vers le 25 novembre, avait été retenue sous les murs de Metz, les conditions de la lutte auraient été tout autres devant Orléans. On ne peut hasarder à ce sujet que des conjectures, mais le succès remporté à Coulmiers par deux corps d'armée français qui ne furent même pas engagés en entier, permet de penser que, sans l'intervention de l'armée du prince Frédéric-Charles, il eût été possible de dégager Paris.

L'on peut donc affirmer qu'en ne prenant pas les mesures nécessaires pour prolonger la durée de la résistance de l'armée et de la place de Metz, le maréchal doit supporter une partie de la responsabilité des revers subis par l'armée de la Loire, revers irréparables et décisifs.

Sedan, Metz, Orléans, le nom du maréchal Bazaine demeurera éternellement attaché à ces trois grands désastres de la guerre de 1870.

On a cru devoir passer sous silence dans ce récit l'examen des diverses questions relatives aux émissaires au service de l'artillerie et aux subsistances ; des développements spéciaux vont leur être consacrés. Ces développements formeront la quatrième partie du rapport, qui sera suivie du résumé général de l'instruction.

PREMIÈRE PÉRIODE

DU 12 AOUT AU 1ᵉʳ SEPTEMBRE

CHAPITRE PREMIER

Destruction des voies ferrées et des lignes télégraphiques. — Classement des émissaires.

Lignes télégraphiques.

Au commencement du mois d'août 1870, le bureau télégraphique de Metz correspondait avec l'intérieur de la France par trois voies différentes : Nancy, Briey et Thionville.

Le 12 août, vers quatre heures du soir, on cessa de communiquer avec Frouard, les fils avaient été coupés par des éclaireurs ennemis aux environs de Pont-à-Mousson ; à dater du 13 août, on ne communiqua plus avec Paris que par Briey et Thionville : la communication subsista par ces deux voies jusqu'au 18 août. Elle fut interrompue avec Briey à quatre heures un quart du soir pendant la bataille de Saint-Privat, et avec Thionville entre six et sept heures du soir.

On ne pouvait songer à rétablir la continuité des fils par Briey, mais sur la ligne de Thionville les conducteurs télégraphiques n'avaient été rompus qu'en un point, près d'Hagondange, par des uhlans ; ils furent réparés dans la matinée du 19 par des agents de la compagnie de l'Est.

La communication télégraphique fut ainsi rétablie le 19, vers midi, et subsista jusqu'à une heure quinze minutes du soir ; à ce moment elle fut de nouveau interrompue et il fallut renoncer à envoyer des surveillants pour la rétablir, car des employés de la compagnie avaient été arrêtés par un fort détachement de troupes ennemies. Un certain nombre de dépêches furent transmises entre midi et une heure quinze du soir et furent les dernières qui purent être échangées entre Metz et l'extérieur.

Telle est la marche de l'investissement de la place de Metz au point de vue de la destruction des lignes télégraphiques. Les agents de ce service ont été abandonnés à leurs propres forces, et l'armée du Rhin a vu couper ses communications sans que la moindre mesure de précaution ait été prise pour retarder d'un jour cette situation pleine de dangers. Cependant, les recommandations du ministre à ce sujet étaient pressantes ; il avait prescrit d'exercer la surveillance la plus active sur les voies ferrées et sur les lignes télégraphiques ; aucun ordre ne fut donné à Metz dans ce sens, et le maréchal Bazaine se borna à écrire de sa main sur la dépêche qui contenait ces instructions : « C'est ce qui a toujours été fait jusqu'à présent. »

L'interruption du service télégraphique entre Paris et nos places fortes de l'Est suivit les progrès de l'invasion.

Thionville, grâce aux fils destinés pendant la paix au service international, est restée en communication avec Mézières et Paris, jusqu'au 21 août, à dix heures du matin ; Montmédy, jusqu'au 31 août, à deux heures du soir, Verdun cesse d'être reliée avec Montmédy le 23 août dans la soirée, et avec Paris, le 24 au matin, date du premier bombardement de la place.

Voies ferrées.

Il en fut de même de nos voies ferrées sur la ligne de Thionville à Metz ; la voie a été coupée à Uckange, le 18 août, vers six heures trente du soir. Le 19, au matin, à neuf heures, cette voie était réparée par les agents de la compagnie, et un train de blessés pouvait partir de Metz vers six heures du matin et arriver à Thionville sans accident.

Le 20, les agents de la compagnie avaient encore réparé la voie à Mézières, le travail fut achevé à deux heures du soir, mais aucun train ne put passer, car l'ennemi faisait sauter à ce moment le pont du chemin de fer sur l'Orne, à Richemont, entre Uckange et Hagondange.

Sur la ligne de Charleville à Thionville, la présence de l'ennemi fut signalée pour la première fois dans la nuit du 18 au 19 août. Un parti d'éclaireurs prussiens coupa la voie à Pierrepont, après le passage du train spécial qui ramenait le commandant Magnan, d'Hayange à Charleville, et qui atteignait ce pont à minuit quinze minutes. Le 19 au matin, les agents de la compagnie avaient replacé les rails enlevés, et, dans la journée du 19 août, depuis huit heures du matin, tous les trains de la ligne des Ardennes ont pu circuler entre Charleville et Thionville.

Le 20, la communication entre ces deux villes resta libre toute la journée, et le service des trains put fonctionner régulièrement ; cependant la voie avait été coupée dans la matinée à Mainbottel, près Pierrepont, mais elle fut réparée presque aussitôt.

Le 21, le train n° 7 (onze voyageurs) partait de Charleville à 4 heures 30 du matin ; sa marche se faisait sans difficultés ; il arrivait à Thionville à 9 heures 10 du matin, son heure réglementaire mais ce fut le dernier train qui put passer. A 8 heures 40 du matin, un groupe de uhlans qu'il rencontra près d'Audun coupa la voie et le télégraphe. La voie fut aussitôt coupée à Fontoy, et les agents de Charleville qui avaient accompagné ce train jusqu'à Thionville ne purent rentrer à leur poste qu'en passant par la Belgique.

Classement des émissaires.

A partir du moment où les lignes télégraphiques ont été interceptées, les commandants supérieurs des places fortes qui restaient encore en communication avec l'intérieur sont demeurés chargés de faire parvenir les dépêches officielles au moyen d'émissaires. Ils firent choix pour ce service d'hommes de bonne volonté, connaissant bien le pays, notamment parmi les agents des forêts et des douanes. Mais les dépêches qui ont été expédiées à cette époque n'ont pas toutes été confiées, à leur point de départ, à l'administration télégraphique ; des émissaires sont partis directement de Paris porteurs de messages pour le maréchal Bazaine ; le commandant Magnan, le général Dejean, les intendants Wolff et de Préval ont cherché, des différents points de la ligne des Ardennes, à se mettre directement en communication avec le commandant en chef de l'armée du Rhin ; enfin, le maréchal de Mac-Mahon, les généraux Ducrot et Margueritte ont fait plusieurs tentatives analogues pendant la marche de l'armée de Châlons.

Le nombre des émissaires mis en mouvement pendant cette période des opérations militaires, a été très-considérable. Pour en donner une idée, il suffira de rappeler que le commandant Magnan déclare en avoir envoyé vingt-sept, et que la seule dépêche envoyée de Courcelles par le maréchal de Mac-Mahon a dû être expédiée à la fois de Verdun, de Longuyon et de Montmédy, par quinze ou vingt émissaires différents.

Malgré toutes les recherches faites jusqu'à ce jour, on n'a pu retrouver qu'un très petit nombre de ces émissaires, par suite des déplacements qui ont été la conséquence de l'option et à cause des difficultés que l'instruction a rencontrées dans les pays annexés ou occupés.

Pour bien apprécier les relations qui ont pu s'établir entre le maréchal Bazaine et l'extérieur, il convient de grouper ces émissaires par catégories, correspondant aux diverses phases des opérations militaires qui ont motivé leur envoi.

PREMIER GROUPE.

PÉRIODE DU 17 AU 19 AOUT.

Les émissaires envoyés de Verdun pendant les journées des 17, 18 et 19 août, soit par le commandant supérieur, soit par le service administratif, avaient pour mission de faire connaître au maréchal Bazaine les ressources en vivres et en munitions qui l'attendaient dans cette place et de lui demander des instructions en prévision de la retraite de l'armée du Rhin par Verdun.

Parmi ces émissaires figurent :

Scalabrino, garde forestier.	Déposition	n° 115
Paiant,	id.	id.	n° 146
Braidx,	id.	id.	n° 148
Fissabre,	id.	id.	n° 140
Guillemain,	id.	id.	n° 149
Sartelet,	id.	id.	n° 147

DEUXIÈME GROUPE.

PÉRIODE DU 19 AU 22 AOUT.

L'empereur, sous la pression de la régence, a renoncé le 18 à battre en retraite sur Paris. Il a demandé au maréchal Bazaine de lui dire la vérité sur la situation, afin de régler sa conduite à Châlons. Le commandant Magnan a apporté la réponse du maréchal et est reparti pour Metz avec les instructions de l'empereur, mais il ne rejoint pas le maréchal Bazaine, il se trouve à Montmédy avec l'intendant Préval, parti de Metz en même temps que lui, emportant les instructions secrètes du maréchal, et avec l'intendant général Wolff, ces deux membres de l'administration militaire supérieure s'occupant à rassembler dans cette place de grands approvisionnements en vue de la jonction des deux armées. Tous ces préparatifs se font en dehors de l'action du maréchal de Mac-Mahon, qui n'a aucun renseignement sur la marche du maréchal Bazaine et qui en demande instamment des nouvelles ; mais il ne peut obtenir que des réponses vagues ou des renseignements erronés.

Les émissaires employés pendant cette période se divisent en plusieurs classes.

A. — *Emissaires envoyés de Paris.*

Finelle, employé au chemin de fer de l'Est. (Déposition n° 231.)
Noguès, officier de marine. (Déposition n° 179.)
Un inconnu de Sedan, parti en même temps que M. Noguès.

B. — *Emissaires envoyés de Châlons.*

Rabasse, inspecteur de police à la disposition du colonel Stoffel. (Déposition n° 166.)
Miès, inspecteur de police à la disposition du colonel Stoffel. (Déposition n° 167.)

C. — *Emissaires envoyés par l'intendant général Wolff et par le général Dejean.*

Environ dix émissaires restés inconnus.

D. — *Emissaires envoyés par le commandant Magnan.*

Parmi les nombreux émissaires envoyés par cet officier du 19 au 22 août, l'instruction n'a pu retrouver que les suivants :

Guillaume, d'Audun-le-Roman, déposition n° 93.
Longeaux, brigadier forestier, déposition n° 101.
André, douanier, déposition n° 152.
Fays, garde-frein, déposition n° 153.
Lagneaux, sergent au 79° de ligne, déposition n° 185.
Helloin, garde mobile, déposition n° 157.
Pardal (n'a pas été retrouvé).
Joly, capitaine au 40°, dépositions n°s 27, 99.

Médard, capitaine du génie, dépositions n°s 28, 91, 160.

E. — *Émissaire envoyé de Longwy.*

Guyard, commissaire cantonal.

F. — *Émissaires envoyés de Thionville.*

Mercier, peintre à Thionville, déposition n° 158.
Déchu, garde forestier, dépositions n°s 163, 234.
Flahaut, agent de police, déposition n° 156.

G. — *Envoyés de Metz.*

Louise May, veuve Imbert, dépositions n°s 188 et 161, et quelques-uns des émissaires venus du dehors mentionnés ci-dessus.

TROISIÈME GROUPE

PÉRIODE DU 22 AU 31 AOÛT.

Le 22 août, à neuf heures vingt-cinq du matin, la dépêche du 19, par laquelle le maréchal Bazaine fait connaître qu'il compte toujours opérer sa retraite par Montmédy, arrive à Courcelles. Le maréchal de Mac-Mahon, qui jusqu'alors a résisté à la pression du ministre de la guerre et du gouvernement de la régence, répond immédiatement qu'il se porte dans la direction de Montmédy et qu'il sera le 24 sur l'Aisne, d'où il agira selon les circonstances, pour venir en aide à l'armée de Metz.

Cette dépêche est expédiée par le télégraphe aux commandants de place de Verdun et de Montmédy qui la reçoivent le 22, à onze heures cinquante minutes du matin, et au maire de Longuyon, à qui elle parvient à quatre du soir; ordre est en même temps donné de l'expédier de chacune de ces localités par cinq ou six émissaires différents, et de la faire parvenir à tout prix au maréchal Bazaine.

L'armée de Châlons se met en mouvement. Pendant sa marche, le général Ducrot et le général Margueritte envoient directement des émissaires pour prévenir le maréchal Bazaine ; le maréchal de Mac-Mahon leur adresse, le 26, un nouvel avis.

Cependant, depuis le 19, le maréchal de Mac-Mahon n'a plus eu aucune nouvelle de Metz. Le 27, au Chêne-Populeux, sentant qu'il est sur le point d'être coupé par l'armée du prince royal, il annonce qu'il va se retirer vers l'ouest, s'il n'apprend pas que le mouvement de retraite du maréchal Bazaine est commencé, et il prévient en même temps le ministre. Le général de Palikao déclare à l'empereur que la révolution est dans Paris s'il abandonne l'armée de Metz, et il demande au maréchal de Mac-Mahon, au nom des ministres et du conseil privé, de porter secours au maréchal Bazaine. L'armée de Châlons continue alors sa marche sur la Meuse, puis bientôt est forcée de se replier sur Sedan.

Pendant cette période, un certain nombre d'émissaires mettent en communication le commandant Magnan, qui est toujours à Montmédy ou à Carignan, soit avec Thionville, soit avec l'armée de Châlons; d'autres sont envoyés vers Metz des différentes places voisines ou des localités traversées par l'armée de Châlons.

Les émissaires qui font partie de ce troisième groupe peuvent être classés comme suit :

A. — *Émissaires porteurs de la dépêche du 22, du maréchal de Mac-Mahon.*

Partis de Montmédy.
- Hiégel, douanier, déposition n° 143.
- Simon, douanier, déposition n° 142.
- Sindyc, garde mobile, déposition n° 187.
- Petit, ex-officier, déposition n° 000.

Partis de Longuyon. | Cinq émissaires inconnus.

Partis de Verdun.
- Scalabrino, forestier, déposition n° 145.
- Macherez, tailleur, déposition n° 214.

B. — *Émissaires envoyés par le général Margueritte.*

Quelques émissaires inconnus.

C. — *Émissaire envoyé par le général Ducrot.*

Lagosse, négociant, parti d'Attigny, déposition n° 5.

D. — *Émissaires envoyés par le maréchal de Mac-Mahon.*

Médard, capitaine du génie, accompagné de Guyard, commissaire cantonal à Longwy, dépositions n°s 28, 91, 160.

Rigault, employé de la compagnie de l'Est, déposition n° 34.

E. — *Émissaires envoyés de Thionville.*

Plusieurs émissaires inconnus, porteurs de la dépêche du 22 août, du maréchal de Mac-Mahon.
Lallement, procureur impérial, porteur de la dépêche du 27.
Flahaut, porteur de la dépêche du général Ducrot, déposition n° 156.
Marchal, porteur de la dépêche du général Ducrot, dépositions n°s 84, 342.

F. — *Émissaires envoyés par le commandant Magnan.*

A Thionville : André, douanier, déposition n° 152.
A l'armée de Châlons : Pattée, — n° 170.
Weber, — n° 171.
Lambert, — n° 172.
Chamillard, — n° 173.

G. — *Émissaire envoyé de Sedan.*

Hulme, filateur, à Mouzon.

QUATRIÈME GROUPE

PÉRIODE DU 1er SEPTEMBRE AU 29 OCTOBRE

Le choc décisif a eu lieu à Sedan, mais l'étendue du désastre a dépassé toutes les prévisions, et au lieu d'amener la paix, il a abattu l'empire.

Le gouvernement de la Défense nationale doit, en raison des exigences de l'ennemi, continuer la lutte.

Le maréchal Bazaine est resté inactif : il n'a pas voulu quitter Metz, lorsque cent mille hommes marchaient à son aide, il persistera plus que jamais dans son inaction, maintenant qu'il est seul contre toute l'armée allemande. L'ennemi, qui a pu juger de ses hésitations le 26 et le 31 août, le comprend aisément, mais il veut se prémunir contre une tentative désespérée ; il veut prendre avec Metz, l'armée dont il a ressenti la valeur, sans avoir même à redouter les convulsions de son agonie. Il s'empresse de faire entrevoir la possibilité de négociations ayant pour base une restauration impériale appuyée sur le maréchal Bazaine. Sa voix est aussitôt entendue au Ban-Saint-Martin, et l'agent Régnier peut venir librement à Metz se faire écouter du maréchal et recevoir ses confidences. Aux intrigues de Régnier succèdent les essais de négociations du général Boyer : grâce à ces manœuvres le maréchal peut, jusqu'au jour de la capitulation, entretenir l'armée dans des illusions qui ne se dissiperont que le jour où, captive en Allemagne, elle verra la France continuer une lutte désespérée contre l'envahisseur.

Pendant cette longue et douloureuse période, le maréchal Bazaine a expédié de Metz quelques courriers. Un millier de prisonniers sont rentrés dans la place par voie d'échange ; quelques-uns aussi se sont échappés des convois de l'ennemi, ils ont rapporté des nouvelles de l'extérieur. Enfin, le gouvernement de la Défense nationale a fait les plus grands efforts pour se mettre en communication avec le commandant en chef de l'armée du Rhin. Parmi les émissaires qu'il a envoyés, ceux que l'instruction a pu retrouver, généralement étrangers au pays, n'ont pas dépassé Thionville, mais leur arrivée dans cette place a provoqué diverses tentatives, dont une au moins a été couronnée de succès. (Risse, n° 216.)

Les témoins entendus pour cette période et les agents dont on a retrouvé la trace se répartissent en trois catégories, comme il suit :

A. — *Courrier du maréchal.*

Femme Antermet. Déposition n° 459.

Marc (Émile), Henry (Pierre), soldats au 7e cuirassiers, porteurs de la dépêche du 15 septembre, n° 355.

Un paysan de Donchery, porteur de la même dépêche.

De Valcour, Prieskeswitch, Courtial, Vernet, porteurs de la dépêche du 21 octobre.

B. — *Prisonniers rendus ou évadés. — Porteurs de journaux ou de nouvelles.*

Lejoindre, capitaine, arrivé le 10 septembre, déposition n° 26.

Pennetier, brigadier, arrivé le 14 septembre, déposition n° 192.

Delamarre, sous-lieutenant de cavalerie, arrivé le 17 septembre, déposition n° 206.

Archambeau, arrivé le 26 septembre, déposition n° 42.

C. — *Émissaires du gouvernement de la Défense nationale.*

Jacob, parti de Paris, déposition n° 385.

Donzella, marin, parti de Paris, déposition n° 256.

Quatrebœuf, marin, parti de Paris, déposition n° 255.

Lebas, non retrouvé, déposition de M. Gambetta, n° 298.

Clarke, déposition n° 433.

Camus, père et fils, partis de Montmédy, déposition n° 183.

Muller (Jules), parti de Thionville, déposition n° 323.

Calarmon, parti de Thionville, déposition n° 389.

Risse, parti de Thionville, déposition n° 216.

CINQUIÈME GROUPE.

COMPRENANT TOUTE LA DURÉE DU BLOCUS.

Pendant toute la durée du blocus, le nombre des personnes qui, soit pour le service de l'armée, soit pour des intérêts privés, ont pu entrer et sortir de Metz, en franchissant les lignes ennemies, est très-considérable. L'instruction n'a pu en entendre qu'un très-petit nombre, qui forment deux catégories distinctes, savoir :

A. — *Émissaires envoyés en reconnaissance dans les camps ennemis.*

Il suffit de parcourir le registre des renseignements de l'état-major général, pour se faire une idée du nombre des agents employés à ce service, qui, pouvant franchir les lignes ennemies, auraient eu toute facilité, s'ils en avaient été chargés, pour aller chercher et rapporter à Metz les instructions du gouvernement ; on en trouve l'affirmation répétée dans beaucoup de dépositions, notamment dans celle du général Coffinières et de MM. Samuel et Charet. Nous nous bornons à citer parmi les agents de cette catégorie :

Mouth, sous-lieutenant, à Saumur, déposition n° 211. — Altenburger, sous-officier, déposition n° 209. — Tingry, déposition n° 301. — Trussem, dépositions n°ˢ 258 et 276. — Vautier, décédé.

B. — *Gens du pays ou voyageurs ayant franchi les lignes prussiennes.*

1 *bis*. Guépratte, déposition n° 53. — 2. Jeandelise, déposition n° 126. — 2 *bis*, de Viville, déposition n° 125. — 3. Lallouette, déposition n° 127. — 4. Michaut (Elisa), déposition n° 128. — 5. Mangin (Hubert), déposition n° 129. — 15 *bis*. Mangin (Étienne). — 6. Boulanger (Pierre). — 8. Pierre (Pierre). — Esselin, déposition n° 122. — 11. Halanzy, déposition n° 133. — 10. Georgin (Théodore) n° 134. — 16. Georgin (Jules). — 12. Labbé père, déposition n° 136. — 13. Labbé fils, déposition n° 136. — 14. Guépratte (Marie), déposition n° 138. — 15. Demange, déposition n° 139 — 4 *bis*. Michaux. — Maud'heux, déposition n° 326. — Renou, déposition n° 388.

CHAPITRE II

Transmission des dépêches par le colonel Turnier, commandant supérieur de Thionville.

Nous avons pu suivre, dans le chapitre précédent, la marche progressive de l'invasion par les destructions successives opérées à la fois sur nos voies ferrées et sur nos lignes télégraphiques, et nous avons reconnu que l'armée allemande, après avoir franchi la Moselle au sud de Metz, avait opéré sur la rive gauche, en remontant vers le nord, un grand mouvement tournant. Elle avait détruit successivement les communications de l'armée du Rhin avec Nancy, Verdun, Briey, et enfin Thionville, ne lui laissant comme dernière ressource que la voie ferrée des Ardennes.

Cette marche de l'ennemi permet de se rendre compte des difficultés qu'ont rencontrées les divers émissaires dirigés sur Metz, suivant la route qu'ils ont suivie, et explique comment la plupart d'entre eux, trouvant trop fortement occupées les lignes qui joignent directement Metz, soit à Verdun, soit aux différents points des lignes des Ardennes, ont été amenés à se rabattre sur Thionville.

Plus tard, lorsque l'armée allemande eut pris devant Metz ses positions définitives, Thionville, en raison de sa proximité de la frontière et du blocus peu rigoureux auquel cette place était soumise, s'est trouvée l'objectif naturel de tous ceux qui avaient mission d'arriver jusqu'au maréchal Bazaine. Ce fait, qui est une conséquence logique des événements et de la situation géographique de cette place, est d'ailleurs établi par de nombreuses dispositions (1).

---

(1) Parmi les émissaires énumérés dans le chapitre Ier, on en compte 25 qui ont été en relation directe avec le colonel Turnier.

Le colonel Turnier, commandant supérieur de Thionville, s'est trouvé par conséquent l'intermédiaire auquel ont dû nécessairement recourir la plupart des émissaires envoyés au maréchal.

L'instruction a dû faire appel aux souvenirs de cet officier supérieur et a d'abord constaté avec étonnement une défaillance de mémoire qui ne lui permettait pas de formuler la moindre affirmation.

Elle a dû, par suite, recourir aux documents écrits et notamment au registre des fonds secrets tenu par le commandant de place de Thionville.

Le colonel Turnier avait fourni à la commission d'enquête une première copie de son registre des fonds secrets; dans sa première déposition, en date du 6 août, il a fait connaître que cette copie avait été faite pendant sa captivité à Bayreuth, ET QU'IL EN AVAIT ALORS L'ORIGINAL ENTRE LES MAINS.

Invité à faire les recherches les plus minutieuses pour retrouver cette minute, il a déclaré n'avoir pu la retrouver et a présenté à l'instruction une seconde copie qui ne diffère de la première que par quelques dates ou mots ajoutés après coup, de sa main, à la première expédition, sur les indications des agents appelés en témoignage pendant l'enquête et qu'il avait revus avant de faire sa déposition devant le conseil. Il affirme solennellement que ce second état *est l'exacte reproduction du registre sur lequel il a été copié pendant sa captivité à Bayreuth.* — Quant à la minute, il a jugé inutile de la conserver. — Il ne peut d'ailleurs indiquer ni le nom ni le régiment du sergent-major qui a fait ses copies et qui, pendant deux mois, lui a servi de secrétaire à Bayreuth, à l'époque où, obligé de rester constamment étendu par suite d'une blessure, il lui était impossible d'écrire ; mais il fait entrevoir qu'il pourra peut-être retrouver ce sous-officier.

L'instruction arrive à découvrir, en dehors des recherches du colonel Turnier, le nom de ce sergent-major, M. Thiriot, aujourd'hui sous-lieutenant au 85° de ligne; M. Thiriot, appelé en témoignage, a reconnu que les deux copies étaient celles qu'il avait faites à Bayreuth, et il a déclaré qu'elles étaient bien conformes à l'original qu'il venait de voir entre les mains du colonel Turnier.

En même temps, il a remis à l'instruction deux lettres qui lui avaient été adressées le 9 et le 22 août 1872 par cet officier supérieur. Dans la première, le colonel Turnier s'adresse à M. Thiriot pour obtenir l'assurance qu'il est le secrétaire employé par lui à Bayreuth.

La seconde est conçue en ces termes :

« Je suis appelé à témoigner dans l'affaire Bazaine relativement aux émissaires que j'ai employés ; et, pour aider ma mémoire sur les noms et les dates, je n'ai que les copies que vous avez faites, à Bayreuth, du petit registre de mes fonds secrets, sur lequel étaient inscrites les sommes que j'ai données à la plupart des hommes qui ont été employés à ce service.

« Les archives, qui auraient pu me fournir des renseignements, ayant été perdues ou détruites à Thionville, il en résulte que la copie du registre des fonds secrets devient une pièce qui a son importance, puisque c'est la seule qui donne quelques détails à ce sujet.

« N'ayant pas conservé ce brouillon ou registre sur lequel vous avez fait trois copies, dont deux n'étaient destinées qu'à la reddition de mes comptes, et la troisième à nos archives, il est nécessaire de prouver qu'elles ont été faites par vous à Bayreuth, en décembre 1870 ou en janvier 1871, alors qu'on était loin de supposer qu'elles pourraient être produites dans le jugement du maréchal Bazaine, et en outre qu'elles sont l'exacte reproduction de mon registre des fonds secrets.

« Il est naturel que vous ne vous souveniez plus d'avoir fait ces copies, que vous reconnaîtriez bien si elles vous étaient présentées. Deux d'entre elles sont remises au greffe, et la troisième est sur un petit cahier dont je vous adresse le titre et la fin seulement, afin de conserver le reste.

« Ayez donc la complaisance de me dire si vous reconnaissez cette écriture comme étant la vôtre, et si c'est bien pendant que vous étiez en captivité à Bayreuth, en décembre 1870 ou au commencement de 1871 que vous avez fait cette copie... Il est probable qu'on vous adressera officiellement une de ces deux copies, si votre lettre ne suffit pas ou s'il y a encore doute dans votre esprit, car dans le mien il ne peut y en avoir, attendu que je suis bien convaincu que c'est vous qui m'avez rendu ce service.

« Je vous prie de ne pas dire un mot de cette affaire, dans laquelle vous serez peut-être interrogé pour certifier votre écriture, l'époque des copies et l'exactitude de la reproduction de mon registre.

« Je vous prie de m'envoyer, avec votre réponse, les deux extraits ci-inclus. »

M. Thiriot, en recevant cette lettre, avait reconnu que l'un des deux extraits du registre, l'arrêté de caisse, était bien de son écriture, tandis que l'autre, formant l'en-tête du carnet, n'était pas écrit de sa main.

Avant de venir déposer, il avait eu une entrevue avec le colonel Turnier, qui lui avait montré le carnet d'où il avait détaché les deux extraits qui lui avaient été envoyés : c'était ce carnet que M. Thiriot avait reconnu comme étant celui d'après lequel avaient été faites les copies de Bayreuth. Par suite, c'était, dans son opinion, le registre original qui avait servi à Thionville aux inscriptions journalières des dépenses secrètes. Le colonel Turnier avait, en outre, recommandé à M. Thiriot de venir, après avoir déposé, lui rendre compte des questions qui lui auraient été adressées par le magistrat instructeur.

A la suite de cette déposition, le commissaire central de Versailles a été requis, le 9 septembre 1872, d'avoir à saisir, entre les mains du colonel Turnier le carnet signalé par M. Thiriot.

Au premier examen, il est aisé de reconnaître que ce carnet n'est pas, comme l'a supposé M. Thiriot, le registre original des fonds secrets tenu, au jour le jour, par le colonel Turnier. C'est, en effet, une copie qui a été faite à Thionville du 18 au 22 novembre 1870 par le sergent-major Coquelin, dont le colonel Turnier avait également oublié le nom, défaillance de mémoire qui a lieu d'étonner, car Coquelin a été employé dans les bureaux du commandant de place de Thionville pendant toute la durée du siège, et son nom, écrit de la main même du colonel Turnier, figure sur le registre des fonds secrets.

Toutes les inscriptions portées sur ce carnet, jusqu'à la date du 18 novembre, ont été faites le même jour et d'un seul trait, par le sergent-major Coquelin. Les sept dernières inscriptions, datées du 25, du 28 et du 29 novembre, l'ont été par le colonel Turnier. Enfin, l'arrêté de caisse fait à Bayreuth est de la main de M. le sous-lieutenant Thiriot. Les caractères parfaitement distincts de ces trois écritures ne peuvent laisser aucun doute dans l'esprit de l'observateur le moins expérimenté. Le sergent-major Coquelin, appelé en témoignage, confirme d'ailleurs le fait. Quelques jours avant le bombardement de Thionville, 22 novembre, il a été chargé, par le colonel Turnier, de recopier sur ce registre toutes les inscriptions portées sur la minute jusqu'à la date du 18. Cette minute était un petit registre de même format, tenu par le colonel lui-même, sauf une ou deux inscriptions portées par Coquelin, qui affirme avoir reproduit textuellement, dans sa copie, le libellé de l'original, en supprimant les parties raturées.

En présence de ces témoignages irrécusables, le colonel Turnier se retranche derrière le manque de mémoire. Il a fait faire une nouvelle expédition de son registre, à Thionville, parce qu'il tenait à en avoir une copie exacte et très-lisible ; il a dû détruire l'original comme toutes les archives qui ne lui étaient pas indispensables, pour alléger autant que possible ses bagages en partant pour l'Allemagne.

Sans nous arrêter aux difficultés de transport d'un carnet de poche et en admettant même le manque de mémoire si extraordinaire du colonel Turnier, nous ferons remarquer que, lorsqu'il envoyait au sous-lieutenant Thiriot l'arrêté de caisse du carnet qu'il affirmait sans hésitation avoir été fait à Bayreuth, il avait précisément devant les yeux le folio de ce carnet sur lequel il lui était facile de reconnaître trois écritures parfaitement distinctes, notamment la sienne. Comment pouvait-il de bonne foi supposer que ce registre, sur lequel il devait nécessairement reconnaître sa propre écriture, fût une copie faite à Bayreuth, à une époque où il déclare que sa blessure le mettait dans l'impossibilité d'écrire ?

Ce fait n'est pas le seul qui montre chez le colonel Turnier une sorte d'aversion pour les documents originaux susceptibles de préciser les dates des communications qu'il a pu échanger avec la place de Metz, notamment dans la première période du blocus.

Un des émissaires employés pour ce service, le sieur Flahaut, avait reçu à Metz un certificat du général Jarras, constatant qu'il avait franchi les lignes prussiennes le 20, le 21 et le 28 août.

Rentré à Thionville aussitôt après la capitulation de Metz, Flahaut avait produit ce certificat pour constater qu'il avait accompli avec succès les missions dont on l'avait chargé.

Il avait montré à beaucoup d'habitants de Thionville cette pièce à laquelle il paraissait attacher un grand prix ; aussi, après la capitulation, fut-on très-étonné d'apprendre qu'elle avait été brûlée ; il fit entendre à ce sujet contre le colonel Turnier des récriminations dont plusieurs personnes furent témoins.

Dans sa déposition, Flahaut rend compte de cet incident en ces termes :

« Le certificat qui m'avait été délivré à Metz était
« analogue à celui que possède Marchal. Il avait été
« fait en même temps que ce dernier certificat, par
« un officier de l'état-major général qui portait des
« lunettes bleues. Ce certificat, signé Jarras, con-
« statait que j'avais franchi les lignes prussiennes,
« les 20, 21 (28-29) août. Je l'avais rapporté de Metz
« à Thionville avec quelques journaux de la localité
« qui parlaient de la mission que j'avais accomplie.
« Quelques jours après ma rentrée à Thionville,
« j'avais fait préparer, par M. Schnablay, actuelle-
« ment commissaire à Pagny, un autre certificat
« que je voulais faire signer par le colonel Turnier,
« et qui, en outre des deux voyages susmentionnés,
« constatait que j'avais traversé une quatrième fois
« les lignes prussiennes pour venir à Thionville
« annoncer la capitulation de Metz.

« Le jour de la capitulation de Thionville, le
« colonel Turnier, qui habitait alors les caves d'un
« bâtiment militaire, situé à la porte du Pont, fit
« appeler ma femme. Comme je supposais que le
« colonel allait quitter la place, par suite de la ca-
« pitulation, je chargeai ma femme de faire signer
« le certificat que j'avais fait préparer.

« Le colonel Turnier donna cent francs à ma
« femme, et un bon pour toucher cinquante kilo-
« grammes de farine ; mais lorsqu'elle lui présenta
« le certificat, il le déchira, en disant qu'il fallait
« brûler tous les papiers que j'avais apportés de
« Metz, parce que je serais dénoncé aux Prussiens,
« qui ne manqueraient pas de faire une perquisition
« chez moi, et de me fusiller s'ils pouvaient con-
« stater que j'avais porté des dépêches de Metz. Je
« tenais beaucoup à ces papiers, qu'il aurait été

« facile de cacher, de façon à les soustraire aux
« Prussiens ; mais ma femme, qui était au moment
« d'accoucher, avait été tellement effrayée par le
« colonel Turnier, que je lui livrai ces certificats, qui
« furent brûlés par le sieur Evrard, marchand tail-
« leur, place du Marché. »

Le fait, est confirmé par une lettre jointe au dossier que Flahaut écrivait, le 15 août 1871, au colonel Turnier, pour lui demander de lui venir en aide.

« Je vous prie aussi, mon colonel, écrit-il à cet
« officier supérieur, de vouloir bien m'adresser un
« certificat conforme à celui que vous avez détruit
« dans la crainte que cette pièce pût me compro-
« mettre ; ce certificat était une attestation que j'avais
« pu franchir cinq fois les lignes prussiennes, por-
« teur des dépêches suivantes (1). » Et Flahaut énumère dans sa lettre, en précisant les dates des 20, 21 (28-29) août et 27 octobre, ses quatre voyages entre Thionville et Metz. Il y indique en outre toutes les dépêches qui lui ont été confiées, savoir :

« 20 août. — Deux paquets de dépêches pour le
« général Coffinières et pour le directeur des télé-
« graphes.

« 21 août. — Cinq dépêches, dont trois du ma-
« réchal Bazaine pour l'empereur, le ministre
« de la guerre et le maréchal de Mac-Mahon ; la
« quatrième du général Coffinières, et la cinquième
« du directeur des télégraphes.

« 28-29 août. — Une dépêche du maréchal de
« Mac-Mahon au maréchal Bazaine (dépêche du
« général Ducrot).

« 29 octobre. — Voyage de Metz à Thionville
« pour annoncer la capitulation de l'armée. »

La réponse du colonel Turnier dénote à la fois le désir de satisfaire à la demande du postulant, sans même le rappeler à l'exactitude des faits, et la crainte de donner des renseignements précis sur la nature et l'époque des missions confiées à cet émissaire. « Je certifie, écrit le « colonel Turnier, que pendant le blocus de Metz
« et de Thionville, M. Flahaut, ex-agent de po-
« lice de cette dernière place, a traversé cinq fois
« les lignes ennemies, afin de porter la corres-
« pondance entre le ministre de la guerre et les
« maréchaux, et qu'il a couru les plus grands
« dangers dans ces missions où il a été fait pri-
« sonnier. — Son dévouement et en
« exposant souvent sa vie, M. Flahaut a rendu
« les plus grands services, qui sont loin d'avoir
« été récompensés par les faibles sommes qu'il a

---

(1) Cette prétention de Flahaut d'avoir franchi cinq fois les lignes prussiennes, formulée dans sa lettre du 15 août 1871, et confirmée par le certificat du colonel Turnier, tendrait à faire présumer que Flahaut aurait été chargé d'une troisième mission. Cependant cet émissaire et le colonel Turnier opposent à cette insinuation les dénégations les plus formelles.

« reçues, et que le manque d'argent à Metz et à
« Thionville n'a pas permis de rendre plus consi-
« dérables.
« 26 septembre 1871.

« *Signé* TURNIER. »

Enfin, nous retrouvons cette même aversion pour les dates d'envoi des émissaires expédiés de Thionville à Metz pendant la première période du blocus, dans le registre des fonds secrets mis au net, comme nous l'avons vu, environ un mois après la capitulation de Metz. Nous y constatons aussi des omissions et des interversions qui semblent avoir pour but d'éviter d'appeler l'attention sur des noms que l'instruction aurait intérêt à retrouver ou à classer dans un ordre chronologique qui paraît avoir été observé à partir du mois de septembre, pendant lequel les notes sont soigneusement enregistrées. Jusqu'au 30 août, la seule date inscrite en regard du nom d'un émissaire est celle du 28, date du second départ de Flahaut, accompagné de Marchal (1), correspondant d'ailleurs à l'envoi d'une dépêche que le maréchal Bazaine reconnaît avoir reçue le 29.

Cependant il est établi que le sieur Mercier est parti, le 19 au matin, de Thionville, après avoir reçu des mains du colonel Turnier le courrier qu'il a porté à Metz dans la journée. Ce témoin déclare avoir reçu au moment de son départ, au bureau du commandant de place, une gratification de vingt francs que le colonel Turnier omet de faire figurer en tête du registre de ses dépenses secrètes.

D'autre part, le colonel Turnier a dû, avant le 28 août, envoyer un émissaire de Thionville pour porter au maréchal Bazaine la dépêche du 22, du maréchal de Mac-Mahon. L'instruction constate en effet que plusieurs agents porteurs de cette dépêche se sont rabattus sur Thionville et se sont mis en rapport avec le colonel Turnier.

Dans l'après-midi du 23 août, les douaniers Hiegel et Simon se présentent à cet officier supérieur et lui montrent une passe du capitaine Reboul, commandant à Montmédy, requérant toutes les autorités civiles et militaires de leur prêter assistance pour l'accomplissement de leur mission. Ces deux émissaires répètent les instantes recommandations de cet officier sur l'importance capitale de la dépêche dont ils sont chargés et qu'il faut faire parvenir à tout prix au maréchal Bazaine. Le colonel Turnier, voyant qu'ils ne connaissent pas le pays et qu'ils ne parlent pas l'allemand, leur déclare qu'ils ne peu-

---

(1) La date du 20, mise en regard du nom de Flahaut à son premier voyage, n'a été inscrite qu'après coup sur la première expédition des copies faites à Bayreuth, d'après les indications de cet émissaire, lorsqu'il a été appelé pour déposer devant le conseil d'enquête.

vent pas réussir dans l'accomplissement de leur mission. Il reçoit de leurs mains le message qui leur a été confié, en assurant qu'il le fera parvenir à destination.

Le 26, cette même dépêche est apportée à Thionville par un troisième émissaire envoyé de Montmédy, le garde mobile Syndic, qui, après avoir fait quelques tentatives inutiles, vient, en passant à Thionville, rendre compte au colonel Turnier de l'insuccès de sa mission ; cet officier lui répond qu'il a déjà envoyé cette dépêche à Metz par un agent qui n'est pas encore de retour.

Un quatrième émissaire, garde forestier, dont l'instruction retrouve seulement la trace dans la déposition de Flahaut, paraît être venu remettre une fois encore sous les yeux du colonel Turnier cette dépêche si importante.

Le 27 au soir, nous voyons arriver à Thionville M. Lagosse, maire de Montgon, porteur de la dépêche du général Ducrot. Sous l'impulsion de cet homme dévoué, le commandant de place se met immédiatement en quête d'émissaires, et revient lui dire :

« Trois hommes partiront demain pour porter votre dépêche à Metz. Sur les trois, il y en a un dont je suis sûr. S'il ne passe pas, personne ne passera. »

Le lendemain, 28 août, Flahaut part avec Marchal, et ces émissaires n'emportent à Metz que la dépêche du général Ducrot.

De l'ensemble de ces faits découlent deux questions, qui se posent naturellement au colonel Turnier :

1° Comment se fait-il qu'ayant entre les mains, depuis le 23, la dépêche du 22, du maréchal Mac-Mahon, dont l'importance capitale vous était connue et que plusieurs émissaires sont venus successivement vous rappeler, vous ne l'ayez pas remise à Flahaut, en même temps que la dépêche du général Ducrot ?

2° Comment se fait-il qu'ayant, comme le prouve votre entretien avec M. Lagosse, une si haute opinion de l'habileté de Flahaut, vous n'ayez pas songé à l'utiliser, le 23, pour faire parvenir à Metz cette dépêche importante ?

Cet émissaire déclare que, depuis le 21, jour de son retour de Metz, jusqu'au 28 juin, jour de son départ, il n'a pas quitté Thionville et qu'il est resté constamment à votre disposition.

La seule réponse de quelque valeur faite par le colonel Turnier à ces deux questions, est que le 28, au moment du départ de Flahaut, il avait la conviction que la dépêche du 22, du maréchal de Mac-Mahon, était déjà parvenue à Metz.

Mais il fallait, au sujet de l'arrivée de cette dépêche, plus qu'une conviction, il fallait une certitude pour que le colonel Turnier n'ait pas saisi cette occasion de la faire parvenir à Metz, et telle

RAPPORT DU GÉNÉRAL DE RIVIÈRE

était la situation d'esprit de cet officier supérieur au moment de son entrevue avec M. Lagosse.

Nous le voyons, en effet, le 27 août, dicter à ce témoin les nouvelles de l'armée de Metz, qu'il doit à son retour transmettre au maréchal de Mac-Mahon, nouvelles qui ne ressemblent en rien à celles qui lui ont été apportées, le 21, par Flahaut, de la part du général Coffinières. Interrogé sur l'origine de ces renseignements, le colonel Turnier répond :

« J'ai dû les tenir d'une source officielle ou qui m'a paru telle, car, sans cela, je ne me serais pas permis de transmettre d'une manière aussi certaine des récits vagues et non certifiés. » Par cette raison, il est conduit à reconnaître comme évident que postérieurement à la rentrée de Flahaut et antérieurement au second départ de cet émissaire, il a reçu des nouvelles officielles de l'armée du Rhin.

La déposition de M. Lallement, procureur de la République à Verdun, vient encore confirmer ce fait par un témoignage irrécusable. Le 27 août, ce magistrat est mis en rapport avec le colonel Turnier. Cet officier lui dit qu'il a des nouvelles du maréchal Bazaine à faire parvenir au maréchal de Mac-Mahon, qu'en raison de leur importance il ne sait à qui les confier, et le prie de vouloir bien se charger d'une dépêche.

M. le procureur impérial de Sarreguemines accepta cette mission, et, le 29 août, vers huit heures du matin, il remettait son message entre les mains du commandant supérieur de Sedan, sans en prendre connaissance. Comme on le verra plus loin (chap. VIII), cette dépêche fut apportée le même jour à l'empereur et au maréchal de Mac-Mahon, par M. Hulme, filateur à Mouzon. En voici, dit ce témoin, sinon les termes, du moins le sens.

Le colonel Turnier fait savoir qu'il reçoit de Metz, pour être communiquée à l'armée française, s'il est possible, une dépêche ainsi conçue :

« Nos communications sont coupées, mais fai-
« blement ; nous pourrons percer quand nous vou-
« drons, et nous vous attendons. »

Les faits suivants se trouvent donc établis par l'ensemble de ces dépositions.

Le 23 août, le colonel Turnier a reçu la dépêche du 22, du maréchal de Mac-Mahon, avec ordre de la faire parvenir au maréchal Bazaine par tous les moyens possibles.

Le 26 août, il a fait connaître au garde mobile Syndic que cette dépêche avait déjà été expédiée à Metz par un émissaire qui n'était pas encore venu.

Le 27 août, il a reçu des nouvelles officielles de Metz ; le 28 août, envoyant à Metz Flahaut, en qui il a toute confiance, il lui donne seulement la dépêche du général Ducrot, et juge inutile de lui confier en même temps une nouvelle expédition de la dépêche si importante du maréchal de Mac-Mahon.

Les nouvelles parvenues à Thionville le 27 indi-

quaient donc d'une manière positive l'arrivée à Metz de cette dépêche.

Par suite, il est constaté que, du 24 au 27 août, il est parti de Thionville pour Metz au moins un émissaire, et que, pendant ce même laps de temps, un envoyé du maréchal Bazaine est arrivé à Thionville. Ces émissaires ne sont certainement pas partis ou arrivés sans avoir recours à la caisse des fonds secrets du colonel Turnier. Cependant si nous nous reportons à son registre des fonds secrets, nous ne trouvons, entre les deux inscriptions qui concernent Flahaut, c'est-à-dire du 20 au 28, que deux noms :

1° Celui de la femme Imbert, qui, après avoir remis au colonel Turnier, le 24 août, trois dépêches du maréchal Bazaine, a essayé de rentrer à Metz le même jour sans avoir reçu aucune mission, et qui, ayant échoué dans cette tentative, n'a quitté Thionville que cinq semaines après ;

2° Celui de Raisère, charpentier de Longuyon, envoyé par le maire de cette localité pour demander des instructions au sujet de vivres emmagasinés sur ce point, et qui n'a pas dépassé Thionville.

Quant aux émissaires à destination de Metz ou envoyés par le maréchal Bazaine, on n'en trouve pas trace, soit qu'ils aient été omis, soit qu'ils aient été reportés sur le registre à une date postérieure au 28.

Pour compléter cet examen du registre des fonds secrets de la place de Thionville, nous nous bornons à mentionner pour mémoire la contradiction qui existe entre la première inscription de 50 francs, portée au nom de Flahaut, et la déposition de ce dernier, qui déclare formellement n'avoir rien reçu du colonel Turnier pour sa première mission ni à l'aller ni au retour. Par contre, l'émissaire Miesch a été certainement chargé d'une mission pendant le mois d'août ou de septembre. Le témoignage de la femme Marchal, entendue à Versailles, ne peut laisser aucun doute à cet égard. Cet homme est-il arrivé à Metz et a-t-il remis sa dépêche au maréchal Bazaine, comme il le dit dans sa déposition ? On ne saurait l'affirmer avec certitude ; un démenti est opposé à sa déclaration par sa belle-sœur, la femme Rédel, dont il invoque le témoignage pour constater sa présence à Metz ; cependant il ne semble pas qu'il y ait lieu de prendre en sérieuse considération le témoignage d'une femme qui, depuis longues années, vit en très-mauvaise intelligence avec son beau-frère et qui déclare elle-même avoir complètement perdu la mémoire de ce qui s'est passé pendant le blocus de Metz.

Quoi qu'il en soit, Miesch a été envoyé en mission par le colonel Turnier dans les premiers temps du blocus, et il déclare avoir reçu à son retour une gratification de cinquante francs qui ne saurait être confondue avec celle de dix francs portée en regard de son nom à la date du 13 octobre.

Nous ne nous détournerons pas du but principal

de l'instruction dont nous sommes chargés pour apprécier la conduite du colonel Turnier.

Nous nous bornons à conclure, de l'ensemble des faits qui viennent d'être rapportés, que lorsque cet officier supérieur, la veille du bombardement de la place qu'il avait à défendre se préoccupait si vivement de la comptabilité de ses fonds secrets et jugeait nécessaire de substituer à son registre original un nouveau registre mis au net et sans ratures, il devait avoir un autre mobile que celui de faciliter l'apurement de ses comptes. Nous trouvons d'ailleurs un exemple d'une des transformations opérées par cette substitution, en comparant la copie faite par Coquelin à Thionville avec celles qui ont été faites à Bayreuth, sur lesquelles on ne retrouve plus le nom de Jules Muller, biffé sur la première copie. Le soin apporté à Bayreuth à la révision du nouveau registre établi par le sergent-major Coquelin est un nouvel indice qu'un travail analogue a été opéré à Thionville sur le registre original.

Intervention du commandant Magnan.

Recherchons maintenant la cause première de ces agissements.

Le 20 août 1870, avant huit heures du matin, le colonel Turnier dictait dans son cabinet, au sergent-major Coquelin, son secrétaire, une lettre destinée au général Coffinières, qui commence par ces mots :

« J'ai l'honneur de vous adresser un agent porteur de nombreuses dépêches que je vous prie de vouloir bien transmettre.

« Le ministre et le maréchal de Mac-Mahon me demandent à chaque instant des nouvelles du maréchal Bazaine.

« Le commandant Magnan, arrivé hier ici et qui est retourné à Montmédy, sachant la voie coupée, m'en demande aussi. Il m'annonce que les convois de munitions sont à Montmédy ou en arrière, et que, jusqu'à nouvel ordre, les trains ne dépassent pas cette dernière ville, » etc.

En dictant cette lettre, le colonel Turnier, pour ne pas ébruiter la nouvelle du passage à Thionville du commandant Magnan, ordonnait à Coquelin de laisser en blanc le nom de cet officier, qu'il ajoutait après coup; cette réserve vis-à-vis de son secrétaire ne saurait avoir pour cause un oubli momentané du nom laissé en blanc par son ordre, puisque le colonel Turnier déclare qu'avant l'entrevue du 19, il connaissait de vue le commandant Magnan pour l'avoir rencontré déjà plusieurs fois. Elle ne saurait non plus être attribuée à la gravité des faits énoncés dans la lettre précitée qui se rapportent au commandant Magnan. Elle ne peut donc être que la conséquence d'une recommandation expresse et confidentielle faite par cet officier au colonel Turnier. D'autre part, le commandant Magnan, appelé à déposer sur les divers incidents de son entrevue avec le colonel Turnier pendant la journée du 19, s'exprime en ces termes :

« Sur un avis que la voie était réparée, nous « repartîmes pour Thionville vers cinq heures du « matin, et nous entrâmes dans la gare de cette « ville, entre neuf et dix heures du matin le 19. « Nous venions de voir un train de blessés qui « arrivait du ban Saint-Martin, et de voir partir « devant nous un train considérable de vivres. « Après avoir causé quelques instants dans le wa- « gon même avec le colonel Turnier et le sous- « préfet de Thionville, nous partîmes à notre suite, « mais nous dûmes bientôt rentrer en gare, « refoulés que nous étions par le train de vivres « en question; le chef de train nous apprit que le « pont de Mézières-les-Metz était coupé, et la voie « occupée par les Bavarois. »

Invité à préciser les détails de son entrevue avec le colonel Turnier, le commandant Magnan répond comme il suit aux diverses questions qui lui sont adressées dans ce but :

« D. — Veuillez expliquer à quel moment précis « de votre voyage vous avez causé avec le colonel « Turnier ?

« R. — J'ai vu le colonel Turnier, pour la pre- « mière et seule fois, à la gare de Thionville, le 19 « au matin, alors que j'arrivais du camp de Châ- « lons. Notre train est parti devant lui pour Metz, « et, quand nous avons été obligés de revenir sur « nos pas, je n'ai plus vu ni le colonel Turnier, ni « le sous-préfet. Voilà ce que mes souvenirs me « disent, mais si c'est en revenant en gare de Thion- « ville que j'ai vu le colonel Turnier, je ne dis « pas le contraire; ce que j'affirme, c'est que je ne « l'ai vu qu'une seule fois.

« D. — Puisque vous avez chargé le colonel « Turnier de demander de votre part des nouvelles « à Metz, ce ne peut être au moment où vous quit- « tiez la gare de Thionville marchant vers Metz ?

« R. — Bien évidemment non. Lors de mon pas- « sage à la gare de Thionville, je n'ai chargé M. le « colonel Turnier d'aucune mission de ce genre, je « comptais trop bien, à ce moment-là, rejoindre le « maréchal quelques heures après, et ce n'est que « le 21 ou le 22, quand je me trouvais à Montmédy « sans nouvelles, ayant déjà été rebuté dans mes « efforts pour passer, que je me suis mis en « communication, par correspondance, avec le « colonel Turnier, et l'ai chargé de faire parvenir « des dépêches au maréchal Bazaine et de me « donner les nouvelles qu'il pourrait recevoir de « Metz.

« D. — Jusqu'où, à partir de la gare de Thion- « ville, votre train s'est-il avancé vers Metz ?

« R. — Nous n'avons pas fait, autant que je me « le rappelle, plus de quatre à cinq minutes de « chemin; en tout cas, nous n'avons pas atteint la « première station. »

Mettons en regard de cette déposition la feuille de route du train spécial qui, le 19 août a porté le commandant Magnan de Charleville à Thionville.

TRAIN SPÉCIAL 19 août.	STATIONS.	HEURES		OBSERVATIONS.
		D'ARRI-VÉE.	DE DÉ-PART.	
Chef de train..	Charleville..		11 h. »	Composition du train
Nèmery....	Sedan......	11 h. 25	11 . 30	2 fourgons (D).
	Bazeilles....	11 40	11 41	1 voiture de 1re classe (A245)
	Montmédy...	12 55	12 56	1 wagon de chevaux (Nord, 1832).
	Longuyon...	1 05	1 20	»
Mécanicien. Cloërte	Audun-le-Roman	2 »	2 01	Ce train est accompagné par M. l'inspecteur Dufour..........

En transmettant ce document dans son rapport du 10 septembre 1872, l'ingénieur en chef des ponts et chaussées, directeur de l'exploitation, ajoute :

« Le train spécial parti de Charleville à onze « heures du matin arrivait à Thionville à deux « heures quarante du soir, mais il était déjà trop « tard. Depuis une heure de l'après-midi, la voie « était coupée à Mézières, et, bien qu'elle n'ait été « interrompue définitivement que le lendemain 20, « les relations avec Metz, possibles encore le matin « du 19, étaient suspendues. C'est alors que le com-« mandant Magnan donna l'ordre de rétrograder « comme il l'avait fait la veille. Son retour sur « Montmédy eut lieu avec une marche indiquée « comme il suit sur l'itinéraire établi par la com-« pagnie du chemin de fer.

« *Train n° (7) 20.*

« Mécanicien, Aubertel ; chef de train, Nèmery.

« Thionville, départ 3 h. 50.
« Longuyon, arrivé 5 h. 40.
« — départ 5 h. 50.
« Montmédy, arrivée 6 h. 20. »

Ainsi, le train spécial qui a conduit à Thionville le commandant Magnan, n'est pas parti de Charleville à cinq heures du matin, mais à onze heures ; il n'est pas arrivé entre neuf et dix heures du matin, mais à deux heures quarante minutes du soir après que la voie avait été coupée à Mézières par les Prussiens. Enfin, il n'a jamais dépassé Thionville. On aimerait pouvoir croire que la mémoire fait défaut à M. le commandant Magnan, mais il se charge lui-même de dissiper cette illusion, par le soin avec lequel il rappelle certains détails qui semblent devoir confirmer sa déposition. Il parle notamment du convoi de vivres qu'il aurait vu partir devant lui de Thionville, tandis qu'en réalité ce train la quittée la gare à midi, c'est-à-dire deux heures quarante avant son arrivée. Aussi n'y a-t-il pas lieu de rechercher, comme le commandant Magnan semble vouloir y inviter, si une entrevue avec le colonel Turnier a eu lieu au moment où il se diri-

geait sur Metz, ou lorsqu'il quittait définitivement cette gare pour se rendre à Montmédy.

L'aide de camp du maréchal Bazaine ne peut avoir oublié que son train n'a jamais dépassé Thionville dans la direction de Metz ; il lance adroitement cette insinuation, pour essayer de donner une certaine ressemblance à l'étrange déclaration qu'il fait d'avoir quitté le point le plus rapproché du but de son voyage, sans donner aucune mission au colonel Turnier qui, en ce moment, était en communication journalière avec Metz.

« Lors de mon passage à Thionville, nous dit le commandant Magnan, je n'ai chargé le colonel Turnier d'aucune mission pour Metz ; je comptais trop bien à ce moment-là rejoindre le maréchal. Ce n'est que vers le 21 ou le 22 août, quand je me trouvais à Montmédy sans nouvelles, que je me suis mis en communication par correspondance avec cet officier, et que je l'ai chargé de faire parvenir des dépêches au maréchal et de me donner les nouvelles qu'il pourrait avoir de Metz. »

Nous voyons pourtant dès le 20, huit heures quarante et une du matin, le colonel Turnier s'empresser de transmettre au commandant Magnan la nouvelle que l'armée est rentrée sous Metz; nous le voyons en même temps expédier de nombreuses dépêches au général Coffinières, en le priant de les transmettre, et lui demander des nouvelles de la part du commandant Magnan; nous constatons enfin qu'il cache à son entourage les rapports qu'il a eus avec cet officier.

Cet aperçu de la situation prise devant l'instruction par le commandant Magnan nous conduit à revenir de quelques jours en arrière pour suivre pas à pas les agissements de cet officier pendant la mission qui lui a été confiée par le maréchal Bazaine, le 17 août 1870.

CHAPITRE III

Mission du commandant Magnan.

Dépêche de l'empereur. — Envoi du commandant Magnan.

« Dites-moi la vérité sur votre situation, afin de « régler ma conduite ici. Répondez-moi en chiffres.
« — Napoléon. »

Telle est la dépêche que l'empereur adressait, au camp de Châlons, au maréchal Bazaine, le 17 août, à cinq heures dix du soir, après avoir vainement réclamé, depuis le matin, des nouvelles de l'armée, qu'il croyait en marche sur Verdun.

A cette sommation le maréchal répondit :
« Comme je le dis à l'empereur dans ma dernière dépêche (1). »

---

(1) La dépêche à laquelle le maréchal fait allusion répond au télégramme n° 2497, et est ainsi conçue : « Au moment « où je reçois votre dépêche, j'écris à Votre Majesté; le

Cette dépêche n'ayant pas été retrouvée dans les archives de l'administration, il y a lieu de penser qu'elle n'a pas été expédiée du cabinet du maréchal, comme faisant double emploi avec la dépêche 32708 mentionnée ci-dessus.

« Le commandant Magnan part ce soir, pour lui « porter une lettre, et lui donner de vive voix plus « de détails qu'elle n'en contient. »

Et, pour éviter de faire connaître l'envoi de cet officier, il écrit en chiffres ces mots :

« Le commandant Magnan part ce soir. »

Ces deux télégrammes indiquent tout à la fois la nature et le but de la mission du commandant Magnan. Cette mission doit être secrète. Il doit faire connaître au souverain *la vérité* et lui donner les renseignements nécessaires pour qu'il puisse régler sa conduite au camp de Châlons.

Reportons-nous à la déposition du commandant Magnan, pour entendre de sa bouche les renseignements qu'il a donnés au rapporteur sur cette importante mission :

« Le maréchal me remit, pour l'empereur, une « dépêche contenant un résumé succinct de la ba-« taille du 16, une note du général Soleille, com-« mandant l'artillerie de l'armée, sur les approvi-« sionnements de Metz, et un rapport trouvé sur un « colonel prussien, tué le 16, qui donnait tous les « ordres de marche pour l'armée allemande (pendant « la journée du 16).

« Je suis parti dans la nuit du 17 au 18, à mi-« nuit, en bourgeois, avec M. l'intendant Maurice « de Préval, qui remplissait à ce moment-là les « fonctions d'intendant en chef, en l'absence de « M. Wolf, titulaire.

« Nous avons pris le chemin de fer au ban Saint-« Martin, et, en passant par Thionville et les Ar-« dennes, nous sommes arrivés au camp de Châ-« lons, en train spécial, le 18, vers dix heures du « matin.

« Je fus reçus immédiatement par l'empereur, à « qui je remis ma dépêche et à qui j'expliquai de « vive voix la situation de l'armée après la bataille « du 16.

« Je lui dis que la pensée du maréchal était tou-« jours la même et tendait à effectuer sa retraite « sur Verdun, quelque périlleuse que lui parût cette « opération (c'était déjà son avis, ainsi que celui de « l'empereur, au moment du départ de Sa Majesté, « le 16), mais que pour entreprendre cette marche, « après une journée de douze heures de combat, il « était obligé de recoordonner les divers éléments « de son armée, de faire prendre des ravitaillements « en munitions d'infanterie, surtout pour plusieurs

« commandant Magnan porte une lettre et donnera à Votre « Majesté tous les détails qui pourront l'intéresser, les « rapports des commandants de corps ne m'étant pas même « parvenus. »

« corps d'armée, notamment le 2e ; que devant les « forces qui s'étaient présentées à lui, aussi bien « sur sa gauche que sur son front, il considérait « comme une opération tactique impossible, de se « remettre en mouvement le 17. C'eût été, selon « lui, compromettre de la manière la plus grave le « sort de son armée, tandis que, une fois ces ravi-« taillements opérés, ses différents corps d'armée « remis en bon ordre et les intentions de l'ennemi « se manifestant d'une manière plus précise pour « lui, il pourrait alors *prendre*, avec quelque « chance de succès, *sa direction sur Verdun*.

« Le maréchal ne m'avait pas chargé d'indiquer « à l'empereur la route qu'il suivrait d'une manière « absolue ; il n'était pas fixé encore à cet égard, « mais il m'avait chargé, ainsi que M. l'intendant « de Préval, de faire avancer autant que possible « vers les places frontières (Montmédy) tous les « trains de munitions et de vivres qui pouvaient se « trouver sur la ligne des Ardennes à destination « de l'armée, car dans la note du général Soleille, « citée plus haut, il était dit que Metz ne renfer-« mant que dix-huit cent mille cartouches d'infante-« rie, et que la défense de la place en réclamant un « million, il n'en restait que huit cent mille à la « disposition du maréchal ; en outre, la note ajou-« tait que l'atelier de pyrotechnie n'existant plus à « Metz, on ne pouvait compter sur une fabrication « de cartouches tout au moins immédiate. En ce « qui concerne les approvisionnements en muni-« tions d'artillerie que Metz renfermait et aurait pu « donner à l'armée, je ne me rappelle pas les chif-« fres, mais je puis affirmer qu'ils ne représentaient « pas une ressource suffisante pour une bataille « aussi prolongée que celle du 16, par exemple.

« L'empereur a donné l'ordre devant moi qu'on en-« voyât au ministère de la guerre, à Paris, la note « en question, dont je considère le contenu comme « très-important ; car, en présence de l'effroyable « consommation de munitions qui avait été faite « dans les engagements précédents, il existait pour « le maréchal une préoccupation bien naturelle de « ne se mettre en mouvement qu'après avoir rem-« pli autant que possible ses coffres de combat, « présumant qu'il aurait à livrer un combat ou une « bataille à chaque jour *de marche sur Verdun*.

« Cette note était le résultat des constatations « faites par le général Soleille lui-même dans la « place de Metz, et elle a été remise au maréchal par « cet officier général, le 17, dans l'après-midi au « quartier général de Plappeville.

« Le maréchal m'avait chargé en outre de deman-« der à l'empereur le remplacement de M. le géné-« ral Frossard, commandant le 2e corps d'armée, « et de M. le général Jarras, chef d'état major géné-« ral. Il demandait que le général de Cissey rempla-« çât le général Jarras dans ses fonctions, et je « devais dire qu'il verrait avec plaisir le général « Bourbaki appelé au commandement du 2e corps.

« L'empereur, en présence du maréchal de Mac-
« Mahon, me dit que le maréchal Bazaine avait les
« pouvoirs suffisants pour faire ces changements
« et qu'il le laissait entièrement libre. Toutefois le
« général Bourbaki devait être conservé au com-
« mandement de la garde, et M. le général Deligny
« aurait été appelé au commandement du 2e corps.
« Quant à M. le général Frossard, il semblait con-
« venu qu'on l'appellerait à l'organisation de la dé-
« fense de Paris. M. le maréchal de Mac-Mahon me
« dit en outre qu'il n'était que le premier lieutenant
« du maréchal Bazaine, et que, s'il pouvait le rallier
« avec l'armée qu'il organisait au camp de Châlons
« et dont tous les éléments étaient loin, selon lui,
« d'être bons, il serait le plus dévoué et le plus dis-
« cipliné de ses commandants de corps. J'étais heu-
« reux d'avoir à porter à mon chef ces nobles pa-
« roles.

« Après cet entretien avec l'empereur et le ma-
« réchal de Mac-Mahon, je causai encore quelques
« instants seul avec le maréchal, qui me montrait
« des bataillons allant à la cible pour la première
« fois. Je lui disais que l'armée de Metz était en ef-
« fet dans de meilleures conditions que la sienne
« comme composition de troupes, mais que, bordée
« comme elle l'était par derrière, sur son flanc
« gauche et sur son front par deux armées alle-
« mandes considérables, sa tâche était rude pour
« venir jusqu'à Verdun, et que, selon moi, la se-
« rait moins lourde si son armée de Châlons pou-
« vait venir vers nous. Je déjeunai avec l'empereur,
« qui me dit que, n'étant plus commandant en chef,
« il me chargeait de ramener au maréchal Bazaine
« son docteur en chef et son aumônier en chef. »

En résumé, d'après le commandant Magnan, sa
mission avait pour but de soumettre à l'empereur
une demande de personnel et de lui communiquer
la note alarmante du général Soleille sur la pénurie
des munitions de la place de Metz. Sans vouloir atténuer en rien la responsabilité qui incombe à cet
officier général pour avoir fourni de pareils arguments, qu'il devait démentir officiellement cinq jours
après, il est à présumer que, si le maréchal Bazaine
s'était cru réduit à une pareille extrémité, il aurait
demandé d'urgence des munitions par le télégraphe
au lieu de recourir à ce nouveau courrier extraordinaire. Quant aux renseignements qui pouvaient
permettre à l'empereur de prendre une décision, le
témoin reste dans le vague et se borne à des insinuations.

Il répéta à quatre reprises différentes que le maréchal Bazaine avait toujours Verdun pour objectif, et il aurait fait part au maréchal de Mac-Mahon
de son appréciation personnelle sur l'opportunité
qu'il y aurait à faire avancer l'armée de Châlons
dans cette direction.

Cependant il était chargé, dit-il, ainsi que l'intendant de Préval, de faire diriger vers les places
frontières (Montmédy) tous les trains de munitions et de vivres qui se trouvaient sur la ligne des
Ardennes, mais il ne pouvait indiquer d'une
manière absolue à l'empereur la route que suivrait
l'armée, le maréchal Bazaine n'étant pas encore
fixé à cet égard.

Ces renseignements fournis par le commandant
Magnan ne répondent guère à la question de
l'empereur : « Dites-moi la vérité, afin de régler
« ma conduite ici. » Comparons-les à ceux que
nous apporte le témoignage de M. de Préval qui,
le 17 au soir, en quittant Metz avec le commandant
Magnan, disait au sous-intendant qui devait prendre la direction du service en son absence, qu'il
ne pouvait faire connaître, même à lui, l'objet de
sa mission.

Invité à s'expliquer à ce sujet dans sa seconde
déposition, l'intendant de Préval répond comme il
suit aux questions du rapporteur :

« D. — Quelle mission avez-vous reçue, le 17
« août, de M. le maréchal Bazaine ?

« R. — Le maréchal me fit appeler vers sept ou
« huit heures du soir, me dit quelques mots de la
« difficulté de la situation, et me parla de son
« projet de s'élever vers le nord. Après m'avoir
« demandé si je pouvais laisser le service pendant
« vingt-quatre heures, il me prescrivit de me
« rendre par Thionville à Châlons, d'expédier à
« toute vitesse sur Metz tout ce que je trouverais
« en pain et en biscuit, de manière à en pourvoir
« l'armée sans dégarnir la place de Metz.

« Il m'indiqua en même temps Longuyon comme
« centre de concentration et de ravitaillement, et
« me prescrivit de donner des ordres pour y faire
« réunir des approvisionnements.

« D. — Je vois par la déposition de M. Gaffiot
« que la mission que vous avez reçue était se-
« crète.

« Ce caractère ne ressort pas pour moi
« bien nettement du récit que vous venez d'indi-
« quer.

« R. — Ma mission était secrète en ce sens qu'il
« eût été imprudent de divulguer à l'avance le projet
« de marche par le nord.

« D. — Du moment où, par le mouvement de
« conversion du 17, on avait abandonné les routes
« de Mars-la-Tour et d'Étain, la marche vers le
« nord était la seule opération possible pour
« l'armée.

« R. — Sans doute, mais j'avais passé à Metz
« toute la nuit du 16. Dans la journée du 17, je
« m'étais occupé des convois et des ambulances.
« Je n'étais donc pas parfaitement au courant de
« la situation, et j'ai cru devoir me taire, mon
« absence du reste devant être de courte durée.
« Je crois devoir ajouter, sans pouvoir l'affirmer
« d'une manière tout à fait précise, que le maré-
« chal m'avait recommandé le secret. »

Examinons maintenant dans quelle situation
d'esprit se trouvait l'empereur au moment où il

recevait la communication que lui apportait l'aide de camp du maréchal Bazaine.

Le 17 août, dans la matinée, l'empereur avait réuni en conseil le prince Napoléon, le général Schmitz et le général Trochu. Il avait été décidé que l'armée de Châlons devait rentrer à Paris.

Le général Trochu était parti en avant pour prendre les dispositions nécessaires à l'exécution de ce mouvement, et le commandant Duperré avait été envoyé au ministre pour lui communiquer les dispositions arrêtées par l'empereur. Mais ce projet de retraite était vivement repoussé par le gouvernement de la régence, et le soir même, à dix heures cinquante-cinq minutes, arrivait au camp de Châlons une dépêche du général de Palikao ainsi conçue :

« L'impératrice me communique la lettre par
« laquelle l'empereur annonce qu'il veut ramener
« l'armée de Châlons sur Paris. Je supplie l'empe-
« reur de renoncer à cette idée, qui paraîtrait l'aban-
« don de l'armée de Metz, qui ne peut faire en ce
« moment sa jonction sur Verdun. L'armée de Châ-
« lons sera avant trois jours de 85,000 hommes, sans
« compter le corps de Douay, qui rejoindra dans
« trois jours et qui est de 18,000 hommes.
« Ne peut-on pas faire une puissante diversion
« sur les corps prussiens déjà épuisés par plusieurs
« combats ? L'impératrice partage mon opinion. »

Le 18 à neuf heures du matin, l'empereur répondait :
« Je me rends à votre opinion. » Vers dix heures, le commandant Magnan entrait dans son cabinet. — A ce moment, l'empereur était déjà décidé à se porter au secours du maréchal Bazaine, et il attendait, pour savoir comment il pourrait lui venir en aide, les renseignements de l'officier annoncé depuis la veille, pour lui dire la vérité sur la situation de l'armée de Metz et sur les projets du maréchal. — Il est difficile d'admettre que, sous ces impressions du moment, il se soit borné à donner les pleins pouvoirs au commandant en chef de l'armée du Rhin et à lui envoyer son médecin en chef et son aumônier.

But de la mission du commandant Magnan.

Nous allons reconnaître par les conséquences immédiates de la mission du commandant Magnan, les dispositions qui furent arrêtées, de concert, par son intermédiaire, entre l'empereur et le maréchal Bazaine. Bornons-nous à citer pour le moment la dépêche *chiffrée*, qui fut envoyée, à l'issue de cette entrevue, au maréchal Bazaine, pour lui en faire pressentir le résultat, dépêche qui témoigne de l'importance des communications dont était chargé le commandant Magnan.

« N° 24802 { 12 h. 19 s. } Nouveau chiffre.
{ 12 h. 45 s. }

« Le commandant Magnan part pour Reims et
« Thionville. Arrivera ce soir.

« PILIHU. »

Nous reviendrons plus loin sur l'itinéraire suivi par cet officier pour se rendre à Metz.

Pour apprécier immédiatement toute la portée de sa mission, arrivons de suite à la journée du 20, où nous le trouvons à Montmédy, en compagnie de l'intendant de Préval, de l'intendant général Wolff et du général Dejean.

Nous lisons dans les archives provenant du bureau télégraphique de Montmédy la dépêche suivante (n° 324), adressée au commandant supérieur de Verdun, le 20 août 1870, à onze heures du matin, par le général Dejean et l'intendant général Wolff, qui la signent tous deux pour donner plus d'autorité aux prescriptions qui y sont contenues :

Préparatifs de Montmédy.

« Dirigez de suite sur Montmédy le convoi de
« vivres et le troupeau ; faites partir pour Reims
« les vivres chargés sur wagons et toutes les mu-
« nitions. *Nos renseignements sont tels que nous
« ne mettons pas en doute l'opportunité de cette
« mesure.* Faites escorter le convoi le mieux pos-
« sible. On enverra des hommes de la garnison de
« Ville-devant-Chaumont pour relever votre es-
« corte. Dites-nous de suite l'heure du départ du
« convoi.

« Ch. DEJEAN, WOLF. »

Interrogé sur la source de ces renseignements qui, d'après le texte même de cette dépêche, avaient pour lui le caractère de la certitude, l'intendant général Wolff répond dans sa première déposition :

« Ces renseignements me venaient de M. l'inten-
« dant général Uhrich, qui était l'intendant général
« de l'armée du maréchal de Mac-Mahon. Il me pré-
« venait que l'armée arriverait probablement le
« 26 à Montmédy. A mes yeux, cette indication de-
« vait correspondre avec un mouvement de l'armée
« du maréchal Bazaine qui devait amener la jonc-
« tion des deux armées aux environs de Montmédy.
« Dans cet ordre d'idées je concentrai dans cette
« place et sur la ligne des Ardennes des approvi-
« sionnements considérables. J'expédiai un grand
« nombre d'émissaires au maréchal Bazaine pour
« l'aviser de la situation. »

D'un autre côté, nous lisons dans la déposition de M. l'intendant général Uhrich qu'il a été invité le 18, dans la matinée, à prendre ses dispositions pour un mouvement de retraite sur Paris et le 22, dans la soirée seulement, il a reçu communication de l'ordre en vertu duquel l'armée devait se porter sur l'est.

Aussi, lorsque le rapporteur lui donne communication du passage précité de la déposition de M. l'intendant général Wolff, il oppose aux assertions de ce dernier une dénégation absolue qu'il formule en ces termes :

« Ma réponse à cette question sera très-précise

« Jamais je n'ai écrit ni télégraphié, ni fait dire à
« M. l'intendant général Wolff, rien qui ait trait au
« fait développé dans sa déposition et dont il vient
« de m'être donné lecture.

« Ainsi que je l'ai dit ci-dessus, je ne me suis
« jamais douté avant le 22, à neuf heures et demie
« du soir, du mouvement ordonné sur la Meuse. »

« Devant cette affirmation si nette de M. l'intendant général Uhrich, reprend M. l'intendant général Wolff, dans sa seconde déposition, j'admets
« parfaitement qu'il peut y avoir eu confusion de
« noms dans ma mémoire. Quant au fait en lui-
« même, j'en affirme l'exactitude absolue. Je puis
« d'autant moins l'oublier, que toute la journée
« du 20 j'ai été aux aguets, attendant l'arrivée de
« l'armée. L'intendant de Préval ayant été envoyé
« directement par le maréchal Bazaine pour préparer des vivres sur la ligne des Ardennes, à
« hauteur de Montmédy, et avisé moi-même, du
« camp de Châlons, d'avoir à en préparer pour
« l'armée du maréchal de Mac-Mahon, sur le même
« point et à la date du 26, je n'ai pu que conclure à
« une jonction des deux armées vers cette date-là. »

Ainsi, dès le 20, l'intendant général Wolff sait que l'armée de Metz doit battre en retraite par Montmédy, puisqu'il ordonne de diriger sur cette place les vivres qu'il a réunis à Verdun par ordre du maréchal Bazaine. Ces mesures sont prescrites en vertu de la jonction des deux armées, avec l'assentiment sinon sur l'indication du commandant Magnan, qui a reçu les instructions directes du maréchal et de l'empereur. Elles font l'unique objet des préoccupations et des conversations des officiers qui attendent à Montmédy l'arrivée de l'armée et qui, du 20 au 23, envoient chacun de son côté au maréchal Bazaine dépêche sur dépêche pour l'aviser de la situation.

L'intendant général Wolff ne peut dire d'où lui venaient les renseignements qui lui ont permis de donner avec une telle autorité un ordre qui impliquait de sa part la connaissance certaine des projets du maréchal Bazaine; mais, sans rechercher si ces renseignements lui sont parvenus directement ou par une voie détournée, il nous suffit de constater qu'ils ne peuvent avoir pour origine que les instructions données le 17 au soir par le maréchal à l'officier qu'il envoyait à l'empereur.

Les insinuations que le commandant développe avec un soin tout particulier dans sa déposition ne sauraient donc dissimuler le véritable but de la mission dont il a été chargé, car il est sur ce point en contradiction flagrante avec M. l'intendant de Préval et avec le maréchal Bazaine lui-même.

Il est venu annoncer à l'empereur que l'armée de Metz allait se porter sur Montmédy, et cet avis répondait à la demande : « Dites-moi la vérité, afin
« de régler ma conduite ici. » C'est donc d'après cet avis que l'empereur a décidé quelle direction serait donnée à l'armée de Châlons. Le maréchal Bazaine a, par conséquent, provoqué la marche vers l'est de cette armée.

Il s'en défend aujourd'hui en disant que, d'après les termes de la dépêche n° 24740 du maréchal de Mac-Mahon, datée du 18 août : « Je prendrai position entre Épernay et Reims, de manière à être prêt à me rallier à vous ou à marcher sur Paris, » il était convaincu que la mission de l'armée de Châlons était de couvrir Paris, mais il oublie, en invoquant cet argument, que c'est précisément celui sur lequel il s'appuie dans son mémoire justificatif pour expliquer la démonstration du 26.

Il aurait pu dire, avec beaucoup plus d'apparence de raison, que la bataille du 18 avait modifié ses résolutions; car il eut suffi, à la suite de cette bataille, de confirmer l'avis apporté par le commandant Magnan, en écrivant à l'empereur :

« Je compte *toujours* prendre la direction du nord
« et me rabattre ensuite *par Montmédy*. »

Il suffit d'ailleurs de jeter un coup d'œil sur la correspondance du ministre de la guerre, du 18 au 21 août, pour constater le changement opéré dans ses dispositions, par suite des nouvelles arrivées au camp de Châlons dans la matinée du 18.

Le ministre avait écrit, à la date du 18, au commandant supérieur de Verdun (n° 24770) :

« Le commandant Portes n'a pas été envoyé à
« Verdun seulement pour communiquer avec le général Soleille, mais surtout pour que l'armée
« trouve des munitions *en arrivant à Verdun*. »

Le lendemain 19, à sept heures du soir, il télégraphie au commandant de Thionville (n° 25285) :

« Veillez à ce que les dispositifs de mine ne
« soient pas chargés *sur le chemin de fer de Mézières à Thionville*, pour que les Prussiens prévenus ne mettent pas le feu.

« Il faut avoir seulement poudre, mèches et
« moyens de bourrage préparés en lieu sûr, et cachés à proximité de chaque fourneau, *pour le cas
« d'une retraite de l'armée dans cette direction.* »

Quelques heures après (n° 25350, — 20 août, minuit 30), le ministre informe le maréchal Bazaine des dispositions qu'il prend en vue de cette retraite par la ligne des Ardennes, et il recommande de lui en faire parvenir l'avis par tous les moyens possibles; ainsi, dès le 19, on s'occupe au ministère de la retraite de l'armée par les Ardennes; il n'est plus question de la direction de Verdun, indiquée la veille.

Indépendamment de ce fait, qui confirme les dépositions de MM. Wolff et de Préval, la mission du commandant Magnan a eu, en raison de la situation politique du pays, une conséquence qu'il est essentiel de signaler. Le ministre, en s'opposant avec énergie, de concert avec la régente, au projet de retraite sur Paris, adopté le 17, proposait un plan de campagne approuvé à l'unanimité par les membres du conseil, d'après lequel l'armée de Châlons mise en mouvement le 21 août, devait arriver le 25 à hauteur de Verdun, pour entrer en ligne le 26 et opérer sa jonction avec l'armée de Metz. La nouvelle de la retraite de cette armée par Montmédy et l'annonce de la pénurie alarmante de vivres et de munitions dans laquelle elle se trouvait, vint apporter au ministre de puissants arguments pour vaincre les résistances que rencontrait l'exécution de son projet. Nous en retrouvons la trace dans les deux dépêches suivantes :

« 25670. — 21 août, 10 h. A l'empereur.

« Il y a deux partis à prendre : ou dégager « promptement Bazaine, dont la position est des « plus critiques, *en se portant à toute hâte sur* « *Montmédy*, ou marcher contre le prince royal de « Prusse, *dont l'armée est nombreuse.* »

« 25817. — 21 août, 5 h. A Mac-Mahon.

« Je considère comme indispensable que votre « armée aille dégager Bazaine. Songez à l'effet « moral que produirait toute apparence d'abandon « de cette armée, qui a héroïquement combattu et « qui est formée d'excellentes troupes. — Faites-« moi savoir votre intention. *Vous savez que les* « *convois de munitions et de vivres sont échelonnés* « *sur la route de Montmédy à Thionville et que l'ar-* « *mée de Bazaine en manque complètement.* »

Nous croyons utile de rappeler que ces dépêches précédaient d'un jour l'arrivée de celle dans laquelle le maréchal Bazaine confirmait son projet de retraite par Montmédy, dépêche qui décidait le maréchal de Mac-Mahon à se porter sur l'Aisne. — Nous voulons seulement constater que la mission du commandant Magnan a marqué le début de cette pression exercée par le ministre sur la direction des opérations de l'armée de Châlons, pression qui, très-vive dès l'origine, est devenue violente le 27 et le 28, et a abouti au désastre de Sedan.

Retour du commandant Magnan

« 24802 { midi 19 / midi 55 } 18 août (nouveau chiffre). »

« Le commandant Magnan part pour Reims et « Thionville, arrivera ce soir. — Piétri. »

Telle est la dépêche qui partait du camp de Châlons en même temps que le commandant Magnan et qui annonçait le 18, à midi quarante-cinq, au maréchal Bazaine, l'arrivée à Metz de son aide de camp.

Suivons, en reprenant les déclarations de cet officier, les divers incidents de son voyage.

Devant la commission d'enquête, qui l'a entendu sur sa demande, le commandant Magnan n'a pas cru devoir insister sur son itinéraire, et voici les seuls renseignements que l'on trouve à ce sujet dans sa déposition du 29 mars 1872 :

« On m'adjoignit M. Larrey, médecin en chef, et « l'aumônier en chef. Notre voyage fut contrarié « par le départ des mobiles pour Paris. — Le 19 « nous arrivâmes à *Mézières*; plus loin la voie était « coupée, nous fûmes obligés de rétrograder. — » Arrivé à Thionville, j'ai voulu poursuivre, *mais* « *le pont venait de sauter.* Il n'y a pas eu moyen « d'aller plus loin. — J'étais très-préoccupé d'aller « en arrière à cause de quatre trains de munitions « qui m'avaient été donnés par l'empereur et qui « n'ont pas pu arriver. — On eut beaucoup de peine « à les sauver; ils ont attendu à Montmédy, d'où on « les a fait filer par la Belgique. »

Devant le rapporteur, le commandant Magnan a voulu préciser davantage les divers incidents qui ont entravé sa marche, et il s'est exprimé en ces termes : « M. Larrey et l'aumônier en chef firent « ajouter leurs wagons à ma machine (entre autres « un wagon de chevaux), et je ramenai aussi jus-« qu'à Reims M. le général de Béville qui revenait « sur Paris. L'encombrement de la voie, par suite « du départ des mobiles du camp de Châlons, le « petit retard apporté dans mon départ du camp de « Châlons par l'adjonction des hauts fonctionnaires « cités plus haut, ne me permirent d'arriver à « Mézières que *vers dix heures du soir*, le 18. Je « laissai dans cette place M. l'intendant de Préval, « qui avait à y séjourner pour les besoins de son « service, et je continuai ma route.

« Nous fûmes *arrêtés une première fois par une* « *rupture de la voie* qui fut bien vite réparée: nous « supposâmes qu'un rail ou deux avaient été en-« levés pendant la bataille du 18, dont nous eûmes « à ce moment-là le premier indice; puis, *vers deux* « *heures du matin, à Audun-le-Roman, notre train fut* « *arrêté sur l'indication que la voie avait été coupée* « *sur Thionville.*

« Nous revînmes alors d'une traite sur Mézières, « et de ce point j'écrivis au ministre de la guerre à « Paris pour lui rendre compte de ma mission au « camp de Châlons et de ce que j'apprenais sur les « lieux.

« Sur un avis que la voie était réparée, *nous* « *repartîmes pour Thionville vers cinq heures du* « *matin, et nous entrâmes dans la gare de cette* « *ville entre neuf et dix heures du matin*, le 19. « Nous venions de croiser un train de blessés que « arrivait du ban Saint-Martin, et de voir partir « devant nous un train considérable de vivres.

« Après avoir causé quelques instants dans le « wagon même avec le colonel Turnier et le sous-« préfet de Thionville, *nous partîmes à notre tour,* « *mais nous dûmes bientôt rentrer en gare*, refoulés « que nous étions par le train de vivres en question.

« Le chef du train nous apprit *que le pont de* « *Maizières-lez-Metz était coupé et la voie occupée* « *par les Bavarois.*

« Avant de partir du camp de Châlons, j'avais « été prévenu que des trains de munitions (envi-« ron cinq millions de cartouches et vingt-cinq « mille coups de canon étaient dirigés par la voie « des Ardennes à destination de l'armée de Metz.

« et je devais donner aux officiers qui accompa-
« gnaient ces trains les indications nécessaires
« pour les faire avancer ou stationner dès que
« j'aurais eu rendu compte de l'envoi de ces appro-
« visionnements au maréchal Bazaine. Préoccupé
« de ces trains qui allaient arriver derrière nous
« et me voyant coupé à Thionville, craignant de
« l'être entre Thionville et Audun-le-Roman, nous
« prîmes le parti de venir sur Montmédy d'où je
« me mis en relation avec le maréchal de Mac-
« Mahon. »

Comparons l'ensemble de cet itinéraire indiqué par le commandant Magnan avec les renseignements officiels fournis à ce sujet par l'ingénieur en chef des ponts et chaussées, directeur de l'exploitation des chemins de fer de l'Est, pour compléter les observations présentées dans le chapitre précédent.

CHEF DE TRAIN DORLIN	STATIONS	HEURES D'ARRI-VÉE.	HEURES DE DÉ-PART.	OBSERVATIONS
Machine 320. Mécanicien Lefèvre.	Mourmelon.. Thuisy...... Sillery...... Reims	» 1 h. » 1 22 2 15	12 h. 45 1 12 1 23 »	COMPOSITION DU TRAIN. 2 fourgons, 1 voiture de 1re classe, n° 102, un wagon de chevaux (Lyon, 3852) auquel on ajouta sur partie de parcours un autre wagon de chevaux, et plus tard deux wagons de biscuits. — Ce train a été accompagné par M. l'inspecteur Melliet. NOTA. — Pour le parcours de Charleville à Hayange, n'ayant pu trouver la feuille de route, nous ne pouvons donner les heures qu'approximativement.
Machine 413. Mécanicien Rioudet. (aujourd'hui décédé).	Reims ...... Rethel...... Charleville..	» 2 25 3 10 3 15 4 » »		
Machine 391. Mécanicien Rourral.	Charleville.. Hayange	» 4 30 9 » »		

« Ce train avait mis *huit heures* pour faire le trajet de *Mourmelon à Hayange* (250 kilomètres), *et arriver à sept kilomètres de Thionville.*

« C'est, à une heure près, le temps nécessaire à un train de voyageurs ordinaire, et les circonstances exceptionnelles du moment expliquent suffisamment, surtout avec 110 kilomètres de parcours en voie unique, comment ce train spécial a pu exiger une heure de plus.

« Arrivé à Hayange, on apprenait *que la voie n'était pas sûre, qu'elle avait été coupée déjà entre Thionville et Metz à Lokange, et qu'il pourrait en être de même de Hayange à Thionville.* Cette dernière gare venait, *quelques instants auparavant, de demander par télégraphe*, qu'on retînt jusqu'à nouvel ordre les trains venant des Ardennes.

L'ingénieur en chef ajoute que cette situation ne fut pas de longue durée, et que, dès le lendemain matin, les trains continuaient sur Thionville, et jusqu'à midi sur Metz.

« En présence de l'avis transmis par Thionville, M. le commandant Magnan donne l'ordre de revenir à Charleville, et ce retour, sur une distance de 132 kilomètres, dont 105 en voie unique, c'est-à-dire avec l'obligation de prendre de sérieuses précautions, s'effectua dans les circonstances suivantes :

« Train spécial M : départ d'Hayange, 10 h. 50 soir, le 18.
—   arrivée à Charleville, 4. h. matin, le 19.

« C'est pendant cette nuit du 18 au 19 que la « voie fut coupée à Pierrepont, pour être du reste « immédiatement réparée. — Cet incident eut lieu « après le passage du train spécial M, qui se trou- « vait sur ce point à minuit quinze minutes, et « dès huit heures du matin la circulation était ré- « tablie.

« Le 19, à onze heures du matin, M. le comman- « dant Magnan partit de Charleville par un train « spécial, dont la marche est indiquée par la feuille « de route ci-après :

CHEF DE TRAIN NEMERY	STATIONS.	HEURES DE L'AR-RIVÉE.	HEURES DU DÉ-PART.	OBSERVATIONS.
Mécanicien Cloës.	Charleville.. Sedan ...... Bazeilles ... Montmédy... Longuyon... Audun-le-Roman...... Thionville...	» 11 h. » 11 h 25 11 30 11 40 11 31 12 58 11 56 1 03 1 20 2 » 2 1 2 40		COMPOSITION DU TRAIN. Deux fourgons. D 1 voiture (1re cl.) A 245. 1 wagon-chevaux. (Nord 3812). Ce train a été accompagné par M. l'inspecteur Delfour.

« Ce train arrivait à Thionville à deux heures « quarante du soir, mais il était déjà trop tard. « — Depuis une heure de l'après-midi, la voie « était coupée à Mézières, et bien qu'elle n'ait été « interrompue définitivement que le lendemain 20, « les relations avec Metz, possibles encore le « matin du 19, étaient suspendues. — C'est alors « que le commandant Magnan donna de nouveau « l'ordre de rétrograder. — Son retour sur Mont- « médy eut lieu avec une marche désignée sous le « numéro (7) 20, comme suit :

« Mécanicien, Aubertel. — Chef de train : Wei- « nery.

« Thionville : Départ 3 h. 50 soir.
— — Arrivée 5 h. 40 —
« Longuyon : Départ 5 h. 50 —
« Montmédy : Arrivée 6 h. 20 —

L'ingénieur ajoute, pour compléter les renseignements demandés par l'instruction, que Metz (station de devant les ponts) étant à 25 kilomètres de Thionville, il eût sans doute suffi de moins d'une heure au train du commandant Magnan pour s'y rendre, s'il n'eût pas dû rétrograder jusqu'à Charleville le 18 au soir. Il n'ose affirmer qu'il eût pu passer le 20, bien que la voie coupée le 19 à Mézières ait été un moment rétablie le lendemain 20, à deux heures du soir.

Ainsi le 18 août, à neuf heures du soir, au moment où les derniers coups de canon d'Amanvillers venaient de se faire entendre, le commandant Magnan était à Hayange, à 7 kilomètres de Thionville, à 20 kilomètres du champ de bataille.

Il apprenait par le télégraphe « que la voie n'était pas sûre et qu'elle pouvait être coupée entre Thionville et Hayange, » et, sans chercher à confirmer l'exactitude de ce renseignement incertain, non-seulement il ne faisait aucun effort pour gagner Thionville, non-seulement il ne prenait pas le temps d'attendre passivement sur place que son train pût reprendre sa marche, mais il se faisait aussitôt ramener 132 kilomètres en arrière pour aller à Charleville expédier une dépêche, lorsqu'il avait un bureau télégraphique à sa portée.

La difficulté que cet officier supérieur éprouve à arriver à la vérité, dans les deux dépositions successives que nous venons de citer, montre qu'il redoute l'examen de sa conduite dans cette circonstance. — Devant la commission d'enquête, les embarras de la voie ne lui ont permis d'arriver à Charleville que le 19 août, et il n'est parvenu à Thionville que lorsque le pont de Maizières-lès-Metz était déjà rompu. — Depuis lors, il a étudié avec plus de soin les divers incidents produits par l'apparition de l'ennemi sur la ligne des Ardennes ; il sait que, pendant la nuit du 18 au 19, la voie a été pendant quelques heures interceptée à Pierrepont, et ne voulant pas reconnaître qu'il est arrivé aussi près du but, il retarde à dessein la marche de son train, laisse entendre qu'il a été arrêté par l'incident de Pierrepont, et affirme qu'il n'est arrivé à Audun qu'à deux heures du matin.

Le lendemain, il comprend qu'on va lui demander compte du temps perdu à Charleville, et il veut en même temps insinuer que son entrevue avec le colonel Turnier a eu lieu au moment où, quittant la gare de Thionville pour se rendre à Metz, il n'avait aucune raison de charger cet officier de ses communications auprès du maréchal Bazaine. — Il avance son départ de façon à arriver à Thionville dans la matinée, et, pour confirmer le fait, il voit partir devant lui un train de vivres qui avait déjà quitté la gare à deux heures quarante avant son arrivée.

Nous reviendrons plus loin sur la question des communications. Qu'il nous suffise pour le moment, de constater que si l'empereur eût envoyé au maréchal Bazaine, par un train spécial, un simple colis en place du commandant Magnan, le train se serait garé à Hayange, aurait repris sa route le lendemain, et l'envoi serait parvenu à destination le 19 dans la matinée. L'initiative du commandant Magnan à Hayange a donc eu pour effet d'empêcher son arrivée à Metz.

Serait-ce le résultat du trouble produit par la surprise d'une nouvelle inattendue ? On préférerait s'arrêter à cette idée, mais le même fait se reproduit le lendemain 19. — Le commandant Magnan, de nouveau arrêté dans sa marche vers Metz, cause pendant une heure avec le colonel Turnier. Cet officier a envoyé le matin même à Metz l'émissaire Mercier ; trois heures après le départ du commandant Magnan, il va faire partir le garde forestier Déchu. — Le lendemain, il doit expédier l'agent de police Flahaut avec la lettre sur laquelle le nom du commandant Magnan est mystérieusement ajouté après coup. Il paraît difficile d'admettre qu'après cette conversation le commandant Magnan ait pu ignorer qu'à ce moment une tentative de sa part avait toute chance de succès ; mais il n'essaye pas d'aller plus loin et s'empresse de retourner à Montmédy pour s'occuper de trains de munitions dont il pouvait sans crainte confier la direction à l'intendant de Préval ou à tout autre.

Ce second mouvement de retraite aurait-il été occasionné par un oubli du colonel Turnier ? Cet oubli paraît difficile à admettre dans une conversation où le commandant Magnan a dû nécessairement presser son interlocuteur de questions sur les moyens de communiquer avec Metz. En tout cas, le lendemain 20, à neuf heures cinquante du matin, le commandant Magnan recevait du colonel Turnier la dépêche suivante :

« On affirme que le maréchal Bazaine était hier
« sous Metz avec l'armée. »

Ce télégramme ne pouvait laisser aucun doute sur l'arrivée d'un émissaire et sur la possibilité de communiquer avec le maréchal ; en recevant cette nouvelle, le commandant Magnan, qui avait à sa disposition la ligne télégraphique encore ouverte avec Thionville, avait toute facilité pour constater que l'émissaire Mercier, envoyé la veille, avait pu effectuer son voyage en voiture de Thionville à Metz (aller et retour) dans la même journée, sans le moindre accident. A ce moment encore il aurait pu suivre l'exemple de MM. Renou et de Lamothe-Fénelon qui, arrivés le 19 à Montmédy, avec un convoi de poudre, continuaient leur route le 20 août sur Thionville par le train de voyageurs, se rendaient en voiture à Metz, où ils arrivaient sans être arrêtés par l'ennemi, et venaient le 21 informer le quartier général des mesures prises pour le ravitaillement de l'armée sur la ligne des Ardennes (voir la lettre n° 392, 4° section, signée Jarras, en date du 21 août 1870).

Ajoutons, pour terminer cette énumération des faits qui constatent la facilité des communications avec Metz jusqu'au 21 à midi, que, dans cette même journée du 20, le garde forestier Déchu rentrait à Thionville, après avoir remis au directeur des télégraphes dix-sept dépêches officielles dont il était porteur; que, le même jour, l'agent de police Flahaut se rendait de Thionville à Metz avec le courrier du colonel Turnier, *sans rencontrer personne*, et que le lendemain, 21 août, la femme Imbert, émissaire du maréchal Bazaine, pouvait encore se rendre *en voiture* de Metz à Thionville, où elle est arrivée sans encombre, vers midi, en même temps que l'émissaire Flahaut, de retour de sa mission.

En résumé, le commandant Magnan, chargé d'une mission de l'empereur *pour Metz*, est arrivé à Hayange le 18, à neuf heures du soir.

Arrêté par l'avis que la voie n'est pas sûre, non-seulement il ne fait aucun effort pour continuer sa route, mais il quitte son poste et se fait ramener à plus de trente lieues en arrière pour n'arriver à Thionville que le lendemain 19, à deux heures quarante du soir, au moment où la circulation, rétablie pendant la matinée, vient de nouveau d'être interceptée. — Arrêté une seconde fois, il ne cherche pas davantage à arriver au but de son voyage, et il retourne à Montmédy, où il reste, bien qu'il ait eu jusqu'au 21 la possibilité d'arriver à Metz sans rencontrer l'ennemi et qu'il ait été mis à même de constater cette possibilité par la dépêche du colonel Turnier, reçue le 20 à neuf heures cinquante du matin.

D'autre part, l'instruction constate que, le 18, à midi quarante-cinq, le commandant en chef de l'armée du Rhin a reçu de Châlons l'avis du départ de son aide de camp. L'attention du maréchal Bazaine s'est aussitôt portée sur la ligne des Ardennes. Il a exprimé les craintes que lui inspirait la destruction de cette voie ferrée (post-scriptum de la dépêche 33044) et, par suite, il a dû penser que l'arrivée à destination du commandant Magnan pouvait être empêchée.

Il a prescrit alors au directeur des télégraphes de Metz de demander à Thionville ce qui se passait dans les environs, avec invitation de se mettre en relations avec la ligne des Ardennes et de le tenir au courant de tout ce qu'il apprendrait.

On ne saurait admettre qu'après avoir donné cet ordre, le maréchal Bazaine ait ignoré que la circulation sur la voie ferrée, interrompue le 18 à six heures trente du soir entre Thionville et Metz, était rétablie le 19 de six heures du matin à une heure de l'après-midi, et que, le même jour, pendant une heure, il a pu correspondre par le télégraphe avec la ligne des Ardennes.

Le général Coffinières en a reçu avis et l'instruction en a retrouvé trace dans ses archives. Par suite, prévenu du départ du commandant Magnan et ne le voyant pas arriver le 18 au soir, comme on le lui avait annoncé, le maréchal a eu toute facilité pour lui envoyer, pendant la matinée du 19, des instructions à Thionville, par la voie ferrée ou par le télégraphe.

Enfin, il résulte de la note précitée adressée le 18 à deux heures du soir au directeur des télégraphes de Thionville, qu'on ne pouvait pas ignorer dans cette place que le maréchal Bazaine était à Metz.

CHAPITRE IV

Rapports du commandant Magnan avec le colonel Turnier.

Entrevue du commandant Magnan avec le colonel Turnier.

Reprenons, en suivant les questions du rapporteur et l'ordre chronologique des faits, la partie de la déposition du commandant Magnan où il rend compte de son entrevue avec le colonel Turnier et de ses efforts pour se mettre en communication avec le maréchal Bazaine.

« D. — Quand avez-vous eu connaissance de la « bataille du 18?

« R. — La première nouvelle de l'engagement qu'on « disait, du reste, favorable pour nos armes, m'a « été donnée à Audun, dans la nuit du 18 au 19, et, « quand je suis arrivé à Thionville, le 19 au matin, « j'ai eu quelques détails nouveaux, mais on ne « connaissait pas encore exactement quelle avait « été la journée.

« D. — Vous êtes-vous mis en rapport avec les « agents qui conduisaient le train de blessés que « vous avez rencontré avant votre arrivée à Thion-« ville et quelles nouvelles vous ont-ils données de « la journée du 18?

« R. — Je leur ai demandé si ces blessés étaient « de l'engagement de la veille; ils m'ont dit que « non. — Je leur ai demandé aussi des nouvelles de « la bataille du 18; ils m'ont répondu qu'on s'était « très-fortement battu à Saint-Privat et que les « Prussiens avaient subi de très-grandes pertes. « Comme les trains croisaient à une station à cause « de la voie unique, je n'ai pas pu en savoir plus « long, et en ce moment-là encore, d'après ces dires, « je croyais que la journée du 18 était un succès « pour nos armes. Un blessé m'avait dit pourtant « que le maréchal Canrobert était au ban Saint-« Martin, ce qui nous semblait en contradiction avec « les autres dires.

« D. — L'observation de ce blessé n'a-t-elle pas « provoqué de votre part des investigations plus « approfondies pouvant vous renseigner d'une ma-« nière plus précise?

« R. — Non. Je n'en avais pas d'ailleurs le temps, « et, comme je touchais au but de mon voyage, je « croyais connaître bientôt les véritables événements « par moi-même.

« D. — Quand vous vous êtes trouvé à Thionville, n'avez-vous pas cherché à constater la vérité d'un fait qui était de nature à vous inspirer de grandes inquiétudes? Il me semble naturel de supposer qu'on s'arrêtant à Thionville le train de blessés avait dû répandre dans la gare une nouvelle qui était déjà connue à Metz dans la soirée du 18, et dont ils avaient pu constater la réalité en traversant, le matin, le camp du maréchal Canrobert.

« R. — Autant que je puis me rappeler les résultats de la bataille du 18, ils étaient bien vaguement et bien inexactement connus à la gare de Thionville, car je n'y ai rien appris.

« D. — Avez-vous chargé le colonel Turnier de vous avoir des nouvelles, et quels renseignements vous a-t-il donnés à votre arrivée à Thionville?

« R. — Oui, j'ai prié le colonel Turnier de m'avoir des nouvelles, et je lui ai même envoyé une ou deux dépêches roulées en cigarettes pour le maréchal; je ne sais ce qu'elles sont devenues. J'ai reçu deux ou trois fois environ de petits billets de lui, qui ne me donnaient pas de renseignements précis sur l'armée de Metz, et j'en concluais qu'il ne communiquait pas plus de son côté que moi-même avec Metz.

« D. — Au moment de votre arrivée à Thionville le colonel Turnier vous a-t-il dit qu'il ne communiquait plus avec Metz, soit par le télégraphe, soit par des piétons?

« R. — Il ne m'a rien dit à cet égard-là, et, comme nous venions de croiser un train de blessés, je ne croyais pas les communications coupées, par le chemin de fer : elles venaient de l'être depuis bien peu d'instants en effet.

« D. — Veuillez expliquer à quel moment précis de votre voyage vous avez causé avec le colonel Turnier.

« R. — J'ai vu le colonel Turnier, pour la première et seule fois, à la gare de Thionville, le 19 au matin, alors que j'arrivais du camp de Châlons. Notre train est parti devant lui pour Metz, et, quand nous avons été obligés de revenir sur nos pas, je n'ai plus vu ni le colonel Turnier ni le sous-préfet. Voilà ce que mes souvenirs me disent; mais, si c'est en revenant en gare de Thionville que j'ai vu le colonel Turnier et le sous-préfet, je ne dis pas le contraire; ce que j'affirme, c'est que je ne l'ai vu qu'une fois.

« D. — Puisque vous avez chargé le colonel Turnier de demander de votre part des nouvelles à Metz, ce ne peut pas être au moment où vous quittiez la gare de Thionville marchant vers Metz?

« R. — Bien évidemment non. Lors de mon passage à la gare de Thionville, je n'ai chargé M. le colonel Turnier d'aucune mission de ce genre. « Je comptais trop bien à ce moment-là rejoindre le maréchal quelques heures après, et ce n'est que vers le 21 ou le 22 août, quand je me trouvais à Montmédy sans nouvelles, ayant déjà été rebuté dans mes efforts pour passer, que je me suis mis en communication par correspondance avec le colonel Turnier, et l'ai chargé de faire parvenir des dépêches au maréchal et de me donner les nouvelles qu'il pourrait recevoir de Metz.

« D. — Jusqu'où, à partir de la gare de Thionville, votre train s'est-il avancé vers Metz?

« R. — Nous n'avons pas fait, autant que je me le rappelle, plus de quatre à cinq minutes de route. En tout cas, nous n'avons pas atteint la première station...

« Avant de partir du camp de Châlons, j'avais été prévenu que des trains de munitions (environ cinq millions de cartouches et 25,000 coups de canon) étaient dirigés par la voie des Ardennes à destination de l'armée de Metz, et je devais donner aux officiers qui accompagnaient ces trains les indications nécessaires pour les faire avancer ou stationner dès que j'aurais eu rendu compte de l'envoi de ces approvisionnements au maréchal Bazaine. Préoccupé de ces trains qui allaient arriver derrière nous, et me voyant coupé à Thionville, craignant de l'être entre Thionville et Audun-le-Roman, nous prîmes le parti de revenir sur Montmédy, d'où je me mis en relation avec le maréchal de Mac-Mahon.

« Je trouvai, le 19, à Montmédy, M. l'intendant en chef Wolff et plusieurs autres intendants de l'armée de Metz, qui ne pouvaient pas rejoindre leur poste. Je m'occupai immédiatement des moyens de rallier de ma personne le maréchal Bazaine.

« J'envoyai d'abord des gardes forestiers dans différentes directions, avec des dépêches pour le maréchal; moi-même, je me mis en route, déguisé le mieux possible, avec une carte d'inspecteur de chemin de fer, et je cherchai à passer par Briey le 20. Je ne réussis pas, et les hommes envoyés par moi revinrent également sans avoir pu passer; plusieurs m'ont affirmé qu'ils avaient couché au milieu même des Prussiens et m'ont donné des indications sur les postes ennemis, sur les points de passage qui semblaient les plus favorables, ma personne ne parvint jamais à passer et à porter mes dépêches. Un capitaine du génie envoyé par le commandant militaire de Sedan fit, de son côté, dans la zone de Longwy, les plus louables efforts pour traverser les lignes prussiennes et gagner Metz.

« M. Vosseur, alors capitaine d'état-major attaché à l'état-major de l'armée du Rhin, qu'une mission avait éloigné de son armée depuis plusieurs jours, nous rejoignit aussi à Montmédy, et ses tentatives multipliées pour faire parvenir au maréchal, même au prix des plus fortes sommes, la moindre dépêche, ou pour le rallier

« de sa personne, n'aboutirent pas plus que les
« nôtres.
« Pas un homme n'a pu arriver dans Metz, pas
« un n'en est sorti nous apportant la moindre
« nouvelle. J'ai prié aussi plusieurs fois M. le co-
« lonel commandant la place de Thionville de faire
« parvenir au maréchal les dépêches roulées en
« cigarettes que je lui envoyais, mais ses émis-
« saires n'étaient pas plus heureux que les miens
« ni que moi-même. Je reçus plusieurs individus
« venant de Paris, qui s'étaient fait forts de péné-
« trer jusqu'à Metz, et qui pouvaient disposer de
« fortes sommes. Malgré les facilités comme ar-
« gent que ces gens bien intentionnés avaient et
« que je n'avais pas, ils ne réussirent pas non
« plus. En un mot, je considère que, dans la nuit
« du 18 au 19 août, la barrière s'est faite autour
« de Metz, et qu'il était absolument impossible de
« traverser les postes prussiens, même pour
« l'homme le plus résolu. J'ai la conscience d'avoir
« personnellement tenté tout ce qui était possible,
« soit pour rallier le maréchal, soit pour lui faire
« parvenir un avis.
« D. — Vous n'avez donc eu aucune nouvelle du
» maréchal Bazaine depuis son départ de Metz ?
« R. — Absolument aucune, ni par ses émis-
« saires, ni par des gens envoyés de Metz.
« D. — Quand avez-vous su que l'armée était
« rentrée sous Metz ?
« R. — Je ne l'ai jamais su. »

Pour apprécier cette partie de la déposition du commandant Magnan, il convient de rappeler les faits qui peuvent permettre de se rendre compte des influences sous l'impression desquelles il se trouvait, au moment de son arrivée à Thionville.

Cet officier, qui, au début de la campagne, faisait partie de la division Bataille (2ᵉ corps d'armée), avait été attaché, le 11 août, à la personne du maréchal Bazaine, qui l'avait demandé comme aide de camp. — Sans qu'il soit nécessaire de supposer qu'il eût reçu les confidences de son chef, hypothèse que justifierait d'ailleurs la confiance que le maréchal paraît lui avoir témoignée dans leurs relations antérieures, on ne saurait admettre que le commandant Magnan n'ait pas eu connaissance, avant son départ de Metz, de l'intention bien arrêtée dans l'esprit du maréchal de se replier sous l'appui du camp retranché, puisque, le 16, le commandant en chef de l'armée du Rhin annonçait pour ainsi dire publiquement cette intention aux officiers de l'état-major général.

D'autre part, le commandant Magnan avait dû nécessairement reconnaître que l'ennemi prononçait son mouvement enveloppant autour de l'armée, du sud au nord, qu'il avait enlevé successivement les routes de Nancy, de Mars-la-Tour et d'Etain. En quittant Metz dans la nuit du 17 au 18, il avait laissé le maréchal Bazaine à Plappeville, et le corps d'armée du maréchal Canrobert en position à Saint-Privat, à la droite de l'armée, dont il aurait naturellement formé l'avant-garde dans le cas d'une marche par Briey (1). Il savait enfin à son départ de Châlons que, pendant la matinée du 18, l'armée n'avait pas fait de mouvement, car le maréchal de Mac-Mahon avait reçu, avant son départ de Châlons, la dépêche que le maréchal Bazaine lui avait adressée à Bar-sur-Aube, et que M. Pietri, qu'il venait de quitter, télégraphiait au maréchal, à Metz, l'avis de son arrivée pour le soir même.

Cependant, neuf heures après, le commandant Magnan arrive à Hayange. Il y apprend qu'une grande bataille s'est livrée sur la droite de l'armée et qu'à la suite de cette bataille la voie vient d'être coupée entre Metz et Thionville.

A cette nouvelle, il se reporte en arrière. Ce n'est pas un mouvement irréfléchi qui détermine cette longue marche rétrograde, car il est resté environ deux heures à Hayange, où il a eu le temps nécessaire pour prendre des renseignements et se mettre en communication avec la gare de Thionville.

Le lendemain 19, il quitte Charleville à onze heures du matin, rencontre à une des stations qui précèdent Thionville un train de blessés qui a quitté Metz le matin même, à six heures, et demande des nouvelles de l'armée de Metz.

On ne saurait contester que la perte de la bataille de Saint-Privat et le mouvement rétrograde de l'armée aient été connus à Metz dans la soirée du 18. Ces nouvelles, que l'observatoire de la cathédrale annonçait à la division le 18, à sept heures cinquante du soir, n'ont pas tardé à arriver dans la place par les blessés, les fuyards, les curieux, qui avaient pu assister pendant la soirée à la retraite précipitée du 6ᵉ corps et d'une partie du 4ᵉ. — A plus forte raison étaient-elles connues, le 19 au matin, des agents de la compagnie de l'Est, que leur service de surveillance et de réparation de la voie avait dû nécessairement tenir en éveil et en mouvement sur la ligne. Assurément elles ne pouvaient être ignorées des employés du chemin de fer qui, à leur départ pour Thionville, avaient constaté de leurs propres yeux, le 19 au matin, qu'une portion de l'armée française, après une sanglante bataille, était rentrée sous la protection des forts.

Ce fait était d'une si haute gravité qu'il est inadmissible que le commandant Magnan, surtout après les vives préoccupations qui lui avaient fait rebrous-

---

(1) C'est ce que supposait vraisemblablement le ministre, lorsque, prévenu du projet de retraite par Montmédy, il écrivait au maréchal de Mac Mahon :

« 19 août, minuit 15, nº 25017.
« Lorsque vous serez à Reims, tâchez de vous relier avec
« Canrobert, et s'il se peut avec Bazaine, de manière à
« frapper un grand coup sur l'aile droite de l'armée prus-
« sienne, et à vous retourner contre le prince royal de Prusse
« qui arrive de Nancy. »

sor chemin la veille, d'Hayange à Charleville, se soit borné, en entendant dire à un soldat qu'il avait vu le maréchal Canrobert au milieu des troupes au ban Saint-Martin, à ne pas ajouter foi à ce propos et n'ait pas pris de plus amples informations.

Il en avait le temps, car le train spécial dans lequel il se trouvait était à ses ordres; en tous cas, si le commandant Magnan n'a pu se faire tout d'abord une appréciation exacte de la situation, il a dû nécessairement modifier cette première impression lorsque, arrivant à Thionville à deux heures quarante du soir, il trouva en gare un train qui rentrait de Mézières où l'ennemi l'avait arrêté. Il put alors se renseigner d'une manière complète auprès des agents qui communiquaient depuis le matin avec Metz et qui ne pouvaient fournir que des nouvelles précises.

Ainsi le commandant Magnan sait que l'ennemi est à Mézières en forces (voir dépêche n° 321, bureau de Montmédy, 19 août, sept heures neuf minutes du soir).

D'un autre côté, il tient de témoins oculaires qu'une portion de l'armée française est sous Metz avec le maréchal Canrobert. — Il constate enfin que, depuis le 18 au soir, le combat a cessé.

Peut-il supposer que l'ennemi, qui a réussi en atteignant la Moselle en aval de Metz à former sur la rive gauche son cercle d'investissement, laisse l'armée française se retirer librement et sans combattre par la route de Briey? On ne saurait s'arrêter à cette idée, car la rentrée dans le camp retranché de Metz du 6e corps qu'il a laissé en avant-garde sur la route de Briey, la présence des Prussiens à Mézières, le manque de nouvelles venues par d'autres voies, le calme qui succède à une grande bataille, tout indique au commandant Magnan que l'armée s'est retirée sous la protection des forts.

Telles devaient être les impressions du commandant Magnan, au moment où il rentrait en rapport avec le colonel Turnier. Recherchons maintenant les divers incidents qui peuvent permettre de se rendre compte de celles de son interlocuteur et des conséquences de leur entrevue.

Communications échangées entre Thionville et Metz pendant les journées des 19, 20 et 21 août.

Comme nous l'avons déjà dit plus haut, dès que le maréchal Bazaine eut reçu avis de l'arrivée de son aide de camp, son attention se porta sur la dernière voie ferrée qui restait libre, et en même temps qu'il écrivait au maréchal de Mac-Mahon : « Je crains pour la voie ferrée des Ardennes », il adressait au directeur des télégraphes de Metz la note suivante :

« 18, deux heures du soir. — Demandez à Thion« ville ce qui se passe dans les environs, *avec invi*« *tation de se mettre en relation avec la ligne des* « *Ardennes et de me tenir au courant de tout ce* « *qu'il apprendra*, mais autant que possible de ne « me donner que des renseignements certains. »

Ces instructions arrivaient à Thionville à deux heures treize minutes du soir; rien ne permet de supposer qu'elles ne furent pas immédiatement transmises le 18, dès leur arrivée à Hayange et à toutes les gares voisines. Par suite, le commandant Magnan aurait eu, à défaut d'instructions plus précises qui ont pu lui être expédiées jusqu'à six heures trente du soir, cette invitation du maréchal Bazaine de le renseigner immédiatement sur la situation.

Il est tout naturel de penser d'ailleurs que, lors même que ces instructions ne lui auraient pas été communiquées, le commandant Magnan, qui, d'Hayange, était le 18 en communication avec Thionville et qui se disposait à rétrograder, a profité des deux heures d'arrêt de son train pour faire parvenir un message à Thionville avec invitation de le transmettre au maréchal Bazaine, aussitôt que la voie serait réparée.

Quoi qu'il en soit, le lendemain 19, à huit heures du matin, le colonel Turnier remettait au sieur Mercier, dans le bureau du directeur des télégraphes, deux paquets de dépêches adressés, l'un au préfet, l'autre au directeur des télégraphes de Metz. La date de ce premier voyage de Mercier est établie d'après les registres du trésorier-payeur général de Metz, qui lui a payé, à la date du 19, une gratification de 50 francs. Ajoutons que ce premier voyage de Mercier ne figure pas sur le registre des fonds secrets du colonel Turnier, quoique cet émissaire déclare avoir reçu 20 francs à son départ de Thionville.

A deux heures quarante, comme on l'a vu précédemment, le commandant Magnan arrive à Thionville et rétrograde sur Montmédy, après avoir conféré avec le colonel Turnier.

A quatre heures et demie, Mercier, qui a pu faire son voyage en voiture (aller et retour) sans être inquiété par l'ennemi, rentre à Thionville et remet au colonel Turnier le reçu du préfet.

Vers sept heures, le garde forestier Déchu part de Thionville avec un pli contenant dix-sept dépêches officielles, dont la plus récente est arrivée dans la place à six heures quinze du soir, et parmi lesquelles se trouve la dépêche du maréchal de Mac-Mahon (n° 33364 Z). Ces dépêches arrivent à destination le lendemain 20, à dix heures trente du matin, et Déchu rentre à Thionville le même jour, à six heures du soir, avec le reçu qui constate l'accomplissement de sa mission.

Dans la nuit du 19 au 20, minuit cinquante-cinq, arrive à Thionville la dépêche du ministre faisant connaître au maréchal Bazaine que les dispositions sont prises en ce qui concerne les fourneaux de mine, en vue de sa retraite par la ligne des Ardennes, avec les instructions suivantes :

« Faire parvenir par tous les moyens possibles « au maréchal Bazaine. Obtenir aussi à tout prix

« des nouvelles du maréchal Bazaine et me les faire
« connaître.
« *Ne pas épargner l'argent.* »

Dans la matinée du 20, avant huit heures, le colonel Turnier dicte à son secrétaire la lettre ci-après adressée au général Coffinières :

« J'ai l'honneur de vous envoyer un agent por-
« teur de nombreuses dépêches, que je vous prie
« de vouloir bien transmettre.

« Le ministre et le maréchal de Mac-Mahon me
« demandent à chaque instant des nouvelles du
« maréchal Bazaine.

« Le commandant... arrivé hier ici, et qui est re-
« tourné à Montmédy, sachant la voie coupée, m'en
« demande aussi. Il m'annonce que les convois de
« munitions sont à Montmédy ou en arrière, et que,
« jusqu'à nouvel ordre, les trains ne dépasseront
« pas cette dernière ville. »

Une dépêche dit au ministre et au maréchal de Mac-Mahon que l'on prétendait que le maréchal Bazaine était à Metz.

« Il serait nécessaire de nous envoyer des agents
« qui rapporteraient des nouvelles de Metz.

« Les communications avec Metz sont coupées à
« Hagondange et à Mézières ; il serait bien utile de
« les rétablir. Celles entre Paris par les Ardennes
« sont libres, mais nous craignons bien de les voir
« coupées.

« Le ministre recommande de ne pas épargner
« l'argent. Je vous prie de vouloir bien faire payer
« 50 francs au porteur de cette lettre, prix convenu
« avec lui, et de m'indiquer sur quels fonds je pourrai
« prendre l'argent nécessaire à ces sortes de dé-
« penses. Plusieurs hommes qui ont été employés
« n'ayant pas été payés, nous trouvons difficilement
« les agents nécessaires.

« Les ordres relatifs aux mines sont exécutés
« dans notre commandement. »

Avant d'expédier cette lettre, le colonel Turnier y ajoute, en évitant de la faire connaître à son secrétaire (voir déposition Coquelin), le nom du commandant Magnan, qu'il a fait laisser en blanc, et il met en post-scriptum :

« Le porteur attendra les dépêches et les rensei-
« gnements qui nous sont nécessaires. »

Il joint à sa lettre une copie, écrite par Coquelin, de la dépêche ministérielle arrivée à minuit cinquante-cinq minutes, et se rend à huit heures du matin au bureau du télégraphe, où il trouve Flahaut, à qui il remet le paquet destiné au général Coffinières. Le directeur des télégraphes expédie à son collègue de Metz, par le même émissaire, les dépêches qu'il a reçues depuis le départ de Déchu.

Flahaut, arrivé à Metz vers deux heures, se rend directement chez le général Coffinières, qui lui remettait sa réponse pour le colonel Turnier, et qui écrivait immédiatement au maréchal Bazaine :

« J'ai l'honneur de communiquer à Votre Excel-
« lence une dépêche qui arrive de Paris en passant
« par Thionville. C'est un homme de Thionville qui
« a apporté cette lettre. Il n'a, du reste, rencontré
« personne sur son chemin ; il a suivi la rive droite
« de la Moselle. »

Comme on le voit, en recevant la dépêche relative aux mines que le ministre prescrivait de faire parvenir au maréchal Bazaine par tous les moyens possibles, le général Coffinières s'est empressé de la lui transmettre. Le maréchal déclare ne l'avoir pas reçue, mais cette affirmation tombe d'elle-même devant les preuves matérielles qui viennent d'être développées. La copie de cette dépêche écrite à Thionville par Coquelin a été retrouvée dans les archives du commandant supérieur de Metz, et la lettre d'envoi que l'on vient de lire ne peut s'appliquer qu'à ce télégramme, dont le dernier paragraphe avait nécessairement attiré l'attention du général.

En quittant le général Coffinières, Flahaut se rendait chez le trésorier-payeur général, où il touchait 50 francs qui lui avaient été promis. Les registres de la comptabilité de la recette générale confirment d'une manière irrécusable la déclaration de ce témoin, dont on ne saurait contester la présence à Metz le 20 août. Il apportait ensuite le paquet du service télégraphique à M. de la Vasselais, qui l'envoyait chez le maréchal Bazaine, au ban Saint-Martin. Il recevait d'un des officiers du maréchal trois dépêches chiffrées à découvert, destinées à l'empereur, au maréchal de Mac-Mahon et au ministre ; il se mettait en route le lendemain matin pour Thionville, où il arrivait vers midi, en même temps que la femme Imbert, à qui le lieutenant Charret avait confié la veille une deuxième expédition des trois dépêches chiffrées dont Flahaut était porteur.

Le colonel Turnier recevait donc le 21, à midi, trois dépêches chiffrées, dont il ne pouvait lire le contenu, et qui lui arrivaient par deux voies différentes ; Flahaut lui remettait en outre une dépêche en clair du général Coffinières, ainsi conçue :

« 20 août 1870. — Votre commissionnaire m'est
« arrivé fidèlement. Je lui compte les cinquante
« francs que vous lui avez promis.
« Si vous êtes certain de faire passer une dé-
« pêche, vous pouvez dire que les Prussiens ont
« attaqué notre armée sur le plateau d'Amanvil-
« lers, à 12 kilomètres environ à l'ouest de Metz.
« Après un combat des plus vigoureux, nos troupes
« cédant sur la droite, faute de cartouches, se sont
« retirées sous Metz et sont entassées entre Lon-
« geville, Saint-Quentin, Plappeville, le Goupillon,
« et la droite du fort Moselle. C'est une assez mau-
« vaise position, attaquable sur les deux faces, de
« l'est et de l'ouest. Les Prussiens s'établissent for-
« tement autour de nous et ne nous laisseront pas
« longtemps pour nous refaire. Nous avons onze à

« douze mille blessés dans la place et peu de res-
« sources pour les soigner.

« Signé : COFFINIÈRES DE NORDECK. »

« Si vous avez besoin d'argent faites des réqui-
« sitions aux receveurs particuliers. »

Les dépêches chiffrées expédiées par le maréchal Bazaine se traduisent de la manière suivante :

« 20 août 1870. — Au maréchal de Mac-Mahon.

« J'ai dû prendre position *près de Metz* pour
« donner du repos aux soldats et les ravitailler en
« vivres et en munitions. L'ennemi grossit tou-
« jours autour de moi, et je suivrai probable-
« ment pour vous rejoindre la ligne des *places du*
« *nord, et vous préviendrai de ma marche, si je puis*
« *toutefois l'entreprendre sans compromettre l'ar-*
« *mée.* »

« 20 août 1870. — Au ministre.

« Nous sommes sous Metz, nous ravitaillant en
« vivres et munitions. L'ennemi grossit toujours
« et paraît commencer à nous investir.
« J'écris à l'empereur, qui vous donnera com-
« munication de ma lettre. J'ai reçu dépêche de
« Mac-Mahon, auquel j'ai répondu ce que je compte
« faire dans quelques jours. »

« 20 août 1870. — A l'empereur.

« Mes troupes occupent toujours les mêmes
« positions. L'ennemi paraît établir des batteries
« qui doivent lui servir à appuyer son investisse-
« ment; il reçoit constamment des renforts. Le
« général Marguenot a été tué le 16, on le croyait
« disparu. Nous avons dans la place de Metz au
« delà de 16,000 blessés. »

Rapports du colonel Turnier avec le maréchal de Mac-Mahon pendant les journées du 19 et du 20 août. Renseignements fournis sur la situation de l'armée de Metz.

Nous verrons plus loin la marche de ces dépêches au delà de Thionville. Reprenons d'abord, pendant ces mêmes journées du 19 et du 20 août, de des documents et des faits relatifs aux rapports que le colonel Turnier a eus en ce moment avec le maréchal de Mac-Mahon et avec le ministre de la guerre.

A onze heures onze minutes du matin, le commandant de place de Thionville recevait du maréchal de Mac-Mahon la dépêche suivante :

N° 25073. 19 août { 10 heures 50 du matin.
{ 11 heures 11 du matin.

« Employez tous les moyens possibles pour avoir
« des nouvelles du maréchal Bazaine. Est-il encore
« à Metz? sinon quelle direction a-t-il prise? Ré-
« ponse télégraphique. »

L'instruction n'a pas retrouvé la réponse du colonel Turnier. Remarquons seulement que depuis le matin les communications étaient rétablies avec Metz par la voix ferrée, et que de midi à une heure de l'après-midi les bureaux télégraphiques des deux places étaient en correspondance.

A midi 58, nouvelle dépêche du maréchal de Mac-Mahon qui semble indiquer que, dans la réponse à la précédente, le colonel Turnier a fait connaître que le maréchal Bazaine était en marche :

N° 25116. { 11 heures 50 du matin.
{ 12 heures 48.

« Envoyez en reconnaissance un officier intelli-
« gent, monté sur une machine à vapeur, qui ne
« s'arrêtera que lorsque la voie sera coupée ou qu'il
« aura été arrêté par l'ennemi. Ce système nous a
« bien réussi. Rendez-nous compte des renseigne-
« ments de cet officier *sur la marche du maréchal*
« *Bazaine.* »

Le colonel Turnier charge alors M. le juge de paix Guioth, officier d'état-major auxiliaire, de cette mission. Il lui dit qu'il s'agit de porter une dépêche au maréchal Bazaine, dont l'armée, d'après les renseignements reçus, *opérait du côté de Saint-Avold ;* mais « nous savions à Thionville, dit M. Guioth dans sa déposition, que le maréchal Bazaine opérait sous Metz, et que c'était là et non ailleurs qu'il fallait aller le chercher. »

M. Guioth se rend à la gare, fait chauffer une locomotive; le colonel Turnier l'y rejoint, lui remet, sans lui donner d'autres instructions, le pli cacheté qu'il doit porter au maréchal Bazaine, et au moment où M. Guioth se met en route, il est arrêté par un train de vivres, qui, ayant trouvé la voie coupée à Mézières, revient à toute vapeur sur Thionville.

En même temps (deux heures quarante du soir), M. Guioth voit arriver le train spécial du commandant Magnan, qui entre en rapport avec le colonel Turnier. Il reste persuadé que l'aide de camp du maréchal Bazaine va immédiatement rejoindre son chef, puisque le colonel Turnier lui reprend, pour la remettre au commandant Magnan, la dépêche dont il est porteur; puis il désigne lui-même à cet officier des personnes d'Audun-le-Roman qui pourront le conduire par Briey à Metz; quant au colonel Turnier, il sait parfaitement que le commandant retourne à Montmédy pour y attendre les nouvelles, puisque c'est là qu'il les lui adresse le lendemain. Cependant, il ne donne pas d'autre suite à la mission dont le maréchal de Mac-Mahon l'a chargé personnellement, et que M. Guioth devait remplir.

Le lendemain, 20, comme nous l'avons dit précédemment, le colonel Turnier adresse au général Coffinières la lettre qu'on a lue plus haut et dans laquelle se trouve la phrase suivante :

« Une dépêche dit au ministre et au maréchal de

Mac-Mahon que l'on prétendait que le maréchal Bazaine était...... Metz. »

Les surcharges que l'on remarque sur l'original de cette lettre constatent, pour la rédaction de ce passage, les hésitations de l'auteur.

La dictée primitive est la suivante :

« Une dépêche dit au ministre et au maréchal de Mac-Mahon que l'on prétendait que le maréchal Bazaine était sous Metz. »

Les mots *dépêche dit* sont remplacés par *j'ai déjà dit*.

« Sous Metz » est biffé une première fois pour être remplacé par « près Metz, » et enfin *sous Metz sans pouvoir l'affirmer*, de sorte que l'auteur s'arrête définitivement à la rédaction suivante : « J'ai déjà dit au ministre et au maréchal de Mac-Mahon que l'on prétendait que le maréchal Bazaine était sous Metz, sans pouvoir l'affirmer. » Ces hésitations paraissent singulières. Le colonel Turnier doit bien savoir ce qu'il a déjà dit et s'il a écrit que le maréchal Bazaine était *sous Metz* ou *près Metz*, ou *en marche*. L'instruction n'a pas retrouvé la dépêche à laquelle le colonel Turnier fait allusion dans sa lettre, mais elle constate que les renseignements envoyés de Thionville le 19 août à onze heures vingt-six du soir, c'est-à-dire plusieurs heures après la rentrée de l'émissaire Mercier, ne disent absolument rien sur la situation de l'armée de Metz.

N° 25357. — 20 août, 1 heure 35 matin départ; 3 heures 15 matin arrivée. Le ministre à l'empereur, et au maréchal de Mac-Mahon :

« On m'écrit de Thionville, le 19 août, à onze
« heures 26 du soir : Aucune nouvelle du maréchal
« Bazaine. Communications télégraphiques et voie
« ferrée interrompues entre Thionville et Metz.
« Les convois de munitions sont arrêtés. Le 20, à
« 8 heures 22 du matin, le colonel Turnier reçoit
« un nouveau télégramme du maréchal de Mac-Ma-
« hon, lui demandant des nouvelles de Metz. »

25362 — 20 août. { 8 heures 1 minute.
{ 8 heures 22 minutes.

« Faites votre possible pour avoir des nouvelles
« du maréchal Bazaine, et envoyez-les-moi. »

C'est au commandant Magnan que le commandant supérieur de Thionville télégraphie, vingt minutes après, le renseignement suivant, qui semble répondre à la dépêche précitée du maréchal de Mac-Mahon :

N° 688. — Bureau de Montmédy, 20 août. { 8 h. 41 m.
{ 9 h. 50 m.

« On affirme que le maréchal Bazaine était hier
« sous Metz avec l'armée. — Communications avec
« Metz coupées à Hagondange et Mézières. — Il
« est nécessaire que les convois ne passent pas
« Montmédy. »

L'instruction ne trouve pas trace d'une réponse adressée directement par le colonel Turnier au maréchal de Mac-Mahon, mais elle constate qu'à dix heures cinquante-huit minutes, le commandant de l'armée de Châlons est si peu renseigné sur la véritable situation de l'armée de Metz, qu'il la croit en marche du côté de Spincourt :

N° 33701. — 20 août. { 10 h. 58 m. matin.
{ 11 h. 40 m. matin.

« Maréchal de Mac-Mahon au commandant de
« Montmédy et au maire de Longuyon :

« Des renseignements de Spincourt annoncent
« que l'avant-garde de l'armée française ne serait
« qu'à quelques kilomètres de ce village. Employez
« tous les moyens possibles pour me renseigner à
« cet égard le plus tôt possible. »

Quant au ministre de la guerre, il n'était pas mieux informé, à en juger par les dépêches qu'il adressait le 20 août, à deux heures sept et à trois heures quarante du soir, au maréchal de Mac-Mahon :

« N° 25457. — 20, soir. { 2 heures 7, soir.
{ 2 heures 20, soir.

« Le ministre de la guerre au maréchal de Mac-
« Mahon.

« D'après renseignements de personnes du pays :

« Le 18, position des corps de Bazaine : s'est
« battu toute la journée du 18, sur le plateau de
« Sainte-Marie-aux-Chênes, Roncourt et Saint-
« Privat-la-Montagne. Route de Metz à Thionville. »

« N° 25496. — 20 août { 3 heures 40 soir.
{ 3 heures 59 soir.

Le ministre de la guerre au maréchal de Mac-Mahon.

« J'ai reçu votre dépêche de huit heures quarante-
« cinq. Le seul renseignement que je puisse vous
« donner est le suivant :

« Le 18 au soir, Bazaine occupait comme position
« la ligne d'Amanvillers à Lessy. »

Ainsi, depuis le 19 au matin, le maréchal de Mac-Mahon demande des nouvelles de l'armée de Metz, et le seul renseignement qu'on puisse lui donner le 20, à trois heures quarante-neuf du soir, c'est que le 18 le maréchal Bazaine occupait la ligne d'Amanvillers à Lessy.

Si l'on remarque que, pendant ce temps, les trains ont marché entre Thionville et Metz durant une demi-journée, que le service télégraphique a été rétabli pendant une heure environ, que les voitures ont pu jusqu'au 21 librement circuler sur la rive droite de la Moselle, que le commandant Magnan a entre les mains une dépêche qui lui affirme que le maréchal Bazaine est rentré sous Metz avec l'armée, on constate que le maréchal de Mac-Mahon est le seul qui ne soit pas renseigné.

En résumé, la comparaison des documents officiels et des faits qui viennent d'être rapportés avec la partie de la déposition du commandant Magnan citée au commencement de ce chapitre, donne lieu aux observations suivantes :

Cet officier insinue que son entrevue avec le colonel Turnier a eu lieu au moment où il quittait la gare de Thionville pour se rendre à Metz ; mais nous constatons qu'en entrant dans cette gare il a su qu'il n'irait pas plus loin et qu'il a fait connaître au colonel Turnier qu'il serait le lendemain à Montmédy. Il affirme que, certain de rejoindre le maréchal Bazaine quelques heures après, il n'a pas même chargé le colonel Turnier de demander des nouvelles.

Nous voyons le lendemain le commandant supérieur de Thionville rendre compte au général Coffinières de son entrevue avec le commandant Magnan, qui demande des nouvelles, charger cet officier général de transmettre de nombreuses dépêches et user de précautions pour que le nom du commandant Magnan reste inconnu au secrétaire à qui il dicte cette lettre.

Le commandant Magnan déclare qu'il n'a jamais su que l'armée était rentrée sous Metz ; nous trouvons au bureau télégraphique de Montmédy, à la date du 20 (neuf heures cinquante du matin), la dépêche qui lui annonce que, le 19, le maréchal Bazaine était sous Metz avec l'armée.

Le commandant Magnan affirme, avec une certaine solennité, que, dans la nuit du 18 au 19, la barrière s'est faite autour de Metz, et qu'il était impossible de traverser les postes prussiens, même à l'homme le plus résolu. Il a, dit-il, la conscience d'avoir personnellement tenté tout ce qui était possible, soit pour rallier le maréchal, soit pour lui faire parvenir un avis. L'instruction lui répond qu'il était à Hayange le 18, à neuf heures du soir ; que jusqu'au 21, à midi, on a pu communiquer librement entre Metz et Thionville, et qu'il ne l'a pas ignoré, puisqu'il recevait le 20, dans la matinée, des nouvelles qui lui prouvaient que le colonel Turnier était en relations directes avec Metz.

D'autre part, nous voyons le commandant supérieur de Thionville arriver à la gare pour assurer l'exécution d'un ordre réitéré avec la plus vive instance par le maréchal de Mac-Mahon ; il cause avec le commandant Magnan, et cette conversation suffit pour qu'il ne songe plus à donner suite à l'importante mission dont il est chargé ; et pourtant ce n'est pas sur l'aide de camp du maréchal Bazaine qu'il compte pour renseigner le maréchal de Mac-Mahon, puisqu'il sait que le commandant Magnan retourne à Montmédy.

Nous voyons, une heure après le départ du commandant Magnan pour Montmédy, le colonel Turnier recevoir un émissaire qui arrive de Metz et qui lui affirme, comme il l'écrit le lendemain, que le maréchal Bazaine est sous Metz avec l'armée ; cependant, à onze heures vingt-six minutes du soir on écrit de Thionville qu'on n'a eu aucune nouvelle du maréchal Bazaine, et c'est ce renseignement négatif que le ministre de l'intérieur télégraphie au maréchal de Mac-Mahon. Aussi le lendemain, en écrivant au général Coffinières, le colonel Turnier hésite-t-il à faire connaître les renseignements qu'il a transmis, et l'embarras qu'il éprouve à formuler *ce qu'il a déjà dit* au ministre et au maréchal de Mac-Mahon montre qu'il demande ce qu'il doit dire.

Au même instant, il reçoit du maréchal de Mac-Mahon une troisième demande de nouvelles. Au lieu de répondre directement, c'est au commandant Magnan qu'il s'adresse, et il lui fait connaître que la veille le maréchal Bazaine était sous Metz avec l'armée.

L'instruction constate que ce renseignement si important n'arrive ni au maréchal de Mac-Mahon, qui croit l'avant-garde de l'armée française à Spincourt, ni au ministre, qui lui télégraphie sept heures après que la dépêche du colonel Turnier est partie de Thionville :

« Le seul renseignement que je puis vous donner « est le suivant : Le 18 au soir, Bazaine occupait « comme position la ligne 'Amanvillers à Lessy. »

Nous ne nous arrêtons pas à prouver que, pendant la période qui s'est écoulée du 18 (neuf heures du soir) au 21 (midi), le commandant Magnan s'est mis en relation avec le maréchal Bazaine. Il suffit d'avoir montré que, pendant ces soixante-trois heures, cet officier a pu librement communiquer avec Metz et qu'il a su qu'il le pouvait.

Nous ne rechercherons pas non plus s'il a obéi à des instructions reçues avant son départ ou en route, ou s'il a agi de sa propre initiative. — Nous nous bornons à constater que, pendant qu'il arrête à Montmédy les nouvelles qui pouvaient s'échapper de Metz, il agit dans le même sens que le maréchal Bazaine, qui de son côté feint d'ignorer les facilités de communications qu'il a encore sous la main, et qui retarde autant qu'il le peut l'envoi des dépêches ambiguës et contradictoires expédiées seulement le 20, dans la soirée, à l'empereur, au ministre et au maréchal de Mac-Mahon, pour faire connaître les conséquences de la bataille du 18 août.

CHAPITRE V.

Dépêches du 28 août. — Le colonel Stoffel, chef du service des renseignements de l'armée de Châlons.

Les dépêches du 20 août sont expédiées le 21 de Thionville à Givet, Montmédy et Longwy.

Nous avons vu dans le chapitre précédent Flahaut arriver le 21 août, à midi, à Thionville, apportant au colonel Turnier la dépêche *en clair* du général Coffinières, et les trois dépêches chiffrées destinées à l'empereur, au ministre et au maréchal de Mac-Mahon, dont la dernière se terminait par ces mots :

« Je vous préviendrai de ma marche, si je puis
« toutefois l'entreprendre sans compromettre l'ar-
« mée. »

Le même jour, à deux heures du soir, le colonel Turnier remettait à M. de Bazelaire, élève de l'École polytechnique, qui quittait Thionville le soir même à six heures pour se rendre à l'École en passant par la Belgique, un pli cacheté contenant des dépêches chiffrées : il lui faisait connaître qu'elles étaient destinées à l'empereur et au maréchal de Mac-Mahon, et le chargeait de les faire expédier de la première station télégraphique française qu'il atteindrait.

M. de Bazelaire recevait en même temps de M. le sous-préfet de Thionville un pli cacheté, destiné à M. le ministre de l'intérieur. Le lendemain, entre midi et une heure, le premier de ces paquets fut décacheté par l'employé du télégraphe de la gare de Givet, en présence du commissaire de police. M. de Bazelaire put constater qu'il renfermait quatre dépêches chiffrées, dont la première fut transmise sous ses yeux (1) ; le départ du train l'empêcha d'assister à la transmission des trois autres. Nous trouvons au dossier deux de ces dépêches, nos 34531 et 34539. Ce sont celles adressées à l'empereur et au ministre. Quant au pli cacheté du sous-préfet, M. de Bazelaire le remit, dès son arrivée à Paris, le 23 août, à sept heures du matin, à un employé du ministère de l'intérieur, qui lui dit que le ministre, en ce moment au conseil, ne pouvait le recevoir.

Dans cette même journée du 21 août, le dernier train de la ligne des Ardennes, arrivé à Thionville à neuf heures dix minutes du matin, y avait amené deux émissaires du commandant Magnan, les sieurs Fays et Lagneaux, envoyés de Montmédy.

En apprenant qu'ils allaient à Metz demander au maréchal Bazaine comment on pourrait lui faire parvenir les vivres réunis à Montmédy, le colonel Turnier les dissuada de continuer leur route ; il leur dit que le maréchal Bazaine, avec qui il communique facilement, est parfaitement renseigné sur ce qu'ils peuvent lui annoncer, et il les charge de rapporter au commandant Magnan une grande enveloppe revêtue de trois cachets et qui paraît plusieurs dépêches.

Fays et Lagneaux quittent Thionville le même jour, 21, à quatre heures du soir, et se dirigent vers Montmédy en suivant la voie ferrée des Ardennes.

Enfin, le 21 août, le sieur Guyard, commissaire cantonal à Longwy, se trouvait de passage à Thionville. — Cet agent avait été envoyé dans la matinée du 29, par le lieutenant-colonel Massaroli, commandant supérieur de Longwy, pour porter à Metz la dépêche relative aux fourneaux de mines, si instamment recommandée par le ministre. — Arrêté comme espion par les paysans d'Audun-le-Roman, il avait été relâché sur la recommandation du capitaine du génie Mélard, envoyé lui-même en reconnaissance de ce côté par le commandant Magnan.

Guyard, continuant sa route vers Metz, avait réussi, disait-il, à arriver jusqu'à Moulins et à remettre son message à un officier d'état-major. Quoi qu'il en soit, sa présence à Thionville le 21 est constatée par le témoignage de M. de Bazelaire, qui sait avant son départ de Thionville que le colonel Turnier a déjà expédié à Longwy un exemplaire des dépêches dont il est porteur ; elle l'est en outre par le fait de l'arrivée à Longwy des quatre dépêches dont il s'agit, que le sieur Guyard remet au lieutenant-colonel Massaroli le 22 août, vers deux heures du soir.

Les dépêches apportées à Longwy parviennent au colonel Stoffel, qui en accuse réception.

Pour suivre avec plus de facilité la marche de ces quatre dépêches au delà de Longwy, il est nécessaire de se reporter au personnel employé pour ce service par le colonel Stoffel, chef du bureau des renseignements à l'état-major du maréchal de Mac-Mahon.

Cet officier supérieur, qui était, au début de la campagne, aide de camp du major général, se trouva sans emploi lorsque le maréchal Bazaine eut pris le commandement en chef de l'armée. Il suivit l'empereur à Gravelotte et de là au camp de Châlons. Le 17 août, sur la proposition du prince Napoléon, il fut attaché à l'état-major particulier du maréchal de Mac-Mahon comme chef du service des renseignements.

Le 18 août, M. Claude, chef du service de la sûreté générale à la préfecture de police, mettait à la disposition du colonel Stoffel deux de ses inspecteurs : MM. Rabasse et Miès, qui arrivaient au camp de Châlons le 19. Ces deux agents recevaient du colonel Stoffel l'ordre de partir le 20 pour aller chercher par tous les moyens possibles des nouvelles du maréchal Bazaine. Le colonel leur prescrivait en même temps de lui adresser personnellement tous les renseignements, correspondances ou dépêches qu'ils pourraient se procurer, soit en arrivant auprès du maréchal, soit au moyen d'intermédiaires.

DÉPOSITION RABASSE.

Le 22, Rabasse et Miès, partis le matin de Charleville, trouvent à la gare de Carignan le général Dejean qui les renvoie au commandant Magnan ; celui-ci leur manifeste son vif désir de pouvoir trouver un homme dévoué pour aller chercher des

---

(1) Trois de ces dépêches chiffrées sont les trois dépêches du maréchal Bazaine datées du 20. L'instruction n'a aucune donnée sur la quatrième.

nouvelles et leur fait donner une locomotive pour continuer leur voyage.

La voie étant coupée à Pierrepont, Rabasse et Miès se rabattent sur Longwy. Ils apprennent à la gare qu'on vient de recevoir des nouvelles de Metz et ils s'adressent immédiatement au lieutenant-colonel Massaroli.

La déposition de cet officier supérieur contient la relation suivante de son entrevue avec les envoyés du colonel Stoffel :

« Quelques instants après l'arrivée de Guyard, « dit-il, un agent de la gare m'apportait un billet « ainsi conçu que je joins à ma déposition :

« Longwy, 22 août 1870. — Monsieur le colonel, « auriez-vous quelque nouvelle sur l'emplacement « où se trouverait S. Exc. le maréchal Bazaine? « Nous sommes chargés de cette mission par le « colonel Stoffel, attaché à l'état-major du maréchal « de Mac-Mahon.

« Recevez nos salutations très-empressées.

« Signé : Miès et Rabasse. »

« P. S. — M. le commandant Magnan, aide de « camp du maréchal Bazaine, attend de nous une « dépêche, bonne ou mauvaise, à Carignan. »

« Je remis immédiatement au porteur la réponse « suivante :

« Il est absolument indispensable que je m'abou« che avec les personnes qui m'écrivent de la part « du colonel Stoffel. — J'ai des renseignements « importants que je ne puis communiquer qu'à eux« mêmes. »

« Je vis arriver deux agents, et après avoir « constaté qu'ils étaient réellement envoyés par « l'état-major général, je fis venir Guyard, qui « les reconnut pour être d'anciens collègues.

« Je leur remis alors les quatre dépêches pré« citées, plus une lettre que j'adressai au colonel « Stoffel pour qu'il voulût bien appeler la bienveil« lance du maréchal de Mac-Mahon et de l'empe« reur sur le sieur Guyard, qui avait réussi à ac« complir avec succès une mission périlleuse. Dès « que ces agents m'eurent quitté, j'envoyai à Paris « par le télégraphe, à l'adresse du ministre de la « guerre, à la dépêche duquel je répondais en lui « donnant des nouvelles :

« 1° La dépêche du général Coffinières ;

« 2° La dépêche n° 34531 commençant par ces « mots :

« Mes troupes occupent toujours..., etc. »

« 3° La dépêche suivante :

« M. Guyard, commissaire cantonal, envoyé par « moi, il y a deux jours, a pénétré au camp de « Bazaine et a rapporté les deux dépêches en« voyées aujourd'hui, plus deux dépêches chiffrées « de Bazaine à l'empereur et au maréchal de Mac« Mahon à Reims. Je recommande Guyard à la

« bienveillance du ministre. L'ennemi s'approche « de nous à 12 kilomètres ; plus de communication « entre Thionville et Metz. »

Aussitôt après avoir reçu des mains du colonel Massaroli les quatre dépêches apportées par Guyard, Rabasse et Miès se rendent au bureau du télégraphe, font demander dans plusieurs directions si on est en communication avec l'état-major du maréchal de Mac-Mahon, et sur la réponse qu'ils peuvent sans crainte envoyer leurs dépêches, ils les dictent à l'envoyé qui les transmet. Ils préviennent ensuite le commandant Magnan qu'ils ont des nouvelles de l'armée de Metz et que, pour en avoir connaissance, il n'a qu'à s'adresser à l'état-major du maréchal de Mac-Mahon.

Nous trouvons au dossier deux télégrammes envoyés par Rabasse et Miès, savoir :

« 1° La dépêche n° 34725, partie de Longwy à 4 heures 52 minutes du soir, expédiée à destination à 8 heures 35, adressée au ministre comme il suit :

« Inspecteurs délégués par le colonel Stoffel pour renseignements à recueillir :

« Le maréchal Bazaine à guerre, à Paris :

« 153609..... etc.

« Le colonel commandant la place de Thionville. — Signé : Turnier.

« Nous sommes possesseurs de l'original, que « nous remettrons au quartier impérial. »

« 2° La dépêche n° 34750, partie de Longwy à « 4 h. 50 soir, portant l'indication :

« Reçu de Longwy le 22 (heure non indiquée).

« Reims, fait, et adressée au colonel Stoffel :

« Les inspecteurs délégués à l'état-major, au « colonel Stoffel :

« Les inspecteurs délégués font connaître que « le maréchal Bazaine adresse à S. Exc. le maré« chal de Mac-Mahon. 1856 .. 26..., 918..., etc.

« Le colonel commandant la place de Thionville. « —Signé : Turnier.

« Nous sommes possesseurs de l'original. — Dé« pêches envoyés en même temps à S. M. l'em« pereur par le colonel Massaroli, commandant la « place de Longwy, qui fait connaître les positions « qu'occupe le maréchal Bazaine.

« Faut-il rentrer? Réponse de suite. — Rabasse « et Miès. »

En réponse à la question posée par Rabasse et Miès en post-scriptum de la dépêche 34750, destinée au maréchal de Mac-Mahon, le colonel Massaroli recevait, à deux heures cinquante du matin, le télégramme suivant expédié de Reims à neuf heures trente du soir :

« (Bureau de Longwy, — gare. — n° 15.) — Le « maréchal de Mac-Mahon au commandant de place « de Longwy :

« Prière de dire aux deux inspecteurs télégra-
« phiques de l'état-major de rejoindre le quartier
« général, qui sera demain à Betheniville-sur-la
« Suippe. »

Le colonel Massaroli répondait, à quatre heures du matin :

« Vos deux inspecteurs télégraphiques sont par-
« tis hier pour rejoindre le quartier général, por-
« teurs de quatre dépêches du maréchal Bazaine,
« dont trois chiffrées, que M. Guyard, commissaire
« cantonal ici, a pu avoir en pénétrant au camp de
« Bazaine. — Je le recommande à la bienveillance
« de Votre Excellence. »

Puis, contrarié du départ de Rabasse et de Miès par la Belgique à cause du retard qui pouvait en résulter pour l'arrivée de nouvelles fort importantes qu'il ne savait pas expédiées déjà par le télégraphe, le colonel Massaroli envoyait au maréchal de Mac-Mahon, à Reims (pour faire suivre à Betheniville-sur-la-Suippe), une nouvelle dépêche ainsi conçue :

« J'apprends à l'instant que vos deux inspecteurs
« télégraphiques ont été obligés de passer par Arlon,
« Namur et Givet, porteurs de quatre dépêches du
« maréchal Bazaine, que leur ai remises. Je re-
« grette ce retard à cause de l'importance de ces
« dépêches. »

Pendant ce temps, Rabasse et Miès, voulant éviter que les originaux dont ils étaient porteurs ne tombassent entre les mains des Prussiens, faisaient, comme l'annonçait le colonel Massaroli, un long détour par la Belgique pour rejoindre le colonel Stoffel; ils ne parvinrent que dans la nuit du 25 à Rethel, au quartier général du maréchal de Mac-Mahon. Le 26, vers huit heures et demie du matin, le colonel Stoffel, apprenant leur arrivée au camp, les fait appeler. Rabasse et Miès se présentent au quartier général, où ils trouvent M. Stoffel déjeunant seul dans une pièce du rez-de-chaussée de la maison occupée par le maréchal. Ils lui remettent les originaux des quatre dépêches et la lettre de recommandation en faveur de Guyard qu'ils tiennent du colonel Massaroli.

Le colonel Stoffel prend connaissance de ces documents et dit d'abord : « Il n'y a rien de nouveau.
« Ce sont les dépêches que vous m'avez télégra-
« phiées. » Puis, après avoir lu la lettre de recommandation, il les congédia avec ces mots :

« Le maréchal a bien autre chose à faire en ce moment-ci. »

Les dépositions du colonel Massaroli, de Rabasse, de Miès, et les correspondances dont les minutes sont jointes au dossier, établissent d'une façon irrécusable que le colonel Stoffel a reçu le 21 août la dépêche du maréchal Bazaine disant au maréchal de Mac-Mahon :

« Je vous préviendrai de ma marche, si je puis
« toutefois l'entreprendre sans compromettre l'ar-
« mée. »

Cette dépêche n'est jamais parvenue au maréchal. Interrogé à ce sujet, dans sa seconde déposition, le maréchal de Mac-Mahon revient à deux reprises sur cette question et s'exprime en ces termes :

« Cette dépêche est assez importante pour qu'elle
« m'eût frappé, et je ne me la rappelle nulle-
« ment... »

Et, plus loin :

« La dépêche adressée au colonel Stoffel avait
« assez de gravité pour qu'elle eût appelé mon
« attention, si elle m'avait été remise. »

De leur côté, MM. les colonels d'Abzac et Broye, aides de camp du maréchal de Mac-Mahon, affirment de la manière la plus positive qu'ils n'ont jamais eu connaissance de cette dépêche. Le premier de ces officiers a conservé le souvenir des inspecteurs de police envoyés aux nouvelles par le colonel Stoffel :

« J'ai toujours entendu le colonel Stoffel, dit-il
« dans sa déposition, se plaindre de ce qu'ils ne lui
« fournissaient aucun renseignement.
« Je me souviens même que, de guerre lasse, il
« les a fait rentrer. »

D'autre part, M. Amiot, chef du service télégraphique de l'empereur et du quartier général, déclare avoir reçu des dépêches des inspecteurs délégués par le colonel Stoffel et les lui avoir adressées directement. Il affirme d'ailleurs que toutes les dépêches adressées au maréchal de Mac-Mahon ou à des officiers de l'état-major général ont été immédiatement envoyées sous pli cacheté à leur adresse et remises avec un reçu au bureau des officiers qui signaient ou faisaient signer les reçus.

Voyons maintenant ce que répond le colonel Stoffel aux demandes du rapporteur qui, après l'avoir interrogé sur l'impression produite par l'arrivée au camp de Châlons de la dépêche du 19 adressée à l'empereur (dépêche 34410), lui pose les questions ci-après :

« D. — Est-il arrivé d'autres communications du
« maréchal Bazaine dans cette journée ou dans les
« journées suivantes ? En un mot, la dépêche du 16
« est-elle la dernière que le maréchal de Mac-Mahon
« ait reçue du maréchal Bazaine ?

« R. — Je n'ai pas eu connaissance que d'autres
« dépêches soient arrivées postérieurement.

« D. — Ce souvenir est-il bien précis dans votre
« esprit ?

« R. — Très-précis.

« D. — Je trouve trace dans ce dossier que deux
« agents de la police de sûreté ont été mis à votre
« disposition ; pourriez-vous me donner des détails
« sur la mission que leur avez confiée et sur
« le résultat de cette mission ?

« R. — En effet, j'ai envoyé deux agents, que

« m'avait fournis M. Piétri, pour avoir des nou-
« velles du maréchal Bazaine ; je leur avais promis
« une somme importante s'ils parvenaient à péné-
« trer à Metz ; ils ne purent pas y parvenir.

« D. — Je trouve dans le dossier la dépêche sui-
« vante :

« Longwy, 22 août 1870, 4 h. 50 du soir,
n° 34750.

« Les inspecteurs délégués de l'état-major au colo-
« nel Stoffel, attaché près S. Exc. le maréchal
« de Mac-Mahon, Reims.

« J'ai dû prendre position près de Metz pour
« donner du repos aux soldats et les ravitailler en
« vivres et en munitions. L'ennemi grossit toujours
« autour de moi. Je suivrai très-probablement, pour
« vous rejoindre, la ligne des places du nord et
« vous préviendrai de ma marche, si je puis toute-
« fois l'entreprendre sans compromettre l'armée.

« Signé »

« Le commandant de place de Thionville,

« TURNIER. »

« Nous sommes possesseurs de l'original.

« Dépêches envoyées en même temps à l'empe-
« reur par le colonel Massaroli, commandant la
« place de Longwy, qui fait connaître les positions
« qu'occupe le maréchal Bazaine.

« Faut-il rentrer ? — Réponse de suite.

« Reçu de Longwy, le 22 (heure non indiquée).

« RABASSE et MIÈS. »

« Reims, fait. »

« Je trouve en outre la dépêche suivante pour le
« commandant de place de Longwy :

« Reims, le 22 août, 9 h. 30 du soir.

« Le maréchal de Mac-Mahon au commandant
« de place de Longwy :

« Prière de dire aux deux inspecteurs télégra-
« phiques de l'état-major de rejoindre le quartier
« général, qui sera demain à Betheniville-sur-la-
« Suippe. »

« Veuillez me dire ce que vous savez au sujet
« de ces dépêches.

« R. — Je déclare de la manière la plus for-
« melle ne pas avoir reçu la première dépêche.
« Quant à la seconde, ces agents m'ayant fait
« savoir à plusieurs reprises, je crois, qu'ils ne
« réussissaient pas dans la mission que je leur
« avais confiée, je leur ai expédié par ladite dé-
« pêche l'avis de rentrer.

« D. — Je vous ferai observer que vous avez dû
« être informé de l'arrivée de la première dépêche
« par deux télégrammes adressés par le comman-
« dant de la place de Longwy au maréchal de Mac-

« Mahon le 23, l'une quatre heures du matin,
« l'autre à dix heures du soir.

« 1° 23 août, quatre heures du matin.

« Vos deux inspecteurs télégraphiques sont par-
« tis hier soir pour rejoindre le quartier général
« porteurs de quatre dépêches du maréchal Ba-
« zaine, dont trois... chiffrées, que M. Guyard,
« commissaire cantonal ici, a pu avoir en péné-
« trant au camp de Bazaine.

« Je le recommande à la bienveillance de Votre
« Excellence. »

« 2° 23 août, dix heures du soir.

« Dépêches au maréchal de Mac-Mahon, au quar-
« tier général, à Reims, pour faire suivre à Bethe-
« niville-sur-la-Suippe. »

« J'apprends à l'instant que vos deux inspecteurs
« télégraphiques ont été obligés de passer par
« Arlon, Namur et Givet, porteurs de quatre dé-
« pêches du maréchal Bazaine que je leur ai remi-
« ses. — Je regrette ce retard à cause de l'impor-
« tance des dépêches. »

« Ces deux dépêches sont copiées sur le registre
« officiel du commandant de place de Longwy.

« R. — Je n'ai pas été informé par le maréchal
« de Mac-Mahon de l'arrivée des deux télégram-
« mes dont il s'agit.

« D. — Lorsque vous avez réglé avec les deux
« agents, ils ont dû vous remettre les deux origi-
« naux qu'ils disaient être en leur possession,
« notamment l'original de celle destinée au maré-
« chal de Mac-Mahon, qui vous avait été adressée
« par le télégraphe de Longwy, le 23 août, à quatre
« heures cinquante du soir, sous le n° 34750 ?

« R. — Lorsque j'ai réglé avec les agents, ils
« ne m'ont remis aucune des dépêches émanant du
« maréchal Bazaine, notamment celle destinée au
« maréchal de Mac-Mahon et qu'il m'avait adressée
« de Longwy.

« D. — Ne vous ont-ils pas fait connaître l'envoi
« des dépêches qu'ils vous avaient expédiées le 22 ?
« Cette circonstance est trop importante pour
« qu'ils ne la rappellent pas au moment où il est
« question de régler leurs émoluments.

« R. — Comme ils n'avaient pas rempli leur
« mission dans toute son étendue, je crois me
« rappeler que l'entretien n'a porté que sur la dif-
« ficulté de pénétrer dans Metz, mais il n'a nulle-
« ment été question des détails sur lesquels vous
« m'interrogez. »

*Suppression de la dépêche du 20 août destinée au
maréchal de Mac-Mahon.*

Si le témoignage du maréchal de Mac-Mahon et
de ses aides de camp avait besoin d'une confirmation, on la trouverait dans les réponses du colonel
Stoffel.

Cet officier envoie Rabasse et Miès avec ordre *de lui adresser personnellement* tous les renseignements, dépêches ou correspondances qu'ils pourront recueillir.

Cette prescription est relatée par Rabasse dans sa déposition, et nous en trouvons la preuve matérielle dans la suscription de la dépêche expédiée le 22, de Longwy.

Cette dépêche arrive dans les bureaux de l'état-major général du maréchal de Mac-Mahon sous un pli cacheté portant l'adresse du colonel Stoffel; elle porte comme post-scriptum ces mots : « Faut-il rentrer ? — Réponse de suite. »

On y répond immédiatement, au nom du maréchal de Mac-Mahon, par l'ordre de rejoindre à Béthéniville-sur-la-Suippe. Le colonel Stoffel nous dit lui-même avoir expédié cet ordre parce que les agents lui avaient fait connaître, à plusieurs reprises, qu'ils ne réussissaient pas dans la mission dont ils étaient chargés. Tel était déjà le motif de mécontentement qu'il manifestait au colonel d'Abzac contre Rabasse et Miès, lorsque, cachant les nouvelles qu'ils avaient reçues, il se plaignait à cet officier supérieur de ce qu'ils ne lui envoyaient aucun renseignement. Comment ces agents auraient-ils pu le prévenir de l'impossibilité d'accomplir leur mission, lorsque nous les voyons partir le 22 de Charleville et arriver le même jour au but de leurs recherches ? Les preuves sont d'ailleurs irrécusables : le télégramme envoyé de Longwy le 22, par Rabasse et Miès, prouve que la dépêche n° 31750, adressée par le maréchal Bazaine au maréchal de Mac-Mahon, et contenant cette phrase :

« Je vous préviendrai de ma marche, si je puis
« toutefois l'entreprendre sans compromettre l'ar-
« mée », a été adressée au colonel Stoffel. — L'ordre envoyé à Rabasse et à Miès, de rejoindre Béthéniville-sur-la-Suippe, constate qu'il a reçu cette dépêche. Ses dénégations formelles témoignent qu'il l'a supprimée.

Les dépêches envoyées à Montmédy parviennent au commandant Magnan.

Nous venons de voir que Rabasse et Miès, après avoir reçu à Carignan les instructions du commandant Magnan, l'avaient prévenu qu'ils avaient trouvé des nouvelles du maréchal Bazaine à Longwy, en lui disant qu'il eût à s'adresser à l'état-major du maréchal Mac-Mahon pour en avoir communication. L'instruction n'a pas pu constater ce que le commandant Magnan a dû faire dans ce but.

Quoi qu'il en soit, comme nous l'avons déjà vu au commencement de ce chapitre, le colonel Turnier, deux heures après l'arrivée de Flahaut à Thionville, avait remis aux émissaires Fays et Lagneaux une dépêche scellée de trois cachets, destinée au commandant Magnan, en leur recommandant de passer par la Belgique. — Fays, garde-frein sur la ligne de Charleville à Thionville, avait préféré suivre à pied la voie ferrée des Ardennes, et ces deux agents, après avoir couché à Fontoy et à Longuyon, arrivaient le 23 à Montmédy. Ils y apprenaient que le commandant Magnan avait quitté la place. Ils prenaient alors le premier train se dirigeant vers l'ouest et arrivaient à Carignan le même jour dans l'après-midi.

« Là, dit Lagneaux dans sa déposition, mon com-
« pagnon me quitta et j'allai seul porter la dépêche
« au commandant Magnan. — Je m'adressai au
« chef de gare pour savoir où se trouvait cet offi-
« cier ; le chef de gare l'envoya chercher, et il vint
« tout aussitôt.

« Comme il y arrivait, il y avait tout près de moi
« un petit homme blond à barbe entière, qui se pro-
« menait sur le quai. En voyant le commandant s'ap-
« procher de moi, j'ouvris ma tunique en faisant
« le mouvement pour prendre ma dépêche et la lui
« remettre, lorsqu'il me poussa vivement dans l'em-
« brasure d'une porte, et il me conduisit dans le
« bureau du chef de gare, en me recommandant
« d'être plus circonspect à l'avenir ; comme il n'y
« avait sur le quai que ce jeune homme à barbe
« blonde, j'ai bien vu que c'était de lui que le com-
« mandant Magnan se défiait. Je remis ma dépêche
« au commandant Magnan dans le bureau, il l'ouvrit
« devant moi en se mettant à l'écart ; néanmoins, je
« vis qu'il lisait pendant quelques minutes deux
« papiers, l'un de grand format, l'autre de petit
« format. »

Ce jeune homme blond dont se méfiait le commandant Magnan, au dire de Lagneaux, était M. le lieutenant de vaisseau Noguès, arrivé la veille au soir à Carignan avec une mission de l'impératrice. Il devait aller jusqu'à Metz, faire savoir au maréchal Bazaine qu'on avait réuni à Carignan des vivres et des munitions.

Le commandant Magnan, à qui il s'était présenté dès son arrivée, l'avait arrêté en lui faisant observer qu'il n'y avait plus rien à Carignan et qu'on était même obligé de faire rétrograder sur Sedan le train de poudre qui l'avait amené le 23. M. Noguès, attendant dans la gare l'occasion de se rendre utile, vit arriver, dans l'après-midi, un des émissaires du commandant Magnan, déguisé en agent du chemin de fer et ayant une dépêche de Thionville cousue dans la doublure de son vêtement.

Quelque temps après l'arrivée de cet émissaire, qu'il est aisé de reconnaître comme étant le sieur Lagneaux, le commandant Magnan écrivit une longue lettre à l'adresse du maréchal de Mac-Mahon. Le capitaine Vosseur y joignit quelques mots sur une lettre ouverte pour le colonel d'Abzac, et M. Noguès fut chargé de porter ces deux messages à destination.

Arrêté à Reims comme espion, M. Noguès dut remettre ses deux lettres à un officier d'état-major qui se rendait au quartier général du maréchal de Mac-Mahon, et ce n'est que le 24, dans la soirée, qu'ayant réussi à rejoindre le colonel d'Abzac, il put acquérir la certitude que ses lettres étaient arrivées à leur adresse.

Il résulte de ces dépositions que Noguès, Lagneaux et Flahaut ont mis en communication directe le bau Saint-Martin et le quartier général du maréchal de Mac-Mahon du 21 au 24 août.

Or, Flahaut est parti de Thionville le 20, avec une lettre du colonel Turnier, disant : « Le commandant Magnan demande des nouvelles, le porteur attendra la réponse. »

Cette réponse arrive en clair le lendemain (c'est la lettre du général Coffinières), accompagnée de trois dépêches chiffrées, n°s 34531, 34725 et 34750, destinées à l'empereur, au ministre et au maréchal de Mac-Mahon. Le colonel Turnier n'a rien à cacher au commandant Magnan, puisque, lorsque le maréchal de Mac-Mahon lui demande des nouvelles, c'est au commandant Magnan qu'il télégraphie pour lui annoncer que l'armée est entrée sous Metz. Il est donc hors de doute que la dépêche scellée de trois cachets, dont Lagneaux était porteur, contenait au moins la lettre du général Coffinières, sinon tout le courrier arrivé de Metz. Le colonel Turnier ne peut rien affirmer à ce sujet, comme sur tout le reste; il déclare pourtant que cette lettre du général Coffinières lui a paru de la plus haute importance, et qu'il a la certitude d'en avoir fait plusieurs copies ou extraits, pour les expédier à diverses personnes qu'il ne peut désigner d'une manière certaine. Nous trouvons d'ailleurs la preuve de l'arrivée de cette lettre à Carignan, dans la déposition du lieutenant-colonel Vosseur, où nous lisons :

« Je trouve dans mes notes que j'ai donné cinquante francs, le 23 août, au nommé Lagneaux, soldat au 57e de ligne, qui apportait de mauvaises nouvelles de l'armée de Metz. »

Le commandant Magnan a donc reçu le 23, par Lagneaux, la lettre du général Coffinières, et la réception qu'il a faite à cet émissaire montre que, prévenu par le télégramme de Rabasso et Miès, envoyé la veille de Montmédy, il prévoit ou connaît déjà ces mauvaises nouvelles et qu'il veut les cacher. Sa déposition prouve d'ailleurs qu'il ne les a pas transmises, puisqu'il affirme, sous la foi du serment, que depuis son départ de Plappeville il n'a jamais reçu de nouvelles du maréchal Bazaine, et qu'il n'a jamais appris que l'armée était rentrée sous Metz.

Résumé. — Itinéraire suivi par les dépêches expédiées de Metz le 20 août.

En résumé, dans la journée du 20, nous voyons expédier de Metz cinq dépêches, savoir :

A. — La dépêche du 19, adressée à l'empereur, disant :

« Je compte toujours partir par le nord et me rabattre ensuite sur Montmédy. » Cette dépêche est remise par le *maréchal lui-même* le 20, à trois heures du soir, au garde forestier Braidy, qui quitte Metz à cinq heures.

B. — La dépêche du 20 au maréchal de Mac-Mahon :

« J'ai dû prendre position *près de Metz*.... et vous préviendrai de ma marche, si toutefois je puis l'entreprendre sans compromettre l'armée. »

Cette dépêche répond à un télégramme du maréchal de Mac-Mahon reçu à dix heures trente minutes du matin (avant le départ de la dépêche (A), et est écrite de la main du maréchal sur l'expédition minute de ce télégramme (Z).

C. — La dépêche du 20 au ministre :

« Nous sommes *sous Metz*..... j'écris à l'empereur, qui vous donnera communication de ma lettre (A). J'ai reçu une dépêche de Mac-Mahon à laquelle j'ai répondu ce que je compte faire dans quelques jours. »

D. — La dépêche du 20 à l'empereur :

« Mes troupes occupent toujours les mêmes positions. Nous avons dans la place de Metz au delà de 16,000 hommes.

« E. — La lettre du général Coffinières :

« ... Nos troupes se sont retirées sous Metz et sont entassées entre Longeville, Saint-Quentin, Plappeville, le Goupillon et la droite du fort Moselle. C'est une assez mauvaise position attaquable sur les deux faces de l'est et de l'ouest... Nous avons onze à douze mille hommes blessés dans la place et peu de ressources pour les soigner. »

Cette lettre est remise le 20 vers trois heures de l'après-midi par le général Coffinières à Flahaut, qui reçoit le même jour à six heures du soir des mains d'un officier de l'état-major particulier du maréchal les dépêches B, C, D.

La dépêche A, portée par Braidy, arrive à Verdun dans la matinée du 22. Transmise par le télégraphe (34410), elle parvient au camp de Châlons à neuf heures vingt-cinq du matin, et est immédiatement communiquée au maréchal de Mac-Mahon, qui répond à dix heures cinquante-cinq minutes du matin (25891) : — « Reçu votre dépêche du 19. — Je me porte dans la direction de Montmédy. »

La dépêche D n'ayant aucune importance, la lettre sur laquelle le maréchal Bazaine appelle l'attention du ministre ne peut être que la dépêche A, qui annonce la marche de l'armée vers le nord, par Montmédy, à moins qu'il ne s'agisse d'une lettre confidentielle dont l'instruction n'a pas pu avoir connaissance.

La dépêche B portée à Thionville par Flahaut est remise :

1° A M. de Bazelaire, qui l'expédie de Givet le 22 à une heure du soir à l'adresse du maréchal de

Mac-Mahon (cette expédition n'a pas été trouvée dans les archives du télégraphe).

2° A M. Guyard qui la transmet à Longwy, à Rabasse et Miès.

Ces agents l'expédient le 22 à 4 heures 50 du soir (31750) au colonel Stoffel qui en accuse réception en donnant à ses agents l'ordre de rentrer.

3° En même temps, le colonel Massaroli donna au ministre l'avis de l'arrivée de cette dépêche.

La dépêche C. suit le même itinéraire que la précédente. M. de Bazelaire l'expédie de Givet à une heure sept du soir et elle arrive à Paris à deux heures trente (n° 34539).

Rabasse et Miès la renvoient de Longwy le même jour, à quatre heures cinquante-deux du soir, au ministre, qui la reçoit à huit heures trente-cinq du soir (n° 31725).

Dépêche D., même itinéraire :

1° Expédiée de Givet par M. de Bazelaire, sous le n° 34531. (Départ à une heure cinq du soir. — Arrivée à deux heures douze.)

2° Expédiée de Longwy à la fois par le lieutenant-colonel Massaroli et par Rabasse et Miès (ces deux expéditions n'ont pas été retrouvées aux archives),

Dépêche E. — La lettre du général Coffinières est :

1° Télégraphiée directement au ministre par le lieutenant-colonel Massaroli;

2° Remise le 23 août au ministère de l'intérieur, par M. de Bazelaire ;

3° Expédiée télégraphiquement au colonel Stoffel, par Rabasse et Miès ;

4° Envoyée par le colonel Turnier au commandant Magnan, par les émissaires Fays et Lagneaux.

Enfin, les originaux des quatre dépêches B C D E ont été remis de la main à la main, par Rabasse et Miès, le 26 août 1870, à huit heures du matin, à M. le colonel Stoffel.

CHAPITRE VI

Service télégraphique du cabinet de l'empereur.

Dépêches communiquées au maréchal de Mac-Mahon.

Dans le chapitre précédent, nous avons insisté d'une manière spéciale sur les dépêches du 20 août dont la suppression par le colonel Stoffel, matériellement constatée par des preuves irrécusables, a provoqué dès le début les recherches de l'instruction.

Il y a lieu de constater d'autres manœuvres du même genre qu'il est essentiel de mettre en lumière.

Dans la matinée du 17 août, l'empereur, tout en cédant à l'avis exprimé par le conseil de guerre réuni au camp de Châlons, paraît avoir hésité à rentrer à Paris, avant même les instantes supplications du ministre. Nous voyons la preuve de cette hésitation dans la dépêche qu'il adresse le 17, à cinq heures dix du soir, au maréchal Bazaine :

« Dites-moi la vérité sur votre situation, *afin de « régler ma conduite ici.* »

Quelques instants auparavant, à trois heures vingt-cinq du soir, il avait reçu du général Coffinières une dépêche ainsi conçue :

« Hier, 16, il y a eu une affaire très-sérieuse du « côté de Gravelotte. Nous avons eu l'avantage « dans le combat, mais nos pertes sont grandes. « Le maréchal s'est concentré sur Metz et campe « sur les hauteurs de Plappeville. — Nous de- « mandons du biscuit et de la poudre. — Metz est « à peu près bloqué. »

Cette dépêche ne paraît pas avoir été communiquée au maréchal de Mac-Mahon. Les dépositions du maréchal et du colonel d'Abzac ne laissent guère de doute à cet égard.

Le lendemain, 18, l'empereur donnait communication au maréchal de la dépêche télégraphique du 17, n° 3428) :

« Je pense pouvoir me mettre en marche après- « demain en prenant une direction plus au nord, « de façon à venir déboucher sur la position d'Hau- « diomont ; »

Ainsi que de la lettre apportée par le commandant Magnan :

« Nous allons faire tous nos efforts pour re- « prendre notre marche dans deux jours si cela est « possible »

Il arrivait le même jour au camp de Châlons le télégramme suivant, n°ˢ 33 et 43, directement adressé par le maréchal Bazaine au maréchal de Mac-Mahon :

« Par suite des combats successifs que j'ai li- « vrés, ma marche sur Verdun a été arrêtée, et je « suis obligé de séjourner dans la partie nord de « Metz pour me ravitailler en munitions et surtout « en vivres. — Depuis ce matin, l'ennemi montre « de fortes masses qui paraissent se diriger sur « Briey et qui peuvent avoir l'intention d'attaquer « le maréchal Canrobert, qui occupe Sait-Privat-la- « Montagne, se reliant par la gauche avec Aman- « villers, point d'appui de la droite du 4ᵉ corps. « *Nous sommes donc de nouveau sur la défensive* « jusqu'à ce que je sache la véritable direction des « troupes qui sont devant nous, et surtout celle de « l'armée de réserve que l'on dit être à Pange sur « la rive droite de la Moselle, sous les ordres du « roi, dont le quartier général serait au château « d'Aubigny.

« Transmettez cette dépêche à l'empereur et au « ministre de la guerre. »

Dans sa première déposition, le maréchal de

Mac-Mahon, mentionnant successivement les dépêches qu'il a reçues, cite seulement, pour la journée du 18, le télégramme n° 3450 :

« Vos opérations étant trop en dehors de ma « zone d'action, je craindrais de vous donner une « fausse direction. »

Quant à la dépêche précitée, par suite des combats successifs, le maréchal fait les déclarations suivantes :

« J'avais lu cette dépêche dans l'ouvrage du « maréchal Bazaine, elle m'avait frappé ; mais je « dois dire que je ne crois pas qu'elle m'ait été « communiquée. »

Puis, dans sa seconde déposition, passant en revue toutes les dépêches qui lui sont représentées, il s'exprime d'une manière moins affirmative en disant :

« L'empereur arrivait le plus souvent avant moi « au bivouac. A mon arrivée, il me donnait de vive « voix communication des dépêches arrivées depuis le moment où je l'avais quitté. Il ne me « faisais remettre par écrit que celles importantes. « Il est possible que toutes les dépêches que vous « venez de me citer, *à l'exception de celle adressée* « *au colonel Stoffel*, m'aient été communiquées « sans que je me le rappelle. »

M. Amiot, chef du service télégraphique de l'empereur, proteste contre cette explication :

« Le maréchal, dit-il, me paraît faire confusion « entre les dépêches qui lui étaient adressées et « celles adressées à l'empereur. — L'empereur a « pu lui donner de vive voix communication de « ces dernières, et même lui faire délivrer des « extraits. — Je ne sais absolument rien de ce que « l'empereur a pu faire à ce sujet, mais je puis « certifier que les dépêches adressées au maréchal « de Mac-Mahon ont été mises sous enveloppe à « son adresse et envoyées à son état-major, qui en « a délivré reçu. »

Et, à ce sujet, M. Amiot donne les détails suivants sur l'organisation de son service à l'armée :

« Le service télégraphique du quartier général « du maréchal de Mac-Mahon a été fait par les quatre « employés chargés, sous mes ordres, du service « de l'empereur.

« Les dépêches de départ m'étaient apportées par « des officiers, des plantons et des estafettes de « l'état-major général ; j'en donnais reçu, et je les « faisais transmettre soit à Paris, qui les réexpédiait au besoin à destination, soit au bureau le « plus voisin avec lequel je pouvais être en communication.

« Les dépêches d'arrivée adressées à l'empereur « étaient envoyées à lui seul, Sa Majesté devant « rester juge de l'opportunité de les communiquer « au maréchal. — Les dépêches adressées au maréchal de Mac-Mahon ou à des officiers attachés à « l'état-major général leur étaient immédiatement « et directement envoyées par des plantons militaires ou par des estafettes, suivant les distances ; « elles étaient remises au bureau des officiers de « l'état-major. — Le reçu joint à la dépêche m'était rapporté, signé quelquefois par le destinataire, d'autres fois par un officier d'état-major, le « plus souvent par le militaire de planton à la « porte de l'état-major.

« Toutes les dépêches envoyées des divers points « de la France pour donner des renseignements « sur les opérations militaires ont été adressées, « avec l'approbation de l'empereur, au maréchal de « Mac-Mahon et portées à son état-major général. « Dans ce cas, j'en faisais faire deux expéditions, « l'une pour l'empereur et l'autre pour le maréchal.

« J'avais entre les mains les chiffres que m'avait « remis mon administration, c'est-à-dire le chiffre « des préfets et des sous-préfets, et le chiffre des « inspecteurs des lignes télégraphiques. — Je n'ai « jamais eu ni l'ancien ni le nouveau chiffre. — Ces « deux chiffres restaient toujours au cabinet de « l'empereur, et c'étaient MM. Piétri, secrétaire particulier, et le capitaine d'Heudecourt, officier « d'ordonnance tué à Sedan, qui étaient chargés de « la traduction. — Je ne me suis d'ailleurs jamais « occupé de traductions. Je ne pouvais m'occuper « que d'une chose ; c'était d'assurer, avec les faibles « moyens dont je pouvais disposer, les communications télégraphiques et la transmission des dépêches. »

Le télégramme du 18 août, n° 33044, ne parvient pas au maréchal de Mac-Mahon.

En ce qui concerne particulièrement la dépêche du 18 qui nous occupe (par suite des combats successifs), M. Amiot s'exprime de la façon la plus nette.

« A l'inspection de cette dépêche, dit-il, je crois « qu'elle m'a passé devant les yeux. Si cette dépêche a été transmise au camp de Châlons, comme « le mentionne l'expédition que vous me présentez, « je certifie qu'elle a été remise à l'état-major du « maréchal de Mac-Mahon. »

Ainsi donc ce n'est pas seulement par une communication verbale que le maréchal de Mac-Mahon aurait dû avoir connaissance de cette dépêche. — C'est à lui personnellement qu'elle avait été adressée, et c'est lui-même qui, d'après son contenu, aurait été chargé de la transmettre à l'empereur et au ministre. D'autre part, on doit remarquer que cette dépêche est *la seule communication importante* que le maréchal de Mac-Mahon aurait, pendant toute la campagne, reçue directement du maréchal Bazaine par le télégraphe.

Ces deux observations confirment dans l'opinion que cette dépêche n'est pas arrivée au maréchal de Mac-Mahon, opinion qui est d'ailleurs appuyée par le témoignage de M. le colonel d'Abzac.

Substitution de signatures dans un télégramme du maréchal de Mac-Mahon.

Un autre fait vient encore, dans cette même journée du 18, révéler l'intervention d'un intermédiaire infidèle entre le maréchal de Mac-Mahon et l'agent du télégraphe chargé d'expédier les dépêches.

A cinq heures vingt-cinq minutes du soir, le commandant de l'armée de Châlons télégraphie au maréchal Bazaine :

« Faut-il laisser à Verdun le grand approvisionnement qui y est ? »

Cette dépêche arrive à Metz portant la suscription :

« *L'empereur à Bazaine*, » et signée « Napoléon », et par suite, c'est à l'empereur qu'est adressée la réponse du maréchal Bazaine.

Le maréchal de Mac-Mahon ne voit dans ce fait qu'une erreur du service télégraphique de l'empereur.

« Plusieurs dépêches adressées directement par « moi au maréchal, dit-il dans sa déposition, portent, « dans la brochure du maréchal Bazaine intitulée : « *l'Armée du Rhin*, l'indication : l'empereur au « maréchal. »

« Cette erreur provient de ce que mes dépêches « étaient adressées au bureau télégraphique spécial « du cabinet de l'empereur qui donnait l'indication :

« L'empereur à... »

M. Amiot proteste de toutes ses forces contre cette explication, surtout à cause de la signature de l'empereur, qui n'a jamais été ajoutée à la suscription « l'empereur à..., » que lorsqu'elle était portée sur la minute. « Jamais aucune suscription n'a « été changée dans le texte des dépêches qui m'ont « été envoyées, affirme-t-il dans sa déposition. Si « la dépêche du 18 porte la signature — Napoléon, « c'est que la minute portait cette signature. — Ce « fait que la signature de l'empereur est au bas de « la dépêche ne permet aucune incertitude à ce su- « jet. — Il faudrait admettre, ce qui paraît peu pro- « bable, que la dépêche ait été modifiée en chemin. »

Comme le dit M. Amiot, on ne saurait admettre que ce changement se soit opéré dans le trajet du camp de Châlons à Metz. — Si, d'autre part, il ne provient pas du fait de l'agent chargé de transmettre la dépêche, on ne peut l'expliquer que par l'intervention d'un intermédiaire, qui n'a pu avoir d'autre but que d'appeler vers le cabinet de l'empereur la réponse du maréchal Bazaine, dans laquelle on devait s'attendre à trouver des nouvelles importantes sur l'issue de la bataille du 18.

En résumé, nous constatons : 1° que parmi les dépêches qui étaient adressées à l'empereur, on paraît avoir fait choix pour les communiquer au maréchal de celles qui annonçaient la marche de l'armée de Metz, en laissant de côté celles qui pouvaient faire pressentir sa retraite vers le camp retranché ; 2° que la dépêche du 18, adressée directement au maréchal de Mac-Mahon et remise par le service télégraphique dans les bureaux de son état-major, ne lui est pas parvenue, et, s'il en a eu connaissance, ce qui paraît extrêmement douteux, c'est tout au plus par une communication verbale de l'empereur ; 3° que la suscription et la signature d'une dépêche adressée par le maréchal de Mac-Mahon au maréchal Bazaine ont été modifiées dans le but évident de faire adresser la réponse à l'empereur, qui, comme le dit M. Amiot, restait ainsi seul juge de l'opportunité de la communiquer au maréchal ; 4° enfin, nous voyons la dépêche du 20 : « Je vous préviendrai de ma marche, si je puis toutefois l'entreprendre (sans compromettre l'armée), » et la lettre du général Coffinières, partie de Metz le même jour, supprimées par le colonel Stoffel.

Cet ensemble de faits montre les moyens employés pour soustraire au maréchal de Mac-Mahon la direction des opérations, tout en lui en *laissant la responsabilité* (1).

Traduction erronée de la suscription de la dépêche du 22 août (n° 25871) du maréchal de Mac-Mahon.

Il nous reste, pour terminer ces observations, à rectifier une erreur qui fait attribuer à l'empereur la dépêche du maréchal de Mac-Mahon, datée de Courcelles, 22 août (Reçu votre dépêche du 19), et à laquelle le maréchal fait allusion lorsqu'il dit, dans sa déposition, que les suscriptions de ses dépêches ont été changées par les agents télégraphiques du cabinet impérial.

L'erreur n'a pas été commise à Châlons, comme le suppose le maréchal de Mac-Mahon, car la dépêche est arrivée à Metz commençant par ces chiffres :

« 2249 50 2245 » qui signifient : de Mac-Mahon à Bazaine (voir la lettre du 25 octobre du directeur des lignes télégraphiques).

M. le capitaine de Mornay-Soult, chargé par le maréchal Bazaine de traduire cette dépêche, a interprété cette suscription comme il suit : « L'empereur à Bazaine, » et le maréchal a reproduit, dans son ouvrage, dans son mémoire justificatif, cette

---

(1) Dégager la responsabilité de l'empereur a été, dès le début de la guerre, la préoccupation du cabinet impérial — Nous trouvons cette tendance exprimée de la manière la plus nette dans une dépêche confidentielle que M. Piétri adressait le 8 août à l'impératrice, dans laquelle, après avoir exposé la nécessité de donner le commandement de l'armée du Rhin au maréchal Bazaine, il ajoute :

« S'il y avait encore un insuccès, l'empereur n'en aurait « pas la responsabilité entière. — C'est aussi l'avis des « vrais amis de l'empereur. »

traduction erronée. Nous nous bornons à mentionner le fait, sans chercher à l'apprécier.

CHAPITRE VII

Mesures prises sur la ligne des Ardennes en vue du mouvement combiné pour le 26 août.

Le commandant Magnan à Montmédy, le 19 et le 20 août 1870. — Envois d'émissaires.

Nous avons laissé le commandant Magnan au moment où il était à Thionville, le 19 août, à trois heures cinquante du soir, pour revenir sur Montmédy. — A Audun-le-Roman, il retrouve à la gare M. Boudia, notaire, que le juge de paix Guioth lui avait indiqué comme pouvant lui procurer les facilités nécessaires pour arriver à Metz par Briey. Il lui demandait un émissaire de confiance, entrait ainsi en relation avec le sieur Guillaume, qu'il envoyait demander au sous-préfet de Briey des renseignements sur la position de l'armée.

Arrivé à Montmédy à six heures vingt minutes du soir, le commandant Magnan télégraphiait à sept heures dix-neuf minutes au maréchal de Mac-Mahon :

« N° 321. Sept heures dix-neuf minutes du soir et « huit heures vingt-deux minutes du soir :

« Je reviens pour la seconde fois de Thionville.
« — La voie a été coupée en trois endroits en deçà
« de Thionville ; elle est réparée maintenant, mais
« est coupée et gardée par l'ennemi, 3,000 hommes
« environ, sur une grande étendue entre Thionville
« et Metz. Faut-il les laisser aller jusqu'à Thion-
« ville ou les maintenir à Montmédy jusqu'à nou-
« vel ordre ? En attendant vos ordres, je reste ici
« avec Larrey, Préval et Métairie, qui n'ont pu
« passer. Aussitôt votre décision reçue par les
« trains de munitions, je chercherai à rallier le
« camp français comme je pourrai. Hier, engage-
« ment sur la droite; heureux, paraît-il. Je ne crois
« pas l'armée en mouvement. »

A onze heures du soir le commandant Magnan recevait la réponse du maréchal :

« 686. } 9 heures 15 { Gardez les trains de
{ 11 h. du soir. } munitions à Montmédy jusqu'à nouvel ordre. »

Pendant ce temps, le commandant Magnan se mettait en relation avec le sous-préfet de Montmédy, M. Roucher d'Aubanel, à qui il demandait de nouveaux émissaires pour envoyer une dépêche au maréchal Bazaine. Ce fonctionnaire lui procurait deux préposés des douanes, les sieurs André et Longeaux, qui, à onze heures du soir, allaient prendre chez le lieutenant de gendarmerie la dépêche que le commandant Magnan y avait déposée, et se mettaient en route. Cette dépêche, qui était à découvert et en clair, demandait la direction à donner aux vivres et aux munitions qui se trouvaient à Montmédy.

En même temps le sous-préfet télégraphiait au ministre de l'intérieur :

« N° 322. 20 août. } minuit 40
{ 1 heure 17

« *Très-urgent.* — Chiffre spécial. — A trans-
« mettre de suite au ministre de la guerre. Com-
« mandant Magnan chargé par l'empereur d'une
« mission pour le maréchal Bazaine, n'a pu encore
« le joindre.

« La voie entre Montmédy et Thionville peu sûre.
« — Nous envoyons cette nuit des hommes intelli-
« gents et sûrs pour rechercher où il peut être. —
« Les convois de munitions et vivres sont échelon-
« nés entre Mézières et Montmédy. Il seront portés
« dans la direction indiquée par le maréchal. »

A quatre heures du matin, l'émissaire Guillaume revenait avec une lettre du sous-préfet de Briey, qui annonçait, sans l'affirmer d'une manière positive, que l'armée française s'était retirée sous Metz. — Le commandant Magnan confiait alors au sieur Guillaume une nouvelle dépêche en clair et à découvert, avec ordre de ne la remettre qu'au maréchal lui-même. Cet émissaire quittait Montmédy le même jour dans l'après-midi ; il était arrêté par les Prussiens à Amanvillers et à Saint-Privat, et détruisait sa dépêche sans en prendre connaissance.

Dans la matinée du 20, l'instruction constate le départ de quatre autres émissaires envoyés de Montmédy par le commandant Magnan. Ce sont d'abord Fays et Lagneaux qui partent de la gare de Montmédy avec le mot de passe ordinaire : « Léopold », et la mission de dire au maréchal Bazaine qu'il y a de grandes quantités de vivres à Montmédy, de lui demander comment on pourra les lui faire parvenir, et de rapporter de ses nouvelles.

Puis, Hellouin et Pardal. — Le premier est un jeune mobile qui vient de quitter Metz pour rejoindre son corps et qui attend à Montmédy le moment de se mettre en route. Le commandant Magnan, qui le trouve à la gare en même temps que Pardal, lui confie une dépêche roulée en forme de cigarette et cachetée, sur laquelle est écrit le mot de passe « Léopold. » Quant à Pardal, qu'il n'a pas été possible d'entendre, l'instruction n'a pu recueillir aucune donnée sur la nature de sa mission.

Vers neuf heures, MM. les capitaines Joly et Mélard, envoyés de Mézières et de Sedan, se présentent au commandant Magnan :

« Le 20 août 1870, vers quatre heures du ma-
« tin, dit M. Joly dans sa déposition, le généra,
« Mazel, commandant supérieur des Ardennes
« dont j'étais l'officier d'ordonnance, me fit ap-
« peler et me dit, en me montrant une dépêche
« qu'il venait de recevoir de Paris et qui lui en-
« joignait d'avoir des nouvelles du maréchal Ba-
« zaine par tous les moyens possibles : « Vous allez

« partir et vous ferez tout pour arriver jusqu'à
« lui. » Le préfet vint nous accompagner à la gare,
« où nous trouvâmes l'inspecteur de la ligne qui
« nous dit que le commandant Magnan, aide de
« camp du maréchal Bazaine, se trouvait sur la
« ligne, probablement à Montmédy. — Le préfet,
« qui avait reçu la même dépêche que le général,
« et qui agissait de concert avec lui, me dit
« alors : « Voyez le commandant Magnan et vous
« vous conformerez suivant les circonstances aux
« ordres qu'il vous donnera. » Je partis avec
« l'inspecteur et un capitaine du génie que nous
« prîmes à Sedan, et nous arrivâmes à Montmédy
« entre huit et neuf heures du matin. — Nous
« trouvâmes le commandant Magnan à la gare
« et je lui fis connaître la mission qui m'avait
« été confiée et que je voulais remplir jusqu'au
« bout. Le commandant Magnan me dit alors :

« *J'ai déjà envoyé hier des émissaires au maré-*
« *chal.* Allez jusqu'à Longuyon, et tâchez d'y
« trouver quelqu'un qui puisse se rendre à Metz
« pour dire au maréchal Bazaine qu'il trouvera sur
« toute la ligne des Ardennes des vivres et
« des munitions. » En même temps, il envoya le
« capitaine du génie Mélard en reconnaissance du
« côté d'Audun-le-Roman. En même temps, neuf
« heures cinquante du matin, le commandant
« Magnan recevait du colonel Turnier la dépêche
« n° 688, citée dans le chapitre précédent :

« N° 688. $\begin{cases} 8 \text{ h. } 41 \\ 9 \text{ h. } 50 \end{cases}$ 20 août.

« On affirme que le maréchal Bazaine était hier
« sous Metz avec l'armée. »

A onze heures du matin, l'intendant général et
le général Dejean, qui étaient arrivés la veille à
Montmédy venant de Verdun, où le service administratif avait réuni de grandes quantités de vivres pour l'armée de Metz, télégraphiaient au général commandant supérieur de Verdun l'ordre de diriger de suite ces vivres sur Montmédy :

« N° 324. $\begin{cases} 11 \text{ h. } 14 \text{ m., départ.} \\ 12 \text{ h. s., arrivée.} \end{cases}$

« Dirigez de suite le convoi de vivres et le trou-
« peau. Faites partir par Reims les vivres chargés
« sur wagons et toutes les munitions. Nos rensei-
« gnements sont tels que nous ne mettons pas en
« doute l'opportunité de cette mesure.

« *Signé* : Général Ch. Dejaen. — Wolff. »

Quelques instants après, le commandant Magnan recevait de Longuyon les nouvelles suivantes, sur la marche de l'ennemi :

« Les troupes prussiennes descendent sur la
route de Briey à Longuyon, au nombre de 5 à
6,000 hommes. — D'autres partent par la vallée de
Moyeuvre pour rejoindre la route impériale de Metz

à Longwy. — On prête à la colonne descendant la
route départementale de Briey à Longuyon le projet de couper la ligne des Ardennes. Les deux
officiers partis de Briey avec le courrier ont pu
traverser les lignes prussiennes et se diriger sur
Metz. »

Hâtons-nous de dire, pour éviter toute confusion, que ces deux officiers ne sont autres qu'Hélouin et Pardal, qui se sont donné en route ce titre, et qui ont été l'un et l'autre faits prisonniers à Saint-Privat, avec leur conducteur Bastien (1).

Capitaine Lefèvre au général Mitrécé.

« Arrivé hier 19 à Montmédy, très-tard ; mon
convoi est arrêté provisoirement à Montmédy par
suite d'un ordre du maréchal de Mac-Mahon transmis au commandant Magnan ici présent. Je resterai encore ici vingt-quatre heures, à moins d'ordre contraire. »

Une dépêche du capitaine d'artillerie Lefèvre au général Mitrécé constate la présence du commandant Magnan à Montmédy le 20 à midi cinquante, et le capitaine du génie Mélard, qui avait dû rebrousser chemin d'Auderny devant un corps de cavalerie prussien, le retrouvait encore à Montmédy le soir même.

Dans la nuit du 20 au 21, une fausse alerte décidait le commandant Magnan à quitter la place pour se retirer à Carignan, où il restait jusqu'au 24 août, sauf de courtes apparitions à Montmédy, comme on le verra ci-après.

MM. Renou et de Lamothe-Fénelon, partis de Montmédy le 20 août, arrivent le même jour à Metz.

Pendant que le commandant Magnan envoyait ainsi à Metz émissaires sur émissaires pour annoncer au maréchal Bazaine des nouvelles qu'il lui avait déjà fait parvenir par l'intermédiaire du colonel Turnier, M. Renou, délégué de la Société française de secours aux blessés, arrivait à Montmédy avec le marquis de Lamothe-Fénelon. Ces messieurs voient, à l'hôtel où ils descendent le 19 au soir, plusieurs officiers qui leur sont inconnus, parmi lesquels se trouve le baron Larrey, avec qui ils entrent en relation. — Ils annoncent leur intention d'aller à Metz : M. Renou pour remplir une mission auprès du docteur Lefort, directeur des ambulances de campagne ; M. de Lamothe-Fénelon pour avoir des nouvelles de ses deux fils, qu'on lui a dit blessés dans les dernières batailles.

Le lendemain, ils se rendent à la gare, où ils trouvent de nouveau le baron Larrey et le même groupe d'officiers, avec lequel ils causent. Dans ce groupe figure, selon toute probabilité, le commandant Magnan, qui ne paraît pas avoir quitté la gare

---

(1) Bureau de Montmédy, n° 326. — 12 h. 50 soir.

pendant la matinée, puisqu'il y trouve ou y reçoit successivement Fays, Lagneaux, Helloin, Pardal, les capitaines Joly et Mélard.

Tout le monde sait que M. Renou et son compagnon vont à Metz; cependant ils montent dans le train des voyageurs sans que personne les charge d'aucune mission pour le quartier général de l'armée du Rhin.

Arrivés à Thionville, ils trouvent une voiture pour continuer leur voyage, et, sans qu'ils aient même besoin de recourir à la simple précaution d'enlever les grelots de leur attelage, ils arrivent dans la soirée à Metz sans avoir rencontré aucun obstacle.

Le commandant Magnan attend l'armée à Montmédy.

Quant au commandant Magnan, qui avait écrit au maréchal de Mac-Mahon : « Aussitôt votre décision reçue pour les trains de munitions, je chercherai à rallier le camp français comme je pourrai, » et qui avait reçu ces ordres depuis la veille, il restait à Montmédy, et il déclare aujourd'hui avoir tenté tout ce qu'il était humainement possible de faire pour rejoindre de sa personne le maréchal Bazaine. Nous n'insisterons pas davantage sur le contraste frappant qui existe entre les facilités que le commandant Magnan avait encore le 20 août, soit pour se rendre à Metz, soit pour communiquer avec le maréchal, et le luxe d'émissaires inutiles qu'il semble avoir voulu déployer.

Nous trouvons l'explication de cette étrange conduite dans la circulaire suivante du ministre de l'intérieur :

« 22 août, minuit 20, n° 715.

« Le gouvernement n'ayant pas reçu de dépêche
« de l'armée du Rhin depuis deux jours, par suite
« de l'interruption des communications télégraphi-
« ques, a lieu de penser que le plan arrêté par le
« maréchal Bazaine n'a pas encore abouti. La con-
« duite héroïque de nos troupes à différentes re-
« prises, en présence d'un ennemi bien supérieur
« en nombre, permet d'espérer la réussite d'opéra-
« tions ultérieures. »

Le commandant Magnan connaît ce plan arrêté par le maréchal Bazaine, puisque c'est lui qui a été chargé de le communiquer à l'empereur. — Si, en réponse à cette communication, il a eu à transmettre au maréchal les instructions du souverain, il l'a déjà fait dès le 18 ou le 19, d'Hayange ou de Thionville. — Tout est prêt pour l'exécution de ce plan arrêté, et il attend à Montmédy qu'il aboutisse, comme le dit le ministre. Il envoie aux nouvelles du côté par où il croit que l'armée française doit arriver, et semble entraver toute tentative directe qui pourrait s'affranchir de son intermédiaire et montrer que les obstacles qui l'ont empêché de rentrer à Metz sont loin d'être insurmontables.

Le commandant Magnan, à Carignan, du 21 au 24 août. Correspondance du sous-préfet de Montmédy avec le ministre de l'intérieur.

Du 21 au 24 août, le commandant Magnan reste à Carignan. Cependant, dans la soirée du 21, il fait à Montmédy une courte apparition, dont le sous-préfet rend compte en ces termes :

Sans numéro, 10 h. 5 et 10 h. 10.

« 21 août, 10 h. s. Sous préfet à intérieur.

« Aucune nouvelle du maréchal.

« Commandant Magnan, revenu à Montmédy à
« cinq heures et demie, reparti pour Carignan à
« huit heures et demie.

« Nous attendons; rien de plus à faire quant à
« présent.

« Enverrai de suite tous renseignements qui me
« parviendront. »

N° 730, 5 h. 20 s. et 11 h. 15 s.

Le 22, à 5 h. 20 s., le commandant Magnan télégraphie de Carignan au chef de gare de Montmédy :

« Commandant militaire au chef de gare.

« Avez-vous des nouvelles sur Stenay ou Lon-
« guyon à me communiquer ? Sont-ils revenus ? »

On est surpris, en lisant cette dépêche, de voir le commandant Magnan substituer à sa signature le titre de commandant militaire de Carignan, comme s'il voulait déjà éviter de laisser une trace de ses communications avec Metz.

Dans cette même journée du 22, nous voyons arriver à Givet et à Longwy les dépêches du 20, apportées par Flahaut en réponse aux renseignements demandés par le colonel Turnier, dont la lettre d'envoi annonçait que le commandant Magnan attendait des nouvelles à Montmédy. C'est donc le 22 que le commandant Magnan a pu être prévenu, soit de Longwy, soit de Givet, de l'arrivée à Metz des communications expédiées au maréchal Bazaine pendant les journées du 18, du 19 et du 20 jusqu'à huit heures du matin.

En tous cas, il a su le 22, par Rabasse et Miès, que des nouvelles venaient d'arriver du quartier général du maréchal Bazaine, et il a pu ainsi avoir connaissance du retour de l'émissaire envoyé le 20 de Thionville. Quoi qu'il en soit, le sous-préfet de Montmédy télégraphiait le 23, à minuit vingt minutes, au ministre de l'intérieur :

« Deux des hommes envoyés au maréchal Bazaine
« viennent de rentrer. Ils ont rencontré deux col-
« lègues à eux qui, partis de Verdun, avaient pu
« arriver auprès du maréchal et lui remettre la
« communication du commandant Magnan. »

En lisant cette dépêche, on se demande tout d'abord comment des émissaires partis de Verdun ont pu remettre au maréchal Bazaine une dépêche du commandant Magnan, qui, depuis son retour du camp de Châlons, n'a pas quitté la ligne des Ardennes, ce que le sous-préfet ne peut ignorer, puisqu'il est en relations journalières avec cet officier. Les recherches faites à ce sujet ont permis de constater, en effet, que le fait annoncé par M. le sous-préfet de Montmédy n'était pas exact.

Les deux agents dont il annonce la rentrée sont les préposés des douanes André et Longeaux. Ces deux émissaires, partis de Montmédy dans la nuit du 19 au 20 avec la dépêche relative aux vivres et aux munitions, dépêche que le commandant Magnan avait déposée, le 19 au soir, chez le lieutenant de gendarmerie, se trouvant arrêtés par l'ennemi au pont de Rombas, s'étaient rabattus sur la forêt de Moyeuvre, où ils avaient trouvé le garde Fissabre. Cet agent leur avait fait connaître qu'il arrivait de Metz avec son collègue Braidy, qui avait été chargé de porter au maréchal une dépêche du commandant supérieur de Verdun, et qui venait de franchir de nouveau avec lui les lignes prussiennes, dans la nuit du 20 au 21, pour porter à Verdun la réponse du maréchal Bazaine. Fissabre les avait engagés à poursuivre leur voyage par Thionville, et les avait guidés dans cette direction; mais André et Longeaux, étant à bout de ressources, avaient dû rebrousser chemin. Ils arrivaient à Montmédy le 23, à huit heures du soir, et trouvaient, à la gare, le capitaine des douanes, le commissaire de police et le chef de gare, qui leur apprenaient que le commandant Magnan avait quitté la place pour se rendre à Carignan.

Le chef de gare leur faisait préparer une voiture pour aller rapporter à Carignan la dépêche du commandant Magnan qu'ils avaient en main, et aucun des assistants ne pouvait ignorer que cette dépêche n'était pas parvenue à Metz.

Quoi qu'il en soit, nous voyons le sous-préfet de Montmédy prévenir le 20 le ministre de l'intérieur que le commandant Magnan, chargé d'une mission de l'empereur pour le maréchal Bazaine, n'a pu encore rejoindre, et montrer qu'il attache une grande importance à cet avis, puisqu'il l'apostille des mots : « Très-urgent... A transmettre immédiatement au ministre de la guerre. »

Nous le voyons le lendemain, après une conférence avec le commandant Magnan, écrire :

« Nous attendons... Rien de plus à faire pour le moment; » et, deux jours après, annoncer que le maréchal Bazaine a reçu la communication du commandant Magnan.

Après avoir été témoin des essais multipliés que l'on tentait avec son concours pour communiquer avec le maréchal Bazaine, l'importance de cet avis ne peut avoir échappé à M. le sous-préfet d'Aubanel. — Aussi a-t-on de la peine à s'expliquer comment il a pu perdre le souvenir de cette correspondance. — Il ne peut se rappeler si la première de ces dépêches, qui doit être transmise immédiatement au ministre de la guerre, a été écrite sur son initiative personnelle ou sur la demande du commandant Magnan.

Il a complétement perdu le souvenir de l'incident qu'il signale dans la dernière, et cependant cet incident constate que l'on vient d'atteindre un but poursuivi avec la plus vive anxiété depuis plusieurs jours. On ne peut s'expliquer d'ailleurs que l'invraisemblance du fait de l'arrivée par Verdun d'une dépêche du commandant Magnan n'ait pas arrêté la plume du sous-préfet d'Aubanel lorsqu'il annonçai[1] une nouvelle qui pouvait exercer une si grande influence sur les décisions du gouvernement. — On s'explique encore moins comment le commandant Magnan n'a pas immédiatement été prévenu qu'on venait enfin d'arriver au résultat qu'il poursuivait avec tant d'ardeur depuis le 18, et comment, en reconnaissant l'inexactitude de la nouvelle annoncée par le sous-préfet, il ne s'est pas empressé de la démentir. Cependant les archives du bureau télégraphique de Montmédy ne laissent aucune trace des correspondances qui auraient pu être échangées dans ce but.

Il y a là un point difficile à éclaircir.

La dépêche du 23 (n° 349) est-elle la conséquence d'un acte de légèreté incontestable de M. le sous-préfet de Montmédy? Est-ce la continuation du mystère dont se plaît à s'entourer le commandant Magnan, qui, d'après la déposition du capitaine Vosseur, pouvait disposer du chiffre du sous-préfet? Nous n'essayerons pas de trancher la question. Nous nous bornerons à constater qu'au moment où cette dépêche a été envoyée à Paris, le commandant Magnan pouvait savoir depuis plusieurs heures que les dépêches expédiées le 20, de Thionville, étaient arrivées à destination.

A-t-il voulu le faire connaître, en laissant ignorer comment la communication avait eu lieu, de façon à pouvoir annoncer au ministre une nouvelle vraie, tout en se réservant la possibilité d'en démontrer plus tard l'inexactitude? On ne saurait faire à cet égard que des conjectures plus ou moins plausibles.

Nous avons vu précédemment que le plan de campagne du général de Palikao, approuvé par le conseil des ministres, mettait l'armée de Châlons en mouvement et la portait en quatre jours, c'est-à-dire le 25, à hauteur de Verdun, pour combattre le 26 entre Verdun et Metz.

L'avis de la retraite du maréchal Bazaine par Montmédy indiqua ce point comme objectif des opérations, qui avaient ainsi pour but la jonction des deux armées dans les environs de cette place à la date du 26.

L'intendant général Wolff affirme le fait de la manière la plus positive. « Je puis d'autant moins l'oublier, dit-il dans sa déposition, que toute la journée du 26 j'ai été aux aguets, attendant l'arrivée de l'armée. L'intendant de Préval ayant été envoyé directement par le maréchal Bazaine pour préparer des vivres sur la ligne des Ardennes à hauteur de Montmédy, et avisé moi-même du camp de Châlons d'avoir à en préparer pour l'armée du maréchal de Mac-Mahon sur le même point et à la date du 26, je n'ai pu que conclure à la jonction des deux armées vers cette date-là. »

Les documents télégraphiques joints au dossier viennent confirmer de la manière la plus nette la déposition de M. l'intendant général Wolff.

Nous voyons d'abord (dépêche 751 du bureau de Montmédy) le commandant Magnan quitter Carignan le 24 à sept heures du matin pour venir se fixer de nouveau à Montmédy.

Le 25, à sept heures dix-sept du matin, l'intendant général télégraphie au sous-intendant militaire de Stenay :

N° 335 { 7 h. 17 { Départ.
        { 8 h. 13 { Arrivée.

« Réunissez tous les moyens de transport et
« ceux des environs,
« Faites garnir les voitures de paille et tenez-les
« prêtes à aller chercher des blessés. Invitez les
« habitants à avoir du bouillon. Jusqu'à nouvel
« ordre n'expédiez plus à Montmédy que des bœufs.
« Si Stenay était menacé par l'ennemi, faites diri-
« ger sur Montmédy tous les moyens de transport
« et les approvisionnements. »

En même temps, le sous-préfet écrivait au maire de Stenay :

« 25 août, huit heures treize matin. — Engage-
« ment probable sous peu de temps. Tout préparer
« pour recevoir les blessés et les aller chercher s'il
« y a lieu. » Et il adressait aux maires de Saint-Jean et de Longuyon la circulaire suivante :

« Il y a tout lieu de croire qu'un engagement
« aura lieu très-prochainement, sinon dans l'arron-
« dissement, du moins tout près de nous. Il faut
« que tout soit préparé d'avance.
« Prenez toutes les mesures nécessaires. Orga-
« nisez l'hôpital, et prévenez tant à Marville que
« dans les communes voisines qu'on soit prêt, s'il
« y a lieu, à aller chercher les blessés dans des
« charrettes bien garnies de paille. Il serait bon
« aussi, dès que vous aurez connaissance d'une af-
« faire, de demander à chaque maison qu'elle pré-
« pare quelques litres de bouillon. Si vous avez
« des craintes pour le bétail et les provisions de la
« commune, vous pouvez les faire rallier sur Mont-
« médy. Prévenez Longuyon pour qu'il en fasse
« autant, s'il est menacé. Les Prussiens enlèvent
« tout ce qu'ils trouvent. »

Ainsi tout se prépare pour la réussite des opérations ultérieures dont parle le ministre dans sa circulaire précitée du 22 août (minuit vingt, n° 715), qui marque nettement les deux phases distinctes du rendez-vous de Montmédy. Pendant les journées du 19, du 20 et du 21, le gouvernement a espéré à tout instant voir aboutir le plan arrêté par le maréchal Bazaine et annoncé le 18 par le commandant Magnan.

A partir du 21, le silence et l'inaction du maréchal lui montrent qu'il faut renoncer à un résultat immédiat et reporter ses espérances sur la réussite d'opérations ultérieures.

Ces opérations ne restent plus subordonnées à la seule initiative du commandant en chef de l'armée du Rhin, qu'on n'espère plus, comme dans les premiers jours, voir apparaître inopinément sur la ligne des Ardennes. La date du rendez-vous donné à Montmédy est fixée au 26. L'intendant général Wolff, le général Dejan, le commandant Magnan le savent et ils envoient, chacun de leur côté, à Metz de nombreux émissaires pour mettre le maréchal Bazaine au courant de la situation.

Pendant ce temps, que se passe-t-il au quartier général de l'armée du Rhin? Un émissaire apporte une dépêche le 23. Immédiatement les ordres sont donnés en vue d'un prochain départ. Modérant l'impatience de ses subordonnés, le maréchal Bazaine choisit précisément cette journée du 26 pour mettre son armée en mouvement. Rien ne l'arrête, puisque, dit-il lui-même, l'ennemi semble ne pas vouloir accepter le combat; mais il veut rester à Metz, et n'osant prendre sur lui la responsabilité d'une pareille décision en présence des communications qu'il a reçues et que ses lieutenants ignorent, c'est sur eux qu'il essaye de faire retomber cette responsabilité par la conférence de Grimont.

Devant ces faits irrécusables, est-il nécessaire de demander au colonel Lewal le contenu de cette dépêche que le maréchal Bazaine supprime en lui substituant un télégramme antérieur? surtout lorsque nous entendons le maréchal dire lui-même, dans son interrogatoire du 21 novembre :

« Si par cas une dépêche pareille annonçant la
« marche du maréchal de Mac-Mahon était arrivée
« à titre de renseignement, puisqu'elle n'émanait
« pas du maréchal de Mac-Mahon, elle n'aurait pas
« eu pour moi une autorité assez grande pour re-
« mettre en opérations une armée qui se reconsti-
« tuait après des combats qui avaient fait subir aux
« cadres des pertes très-sensibles, sans connaître
« d'une manière positive les mouvements opérés
« par le maréchal de Mac-Mahon. »

Pour terminer l'exposé des faits concernant le commandant Magnan que l'instruction a pu recueillir, il nous reste à mentionner quelques-uns des émissaires qu'il a envoyés à Montmédy pendant le second séjour qu'il a fait dans cette place, du 24 au 31 août.

Nous voyons d'abord le douanier André, qui part de Montmédy le 25 au soir avec une lettre très-pressée du commandant Magnan pour le colonel Turnier, et qui arrive à Thionville le 26.

Le lendemain 27, le commandant de Thionville lui remet la réponse en disant :

« Je ne puis rien lui dire, je ne sais rien ! » Et cette réponse arrive à destination le même jour à onze heures du soir.

Ce propos du colonel Turnier au douanier André semble indiquer que la dépêche au commandant Magnan était sans importance ; cependant il y a lieu de remarquer que le commandant supérieur de Thionville avait, le 27, des nouvelles de Metz, puisque le même jour il envoyait par M. le procureur impérial Lallement, au maréchal de Mac-Mahon, une dépêche qu'il recommandait dans les termes les plus pressants, et dont nous trouvons le contenu dans les dispositions de MM. Brun, sous-préfet de Sedan, et Hulme, adjoint au maire de Mouzon :

« Nous sommes entourés à Metz, mais faiblement, « disait cette dépêche, nous percerons quand nous « voudrons, nous vous attendons. »

L'instruction n'a pu constater si le colonel Turnier avait envoyé cet avis au commandant Magnan. Quoi qu'il en soit, il semblerait résulter du propos rapporté par André, que le 27, à sept heures du matin, le commandant supérieur de Thionville n'avait pas encore reçu les nouvelles qu'il confiait quelques heures après à M. Lallement.

Le même jour, 27 août, deux autres préposés des douanes, Pattée et Weber, recevaient du commandant Magnan à Montmédy une dépêche cachetée et roulée en forme de cigarette, avec ordre de la porter au maréchal de Mac-Mahon. Le 28, ces émissaires remettaient leur message à Beaumont au général Martin des Paillères, qui le faisait parvenir à l'état-major général. L'instruction n'a pu recueillir aucun renseignement sur le contenu de cette communication.

Nous nous bornerons à citer pour mémoire, en terminant, les deux autres émissaires, Lambert et Chamillard, qui figurent dans le troisième groupe (section F), dont les dépositions ne présentent aucun intérêt.

Le 31 août, à midi, le commandant Magnan quittait Montmédy avec le capitaine Mélard, qui revenait de Thionville, où il avait pu faire parvenir, avec l'aide du commissaire cantonal Guyard, une dépêche du maréchal de Mac-Mahon destinée au maréchal Bazaine.

Le commandant Magnan quittait cet officier à Virton, en annonçant l'intention de se diriger sur Paris par la Belgique, mais il s'arrêtait à Longwy, où nous le trouvons dès les premiers jours de septembre, cherchant toujours à communiquer par la Belgique avec l'armée de Metz.

« Quand je vis que le temps se passait, dit-il dans « sa déposition, et que chaque jour éloignait de « moi l'espérance de rejoindre mon poste, je crus « de mon devoir de rentrer et de me mettre à la « disposition du gouvernement de la Défense na- « tionale ; mais, apprenant que le général Bour-

« baki était sorti de Metz, je n'eus qu'une pensée, « c'était de le rejoindre, persuadé que j'étais que « s'il était sorti de Metz il devait y rentrer, et que « cette occasion était inespérée pour moi »

Nous voyons, en effet, le commandant Magnan quitter Longwy le 14 septembre avec une lettre du lieutenant-colonel Massaroli pour le général Trochu, et nous constatons qu'il lui était encore possible de rentrer à Paris et de satisfaire ainsi sa louable ambition de remplir son devoir. Il est difficile de comprendre comment il a pu être arrêté dans l'exécution de ce projet, le 14 septembre, par la nouvelle de la sortie de Metz du général Bourbaki, que l'agent Régnier n'y est venu chercher que le 23. Quoi qu'il en soit, le commandant Magnan arrivait de nouveau à Longwy par la frontière de Belgique, dans les premiers jours d'octobre, et il quittait définitivement cette place le 9 dudit mois, pour aller rejoindre à Luxembourg le général Bourbaki.

L'instruction n'a pu recueillir aucun renseignement sur la nature des services que le commandant Magnan a pu rendre en Belgique pendant la seconde quinzaine de septembre. On ne peut s'expliquer la position expectante qu'il a gardée du 14 au 24, lorsque son devoir, comme il le dit lui-même, lui commandait impérieusement de reprendre sa place dans l'armée.

CHAPITRE VIII.

Dépêche du 27 août.

Le colonel Turnier remet, le 27 août, à M. le procureur impérial Lallement une dépêche importante pour le maréchal de Mac-Mahon.

Nous avons vu précédemment que le colonel Turnier avait reçu, le 21 août, les trois dépêches chiffrées du 20 et la lettre en clair du général Coffinières, citée au chapitre IV. Ce dernier document, le seul qui pût à ce moment renseigner le commandant supérieur de Thionville sur la situation de l'armée du Rhin, avait été expédié le jour même à Paris par M. de Bazelaire, à Longwy par le commissaire cantonal Guyard, et à Montmédy par les émissaires Fays et Lagneaux.

Le 23 août, les douaniers Hiégel et Simon avaient apporté à Thionville la dépêche du maréchal de Mac-Mahon datée de Courcelles. Le colonel Turnier s'était chargé de faire parvenir à Metz cette importante communication et avait renvoyé ces deux émissaires à Montmédy, sans leur donner aucun message pour l'armée de Châlons.

Le 26 août arrivait à Thionville M. Lallement, procureur impérial à Sarreguemines, qui avait dû fuir devant la menace de l'ennemi. Ce magistrat recevait le jour même les visites du sous-préfet, du président du tribunal, du procureur impérial et de plusieurs autres personnes. Son arrivée était immédiatement connue dans la place, et il n'est pas vraisemblable qu'elle ait été ignorée du colonel

Turnier, qui cependant ne s'adressa que le lendemain 27 à M. Lallement, pour lui confier une dépêche destinée au maréchal de Mac-Mahon.

Le 26 août, également dans la soirée, le garde mobile Syndic, parti de Montmédy le 22 avec un duplicata de la dépêche apportée le 23 à Thionville par Hiégel et Simon, avait rendu compte au colonel Turnier de l'insuccès de ses tentatives pour pénétrer à Metz. Cet officier supérieur l'avait congédié sans lui donner aucun message pour Montmédy, et lui avait fait connaître qu'il avait déjà envoyé à Metz la dépêche du maréchal de Mac-Mahon par un émissaire qui n'était pas encore de retour.

Dans la soirée, le douanier André rapportait à Thionville une lettre du commandant Magnan. Le lendemain, 17 août, vers sept heures du matin, le colonel Turnier remettait à cet émissaire une réponse pour l'aide de camp du maréchal Bazaine et lui disait : « Je n'ai aucune nouvelle à donner au commandant Magnan ; je ne sais rien. » Quelques heures après, dans la matinée du 27, le colonel Turnier rencontrait M. Lallement devant le café des officiers, et, en présence de son guide Maud'heux, il lui faisait connaître qu'il avait des nouvelles du maréchal Bazaine à transmettre au maréchal de Mac-Mahon ; il ajoutait qu'en raison de l'importance de cette communication il ne savait à qui la confier, et il le priait, dans l'intérêt de l'armée, de vouloir bien s'en charger.

« Il me remit alors, dit M. Lallement dans sa
« déposition, un morceau de papier plié en quatre
« et dont la feuille entière avait à peu près les di-
« mensions d'une demi-feuille de papier à lettre
« ordinaire. Le colonel me dit que je pouvais lire
« la dépêche. Je refusai par discrétion, me réser-
« vant, comme elle n'était pas fermée, d'en prendre
« connaissance si j'apercevais un danger. »

Le 27 août, à six heures du soir, M. Lagosse, maire de Montgon, arrive à Thionville apportant au colonel Turnier la dépêche du général Ducrot.
« Écrivez-lui, dit le colonel Turnier en le congé-
« diant, ce que je vais vous dicter, et vous le ré-
« péterez au maréchal de Mac-Mahon :

« Le maréchal Bazaine est sous Metz, à peu près
« à cinq kilomètres en avant, en communication
« avec la ville. Les Prussiens occupent les carrières
« de Jaumont. Ils ont fait des terrassements pour
« se faire un camp retranché ; ils ont forcé les
« paysans à faire ce travail. Le gros de l'armée
« prussienne est massé sous les bois au-dessus.
« *Si c'est nous qui les attaquons*, prendre garde
« aux embûches que ces bois pourraient contenir.
« *Hier soir on n'avait pas vu le gros des troupes
« prussiennes faire de mouvement.* »

Le lendemain 28, Flahaut et Marchal partaient pour Metz avec la dépêche du général Ducrot, apportée par M. Lagosse. Le colonel Turnier jugeait inutile de leur donner en même temps un duplicata de la dépêche du 22 du maréchal de Mac-Mahon, dont il connaissait toute l'importance et qu'il avait en main depuis le 23.

On peut tirer de l'ensemble de ces faits les déductions suivantes, pour ce qui concerne la dépêche confiée le 27 par le colonel Turnier à M. Lallement.

1° Le contenu de cette dépêche ne peut avoir pour origine les renseignements contenus dans la lettre du général Coffinières.

Nous avons constaté, en effet, que cette lettre a déjà été expédiée de Thionville le 21, en triple expédition, que depuis cette époque le colonel Turnier a eu de nombreuses occasions pour en envoyer de nouvelles copies, et qu'il a jugé inutile, depuis le 21, de renouveler cet envoi.

2° Cet émissaire a dû arriver à Thionville dans la matinée du 26.

Il est difficile d'admettre, en effet, qu'à une époque où il était encore possible de se rendre en voiture de Thionville à la frontière sans rencontrer l'ennemi, le colonel Turnier n'ait pas expédié, aussitôt après l'avoir reçue, une dépêche qu'il jugeait urgent de faire parvenir le plus tôt possible au maréchal de Mac-Mahon. D'autre part, nous l'avons vu, le 27, à sept heures du matin, congédier le brigadier des douanes André, en lui disant qu'il n'a pas de nouvelles. Cet émissaire réunissait cependant toutes les qualités requises pour lui inspirer confiance, par suite de sa position et en raison de la rapidité avec laquelle il venait de s'acquitter de sa mission.

3° L'arrivée de cet émissaire a prouvé d'une manière certaine au colonel Turnier que la dépêche du 22 du maréchal de Mac-Mahon était arrivée à destination.

Le 26 au soir, le colonel Turnier attend le retour de l'émissaire à qui il a confié ce message si important. Il le dit au garde mobile Syndic, et, le 28, alors qu'il envoie à Metz Flahaut, en qui il a toute confiance, il juge inutile de lui remettre un duplicata de ce télégramme. La seule explication possible de ce fait est que l'émissaire, arrivé à Thionville dans la matinée du 27, apportait la preuve matérielle de l'arrivée à destination de cette dépêche.

4° Cet émissaire a dû quitter Metz dans la soirée du 26. Cette appréciation résulte des termes mêmes dont s'est servi le colonel Turnier, lorsqu'il dictait à M. Lagosse les renseignements destinés au maréchal de Mac-Mahon : « *Hier soir*, on n'a pas vu le gros des troupes prussiennes faire de mouvement. » Elle se trouve confirmée par le contenu de la dépêche du 27, comme on le verra ci-après.

Le colonel Turnier, invité à renseigner l'instruction sur la nature de la mission qu'il a confiée le 27 août à M. Lallement, a répondu comme il suit aux diverses questions qui lui ont été adressées dans ce but :

« D. Vous rappelez-vous que M. Lallement,

« procureur impérial à Sarreguemines, a été
« mis en rapport avec vous, le 27 août, par un
« nommé Maud'heux, employé de la maison de
« Wendel ?

« R. Je me rappelle très-bien le passage à
« Thionville de MM. Lallement et Maud'heux et
« d'avoir très-particulièrement causé avec ce der-
« nier.

« D. Vous rappelez-vous avoir remis une dé-
« pêche à M. Lallement avec prière de la faire
« parvenir au maréchal de Mac-Mahon ?

« R. Je me rappelle vaguement les circon-
« stances dans lesquelles j'ai pu remettre à M. Lal-
« lement une dépêche à destination du maréchal de
« Mac-Mahon.

« J'ai dû naturellement profiter du passage de
« M. Lallement pour donner de l'armée du Rhin
« tous les renseignements qui m'étaient parvenus
« et que je croyais exacts.

« D. La dépêche que vous auriez remise à
« M. Lallement, d'après le témoignage de M. Hulme,
« qui a été chargé de la porter de Sedan à Rau-
« court, où elle a été remise par lui, le 27 août, à
« l'empereur et au maréchal de Mac-Mahon, était
« conçue en ces termes :

« Le colonel Turnier fait savoir qu'il reçut de
« Metz, pour être communiquée à l'armée fran-
« çaise, s'il est possible, une dépêche ainsi con-
« çue :

« Nos communications sont coupées, mais faible-
« ment, nous pourrons percer quand nous vou-
« drons, et nous vous attendons. »

« R. Il est très-possible que j'aie rédigé une
« semblable dépêche, qui était conforme aux ren-
« seignements officiels que j'avais reçus précédem-
« ment de Metz et en particulier du général Coffi-
« nières. »

L'instruction a dû faire remarquer au colonel
Turnier que les termes mêmes de son message indiquent qu'ils sont la reproduction d'une dépêche
reçue de Metz; que rien dans la lettre du général
Coffinières, en date du 20 août, ne pouvait faire préjuger des intentions du commandant en chef de
l'armée; que cette lettre ayant été expédiée déjà
par lui-même au moyen de trois émissaires différents, dès le 21, il ne pouvait considérer les renseignements qu'elle renferme comme des nouvelles
dont il était urgent d'aviser le maréchal de Mac-
Mahon, et dont l'importance nécessitait le choix
d'un messager présentant des garanties exceptionnelles.

A ces observations, le colonel Turnier s'est borné
à répondre : « Mes souvenirs sont excessivement
« vagues au sujet de la dépêche que j'ai pu re-
« mettre à M. Lallement. Il est très-probable que
« ma dépêche n'était qu'une copie d'une dépêche
« que j'avais reçue toute rédigée, et si ma décla-
« ration précédente n'est pas entièrement conforme à

« la présente, c'est parce que, je le répète, ma mé-
« moire me fait complétement défaut dans cette cir-
« constance ; mes souvenirs ne me permettent pas
« non plus d'indiquer la source de cette dépêche,
« ni quand je l'avais reçue, ni qui l'avait apportée. »

*M. Lallement remet, le 29 août, la dépêche du
colonel Turnier au commandant supérieur de
Sedan.*

M. Lallement a donné, dans sa déposition, les
détails les plus circonstanciés sur son voyage de
Thionville à Sedan et sur son entrevue avec le
commandant supérieur de cette dernière place.

Il partit de Thionville en voiture, le 27 août, vers
deux heures de l'après-midi, accompagné de
MM. Schnaiter, Lœtgen et Maud'heux.

Arrivé à Luxembourg le soir même, il y passe
la nuit et prend, le lendemain matin 28, le train de
Belgique, toujours accompagné de M. Schnaiter,
qu'il ne quitte qu'à Libramont.

Pendant le trajet, M. Lallement lie conversation
avec un jésuite, le P. Boëtmann, qui est monté à
Luxembourg dans son compartiment.

Ce religieux apprend au procureur impérial de
Sarreguemines qu'il vient de quitter Metz, et il lui
montre une lettre que le maréchal l'a chargé de
faire parvenir à Mme la maréchale Bazaine. M. Lallement n'atteint Bouillon qu'à une heure trop avancée
pour pouvoir continuer son voyage ; il y reste pendant la nuit et n'arrive à Sedan que le 29, vers huit
heures du matin. Il rencontre dans la cour de la
citadelle M. le substitut Bouchon-Garnier, artilleur
de la garde nationale, qui l'envoie à M. le général
de Beurmann.

« Je remis à cet officier général, dit M. Lalle-
« ment dans sa déposition, la dépêche qui m'avait
« été confiée par M. le colonel Turnier, et il me
« demanda comment je pourrais lui attester mon
« identité. J'invoquai le témoignage de M. Bou-
« chon-Garnier, auprès duquel nous descendîmes,
« M. le général de Beurmann et moi ; le général
« n'avait pas quitté la dépêche qu'il tenait à la main.

« Il paraissait très-impressionné. M. Bouchon-
« Garnier ayant attesté au général que j'étais bien
« le procureur impérial de Sarreguemines, M. de
« Beurman me recommanda la discrétion la plus
« absolue. Je le quittai alors ; il rentra dans son
« cabinet, et, après avoir causé quelques instants
« avec M. Bouchon-Garnier et quelques-uns de ses
« amis qui étaient entourés d'un groupe assez con-
« sidérable de personnes, je me rendis à l'hôtel de
« l'Europe où je trouvai une voiture qui me con-
« duisit à Charleville. »

M. Bouchon-Garnier, en confirmant la déposition de M. Lallement, ajoute quelques détails sur
l'entrevue de ce magistrat avec le commandant
supérieur de Sedan :

« Au moment où M. Lallement s'adressait à moi,

« dit ce témoin, M. le général de Beurmann re-
« conduisait quelqu'un jusqu'à la porte de son
« bureau, qui donne sur la cour où je me trouvais,
« Je le désignai à M. Lallement, qui s'approcha
« de lui et lui adressa quelques paroles que je
« n'entendis pas ou dont je n'ai pas gardé le sou-
« venir.

« Cependant M. Lallement se retourna de mon
« côté et prononça ces mots : « M. Bouchon-
« Garnier, que je connais, pourrait au besoin at-
« tester mon identité. » Je m'approchai alors et
« déclarai que je connaissais parfaitement M. Lal-
« lement, procureur impérial à Sarreguemines, et
« que c'était bien lui qui se trouvait là.

« Je me retirai ensuite par discrétion, et je re-
« joignis les différentes personnes avec lesquelles
« je causais dans la cour. Après un entretien qui
« dura quelque temps et qui eut lieu soit dans le
« bureau du général Beurmann, soit dans la cour,
« M. de Beurmann reparut reconduisant M. Lal-
« lement, et j'entendis le général prononcer ces
« mots ou une phrase analogue : « Ces nouvelles
« sont importantes, je les ferai parvenir à qui de
« droit. »

« M. Lallement s'approcha de nouveau de nous
« et nous causâmes ; mais il ne nous fit pas con-
« naître les nouvelles qu'il apportait, et nous ne
« nous crûmes pas en droit de le questionner à ce
« sujet. »

*M. Hulme est chargé de porter à destination la dé-
pêche du 27. — Contenu de cette dépêche.*

« Dès le 10 août 1870, M. Hulme, filateur à
« Mouzon, avait, sur la demande de M. le colonel
« Melcion d'Arc, prédécesseur du général de
« Beurmann, organisé un service d'éclaireurs. Il
« disposait pour ses reconnaissances de ses quatre
« chevaux, de sept cuirassiers du dépôt du 3ᵉ ré-
« giment, et des gardes forestiers du pays, avec
« lesquels le commandant l'avait mis en rapport.
« Fréquemment appelé chez le commandant su-
« périeur, il se trouvait auprès de lui au moment
« de son entrevue avec M. Lallement, et, dans sa
« déposition, il rend compte en ces termes de l'ar-
« rivée de ce magistrat :

« Le 29 août, vers huit heures, huit heures et
« demie du matin, je me trouvais au château de
« Sedan. Le colonel Melcion d'Arc m'informa qu'il
« était remplacé par le général de Beurmann. Au
« même moment arrivait, accompagné de M. Bou-
« chon-Garnier, M. Lallement, qui remit une dé-
« pêche, autant que je puis me souvenir, au gé-
« néral de Beurmann.

« Je me retirai ; un instant après, M. Melcion-
« d'Arc ou le général de Beurmann me fit signe
« d'approcher, et tous deux me conférèrent le con-
« tenu de la dépêche, me priant d'avoir à la porter
« immédiatement. »

Invité à préciser si la dépêche qui lui a été communiquée était celle de M. Lallement, le témoin
déclare de la manière la plus formelle qu'il a vu
cette dépêche passer de main en main, et qu'il ne
peut y avoir aucun doute à cet égard.

« Cette dépêche, ajoute-t-il, portait la date du
« 27 août, n'était pas signée et ne portait pas d'a-
« dresse. M. Lallement m'avait dit qu'il était chargé
« de la remettre au premier officier supérieur fran-
« çais qu'il rencontrerait. Elle était écrite sur une
« demi-feuille de papier assez mince, froissée, et
« remplissait à peu près les trois quarts de la page.
« Son contenu était le suivant ; je n'en garantis pas
« les termes formels, mais c'est le sens :

« Le colonel Turnier fait savoir qu'il reçoit de
« Metz pour être communiquée à l'armée française,
« s'il est possible, une dépêche ainsi conçue : « Nos
« communications sont coupées, mais faiblement,
« nous pourrons percer quand nous voudrons et
« nous vous attendons. »

« Aussitôt après avoir reçu la dépêche, j'allai à
« l'hôtel faire atteler ma voiture et je me mis im-
« médiatement en route. Avant de sortir de la ville,
« je rencontrai M. le colonel Melcion d'Arc qui me
« dit : « Dépêchez-vous, c'est très-important. »

D'autre part, nous trouvons dans la déposition de
M. Melcion d'Arc :

« Je me rappelle avoir vu au château de Sedan
« M. le procureur impérial Lallement, qui a remis
« au général de Beurmann une dépêche qu'il ap-
« portait de Thionville. Cette dépêche avait trait à
« la situation de l'armée du maréchal Bazaine ; elle
« émanait de lui et énonçait la possibilité de fran-
« chir le cercle d'investissement.

« J'ai donné l'ordre à M. Hulme de porter en toute
« hâte la dépêche dont il s'agit, parce que j'en sen-
« tais toute l'importance.

« Je saisis cette occasion pour signaler le dévoue-
« ment, l'intelligence et l'activité apportés par
« M. Hulme dans l'accomplissement de missions
« périlleuses que je lui ai données, et qu'il avait
« offert spontanément d'accomplir. »

La concordance de ces témoignages établit de la
façon la plus complète l'existence et le sens de la
dépêche partie de Thionville le 27 août. Le maréchal
Bazaine faisait connaître qu'il lui était possible et
même facile de percer les lignes ennemies, et, s'il
ne se hâtait pas de profiter d'une circonstance aussi
favorable, c'est parce qu'il attendait l'arrivée de
l'armée de Châlons, dont le mouvement vers l'est
lui avait été annoncé.

*M. Hulme remet, le 29 août, à Raucourt, la dépêche
du colonel Turnier à l'empereur et au maréchal de
Mac-Mahon.*

La déposition de M. Hulme nous permet de sui-
vre la marche de la dépêche du 27 août depuis
Sedan jusqu'au quartier général de l'armée de
Châlons. » Sachant que les routes n'étaient ni libres

« ni sûres, dit ce témoin, je préférai partir dans
« ma voiture sur Mouzon, accompagné d'un ami et
« de mon domestique. Arrivé à Mouzon, vers dix
« heures, je trouvai que mes deux autres chevaux
« étaient partis avec les gardes forestiers. Un gé-
« néral me fit donner, par le commandant de Ne-
« groni, un cheval de cuirassiers sur lequel j'ar-
« rivai à midi à Raucourt.

« Je communiquai immédiatement la dépêche à
« l'empereur, qui arrivait en même temps que moi
« à Raucourt; quand l'empereur eut lu la dépêche,
« il me dit de la porter au maréchal de Mac-Mahon.
« Ce dernier étant arrivé à Raucourt vers deux
« heures, je la lui remis.

« Le maréchal, sachant que j'étais chargé du
« service des dépêches, me fit beaucoup de ques-
« tions sur les routes, les approvisionnements du
« côté de Montmédy, où je lui dis qu'il se trouvait
« deux jours de vivres pour toute son armée. Il finit
« par se plaindre de ne pas en avoir assez à Rau-
« court, et me demanda si l'on pouvait faire mieux
« à Mouzon pour le lendemain.

« Je lui répondis que, s'il m'autorisait à donner
« des ordres en son nom, il aurait à Mouzon le né-
« cessaire pour approvisionner son armée deux
« ou trois jours. Il m'autorisa à user de son nom;
« je le fis, et les provisions étaient prêtes lorsque
« l'armée arriva à Mouzon.

« Ayant communiqué cette dépêche à l'empereur
« et au maréchal, puis de nouveau de l'un à l'au-
« tre, je l'ai conservée par mégarde. Le 31 août,
« au moment de l'entrée des Prussiens à Mouzon,
« je l'ai brûlée par prudence avec toutes les autres
« que j'avais entre les mains. »

M. Hulme complète sa déposition par les détails les plus minutieux sur les diverses péripéties de son voyage :

« J'ai tenu la dépêche cachée dans mes bottes
« jusqu'à un kilomètre de Mouzon. De Mouzon à
« Autrecourt, traversant des détachements de l'ar-
« mée française, je l'avais dans ma poche; d'Autre-
« court à Raucourt, je la tenais dans la main.

« Sur la route, à l'entrée du bois d'Autrecourt,
« j'ai vu des cavaliers français disséminés qui s'en
« allaient très-vite à travers champs. En appro-
« chant du milieu du bois, je vis à travers les ar-
« bres une dizaine de cavaliers prussiens, à cinq
« ou six mètres sous bois, mais séparés de la route
« par un énorme talus avec fossés et broussailles.
« Je partis à fond de train, et, arrivé au haut du
« bois du côté de Raucourt, je rencontrai les
« avant-postes français, dont la proximité m'aura
« sans doute empêché d'être poursuivi.

« J'ai eu l'honneur de voir trois fois le maré-
« chal de Mac-Mahon dans cette journée du 29 : la
« première fois pour lui remettre la dépêche; la
« deuxième fois pour la question des vivres; la
« dernière fois le maréchal me demanda maints

« renseignements sur la route de Raucourt à
« Montmédy,
« J'ai quitté Raucourt vers cinq heures du soir,
« le 29 août, dans une charrette de paysans que
« j'avais réquisitionnée par prudence. »

La confusion que l'extrême complication des événements de ces derniers jours de l'armée de Châlons a laissée dans l'esprit de quelques témoins a obligé l'instruction à se livrer aux investigations les plus minutieuses pour contrôler le témoignage de M. Hulme, et les nombreuses dépositions qui ont été entendues dans ce but sont venues le confirmer dans ses moindres détails. Nous en donnons ci-après un résumé succinct.

Le témoin Jousseaume (Auguste-Léon) déclare que, le 29 août 1870, il a fait le voyage de Sedan à Mouzon dans la voiture de M. Hulme avec M. Martin, receveur de l'enregistrement, et un domestique. Il a vu entre les mains de M. Hulme une dépêche que celui-ci lui dit être du maréchal Bazaine pour le maréchal de Mac-Mahon. C'était une feuille de papier ordinaire pliée et froissée, sans enveloppe.

Rouillon (Lambert-Edouard), domestique de M. Hulme, est arrivé à Sedan, le 29 août, à sept heures et demie du matin, et a prévenu son maître qu'il n'y avait plus de Prussiens à Mouzon. Il est reparti avec MM. Hulme, Jousseaume et Martin, vers neuf heures et demie. Sur la place d'Armes, ils ont rencontré un officier qui a fait signe à M. Hulme, en lui disant : « Dépêchez-vous.... dépêchez-vous! » Ils sont arrivés à Mouzon vers dix heures et demie.

Turquais, négociant, a vu arriver à Mouzon, le 29 août, M. Hulme; celui-ci lui a dit être chargé d'une mission très-importante pour le maréchal de Mac-Mahon. Il cherchait à se procurer un cheval; M. Turquais l'engagea à s'adresser au général, qui logeait chez M. Hanotel. Peu après, M. Hulme revint avec un officier de cavalerie, disant qu'on allait lui donner un cheval de cuirassiers.

Félicité Vergne, servante de M. Hanotel, a reçu le 29 août, chez son maître, M. Hulme, qui lui a demandé s'il n'y avait pas, logé dans la maison, un général à qui il avait à communiquer une affaire très-importante. Elle a répondu qu'il y en avait deux, MM. Lebrun et Cadart. Peu après, un de ces généraux est descendu avec lui et ils ont causé avec un officier de cavalerie qui était dans la rue avec ses chevaux.

Le commandant de Negroni déclare que le 29 août, à Mouzon, où il avait été envoyé en reconnaissance, il a, sur la demande d'un général, qu'il ne peut désigner, donné un cheval à un voyageur chargé d'une dépêche pour le maréchal de Mac-Mahon. Il a offert de faire porter la dépêche par un des cavaliers sous ses ordres, mais le messager a répondu que l'affaire était très-pressée et qu'il avait en outre

19

des renseignements verbaux à communiquer au maréchal.

A Raucourt, le 29 août, le maréchal de Mac-Mahon a logé chez M. Rouy, fabricant. La demeure de cet industriel n'est séparée de celle de M. Guette, où habitait l'empereur, que par une seule maison.

Le 29 août, vers midi, le témoin Godfrin a vu M. Hulme arriver à Raucourt à cheval. Il s'est arrêté auprès des maisons Guette et Rouy.

Quelques instants après, le sieur Ponsignon a vu M. Hulme sortir de chez l'empereur ; il paraissait très-pressé.

M. Lamour, avocat à Sedan, se trouvant à Raucourt le 29 août 1870, a vu arriver M. Hulme, monté sur un cheval de cuirassiers, et l'a vu entrer dans la maison Guette, où logeait l'empereur ; vingt minutes après, étant à la fenêtre de la maison voisine avec l'abbé Thiriet, il a aperçu M. Hulme sortant de chez l'empereur et lui a demandé ce qui l'amenait à Raucourt. Celui-ci lui a répondu :

« Bonnes nouvelles, » et il a continué sa route. Au bout de quelques instants, M. Hulme est revenu vers lui demander où était le maréchal de Mac-Mahon. M. Lamour l'a adressé à la maison Rouy, en lui demandant ce qu'il avait à faire chez le maréchal. M. Hulme lui a répondu qu'il avait une mission à remplir, qu'il apportait des nouvelles du maréchal Bazaine, et lui a fait voir un papier qu'il tenait caché dans la main.

M. l'abbé Thiriet, curé à Remilly, confirme la déposition de M. Lamour.

M. Rouy, fabricant, propriétaire de la maison où était descendu le maréchal de Mac-Mahon, a vu M. Hulme entrer chez lui un papier à la main.

Le sieur Gillet déclare que le 29 août, dans l'après-midi, il a été appelé par M. Hulme, de la part du maréchal de Mac-Mahon, pour donner des renseignements. Il s'est rendu avec M. Hulme dans la maison Rouy. Ils sont montés au premier étage, dans une chambre où se trouvait le maréchal de Mac-Mahon avec une autre personne vêtue en bourgeois. M. Hulme paraissait connu.

Il est entré sans frapper et sans demander où se trouvait le maréchal. Celui-ci tenait à la main une feuille de papier écrite et étudiait une carte. M. Hulme a causé quelques instants avec le maréchal, puis il a présenté le témoin Gillet en disant : « Je vous « amène ce jeune homme qui pourra vous donner « les renseignements que vous m'avez demandés. » Le maréchal a alors adressé à Gillet diverses questions sur les routes, les ponts existant dans la direction de Mouzon, de Stenay et de Montmédy et sur les gués de la Meuse.

M. Goutant, notaire à Raucourt, a reçu M. Hulme dans l'après-midi du 29, et lui a donné à dîner. M. Hulme lui a dit qu'il venait d'apporter une dépêche au maréchal de Mac-Mahon.

Le sieur Lallement, fabricant à Raucourt, qui, en 1870, remplissait les fonctions de maire de cette localité, déclare que, dans l'après-midi du 29 août, un voyageur lui a présenté une réquisition pour une voiture. Le sieur Wilmet a été requis à cet effet ; M. Rouy lui a dit que ce voyageur était le petit-fils de M. Payen, de Sedan, qui est en effet le grand-père de M. Hulme.

Le sieur Gariet, garde champêtre à Raucourt, a requis Wilmet par ordre de M. Lallement.

Le sieur Wilmet, de son côté, déclare que, le 26 août, vers quatre heures du soir, il a été requis de conduire avec sa voiture, de Raucourt à Mouzon, M. Hulme, qui lui a dit qu'il était arrivé à Raucourt sur un cheval de cuirassiers, et qu'il a vu l'empereur et le maréchal de Mac-Mahon.

(La réquisition remise au sieur Wilmet, transmise à la commission de liquidation, est jointe au dossier. Elle est écrite sur du papier portant l'en-tête de la maison Gustave Rouy fils, et signée : Général Faure, par ordre du maréchal.)

Le sieur Chul, secrétaire de la mairie de Mouzon, a reçu le 29 août l'avis que le maréchal de Mac-Mahon allait arriver le lendemain, et il a été chargé de faire des réquisitions. Les bons ont été signés : Hulme, par ordre du maréchal de Mac-Mahon. (Ces bons ont été conservés et transmis à la commission de liquidation.)

Le sieur Sternaux (Michel), cultivateur à Mouzon, déclare que, le 30 août, il a vu, à diverses reprises, M. Hulme causer avec le général Lebrun, qui était logé chez lui. De son côté, le général Lebrun l'a demandé plusieurs fois. Le même jour, il l'a vu, sur un tertre voisin de la maison, le maréchal de Mac-Mahon causant avec M. Hulme. Ce dernier a amené au maréchal un éclaireur nommé Potier.

Le sieur Potier (Auguste), garçon meunier à Mouzon, a été présenté le 30 août par M. Hulme à un général (de petite taille) qui l'a envoyé à Stenay voir si le pont était coupé. Il revint vers trois heures, et trouva M. Hulme causant avec le maréchal de Mac-Mahon sur un tertre près de la maison Sternaux. M. Hulme lui fit signe d'approcher et le présenta au maréchal ; sur la demande de M. Hulme, il a été payé de sa course par un officier d'état-major.

Ces divers témoignages permettent de suivre, pour ainsi dire, pas à pas, M. Hulme, pendant les journées du 29 et du 30 août 1870. Ajoutons, pour terminer cette énumération, que tous les détails consignés dans sa déposition se trouvent reproduits dans celle de M. Albert Brun, sous-préfet à Sedan, qui parle d'après les renseignements qui lui ont été communiqués par le témoin au mois de mai 1871, à une époque assez rapprochée des événements pour qu'il lui fût facile de conserver le souvenir très-présent de la mission dont il avait été chargé.

Cet ensemble de preuves, qui viennent toutes confirmer dans ses moindres détails la déposition de M. Hulme, ne peut laisser aucun doute sur son exactitude. Cependant l'instruction doit mentionner que le maréchal de Mac-Mahon n'a pas conservé le souvenir de ses rapports avec M. Hulme.

Interrogé sur la question de savoir s'il avait reçu la dépêche dont M. Hulme a fait connaître le contenu et dont M. le colonel Melcion d'Arc a confirmé le sens général, M. le maréchal a répondu :

« Je ne me rappelle point qu'il m'ait été remis
« une dépêche à Raucourt. La chose peut m'avoir
« échappé, mais toutefois je suis certain de
« n'avoir point eu connaissance d'une dépêche
« dans le sens de celle qui précède. Au Chêne-
« Populeux, j'avais pris, malgré les observations
« de l'empereur, la décision de me porter dans la
« direction de Metz. Si j'avais reçu cette dépêche,
« qui était dans le sens des opérations que j'exé-
« cutais, elle m'aurait certainement frappé. »

De son côté, M. Hulme, à qui cette réponse a été communiquée en présence du maréchal, a déclaré qu'il persistait dans ses déclarations.

Cette confrontation a donné lieu aux observations suivantes :

« Je suis étonné, a dit le maréchal, s'adressant
« à M. Hulme, que vous n'ayez pas cru devoir me
« remettre cette dépêche, à moi chef de l'armée.
« Il me semble que si M. Hulme m'avait parlé de
« cette dépêche, je lui aurais ordonné de me la re-
« mettre. »

« La raison qui m'a empêché de la laisser au
« maréchal, répond M. Hulme, c'est que pendant
« que j'étais avec lui, on m'a fait appeler chez
« l'empereur, où je suis retourné avec la dépê-
« che. »

Quoi qu'il en soit, l'existence, l'importance et le sens de la dépêche dont il s'agit ne sauraient être contestés.

Le colonel Turnier a remis, le 27 août, à M. le procureur impérial de Sarreguemines une dépêche contenant des nouvelles de Metz, qu'il était urgent de faire parvenir au maréchal de Mac-Mahon, en insistant d'une manière toute spéciale sur l'importance de ce message.

A la lecture de cette dépêche, nous dit M. le procureur impérial de Sarreguemines, le général de Beurmann fut très-impressionné ; en prenant congé de ce magistrat, il lui disait : « Ces nouvelles sont « importantes, je les ferai parvenir à qui de droit. » Et le colonel Melcion d'Arc chargeait M. Hulme d'apporter ce message à destination.

« C'est très-important, » répétait cet officier supérieur à M. Hulme, lorsqu'il le rencontra sur la place d'Armes au moment de son départ. Enfin nous retrouvons la trace de cette même dépêche à Mouzon, où M. le commandant de Negroni offre à M. Hulme de la faire porter au maréchal par un de ses cavaliers.

L'instruction constate l'arrivée de M. Hulme dans la maison occupée à Raucourt par le maréchal de Mac-Mahon. Une fois introduit auprès du maréchal, M. Hulme ne lui aurait-il pas donné communication de cette dépêche?

Le fait paraît inadmissible. — N'est-il pas infiniment plus probable qu'au milieu des incidents de toute sorte qui se sont multipliés dans cette après-midi du 29, le souvenir de la dépêche dont il s'agit n'a pas laissé de trace dans la mémoire du maréchal?

L'instruction trouve là l'explication bien naturelle du manque de concordance entre les souvenirs du maréchal et de M. Hulme, le concours de preuves irrécusables qui viennent appuyer le témoignage de ce dernier ne permettant pas de concevoir de doutes sur l'existence de cette dépêche.

D'autre part, nous voyons que la dépêche apportée par M. Lallement a dû partir de Metz le 28 août. Le maréchal Bazaine venait de mettre son armée en ligne.

« L'ennemi, dit-il, n'avait pas paru vouloir ac-
« cepter le combat. » En même temps il avait fait adopter par ses lieutenants, dans la conférence de Grimont, la résolution d'attendre sous Metz qu'une action offensive des armées de l'intérieur déterminât un mouvement de retraite de l'ennemi. A cette date, quelle nouvelle pouvait-il donner au maréchal de Mac-Mahon, sinon ce que M. Hulme dit avoir lu dans la dépêche partie le 27 de Thionville?

« Nous sommes entourés, mais faiblement, nous
« percerons quand nous voudrons, et nous vous
« attendons. »

La déposition de M. le colonel Melcion d'Arc vient d'ailleurs confirmer le sens général de ce message : « Cette dépêche, dit-il, avait trait à la
« situation générale de l'armée du maréchal Ba-
« zaine, elle émanait de lui et énonçait la possibilité
« de franchir le cercle d'investissement. »

La dépêche du 27 août, telle que la donne M. Hulme, reste donc un fait acquis pour l'instruction.

Mission de M. Lagosse, maire de Montgon.

En même temps que M. Hulme, M. Lagosse, maire de Montgon, arrivait à Raucourt, revenant de Thionville. Il avait, avec un noble dévouement, offert ses services à l'autorité militaire, et avait été mis en rapport, à Attigny, avec le général Ducrot celui-ci lui avait donné un mot de passe et l'avait envoyé à Metz en lui disant :

« Le maréchal de Mac-Mahon attache le plus
« grand prix à ce que le maréchal Bazaine sache
« que nous marchons vers lui. Employez tous les
« moyens possibles pour lui faire savoir que l'ar-
« mée de Châlons arrive, que nous serons le 27 au
« soir à Stenay et qu'il se tienne prêt à marcher au
« premier coup de canon. »

Nous avons vu comment cet avis, dicté le 27 au

soir au colonel Turnier par M. Lagosse, était expédié de Thionville à Metz, le 28, à 8 heures du matin.

M. Lagosse quitta immédiatement Thionville, arriva à Givet dans la nuit du 28 au 29, et fit aussitôt télégraphier par le commandant de place au préfet des Ardennes :

« Voici ce dont le maréchal Bazaine sera prévenu : » Le maréchal de Mac-Mahon arrive, le général Ducrot le remplace dans le commandement de son corps d'armée. L'armée française sera le 27 au soir à Stenay. Tenez-vous prêt à marcher au premier coup de canon. » Le commandant de Thionville a fait partir trois hommes sûrs, et il compte bien qu'ils parviendront jusqu'au maréchal Bazaine pour l'avertir à temps. Un de ces hommes a dû arriver aujourd'hui à midi, mais on ne peut le garantir. »

« Le préfet des Ardennes, dit M. Lagosse dans sa déposition, prévenu par le commandant Givet, m'attendait à la gare. Il me dit : « Je viens de recevoir une dépêche du maréchal de Mac-Mahon, qui demande que vous alliez le trouver immédiatement.

« Je partis de suite avec M. d'Harcourt, officier d'ordonnance, et nous arrivâmes à Raucourt à une heure de l'après-midi. Je vis de suite le colonel Stoffel, qui me questionna sur ma mission, et, peu après, le maréchal, à qui je répétai ce que disait une dépêche de Givet.

« Le maréchal me fit diverses questions et me dit : « Croyez-vous que le maréchal Bazaine est averti ? » Sans hésiter, je répondis : « Oui, et mon impression est que le maréchal a ma dépêche en ce moment. »

Les pressentiments de M. Lagosse ne le trompaient pas. Au moment même où il parlait au maréchal de Mac-Mahon, Flahaut et Marchal s'échappaient du moulin de Saulny et arrivaient au ban Saint-Martin avec la dépêche qui leur avait été confiée.

La dépêche du 23 du maréchal Bazaine, apportée à Verdun par Macherez, est remise le 30 au soir à l'empereur par M. de Benoist.

Pour terminer la série des communications échangées entre Metz et le camp de Châlons, il nous reste à citer la dépêche qui fut remise à l'empereur le 30 août, à huit heures du soir, par M. de Benoist, capitaine de la garde nationale mobile de Verdun.

« Les derniers renseignements indiquent un mouvement du gros des forces ennemies... Si ces renseignements se confirment, je pourrai entreprendre la marche que j'avais indiquée précédemment vers les places du nord. Les batteries ont été réorganisées et réapprovisionnées ainsi que l'infanterie.

« L'armement de la place est presque au complet, et j'y laisserai deux divisions... »

Cette dépêche avait été remise, le 24 août 1870, vers deux heures de l'après-midi, au sieur Macherez, avec deux lettres pour mesdames Bazaine et Jarras. Cet émissaire, ayant échoué dans une première tentative, était venu rapporter ces dépêches le 25 à l'état-major général, qui l'avait engagé à faire un nouvel effort le lendemain.

Macherez parvint le 26 août à franchir les lignes ennemies, et le 27, à onze heures du matin, il remettait, à Verdun, son courrier au général Guérin de Walderbach. M. le capitaine de Benoist fut chargé d'apporter à l'empereur la dépêche qui lui était destinée.

Cet officier quitta la place le jour même, à sept heures et demie du soir, et parvint à rejoindre l'empereur [le 30 août, sur la voie ferrée de Carignan à Sedan, au moment où le quartier impérial battait en retraite vers cette dernière place, à la suite du combat de Beaumont.

Cette dépêche, envoyée au ministre par le télégraphe, a été retrouvée dans les archives de l'administration, sous le n° 38923, et est jointe au dossier.

DEUXIÈME PÉRIODE

DU 1ᵉʳ SEPTEMBRE AU 29 OCTOBRE 1870.

CHAPITRE IX

Correspondance du maréchal Bazaine. — Ses communications avec l'extérieur

Dans la période du blocus de Metz qui s'est écoulée du 1ᵉʳ septembre jusqu'à la capitulation, le registre de correspondance du maréchal avec l'empereur et le ministre ne mentionne que trois dépêches, portant les n° XIII, XIV et XV, ainsi conçues :

N° XIII.

« Saint-Julien-les-Metz, 1ᵉʳ septembre.

« A l'empereur et au ministre de la guerre.

(Duplicata le 3 et triplicata le 7 septembre.)

« Après une tentative de vive force qui nous a amenés à un combat qui a duré deux jours dans les environs de Sainte-Barbe, nous sommes de nouveau dans le camp retranché de Metz, avec peu de ressources en munitions d'artillerie de campagne, ni viande, ni biscuit, mais du blé pour cinq semaines, enfin un état sanitaire qui n'est pas parfait, la place étant encombrée de blessés.

« Malgré les nombreux combats, le moral de l'armée reste bon. Je continue à faire des efforts pour sortir de la situation dans laquelle nous sommes, mais l'ennemi est très-nombreux autour

« de nous ; le général Decaen est mort. — Blessés
« et malades, environ 18,000. »

N° XIV.

« 15 septembre. — Au ministre de la guerre.

« 25 septembre. — Envoyée en trois expédi-
« tions :

« Il est urgent pour l'armée de savoir ce qui
« se passe à Paris et en France. — Nous n'avons
« aucune communication avec l'intérieur, et les
« bruits les plus étranges sont répandus par des
« prisonniers que l'ennemi nous a rendus, qui en
« propage également de nature alarmante. Il est
« important pour moi de recevoir des instructions
« et des nouvelles. — Nous sommes entourés par
« des forces considérables que nous avons vaine-
« ment essayé de percer après deux combats infruc-
« tueux, le 31 août et le 1er septembre. »

N° XV.

« 21 octobre 1870.

« Au délégué du ministre de la guerre à Tours.

(Chiffrée et envoyée en six expéditions.)

« A plusieurs reprises, j'ai envoyé des hommes
« de bonne volonté pour donner à Paris et à
« Tours des nouvelles de l'armée de Metz. — De-
« puis, notre situation n'a fait qu'empirer, et je
« n'ai jamais reçu la moindre communication ni
« de Paris ni de Tours. Il serait cependant très-ur-
« gent de savoir ce qui se passe dans la capitale et
« dans l'intérieur du pays, car sous peu la famine
« nous forcera de prendre un parti dans l'intérêt de
« la France et de cette armée. »

Étudions d'abord successivement la marche de
ces trois dépêches :

(Dépêche n° XIII). — Le registre des fonds secrets de l'état-major général constate que, du 5 au
11 septembre, diverses gratifications ont été payées
à neuf émissaires désignés sous la dénomination
de courriers du maréchal. Les sept premiers, restés inconnus, n'ont reçu que des sommes de peu
d'importance (30 francs) en moyenne, tandis que le
huitième, Anternet, désigné nominativement, figure
dans cette comptabilité pour une somme de
1,100 francs. — Le dernier est le nommé Metzinger,
qui dans sa déposition déclare qu'il ne put pas accomplir la mission qui lui avait été confiée. La dépêche dont il était porteur lui ayant été remise le
10 septembre, il quitta Metz le 12, tomba le 13 entre
les mains des Prussiens, fut condamné à mort, puis
relâché le 24 et renvoyé à Boulay ; il avait perdu
sa dépêche pendant sa captivité.

Nous lisons dans la déposition de M. Taschard,
ministre de France à Bruxelles, les renseignements
suivants, en ce qui concerne Anternet :

« J'affirme, et mes souvenirs sont confirmés par
« mes notes et mes archives personnelles, que cette
« femme (femme Anternet) n'est arrivée chez moi
« que le 7 novembre, dans la matinée. Elle m'a re-
« mis une dépêche enfermée dans une boulette. J'a-
« vais d'abord refusé de la recevoir, ne voulant pas
« avoir de rapports avec le maréchal, que je savais
« être à Wilhemshohe ; mais madame Anternet
« m'ayant affirmé que cette dépêche était antérieure
« à la reddition de Metz, je crus devoir l'ouvrir. Elle
« était en partie chiffrée. N'ayant pas la clef du
« chiffre, je la renvoyai au ministre le même jour
« avec une lettre dont j'ai gardé copie ainsi que de
« la dépêche. »

M. Taschard a fait en déposant la remise de la dépêche apportée par la femme Anternet. Cette dépêche est datée du 8 septembre, la partie chiffrée est
conforme au libellé inséré sous le n° XIII, dans le
registre de correspondance, mais on lit, en outre,
intercalé en clair entre les deux paragraphes du
texte, le passage suivant dont on ne trouve pas
trace dans le registre du maréchal :

« J'ai reçu hier 500 prisonniers français venus
« des combats de Sedan en échange de ceux que
« j'avais rendus. — Les Prussiens répandent le
« bruit que Mac-Mahon aurait capitulé et que l'empe-
« reur serait prisonnier ou renfermé à Sedan. »

(Dépêche n° XIV). — Cette dépêche est remise
le 15 septembre au soir aux cuirassiers Henry et
Marc.

Ces deux émissaires tombent, en sortant des bois
d'Ars, entre les mains des Prussiens. — Après
beaucoup de mauvais traitements, ils sont traduits
devant un conseil de guerre qui les condamne à
mort. — Se croyant sur le point d'être exécutés,
ils parviennent à s'échapper de leur prison et re-
prennent leur route ; ils forcent le passage de la
Moselle en jetant à l'eau la sentinelle qui gardait
le poste, et font plusieurs tentatives inutiles pour
entrer à Verdun.

Le 3 octobre, ils tombent de nouveau entre les
mains des Prussiens, qui les emmènent à Haudain-
ville. — Ils réussissent dans une nouvelle tentative d'évasion, et arrivent enfin le 13 octobre à
Montmédy, où Marc remet au commandant Reboul
la dépêche qui lui a été confiée.

Cet officier lui en donne reçu dans les termes
suivants :

« La dépêche du maréchal Bazaine a été en-
« voyée à Lille par le commandant de place de
« Montmédy. M. Aulio, lieutenant, a été chargé de
« la porter au général commandant la division
« pour la faire parvenir à destination.

« Paris n'a pas encore été attaqué sérieusement,
« les habitants sont pleins d'espoir et la défense

« s'organise sur tous les points du territoire.
« Longwy tient 1,500,000 rations à la disposition
« du maréchal. Montmédy en possède également
« une grande quantité.

« *Montmédy, 18 octobre 1870.*

« *Signé :* REBOUL. »

Marc et Henry quittent Montmédy le 19 octobre, pour revenir à Metz. — Ils essayent de nouveau, mais inutilement, d'entrer à Verdun. — Poursuivis par l'ennemi, Marc tombe épuisé, et Henry, qui le croit mort, continue seul sa route. Il passe par Longwy, où le commandant de place lui répète les indications contenues dans la dépêche du commandant Reboul au sujet des vivres destinés à l'armée de Metz, et il arrive enfin à Metz, le jour même de la capitulation.

Quant au lieutenant Aulio, il arrivait à Lille, le 14 octobre, et remettait la dépêche apportée à Montmédy par Marc au chef d'état-major de la division. — A partir de ce moment, l'instruction perd la trace de cette dépêche, qui n'est jamais parvenue aux membres de la délégation de Tours.

Ainsi que l'indique le registre de correspondance du maréchal, qui confirme d'ailleurs le fait dans son ouvrage intitulé : *L'armée du Rhin*, cette même dépêche n° XIV a été de nouveau expédiée à Metz le 25 septembre.

Les inscriptions du registre des fonds secrets correspondant à cette date sont les suivants :

« 24 septembre, à un paysan de Donchery re-
« venant de Sarrebruck, 5 francs.
« 25 septembre, à un paysan de Donchery,
« 50 francs. »

Nous lisons, d'autre part, dans la déposition de M. le chef d'escadron Guioth :

« Vers le 15 septembre, j'ai été chargé de con-
« duire aux avant-postes français, du côté du bois
« de Vigneulles, et de faire sortir secrètement de
« nos lignes un messager qui me dit être porteur
« de deux dépêches du maréchal Bazaine, l'une
« adressée au gouvernement, soit à Paris, soit à
« Tours, l'autre adressée à la maréchale Bazaine,
« à Tours. — Ce messager était un paysan de Don-
« chery, âgé d'environ vingt-deux ans ; il avait été
« chargé, après la bataille de Sedan, de conduire à
« Sarrebruck un malade ou blessé prussien de
« bonne famille, accompagné d'un officier de santé ;
« il avait reçu à Sarrebruck, de l'autorité prus-
« siennes, un sauf-conduit pour rentrer à Don-
« chery, et en passant sous Metz, il s'était jeté
« dans nos lignes et était venu offrir ses services
« au maréchal.
« Comme ma famille habite les Ardennes, je l'a-
« vais chargé verbalement de donner de mes nou-
« velles en passant à Mézières. J'ai su depuis qu'il
« ne s'était pas présenté chez moi. »

L'inscription précitée du registre des fonds secrets ne peut se rapporter qu'à l'émissaire que M. le chef d'escadron Guioth a conduit aux avant-postes.

Ce serait donc cet émissaire qui aurait été chargé de la dépêche du 25 (n° XIV), mais l'instruction n'a pu le retrouver ; elle n'a, sur le résultat de la mission du paysan de Donchery, d'autres renseignements que ceux qui sont indiqués dans la déposition de M. Guioth, d'après lesquels elle paraît avoir échoué.

(Dépêche n° XV). — Nous trouvons au registre des fonds secrets les inscriptions suivantes à la date du 22 octobre :

« Valcour, interprète, mission.......... 300 fr.
« Courtial, sergent au 24°............. 300
« Prieskwitch, interprète, mission...... 300
« Vernet,   —   300

Ces émissaires sont arrivés directement à Tours, et ont remis à M. Gambetta la dépêche dont ils étaient porteurs. Mais cette dépêche était chiffrée, et le ministre de l'intérieur, n'ayant pas la clef du chiffre de l'armée du Rhin, a dû l'expédier le 26 octobre, pour la faire traduire à Paris, d'où elle ne revenait que le 17 décembre.

Pour bien apprécier pendant cette période la correspondance du maréchal Bazaine, il est nécessaire de rappeler dans l'ordre chronologique la série des nouvelles de l'extérieur qui sont parvenues successivement à la connaissance du maréchal, et de constater en second lieu les moyens de communication que le commandant en chef de l'armée du Rhin a eus constamment sous la main.

Dans son mémoire justificatif, le maréchal Bazaine a donné les renseignements suivants sur la manière dont lui sont parvenues les premières nouvelles du désastres de Sedan et de la proclamation du gouvernement de la Défense nationale :

« J'appris presque aussitôt le résultat du combat de
« Beaumont par un médecin français de l'Interna-
« tionale, qui avait été soigner des blessés sur le
« champ de bataille du 1er septembre, et peu après
« la catastrophe de Sedan, par les hourras poussés
« par les avant-postes ennemis. Enfin, la nouvelle
« de la formation du gouvernement de la Dé-
« fense nationale et de la proclamation de la Ré-
« publique à Paris nous parvint par un prisonnier
« qui avait pu s'échapper d'Ars-sur-Moselle. »

D'autre part, nous lisons dans les notes journalières du général Coffinières :

« 4 *septembre*. — Pendant la nuit, on entend des
« hourras dans les camps ennemis ; le bruit se ré-
« pand vaguement que le prince royal de Prusse
« aurait remporté une grande victoire sur le maré-
« chal de Mac-Mahon, et qu'un comité de défense est
« organisé à Paris. »

« 5 *septembre*. — Je donne au maréchal la situa-
« tion de nos magasins, qui ne contiennent plus

« que 25,000 quintaux de blé ou de farine, soit en-
« viron pour un mois de pain de 500 grammes par
« ration. »

« Je fais savoir au maréchal que quelques indi-
« vidus s'offrent pour passer les lignes et pour
« porter des nouvelles au dehors. — Il me répond
« de les lui envoyer isolément et à des heures
« différentes. »

« 6 septembre. — Je fais obstruer l'aqueduc des
« eaux de Gorze, qui met nos camps en communica-
« tion avec ceux de l'ennemi. »

« 7 septembre. — Les Prussiens nous rendent
« 700 prisonniers français en échange de ceux
« que nous leur avons livrés le 24 août. Ces pri-
« sonniers viennent de Sedan; ils nous apprennent
« que l'armée du maréchal de Mac-Mahon a eu des
« engagements très-sérieux le 28 et le 30 août du
« côté de Beaumont et de Mouzon, où les corps de
« Failly et Douay ont beaucoup souffert; ils nous
« apprennent qu'une grande bataille a eu lieu le
« 1er septembre autour de Sedan, où ils ont été en-
« veloppés et battus; ils n'ont pas vu la fin de la
« journée, mais les Prussiens leur ont dit en route
« que l'armée entière s'était rendue et que l'empe-
« reur était prisonnier. Ces déplorables nouvelles,
« qui circulaient vaguement depuis quelques jours,
« produisent la plus douloureuse impression.

« Le maréchal donne l'ordre d'incorporer ces
« prisonniers dans la division de Laveaucoupet,
« qui est toujours restée dans les forts et dans la
« place; on veut éviter que les récits des prison-
« niers jettent le découragement dans l'armée.

« 9 septembre. — Les Prussiens nous envoient
« 153 nouveaux prisonniers de Sedan. Ceux-ci
« donnent les plus amples détails sur cette catas-
« trophe. »

« 10 septembre. — Le maréchal prescrit de verser
« les nouveaux prisonniers qui nous sont rendus
« dans la division Laveaucoupet, pour les tenir à
« distance de l'armée. »

Le même jour arrivait à Metz M. Charles Lejoindre, capitaine au 63e d'infanterie, qui rentrait
de captivité par voie d'échange.

« Blessé le 6 août, à Spikeren, et ramassé sur le
« champ de bataille par les Prussiens, le capitaine
« Lejoindre avait été recueilli à Sarrebruck dans
« une maison particulière. — Pendant le traitement
« de sa blessure, on avait mis à sa disposition des
« journaux allemands et le Journal des Débats. — Ce
« dernier journal arrivait à Sarrebruck par la Bel-
« gique et avait ordinairement trois jours de date
« lorsqu'on le lui remettait : « Je me trouvais donc
« à même, a dit ce témoin dans sa déposition, de
« juger les faits qui se passaient en France, en
« comparant la version allemande avec la version
« française. — Le Journal des Débats me fit pres-
« sentir la marche de l'armée de Châlons sur Mont-
« médy en indiquant la direction de Reims sur
« Rethel, suivie par cette armée.

« Le 3 septembre, j'appris le désastre de Sedan
« par les cris de joie de la population de Sarre-
« bruck.

« Le 5 septembre au soir, un télégramme allemand
« annonçait l'établissement du gouvernement de la
« Défense nationale, citait le général Trochu comme
« président de la République, et donnait le nom
« des autres membres du gouvernement. Je ne reçus
« que le 7 les journaux des 3 et 4 septembre im-
« primés à Paris le 2 et le 3. Ces journaux don-
« naient quelques télégrammes belges contradic-
« toires relatifs à la bataille de Sedan, mais il n'y
« était pas parlé de la capitulation. Le Journal des
« Débats du 5, imprimé après les événements du 4,
« donnait la déclaration du comte de Palikao au
« Corps législatif de la proclamation du gouverne-
« ment de la Défense nationale. Je n'eus que le
« temps de feuilleter ce dernier journal, car ce
« jour-là même j'appris que l'on m'accordait la
« faveur d'être échangé contre un officier prussien
« fait prisonnier le 16 août. Le 8 septembre au soir,
« je partis pour Remilly. »

En route, M. Lejoindre rencontre des prisonniers
de Sedan, et le commandant des étapes de Remilly,
qu'il interroge sur le nombre des prisonniers, que
les journaux allemands portent à 80,000, lui affirme
que, d'après le nombre des trains commandés, on
peut compter sur 60,000 environ.

Tels sont les renseignements que M. Lejoindre
donnait au maréchal Bazaine le 10 septembre, vers
midi et demi, en présence du général de Castagny.

« Je lui citai, dit encore M. Lejoindre, les noms
« des membres du gouvernement de la Défense na-
« tionale. Le maréchal me paraissait observer ces
« détails, car je pus observer chez lui un sourire
« de surprise lorsque je lui racontai que M. de Ké-
« ratry était préfet de police.

« Lorsque je quittai le maréchal, ajoute le témoin
« en terminant, il me recommanda d'aller me pré-
« senter à mes généraux, et en même temps il me
« donna l'ordre formel de garder le secret le plus
« absolu sur ce que je venais de lui raconter. Je lui
« demandai si cette interdiction devait s'étendre à
« mes généraux; il me répondit : « Oui, n'en dites
« rien à personne. » J'ai observé cet ordre, ce qui
« n'était pas chose facile, vu les questions dont tout
« le monde m'accablait. »

Revenons aux notes du général Coffinières :

« 11 septembre. — Les Prussiens nous rendent
« un officier prisonnier de Sedan. Celui-ci nous
« donne les détails les plus circonstanciés sur le
« sort de l'armée du maréchal de Mac-Mahon. Il
« nous apprend qu'une révolution a éclaté à Paris
« le 4 septembre, que l'impératrice et son fils sont
« en Angleterre, que M. Jules Favre est ministre
« des affaires étrangères, et qu'il a écrit au roi de

« Prusse pour lui dire que, l'empereur étant pri-
« sonnier, toute cause de guerre devait cesser entre
« la France et l'Allemagne.

« 12 *septembre*. — Le maréchal convoque au grand
« quartier général du ban Saint-Martin tous les
« maréchaux et tous les généraux de division pour
« leur faire connaître les événements de Sedan et
« de Paris. Le maréchal raconte ce qu'il a appris et
« *ce que tout le monde connaissait déjà*, et il conclut
« en disant que, dans cette situation, il n'y a plus
« qu'à attendre, sans compromettre l'armée contre
« des forces supérieures; il engage les comman-
« dants de corps d'armée à préparer et à exécuter
« des sorties. Après quelques secondes de silence,
« on parle de la reddition de Sedan, de la résistance
« de Strasbourg, et l'assemblée se sépare. »

Le 13 septembre, une proclamation du général
Coffinières de Metz aux habitants de Metz leur fait connaître
ces événements en ces termes :

« On a lu dans un journal allemand, *la Gazette de
« la Croix*, les nouvelles les plus tristes sur le sort
« d'une armée française écrasée par le nombre de
« ses adversaires, sous les murs de Sedan, après
« trois jours d'une lutte inégale. Ce journal an-
« nonce également l'établissement d'un nouveau
« gouvernement par les représentants du pays.
« Nous n'avons pas d'autres renseignements sur
« ces événements, mais nous ne pouvons pas non
« plus les démentir...

« L'armée qui est sous nos murs, et qui a déjà
« fait connaître sa valeur et son héroïsme dans les
« combats de Borny, de Gravelotte et de Servigny,
« *ne nous quittera pas*. Elle résistera avec nous aux
« ennemis qui nous entourent, et cette résistance
« donnera au gouvernement le temps de créer les
« moyens de sauver la France, de sauver la pa-
« trie. »

Ce même jour, 13 septembre, le maréchal reçoit
le rapport de M. Debains, qui revient des avant-
postes ennemis après une tentative infructueuse
pour sortir du camp retranché. Ce rapport, rédigé
d'après les journaux allemands, donne les détails
les plus circonstanciés sur la captivité de l'empereur, le départ de l'impératrice, la constitution du
nouveau gouvernement, et annonce la fausse nouvelle de la capitulation de Strasbourg.

Le 14 septembre, à sept heures du soir, Pennetier, brigadier du génie, évadé de Sedan, arrive
avec quatre journaux sur lesquels figurait la liste
des membres du gouvernement de la Défense nationale ; ces journaux avaient été remis par M. André,
maire d'Ars, et par le curé de la localité.

M. André l'avait en même temps chargé de transmettre au maréchal Bazaine une copie de la circulaire de M. Jules Favre, en date du 6 septembre,
annonçant les résolutions énergiques du nouveau
gouvernement :

« Après les forts, les remparts ; après les rem-
« parts, les barricades. Paris peut tenir trois mois
« et vaincre.

« En recevant ce document, dit Pennetier dans
« sa déposition, le maréchal me fit des observa-
« tions, parce qu'il n'avait pas été mis sous enve-
« loppe. Je lui répondis que je le lui apportais tel
« qu'on me l'avait remis. »

La circulaire du ministre de l'intérieur était publiée, le 17, par les journaux de Metz.

Le 16 septembre, paraissait l'ordre général n° 9,
ainsi conçu :

« D'après deux journaux français du 7 et du
« 10 septembre apportés au grand quartier général
« par un prisonnier français qui a pu franchir les
« lignes ennemies, l'empereur Napoléon aurait été
« interné en Allemagne après la bataille de Sedan,
« et l'impératrice ainsi que le prince impérial ayant
« quitté Paris, le 4 septembre, un pouvoir exécutif,
« sous le titre de gouvernement de la Défense na-
« tionale, s'est constitué à Paris.

« Les membres qui le composent sont :

« Le général de division Trochu, gouverneur de
« Paris, président.
« Jules Favre, député.
« Garnier-Pagès, député.
« Gambetta, député.
« Crémieux, député.
« E. Arago, député.
« Pelletan, député.
« J. Simon, député.
« E. Picard, député.
« De Kératry, député.
« Ferry, député.
« Rochefort, député.
« Glais-Bizoin, député.

« Généraux, officiers et soldats de l'armée du
« Rhin, nos obligations militaires envers la patrie
« en danger restent les mêmes. Continuons donc à
« la servir avec dévouement et la même énergie en
« défendant son territoire contre l'étranger, l'ordre
« social contre les mauvaises passions. Je suis con-
« vaincu que votre moral, ainsi que vous en avez
« déjà donné tant de preuves, restera à la hauteur
« de toutes les circonstances et que vous ajouterez
« de nouveaux titres à la reconnaissance et à l'ad-
« miration de la France. »

Au moment où le maréchal dictait cet ordre à un
de ses officiers, M. Dehau, sous-chef de bureau au
ministère de la guerre, chargé du service du personnel à l'armée du Rhin, apprenant que la composition du nouveau gouvernement allait être portée
à la connaissance des troupes, vint consulter le
maréchal sur l'opportunité de supprimer sur les titres
des nominations provisoires qu'il devait signer les
mots *impérial* et *empereur*. Le maréchal approuva
cette proposition, et, par son ordre, dit M. Dehau
dans sa déposition, « je chargeai M. Aragon d'im-
« primer immédiatement de nouvelles formules de

« brevets sur lesquelles, au mot empereur, avait
« été substitué le mot gouvernement ; l'adjectif im-
« périal avait été supprimé, ainsi que le fleuron des
« armes impériales.

« Après un délai excessivement court qui me
« frappa, et que j'évalue à quarante-huit heures au
« plus, le maréchal me donna l'ordre de faire réta-
« blir le fleuron impérial. Je me rendis de suite
« chez M. Aragón, qui suspendit le tirage des bre-
« vets sans vignette. Il m'en avait déjà livré un as-
« sez grand nombre. »

Nous ne nous arrêterons pas à rechercher le motif de ces variations. Elles sont la conséquence immédiate des communications échangées avec l'ennemi, comme on l'a fait voir dans les deuxième et
troisième parties du rapport.

Le 23, le général Coffinières communiquait à la
presse de Metz quelques journaux, notamment le
Figaro du 18 et un numéro de l'*Indépendance belge*.

Le 24, M. André, maire d'Ars, envoyait au directeur du *Courrier de la Moselle* cinq nouveaux journaux, deux *Figaro* du 6 et du 8, deux *Indépendance
belge* du 13 et du 16, et un numéro du *Journal des
Débats* du 18.

Ajoutons, pour terminer cette énumération des
renseignements qui sont parvenus à Metz, pendant
la période qui s'est écoulée du 4 septembre au
25 septembre, que, pendant les journées du 23 et
du 24, le maréchal Bazaine avait pu avoir par le sieur
Régnier les nouvelles les plus précises sur la situation extérieure.

En reprenant la série des nouvelles qui sont parvenues à la connaissance de l'armée investie, on
reconnaît que, le 8 septembre, il n'avait pas encore
été question à Metz du changement de gouvernement.

Les 700 prisonniers arrivés dans la place le 7
n'avaient pas assisté à la fin de la journée de Sedan. C'était d'après le dire de l'ennemi qu'ils racon-
taient que l'armée du maréchal de Mac-Mahon avait
capitulé et que l'empereur était prisonnier ; à ce moment, le maréchal Bazaine n'en savait pas davantage.
C'est donc au ministre du gouvernement impérial
qu'il adressait la dépêche chiffrée du 8 ; aussi donne-
t-il quelques renseignements sur sa situation et sur
ses approvisionnements :

« Nous sommes de nouveau, dit-il, dans le camp
« retranché de Metz, avec peu de ressources en mu-
« nitions d'artillerie de campagne ; ni viande, ni
« biscuit, mais du blé pour cinq semaines ; enfin,
« un état sanitaire qui n'est pas parfait, la place
« étant encombrée de blessés. »

C'est la reproduction de la dépêche qu'il a déjà
adressée le 1er et le 3 à l'empereur. Il se borne à y
ajouter des renseignements qui lui parviennent de
l'extérieur : « Les Prussiens répandent le bruit que
« Mac-Mahon aurait capitulé et que l'empereur
« serait prisonnier ou renfermé à Sedan. »

Le 10 septembre, M. le capitaine Lejoindre annonce la révolution du 4.

Le 12, le maréchal transmet cette nouvelle à ses
chefs de corps.

Le 14, Ponnetier apporte des nouvelles assez authentiques pour que le maréchal annonce officiellement à l'armée la constitution et la composition du
nouveau gouvernement et pour qu'il supprime sur
les imprimés officiels les insignes impériaux.

C'est donc au ministre du gouvernement de la
Défense nationale qu'il écrit le 15, et à ce nouveau
ministre, qu'il doit nécessairement supposer peu au
courant des renseignements contenus dans les dépêches expédiées antérieurement, il se contente
d'écrire en ces termes :

« Il est urgent pour l'armée de savoir ce qui se
« passe à Paris et en France. Nous n'avons aucune
« communication avec l'extérieur, et les bruits les
« plus étranges sont répandus par les prisonniers
« que nous a rendus l'ennemi, qui en propage éga-
« lement de nature alarmante. Il est important pour
« nous de recevoir des instructions et des nou-
« velles. Nous sommes entourés par des forces
« considérables que nous avons vainement essayé
« de percer après deux combats infructueux, le
« 31 août et le 1er septembre. »

Le maréchal voit le sieur Régnier le 23 et le 24
septembre, il lui fait connaître qu'il n'a de vivres
que jusqu'au 18 octobre ; que demande-t-il au gouvernement de la Défense nationale, lorsqu'il lui
écrit le 25 ? Encore des instructions et des nouvelles, car c'est un duplicata de la dépêche du 15 qui
est remis au paysan de Donchery, sans doute pour
que cet émissaire, qui est venu offrir ses services,
ne puisse pas dire au dehors que le maréchal Bazaine refuse de communiquer avec le gouvernement.

Ainsi, encore à la date du 25 septembre, le maréchal qui, par un ordre du jour officiel, a fait connaître à son armée les noms des membres du gouvernement de la Défense nationale, écrit au ministre qu'il
n'a d'autres renseignements que les bruits vagues et
alarmants répandus par l'ennemi. Il fixe au sieur
Régnier la date de la fatale échéance qui le mettra
à la merci du vainqueur, et écrivant au ministre, il
ne lui fait pas connaître quelle peut être la durée de
sa résistance, il ne lui demande même pas des vivres. Il semble que, certain de voir aboutir les intrigues politiques dans lesquelles il s'est engagé, il
craint de provoquer quelque résolution désespérée
qui les entrave.

A partir du 25 septembre, le maréchal n'essaye
même plus de communiquer avec l'extérieur. Ce
n'est que le 21 octobre, le lendemain du départ du
général Boyer pour Hastings, qu'il adresse à Tours
sa dépêche n° 15, pour annoncer que sous peu la
famine le forcera à prendre un parti dans l'intérêt
de la France et de son armée.

En résumé, tandis que le maréchal prétend avoir fait tous ses efforts pour se mettre en relations avec le gouvernement de la Défense nationale, son registre de correspondance constate qu'il s'est borné à envoyer à deux reprises, le 15 et le 25 septembre, une seule dépêche dont les termes mêmes sont en opposition formelle avec cette assertion. On ne saurait, en effet, considérer comme une communication sérieuse un message dans lequel un commandant d'armée feint d'ignorer ce qu'il sait, et se borne à demander des instructions et des nouvelles.

Recherchons maintenant les moyens que le maréchal eut sous la main pour communiquer avec l'extérieur.

Beaucoup de gens ont pu, à toute époque du blocus, traverser les lignes ennemies pour rentrer à Metz et sortir par les divers points du cercle d'investissement occupés par l'armée allemande, malgré la surveillance rigoureuse de ses avant-postes.

D'après les dépositions des émissaires, il semble que cette surveillance s'est exercée avec moins de sévérité sur la rive droite de la Moselle ; toutefois, le canal souterrain des eaux de Gorze, dont les débouchés n'ont été gardés par l'ennemi qu'à partir du 25 septembre, a donné des facilités toutes particulières pour aller de Metz à Jussy et à Ars, et pour communiquer de là avec l'intérieur de la France. Pour montrer la situation dans son véritable jour, il suffit de parcourir rapidement les dépositions des témoins que l'instruction a pu entendre à ce sujet.

Dans la première période de l'investissement, les communications entre Metz et les villages occupés par l'ennemi n'ont pas été sévèrement interceptées.

Le 22 août, MM. de Viville et Jeandelize, ce dernier accompagné de sa servante, déclarent s'être rendus de Vaux à Metz sans avoir rencontré un Prussien.

Le 23 août, Lallouette, Michaut, ses deux sœurs et une servante, faisaient le même trajet, sous la conduite de Macherez, qui s'était muni du laisser-passer délivré à un pourvoyeur de l'armée prussienne, pour se rendre de Vaux à Pont-à-Mousson. Ces témoins franchissent les lignes prussiennes sans difficulté, et entrent dans Metz, sans que personne y prenne garde, quoiqu'ils n'aient pas de vivres avec eux.

Le 25 août, Mmes Mauts et Dopfer quittent Vaux, franchissent également les lignes ennemies, en passant par les jardins, et viennent rendre compte à Metz des mouvements de l'armée allemande.

Le 28 août, Hubert Mangin, accompagné de son beau-frère Boulanger et du batelier Mangin, partent de Vaux entre quatre et cinq heures du soir. De Vaux à Jussy, ils suivent la route sans être inquiétés par les Prussiens ; à Jussy, ils prennent par les vignes, et arrivent à Metz sans difficulté.

Le même jour, Pierre va de Vaux à Metz par la route, pour voir sa famille.

Le 2 septembre, il veut rentrer à Vaux, mais il est arrêté à Sainte-Ruffine, par un avant-poste français.

Le 8 septembre, il fait une nouvelle tentative, mais, au lieu de suivre la route aux environs de Sainte-Ruffine, il s'engage dans les vignes, où il rencontre une sentinelle ennemie qui lui fait rebrousser chemin. Il prend un autre sentier et rentre à Vaux sans autre incident.

Le 30 août, la femme Guépratte va de Metz à Vaux rejoindre son mari, qui était déjà sorti, le 20, de la place investie.

A partir du 1er septembre, on doit avoir recours à plus de précautions.

Le 2 septembre, Esselin (Jean), garde champêtre à Jussy, fait sauter les parties latérales qui, à Sainte-Ruffine, donnent accès dans la conduite des eaux de Gorze.

Les 9, 10, 11 et 12 septembre, Esselin fait rentrer à Metz, par cette voie, des soldats échappés de Sedan qui lui sont adressés par M. André, maire d'Ars. Il fait évader de la même manière un officier que lui envoie également ce magistrat.

Le 14 septembre, le brigadier du génie Pennetier, porteur des journaux et des documents qui lui ont été confiés par M. André, arrive à Metz en passant à travers champs.

Le 17 septembre, le sous-officier de cuirassiers Delamarre, blessé le 16 août et tombé aux mains de l'ennemi, réussit dans la même tentative. Il vient rendre compte au maréchal Bazaine des positions occupées par l'armée allemande et des nouvelles de l'intérieur données par les journaux français qui lui ont été communiqués.

Le 21 septembre, le lieutenant de grenadiers de la garde Archambeau, blessé à la bataille de Gravelotte, rentre à Metz par le canal souterrain des eaux de Gorze.

« Je me fis délivrer, dit le témoin, sous le nom
« de Claude Bernard, un laisser-passer pour aller
« d'Ars à Jussy. Guidé par les habitants de Jussy,
« je pus, avec leur aide, pénétrer par un regard de
« l'aqueduc. J'ai voyagé dans ce canal souterrain,
« sur une longueur d'un kilomètre environ, et suis
« venu sortir à Sainte-Ruffine, occupée par les
« Français. »

Cet officier vient immédiatement rendre compte au maréchal de son arrivée ; il lui donne des détails intéressants sur les positions occupées par l'ennemi, dont il croit qu'on exagère le nombre, et sur ses batteries armées de canons simulés.

« Le maréchal me demande ensuite, continue le
« témoin, comment j'avais pu arriver à Metz. Lui
« ayant fait connaître que c'était par l'aqueduc des
« eaux de Gorze, le maréchal dit alors : « J'avais
« donné des ordres pour faire sauter ce conduit. »

« Par la voie de l'aqueduc, ajoute le lieutenant
« Archambeau en terminant sa déposition, il eût
« été facile de communiquer avec la France, sur-
« tout le jour de mon arrivée, puisque j'avais un

« laisser-passer valable pour toute la journée pour « circuler de Jussy à Ars. Du reste, il me semble « que c'était chose convenue, car on me demanda « des renseignements très-précis sur l'itinéraire « que j'avais suivi, sur les précautions qu'il était « nécessaire de garder, etc. Je me trompai au « sujet du cas que l'on ferait de mes instructions, « car le laisser-passer que je déposai à l'état-major « n'a pas été employé, et je le remets pour être « annexé à ma déposition. »

Le 22 septembre, Georgin (Théodore) quitte Metz pour rentrer à Vaux avec son frère Jules et Halanzy.

Quelques jours après, il fait évader par cette même voie un officier prisonnier.

Il a également servi de guide à deux officiers qui sont rentrés à Metz par les vignes, peu de temps avant la capitulation.

Halanzy qui, le 23 août, a quitté Jussy pour ne pas travailler aux ouvrages de l'ennemi, confirme la déposition de Georgin en ce qui concerne leur passage par l'aqueduc, du 22 septembre. Il ajoute qu'il était facile de se rendre de Jussy à Nancy avec un sauf-conduit que l'autorité militaire allemande délivrait facilement.

Le 23 septembre, Labbé (Paul) père part de Jussy vers quatre heures du soir et arrive sans accident à Longeville en suivant le conduit souterrain des eaux de Gorze. Le lendemain matin, il entre à Metz et revient le même jour à Jussy, par la même voie, avec son fils.

Le 24 septembre, Marie Guépratte (femme Martin) conduit deux jeunes soldats évadés à l'entrée de la galerie, où ils peuvent pénétrer sans être aperçus par l'ennemi. Un de ces militaires lui ayant dit qu'il avait dans ses souliers des lettres pour les principaux chefs de l'armée, elle l'engage à les retirer de ses chaussons avant d'entrer dans le canal, où il doit marcher dans l'eau. Ce jeune homme le fait en sa présence et elle constate qu'il est porteur de cinq ou six lettres de format ordinaire.

A deux reprises, le 26 septembre et vers la fin du blocus, la femme Martin sert de guide à des prisonniers évadés qui, ne pouvant plus faire usage de la communication souterraine, interceptée le 25 septembre, ont cherché à franchir les lignes ennemies à travers champs.

Madeleine Demange (femme Rollin), que son mari a laissée à Metz, le 1er septembre, pour rentrer à Jussy, le rejoint le 28 par l'aqueduc, accompagnée par Louis Martin. Cet homme, aujourd'hui décédé, lui raconte chemin faisant qu'il est allé plusieurs fois de Jussy à Ars avec des sauf-conduits prussiens, et qu'il en a rapporté des journaux allemands pour le commandant Arnous-Rivière.

« Ce même jour vers cinq heures, ajoute le té- « moin, le passage souterrain fut interdit parce « que Mangin, le batelier, s'y fit prendre. Cepen- « dant bien des personnes sont encore allées à « Metz et en sont revenues, après cette époque, « mais en passant par les vignes. »

Mangin, le batelier, confirme en ce qui le concerne la déposition de la femme Martin.

Ce témoin s'est rendu plusieurs fois à Metz pendant le blocus pour porter des vivres à ses enfants, qui se trouvaient dans la place.

Il y est allé le 23 et le 24 août sans éprouver aucune difficulté, ni à l'aller ni au retour. Le 28 août, il s'est encore rendu de Vaux à Metz, par la grande route, avec un panier de vivres au bras, sans que personne lui ait rien dit. Il est resté huit jours à Metz, et lorsqu'il a voulu revenir chez lui, le poste français s'est opposé à son passage; mais grâce à l'intervention du garde champêtre de Sainte-Ruffine, il a pu forcer la consigne.

Le 25 septembre il veut faire un nouveau voyage à Metz, en prenant l'aqueduc des eaux de Gorze, comme beaucoup de gens le faisaient tous les jours. Il y pénètre par l'ouverture située entre Vaux et Jussy, mais une fois dans la galerie, au lieu de tourner à droite pour se diriger vers Metz, il prend la gauche et vient sortir à Vaux, où il est arrêté par l'ennemi ; conduit à Ars, il est jugé et envoyé à Mayence, où on le retient prisonnier jusqu'au 25 février 1871.

Ce témoin est allé plusieurs fois de Vaux à Nancy, et déclare qu'il était très-facile d'obtenir à Vaux, de l'autorité prussienne, des laisser-passer pour toutes les directions.

La mésaventure du batelier Mangin met un terme aux excursions souterraines des habitants de Jussy et de Vaux. Cependant, comme le dit Madeleine Demange dans sa déposition, ils ne renonceront pas pour cela à aller à Metz et continuèrent à communiquer avec la place investie en franchissant les lignes à travers champs. Ce fait s'est renouvelé souvent ; ainsi, le sieur Georgin, sorti le 22 septembre avec Halanzy et son frère Théodore, rentre à Metz par les vignes, le 21 octobre, et revient à Jussy le lendemain, de la même manière, avec son frère Antoine.

On trouve la confirmation de la fréquence de ces communications dans les archives de l'état-major, registre de la première section (renseignements), et dans les dépositions du général Coffinières, du commandant Samuel et du lieutenant Charet ; ces témoins déclarent que, pendant toute la durée du blocus, les émissaires du grand quartier général ont pu journellement forcer la ligne d'investissement et entrer dans le camp ennemi. L'instruction n'a retrouvé qu'un petit nombre de ces agents, mais ceux qu'elle a pu entendre s'accordent à dire que la partie délicate de leur mission était le passage des avant-postes, et qu'une fois dans le camp ennemi, ils auraient pu aller avec la plus grande facilité partout où on les aurait envoyés.

Les dépositions de ces témoins donnent une idée de la facilité que les émissaires de l'état-major général auraient eue, s'ils en avaient été chargés, à mettre le commandant en chef de l'armée du Rhin en relations directes avec le gouvernement de la Défense nationale.

Mouth, aujourd'hui sous-lieutenant de cavalerie, part de Metz le 25 août, envoyé en mission du côté de Forbach. Il arrive jusqu'à Boulay, parcourt les campements ennemis de la rive droite et revient le 1er septembre à Metz, où il rend compte au maréchal des renseignements qu'il a pu recueillir.

Peu de temps après, il est de nouveau envoyé en reconnaissance, et réussit à pénétrer dans le camp ennemi, où il reste jusqu'à la fin du blocus sans pouvoir rentrer à Metz.

Tingry déclare avoir été chargé de traverser quatre fois les lignes de l'ennemi pour en connaître les positions à Sainte-Barbe, à Courcelles, à la côte Sainte-Blaise. Il aurait reçu une cinquième mission du lieutenant Charet, celle d'aller chercher à Jussy le sieur Macherez, que le maréchal, au dire du témoin, *voulait voir à tout prix*. Il fut fait prisonnier, parvint à s'échapper et rentra à Metz.

Altenburger est arrivé à Metz, le 18 août, avec une dépêche du commandant supérieur de Bitche pour le général Coffinières. Il ne peut préciser le nombre de ses sorties, mais il est certain d'avoir été envoyé en mission le 30 août, le 9 et le 20 septembre. Il a d'ailleurs été très-souvent envoyé au dehors, par le général Jarras et par le commandant Samuel. Dans une de ses courses il est arrivé à deux kilomètres de Thionville, et a fait connaître en rentrant que l'armée allemande accentuait un mouvement bien prononcé vers Sedan.

Crusem fait pour son compte un premier essai de sortie au commencement de septembre et arrive à Jouy, d'où il rapporte du sel.

Peu de temps après, il est envoyé en reconnaissance par le lieutenant Charet. Il parcourt tous les villages de la rive droite de la Moselle occupés par l'ennemi, et rentre à Metz quelques jours après avec des renseignements très-détaillés sur les positions de l'armée allemande, et un journal qu'il s'est procuré en chemin.

Le 5 octobre, on le charge d'aller porter une dépêche à Thionville. Malgré son laisser-passer, il éprouve de grandes difficultés aux avant-postes français, dont les menaces le forcent à se sauver sans précautions à travers champs.

Il cherche un refuge à Saint-Remy et tombe, en franchissant un mur de clôture, sur quelques soldats français qui le font prisonnier.

Relâché le 17 octobre, après quelques jours d'une dure captivité, il va à Boulay, de là à Luxembourg, où les nouvelles qu'il apporte sont fort mal accueillies. Le 21 octobre, il repart pour Metz avec deux journaux français et réussit à rentrer dans la place le 27.

Enfin le sieur Ehrmann, dit Nabor, fit pour des intérêts privés trois voyages de Saint-Avold à Metz, le 26 août, le 4 et le 13 septembre.

Nous n'insisterons pas davantage sur les témoignages recueillis par l'instruction au sujet de la possibilité de franchir les lignes ennemies; il suffit d'ailleurs d'ouvrir le registre des renseignements tenu à l'état-major général pour constater que ses agents ont pu journellement pénétrer dans le camp ennemi et rapporter à Metz des nouvelles du dehors. Il suffisait de les diriger vers l'intérieur du pays pour se mettre en relation avec le gouvernement de la Défense nationale.

Un autre mode de communications s'offrait d'ailleurs au maréchal. Dès le 2 septembre, M. Jeannel, pharmacien en chef des ambulances, obtenait du général Jarras l'autorisation de construire et de lancer un nombre illimité de petits aérostats destinés à emporter des correspondances.

« Du 5 au 15 septembre, écrit M. Jeannel dans le « rapport qu'il adressait le 4 janvier 1871 au mi- « nistre de la guerre, j'ai envoyé quatorze de ces « petits ballons qui ont emporté en tout trois mille « dépêches; sur ce nombre, d'après des renseigne- « ments certains, sept au moins ont porté à desti- « nation les lettres dont ils étaient chargés.

A partir du 15 septembre, un service régulier de ballons-poste était organisé par les soins du génie militaire. Un ordre du maréchal en date du 13 en informe les troupes et donne des instructions de détail pour ce mode de correspondance. Un premier ballon était lancé le 16 septembre, emportant environ huit mille billets, et jusque vers le milieu d'octobre, les correspondances privées furent expédiées de Metz par cette voie.

Plusieurs de ces ballons ont été recueillis sur divers points du territoire et on a constaté avec étonnement qu'il ne s'y trouvait aucune dépêche du commandant en chef de l'armée. Le maréchal Bazaine reconnaît en effet qu'il n'a pas utilisé ce mode de communication.

« On ne pouvait, dit-il, envoyer des dépêches « réellement officielles par une voie aussi peu « sûre. »

L'instruction prend acte de cette déclaration en faisant observer qu'une dépêche chiffrée pouvait sans inconvénient tomber entre les mains de l'ennemi.

En résumé, l'instruction constate qu'on pouvait déjouer la surveillance des troupes d'investissement, et que le maréchal a même eu, pour communiquer avec l'extérieur, des facilités tout exceptionnelles.

M. André, maire d'Ars, en lui envoyant Pennetier, lui indique qu'il est prêt à lui servir d'intermédiaire. Le maréchal ne répond pas, et M. André en conclut que son concours est inutile.

Le maréchal peut jusqu'au 25 septembre disposer d'un canal souterrain qui le met facilement et sûrement en communication avec l'extérieur. Il l'a su;

l'instruction constate qu'il n'a pas jugé utile de s'en servir.

Le lieutenant Archambeau, rentré à Metz par cette voie, apporte un laisser-passer de l'autorité allemande qui permet de circuler librement au milieu du camp ennemi. Ce laisser-passer n'est pas utilisé.

Chaque jour des agents secrets sortent du camp retranché; deux fois seulement, le 15 et le 25 septembre, le maréchal essaye de faire parvenir un message insignifiant au gouvernement de la Défense nationale. Enfin un service régulier de ballons-poste fonctionne pendant plus d'un mois sous les yeux du maréchal et par son ordre, sans qu'il essaye d'en faire usage.

De cet ensemble de faits, il résulte que le maréchal a connu en temps utile la ferme volonté du pays de résister à l'invasion, mais que tout en proclamant officiellement la constitution du nouveau gouvernement, il n'a pas voulu s'associer à ses efforts.

Continuant après le 4 septembre le rôle indépendant qu'il s'était déjà attribué vis-à-vis de l'empereur, il a poursuivi sans jamais varier cette politique toute personnelle que l'ennemi s'empressa d'exploiter en flattant son orgueil et en feignant d'entrer dans ses vues.

CHAPITRE X

Communications du gouvernement de la Défense nationale avec le maréchal Bazaine.

Les dépositions de M. le général Le Flô, de MM. Gambetta, Tachard et de Kératry font connaître les nombreux efforts tentés par le gouvernement de la Défense nationale pour se mettre en relations avec le maréchal.

Le général Le Flô déclare que dès les premiers jours de son entrée au ministère, qui eut lieu le 6 septembre, il s'occupa de faire connaître à Metz la constitution du nouveau gouvernement, et de notifier au maréchal Bazaine sa propre nomination. Parmi les émissaires qu'il a expédiés directement, le général cite un sieur Jacob, sur la déposition duquel nous reviendrons plus loin.

D'autres dépêches, envoyées dans le même but, ont été confiées par le ministre à M. de Kératry qui, en sa qualité de préfet de police, disposait d'agents très-sûrs. Le général Le Flô affirme qu'il n'a d'ailleurs négligé aucune occasion de faire parvenir au maréchal Bazaine des renseignements sur la situation politique et militaire de la France, mais qu'il n'a pas la certitude que ses dépêches soient arrivées.

« Cette absence de nouvelles et le silence du « maréchal, ajoute le général Le Flô dans sa dé- « position, étaient devenus pour moi un sujet de « vagues et graves inquiétudes, qui s'accrurent « encore lorsque parvint à Paris, peu de jours « avant l'investissement, l'avant-veille peut-être, la « nouvelle officielle qu'un ballon, parti de Metz et « tombé dans les environs de Toul, je crois, con- « tenant plus de 6,000 lettres, ne donnait aucune « information sur la situation de notre armée et « ne renfermait pas un seul mot du maréchal Ba- « zaine.

« A mes angoisses patriotiques se joignaient une « mortelle inquiétude: mon fils, capitaine au 66e de « ligne, était dans Metz; j'adressai sur-le-champ « une dépêche au sous-préfet qui avait donné la « nouvelle, pour le prier de s'assurer personnelle- « ment si parmi les 6,000 lettres il ne s'en trouve- « rait réellement aucune pour moi, soit de mon fils, « soit du maréchal Bazaine. La réponse du sous- « préfet fut catégorique : « J'ai lu moi-même, écrit-il, « toutes les lettres, plus de 6,000; il ne s'y trouve « pas un mot à l'adresse du ministre de la guerre : « ni du maréchal, ni de son fils. »

« Pour ce qui me concerne et comme ministre « de l'intérieur, a dit M. Gambetta dans le cours « de l'instruction, j'ai envoyé, pendant le temps que « je suis resté à Paris, divers émissaires des deux « sexes, auxquels j'avais confié une lettre manus- « crite pour le maréchal Bazaine, et la collection « des décisions officielles prises par le gouverne- « ment depuis le 4 septembre. Je vous représente « copie d'une de ces lettres manuscrites remises au « sieur Lebas, qui parlait parfaitement bien l'alle- « mand et qui était comédien de profession :

« 23 septembre.

« Monsieur le maréchal,

« Je confie cette lettre à un émissaire qui se pro- « pose de traverser les lignes ennemies et de péné- « trer jusqu'à vous par la Belgique et le Luxem- « bourg. M. Lebas se fait fort de rentrer à Paris à « bref délai, et de rapporter de vos nouvelles. Je « n'ai pas besoin de vous dire quel prix nous atta- « chons au succès de cette entreprise. Depuis le « 4 septembre, Paris est debout et en haleine, décidé « à se défendre jusqu'à la dernière extrémité; cha- « que jour il donne de nouvelles preuves de ses « mâles intentions, mais, pour briser le cercle qui « l'étreint, Paris compte sur l'armée de Metz et sur « celui qu'on a pu justement appeler le glorieux « Bazaine.

« *Le ministre de l'intérieur,*

« *Signé :* LÉON GAMBETTA. »

« Ces tentatives ont été réitérées par moi en pro- « vince jusqu'au jour de la catastrophe. J'avais « spécialement chargé M. Testelin, préfet et com- « missaire du département du Nord, le préfet de « Mézières, les sous-préfets de Neufchâteau, et « M. Tachard, notre ministre à Bruxelles, de mul- « tiplier les émissaires dans la direction de Metz « pour aller porter au maréchal Bazaine des nou-

« velles exactes du pays et des volontés du gouver-
« nement. Je n'ai jamais su si le maréchal avait
« reçu nos envoyés, ce qui m'a paru inexplicable
« en présence des faits que je vais vous signaler.

« En effet, les mesures que nous avions prises
« pour entrer en communication avec l'armée de
« Metz étaient de même ordre que celles que nous
« avions à prendre pour entrer en relations avec
« les autres corps d'armée et les autres places cer-
« nées par l'ennemi, notamment Strasbourg, Bitche,
« Toul, Verdun, Belfort et Mézières.

« Ce qu'il y a de plus remarquable dans ces di-
« vers exemples, c'est ce qui s'est passé à Phals-
« bourg, à Bitche et à Belfort. Nous sommes restés
« en communication constante avec Belfort, à telles
« enseignes que le colonel Denfert me faisait ses
« rapports mensuels; à Bitche, les rapports ont été
« tels, que non-seulement nous avons reçu des nou-
« velles circonstanciées de l'état de la place et de la
« garnison, et fait verser la solde par l'intermédiaire
« de M. le consul de France de Drée, mais qu'à la
« suite de promotions faites par le commandant de la
« place dans les cadres inférieurs, il a pu nous cé-
« der et nous envoyer des officiers.

« En présence de pareils résultats obtenus par
« la volonté et l'énergie d'une poignée d'hommes,
« il nous a paru toujours inexplicable de n'avoir
« jamais reçu de Metz aucun indice de l'arrivée de
« nos envoyés, ni aucun message du maréchal Ba-
« zaine. Ce qui achevait de jeter l'esprit dans la
« plus cruelle angoisse, c'est qu'il est arrivé plu-
« sieurs fois que des ballons lancés et partis de
« Metz sont venus tomber en terre française char-
« gés de lettres et de dépêches privées, mais ne
« contenant jamais la moindre pièce officielle, la
« moindre ligne émanant du commandant en chef.

« En somme, pendant les cinquante-quatre jours
« qui ont séparé le 4 septembre du 29 octobre, le
« maréchal n'a fait parvenir au gouvernement de
« la Défense nationale qu'une seule communication
« par trois émissaires, MM. Valcourt, Prieskowitch
« et un troisième, dont je ne pourrai vous donner
« le nom. Ces trois messagers sont parfaitement
« arrivés à Tours, porteurs de la fatale nouvelle,
« de telle sorte que l'on dirait que M. le maréchal
« n'a songé au gouvernement que pour lui apprendre
« qu'il a capitulé, mais prouvant par là que, s'il s'y
« fût pris plus tôt, les communications auraient été
« rétablies. »

M. Tachard, ministre de France à Bruxelles pendant le blocus de Metz, déclare qu'à partir du
4 septembre jusqu'à la capitulation de Metz, il a
fait de nombreuses tentatives pour entrer en communication avec le maréchal Bazaine. « Ces tentatives, dit-il dans sa déposition, se sont renouve-
lées onze fois à ma connaissance. — Je dois ajouter
que, sur ces onze émissaires, quatre seulement
m'ont paru sérieux, à l'épreuve...

« La seconde tentative venue à ma connaissance
n'émane pas de mon initiative. Deux marins, envoyés par le gouvernement et portant des lettres de
créance, ont dû entrer dans Thionville. — Après
des tentatives infructueuses pour pénétrer à Metz,
ils ont dû y renoncer et je les ai vus à leur retour
à Bruxelles.

« La troisième tentative a eu lieu à ma connaissance par l'initiative d'une femme dévouée à la
France, dont je ne crois pas pouvoir faire connaître
le nom aujourd'hui. Cette personne, d'une haute
respectabilité, obtint d'un Anglais, connu par son
excentricité, de tenter comme aventure d'entrer
dans Metz avec des dépêches authentiques. Sa tentative, après un séjour de quelque temps parmi les
Prussiens, coïnciderait, suivant son dire, avec un
engagement qui aurait eu lieu à Ladonchamp
(7 octobre). Après avoir réussi à se jeter entre les
mains d'une grand'garde française, il fut rejeté sur
les lignes prussiennes par l'officier qui la commandait, celui-ci le prenant sans doute pour un espion
de l'ennemi.

« Les tentatives suivantes sont dues à l'initiative
de M. de Cussy, consul de France à Luxembourg,
qui, bien que dépendant de la légation de la Haye,
me donna le concours le plus dévoué. Ici se place
un nouvel effort tenté par une Française, femme
d'une naissance distinguée qui, dans le but apparent
d'aller donner des soins à son frère blessé à Metz,
séjourna dans le camp prussien, où elle fut accueillie
avec égards. Après avoir essayé vainement de
franchir les lignes, elle se vit obligée de renoncer
à son projet.

« De toutes les tentatives venues à ma connaissance ou provoquées par moi, celle qui me parut
présenter plus de chance de réussite est due à l'intervention de M. Regray, directeur général du
chemin de fer français en Belgique, qui, à ma demande
réitérée de chercher dans son personnel un homme
dévoué pour communiquer avec Metz, m'amena,
le 18 octobre, un employé de la voie. — Cet homme,
qui connaissait parfaitement le pays, ne réussit pas
à pénétrer dans Metz. »

Nous trouvons enfin dans la déposition de M. de
Kératry des détails sur une des dépêches adressées
au maréchal Bazaine, détails sur lesquels il est
essentiel d'appeler l'attention.

« Le ministre écrit devant moi, dit ce témoin, sur
un papier restreint, au maréchal Bazaine.

« Dans cette lettre, il lui disait que Paris et la province s'organisaient pour la défense, qu'il savait
sans doute déjà la chute de l'Empire, la formation
du nouveau gouvernement, et que nous étions de
cœur avec lui pour la résistance de l'armée de Metz.

« Je rentrai à la préfecture.

« J'écrivis moi-même une lettre pour le maréchal,
dans laquelle je lui donnais des nouvelles de la santé
*de sa femme que j'avais vue et que j'avais fait
protéger dans son départ pour Tours.* Mon billet ne
contenait pas un mot de politique; mon chef de

cabinet me roula ces deux plis en une cigarette qui fut remise le soir même à un maire expédié à Metz. »

Par suite des dépositions du général Le Flô, de M. Gambetta et de M. de Kératry, l'instruction a dû porter ses recherches sur les émissaires Clarke, Jacob, Lebas et Donzella.

Clarke, parti de Paris le 11 septembre avec une dépêche du général Le Flô et une lettre de madame la maréchale Bazaine annonçant son intention de se retirer dans un couvent, fut arrêté dans les environs de Longwy par l'ennemi. Lebas n'a pas encore été retrouvé.

Quant à Jacob, il quitte Paris le 12 septembre, porteur de la dépêche du ministre de la guerre, et, passant par la Normandie, la Picardie et la Belgique, il arrive à Longwy le 15 du même mois.

Le 16, il s'avance dans la direction de Metz jusqu'à Haucourt et rencontre deux militaires déguisés. Ils venaient, disaient-ils, de Metz, et ils lui affirmèrent qu'on y connaissait le désastre de Sedan et l'établissement du nouveau gouvernement. « Dès lors, dit « le témoin, ma mission me parut avoir beaucoup « moins d'importance, et je la confiai à un ouvrier « sans travail. »

L'instruction a pu retrouver l'émissaire du sieur Jacob : c'est le sieur Humbert (Alexis), cocher de M. le baron d'Huart.

Cet agent partit pour Metz, par Briey, et arriva à Saulny. Après une tentative infructueuse pour franchir les avant-postes prussiens, Humbert se décida à placer la note destinée au maréchal Bazaine dans une bouteille qu'il abandonna au cours de l'eau, après avoir fait des signaux auxquels répondirent quelques Français qui se trouvaient dans les saules, à environ 300 mètres au-dessous.

Tels sont les seuls renseignements que l'instruction ait pu recueillir sur la dépêche remise par le général Le Flô au sieur Jacob. Quant au marin Donzella, il part de Paris le 13 septembre, à neuf heures du soir, avec la dépêche roulée en cigarette qui lui a été confiée par M. de Kératry, et qui contient, avec le billet du préfet de police, la dépêche du ministre de la guerre dont il a été question ci-dessus.

Donzella arrive de Luxembourg le 15 septembre, gagne Bettembourg, passe à Ottange, Havange, Hayange, essaye trois fois de franchir les lignes ennemies pour gagner Metz, et, ne pouvant pas réussir, se rabat le 18 sur Thionville. Ne connaissant pas le pays, il demande un guide au colonel Turnier, mais son accent corse est trop compromettant, personne ne veut partir avec lui. Il remet sa dépêche au commandant de place de Thionville, et repart lui-même pour Tours avec une dépêche du colonel Turnier, qui donnait des nouvelles de Metz, arrivées quelques jours avant par ballon. Donzella a affirmé qu'il avait remis à Tours, le 26 septembre, à l'amiral Fourichon, le message du colonel Turnier, mais cette dépêche était sans doute de peu d'importance, car l'amiral n'en a conservé aucun souvenir.

Le colonel Turnier, dans une de ses dépositions, a déclaré qu'il se rappelle avoir reçu une lettre du général Le Flô pour le maréchal Bazaine ; il affirme qu'il l'a expédiée à Metz, et que l'émissaire à qui il l'a confiée n'a pas reparu.

Nous trouvons d'ailleurs une preuve de l'arrivée à Thionville de la dépêche Le Flô-Kératry, dans la déposition du maréchal des logis Calarnou, envoyé à Metz, le 15 septembre, par le colonel Turnier.

« Ma mission consistait, dit ce témoin :

« 1° *A annoncer verbalement* au maréchal Bazaine que la République était proclamée en France depuis le 4 septembre 1870 ;

« 2° *Que la maréchale et sa fille s'étaient retirées à Tours* et étaient en parfaite santé : ce dernier renseignement, ajoute le témoin, avait été donné au colonel Turnier par M. de Kératry;

« 3° A demander au maréchal Bazaine des nouvelles du fils du général Le Flô, alors ministre de la guerre ;

« 4° A prévenir le maréchal Bazaine que le colonel Turnier avait à la disposition du maréchal 96 wagons contenant 1,300,000 rations de biscuit et cinq fois plus de farine. »

Calarnou part de Thionville le 25 septembre, arrive jusqu'à Saulny où il est blessé par un éclat d'obus et fait prisonnier. Il parvient à s'échapper des mains de l'ennemi et rentre à Thionville le 30, sans avoir accompli sa mission.

La dépêche du général Le Flô, remise le 18 septembre au colonel Turnier a, d'après la déclaration de cet officier supérieur, été remise à un émissaire qui n'est pas revenu à Thionville. Le maréchal des logis Calarnou n'a reçu qu'une mission verbale et est rentré le 30 septembre. Le rapprochement de ces deux faits indique que la dépêche du ministre était partie de Thionville avant le 25, jour du départ de Calarnou.

L'instruction ajoute que cette dépêche a dû arriver à Metz antérieurement à cette même date, car le 25 M. le chef d'escadron Guioth fut chargé de conduire aux avant-postes un paysan de Donchery, porteur d'une lettre adressée *à madame la maréchale Bazaine, à Tours.*

Il est difficile de s'expliquer comment le maréchal Bazaine a pu connaître la ville où s'était retirée sa famille, s'il n'a pas reçu la lettre de M. de Kératry. Madame la maréchale Bazaine n'avait, à Tours, ni propriété ni lien de parenté qui aient pu lui faire prévoir le choix de cette résidence. On sait qu'elle y a habité dans le couvent des Dames-Blanches.

Mesures prises par le gouvernement de la Défense nationale pour le ravitaillement de l'armée de Metz.

Pendant le blocus de Metz, le ravitaillement de l'armée du Rhin a été une des plus graves préoccupations du gouvernement de la Défense nationale, et les plus louables efforts ont été tentés pour faire aboutir cette importante opération.

Le 16 septembre, M. l'intendant Richard recevait la mission de faire arriver dans les places frontières du nord de grands approvisionnements de vivres destinés à l'armée du maréchal Bazaine.

Le 17, parti pour Lille, il se concertait dans ce but avec l'intendance de la 13ᵉ division militaire, le service des douanes et l'administration du chemin de fer. Il fut décidé que 1,200,000 rations de vivres de toute nature seraient dirigées sur Longwy, et 1,300,000 sur Thionville. Le mouvement dut commencer dans la nuit même.

Le 21 septembre, le lieutenant-colonel Massaroli fut prévenu par l'intendant Richard, et, dans la nuit du 22 au 23, 120 wagons, contenant 6,705 quintaux métriques de vivres de toute espèce, savoir 700,000 rations de biscuit et 1,400,000 rations de riz, sel, sucre et café, arrivaient à Longwy, sous la direction de l'inspecteur principal Bellay.

Ces approvisionnements furent immédiatement transportés de la gare dans la place, et le commandant prit ses dispositions pour pouvoir les faire conduire, au premier signal, sur le point qui lui serait indiqué.

L'opération présenta des difficultés plus sérieuses pour Thionville. La voie, entre cette place et Bettenburg, avait été détruite sur une longueur de 500 mètres; tout l'aiguillage avait été enlevé, et les Prussiens avaient leurs postes dans le voisinage.

Le vérificateur des douanes à Thionville, M. Warly, se chargea d'aller prévenir le colonel Turnier. 1,000 hommes de la garnison de Thionville furent envoyés sur divers points de la ligne, et le 24, à neuf heures du soir, pendant que l'intendant Richard faisait masser les trains derrière le village de Bettenburg, l'inspecteur principal partit avec trois wagons chargés de rails. Il trouva les détachements envoyés de Thionville à leur poste, et fit immédiatement commencer les travaux. La voie fut réparée et, à quatre heures et demie du matin, la circulation était rétablie. L'inspecteur principal revint alors à Hettange et fit partir successivement les trois trains qui portaient les vivres; le 25 septembre, à six heures du matin, ils étaient sous les murs de Thionville. Les Prussiens ne se doutèrent de l'opération qu'en entendant siffler les locomotives au retour.

Émissaires envoyés pour annoncer au maréchal Bazaine l'arrivée des ravitaillements.

Le marin Quatrebœuf, envoyé de Paris, le 17 septembre, à la disposition de l'intendant Richard, partait aussitôt après l'arrivée des ravitaillements, acompagné du brigadier douanier Barthélémy. Après de grands efforts, ils touchaient au but de leur voyage, lorsqu'ils furent arrêtés par l'ennemi et ramenés en dehors de ses campements par la gendarmerie prussienne.

Le lieutenant-colonel Massaroli fait partir ensuite un sieur Bassompierre et Alexis Humbert, qui était déjà de retour de son premier voyage au moulin de Saulny, le gendarme Camus et son fils. Ces deux derniers arrivent jusqu'aux extrêmes avant-postes allemands : Camus père du côté de Saulny, et son fils en avant d'Ars.

En se dérobant aux poursuites des Prussiens, le gendarme Camus apprend que les factionnaires français tirent sur tous ceux qui se présentent et que le maréchal Bazaine ne veut pas communiquer avec l'extérieur.

Effrayé par cette nouvelle difficulté, il renonce à son entreprise.

De son côté, le jeune Camus renouvelait, à diverses reprises, ses tentatives pour pénétrer jusqu'au maréchal Bazaine. « L'ennemi, dit-il dans « sa déposition, nous laissait arriver jusqu'aux « extrêmes avant-postes; mais là, il nous disait : « Il est inutile que vous alliez plus loin; nous vous « laisserions bien passer, cela nous est égal; mais « les Français ne vous laisseront pas passer. »

Le colonel Turnier a dû également s'efforcer de faire parvenir à Metz cette importante nouvelle, mais il n'a donné aucun renseignement précis à ce sujet, il s'est borné à affirmer qu'il a expédié à Metz toutes les dépêches qui lui sont parvenues. Malgré les défaillances de mémoire du colonel Turnier, l'instruction a pu établir d'une manière certaine qu'il l'avait fait. Elle a constaté par la déposition du maréchal des logis Calarnou, que, dès le 25 septembre, le commandant supérieur de Thionville s'est empressé d'annoncer à Metz l'arrivée des ravitaillements amenés à Thionville dans la nuit du 24 au 25. Cet émissaire n'est pas le seul qui ait été chargé de cette mission.

Les deux émissaires Marchal et Flahaut, qui sont restés à Metz depuis le 29 août jusqu'à la capitulation, ont été interrogés successivement sur la question de savoir s'ils n'avaient vu arriver pendant le blocus aucun autre émissaire de Thionville.

« Depuis le 28 août, répond le premier de ces « témoins, je ne connais qu'un jeune homme de « Haute-Yutz qui soit parvenu à rentrer à Metz.

« Je ne me rappelle pas son nom. M. Hum, qui « est de son village, vous le fera connaître. Il est « arrivé de Metz vers l'époque du combat de La- « donchamp. Il a dû aller rendre compte des nou- « velles qu'il apportait à l'état-major général, parce « qu'il a dit qu'on lui avait donné cinq francs. »

La déposition de Flahaut a fourni quelques renseignements plus précis.

« Je me rappelle, déclare-t-il, avoir vu arriver « à Metz, vers la fin du mois de septembre, un « jeune homme de Basse-Yutz qui avait été envoyé

« par le colonel Turnier pour annoncer au maréchal Bazaine qu'il y avait à Thionville et dans les localités environnantes des vivres en abondance pour ravitailler l'armée. Il m'a raconté que les mobiles de la garde nationale de Thionville avaient réussi à faire entrer dans cette place environ cent wagons de vivres de toute nature et qu'il y en avait une immense quantité dans les places voisines, tant sur la frontière de Belgique, à Bettemburg, qu'à Longwy, qui attendaient le moment où l'armée de Metz pourrait venir les prendre. Il avait été chargé de venir annoncer au maréchal Bazaine cette importante nouvelle.

« Arrêté par les avant-postes prussiens à Mézières, il avait réussi à tromper leur surveillance en buvant avec eux. Je l'ai vu à Metz deux jours après son arrivée. Il m'a apporté des nouvelles de ma femme et de mes enfants qu'il avait vus quelques jours auparavant. Il avait rendu compte de sa mission à l'état-major et avait reçu cinq francs de récompense. Ce jeune homme faisait partie des mobiles du département de la Moselle, son père était ouvrier chez M. Fucher, fabricant de filets, rue de la Vieille-Porte, à Thionville ; MM. Hum fils et Jaquelot de Basse-Yutz pourront vous donner son nom.

« Quelques jours après, vers le 3 ou le 4 octobre, ayant l'intention de rentrer à Thionville, j'allai à l'état-major général pour voir si on n'avait pas de dépêche à me confier ; je m'adressai à un officier, qui prévint le chef d'état-major.

« Un général de petite taille, que je crois être le général Jarras, alla prendre les ordres du maréchal Bazaine et revint une demi-heure après, en me disant :

« Le maréchal n'a pas de dépêche à vous confier ; mais voici ce qu'il vous charge de dire au colonel Turnier : — L'armée française va dans quelques jours marcher sur Thionville, pour y prendre les vivres qu'on y a amenés pour le ravitailler. La garnison de Thionville veillera avec soin de manière à reconnaître, lorsqu'elle verra arriver de grandes masses de troupes, si ce sont des troupes françaises, parce qu'il ne faut pas qu'elle fasse feu sur nous. »

Ces renseignements ont permis à l'instruction de découvrir l'émissaire de Basse-Yutz, le sieur Risse, dont la déposition, reçue par commission rogatoire à Nancy, est conçue en ces termes :

« Vers la fin du mois de septembre 1870, le colonel Turnier, de qui j'étais très-bien connu, parce que pendant deux mois j'avais travaillé dans sa maison comme maçon, m'ayant vu passer, m'appela et me demanda si je ne voudrais pas faire une commission pour Metz.

« — Très-volontiers, lui dis-je, et il me confia une dépêche pour le maréchal Bazaine. J'ignore si elle était chiffrée ou écrite, car elle était prête et cachetée sur son bureau quand il m'y a introduit.

« Il ne m'en a pas dit le contenu. Le colonel Turnier me dit : « Si le maréchal vous questionne sur les vivres, vous lui direz que nous en avons un plein convoi. »

« Je cousus la dépêche dans le dos de mon gilet et je partis le même jour vers quatre heures du soir. La langue allemande m'étant familière, je réussis assez bien à me tirer des mains des Prussiens toutes les fois que je fus arrêté, ce qui m'arriva assez souvent. Je n'arrivai à Metz que le lendemain vers dix heures.

« Je me rendis aussitôt au quartier général ; le maréchal Bazaine s'y trouvait. Un officier d'état-major m'introduisit dans son bureau. Aussitôt entré, j'enlevai ma blouse et mon gilet et lui remis ma dépêche. Il la lut et la jeta de côté en haussant les épaules. Puis il me questionna sur les positions des Prussiens. Il me demanda également si à Thionville nous étions bien pourvus. Je lui répondis qu'il était arrivé de Luxembourg un convoi de farines si considérable que nous en avions pour trois ans. Il me donna dix francs et me congédia en me disant que si les affaires tournaient bien, je serais médaillé. — Je suis resté à Metz jusqu'à la fin du blocus. »

Interpellé par le juge d'instruction qui lui demande s'il est bien sûr d'avoir parlé au maréchal Bazaine lui-même :

« Je le crois, répond Risse, car j'ai habité douze ans Paris, où je l'ai vu, et, au quartier général il m'a bien semblé reconnaître celui que j'avais vu à Paris. En outre, quand je me suis présenté à l'officier d'état-major, je lui ai demandé si je pouvais voir le maréchal Bazaine, et il me dit : « Je vais voir où il est. » Il resta deux ou trois minutes absent et revint me dire : « Vous pouvez entrer. » Le maréchal est gros ; je ne crois pas m'être trompé ; du reste, si je revoyais le personnage avec lequel je me suis entretenu, je le reconnaîtrais bien. »

La succession graduelle des renseignements et des recherches qui ont amené la découverte du témoin Risse, la concordance de sa déposition reçue à Nancy avec celle de Marchal et de Flahaut, qui n'ont pu avoir depuis le blocus de Metz aucun rapport avec cet émissaire, ne peuvent laisser aucun doute sur l'exactitude de son récit.

Il reste à rechercher maintenant quel pouvait être le contenu de la lettre dont Risse était porteur.

Le colonel Turnier déclare ne pouvoir donner aucune indication sur cette question, la mémoire lui faisant défaut à ce sujet.

Quoi qu'il en soit, il résulte des dépositions de Flahaut et de Risse, que ce dernier a dû partir de Thionville dans le mois de septembre, après l'arrivée du convoi de vivres destiné au ravitaillement

21

de l'armée de Metz, qui eut lieu dans la nuit du 24 au 25. Son voyage s'est donc effectué du 25 au 30 septembre. Calamou était parti de Thionville le 25.
— Le colonel Turnier envoie donc en même temps deux émissaires, l'un chargé d'une mission verbale, l'autre porteur d'une lettre dont il ne connaît pas le contenu. — Il est difficile d'admettre que cette lettre ne soit pas la reproduction des nouvelles confiées de vive voix au premier agent. La lettre Risse ne pouvait être que la reproduction de cette même dépêche qui, ainsi que nous l'avons vu précédemment, avait déjà dû arriver à Metz avant le 25 septembre par une autre voie.

Cette lettre annonçait en outre l'importante nouvelle de l'arrivée à Thionville des 96 wagons de vivres expédiés par l'intendant Richard.

La recommandation faite à Risse au moment de son départ l'indique de la façon la plus nette :

« Si le maréchal vous questionne sur les vivres, « lui dit le colonel Turnier, vous lui répondrez que « nous en avons un plein convoi. »

Le commandant supérieur de Thionville prévoyait avec raison que la lecture de son message amènerait la conversation sur ce sujet, et, en effet, le maréchal Bazaine, après avoir lu sa lettre (qu'il jette de côté en haussant les épaules, dit le témoin Risse), demande à ce dernier si Thionville est bien approvisionné. « Il est arrivé de Luxembourg, répond l'émissaire, un convoi de vivres si considérable que nous en avons pour trois ans. »

La déposition de Flahaut confirme ce fait capital.

Risse lui a fait connaître à Metz le but de sa mission.

Il lui a raconté la manière dont on s'y est pris pour amener à Thionville des approvisionnements considérables pour ravitailler l'armée. Il lui dit qu'il avait vu le maréchal Bazaine, auquel il avait transmis cette importante nouvelle. Quelques jours après, le général Jarras, après avoir pris les ordres du maréchal, charge Flahaut d'aller prévenir le colonel Turnier que, sous peu, l'armée va marcher sur Thionville pour prendre les vivres destinés à son ravitaillement.

Ces témoignages établissent de la manière la plus catégorique que le maréchal Bazaine a connu avant le 1er octobre les efforts tentés par le gouvernement de la Défense nationale pour prolonger l'existence de l'armée de Metz.

Il n'entre pas dans le cadre de ce travail spécial aux communications de rechercher ce qui a été fait pour répondre à cet appel; nous nous bornerons à rappeler qu'une partie des troupes engagées le 7 octobre ont reçu l'ordre de marcher sans sacs, et par suite le maréchal ne comptait pas ce jour-là, comme il le dit aujourd'hui dans son interrogatoire, profiter des chances du combat pour tenter de percer si elles lui paraissaient favorables.

En résumé, comme nous l'avons dit dans la deuxième partie du rapport, le gouvernement de la Défense nationale s'est empressé de notifier au maréchal Bazaine son avènement au pouvoir. Il lui a indiqué la ferme intention de résister à l'invasion et de repousser les exigences de l'ennemi, sans mettre en doute qu'il ne partageât un sentiment si naturel.

Grâce aux habiles mesures prises par l'intendant Richard et au concours patriotique de la compagnie de l'Est, il a pu, dès le 25 septembre, faire arriver à Thionville et dans les places voisines des approvisionnements considérables pour ravitailler l'armée.

De nombreux émissaires ont été envoyés à Metz pour faire connaître au commandant en chef de l'armée du Rhin les intentions du gouvernement et les mesures qu'il avait prises pour venir à son aide.

L'instruction constate que le maréchal a dû recevoir, avant le 25 septembre, la dépêche du général Le Flô, puisqu'il connaissait à cette date la nouvelle résidence de sa famille; avis qui lui avait été envoyé de Paris, en même temps que la dépêche du ministre, une première fois le 11 septembre, par madame la maréchale Bazaine, et le lendemain par M. de Kératry.

Quelques jours après, l'émissaire Risse apportait au maréchal Bazaine la confirmation de ce premier message et le prévenait en même temps que des ravitaillements considérables étaient arrivés, pour son armée, à Thionville et dans la place voisine.

Le maréchal Bazaine connaissait donc les résolutions énergiques du gouvernement et les ressources mises à sa portée, lorsque, après l'échec de l'intrigue Régnier, il entra de nouveau en pourparlers avec l'ennemi, sans même tenter un effort définitif pour prolonger l'existence de son armée.

CHAPITRE PREMIER.

Considérations générales.

Exposé de la question.

Le 16 août 1870, à minuit, comme la bataille de Rézonville venait de finir, le maréchal commandant en chef adressait de Gravelotte à ses principaux lieutenants une dépêche par laquelle il leur notifiait, dans les termes rapportés ici, l'abandon du plan primitif de marche et ses nouvelles instructions :

« La grande consommation qui a été faite, dans « la journée, des munitions d'artillerie et d'infan-« terie, ainsi que le manque de vivres pour plu-« sieurs jours, ne nous permettent pas de continuer « la marche qui avait été tracée. »

« Dix jours plus tard, le 26 août, au sein de la « conférence qui réunissait autour du maréchal « commandant en chef, au château de Grimont, « les commandants de corps d'armée, le général « commandant la place de Metz et le génie, et

« le général commandant l'artillerie de l'armée,
« celui-ci annonçait que les ressources dont il
« disposait en munitions de guerre pour tenir la
« campagne ne représentaient que la consomma-
« tion normale d'une seule bataille, et cette révé-
« lation bien inattendue (on verra pourquoi plus
« tard), qui ne fut relevée ni contredite par per-
« sonne, semble avoir presque seule décidé l'opi-
« nion générale en faveur d'un séjour prolongé
« sous les murs de Metz, séjour qui, aux yeux de
« tous, ne pouvait plus qu'être indéterminé, sinon
« indéfini, puisqu'on abandonnait, *ipso facto*, toute
« initiative en subordonnant les tentatives ulté-
« rieures aux secours du dehors qu'on avait résolu
« d'attendre dans une attitude passive, et aux cir-
« constances plus ou moins favorables et pro-
« chaines qu'ils pouvaient faire naître. C'était la
« première fois, depuis le départ de l'empereur,
« dont les dernières instructions avaient été for-
« melles, que la pensée d'une occupation définitive
« du camp retranché se faisait enfin jour, à travers
« beaucoup de réticences, sous la forme d'un sys-
« tème avoué, préconçu, et le principal argument
« qu'on produisait à l'appui d'une détermination si
« grave, c'était encore l'insuffisance des muni-
« tions. »

Ainsi, deux fois, à dix jours d'intervalle, au cours de cette campagne, la question décisive du chiffre des approvisionnements nécessaires fut posée, deux fois elle fut résolue contre les vœux et le salut de l'armée, deux fois la responsabilité du service de l'artillerie se trouva directement engagée dans cette crise. Quelle part lui revient légitimement des causes de nos désastres? C'est ce que l'information devait s'efforcer d'éclaircir par une étude spéciale.

Organisation du service de l'artillerie de l'armée du Rhin.

Deux dates dominent la recherche où l'instruction s'engage et concentrent sur elles l'intérêt de la question :

1° De quelles munitions l'armée réunie sur le plateau de Gravelotte disposait-elle, le 16 août, à minuit, c'est-à-dire à l'heure même où son chef prenait cette résolution, qui fixait le sort de la campagne ; quelles munitions laissait-elle volontairement ce jour-là, derrière elle, dans la place ?

Pour la clarté d'une semblable étude, il est utile de rappeler sommairement les principes de l'organisation du service de l'artillerie en campagne, tels qu'ils furent appliqués à l'armée du Rhin, et le jeu régulier de ce mécanisme un peu compliqué.

L'armée du Rhin, dans sa constitution primitive, comprenait 7 corps d'armée, une réserve de cavalerie de 3 divisions, une réserve générale d'artillerie, et la garde impériale. — Le 1er, le 3e et le 6e corps comptaient chacun 4 divisions d'infanterie ; le 2e, le 4e, le 5e et le 7e en avaient chacun trois. La garde formait deux divisions d'infanterie et une division de cavalerie.

L'artillerie de cette armée était ainsi groupée : chaque division d'infanterie avait trois batteries ; deux servaient des pièces de 4, la troisième servait des canons à balles, bouches à feu nouvelles, mieux connues sous leur nom usuel, les mitrailleuses.

On avait aussi attaché à chaque division d'infanterie un certain nombre de voitures d'un modèle récent (caissons à deux roues), affectées au transport des munitions pour armes portatives, et plus spécialement destinées à suivre et à ravitailler les troupes pendant le combat ; c'étaient les réserves divisionnaires. Batteries et réserves divisionnaires obéissaient d'ailleurs, dans la division, à un officier supérieur d'artillerie, centralisant d'une part, sous l'autorité directe du général commandant, la conduite des opérations militaires de son arme et le service des approvisionnements dans sa division ; d'autre part, sous l'autorité d'un officier général de l'arme, les opérations techniques et les rapports particuliers de son service, avec le service général de l'artillerie de l'armée.

Indépendamment de ses batteries divisionnaires, chaque corps d'armée était doté d'une réserve d'artillerie comprenant soit 8 batteries, comme dans le 1er, le 3e et le 6e corps, soit 6 batteries, comme dans le 2e, le 4e, le 5e et le 7e ; deux de ces batteries étaient du calibre 12, et le reste du calibre 4.

Le réapprovisionnement de toutes les batteries de division ou de réserve, était indistinctement assuré par un parc roulant dit de second approvisionnement, qui contenait aussi des munitions pour armes portatives et devait renouveler ou entretenir l'approvisionnement des diverses réserves divisionnaires du corps d'armée.

Un officier général, qui disposait directement de la réserve d'artillerie du corps, centralisait en outre, avec le concours d'un état-major spécial, d'une part, sous le couvert du commandant du corps d'armée, la direction des opérations militaires de son arme ; d'autre part, sous l'autorité du commandant en chef de l'artillerie de l'armée, les opérations techniques et le service spécial des approvisionnements dans le corps.

A chacune des trois divisions de la réserve de cavalerie étaient attachées deux batteries d'artillerie ; elles étaient (sauf l'une d'elles, dans la 2e division) du calibre 4. Un petit parc devait suivre chaque division ; ces trois groupes divisionnaires fonctionnaient isolément comme artillerie de corps distincts.

L'organisation de l'artillerie dans la garde était le même que dans les corps d'armée.

Enfin, toute cette artillerie était encore renforcée par une réserve générale composée de 16 batteries,

8 du calibre 4, et 8 du calibre 12, dont le deuxième approvisionnement devait être constitué par un parc spécial.

Outre ce double approvisionnement assuré à chaque corps, on devait adjoindre à l'armée un grand parc de campagne dont les éléments étaient déjà préparés, mais encore épars dans huit places différentes et plus ou moins éloignées quand les hostilités commencèrent. C'était le troisième approvisionnement, dont l'armée ne profita que dans des proportions malheureusement très-restreintes ; une des huit fractions, préparée à Metz même, put être seule utilisée.

A la tête du service se trouvait un officier général du grade de général de division, commandant toute l'artillerie de l'armée. La réserve générale lui obéissait directement, et il centralisait, avec le concours d'un état-major distinct, d'une part, sous le couvert du commandant en chef, les opérations militaires de l'arme, et, d'autre part, sous l'autorité du ministre, tout le service technique des approvisionnements en munitions et engins de guerre de toute espèce : c'est-à-dire que, s'il ne relevait que du maréchal commandant en chef pour tout ce qui concernait les rapports de l'artillerie de l'armée avec les troupes, soit au point de vue des approvisionnements de l'armée en munitions ou engins de guerre, il relevait directement du ministre pour tout ce qui concernait les relations de l'artillerie centralisée au ministère de la guerre à Paris. Ce double caractère des fonctions du commandant en chef de l'artillerie doit être noté ; il définit la haute situation de cet officier général et précise l'étendue de sa responsabilité multiple comme ses attributions et ses devoirs.

Ces dispositions comprises, le fonctionnement de cet organisme est facilement saisi : dans chaque unité ou groupe tactique composé de différentes armes, le commandant de l'artillerie exerce un double emploi ; il est commandant militaire de son arme, il est aussi chef du service des approvisionnements, et si, à ce dernier titre, il relève encore, dans ses rapports avec les troupes, de l'autorité de son chef militaire immédiat, il relève d'un chef spécial pour toutes les questions purement spéciales à ce service ; comme dans ses rapports avec le service général de l'artillerie de l'armée, sur toute l'échelle de la hiérarchie, ces deux autorités coexistent juxtaposées, ces deux autorités opèrent parallèlement et distinctement, concentrées, mais non confondues dans les mêmes mains.

Le service de l'artillerie est donc, à tous degrés, le pourvoyeur unique de l'armée : les batteries et les corps qui consomment, et consomment seuls, se réapprovisionnent aux parcs de corps d'armée, ceux-ci au grand parc, et le grand parc lui-même dans les établissements qui fabriquent ou conservent les munitions ; sorties de là, celles-ci entrent dans l'armée par le grand parc, et arrivent, en passant par les parcs de corps d'armée, jusqu'aux batteries et aux corps de troupes où elles disparaissent. C'est à les compter quand elles entrent, à les suivre où elles passent, à les recompter quand elles sortent, que l'information devait s'attacher.

Classement des documents consultés.

Pour ce travail elle disposait de renseignements très-divers par leur source, leur autorité ou leur importance ; on va les énumérer et les apprécier brièvement :

1° Les situations générales établies par l'état-major général de l'artillerie de l'armée. Si ces états présentaient toujours les caractères de résultats absolument incontestables, basés sur des données et des renseignements positifs, il ne resterait plus qu'à les enregistrer et à s'en tenir là. Mais le but qu'on se propose est précisément de les contrôler et de les rectifier quand il y a lieu ; on ne pouvait donc songer à s'appuyer uniquement sur eux, et il a fallu chercher ailleurs.

2° Les situations du matériel et des approvisionnements et les états de consommation établis par les états-majors de l'artillerie dans les divers corps d'armée. Ce sont des renseignements utiles, qui le seraient davantage encore s'ils étaient complets et uniformes ; mais les uns distinguent ce que les autres confondent, et inversement ; quelques-uns manquent dans certaines séries, et parfois des séries entières. Enfin, quelle que soit l'origine des innombrables corrections qui les déparent, celles-ci inspirent une certaine circonspection. Il est donc nécessaire de contrôler ces indications, et c'est heureusement possible, grâce aux documents dont il reste à parler.

3° Les rapports officiels des généraux commandant l'artillerie dans les corps d'armée sur leurs opérations, et les journaux de marche tenus par leurs états-majors. Ces pièces donnent des indications précieuses touchant le nombre des bouches à feu engagées à chaque affaire, l'importance de ces engagements, le rôle afférent à chaque batterie, la durée du feu, la gravité des avaries et des pertes, les mouvements, les incidents, et en général sur toutes les circonstances qui ont pu influer dans une mesure quelconque sur les consommations. Quelquefois, ces détails sont encore étendus et précisés par les rapports particuliers des officiers divisionnaires qui ont servi à la rédaction du rapport général, nécessairement succinct et résumé. Enfin, il n'est pas absolument rare d'y rencontrer des chiffres qui confirment ou rectifient ceux des situations qui semblent douteux.

4° Les historiques des batteries, composés longtemps après les événements accomplis, manquent sans doute de cette autorité prépondérante qui est propre aux témoignages surgis des circonstances mêmes de la lutte et des exigences quotidiennes du service ; mais ils sont abondants, on y trouve beaucoup de chiffres et l'on peut y suivre jour par jour, par le menu et pour ainsi dire pièce par pièce, les opérations de l'artillerie d'une grande armée. On ne saurait oublier d'ailleurs qu'ils ont été rédigés d'après un ordre ministériel, par des commissions choisies dans les corps de troupe, sous la haute direction et la responsabilité des chefs de corps et avec le concours de tous les témoins des événements qu'ils racontent ; ils réunissent donc les caractères de documents officiels d'une authenticité certaine et d'une sincérité éclairée. Enfin les évaluations numériques de consommations qu'on en peut extraire méritent surtout de fixer l'attention : ce sont là des souvenirs personnels dont la tendance naturelle serait plutôt d'outrer que d'atténuer les faits dont on va s'occuper.

5° La situation du matériel et les états de livraison de la direction d'artillerie de Metz.

Des situations journalières durent être régulièrement établies par la direction, mais elles n'ont pas été conservées ; toutefois l'information possède tous les états, sauf un, de livraisons faites quotidiennement à l'armée. Ces documents, qui émanent d'une source distincte des précédentes, permettent de contrôler les écritures et les opérations des corps consommants.

6° Enfin la correspondance des états-majors et des chefs de service, les notes éparses, les billets échangés, un renseignement jeté et recueilli à la hâte, dans le feu de l'action parfois, tous ces indices, en un mot, qui, groupés à propos, prennent souvent un sens d'abord inaperçu et complètent les renseignements officiels.

Exposé de la méthode.

Cet ensemble embrasse en définitive des faits nombreux qu'il ne reste plus qu'à coordonner pour faire la lumière. Étudiés, rapprochés et comparés avec soin, ils s'éclairent mutuellement, ils s'enchaînent dans des rapports quelquefois saisissants : de l'analogie des situations on conclut à la parité des efforts, et l'inégalité des services rendus trahit celle des sacrifices.

C'est ainsi que d'un chiffre connu et certain se déduit celui qui manque, et l'on peut circonscrire le chiffre douteux dans des considérations assez circonstanciées pour qu'il n'oscille plus qu'entre des limites plus ou moins étroites. D'ailleurs, dans cette quantité d'éléments divers, il n'est pas très-rare qu'on démêle, pour approcher du but, plusieurs voies distinctes, et, quand elles s'y croisent à peu près, les vraisemblances se font vérités et les probabilités certitudes : rien ne manque alors à la conviction poursuivie, pas même ces légères discordances qui, sans altérer sérieusement l'harmonie des résultats, attestent leur sincérité.

Pourtant, il ne saurait échapper à personne qu'un tel procédé de recherche, fondé principalement sur des comparaisons établies entre les dépêches des différents corps de troupe, soit surtout propre à déterminer des rapports entre les consommations plutôt que ces consommations elles-mêmes en valeur absolue. En effet, si minutieuse et si exacte qu'on suppose l'analyse des faits, elle n'écarte pas l'influence d'un certain coefficient d'exagération assez variable, mais persistant, qui entre dans la plupart des évaluations recueillies pendant une crise émouvante et dont les souvenirs mêmes, refroidis par le temps, ne sont presque jamais complètement dégagés.

Parfois cette exagération apparaît flagrante : il est arrivé, au cours de l'enquête, qu'en rapprochant, de certains chiffres déclarés par des batteries, diverses circonstances très-précises de l'action où elles avaient combattu, on trouva que la consommation moyenne, pendant deux ou trois heures de feu, atteignait ou dépassait même un coup par pièce et par minute.

Il faut bien qu'on sache que, soutenu seulement une heure de suite, ce tir représente pour le personnel une fatigue énorme et presque intolérable, dont on ne peut se faire une idée avec les exercices de polygone, car les mouvements de munitions à la guerre se trouvent fort compliqués par le grand éparpillement des voitures et par d'autres précautions obligées : il est rare, par exemple, que chaque pièce garde au feu son caisson distinct pour s'approvisionner : la prudence exige qu'on n'en fasse approcher qu'un pour deux, ou même pour trois pièces ; on s'efforce alors de tenir le reste à l'abri du feu et d'entretenir constamment l'approvisionnement de combat par des échanges de voitures partiels et successifs avec le parc. Certains pourvoyeurs peuvent avoir ainsi soixante-dix ou quatre-vingts mètres à franchir pour arriver au coffre. Si l'on insiste sur ces détails, c'est afin de mettre chacun en garde contre des évaluations outrées qui heurtent toutes les saines notions de la pratique et faussent les jugements portés.

Mais quand les rapports, trop sobres de détails, embrassent en quelques mots des périodes de lutte un peu longues où les repos, les mouvements et l'action s'entremêlent confusément, il n'est plus possible de distinguer ni de circonscrire dans des limites assez précises les durées confondues de ces phases alternatives : alors les preuves de l'exagération font défaut ; on la devine sans pouvoir la saisir, elle échappe à la discussion. Entre les différentes causes qui peuvent concourir à fausser, même alors, les appréciations, il en est une dont l'action est trop sensible pour qu'on omette de la mentionner. Rarement les caissons envoyés au parc, pendant ou même après le combat, pour y être échangés, sont complètement vides, la plupart du temps ils ne sont qu'entamés, certains coffres même le sont à peine, et il reste toujours des coups de nature spéciale dont on n'a pas trouvé l'emploi, des boîtes à mitraille, par exemple, ou des obus à balles. Quelquefois aussi le chargement, défectueux ou mal entretenu, oppose au moment critique des résistances intempestives : on a vu des officiers, pressés par le danger, faire briser une cloison pour dégager des projectiles coincés ou collés ; mais le plus souvent alors on laisse le coffre plus ou moins entamé pour recourir à d'autres et, ceux-ci, épuisés ou à leur tour prématurément abandonnés, le caisson est conduit au parc où on l'échange contre un autre plein.

Le parc peut recevoir ainsi comme vides des coffres auxquels il ne manque que la couche supérieure du chargement. Interrogés ensuite sur leurs consommations, les officiers de batterie, qui n'ont pas le loisir de faire de la comptabilité scrupuleuse sur le champ de bataille, règlent leurs évaluations sur les mouvements de matériel effectués, seule trace bien apparente que laissent dans la mémoire ces opérations ou qu'il soit facile de noter. Les chiffres qui figurent sur les états de consommation et dans les historiques n'ont presque jamais d'autres bases. De leur côté, les employés des parcs, qui subissent eux aussi, plus ou moins, pendant la lutte, ses excitations et ses nécessités, procèdent de même ; ils ne comptent que les voitures qu'ils délivrent pleines, ajournant l'inspection de celles qu'ils reçoivent, et leurs notes de services ou leurs souvenirs, uniques vestiges de ces échanges, concourent, avec les évaluations erronées des batteries, à produire l'illusion. Cependant, aux premières heures du calme, on rassemble les coups épars et l'on reconstitue avec ceux-ci autant de chargements réguliers que les ressources en comportent, de façon à n'échanger au grand parc que le moins possible de voitures vides. C'est ce travail accompli journellement dans les parcs qu'il faut suivre par la pensée pour retrouver beaucoup de munitions que dans les premiers moments on croyait brûlées.

Une autre circonstance qui contribua souvent à troubler les appréciations des comptables préposés à la statistique des munitions, c'est l'abus qu'on fit d'une locution qui se rencontre presque à chaque page des rapports officiels et des historiques : « La batterie a épuisé ses munitions. » Dans certains cas et à de certaines heures, elle a un sens très-clair et très-précis, qui peut se traduire immédiatement en chiffres ; mais, au 6ᵉ corps, par exemple, et le 18 août au soir, elle n'avait qu'une valeur relative. Pour savoir ce qu'elle signifiait, il aurait fallu s'assurer d'abord de ce qu'il restait de munitions, après la première bataille et avant la seconde, à chacune des batteries qui rendaient leurs comptes aussi sommairement.

Pour avoir négligé cette précaution nécessaire, on a été conduit à des évaluations chimériques ; sur un état récapitulatif dressé à l'état-major général de l'artillerie, le 6ᵉ corps figure pour une consommation totale de 24,918 obus, imputables aux affaires du 16 et du 18 ; or, le total des projectiles qu'il eut à sa disposition, pendant ces deux journées, ne dépassa pas 14,166, sur lesquels plus de 4,000 se retrouvèrent le 13 dans les coffres. Ici, la cause de l'erreur est évidente. Après la bataille du 16, les batteries du 6ᵉ corps n'avaient été qu'incomplètement ravitaillées ; elles ouvrirent le feu, le 18, avec des ressources assez restreintes, réduites encore par l'éloignement ou la dispersion de quelques réserves qui n'avaient pu suivre d'assez près les batteries de combat très-vivement engagées.

Un peu avant l'arrivée des secours demandés, les munitions firent défaut ; on en réclama de toutes parts avec anxiété, on répéta très-haut et partout que les batteries avaient épuisé leurs approvisionnements, ce qui, à un certain moment et sur certains points, s'était trouvé rigoureusement vrai de leurs munitions disponibles. Cet épuisement répondait d'ailleurs à l'idée qu'on se faisait volontiers de la grandeur et de l'acharnement d'une lutte où les troupes d'artillerie s'étaient réellement surpassées : on partit de là pour établir le compte des consommations, en admettant qu'à chacune des deux affaires, chaque batterie du corps d'armée avait brûlé un approvisionnement normal complet. Des faits analogues se sont encore présentés ailleurs. Il fallait les signaler une fois pour toutes, afin de n'avoir plus à y revenir.

Ces considérations suffisent pour faire comprendre que si l'on prétendait arriver au but uniquement par l'étude comparée des faits de guerre et par des rapprochements plus ou moins heureux entre des détails même empruntés aux récits et aux rapports les plus complets et les plus sincères, on n'éviterait pas encore l'écueil précédemment signalé. Une semblable étude a pu faire connaître les rapports proportionnels que les consommations ont conservés entre elles dans les divers combats auxquels un corps a participé : ces rapports ont chance d'être exacts, puisqu'ils éliminent naturellement le coefficient perturbateur ; mais avec eux on n'obtiendrait que des consommations relatives. Pour trouver aux évaluations des dépenses absolues une base assurée, il a fallu changer de système.

L'approvisionnement de l'armée concentrée autour de Metz dans les premiers jours d'août était un élément certain, facile à déterminer. S'il était possible de connaître avec la même certitude, d'une part, la situation numérique des munitions au moment de la démonstration du 26 août, et d'autre part la quantité des munitions délivrées à l'armée par l'arsenal, pendant la période des combats jusqu'à la même date, le calcul des consommations totales ne présenterait plus de difficultés, ce total étant évidemment égal à la quantité des munitions disparues des coffres, entre les deux époques extrêmes de la période, augmentée des livraisons de l'arsenal. Or, ces conditions favorables se sont trouvées heureusement réunies; les états de livraison de l'arsenal ont tous été conservés, sauf un, qu'on a pu reconstituer indirectement à l'aide de renseignements venus d'autres sources; quant à la situation numérique des approvisionnements à la date du 26, elle a pu être établie très-exactement aussi dans les circonstances suivantes : le 20 août, le général commandant l'artillerie de l'armée adressa aux commandants d'artillerie des corps, des divisions isolées et de la réserve générale, une dépêche par laquelle il les invitait à procéder d'urgence à la réorganisation des batteries, réserves divisionnaires, parcs, etc., et aux réductions de matériel rendues nécessaires par les avaries et les pertes subies dans les précédents combats ; les rapports et les états adressés par ces officiers généraux ou supérieurs au commandant en chef de l'artillerie, en réponse à sa communication du 20, ont fait connaître exactement les résultats de cette réorganisation, à la date du 26 août.

Ainsi se trouvait déterminé le total des munitions consommées jusqu'à la date du 26. L'analyse des faits empruntés aux relations officielles et aux historiques permettant de calculer avec une approximation suffisante des coefficients proportionnels pour régler la répartition de ces dépenses entre les deux journées du 16 et du 18, on possédait tous les éléments d'une solution complète.

Telles étaient les bases de cette recherche, telle est la méthode qu'on y appliqua : on n'a voulu dissimuler ni ses difficultés, ni ses aléas, car il importait d'abord que la valeur des conclusions obtenues échappât à toute équivoque. Il était utile aussi qu'on se rendît compte comment une telle investigation, délicate à la vérité, pouvait toutefois aboutir à des résultats positifs, même après deux années écoulées, sur des faits aussi fugitifs que des coups de canon et des coups de fusil. Enfin, une revue rapide et une appréciation succincte des sources diverses où l'on a puisé; un aperçu, tout insuffisant qu'il paraisse, sur les procédés appliqués, devaient épargner par la suite, à cet exposé, des développements minutieux et des répétitions fatigantes qui auraient nui à sa clarté.

Ainsi, l'information n'était pas prise au dépourvu sur la question qui s'est trouvée posée par la dépêche du 16 août et les déclarations inattendues du 26, touchant l'état des approvisionnements de l'armée en munitions de guerre.

Il faut aborder maintenant la discussion des faits.

CHAPITRE II.

MUNITIONS D'ARTILLERIE.

On traitera séparément et successivement des munitions d'artillerie proprement dites et des munitions pour armes portatives. Cette division est commandée, parce que les moyens d'investigation dont on dispose diffèrent notablement les uns des autres et ne comportent pas les mêmes procédés de recherche.

Espèces de munitions dénombrées.

Les munitions d'artillerie de campagne sont d'espèces variées : on y distingue des obus ordinaires, des obus à balles, des boîtes à mitraille et des cartouches pour canons à balles ou mitrailleuses.

L'usage de ces dernières bouches à feu était absolument nouveau en 1870, et l'on fondait sur elles de grandes espérances. On savait seulement que leur tir était très-rapide, et l'on prévoyait que leurs consommations pourraient être énormes. Mais un élément restait inconnu jusqu'à l'épreuve : rencontrerait-on souvent à la guerre l'occasion de les employer avec fruit ? A défaut de bases certaines pour régler cet approvisionnement, on lui fit une part considérable. L'épreuve est venue : elle a levé tous les doutes et dissipé quelques illusions. Bien qu'on n'ait apparemment rien épargné pour réaliser des promesses un peu aventurées, les consommations des canons à balles sont restées fort au-dessous des simples ressources de premier approvisionnement.

Le tir à la cible est un tir accidentel qui ne s'emploie qu'en certaines circonstances bien définies et assez rares; on en fit peu usage à l'armée du Rhin. Cet approvisionnement est, à vrai dire, une précaution contre des périls éventuels qu'on n'aurait presque jamais à craindre si l'on était toujours convenablement gardé ou seulement éclairé.

Les coups de mitraille entrent pour un dixième dans l'approvisionnement des batteries, et ils ne représentent pas 1 pour 30 de la consommation totale. On n'en manquera donc jamais nulle part ; c'est encore là un point hors de contestation.

Les obus à balles ne sont autre chose qu'une mitraille de portée agrandie ; ce tir ne convient donc pas plus à tous les genres d'ennemis, d'obstacles et de luttes. Toutefois, ils sont d'un usage plus fréquent et plus général que les boîtes à balles, et ils auraient pu, jusqu'à un certain point, suppléer aux obus ordinaires, si on leur avait adapté des fusées percutantes appropriées, dont chaque parc possédait une réserve, et dont la direction de Metz elle-même était abondamment approvisionnée. Tels quels, d'ailleurs, ils conservaient contre le matériel toute l'efficacité des boulets pleins ; enfin ils acquéraient une importance exceptionnelle dans l'éventualité d'une retraite inquiétée, où la cavalerie légère de l'ennemi devait jouer le principal rôle.

Les obus à balles représentent aussi un dixième environ de l'approvisionnement total ; dans la consommation, ce rapport fléchit, mais il reste toujours supérieur au rapport de consommation pour les boîtes à mitraille.

Par ces considérations que le commandement pouvait peser, on a été conduit à confondre dans les calculs les deux types d'obus qui figureront toujours en bloc aux situations et aux résultats ultérieurs.

Enfin il existe des obus de deux calibres, le 4 R. C. et le 12 R. C. Bien que le débat ne se soit engagé qu'au sujet des obus de 5, on a traité la question pour les deux calibres.

Ordre du travail.

Des sept corps d'armée qui entraient primitivement dans la composition de l'armée du Rhin, trois n'ont jamais rallié Metz ; ce sont : le 1er, le 5e et le 7e.

La 2e division de la réserve de cavalerie a suivi le 1er corps après la bataille de Wœrth ; d'un autre côté, la brigade Lapasset, du 5e corps, laissée par celui-ci à Sarreguemines, se trouvant le 6 août au soir séparée de sa division, effectua sa retraite avec le 2e corps ; cette brigade amenait avec elle une batterie de 4 de campagne. On aura donc à s'occuper exclusivement du 2e, du 3e, du 4e et du 6e corps, de la 1re et de la 3e division de la réserve de cavalerie, de la réserve générale d'artillerie, et enfin de la garde impériale.

On pouvait, adoptant l'ordre chronologique, épuiser pour chaque affaire l'étude des mouvements de munitions dans tous les corps, ou bien suivre la question pour un seul corps, considéré isolément, pendant toute la période intéressante, c'est-à-dire du 2 au 26 août et successivement de même dans toutes les autres. Mais, d'une part, les corps d'armée réfugiés sous Metz n'ont pas tous et toujours également et simultanément participé aux opérations engagées autour de la place, et, d'autre part, on ne possédait pas pour tous les corps de ces documents si semblables par la forme et par le fond qu'ils se prêtassent sans difficulté aux mêmes procédés de recherche. Pour ces motifs, il a paru préférable de traiter la question complète pour chaque corps considéré isolément.

Calcul des consommations pour la période comprise entre le 1er et le 16 août (combat de la R. D.).

La première des deux questions à résoudre est celle-ci :

Quelle était, le 16 au soir, la situation numérique des approvisionnements de l'armée réunie sur le plateau de Gravelotte ?

Cette situation se calculera en retranchant les consommations trouvées pour la journée de l'approvisionnement tel qu'il était le matin. Or, ce dernier dépend lui-même de l'état des approvisionnements au début des opérations, d'une part, et de l'autre, des pertes et des dépenses de munitions, ainsi que des mouvements effectués entre l'arsenal et l'armée antérieurs au 16 août. On est ainsi conduit à examiner séparément les événements de guerre qui ont eu pour théâtre la rive droite de la Moselle avant le 16, et ceux qui se sont accomplis sur la rive gauche depuis le 16 inclusivement.

Les états de livraison de l'arsenal font connaître la quantité de munitions délivrées à l'armée en remplacement de celles qui disparurent à Sarrebruck, à Spikeren, à Borny, et de celles qui furent perdues par d'autres causes pendant la première période, c'est-à-dire du 2 au 16 août. Le total des consommations ou pertes afférentes à cette première période peut être égal ou supérieur au total des distributions effectuées pendant le même temps, et entre ces deux hypothèses le choix n'est pas absolument indifférent : de la première, en effet, il résulterait que l'approvisionnement normal de l'armée, le 16 au matin, était complet, les vides produits par les combats antérieurs ayant été comblés intégralement ; de la seconde, au contraire, il résulterait que l'approvisionnement normal de l'armée était en déficit, le 16 au matin, de l'excès des consommations antérieures sur les distributions effectuées jusqu'à cette date.

A la vérité, la consommation totale étant déterminée pour les deux périodes réunies, ce que l'on ajoute au compte de l'une disparaît au compte de l'autre, et l'évaluation des dépenses imputables à la seconde se trouve réduite de ce que l'on ajoute à celle des dépenses imputées à la première.

Si cette seconde période n'avait vu qu'une bataille, la consommation de celle-ci, supportant à elle seule la même réduction que l'approvisionnement initial, la situation finale, calculée d'après la différence de ces deux nombres, resterait invariable ; mais la réduction des dépenses de la deuxième période devrait être répartie entre les deux affaires du 16 et du 18, de sorte que l'évaluation des dépenses du 16 ne serait en réalité diminuée que d'une partie de la réduction totale. L'équilibre serait donc rompu, et la situation numérique au soir du 16 baisserait.

La situation, au soir du 16, ne reste donc pas la même suivant qu'elle est calculée dans l'une ou l'autre hypothèse ; on incline vers la première par les motifs suivants :

1° Les évaluations directes les plus élevées des dépenses connues et imputables aux combats de la première période ont à peine atteint la totalité des livraisons effectuées par l'arsenal pendant le même temps ;

2° Le ravitaillement après le combat de Borny, du parc du 4e corps, seul point sur lequel un doute pourrait planer, est attesté par le témoignage décisif du chef artificier du parc, l'agent actif de toutes les manipulations et de tous les mouvements de munitions, celui dont l'attention, dans un contact immédiat de tous les instants, était sans cesse tenue en éveil, par ses fonctions mêmes, sur l'état des approvisionnements dont il avait la garde et la responsabilité ; celui enfin de tous les employés dont les souvenirs, appuyés par des notes, sont restés les plus nets et les plus précis ;

3° Après la bataille de Borny, toutes les troupes qui y avaient pris part traversèrent Metz, et séjournèrent, ainsi que les parcs, sinon dans la place, à proximité du moins, pendant la nuit, la matinée du lendemain, ou même jusqu'à une heure plus ou moins avancée de la journée. Des relations suivies s'étaient établies, dès le 14 au soir, entre les corps et l'arsenal; beaucoup de batteries y envoyèrent leurs caissons échanger des coffres vides ou entamés; pendant la nuit du 14 au 15 et la journée du 15, la plus grande activité ne cessa de régner dans cet établissement; enfin, les distributions faites pendant cette journée du 15 dépassèrent à peine la moitié des ressources disponibles accusées par la situation du matin. Dans ces circonstances, sur le point de marcher à l'ennemi, pendant ces communications incessantes de plusieurs heures entre les parties intéressées, toutes également préoccupées des mêmes nécessités et pénétrées des mêmes devoirs, alors que les ressources abondaient et qu'on y puisait à discrétion, comment admettre que quelqu'un ait négligé cette précaution courante et majeure, la première et la plus pressante qui s'impose, après un combat, aux officiers responsables, c'est-à-dire le réapprovisionnement? Ces considérations, qui paraissent plus concluantes que tous les calculs rétrospectifs, tranchent la question dans le sens d'un ravitaillement complet.

Le total des munitions disparues pendant cette première période s'est élevé à 12,876 coups de canon (obus) à répartir entre trois combats, dont l'un, à la vérité, assez insignifiant (Sarrebruck), et entre trois corps d'armée. Ce sont là des consommations modérées; encore convient-il, pour obtenir le chiffre des munitions réellement brûlées, de déduire de ce total 1,332 obus, qui disparurent le 6 août dans les circonstances suivantes : une fraction de parc qui avait été dirigée la veille sur Saint-Avold apprit là les événements de la journée du 6, l'issue du combat de Spikeren et le mouvement de retraite qui se prononçait; elle dut se retirer aussitôt. En ce moment un train chauffait à la gare; on conçoit la singulière idée de mettre les munitions aux bagages; trente-six coffres pleins y sont déposés, et tandis que les caissons d'autant allégés partent pour Metz, les munitions filent sur Forbach, où les Prussiens arrivaient de leur côté; on s'était trompé de voie.

La connaissance des mouvements de munitions de la première période détermine la situation des approvisionnements au début de la seconde. Parcs et batteries étaient au complet.

Cette question préliminaire résolue, il faut aborder l'étude de cette seconde période, qui s'ouvre le 16 août par la bataille de Gravelotte.

CHAPITRE III

MUNITIONS D'INFANTERIE.

Situation des approvisionnements en cartouches d'infanterie, modèle 1866, du 16 août.

L'effectif des troupes d'infanterie, sous-officiers, caporaux et soldats de l'armée du Rhin, était le 14 août, avant la bataille de Borny, de 124,000 combattants.

Tous étaient armés du fusil modèle 1866.

On comptait en outre, parmi les troupes à cheval, environ 6,000 hommes, armés du même fusil; soit, en tout, 130,000 combattants.

Défalcation faite : 1° des troupes qui accompagnèrent le surlendemain l'empereur partant pour Verdun ; 2° de la 3ᵉ division du 2ᵉ corps désignée le même jour pour rester à Metz et concourir à la défense de la place, chacun des combattants portant sur lui 90 cartouches, le total des munitions mises entre les mains des soldats s'élevait à 11,700,000 cartouches.

Si l'on tient compte, en outre, des troupes du génie et de quelques autres non comprises parmi les précédentes, et armées aussi du fusil modèle 1866, on peut évaluer ce premier approvisionnement à 12 millions de cartouches.

Le combat de Borny, bien qu'il n'ait pas été très-meurtrier pour l'armée française, réduisit un peu ces effectifs. Quant aux consommations de cette affaire, elles furent couvertes avec les distributions abondantes faites par l'arsenal, le 14 au soir, pendant la nuit suivante et la journée du lendemain 15.

On peut donc considérer comme certain que, le 16 au matin, au moment où s'engagea la bataille de Gravelotte, le total de ses munitions, en sac ou en giberne, dépassait encore, pour l'armée réunie sur la rive gauche de la Moselle, 11 millions de cartouches.

A chaque division d'infanterie était attaché, sous le nom de réserve divisionnaire, un petit parc comprenant :

1° 11 caissons légers à deux roues, lesquels, à raison de 11,880 par caisson :

	Cartouches.
portaient.................................	166.320
2° 5 caissons à 4 roues (mod. 1827), lesquels, à raison de 28,512 par caisson, portaient..............................	142.560
Soit ensemble pour l'approvisionnement d'une réserve..................	308.880

Enfin les parcs de corps d'armée contenaient :
1° Celui du 2ᵉ corps :

21 caissons à quatre roues portant.....	598.752
3 caissons légers portant............	35.640
A reporter.....	634,392

	Cartouches
Report	634,392
2° Celui du 3ᵉ corps :	
28 caissons à 4 roues portant	798.336
3 — légers —	35.640
3° Celui du 4ᵉ corps :	
21 caissons à 4 roues portant	598.752
3 — légers —	35.640
4° Celui de la garde impériale :	
13 caissons à 4 roues portant	370.656
3 — légers —	35.640
Représentant ensemble un troisième approvisionnement égal à	2.509.056

L'armée comptait le 14 août :

		Div. d'infanterie
Le 2ᵉ corps	—	3
Le 3ᵉ corps	—	4
Le 4ᵉ corps	—	3
Le 6ᵉ corps	—	4
La garde impériale	—	2
Total		16

L'une de ces divisions, la 3ᵉ du 2ᵉ corps, restée à Metz, avait gardé sa réserve divisionnaire. Sur les quatre divisions du 6ᵉ corps, deux n'avaient pas reçu les leurs. Le 16, l'armée sur le plateau de Gravelotte ne possédait donc que treize réserves divisionnaires d'infanterie.

Les réserves divisionnaires de cavalerie n'avaient pas été formées.

Si au chargement des treize réserves divisionnaires	4.015.440
On ajoute les chargements des corps d'armée	2.509.056
Et le premier approvisionnement porté par les troupes	11.000.000
Le total	17.524.496

Représente les munitions dont disposait l'armée qui combattait le 16 à Gravelotte.

Calcul des consommations de la journée 16 août.

Il serait très-difficile d'évaluer directement avec quelque certitude la quantité de cartouches consommées ou disparues pendant la journée du 16. Un document retrouvé dans les archives de l'artillerie de l'armée fait connaître qu'à la date du 19 septembre 1870, c'est-à-dire près de deux mois après l'ouverture des hostilités marquées par quatre combats vifs et deux grandes batailles, la dépense totale ne dépassait pas 3,500,000 cartouches.

C'est donc là une première limite supérieure des consommations du 16 ; mais il est possible de serrer celles-ci avec une approximation plus grande.

Après les combats du 14, du 16 et du 18, l'armée se trouvait réduite de 32,897 hommes.

On peut donc admettre que 30,000 fusils environ avaient disparu des rangs et que le nombre des combattants, ainsi armés, qu'on pouvait encore mettre en ligne le 26 août, ne dépassait pas 100,000.

L'armée possédait donc en munitions d'infanterie :

Cartouches portées par les soldats	9,900,000
13 réserves divisionnaires, y compris celle de la 4ᵉ division qui, laissée à Metz, l'avait cédée au 6ᵉ corps	4,016,440
Total	13,916,440
1 réserve divisionnaire (division Laveaucoupet) qui fut partagée entre la brigade Lapasset et le 6ᵉ corps	308,880
4 parcs de corps d'armée, portant	2,509,056
1 — — constitué au profit du 6ᵉ corps et portant	570,000
1 grand parc constitué pour l'armée portant	3,800,000
Total des munitions d'infanterie emportées par l'armée le 26 août	20,203,376
Aussi du 16, où il était de	17,524,496
Au 20 août, l'approvisionnement s'est accru de	2,678,880

Du 16 au 20 août, époque à laquelle la réorganisation de l'artillerie fut achevée, l'arsenal a délivré à l'armée :

Cartouches	4,240,602
Si de ces livraisons on retranche	2,678,880

qui représentent l'accroissement signalé ci-dessus, il reste pour les munitions délivrées en remplacement des consommations du 16 et du 18...... 1,561,722

En admettant que les consommations du 16 aient été doubles de celles du 18, rapport arbitraire sans doute, mais assez vraisemblable et qui paraît plutôt forcé qu'atténué, on trouve pour les dépenses de la journée du 16, 1,000,000 de cartouches.

L'approvisionnement au matin	17,524,496
Réduit des consommations du jour	1,000,000
Représentait donc encore en cartouches disponibles, le soir	16,524,496

ou une fois et demie la dépense de la journée ; encore convient-il d'ajouter que le lendemain matin on dirigeait de Metz sur Plappeville, pour être mis à la disposition de l'armée, un parc mobile portant entre autres munitions 824,256 cartouches.

Ravitaillement qui couvrait à lui seul plus des quatre cinquièmes des consommations de la veille.

Situation au 26 août.

De ce qui précède, il résulte clairement qu'après les combats de la rive gauche et le retour de l'armée dans le camp retranché, celle-ci n'était pas, à beaucoup près, privée de munitions.

Par contre, les ressources laissées dans la place pouvaient paraître insuffisantes ; mais cette situation se trouva tout à coup très-heureusement modifiée par la découverte de 4 millions de cartouches apportées par l'un des derniers trains arrivés à Metz avant l'investissement et qui étaient restées plusieurs jours dans les magasins du chemin de fer à l'insu des employés de la voie et de ceux de l'arsenal. D'un autre côté, des mesures étaient prises en vue d'activer la fabrication de la poudre dans la place même, où l'on installait aussi des ateliers pour la confection des cartouches. Ces ressources inespérées, le succès assuré de ces diverses mesures, peut-être aussi la certitude bientôt acquise que les approvisionnements relativement peu entamés par les combats précédents étaient encore considérables, rendirent au commandement la confiance qui l'avait, semblerait-il, abandonné un instant, et l'on peut croire que, le 26 août, l'état des munitions d'infanterie avait cessé de le préoccuper, du moins, n'y chercha-t-il plus des arguments pour expliquer ou justifier son attitude. Là finissait donc la tâche de l'information.

CHAPITRE IV
22 août. — 26 août.

La dépêche du 22 et la conférence de Grimont, 26 août.

Le 22 août 1870, le général commandant l'artillerie de l'armée adressait à M. le maréchal Bazaine une dépêche ainsi conçue :

« J'ai l'honneur, et je suis heureux de porter à « votre connaissance les faits suivants :

« En ce qui concerne l'artillerie :

« 1° Toutes les batteries de combat sont complè-« tement réapprovisionnées ;

« 2° Tous les parcs, moins celui du 6º corps, qui « n'a jamais rejoint l'armée, sont complets ;

« Les batteries (batteries divisionnaires ou de « réserve) ont réparé leurs pertes en hommes et « en chevaux, et sont prêtes à marcher.

« A la suite des journées du 16 et du 18, les « troupes ont pu croire un moment que les muni-« tions leur feraient défaut ; pour relever leur « moral, je pense, monsieur le maréchal, qu'il ne « serait pas inutile que l'armée sût qu'elle est au-« jourd'hui complètement réapprovisionnée et prête « à marcher. »

Le 26 août suivant, c'est-à-dire quatre jours plus tard, les commandants de corps d'armée, le commandant supérieur de la place de Metz et le général commandant l'artillerie de l'armée étaient réunis en conférence, au château de Grimont, sous la présidence du maréchal commandant en chef. Le général commandant l'artillerie, exposant alors son opinion sur la situation militaire et les résolutions qu'elle comportait, s'exprima ainsi :

« Il ne faut pas se dissimuler, en outre, que l'ar-« mée du Rhin n'a de munitions que pour une « bataille et qu'il est impossible de la réapprovi-« sionner avec les ressources de la place. Risquer « un combat pour percer les lignes ennemies et « entreprendre une marche pour rallier Paris ou « tout autre point, ce serait s'exposer à user des « munitions, à se trouver désarmé au milieu des « armées prussiennes qui s'acharneraient après « nous comme une meute de chiens après un cerf, « et à compromettre le sort de l'armée. »

Cette déclaration devait avoir une portée immense, car elle empruntait à la haute situation du général et à sa compétence spéciale une gravité exceptionnelle.

Il parut bien qu'elle avait profondément impressionné ceux qui l'entendirent, puisqu'elle les rallia tous unanimement au système de l'abstention, et tel fut leur trouble, en présence de ces désolantes révélations, qu'ils ne songèrent plus à s'en étonner : ils n'avaient été qu'imparfaitement instruits de la dépêche du 22 précitée ; le contraste qu'offraient, à quatre jours d'intervalle, deux attitudes si différentes, deux langages si opposés, leur échappait.

Pourtant, du 22 au 26 août, rien n'entrava la réorganisation rapide dont le commandant de l'artillerie annonçait, dès le 22, un peu prématurément peut-être, mais sans aucune exagération, les heureux résultats. Les faits ne s'étaient pas modifiés depuis cette époque, c'était évidemment le point de vue du général qui avait changé : les conséquences de cette évolution furent si graves que l'information devait en rechercher tous les motifs et jusqu'aux moindres circonstances.

La déposition de M. le général Soleille entendu n'a pas dissipé les obscurités de cette situation.

Explications sur la dépêche du 22 août.

Après avoir reconnu que sa dépêche du 22 août avait besoin d'être expliquée, le général a déclaré que la pensée dominante qui le détermina à écrire cette lettre était dans le dernier des paragraphes cités ci-dessus : « J'ai pensé, a-t-il ajouté, que « pour atteindre ce but moral (relever la confiance « des troupes), il était bon d'insister sur les côtés « rassurants et superflu de signaler les réduc-« tions. »

Cette pensée était en effet excellente ; puisqu'on avait commis l'imprudence de laisser se répandre à ce sujet, parmi les troupes, des inquiétudes peu justifiées et qu'il eût été facile autant que sage de mieux dissimuler, n'ayant pas su s'en défendre soi-même, il ne restait plus qu'à les combattre, et la dépêche du 22 convenait à cette fin.

Cette attitude d'ailleurs ne pouvait éveiller aucun scrupule ; pour rassurer les troupes, la vérité suffisait, la vérité seule était rassurante. Tel n'était pas l'avis de M. le général Soleille, dont les données numériques diffèrent assez notablement de celles de l'information, et par sa déposition il a fait entendre qu'il ne partageait pas sans réserve, le 22 août, la confiance qu'il s'efforçait de faire renaître autour de lui. Sans entrer dans tous les détails des calculs auxquels il s'est livré, on se contentera de relever ici quelques erreurs de fait sur lesquelles ces calculs ont été basés, et qui aideront à se rendre compte de l'écart signalé entre les chiffres du général et ceux de l'instruction.

M. le général Soleille a insisté sur les pertes très-sensibles en officiers, en hommes et en chevaux, subies par l'artillerie dans les combats du 16 et du 18 août ; ces pertes nécessitèrent, a-t-il affirmé, des réductions considérables dans les batteries et dans les parcs. Toutes les réserves notamment auraient été réduites à quatre pièces. Sur ce dernier point, il s'est évidemment produit une confusion de dates, très-concevable, d'ailleurs, après deux années révolues, dans les souvenirs du général. Cette réduction imposée aux batteries à cheval fut résolue seulement le 5 septembre ; elle coïncidait avec l'introduction des batteries de 12 de campagne et de siège dans le matériel de l'armée. Pour le reste, on laissera la parole aux documents.

Le 20 août, le général commandant l'artillerie de l'armée écrivit aux commandants d'artillerie des corps de la réserve générale et des divisions isolées une dépêche où on lit :

« Les ressources sont insuffisantes pour réparer
« toutes les pertes.

« Il devient donc nécessaire de réduire à quatre
« pièces, au lieu de six, les batteries qui ont le plus
« souffert dans leur personnel et dans leur maté-
« riel. Je vous prie de m'adresser immédiatement
« des propositions à cet égard.

« Les bouches à feu et les voitures qui, par suite
« de ces dispositions, ne vous sont plus utiles, se-
« raient versées à l'arsenal de Metz.

« Les caissons de vos réserves divisionnaires et
« de vos parcs qui, faute de munitions, restent
« vides, pourraient aussi, en totalité ou en partie,
« être versés à l'arsenal. Veuillez me faire connaître
« le nombre de caissons qui se trouvent dans cette
« catégorie.

« Je vous prie de faire passer dans la journée la
« visite de vos munitions, et de me faire connaître :

« 1° Si toutes les batteries de combat ont leur
« caissons pleins ;

« 2° Ce qui reste aux réserves divisionnaires et
« aux parcs. »

A cette communication, les commandants d'artillerie ont répondu en proposant seulement de réduire trois batteries de 4 de campagne de six à quatre pièces, et de verser à l'arsenal cinquante-sept caissons, et quatre affûts de rechange ; comparativement à la situation numérique du 16 août, ces réductions représentaient, sur l'approvisionnement de l'armée, une diminution de 8,321 coups de canon portant tout entière sur un seul calibre, le 4 ; quant aux munitions de 12, elles étaient, le 26, notablement plus nombreuses que le 16, parce que quatre batteries de la réserve générale, laissées à Metz le 14, avaient depuis rallié l'armée qu'elles suivaient le 26. Le général est donc encore peu servi par sa mémoire quand il parle du détachement, à cette date, de nouvelles batteries de 12 de la réserve générale affectées au service de la place. Ainsi sur soixante-dix-huit batteries de l'un et de l'autre calibre, soixante-quatorze pouvaient, le 26, marcher à l'ennemi ; six bouches à feu et 8,321 coups de canon, voilà donc à quoi se bornaient alors les sacrifices dont M. le général Soleille dépose : un jour viendra sans doute où l'on devra se résigner à ces sacrifices et à bien d'autres, mais ce jour-là ne s'est pas encore levé le 26 août.

Pourtant, le commandant de l'artillerie a déclaré que la réduction des munitions imposée par l'insuffisance des attelages a été de 19,680 coups de canon.

On ne distingue pas moins de quatre erreurs dans cette seule assertion.

La première erreur consiste à croire que les réductions aient atteint une limite aussi élevée ; elles sont restées, on vient de le voir, au-dessous de la moitié de ce chiffre énorme ; ni les coups de mitraille, ni les coups de canon à balles, qui ne sont pas en question, ne suffiraient à combler le tiers de l'écart.

La deuxième erreur consiste à croire qu'il fût impossible de remplacer à Metz les attelages disparus le 14, le 16 et le 18. M. le général Soleille évalue aujourd'hui ces pertes à 1,270 chevaux ; un document de ses archives les porte à 1,400. A la même époque, le service du train auxiliaire en possédait environ 12,000, qu'un licenciement récent avait rendus disponibles. Une seule compagnie de ce train fut utilisée par l'artillerie. On se fût procuré aussi, chez les habitants, par voie de réquisition et sans difficulté, plus de 2,000 chevaux. Les attelages ne devaient donc pas manquer à l'artillerie pour traîner tout le matériel qu'elle eût désiré emmener, y compris les équipages de ponts mobiles, dont le sacrifice n'était pas non plus nécessaire, en présence de telles ressources.

La troisième erreur consiste à croire que la perte de 1,400 chevaux dût nécessiter un sacrifice quelconque sur les approvisionnements indispensables à l'armée : 1,400 chevaux pouvaient disparaître sans qu'il en coûtât à l'artillerie une bouche à feu ni un caisson. La suppression, dans chacune des 64 batteries de 4 et des 14 batteries de 12, d'un chariot de batterie et d'un affût de rechange, dont le coffre eût trouvé place sur l'avant-train du chariot conservé, eût réduit de 652 l'effectif des bêtes de trait nécessaire. On pouvait aussi éliminer des parcs 133 voitures, la plupart à six chevaux, chargées d'engins et d'ingrédients divers, sans utilité réelle pour une campagne de quelques jours, fort encombrants dans une marche rapide ou une retraite inquiétée. C'étaient 784 chevaux qui disparaissaient encore. Ces mesures étaient praticables : ce qui le prouve c'est qu'elles furent partiellement pratiquées alors, et plus tard méthodiquement généralisées.

L'artillerie pouvait donc réparer ses pertes avec ses propres ressources, et les 211 voitures devenues momentanément inutiles dont elle devait se priver pour atteindre ce but représentaient en route 3 kilomètres de colonne au moins.

Enfin la quatrième erreur consiste à croire que si l'on avait eu des attelages pour remplacer ceux qui avaient disparu depuis le début des opérations militaires, on aurait emporté, le 26 août, plus d'approvisionnement que l'armée n'en traînait à sa suite. Quelle que fût la traction disponible, on n'aurait pas emporté plus de 125 coups, parce que cet approvisionnement était complet, remis sur le pied même où il se trouvait le 12 août ; on n'aurait pas davantage emporté plus de coups de 4, malgré le déficit constaté plus haut, par cette raison bien simple qu'il ne restait plus disponible à l'arsenal un seul projectile de cette espèce.

En résumé, M. le général Soleille estime que l'armée possédait le 26 août 83,938 coups de canon ; à la même date, l'information retrouve dans les coffres de l'armée 100,466 obus. Si donc le commandant de l'artillerie de l'armée du Rhin ne ressentait pas personnellement la confiance qu'il affectait dans sa dépêche du 22, ce ne peut être, d'après l'information, que parce qu'il ne connaissait pas toutes les ressources dont il disposait.

Explications sur les déclarations faites à la conférence de Grimont.

Quelque considérable que semble actuellement l'écart constaté entre ces évolutions, la moins élevée des deux accusait toutefois, à la date du 22, une situation qui paraissait alors, au commandant de l'artillerie lui-même, relativement satisfaisante, et les réserves par lesquelles il tempère aujourd'hui la première expression de sa confiance n'expliquent pas encore assez le langage qu'il a tenu le 26 à la conférence de Grimont. « L'armée du Rhin n'a de munitions que pour une seule bataille. » Le général en a jugé de même, puisqu'il a complété ainsi ses explications :

« Reprendre en quelque sorte, le 22 août, le mou-
« vement interrompu sur Verdun en se portant plus
« au nord par Briey, comme le maréchal paraissait
« en ce moment en avoir l'intention, mouvement
« qui nous rapprochait de nos dépôts et de nos
« réserves de l'intérieur, était une opération qu'on
« pouvait encore tenter avec un approvisionne-
« ment réduit à 88,000 coups de canon. Mais, le
« 26 août, entreprendre d'opérer un mouvement
« tout nouveau par Thionville, Longwy et les Ar-
« dennes, en s'éloignant des dépôts et des réserves
« de l'intérieur et en prêtant le flanc aux trois armées

« prussiennes réunies depuis le 16 août, c'était en-
« treprendre une véritable campagne avec un ap-
« provisionnement de 84,000 coups de canon. Le
« mouvement par Verdun avait coûté 72,000 coups
« de canon ; le mouvement par Thionville et les Ar-
« dennes ne devait-il pas coûter bien d'avantage ?
« L'empereur Napoléon Ier évaluait à 150,000 coups
« de canon la consommation d'une des grandes ba-
« tailles de l'Empire : ses armées étaient, il est vrai,
« plus nombreuses que l'armée du Rhin, mais
« l'emploi de l'artillerie à cette époque était moins
« considérable qu'il ne l'a été dans la campagne
« de 1870. Il voulait que son armée traînât avec elle
« la consommation de deux de ces grandes batailles.
« A cet effet, il comptait, pour chaque pièce de
« canon un double approvisionnement, s'élevant à
« quatre cents coups en moyenne. Depuis le pre-
« mier Empire, l'artillerie française a conservé
« cette règle d'approvisionnement ; or, le 26 août,
« l'armée du Rhin ne possédait pas la moitié de
« l'approvisionnement normal ; et cependant il lui
« aurait fallu livrer de nombreux et sanglants com-
« bats pour opérer le mouvement excentrique de
« retraite par Thionville et les Ardennes. »

A la haute autorité du chef suprême de l'artillerie on ne peut opposer que l'autorité des faits.

BATAILLES.	ARMÉES.	NOMBRE DE PIÈCES.	CONSOMMATION TOTALE.	CONSOMMATION PAR PIÈCE.
Ligny (1815) (1)	Prussiennes	192	8.074	47
Solferino (1859) (1)	Françaises	300	16.000	53
	Autrichiennes	368	10.800	29
Kœniggratz (1866) (1) toute la campagne.	Françaises	900	36.200	40
	Prussiennes	672	46.600	69
Gravelotte (1870) (2)	Françaises	432	26.000	61
	Prussiennes	222	21.000	94
Saint-Privat (1870) (1)	Françaises	456	22.000	48
	Prussiennes	616	35.000	57
Sedan (1er sep. 1870) (2)	Prussiennes	599	33.000	56

En partant pour Verdun, le 14 août 1870, l'armée du Rhin, de l'avis même du général Soleille, emportait à peine 108,000 coups de canon ou 250 coups par pièce, et du 14 au 18, dans trois combats, elle en a consommé, d'après lui, 72,000 au plus, ou 168 par pièce.

Le 22, on n'en possédait, dit-il, que 88,000, et cela lui semblait encore très-suffisant pour « reprendre le mouvement interrompu sur Verdun en se portant plus au nord, par Briey. »

Maintenant il est bien clair que :

Si l'on peut oublier que le général Soleille lui-

---

(1) Ueber das Einheitsgeschütz der Feld Artillerie, von Wille, prem er lieutenant in der artillerie. Berlin. 1870.
(2) Revue militaire de l'étranger, n. 66, du 13 novembre 1872.

même était d'avis de sortir le 22 avec 88,000 coups ;

Si l'on considère comme non avenu le témoignage authentique des guerres contemporaines ;

Si l'on accepte comme la consommation normale d'une grande bataille 150,000 coups de canon ;

Et s'il doit être désormais sous-entendu qu'on est dispensé de rien entreprendre quand on ne dispose pas d'un approvisionnement minimum équivalent à la consommation de deux grandes batailles ;

L'argumentation du général devient décisive et ses appréciations paraissent même larges, puisque 84,000 coups, d'après ces bases, ne constituaient guère qu'un peu de l'approvisionnement d'une demi-bataille. Il est infiniment regrettable que M. le général Soleille n'ait pas cru devoir communiquer ouvertement ses idées toutes personnelles sur la matière aux officiers généraux réunis à Grimont ; il aurait prévenu ou dissipé par là une désastreuse équivoque, et quelques voix se seraient élevées sans doute pour soutenir qu'en définitive, avec 88,000 coups de canon, il n'était pas absolument impossible de combattre pour l'honneur et le salut de l'armée, une ou plusieurs fois ; mais il ne précisa rien et l'on crut à l'épuisement.

Enfin il est vrai que la base d'approvisionnement adoptée par l'artillerie française est de 400 coups par pièce, en entrant en campagne ; mais il fallait songer à cela le 21 juillet 1870, encore que ce fût tard ; à Grimont, le 26 août, règles et principes se résumaient tous dans cette brève devise des hommes de devoir :

« Fais ce que peux, fais ce que dois, advienne que pourra ! »

L'information constate que M. le général Soleille n'explique pas, par des raisons techniques, plausibles, cette phrase :

L'armée du Rhin n'a de munitions que pour une bataille, articulée par lui à la conférence de Grimont ; elle constate en outre que le maréchal, pour qui le doute n'existait pas non plus, puisqu'il connaissait, par la dépêche du 22, l'exacte situation, a couvert de son silence approbateur cette déclaration.

A défaut d'une justification catégorique et directe, l'information devait s'appliquer à découvrir l'intention qui a pu dicter cette phrase énigmatique ; on suivra donc le général dans les développements qu'il a donnés à sa pensée, soit en opinant à Grimont, soit en déposant devant l'instruction. Mais comme au cours de celle-ci la question des approvisionnements nécessaires s'est trouvée plus d'une fois déplacée, il est utile de la fixer tout d'abord en quelques mots sur son véritable terrain.

Le 12 août 1870, M. le maréchal Bazaine avait accepté, avec le commandement de l'armée du Rhin, la mission de ramener celle-ci sur la Meuse.

Cette mission lui avait été confirmée dans les dernières et formelles instructions laissées le 16 par l'empereur. Ce fut pour se conformer à ces instructions que le maréchal livra la bataille de Gravelotte ; c'était pour paraître s'y conformer encore qu'il prescrivait les démonstrations vaines du 26 et du 31 août ; il ne contesta jamais le caractère obligatoire de l'ordre qu'il avait reçu ; il l'accepta, sinon sincèrement, du moins officiellement, devant le public et devant l'armée ; il affecta toujours d'écarter par des événements de force majeure la responsabilité de l'inexécution ; il voulait évidemment qu'on crut qu'il réglait sa conduite en conséquence, autant que les circonstances le lui permettaient. Regagner l'intérieur du pays et se réunir aux forces qu'on y rassemblait pour s'opposer aux progrès de l'invasion, c'était encore le 26 août le but ostensible et avoué du chef de l'armée, c'était aussi le vœu ardent et unanime de l'armée, elle-même.

Le commandant en chef jouissait évidemment d'une grande latitude dans la préparation de ses desseins. Il choisissait le point où frapper, la route à suivre, le moment d'agir ; il combinait à son gré l'exécution ; mais les divers plans entre lesquels il avait à se décider se ressemblaient tous par le fond tant qu'ils s'inspiraient de la même pensée, celle des instructions. Coupé de toutes ses communications, enveloppé par un ennemi redoutable qui était maître du pays, et numériquement très-supérieur, le maréchal chercherait nécessairement à découvrir le côté faible de la circonférence qui l'enserrait et la ligne de retraite la plus sûre, c'est-à-dire la moins gardée. Ses résolutions arrêtées et ses préparatifs secrètement achevés, il tenterait de percer par surprise, au point indiqué, par un combat heureux, et ne songerait plus ensuite qu'à dérober sa marche et à éviter l'ennemi en le gagnant de vitesse. On pouvait varier l'application du principe, mais non le principe même, si l'on voulait sincèrement passer ; s'en écarter pouvait être habile ou devenir nécessaire à un moment donné, mais c'était cesser de rester fidèle aux instructions gouvernementales ; là est le point essentiel.

La question ainsi posée, combien de munitions fallait-il donc pour l'exécution de ce dessein ? Juste assez pour livrer un combat court et décisif et disposer encore après de plusieurs milliers d'obus, comme simple précaution, de quoi disperser devant soi quelques escadrons de cavalerie ou écarter les coureurs à l'arrière-garde. Or, le général Soleille avouait l'approvisionnement d'une bataille (et quelle bataille ! 84,000 coups de canon ou 190 coups par pièce !). Il est vrai que cet unique combat pouvait n'être ni court ni décisif : alors l'ennemi, éclairé à temps, dirigeait des renforts sur le point menacé, coupait la route, et l'entreprise changeait de caractère ; en d'autres termes, la sortie était manquée ; mais les approvisionnements ne sont plus en cause dès qu'on reconnaissait qu'ils pouvaient largement suffire à la bataille. Vainqueur, on passait, et ce qui restait de munitions devenait à peu près inutile pendant une retraite précipitée, dont tout le mérite eût consisté à savoir éviter l'ennemi ; le moindre retard pouvait la changer en désastre. Arrêté ou refoulé, on avait toujours assez de munitions pour rentrer sous le canon de la place et s'immobiliser à son abri.

Pourtant, si par impossible tout l'approvisionnement eût disparu dans ce premier combat, même heureux, fallait-il passer outre, pouvait-on s'avancer au milieu des armées ennemies sans disposer d'un seul coup de canon ? N'était-ce pas s'exposer à se voir arrêté par le plus mince obstacle et à périr sans défense ?

A ces questions délicates, la meilleure réponse se trouverait peut-être dans une question parallèle : Ne valait-il pas mieux encore, même alors, courir au-devant de sa perte probable en usant son dernier coup contre l'ennemi, mais en gardant une chance, plutôt que d'attendre sa perte sur place en sacrifiant sa dernière chance, pour épargner des munitions dont l'ennemi seul devait profiter ? Quoi qu'on en pense, le cas échéant, il eût été temps alors d'abandonner l'entreprise, mais seulement alors, c'est-à-dire après l'avoir tentée, puisqu'on se reconnaissait assez approvisionné pour la tenir avec succès ; car tout en prévoyant cette éventualité d'un complet épuisement, on savait à quoi s'en tenir à ce sujet ; on savait au moins que la bataille de Gravelotte, une grande bataille de dix heures, où les munitions ne firent pas un instant défaut, n'avait pas coûté 84,000 coups de canon, à beaucoup près (26,000 à peine ou 61 coups par pièce). L'état des approvisionnements n'imposait donc pas *à priori* l'abandon de la tentative, et c'est le fond même du débat.

« Mais, a déposé M. le général Soleille, le 26 août, entreprendre d'opérer un mouvement tout nouveau par Thionville, Longwy et les Ardennes en s'éloignant des dépôts et des réserves de l'intérieur, et en prêtant le flanc à trois armées prussiennes, réunies depuis le 16 août, c'était entreprendre une véritable campagne avec un approvisionnement de 84,000 coups de canon.

« Il aurait fallu livrer de nombreux et sanglants combats pour opérer le mouvement excentrique de retraite par Thionville et les Ardennes.

« La route la plus sûre n'était pas nécessairement la plus directe, et le maréchal pouvait rigoureusement concevoir le mouvement de retraite par Thionville et les Ardennes sans cesser de rester fidèle à ses instructions, sans que personne fût autorisé à croire qu'il courait comme à dessein au-devant des aventures périlleuses. En appuyant au nord, il s'éloignait de l'ennemi, et il pouvait espérer trouver devant lui des voies à peu près libres. Son calcul était juste ou faux, c'est ce que l'épreuve eût décidé. Les observations du général Soleille prouvent seulement qu'il ne trouvait pas que la route fût bien choisie ou l'entreprise bien préparée ; elles ne prouvent nullement que les munitions eussent fait défaut pour une tentative de même nature, mieux conçue et vivement menée dans les conditions précisées plus haut.

« Le mouvement par Verdun, dit encore le général, avait coûté 72,000 coups de canon, le mouvement par Thionville et les Ardennes ne devait-il pas coûter bien davantage ? »

Peut-être, mais il importait peu ; ce qu'il y eut de fâcheux dans l'échec de la marche sur Verdun, ce ne fut pas la perte de 72,000 coups de canon, ce fut l'échec même : pour que l'objection eût du sens, il faudrait donc prouver que cette marche échoua par l'insuffisance des munitions, ce qui ne résiste pas à l'examen.

Enfin, le général Soleille traite encore une autre éventualité :

L'armée a passé, mais elle reste sans munitions et elle a aux flancs trois armées prussiennes qui s'acharnent après elle et compromettent son sort. Sans examiner si l'on ne pouvait pas déjà prévoir qu'un jour viendrait fatalement où le sort de l'armée maintenue sous Metz serait tout autrement compromis, on ne fait aucune difficulté d'avouer qu'alors le projet de départ, après un demi-succès, eût définitivement échoué. C'est un risque qu'acceptent ceux qui savent oser ; mais on peut affirmer aussi que, dans ce cas, les 300,000 coups de canon exigés par le général Soleille pour s'aventurer en rase campagne, n'auraient certainement pas sauvé l'armée tombée dans une situation si critique ; car, après avoir commis la faute énorme de s'embarrasser de tant de voitures, propres seulement à ralentir sa retraite et à précipiter sa perte, elle se serait empressée d'en abandonner les neuf dixièmes, afin de manœuvrer et de marcher vite, le salut n'étant qu'à ce prix.

Il importe surtout qu'on ne se méprenne pas sur le sens ou la portée de ces considérations. Ce qu'on examine ici, ce n'est ni la nécessité, ni la facilité, ni le plan, ni la chance de succès d'une sortie de l'armée du Rhin, enfermée dans Metz. C'est uniquement la part d'influence que la situation des approvisionnements a pu légitimement exercer sur les délibérations où fut débattu le sort de cette armée.

Un départ était une entreprise assurément fort discutable, qui présentait tout à la fois des chances favorables et des chances contraires. Peut-être le succès était-il impossible ; c'était et c'est probablement encore l'avis de plusieurs militaires ; il paraît bien que c'était celui du général Soleille. On était même libre de préférer à des plans de sortie, réputés hasardeux par certains juges compétents, ce plan nouveau recommandé par le général, et qui consistait, en restant à Metz, afin « de maintenir l'armée intacte avec tous ses moyens d'action », à retenir autour de la place, à paralyser et à épuiser une nombreuse armée d'investissement, à menacer sans cesse les grandes communications de l'envahisseur, à se ruer enfin sur ses flancs et ses derrières pour changer sa retraite en déroute, s'il était refoulé par les armées de l'intérieur.

« En restant, au contraire, dans les lignes que nous occupons, a dit le général Soleille à Grimont, nous menaçons constamment les comunications de l'armée ennemie, qui peut éprouver un échec et se trouver obligée de battre en retraite et de se replier sur sa ligne d'opérations.

« Nous pouvons changer en désastre un mouvement rétrograde des Prussiens.

« L'armée ne restera pas inactive pour cela ; elle pourra faire de fréquentes pointes sur le périmètre des lignes ennemies, qui n'a pas moins de 50 kilomètres ; elle frappera des coups sensibles, inquiétera l'ennemi et pourra même bouleverser ses travaux, couper ses convois et intercepter ses lignes de communication. »

A la vérité, si l'on se fût retrouvé sous Metz après avoir consommé dans une tentative de départ malheureuse la presque totalité des munitions existantes il n'eût plus été possible de jouer sur les communications de l'ennemi ce rôle actif et encore assez brillant qu'on allait faire miroiter aux yeux des principaux chefs de l'armée afin de les amener plus sûrement aux concessions décisives. Ceci prouve, non pas que les munitions étaient trop insuffisantes pour qu'on pût tenter de partir, mais uniquement qu'on songeait dès lors à les détourner de cette destination essentielle pour les réserver à l'exécution d'un autre plan absolument contraire à celui que les instructions du gouvernement imposaient au maréchal Bazaine, à tort ou à raison, mais qu'il avait librement accepté. Il se pouvait que le maréchal crût avoir d'excellents motifs pour sacrifier à ce nouveau plan le plan primitif sur l'exécution duquel la France comptait ; il faut absolument rayer d'entre ces motifs la situation des approvisionnements, qui n'exigeait pas ce sacrifice.

Ainsi, que ces divers plans offrissent plus d'inconvénients que d'avantages ou inversement, qu'ils pussent être débattus, critiqués ou défendus par des arguments plus ou moins solides ou spécieux, là n'est plus actuellement la question, et une telle discussion n'aurait pas de place ici, où l'on se borne à constater cette conséquence, la seule visée.

La situation des munitions, très-satisfaisante le 26 août, se prêtait indifféremment à toutes les combinaisons sans en favoriser particulièrement aucune, et il n'existait alors nul prétexte plausible de mêler aux débats qui préparèrent les résolutions ultérieures la préoccupation de l'état des approvisionnements.

Le seul plan, véritablement insensé d'ailleurs, pour lequel les approvisionnements parussent insuffisants, eût consisté à se placer avec armes et bagages au milieu des armées ennemies, pour tenir la campagne et lutter contre elles jusqu'à l'épuisement : il me semble pourtant que M. le général Soleille n'en ait pas eu d'autre en vue ; il n'envisage que cette hypothèse, et c'est pour arriver à établir l'insuffisance de ses ressources qu'il s'est attaché à combattre cette chimère.

Il y a réussi, et le projet de départ fut abandonné, principalement à cause d'une prétendue pénurie de munitions, qui se solde aujourd'hui par un avoir de 100,466 coups de canon en coffres montés sur roues et attelés. Pour faire accepter cette étrange solution, il dut recourir à un artifice de langage auquel l'attitude du maréchal ajoutait le caractère évident d'un effort concerté, puisque tous les deux ils savaient et savaient seuls l'exacte portée de la phrase qui désorienta tous les chefs de corps d'armée réunis à Grimont. Ceux-ci se rangèrent alors à l'avis du général, devenu le point de départ d'une situation nouvelle d'où disparaissaient complétement les instructions premières du gouvernement, et que le commandant de l'artillerie caractérisa lui-même ainsi :

« En restant au contraire dans les lignes que nous occupons, nous maintenons l'armée intacte, avec tous ses moyens d'action .. Nous conservons au pays une garantie puissante dans tous les cas. »

Eh bien, puisque tels étaient au fond et le dernier mot de cette nouvelle situation, et le véritable sens du système recommandé par le général — ce que l'avenir, au surplus, a prouvé — l'information n'a rien de plus à objecter ; il est incontestable, en effet, que le plus sûr moyen de n'être pas battu, c'est de ne pas se battre et qu'on ne saurait mieux conserver ses munitions qu'en ne s'en servant pas.

Mais le but que se proposait l'information est atteint et elle ne peut plus douter que le 26 août le général Soleille, d'accord avec le maréchal Bazaine, n'ait voulu tenter par une déclaration ambiguë d'exercer, au profit de son opinion personnelle, sur l'esprit de ses auditeurs de Grimont, une pression illicite.

RÉSUMÉ.

Il faut résumer et conclure :

Le 12 août, le maréchal Bazaine avait accepté la mission de conduire l'armée sur la Meuse.

Du 12 au 26 août, il s'efforça de paraître fidèle aux instructions qu'il avait reçues en ce sens du chef du gouvernement.

A quel moment précis abandonna-t-il le projet d'un départ définitif ; songea-t-il même jamais à partir ?

C'est un point que l'instruction éclaircit ailleurs ; mais le 26 août ce projet était certainement condamné dans sa pensée. Sans jeter encore le masque, il voulut préparer ses lieutenants à cette résolution, et ce fut dans ce but qu'il les réunit au château de Grimont.

Le maréchal, qui avait pu déjà constater l'accord de ses propres vues avec les idées du général Soleille, chargea cet officier général de développer à la conférence un plan d'opérations dont l'occupation de Metz était la base, et d'y rallier les principaux chefs de l'armée. Pour seconder les visées de son général en chef, le général Soleille, soit qu'il n'eût qu'une médiocre confiance dans la puissance de ses arguments, soit qu'il prévît de la part de ses auditeurs d'invincibles et honorables répugnances, ne recula pas devant le moins excusable des expédients : il altéra sciemment la vérité, par la révélation décourageante d'une détresse imaginaire il accabla ceux qu'il espérait peu convaincre; le maréchal, qui savait la vérité, se taisait. On crut le général et l'on opina comme il souhaitait, en répétant : Puisqu'il n'y a plus de munitions!... Il y avait en coffres 100,466 obus ou quatre fois la consommation de la bataille de Gravelotte.

CHAPITRE V

Résumé. — Conclusions.

L'information a répondu aux diverses questions qu'elle s'était posées au début de cette étude.

Première question. — De quelles munitions l'armée, réunie sur le plateau de Gravelotte, disposait-elle, le 16 août à minuit ?

Il lui restait :

80,510 obus de 4 et de 12.
16,524,496 cartouches d'infanterie (modèle 1866).

L'armée traînait avec elle, le 16 août au matin :

432 pièces, approvisionnées en moyenne à 246 chacune.

L'approvisionnement était encore, le 16 au soir, de 186 obus par pièce ou plus de trois fois la consommation de la journée, en moyenne 60 obus par pièce.

L'approvisionnement en munitions d'infanterie, le 16 au matin, était de 17,524,496 cartouches, soit pour un effectif de :

121,000 combattants,

déduction faite des pertes subies à Borny (3,000 hommes d'infanterie environ); reste un approvisionnement moyen de 145 cartouches par homme.

Le soir, il restait encore, calculé sur un effectif réduit des pertes de la journée (15,000 combattants d'infanterie environ), soit 109,000 combattants, un approvisionnement de 151 cartouches par homme, ou plus de 16 fois, en moyenne, la consommation de la journée, au maximum 9 cartouches par homme, calculé sur l'effectif restant, c'est-à-dire sur l'effectif du minimum.

A quoi faut-il donc attribuer que les munitions aient manqué le 18, sur quelques points du champ de bataille de Saint-Privat, car ce fait anomal a été observé, notamment au 6e corps ?

Si les munitions ont manqué quelque part, puisqu'il s'en trouvait sur le terrain en proportion très-supérieure aux besoins qui ont été constatés, c'est qu'on n'a pas su les diriger sur les points où elles étaient nécessaires, car on peut dire qu'elles abondaient.

Entre les causes diverses qui ont pu provoquer une telle anomalie, nous en citera qu'une, la plus apparente, dont le commandant en chef de l'artillerie aurait pu prévoir et atténuer les inconvénients. Cette cause, qui engage directement la responsabilité du commandant de l'artillerie, c'est l'état de désorganisation dans lequel fut laissée l'artillerie du 6e corps, au moment même où l'on allait être exposé à rencontrer l'ennemi. La plus grande partie de cette artillerie était à Châlons ou en route pour rejoindre le corps d'armée à Metz; ni la réserve, ni le parc, ni le général commandant n'étaient encore arrivés. Cette artillerie ne reçut un chef que le 21 août et un parc à peu près suffisant que le 26.

Les dispositions, d'ailleurs très-simples, adoptées depuis, pouvaient et devaient l'être, au moins provisoirement, dès le 14 août. De ces diverses mesures, la plus urgente, qui était aussi la plus facile, c'était la désignation d'un commandant général d'artillerie pour le corps d'armée. Ce fut, en effet, l'absence d'une direction quelconque qui se fit surtout sentir dans ces circonstances.

2e *question.* — Quelles munitions l'armée laissait-elle, le 16, derrière elle, dans la place ?

L'armée, en partant pour Verdun, laissait à Metz en munitions de campagne immédiatement disponibles, 12,425 coups de canon à obus de 4 et de 12, 824,256 cartouches d'infanterie, modèle 1866.

Une partie de ces ressources (4,113 obus et 824,256 cartouches) composait le chargement de la fraction du grand parc mobile, qu'on avait renoncé (faute d'attelages, a-t-on dit) à emmener, le 14, après qu'il eut été décidé par l'empereur que les équipages de pont suivraient l'armée.

On est toujours un peu surpris d'entendre opposer à tout, comme un obstacle insurmontable, la pénurie de chevaux, dans cette ville qui en était littéralement pleine. Quand les attelages militaires faisaient défaut, ne restait-il pas les attelages de réquisitions ? Cela eût suffi pour traîner un *grand parc*, qui n'est pas une *machine de guerre*, qui doit toujours chercher à éviter l'ennemi, qui n'est jamais même en relation et encore moins en contact avec les combattants, puisque, entre les corps de troupes et lui, s'interposaient régulièrement les parcs de corps d'armée. Quoi qu'il en soit, le 14, attelant les équipages de pont, à la dernière heure, on renonçait au grand parc.

Le reste des munitions considérées comme disponibles dans Metz composait alors le chargement des batteries mobiles de la place et de la garnison. Il suffit de jeter les yeux sur les états de livraison de l'arsenal pour juger que ce grand établissement eût pu rétablir au complet, en moins d'un jour, les approvisionnements de campagne empruntés à la défense, et qui n'avaient d'ailleurs pour celle-ci en tout temps, mais surtout en ce moment, qu'une importance très-secondaire. Il ne faut pas s'exagérer l'imminence du péril qui pouvait menacer la ville : les Allemands, encore qu'ils fussent nombreux autour de Metz, ne l'étaient pas assez pour arrêter une armée de 150,000 hommes résolue à passer, et assaillir une place de guerre de premier ordre tout à la fois; pour combattre l'une, ils devaient laisser l'autre, et, s'il était vrai que l'armée, restant à Metz, couvrît la place, on a pu dire aussi avec raison qu'en se retirant elle la dégageait au moins pour quelques jours; or, il n'eût fallu à l'arsenal que quelques heures pour recharger les coffres vidés au profit de l'armée.

Le 16 août, à partir de trois heures de l'après-midi, il ne devait rester de doute dans l'esprit de personne sur l'importance et la vivacité de la bataille engagée depuis le matin, et l'on pouvait prévoir que les consommations de l'armée à la fin du jour auraient atteint un chiffre élevé. La préoccupation du ravitaillement s'imposait donc naturellement dès lors au commandant de l'artillerie, sans qu'il fût d'ailleurs nécessaire pour y pourvoir d'attendre ni de préjuger les résolutions ultérieures du commandant en chef, car il est était bien évident qu'à quelque parti qu'on dût s'arrêter, une fois la situation éclaircie et connue, le renouvellement des munitions restait la plus pressante des exigences du moment, la condition première de toutes les combinaisons possibles, la précaution essentielle qui permettait de parer à toutes les éventualités.

Cette initiative appartenait au chef du service de l'artillerie : un avis expédié à Metz vers trois heures y serait parvenu au plus tard à cinq; on avait alors toute la soirée d'un long jour d'été pour donner les ordres préparatoires d'exécution.

Les munitions étaient toutes chargées, en caisses ou en coffres montés sur roues; il ne restait donc qu'à désigner les attelages, à former les colonnes, à indiquer les destinations et les itinéraires respectifs de celles-ci. Ces convois pouvaient être prêts à partir le 17 à quatre heures du matin, l'avis définitif de mouvement restant subordonné aux résolutions que le maréchal aurait arrêtées dans la nuit. Ces mesures, de simple prévoyance, n'empiétaient donc sur les attributions et les prérogatives de personne.

La pénurie d'attelages n'était pas davantage un obstacle; il ne s'agissait plus, en effet, le 16 au soir, de faire suivre l'armée en retraite d'un parc supplémentaire; il s'agissait seulement de combler des vides dans les batteries en les attelages empruntés au service et à la garnison de la place pour amener, le 17, des caissons pleins sur les emplacements où les corps avaient combattu la veille, et fussent rentrés en ville trois ou quatre heures plus tard avec les caissons vides échangés.

L'opération, préparée avec soin et commencée en temps opportun, pouvait être terminée à huit heures du matin.

On procéda tout différemment. D'abord on négligea d'utiliser les 5,308 coups à obus de 4 composant le chargement des batteries sorties de la place, des batteries de la division Lavaucoupet et de la batterie de montagne; on ne s'occupa que de la fraction du grand parc. On attendit, pour aviser le commandant de la place et le directeur de l'arsenal des besoins de l'armée, que la bataille fût finie et que le maréchal eût fait connaître ses intentions. Cet avis expédié très-tard ne parvint en ville qu'à une heure avancée de la nuit. Le convoi, réuni seulement dans la matinée, ne put quitter Metz, le 17, qu'à midi; retardé encore au passage des portes, il n'arriva à destination qu'à quatre heures du soir; enfin cette destination était Plappeville, à l'extrême gauche de l'armée. Les corps, avant de s'y ravitailler, devaient faire connaître leurs consommations respectives et envoyer chercher ensuite la part proportionnelle allouée à chacun d'eux dans la répartition faite au parc.

Mais les ordres donnés le 17 pour cette répartition ne furent pas bien compris ni assez tôt exécutés; peut-être ne parvinrent-ils pas non plus sans difficultés aux troupes, qui étaient toutes en mouvement depuis le matin ; sur certains points même ils ne furent connus que le lendemain; de là du trouble, quelque émoi et un grand retard dans le ravitaillement, qui ne s'opéra que le 18, à une heure avancée, pendant la bataille de Saint-Privat et assez irrégulièrement d'ailleurs. Toutes ces circonstances, qu'on peut suivre en détail dans les dépositions des témoins entendus et dans la correspondance des divers états-majors d'artillerie, expliquent parfaitement les mécomptes de la journée du 18; mais elles ne prouvent pas le moins du monde qu'il fût impossible de prévenir ces difficultés par des mesures opportunes, dont on ne rencontre nulle part la moindre trace, et elles ne pouvaient d'ailleurs exercer aucune influence sur les résolutions du maréchal, arrêtées le 16 à minuit. Dès ce moment, en effet, la marche sur Verdun se trouvait suspendue, et ce qui arriva depuis lors n'entrait évidemment pour rien dans ce revirement.

Le ravitaillement qu'il était possible d'amener à l'armée, le 17 au matin, reportait l'approvisionnement à.. . . . . 204 obus par pièce.

C'était donc seulement relativement à la situation initiale du 16 au matin. . . . . 246 —
Une déduction de. . . . . 42 —

On a à peine le sixième de ce premier approvisionnement. 204

Quant à la dépense en cartouches d'infanterie (1,000,000), elle était presque complétement couverte par l'arrivée du parc mobile (824,256).

Quelles que fussent, le 16 août, les véritables intentions du maréchal, on doit reconnaître que le général Soleille a mal servi ce jour-là les intérêts de l'armée.

En déclarant sans motifs plausibles et contre toute vraisemblance que les consommations avaient atteint, dans la journée, le tiers ou la moitié de l'approvisionnement total de l'armée; en négligeant d'autre part d'assurer, par des mesures de prévoyance très-simples, qui lui incombaient naturellement, le ravitaillement de l'armée dès la matinée du 17, en prévision d'une marche en avant, le commandant de l'artillerie assuma sur lui-même une certaine part de responsabilité dans les résolutions du maréchal; car, s'il est vrai que ce dernier se soit réellement décidé par d'autres considérations que les renseignements inexacts qui lui étaient communiqués sur l'état des munitions, ces indications erronées lui permettaient du moins de couvrir sa conduite, aux yeux de tous, d'un prétexte spécieux qu'il n'a eu garde de négliger.

Troisième question — Quelles munitions l'armée traînait-elle à sa suite, lors de la démonstration du 26 août ?

Elle traînait :

100,446 coups de canon à obus, 20,203,376 cartouches d'infanterie, ce qui représentait un approvisionnement moyen de :

230 obus par pièce, et de 202 cartouches par homme pour 438 bouches à feu et 100,000 fantassins combattant.

Cette situation, comparée à celle du 16 au matin, était donc aussi satisfaisante que celle-ci.

Quatrième question. — Quelles munitions l'armée laissait-elle dans la place ?

Il ne restait dans Metz d'autres munitions de 4 de campagne que l'approvisionnement rigoureusement nécessaire aux pièces de ce calibre affectées à la défense.

Les munitions de 12 et les cartouches d'infanterie étaient abondantes.

Le 16 août, les routes étaient libres : elles l'étaient encore, ou à peu près, le 26. Pourquoi l'armée n'est-elle pas partie ? pourquoi tant d'hésitations et de lenteurs ? La dépêche du maréchal, datée de Gravelotte le 16 à minuit, la déclaration du général Soleille à la conférence de Grimont le 26 n'en ont pas donné l'explication véritable ; ni le 16, ni le 26 les munitions ne manquaient à l'armée.

QUATRIÈME PARTIE

Troisième section.

ÉTUDE SUR LES SUBSISTANCES

Préliminaires.

L'armée et la place de Metz ont tenu jusqu'à leur dernier morceau de pain. Ce fait donne à la question des subsistances une importance capitale.

A-t-on pris à temps les mesures nécessaires pour constituer les approvisionnements suffisants ?

Une fois la place investie, la consommation a-t-elle été réglée de manière à assurer le maximum de durée de résistance ? Telles sont, ainsi que nous l'avons dit dans un chapitre précédent du rapport, les deux grandes divisions de cette étude spéciale.

L'instruction serait évidemment incomplète si le champ de ses recherches était restreint aux mesures ordonnées par le maréchal Bazaine, relativement au service des subsistances. Il convient donc de constater, préalablement, quelle était à ce point de vue la situation au début de la guerre et pendant la première période des hostilités, afin de préciser dans quelles conditions le maréchal a reçu le commandement; on pourra ainsi apprécier exactement dans quelle limite est renfermée la responsabilité qui lui incombe de ce chef.

Cette recherche est d'autant plus nécessaire que le conseil d'enquête appelé à donner son avis sur la capitulation de Metz a blâmé le général commandant supérieur au sujet des mesures relatives aux subsistances. Cette circonstance commande de soumettre la conduite tenue par cet officier général au même examen que celle du commandant en chef, afin de faire ressortir nettement la part qui doit être attribuée au maréchal Bazaine dans les actes qui ont amené le résultat final.

L'étude sur les subsistances a nécessité l'établissement d'un certain nombre de tableaux, situations d'effectif, tarifs de rationnement, statistiques agricoles, relevés de consommation, etc., qui sont réunis à la fin du rapport dont ils forment un complément indispensable.

PREMIÈRE PÉRIODE

CONSTITUTION DES APPROVISIONNEMENTS.

CHAPITRE PREMIER

Formation des approvisionnements de l'armée au début de la guerre au 6 août.

Situation au début de la guerre.

Lorsque la guerre fut décidée, Metz, comme toutes les autres places de la frontière du nord-est, ne renformait que les approvisionnements du service courant (c'est-à-dire quatre mois de vivres, plus une certaine réserve pour l'effectif réel de la garnison). Elle n'était nullement en mesure de remplir le rôle imposé en cas de guerre à une place désignée comme elle l'était, par son importance et sa situation, pour servir de base d'opérations et de ravitaillement. Toutes les dépêches administratives de cette époque signalent le défaut absolu de préparation en ce qui concerne les vivres, les ambulances, le campement et généralement tous les services administratifs, personnel et matériel. On peut en juger par les lettres et télégrammes suivants adressés au ministre ou au major général, auxquels il serait facile d'ajouter beaucoup d'autres documents.

19 juillet : *Du général de Failly :*

« Aucune ressource, point d'argent..... Nous « avons besoin de tout sous tous les rapports. »

20 juillet : *De l'intendant en chef :*

« Il n'y a à Metz ni sucre, ni café, ni riz, ni « eau-de-vie, ni sel, peu de lard et de biscuit. »

24 juillet : *De l'intendant de la 5e division militaire :*

« Metz, qui fournit aux 3e, 4e et 5e corps, n'a plus « ni biscuit, ni avoine..... »

24 juillet : *De l'intendant du 3e corps :*

« Le 3e corps quitte Metz demain, je n'ai ni infir« miers, ni ouvriers d'administration, ni caissons « d'ambulances, ni fours de campagne, ni train, et, « dans deux divisions, pas même un fonction« naire. »

25 juillet : *Du sous-intendant de Mézières :*

« Il n'existe aujourd'hui dans les places de Mézières « et de Sedan ni biscuit, ni salaisons. »

28 juillet : *Du major général :*

« Le biscuit manque pour se porter en avant. »

28 juillet : *De l'intendant du 1er corps à Strasbourg :*

« Le 1er corps doit se porter en avant. Je n'ai « pas encore reçu ni un soldat du train, ni un « ouvrier d'administration. Trois sous-intendants « ne sont pas encore arrivés. »

31 juillet : *Du général Félix Douay à Belfort :*

« Le 7e corps n'a aucun approvisionnement du « service des subsistances. Il vit au jour le jour. « La place de Belfort n'a pas non plus d'approvi« sionnements de siège..... »

FORMATION DES APPROVISIONNEMENTS.

En présence de ces immenses besoins qui surgissaient de tous les points à la fois, le personnel territorial était absolument hors d'état de pourvoir à la situation, et l'intendance de l'armée dut prendre en main le service. Des ordres d'achats avaient été lancés de tous côtés par le ministre. Les lignes de Strasbourg et des Ardennes devaient être employées sans relâche à amener des approvisionnements; mais les nécessités du transport des troupes et du matériel de guerre entravèrent singulièrement cette opération. L'on regretta alors amèrement de n'avoir pas poussé avec plus d'activité l'achèvement de la voie ferrée de Verdun.

Biscuit.

La préoccupation la plus grave qu'avait alors l'administration était de se procurer du biscuit. Les ressources existantes étaient trop faibles pour constituer une réserve sérieuse. (Il existait à Metz, au début de la guerre, 31,071 kil. de biscuit ou 483,000 rations de 643 gr. Peu ou point dans les autres places de la division.)

Des ordres furent donnés pour hâter la fabrication, mais les moyens étaient insuffisants. Le 24 juillet, la production, pour toute la France, était de 300 quintaux ou 47,000 rations au taux de 0 k. 643. gr. Au 1er août, elle était portée à 600 ou 94,000 rations. C'était peu de chose pour une armée dont l'effectif était, dès le 1er août, de 251,000 hommes. (Voir à la suite du présent travail, *Appendice, pièce n° 1, Situation de l'armée du Rhin.*) On faisait, il est vrai, des achats à l'étranger; mais les livraisons commençaient à peine. Aussi, force avait été de tirer des places de Verdun, Toul, Longwy et Montmédy tout le biscuit qu'elles possédaient et d'épuiser les magasins de Metz. Malgré cet expédient, on ne put parvenir à constituer l'approvisionnement nécessaire pour commencer les opérations.

Viande.

Ce ne fut que le 31 juillet que l'on passa à Paris un marché général pour la fourniture de la viande, de sorte que les opérations militaires étaient commencées bien avant que l'entreprise pût fonctionner. Dans les corps d'armée, le service fut assuré, il est vrai, au moyen de marchés particuliers qui devaient expirer le jour de l'entrée en fonctions du fournisseur général. Mais le peu de durée de ces marchés rendait inutile pour les entrepreneurs provisoires la constitution de réserves, si bien que le début du blocus, qui coïncidait avec le changement du régime, trouva l'armée presque complètement dépourvue.

Dans un pays aussi riche en bétail que la Lorraine, il eût été facile de remédier à la situation et de constituer des réserves suffisantes, en recourant à des achats directs ou à des réquisitions; mais les règlements administratifs interdisaient de procéder ainsi en présence du marché conclu, et on ne sut pas passer par-dessus ces difficultés. On se trouva, ainsi, dès les premiers jours, dans cette situation étrange de manquer de viande au milieu de l'une des régions de la France qui en produisent le plus.

Voir Appendice, pièce n° 9. (*Statistique agricole de l'arrondissement de Metz.*)

Sel.

Une faute analogue se présenta pour le sel: les salines de Dieuze, de Château-Salins, de Vic, de Rozières, etc., fournissent à la consommation de toutes les provinces de l'Est. Leur proximité même rendait inutile l'existence d'un stock considérable à Metz. Quand on s'aperçut de cette pénurie, et qu'on voulut y remédier, il était trop tard. La fabrication était arrêtée par suite du départ des ouvriers et ce fut de Paris que dut être envoyée la plus grande partie de l'approvisionnement. Mais l'interruption des communications survint avant qu'on eût pu en recevoir de suffisantes quantités.

Pain.

Les boulangers des localités et les manutentions militaires ne pouvant suffire à la consommation, on dut, pour faire vivre l'armée, entamer dès le début les réserves de biscuit, bien que le major général et l'intendant en chef se plaignissent tous les jours de leur insuffisance et qu'ils déclarassent que le manque de biscuit empêchait l'armée de se porter en avant. Les prélèvements faits pour l'armée finirent par réduire, le 17 août, l'existant en biscuit dans les magasins de la place à deux quintaux seulement.

Dans une place de premier ordre comme Metz, on fut même réduit à distribuer de la farine aux troupes au lieu de pain. Ce n'est que quelques jours après l'investissement que la fabrication put arriver à la hauteur des besoins.

Retard forcé dans la réunion des approvisionnements, et dans l'exécution des services administratifs, résultant du manque de préparation.

Aux demandes pressantes de l'intendant en chef et du major général, comme à celles de tous les commandants de corps d'armée, concernant, non-seulement les vivres, mais encore le matériel, le ministre répondit par les assurances les plus formelles ; il avait, en effet, donné des ordres, mais en raison du défaut de préparation antérieure, en présence de l'urgence, de la grandeur et de la multiplicité des besoins, il était forcément débordé, et l'exécution restait en souffrance.

Le 3 août seulement, lendemain de l'ouverture des hostilités, l'armée put commencer à toucher les vivres de campagne. Jusque-là elle avait vécu comme elle avait pu avec la solde de rassemblement, non sans inconvénient pour la discipline, car les troupes, déjà concentrées, ne trouvant à vivre qu'à grand'peine au moyen des ressources locales, recouraient à la maraude et contractaient ainsi de funestes habitudes, qui, par la suite, s'exercèrent plus d'une fois aux dépens de l'administration militaire et lui causèrent de graves mécomptes.

Concentration des approvisionnements sur la frontière.

L'intention du commandement était, comme nous l'avons dit, de prendre l'offensive ; dans cette pensée, on concentra les approvisionnements dans les villes frontières, choisies pour servir de base d'opération. Les villes désignées, en Lorraine, étaient Sarreguemines et Forbach. On organisa en seconde ligne de grands dépôts à Metz et à Strasbourg. En constituant ainsi des magasins dans des villes ouvertes comme Sarreguemines et Forbach, on courait le risque de tout perdre au moindre mouvement en arrière.

Pertes éprouvées à la suite de la bataille de Forbach.

C'est ce que l'on reconnut, mais trop tard, lorsque la défaite de Forbach obligea l'armée à se replier. Les approvisionnements sur roues existaient à Forbach, et tous ceux de Saint-Avold purent être sauvés, grâce au zèle et au dévouement des fonctionnaires de l'intendance et des employés du chemin de fer de l'Est. Mais les denrées déchargées à Forbach furent perdues, ainsi que la plus grande partie de l'approvisionnement à Sarreguemines, où la retraite principale du 2ᵉ corps entraîna l'abandon d'un quantité énorme de vivres qui tombèrent, le 7 au soir, aux mains de l'ennemi.

D'après les déclarations des employés du chemin de fer, il existait en gare, le 6 août, à Saint-Avold et à Bening, des quantités notables de vivres.

A Forbach : 1° 420 wagons de denrées ; 2° déchargé 5,000 sacs de farine, 600 d'avoine, la valeur de trois à quatre wagons de sucre, de deux à trois de café.

A Sarreguemines : 280 wagons au moins de denrées, plus le chargement de 1,500 voitures de réquisition, le tout évalué à 3 millions de francs.

A la suite de la bataille de Forbach, il serait tombé aux mains de l'ennemi :

A Saint-Avold, le 8 août, 50 balles foin pressé, 15 voitures Masson, 10 à 12 fours de campagne.

A Bening-Merlebach, le 7 août, 7 wagons de denrées pour l'armée, le chef de gare ayant pu sauver la caisse du trésor contenant 1,400,000 fr.

A Forbach, le 7 août, 20 à 25 wagons de denrées diverses : sucre, café, tabac, pain, biscuit, sel, etc., et toutes les denrées déchargées énumérées ci-dessus.

Prévenu le 6 août, vers quatre heures de l'après-midi, par un fonctionnaire de l'intendance, le chef de gare put faire filer, dans la soirée et dans la nuit, 9 trains et 45 voitures et sauver ainsi 405 wagons de denrées. A Sarreguemines, le 7 août, à 8 heures et demie du soir, une grande partie des denrées qui s'y trouvaient le 6, malgré l'énergie et le zèle déployés par M. le sous-intendant Courtois, qui n'avait reçu ni ordre, ni avis. Ce fonctionnaire estime du reste comme trop élevés les chiffres donnés par le chef de gare. Il est probable qu'une partie des approvisionnements en gare appartenait au commerce ; mais ils n'en furent pas moins perdus pour l'armée, à qui ils étaient destinés, et servirent, comme le reste, à l'ennemi.

CHAPITRE II.

Concentration des approvisionnements dans la place de Metz (du 7 août au commencement du blocus).

Retraite de l'armée, sa concentration sous Metz. — Nomination du général Coffinières au commandement supérieur de la place de Metz. — Devoirs du commandement.

A la suite de la funeste journée du 6 août, l'armée tout entière bat en retraite. Les 2ᵉ, 3ᵉ et 4ᵉ corps, la garde impériale ainsi que la brigade Lapasset, séparée du 5ᵉ corps, se replient sous Metz. Dans la journée du 7, l'empereur se décide à reporter l'armée sur Châlons. Ce même jour, la place de Metz est déclarée en état de siège et le général Coffinières en est nommé commandant supérieur.

La retraite de l'armée allait avoir pour conséquence immédiate le siège ou tout au moins le blocus de la place. Il était donc nécessaire de prendre d'urgence les mesures imposées en pareil cas au commandant de l'armée et au commandant de la place par les règlements militaires.

En ce qui concerne le service des subsistances, il appartient au premier d'ordonner ces mesures, au second de les mettre à exécution.

Aux termes du décret du 13 octobre 1860, il fallait, en ce qui concerne les vivres :

Former les approvisionnements du siège ;
Faire sortir les bouches inutiles ;
Inviter l'autorité civile à activer les mesures nécessaires pour assurer la subsistance des habitants et la réunion des ressources que le pays pourrait fournir pour les besoins de la garnison ;
Faire entrer dans la place ou empêcher d'en sortir les bestiaux et les denrées ;
Constituer le comité de surveillance des approvisionnements de siège.

Cette dernière mesure appartient exclusivement au commandant de la place. La constitution de ce comité est d'ailleurs, aux termes du décret, la conséquence immédiate de l'ordre de formation des approvisionnements de siège.

Il ne paraît pas qu'il ait été donné d'ordres au sujet des subsistances par le commandant de l'armée. Il est évident toutefois qu'en nommant le général Coffinières commandant supérieur de Metz, l'empereur entendait se décharger sur lui de toutes les mesures à prendre concernant la défense de la place, de manière à pouvoir s'occuper exclusivement de la direction générale des opérations, tâche singulièrement ardue au lendemain de deux défaites.

Les préoccupations sur le sort de l'armée paraissaient du reste faire perdre de vue au commandement les intérêts des places. Ainsi, après Forbach, lorsqu'il fut question de se retirer sur Châlons, on se contenta de prescrire à l'intendant en chef de laisser à Metz trois mois de vivres et de fourrages, et à Thionville vingt jours seulement. Cet ordre fut exécuté pour Thionville, qui put heureusement se ravitailler plus tard. Il ne paraît pas que des observations au sujet de cette fixation de trois mois seulement pour Metz aient été adressées par le commandant supérieur, et il n'existe pas non plus de traces de démarches officielles faites par le général Coffinières pour provoquer des ordres auprès du commandant en chef : aussi ne saurait-on admettre que le général puisse se retrancher sérieusement derrière l'absence d'ordres pour décliner toute responsabilité.

Jusqu'au 6 août, le commandement, préoccupé du mouvement offensif qu'il comptait opérer, avait négligé de constituer des approvisionnements de siège à Metz. Toutefois, le ministre, par dépêche du 7 août, prescrivit de le faire. C'était une grave imprudence d'avoir attendu jusque-là. Mais en présence de la nécessité impérieuse de pourvoir aux besoins de l'armée qui absorbait toutes les ressources, on conçoit qu'il ait fallu remettre ce soin au moment où les troupes seraient pourvues. C'était une autre conséquence inévitable de l'absence de toute préparation à la guerre. L'administration, qui, prise au dépourvu, s'était trouvée en défaut dans les premiers moments, n'avait pu constituer ses approvisionnements assez à temps pour permettre de prendre l'offensive.

Elle pouvait alors, grâce aux plus grands efforts, compter, du moins en ce qui concernait la farine, sur des ressources suffisantes pour une armée opérant activement et conservant ses communications en arrière.

Toutefois, si l'on pouvait considérer l'armée comme suffisamment pourvue, il n'était pas possible d'avoir la même confiance au sujet de la place elle-même.

En effet, si la partie des ressources en farine laissée par l'armée en se repliant sur le camp de Châlons devait constituer pour la garnison un approvisionnement respectable, la population civile était loin de disposer d'un stock aussi considérable. En outre, il n'existait en ville que très-peu de bétail et de sel.

Enfin, quand Metz eût été abondamment pourvu de toutes choses, il y avait un intérêt capital à y concentrer néanmoins toutes les ressources des pays environnants, afin de ne pas abandonner à l'ennemi des approvisionnements qui allaient probablement favoriser son offensive.

A ces considérations en faveur de mesures promptes et énergiques allait s'en ajouter une autre bien plus importante encore. Dès le 8 août, le projet de retraite sur Châlons était abandonné et il était décidé que l'armée allait se concentrer sous Metz, soit pour tenir tête à celle du prince Frédéric-Charles, soit pour opérer sur les derrières de celle du prince royal. La place allait donc servir de pivot de manœuvres, et il devenait bien probable, sinon évident, que ses approvisionnements allaient être consommés au moins en partie par les troupes dès qu'elles se trouveraient à proximité. Il ne faut pas oublier, en effet, que les approvisionnements de siège n'avaient pas été constitués et que l'armée pouvait disposer de tout tant que cette mesure ne serait pas prise. Il y avait donc là un grand danger pour la place. Cet état de choses, en laissant planer l'incertitude sur la situation des ressources, amena une confiance funeste. Si, dès le premier jour, comme c'était son droit et son devoir, le commandant supérieur avait réclamé la constitution d'un approvisionnement de siège distinct, ainsi que le prescrivaient les règlements et que l'ordonnait le ministre, le général en chef aurait eu forcément les yeux ouverts sur la situation et aurait discerné nettement les conséquences de ses résolutions.

Nécessité de concentrer les denrées à Metz. — Opérations de l'intendance militaire.

En présence de la nouvelle détermination de l'empereur, il devenait encore plus urgent de hâter, par tous les moyens possibles, la rentrée des denrées, comme l'exigent les règlements cités plus haut pour toute place menacée d'un siège, puisqu'en sus de la garnison et des habitants, Metz allait avoir à nourrir elle-même.

Jusqu'alors le service de l'intendance s'était fourni de préférence au loin, dans l'idée fort juste de conserver les ressources du pays à titre de réserve pour le moment où l'on ne pourrait plus tirer du dehors. Mais ce moment arrivait, il n'y avait plus un instant à perdre désormais devant le flot de l'invasion pour lancer de tous côtés des ordres d'achats et accumuler dans l'intérieur du camp retranché de Metz le bétail, les récoltes du riche terroir de l'arrondissement. Non-seulement il n'y eut aucune prescription à ce sujet, mais un assez grand nombre de cultivateurs et des négociants ne purent trouver à vendre à l'administration les denrées qu'ils se hâtaient d'apporter.

Ces faits, dont l'instruction a relevé de nombreuses traces, ne peuvent être imputés qu'à une confiance fâcheuse dans l'état des ressources, à l'ignorance dans laquelle le commandement laissait l'administration militaire sur la véritable situation; enfin au défaut d'unité dans l'organisation des services administratifs.

Ainsi l'intendance territoriale, ayant dû céder ses attributions à l'intendance de l'armée en ce qui concerne la réunion des subsistances, avait renoncé à faire des achats pour ne pas lui faire concurrence et renvoyait les vendeurs aux fonctionnaires de l'armée. Ceux-ci, ne se préoccupant que de leurs troupes, assez bien pourvues d'ailleurs en farine, refusaient les blés dont ils n'auraient su que faire en campagne, faute de moyens de mouture. Quant au bétail, ni les uns ni les autres n'en achetaient, attendu que c'était à l'entrepreneur à en assurer la fourniture, et que les règlements ne permettaient de se substituer à lui qu'en cas d'inexécution du marché. Naturellement, cette inexécution ne se produisit qu'après l'investissement. Il était facile cependant de prévoir que les arrivages de l'intérieur allaient être fort compromis et que les marchés passés pour la subsistance de l'armée ne pourraient être exécutés par suite de l'interruption des communications.

Dans ces conditions, c'était incontestablement une faute de ne pas songer à protéger les voies ferrées, afin d'en conserver l'usage le plus longtemps possible, de manière à assurer l'arrivée des nombreux convois de vivres et de matériel qui avaient dû céder le pas au 6ᵉ corps et qui furent perdus pour Metz.

Dès le 13, en effet, le chemin de Strasbourg était coupé à Frouard. (Voir le rapport, première partie, chapitre II, article *Traversée de la Moselle.*)

Le chemin des Ardennes, qu'on avait cru menacé depuis le 9 août, était exposé à subir le même sort à bref délai. Aussi, le 11 août, l'intendant en chef reçut l'ordre d'aller organiser à Verdun le ravitaillement de l'armée de Metz.

Ressources du pays.

Il est à regretter qu'en même temps que l'on s'occupait de former un grand dépôt à Verdun, on n'ait pas pris des mesures pour utiliser les ressources considérables existant sur place dans le riche arrondissement de Metz, ressources dont on peut se rendre compte en consultant à la suite du présent rapport le tableau de la statistique agricole de l'arrondissement de Metz, ainsi que les diverses dépositions des habitants de Metz devant le conseil d'enquête et dans l'instruction. (Voir pièce annexe, nº 11.)

La récolte de 1870 dans l'arrondissement était au-dessus de la moyenne, en ce qui concerne les grains, sauf l'avoine. Elle était médiocre en paille et en fourrages. En résumé, elle avait produit en nombre rond environ 400,000 quintaux métriques de blé, 1,800 de méteil, 1,400 de seigle; ensemble 416,000 quintaux métriques de grains pour l'alimentation des hommes, 144,000 quintaux métriques d'avoine et 92,000 d'orge, enfin 780,000 de fourrage naturel et artificiel, soit ensemble pour l'alimentation des chevaux 236,000 quintaux métriques de grains et 1,189,000 quintaux métriques de paille et fourrage. (Voir pièce annexe, n° 9.) Outre la récolte, il existait sur les greniers un stock d'ailleurs peu considérable.

Enfin l'arrondissement comptait 24,500 chevaux, près de 27,000 bêtes à cornes, 50,000 moutons et 28,500 porcs. (Voir pièce annexe, n° 9.)

Actes du commandant supérieur. — Absence de mesures efficaces.

Si, dès le premier jour de son entrée en fonctions, le commandant supérieur avait fait répandre dans les campagnes l'invitation d'amener d'urgence dans la place le bétail et les denrées, il est incontestable que la crainte du pillage aurait déterminé les paysans à faire leur possible pour répondre à cet appel. Les premiers succès de l'armée allemande avaient jeté la consternation et la panique dans le pays. Sous l'empire de ce sentiment, une partie de la population venait se réfugier spontanément à Metz et y apporter ses ressources. Autant il eût été nécessaire d'empêcher cette affluence de la population dans une place qui allait être assiégée, autant il eût été judicieux de tirer parti de cette situation pour déterminer la formation, à Metz, d'immenses dépôts de céréales, de fourrages et de bétail.

La marche suivie par l'ennemi favorisait cette opération. En effet, afin de laisser l'armée du prince royal effectuer son mouvement de conversion, l'armée de Steinmetz, formant pivot, n'avançait que très-lentement, et elle n'atteignit les limites de l'arrondissement que le troisième jour après la bataille de Forbach. Le 9 seulement, quelques éclaireurs paraissaient à Boulay, et l'empereur pouvait encore aller à Faulquemont, où se trouvait le quartier général du 3ᵉ corps. Le 10, les cantons de Boulay et de Faulquemont étaient seuls envahis. Le 11, les coureurs ennemis parvenaient jusque sur les bords de la Nied française, tandis que l'armée du prince Frédéric-Charles marchait sur Pont-à-Mousson en contournant au sud le département de la Moselle ; le 12, plus de la moitié de l'arrondissement était encore libre. Enfin les communications restèrent libres jusqu'au 18 avec Briey et Thionville.

Les chaleurs exceptionnelles de 1870 avaient hâté la maturité des récoltes. La moisson, faite au mois de juillet, était rentrée au commencement d'août. L'avoine, entièrement coupée, était encore en grande partie engerbée sur place. La presque totalité de la récolte n'était pas battue, il est vrai ; mais ce fait, en diminuant la quantité de blé qu'on pouvait charger, permettait de ramener la paille en même temps.

D'après cela, on ne saurait être taxé d'exagération en admettant que l'on aurait pu faire rentrer en sus de ce qui a été amené spontanément, en combinant la publicité, les achats et les réquisitions, au moins le dixième de la récolte en céréales et le vingtième de la récolte du fourrage :

C'est-à-dire 41,500 quintaux métriques de grains, blé et seigle ; 23,600 quintaux métriques d'avoine et d'orge, et 60,000 quintaux métriques de paille et de fourrage, sans compter l'apport des arrondissements de Briey et de Thionville, dont la limite n'est qu'à trois lieues de Metz,

Ces quantités représentent 5,538,000 rations de pain de 750 grammes et 838,000 rations complètes de fourrage de 10 kilos, dont 4 kilos d'avoine ou d'orge, 3 kilos 50 de paille et 2 kilos 50 de foin, en admettant que le blé donne son équivalent en poids de pain, ce qui est inférieur d'un vingtième au rendement réel.

Ces chiffres représentent environ l'équivalent de ce que renfermaient au début du blocus les magasins de la place de blé en farine, et une fois et demi les approvisionnements en fourrages. Ils sont d'ailleurs bien au-dessous des estimations des personnes compétentes interrogées, cultivateurs et intendants, qui évaluent depuis le cinquième jusqu'à la moitié de la récolte qui aurait pu être ainsi rentrée dans la place.

MM. de Bouteiller, Bedin et Wianson évaluent ces quantités à la moitié de la récolte, M. Maguin au tiers au moins, M. Dennecy, au cinquième, M. Friand à un mois de vivres largement pour toute l'armée.

On doit remarquer que les moyens ne manquaient pas aux paysans pour transporter ces 125,000 quintaux métriques de denrées. En effet, sur 6,000 voitures environ existant dans l'arrondissement, les réquisitions n'en avaient pas enlevé la moitié, 3,000 voitures au moins restaient donc disponibles pour les transports, avec plus de chevaux qu'il n'en fallait pour les atteler. (Voir pièce annexée n° 9. Tableau : *Animaux domestiques ; observations.*) Le chargement des chariots lorrains est communément de 30 quintaux métriques ; mais si, en raison de ce qu'il s'agissait principalement de denrées encombrantes : gerbes et fourrages, on réduit ce chargement à 20 quintaux métriques, on voit que, en un seul voyage, ils pouvaient ramener 60,000 quintaux métriques, soit près de la moitié de la quantité à enlever. Or, les points extrêmes de l'arrondissement ne sont pas à plus de 32 kilomètres de Metz et en dehors des deux cantons de Boulay et de Faulquemont, envahis d'abord, la distance moyenne est de 12 à 15 kilomètres. En outre, le pays est sillonné de nombreuses et excellentes routes. Les voitures pouvaient donc faire, en moyenne, un voyage par jour, et il y a eu six jours de disponibles en moyenne pour ramener les denrées. Il ne faut pas oublier non plus que, jusqu'au 18, rien n'empêchait de ramener les denrées des arrondissements de Briey et de Thionville.

Pressé de prendre des mesures pour faire affluer à Metz toutes ces ressources, le général Coffinières se borna à répondre que la situation était moins grave qu'on ne le pensait et qu'il fallait éviter d'effrayer les populations. Ce n'était cependant plus le moment de se laisser arrêter par de pareilles considérations.

Dans sa déposition, le général a reconnu du reste n'avoir pas donné d'instructions à l'autorité civile dans le but d'activer l'exécution des mesures nécessaires pour assurer les subsistances des habitants et la réunion des ressources pour les besoins de la garnison, parce que, dit-il, il n'était pas inquiet sur les approvisionnements et parce que, d'ailleurs, il n'avait pas reçu d'ordres.

Il allègue, en effet, dans ses notes journalières, qu'au bout de trois jours, le 10 août, la quantité de blé affectée aux besoins de la population s'élevait à 22,000 quintaux métriques, ce qui, avec les 40,000 quintaux métriques de blé et farine que possédait l'administration militaire, assurait un approvisionnement pour six mois à une population normale de moins de 50,000 âmes et une garnison de 20,000 hommes. « Personne ne pouvait prévoir, dit-il, que l'armée entière demeurerait bloquée sous Metz. » Mais à ce moment même, 10 août, arrivait le flot des réfugiés, qui s'éleva à 20,000 environ, augmentant ainsi de plus d'un quart le chiffre de la population normale; et, d'autre part, comme on l'a vu plus haut, le commandant venait de décider le maintien de l'armée sous Metz.

Il est vrai que le général affirme qu'il a ignoré le projet de concentrer l'armée sous Metz, projet arrêté le 8, et qui n'a été modifié que le 13. Il semblera étrange toutefois que le commandement ait laissé le commandant supérieur de Metz, en même temps commandant en chef du génie de l'armée, dans une pareille ignorance de ses desseins, et il est très-difficile de comprendre que celui-ci soit resté quelques jours sans s'en informer. Quoi qu'il en soit, il n'est guère possible que, le 10 août, le général Coffinières pût se considérer comme se trouvant dans les conditions normales dont il parle. Mais, même au point de vue sous lequel se place le commandant supérieur, il est facile de s'assurer qu'au lieu d'avoir six mois de vivres il n'en possédait en réalité que pour moins de quatre mois.

Les approvisionnements civils ne pouvaient être évalués le 10 août à 22,000 quintaux métriques, chiffre que cite le général Coffinières et qui fut donné seulement le 20 par M. Bouchotte. Les denrées commençaient seulement à affluer le 10 août, et l'approvisionnement était notablement moindre, puisque, à ce moment, M. Bouchotte n'en signalait encore que 18,000 quintaux métriques, soit 14,000 dans ses moulins et 4,000 chez les autres négociants.

Laissant de côté pour un moment l'appoint des paysans réfugiés et leur propre consommation pour demeurer dans les dispositions que formule le général Coffinières, cette quantité de 18,000 quintaux métriques représentait 48 jours de subsistances pour 50,000 âmes; avec l'existant dans les magasins de la place on arrivait à un approvisionnement total de 58,060 quintaux métriques de blé ou l'équivalent en farine, ce qui correspond, pour 70,000 rationnaires, à une consommation de 110 jours 1/2. En prenant comme lui le chiffre de 22,000 quintaux métriques au lieu de 18,000, on obtiendrait 148 jours et non 180 ou six mois, comme le dit le général Coffinières.

Il est juste d'ajouter que dans sa déposition le général explique qu'il avait admis dans l'assertion précitée que les troupes de la garnison auraient été rationnées, après le départ de l'armée, à 500 grammes de pain, et la population civile à 300 grammes. Puis, reprenant son calcul, il admet, hypothèse fort juste d'ailleurs, que l'armée, jusqu'à son départ, aurait consommé dix jours de pain, en y comprenant les vivres emportés avec elle, ce qui eût laissé, à partir du 20 août, suivant son compte, 127 jours de vivres à la place, au taux restreint qu'il indique, ou 60 jours 2/3 de ration entière.

Ce résultat paraît même un peu exagéré; mais, en fait, les approvisionnements se trouvèrent notablement plus élevés qu'on ne pouvait le supposer. (Voir plus loin.)

L'exagération du résultat ci-dessus provient de ce que le chiffre d'approvisionnement pris pour base est celui du 20 août et non celui du 10, bien moins élevé, et que, d'autre part, l'effectif de l'armée est notablement réduit : 135,000 hommes au lieu de 150,000. En ramenant l'effectif à son chiffre réel, le résultat serait de 124 jours au taux réduit, ou 67 jours 2/3 à ration entière.

L'instruction ne saurait admettre ces explications; quand il s'agit de constituer les approvisionnements d'une place menacée de siège, le taux de la ration entière sert de base aux évaluations. On n'a recours aux réductions que lorsque, plus tard, il faut prolonger la résistance ou parer à des éventualités imprévues, et cette mesure n'est prise que sous le coup d'une nécessité absolue.

Ainsi, d'après l'état des ressources au 10 août, et en admettant l'éloignement de l'armée, il était nécessaire, pour que la place pût résister quatre mois, de réduire dès le début la ration de pain de la garnison aux deux tiers et celle des habitants aux deux cinquièmes du taux normal. D'autre part, comme on va le voir, le bétail manquant, le parc de siège n'était pas constitué.

Dans ces conditions, rien n'était moins justifié que cette étrange sécurité du commandant supérieur.

Si les approvisionnements en céréales étaient incomplets, la situation, en ce qui concerne le bétail, laissait beaucoup plus à désirer encore. On a constaté précédemment que l'armée était à peu près dépourvue de réserve en viande sur pied, par suite du mode adopté pour la fourniture. Il en était de même pour ce qui concernait la place, dont le parc ne put être formé, au moment du départ de l'armée, qu'au moyen d'un prélèvement sur le troupeau de réserve de celle-ci.

Les documents recueillis ne permettent pas de déterminer le nombre de têtes de bétail existant à Metz au moment de la mise en état de siége. Ce qu'il y a de certain, c'est que, le 29 août, on n'en retrouve en ville que 244, y compris les vaches laitières, et que, dès le 30 août, le commerce de la ville n'en fournissait plus ; on fut forcé de mettre en consommation le parc de siége. A partir du 4 septembre, il n'était plus distribué que de la viande de cheval à l'armée, et, dès la fin d'août, on commençait à en consommer en ville.

En présence de la situation qui s'annonçait, l'intendant en chef craignit de manquer de vivres et, sur sa demande, le préfet de la Moselle écrivit le 12 août aux maires pour les engager à faire amener le bétail de leurs communes sous le canon des forts. Cet avis ne parvint que sur quelques points, mais il ne fut pas préparé de parc pour recevoir les animaux. Aussi plusieurs cultivateurs se virent-ils obligés de rentrer chez eux avec leurs troupeaux, dont un certain nombre furent enlevés par les uhlans.

Il n'existe trace, avant le commencement du blocus, que de deux mesures émanant de l'autorité militaire relativement à la subsistance des habitants : l'invitation concernant le bétail, prise sur l'initiative de l'intendant en chef, et les dispositions restrictives à l'admission des paysans, ordonnées par le commandant supérieur.

Le général Coffinières prescrivit, le 10 août, de ne recevoir que ceux d'entre eux qui seraient munis de quarante jours de vivres ; cet arrêté fut rapporté par une décision en date du 12, qui interdisait complètement l'entrée dans la place aux habitants de la campagne.

Ces arrêtés furent-ils mis rigoureusement à exécution ? Il y a lieu d'en douter. Ce qu'il y a de certain, c'est que le chiffre de la population normale de Metz, au moment du blocus, s'était accru d'environ 20,000 personnes, et que pendant deux jours seulement, à partir du 10 août, des mesures furent prises dans le but d'assurer l'alimentation de cet excédant de bouches à nourrir.

Quoi qu'il en soit, les dispositions de l'arrêté du 10 août étaient loin de satisfaire aux prescriptions réglementaires pour toute place menacée d'un siége, d'après lesquelles non-seulement on ne doit y admettre personne, mais encore on doit en faire sortir les bouches inutiles, ainsi que cela s'est pratiqué du reste pendant la guerre dans plusieurs places, et notamment pour Montmédy, Besançon, Langres, etc.

On a allégué des raisons d'humanité pour justifier cette manière d'agir. Ces motifs pouvaient avoir quelque valeur au moyen âge, lorsque l'ennemi mettait tout à feu et à sang sur son passage. Ils n'en ont plus aujourd'hui, car ces excès ne se commettent qu'exceptionnellement. En fait, les paysans réfugiés à Metz eurent beaucoup plus à souffrir dans leurs personnes et dans leurs biens que leurs concitoyens demeurés dans leurs foyers. D'ailleurs, en pareil cas, l'intérêt général prime tous les autres, c'est le pays tout entier et non la contrée environnante que défend une place de guerre.

Le devoir strict du commandant supérieur était donc de fermer impitoyablement ses portes. En fixant à quarante jours l'approvisionnement des gens qu'il admettait dans la place, il assignait ainsi une limite très-restreinte à la résistance, limite que l'ennemi allait connaître par les avis répandus dans les campagnes et qui devait guider ses opérations.

M. le général Coffinières allègue, il est vrai, que ce minimum de quarante jours a été fixé par des considérations pratiques au point de vue du transport et de l'emmagasinement. A ce point de vue même, cette limite paraît bien faible. On en trouve une preuve dans l'assertion même du général, affirmant que l'apport des paysans a certainement augmenté les ressources alimentaires de la place. En allouant chaque jour 1,200 grammes par adulte et 7 kilos par cheval, on trouve qu'une famille de six grandes personnes, ou quatre grandes personnes et quatre enfants, pouvait apporter avec elle, sur un chariot attelé de trois chevaux, cent jours de vivres pour les hommes et les chevaux, soit un poids de 28 quintaux et demi : le chargement des chariots lorrains est de 30 quintaux; opinion qui paraît du reste partagée par les personnes compétentes de Metz.

Or, depuis le 12 août, jour où l'entrée fut interdite aux habitants de la campagne, jusqu'au 28 octobre, le blocus a duré 77 jours ; ils ont dû se nourrir pendant 37 jours au delà de la limite assignée, et ils n'ont pu verser dans la consommation générale que le surplus des approvisionnements apportés par eux, sur lesquels ils avaient prélevé leur nourriture pendant 77 jours.

Il est difficile de savoir ce qu'il en a été au juste à ce sujet. En tous cas, si les apports des paysans ont excédé leur consommation, ce résultat ne saurait être attribué au général commandant supérieur. En laissant ses portes ouvertes au flot des fuyards, il méconnaissait en outre le principe suivant lequel dans toute place menacée de bombardement, il faut restreindre autant que possible le chiffre de la population, afin d'atténuer les effets de l'artillerie moderne, effets d'autant plus désastreux que l'agglomération est plus dense.

Situation des ressources lorsque le maréchal Bazaine est nommé commandant en chef.

En résumé, lorsque le maréchal Bazaine prit le commandement en chef, le 12 août, il y avait dans la place de Metz, chez les négociants, 18,000 quintaux de blé, donnant 48 jours de vivres, pour une population de 50,000 âmes. Cette estimation résulte des données fournies à ce moment par les gens les plus compétents, lesquels admettaient que, les apports des paysans et les approvisionnements de ménage venant s'ajouter au stock du commerce, cette population avait ses vivres assurés pour 60 à 70 jours. Or, 70 jours de vivres pour une population de 50,000 âmes font 50 jours pour 70,000 âmes, chiffre atteint par la population de Metz pendant le blocus, et qu'on était loin de prévoir du reste le 15 août.

En fait, il semble que les approvisionnements aient été plus importants qu'on ne le supposait et que les particuliers aient possédé des réserves très-considérables en grains, mais cette situation était inconnue à ce moment.

Quant à l'armée, l'état de ses approvisionnements n'était pas connu d'une manière précise. Il y avait dans les gares des amoncellements de denrées expédiées de l'intérieur ou provenant de ce qui avait pu être sauvé après Forbach, il ne pouvait être question dans ces conditions que d'en faire une évaluation par à peu près.

L'intendant en chef, à cette date, annonçait qu'il existait en pain, blé, farine et biscuit de quoi assurer pendant 23 jours 1/2 à 28 jours 1/2 la nourriture de 200,000 hommes et qu'il y avait de 12 à 15 jours de fourrages pour 50,000 chevaux.

Les chiffres donnés par l'intendant en chef le 13 août sont les suivants pour 200,000 hommes et 50,000 chevaux : blé tendre, 7 jours ; farine tendre, 15 à 20 jours ; biscuit, 1 jour 1/2 ; riz et légumes secs, 6 jours ; sucre, 15 jours ; café, 18 jours ; lard salé, 3/4 de jour ; vin, 7 jours ; eau-de-vie, 9 jours. Ces chiffres étaient trop faibles, comme on le verra plus loin, mais c'étaient les seuls sur lesquels on pût se baser alors.

Enfin, la place ne renfermait pas d'approvisionnement de siége. L'on comptait, pour le former, sur le reliquat qu'allait laisser l'armée, dont le départ pour Châlons venait d'être décidé.

Ce n'est donc pas sans raison que le maréchal a pu dire dans son ouvrage que les autorités militaires n'avaient pas pris les mesures propres à assurer les subsistances, mais il a eu tort de faire peser un blâme à ce sujet sur les autorités civiles (voir l'ouvrage du maréchal Bazaine, *l'Armée du Rhin*, page 95), auxquelles n'incombait que le devoir de se conformer aux instructions du commandement. Toujours elles les ont exécutées avec dévouement et patriotisme, constamment elles ont pris l'initiative de propositions susceptibles de prolonger la résistance. C'est ce que nous verrons plus loin.

Quant au maréchal Bazaine, il ne donne pas non plus d'ordres en prévision du siége imminent. S'il pouvait supposer que c'était chose faite, antérieurement à sa prise de commandement, tout au moins aurait-il dû s'en assurer avant d'abandonner la place à elle-même.

DEUXIÈME PÉRIODE

CONSOMMATION DES APPROVISIONNEMENTS.

CHAPITRE III

Marche sur Verdun. — Mesures concernant les approvisionnements de l'armée du 14 au 18 août.

Situation des vivres de l'armée le 14 au matin.

Lorsque l'ordre fut donné à l'armée, le 13 août, de se replier sur Verdun, les convois de l'administration durent suivre le mouvement des troupes. Il existait un convoi spécial pour chaque corps d'armée et pour les réserves d'artillerie et de cavalerie ; seul, le 6e corps, successivement appelé de Châlons à Nancy, renvoyé à Châlons, puis rappelé à Metz, n'avait pas encore été rejoint par le sien, qu'il devait retrouver à Verdun.

En attendant, celui du grand quartier général pourvoyait aux besoins du corps.

Le convoi de chaque corps comptait environ, suivant l'effectif, de 400 à 700 voitures auxiliaires dont le nombre total s'élevait à 2,890. Il y avait en outre 500 voitures du train des équipages qui étaient réparties entre les convois. Ces voitures étaient chargées de vivres et portaient ensemble au moins sept à huit jours de pain, farine ou biscuit, dix jours de vivres de campagne, riz, sucre et café, deux ou trois jours de vin ou eau-de-vie, trois jours d'avoine. D'après MM. de Préval et Gaffiot, les convois devaient porter quatre jours de vivres seulement, mais il ne s'agit là que d'un minimum. En effet, l'ordre avait été donné le 13 août d'emporter la plus grande quantité possible de vivres. D'où il résulte que, profitant des moyens de transport, les intendants des corps en avaient fait charger une quantité notablement supérieure, ainsi que cela résulte de toutes leurs dépositions. Enfin des troupeaux représentant trois ou quatre jours de viande sur pied suivaient l'armée.

Quant aux troupes, elles s'étaient pourvues le 13, suivant l'ordre de ce jour, de vivres pour les trois premiers jours de marche, soit les 14, 15 et 16. Mais, en raison du retard occasionné par la bataille de Borny, elles avaient dû se pourvoir jusqu'au 17. Les 3e et 4e corps et la garde étaient même alignés jusqu'au 18 inclus.

La subsistance de l'armée était donc assurée jusqu'au 23 août inclus, indépendamment des approvisionnements que l'intendant en chef était allé réunir à Verdun et sur la route, conformément à l'ordre qu'il avait reçu. (Voir plus haut.)

Ordre de marche.

L'ordre de mouvement donné à l'armée, le 13, n'indiquait pour les convois qu'une seule route entre Metz et Gravelotte. Dans ces conditions, la marche en retraite en présence d'une armée de 170,000 hommes et 41,000 chevaux, traînant avec elle un matériel aussi considérable, était impossible. On en jugera par ce fait que les seuls convois de l'administration, indépendamment des voitures de bagages, auraient occupé sur une file, à raison de 12 mètres par voiture attelée à quatre chevaux, une longueur de plus de 40 kilomètres (suivant les données d'un travail publié quelques mois avant la guerre par M. le colonel d'état-major Lewal).

Quant à l'armée, on trouve qu'en suivant une seule route et en marchant en colonne serrée par demi-section, les voitures par deux, elle aurait occupé, avec les convois qu'elle traînait à sa suite, un développement de 200 kilomètres environ, ou cinquante lieues.

Devant de pareilles conséquences, comment le maréchal ne songe-t-il pas à utiliser dès le premier jour pour ses convois les routes du vallon de Monvaux, de Lorry et de Voippy ?

C'est ce que l'on se demande sans pouvoir trouver une réponse plausible.

Ordre de licenciement du convoi.

Dans ces conditions, il devait se produire et il se produisit, en effet, un effroyable encombrement. C'est alors que le maréchal, justement préoccupé de cette situation, qu'il était toutefois bien facile de prévoir, au lieu de faire prendre aux convois les trois routes qui restaient disponibles, crut devoir ordonner à M. l'intendant de Préval, qui remplaçait provisoirement l'intendant en chef, de faire licencier immédiatement le convoi auxiliaire et les voitures du train auxiliaire, les voitures du train régulier devant seules accompagner l'armée dans son mouvement. Une partie seulement de ces dernières voitures étaient chargées de vivres. Comment l'armée allait-elle subsister sur les plateaux, si elle laissait ses vivres à Metz ? Il était clair qu'en agissant ainsi le maréchal se préparait les plus grands embarras.

L'intendant de Préval lui présenta des observations pressantes à ce sujet et lui demanda, pour couvrir sa responsabilité, un ordre écrit. Devant cette démarche inusitée qui devait l'éclairer sur la gravité de la mesure qu'il prescrivait, le maréchal n'hésita pas et signa l'ordre. Il n'était possible d'utiliser les ressources du convoi licencié, car on était en marche, presque toutes les troupes avaient dépassé le convoi, les distributions étaient impraticables.

Pour expliquer sa détermination, le maréchal allègue que l'empereur lui avait recommandé expressément d'alléger le plus possible l'armée en se débarrassant des voitures; qu'il pensait trouver des approvisionnements sur les routes qu'on devait parcourir; enfin, qu'il croyait en ce moment les troupes alignées de vivres.

Il est à peine besoin de dire que les recommandations de l'empereur ne pouvaient enchaîner en rien le maréchal sur un point de cette nature, et que le souverain ne pouvait avoir l'intention de priver l'armée des moyens de continuer un mouvement dont il désirait si vivement l'exécution. Quant aux vivres préparés sur les routes, ils existaient réellement.

Si le maréchal croyait que ses troupes, avec des vivres dans le sac jusqu'au 17 inclus, étaient suffisamment pourvues, comment expliquer sa conduite ? Que penser d'un chef qui, au moment d'exécuter une retraite en présence d'un ennemi entreprenant, attend pour se débarrasser d'impedimenta inutiles qu'ils aient produit l'encombrement, le désordre et de funestes retards, quand il n'avait qu'à les laisser simplement dans la place ?

Marche du convoi le 15 août.

Du reste, cet ordre allait heureusement se heurter à des impossibilités. Le licenciement du convoi comportait préalablement le déchargement des voitures. Pour l'opérer, il fallait les ramener en arrière ; or, il n'y avait pas à songer un moment à faire rebrousser chemin à la partie du convoi engagée dans le défilé, sous peine d'accroître dans une proportion extraordinaire l'encombrement et le désordre que l'on voulait faire cesser.

Force fut donc de laisser continuer sa marche à la partie du convoi qui avait déjà dépassé Longeville, le reste dut rebrousser chemin et fut se masser au Ban-Saint-Martin. Nous trouvons dans la partie du convoi qui continua ainsi à marcher le 15 et toute la nuit du 15 au 16, et qui était parvenue le 16 au matin à Gravelotte, les convois du 2ᵉ corps, du grand quartier général et d'une partie des réserves, plus un convoi de 100,000 rations de biscuit, dirigé par M. de Préval sur la route de Lessy.

Quant aux convois des 3ᵉ et 4ᵉ corps et de la garde, dont la tête avait été arrêtée à Longeville et dont une grande partie n'était pas encore sortie de Metz, ils demeurèrent en arrière au Ban-Saint-Martin ou sur les glacis.

En résumé, l'ordre de licenciement ne fut pas exécuté et ne pouvait pas l'être, il n'eut d'autres résultats que de séparer la plupart des corps de leurs convois et d'augmenter ainsi la difficulté de distribution, sans toutefois isoler complètement ces convois de l'armée elle-même.

RAPPORT DU GÉNÉRAL DE RIVIÈRE

(D'après les instructions données le 13 août pour les marches ultérieures par le maréchal, les voitures auxiliaires devaient toujours être tenues à une demi-journée au moins en arrière de l'armée. Or, c'est précisément cette distance, 12 à 13 kilomètres, qui sépare le Ban-Saint-Martin de Gravelotte.)

Journée du 16. — Bataille de Rézonville.

Le 16, à quatre heures du matin, M. l'intendant en chef Wolff, rentré dans la nuit, vint rendre compte au maréchal des approvisionnements rassemblés par lui à Verdun. Celui-ci l'invita à préparer également des vivres à Montmédy et lui dit de retourner à Verdun. (Dans son interrogatoire, le maréchal déclare ne pas se souvenir d'avoir vu l'intendant général Wolff le 16 au matin.) Puis, en confirmant son ordre de la veille, il prescrivit de renvoyer les voitures auxiliaires en chargeant le plus possible celles du train régulier. Cette prescription impliquait chez le commandant en chef la connaissance de la non-exécution de l'ordre de licenciement.

On profita du temps de halte ordonné à l'armée pour faire quelques distributions qui furent arrêtées par le combat.

La brusque attaque de l'ennemi, vers neuf heures du matin, contre la division Forton, entraîna la perte du convoi, de peu d'importance d'ailleurs, de cette division, qui fut abandonné en grande partie dans le village de Vionville.

Elle jeta, en outre, le désordre dans le convoi du 2e corps; une partie des convoyeurs déchargèrent leurs voitures, d'autres se dispersèrent.

Il semble aussi que la déplorable habitude, trop répandue parmi les troupes, de consommer à l'avance leur biscuit, ainsi que le funeste usage de déposer les sacs pour combattre, aient eu pour résultat, pendant cette journée, de faire perdre une partie des vivres de réserve et de causer ainsi de sérieuses inquiétudes aux commandants des corps d'armée, qui, coupés de leurs convois, ne savaient où se ravitailler (1).

Ordre d'aller chercher des vivres à Metz. — Convoi formé par M. de Préval.

Aussitôt après le combat, l'intendant de Préval se rendit auprès du général en chef, qui lui dit qu'il craignait de manquer de vivres. M. de Préval lui proposa alors de partir immédiatement pour Metz et de ramener le convoi sur le plateau, le lendemain de grand matin.

Le maréchal ayant consenti, l'intendant partit aussitôt et dirigea sur Gravelotte un convoi de 450 voitures; ce convoi ayant dépassé Moulins, allait s'engager dans les rampes de la côte de Gravelotte, lorsqu'il fut arrêté à la pointe du jour et dut rebrousser chemin sur l'avis que l'armée allait rentrer sous Metz, faute de vivres en quantité suffisante pour continuer sa marche.

Situation des vivres de l'armée le 16 au soir.

Cette affirmation, formulée dans l'ordre qui prescrivait à une armée restée maîtresse du champ de bataille un mouvement en arrière, n'était pas exacte.

En effet, le convoi du grand quartier général, arrivé tout entier sur le plateau, contenait à lui seul, après les distributions faites le matin, 257,000 rations de biscuit ou farine, 625,000 rations de sel, 750,000 de café, 649,000 de sucre, 330,000 rations de vin ou eau-de-vie et 27,500 rations de fourrage.

En outre, les troupes avaient avec elles les vivres portés par les voitures régulières du train des équipages militaires, qui avaient généralement suivi leur corps suivant l'ordre donné. Il y avait également sur le plateau le convoi auxiliaire du 2e corps d'armée, qui portait encore, malgré les pertes de la journée, un jour de biscuit pour le corps et trois ou quatre jours de vivres de campagne, ainsi qu'une partie du convoi du 4e corps.

Enfin, les troupes conservaient en moyenne un jour de vivres au moins dans le sac.

D'autre part, il avait été réuni, sur les routes conduisant à Verdun, des quantités considérables de farine, pain, avoine et paille. A Conflans et à Étain seulement, se trouvaient 43,000 rations de fourrage. Les principaux villages qu'on rencontre sur les deux routes de Verdun, par Mars-la-Tour et par Étain, offraient les ressources nécessaires pour faire du pain en quantité largement suffisante pour l'armée. Enfin, il existait à Verdun, dès le 15, au moins 5 à 600,000 rations de vivres de toute nature, des arrivages journaliers devant augmenter l'importance de cet approvisionnement.

Ainsi, les troupes avaient avec elles deux jours et demi au moins de vivres pour les hommes, et un jour pour les chevaux. Elles n'étaient plus qu'à 40 kilomètres de Verdun, où des vivres en abondance les attendaient; du pain et de l'avoine étaient à leur disposition sur la route; enfin le convoi ramené par M. de Préval pouvait être rendu à Gravelotte avant que l'armée se fût ébranlée. La situation était donc satisfaisante et ne présentait rien qui fût de nature à justifier l'assertion du maréchal sur la pénurie des vivres.

Les fonctionnaires de l'intendance, loin de croire que l'armée manquait de vivres le 17 août, ont été fort surpris du motif invoqué par son chef, et il ressort clairement de leurs dépositions que l'armée était largement approvisionnée pour continuer sa marche.

Le maréchal connaissait l'existence des ressources réunies à Verdun, il savait que le convoi n'avait pas été licencié. Il était donc à même de rassurer les commandants des corps, surtout après avoir fait venir le convoi du ban Saint-Martin.

---

(1) C'est ce qui explique les avis envoyés dans la journée au maréchal, au sujet du manque de vivres.

Il est vrai que M. l'intendant de Préval, dans son entretien avec le maréchal le 16 au soir, ne sut pas renseigner ce dernier sur l'existant à Gravelotte. Ce fonctionnaire, investi depuis trois jours seulement des fonctions intérimaires d'intendant en chef et chargé jusque-là du seul service des ambulances, pouvait ignorer les détails du service des subsistances, mais il s'agissait ici d'une question capitale; il est regrettable qu'il ne se soit pas informé auprès des directeurs du service de transports et des subsistances, MM. les sous-intendants Gaffiot et Mony, qui se trouvaient avec lui. Il n'en fit rien et permit ainsi au maréchal d'invoquer, pour expliquer son mouvement rétrograde, un motif dénué de fondement et qui devait impressionner d'une manière fâcheuse les troupes justement inquiètes de voir qu'à peine trois jours après le départ, l'administration était déjà hors d'état de leur assurer les vivres nécessaires pour continuer leur route.

C'est à tort, toutefois, que le maréchal profite de l'ignorance où il a été laissé par l'intendant de Préval, pour rejeter la responsabilité sur celui-ci. En effet, il dit lui-même : « Quand je lui parlai le « soir du 16 de notre situation, il me répondit qu'il « n'était pas au courant du service des vivres. »

S'il tenait à être renseigné exactement avant de prendre une détermination aussi grave, que ne s'adressait-il à ceux qui étaient à même de lui répondre ?

Comme nous l'avons vu, le maréchal, en licenciant le convoi le 15, regardait les vivres de sac comme suffisants.

Il reconnaît aussi que le 16 au soir les ressources ne faisaient pas défaut :

« Il doit y avoir, dit-il en parlant de son rapport « expédié le 16 au soir à l'empereur, un défaut de « rédaction, car, dans ma pensée, ce n'étaient pas « les vivres qui manquaient, mais il fallait les dis- « tribuer de façon à ce que les hommes eussent deux « ou trois jours de vivres dans leurs sacs, de ma- « nière à nous débarrasser de notre immense « convoi. »

Cet aveu achève de faire la lumière sur l'incident. Il serait superflu de s'arrêter à examiner si la nécessité de faire les distributions entraînait celle de battre en retraite, alors qu'on pouvait profiter des ressources réunies déjà sur le plateau, ou attendre le convoi qui allait arriver.

Denrées abandonnées ou brûlées à Gravelotte, le 17 août au matin.

Quoi qu'il en soit, du moment où le maréchal prenait le parti de se reporter en arrière, il était important de ne rien précipiter, pour ne pas donner à l'ennemi, sur le résultat du combat, une impression très-avantageuse. Il était essentiel, surtout, de ne rien laisser entre ses mains en se retirant.

Une partie des voitures du convoi avaient dû être déchargées, tant en exécution de l'ordre de licenciement, renouvelé le 16 au matin, que pour fournir le moyen d'enlever les blessés. Les quantités très-considérables de denrées qu'elles transportaient étaient déposées en arrière de Gravelotte sur le bord du chemin, et rien n'était plus simple que de les distribuer aux troupes. Il eût suffi de prescrire aux corps de toucher les vivres en passant, mais ce soin fut négligé. Nos divisions, que l'on disait dépourvues de vivres, défilèrent devant cet amoncellement de denrées sans y toucher, malgré les demandes réitérées de M. le sous-intendant Chapplain. Quelques régiments purent seuls en profiter. Au dernier moment, on brûla ce que l'on put et le reste tomba au pouvoir de l'ennemi.

Le convoi du grand quartier général perdit ainsi :

30,000 rations de biscuit, 14,000 rations de farine, 625,000 rations de sel (on allait en manquer), 75,000 rations de café, 619,000 rations de sucre, 21,000 rations de vin et d'eau-de-vie, 4,000 rations d'avoine, soit 2,063,000 rations de toute espèce, plus une quantité considérable d'effets et d'ustensiles de campement et du matériel.

Appréciation de la conduite du maréchal.

Ainsi, au départ de Metz, le maréchal, qui avait déjà perdu sans motifs un jour au passage de la Moselle, engage à tort le convoi sur une seule route à la suite de l'armée, au lieu d'utiliser les trois routes du vallon de Monvaux, de Lorry et de Saulny. L'encombrement qui en résulte est effrayant.

A cette vue, le maréchal décide de renvoyer à Metz tout son convoi, c'est-à-dire tous ses vivres, sauf deux ou trois jours portés dans le sac et sur les voitures du train régulier. Comment pense-t-il, dans ces conditions, pouvoir subsister sur les plateaux ? Il est probable qu'il sera obligé de revenir sur ses pas pour chercher le moyen de nourrir ses troupes ou de s'arrêter pour les attendre.

Cet ordre, dont les résultats étaient patents, parvient à des fonctionnaires qui, effrayés de ses conséquences, profitent des difficultés d'exécution pour en atténuer autant que possible les effets, et continuent à faire filer vers le plateau, avec le convoi du grand quartier général, le plus de denrées qu'ils peuvent.

Contre toute espérance, on a des vivres sous la main. Mais le soir du combat, au lieu de se renseigner auprès du sous-intendant chargé du service des subsistances, qui connaît les ressources, le maréchal se contente de faire part de ses craintes à M. de Préval, qui lui déclare n'être pas au courant de ce service.

Il envoie chercher un convoi à Metz, et c'est quand cet ordre est en train de recevoir son exécution et quand les denrées vont arriver, qu'il décide qu'on battra en retraite, faute de vivres.

Le maréchal a-t-il pris toute cette série de mesures sans en prévoir les conséquences ? Il est difficile de l'admettre. On ne peut s'empêcher de faire la réflexion suivante : Si le maréchal eût voulu se ménager à l'avance des obstacles pour ne pas continuer sa marche, il n'eût pas agi autrement.

Retour des convois sous Metz. — Pertes éprouvées le 18.

Pendant que l'armée allait occuper les positions de Rozerieulles à Saint-Privat, les convois du 2e corps et du grand quartier général, qui avaient reçu ordre de monter à Plappeville, mais qui ne purent y arriver, revinrent s'établir au Ban-Saint-Martin où les autres convois se trouvaient parqués depuis le 15. La journée du 17 fut consacrée à établir les troupes sur le terrain. Les corps d'armée envoyèrent alors chercher leurs convois restés sous Metz. On avait négligé de les diriger, au retour de Gravelotte, dans le vallon de Monvaux, où ils eussent été à portée des troupes.

Le maréchal l'aurait sans doute ordonné, s'il n'eût conservé, en établissant son armée de Rozerieulles à Saint-Privat, l'intention déjà manifestée le 16 au soir, dans son rapport à l'empereur, de la reporter sur la ligne Vigneulles-Lessy.

Quelques-uns de ces convois, parmi lesquels celui du 3e corps, arrivèrent le 17 au soir ; certains le 18 seulement ; d'autres enfin, notamment celui du grand quartier général et celui de la garde, restèrent au Ban-Saint-Martin.

Il ne fut généralement pas fait, avant le 18 au matin, de distributions avec les ressources ainsi amenées, et, comme l'attaque de l'ennemi vint les interrompre, une bonne partie des troupes n'eut, pour vivre jusqu'au retour sous Metz, 19 août, que les ressources qu'elles avaient avec elles depuis leur départ.

Ce fait démontre de nouveau que, le 17, alors que l'armée avait en plus à sa disposition le convoi du grand quartier général, elle était parfaitement en mesure de continuer sa marche.

Tandis que les intendants des corps envoyaient chercher leurs convois, le maréchal prescrivait de prendre des vivres à Plappeville et d'utiliser à cet effet les moyens de transport du train régulier et tous ceux disponibles, même certaines voitures d'artillerie.

En exécution de cet ordre, le 18 au matin les corps dirigèrent sur Plappeville toutes les voitures dont ils pouvaient disposer, et notamment les voitures à bagages, après les avoir fait décharger sur le terrain. Cette mesure était très-imprudente ; la bataille se trouva engagée bien avant que ces voitures eussent pu revenir, ce qui entraîna la perte de la plus grande partie des bagages d'officiers des 4e et 6e corps.

Beaucoup de soldats, en rentrant sous Metz, avaient, de leur côté, perdu leurs sacs et leurs ustensiles de campement. Ces pertes rendirent très-pénible le sort des troupes pendant le blocus et contribuèrent à affaiblir leur moral en même temps que leur santé.

Dans la même journée du 18, l'administration éprouva quelques pertes.

Un convoi envoyé au 6e corps débouchait du bois entre Saulny et Saint-Privat, lorsqu'il fut mis en désordre par les soldats qui abandonnèrent les premiers le champ de bataille. La panique se répandit parmi les convoyeurs, qui abandonnèrent leurs voitures. On perdit ainsi environ 28,000 rations complètes sur 41,000 que portait le convoi.

De son côté, le convoi du 4e corps, surpris par l'attaque de l'ennemi au moment de la distribution, fut dispersé. Ses pertes furent beaucoup plus considérables. Pour le convoi du quartier général du corps, elles s'élèvent à 990,000 rations de toute espèce, dont 20,000 de pain ou biscuit, 1,050 de lard, 3,500 de fourrages, 132,000 de sel. Ceux des divisions perdirent aussi des denrées.

Enfin, le 2e corps éprouva aussi de grandes pertes.

Mentionnons, en outre, pour mémoire, quelques désordres qui eurent lieu au retour, à la gare de Devant-les-Ponts, et causèrent la disparition d'une certaine quantité de vivres.

Malgré toutes ces pertes, et déductions faites des denrées distribuées les 16, 17 et 18 août, les convois ramenèrent encore des approvisionnements qui, ajoutés à ceux, peu importants de ce reste, versés le 17 au matin dans les magasins de Metz, en exécution de l'ordre de licenciement, s'élevaient aux quantités suivantes :

Grand quartier général, 212,000 rations de pain, biscuit ou farine ; 309,000 rations de vin ou d'eau-de-vie, et 23,000 rations d'avoine ;

2e corps, environ un jour de biscuit et trois jours de vivres de campagne pour l'effectif du corps ;

3e corps, environ cinq à sept jours de vivres de toute nature ;

4e corps, environ dix à douze jours ;

Garde, environ six à sept jours.

Ces chiffres permettent d'apprécier à sa juste valeur l'affirmation du maréchal au sujet du *manque de vivres*, affirmation qu'il ne s'était pas contenté d'exprimer aux troupes, mais qu'il avait reproduite dans ses télégrammes et ses lettres à l'empereur, au ministre et au maréchal de Mac-Mahon.

Une fois rentré sous Metz, loin de rectifier son assertion, il laissa croire au contraire que les vivres et les munitions allaient lui faire défaut à bref délai, ce qui jeta la consternation dans toute la France et provoqua la tentative désespérée qui aboutit au désastre de Sedan.

L'idée qu'on se faisait de la pénurie des vivres à Metz, d'après les avis envoyés par le maréchal Bazaine, était telle que le maréchal de Mac-Mahon craignit un moment de ne pas arriver à temps pour éviter une capitulation, et le déclara à M. Rouher.

CHAPITRE IV
Blocus.

Devoirs du commandant de l'armée par rapport à la place.

Le maréchal Bazaine, en ramenant les troupes sous les murs de Metz, allait vivre désormais sur les ressources de la place. Aux termes du décret sur le service des places, le général commandant une armée dans l'arrondissement duquel une place en état de guerre se trouve comprise, ne doit toucher aux munitions de guerre et de bouche formant l'approvisionnement de la place que dans le cas d'absolue nécessité et d'extrême urgence; il les fait remplacer le plus tôt possible.

Si le remplacement de guerre et de bouche est reconnu indispensable dans le cas où une armée en cours d'opérations vient à se ravitailler, on comprend quelle responsabilité incombe à un général en chef qui se réfugie sous le canon d'une place, et qui, par le séjour prolongé qu'il y fera, va compromettre la durée de la résistance qu'elle peut opposer à l'ennemi.

A partir de la rentrée de l'armée, la période du blocus commençait. S'il demeure possible pendant les premiers jours aux personnes isolées de pénétrer dans Metz et d'en sortir, il n'entre plus guère d'approvisionnements dans le camp retranché.

Dans ces conditions, le devoir dictait au commandant en chef deux mesures indispensables : mettre à profit les forces considérables dont il disposait pour ramasser toutes les ressources que lui offrait le pays environnant, puis économiser les vivres en rationnant l'armée et la population et en évitant tout gaspillage.

Nous exposerons plus loin les dispositions prises pour l'exécution de ces mesures que le devoir commandait impérieusement au commandant en chef. Il convient d'examiner d'abord la situation des vivres au 19 août et le rapport existant entre la quantité de ressources et le nombre de bouches à nourrir.

Approvisionnements de la ville et de l'armée à la rentrée de celle-ci sous Metz.

A cette date, l'administration militaire était loin de connaître exactement ce qu'elle possédait. L'intendance territoriale n'avait eu, pour constituer les approvisionnements de siège, que les quantités de vivres laissés par l'armée à son départ, faute de temps pour en conserver l'importance.

Les ressources se composaient : 1° des denrées amoncelées sans ordre dans les gares de Monsigny et de Devant-les-Ponts, et provenant, soit de l'intérieur, soit du sauvetage partiel des dépôts sur la frontière; 2° de l'existant dans les magasins de la place dans lesquels on transportait ces denrées trouvées dans les gares; il fallait encore quelques jours avant qu'elles n'y fussent réunies et complètement reconnues; 3° des convois de l'armée, dont une partie fut versée également en magasin et dont le reste constitua les premières réserves des corps d'armée.

Dans cet état de choses, il ne pouvait être question que d'une évaluation approximative, et les renseignements fournis au commandant étaient au-dessous de la réalité.

D'après la situation adressée au maréchal commandant en chef, le 20 août, l'ensemble des ressources comprenait un effectif de 200,000 hommes, vingt et un jours et demi de blé, farine et biscuit, pour cinq de riz, six de sel, quinze de sucre, vingt-six de café, un et demi de lard, quinze de vin et eau-de-vie, et enfin pour 50,000 chevaux et quinze jours de fourrages.

On n'évaluait guère le nombre des réfugiés qu'à 3,000, tandis qu'il s'éleva à 20,000 environ, et le chiffre total de la population n'était estimé qu'à 50,000 âmes, au lieu de 70,000. Cet effectif de 258,000 rationnaires ne varia guère pendant le blocus, car si à la fin la ville dut fournir aux habitants des villages voisins 7,000 rations entières de pain par jour, les pertes éprouvées du 20 août à la capitulation, soit dans les combats, soit par suite des décès civils et militaires, s'élevèrent à très-peu près au même chiffre.

A cette même date du 20, M. Bouchotte informait l'administration militaire que la ville possédait 22,000 quintaux de blé, plus 266,000 rations de pain, soit en tout 3,166,000 rations.

Quant au nombre des rations, il comprenait, le 20 août, à très-peu près :

Armée active, 150,000 hommes;

Garnison, troupes de ligne non endivisionnées, garde mobile, division Laveaucoupet, 25,000 hommes;

Hôpitaux, ambulances et dépôt des convalescents, 18,000 hommes;

Population civile (rations entières), 63,300;

Malades et blessés chez l'habitant, environ 4,500.

Soit, en tout : 258,000 bouches à nourrir.

On était du reste très-loin, à cette date, de croire ce chiffre aussi élevé. D'après le blocus de Metz, le nombre des personnes ainsi nourries s'est élevé à 8,355, ce qui fait à peu près 7,000 rations entières. Toutefois, le général Coffinières ne parle que de 4,550.

L'ensemble des approvisionnements en céréales restant, tant dans la ville que dans les magasins militaires, d'après les données indiquées au commencement, représentaient 7,666,000 rations de 750 grammes, ce qui donnait 29 jours 3/4 pour le nombre réel de rationnaires ou 32 jours pour le nombre de 240,000, sur lequel on comptait alors.

On doit dire que cette situation s'est trouvée meilleure qu'on ne le supposait. Cela provient de ce que, d'une part, l'intendance ne connaissait pas encore, à beaucoup près, toutes ses ressources et de ce que, d'autre part, il y avait dans la ville, chez les particuliers, une masse considérable de denrées dont on ignorait l'importance au commencement du blocus. L'intendant en chef, dans sa lettre du 20 août, n° 372, au maréchal, citée plus haut, lui annonce que l'ensemble des ressources pour l'armée s'élève à 22 jours 1/2 de pain pour 200,000 hommes. Or, la situation des magasins de la place seulement, établie le 22, indique 38 jours 1/3 pour le même effectif. L'erreur de l'intendant était donc de 18 jours ; c'est à partir de cette date qu'on peut établir exactement la situation des magasins de l'armée. Quant aux approvisionnements chez les particuliers, ils s'élevaient au moins à 16,000 quintaux, attendu que la réquisition opérée en ville amena le versement de 15,156 quintaux, 16,000 quintaux métriques représentant 8 jours 1/4 de pain pour l'ensemble des rationnaires, ou 33 jours 2/3 pour la population civile. Or, les chiffres donnés par M. Bouchotte, le 20 août, n'indiquent qu'une quantité moindre chez les particuliers.

Il ne faut pas oublier, du reste, que si la résistance a été prolongée jusqu'au 27 octobre, c'est grâce aux achats effectués dans les villages situés dans nos lignes (Voir pièce annexe n° 10), ainsi qu'aux mesures prises tardivement.

Nous venons de voir l'état des approvisionnements en pain, tel que l'indiquaient les documents officiels.

Quant à la viande, on allait bientôt manquer de bétail, mais on avait les chevaux ; elle ne pouvait donc faire défaut.

Grâce aux ressources de la ville, le vin était en abondance, et on pouvait compter sur des quantités notables de légumes secs, enfin sur du sucre et du café pour plusieurs mois.

Le sel seul manquait à peu près totalement ; on put heureusement y suppléer dans une certaine mesure en utilisant la source salée de Belle-Croix, dont l'eau fut employée pour la cuisson des aliments.

Pour les fourrages, l'apport de la ville n'était pas en état d'augmenter les approvisionnements dans une proportion notable ; en raison de la quantité énorme d'animaux à nourrir, on ne pouvait pas compter sur plus d'une vingtaine de jours à la ration normale.

L'examen sommaire de cette situation montrait clairement que les denrées qu'il était indispensable de ménager et dont on devait chercher par tous les moyens possibles à rehausser les approvisionnements étaient le blé, les fourrages et le sel. Il était dès lors bien difficile de se pourvoir de cette dernière substance ; mais, comme nous allons le voir, il n'en était pas de même pour le blé et les fourrages, ce qui était autrement important encore.

Ressources existant à proximité de la place. — Possibilité de les recueillir. — Absence de mesures dans ce but.

Au 19 août, la plaine de la basse Moselle n'étant pas parcourue par des patrouilles de cavalerie ennemie, les trains circulèrent, dans la matinée de ce jour, entre Metz et Thionville, le lendemain 20 ; les messagers expédiés de Thionville à Metz ne rencontrèrent personne ; ils passèrent encore sans difficulté le surlendemain 21. A partir du 22 seulement, l'ennemi établit de ce côté quelque cavalerie, mais il n'occupa sérieusement et en force la plaine que quelques jours après.

Cette région est très-fertile. La récolte de 1870 venait d'être recueillie. Bonne sur les plateaux, elle avait été excellente dans la vallée. Les greniers et les granges regorgeaient de denrées.

Le maréchal disposait d'une nombreuse et excellente cavalerie. Il avait sous la main, entre Metz et Mézières, en bornant à la rive droite de l'Orne le champ de ses opérations, des ressources immenses, qu'il fallait se hâter de recueillir sous peine de les voir tomber aux mains de l'ennemi, qui mettait à profit notre inaction.

« Du 20 au 30 août, dit dans sa déposition
« M. Wianson, maire de Plappeville et membre du
« conseil d'arrondissement, on voyait du fort de
« Plappeville l'armée ennemie enlever les appro-
« visionnements contenus dans les fermes et les
« villages de la vallée de Thionville, jusque sous
« le feu des forts : aux Maxes, à 3,000 mètres du
« fort Saint-Julien ; à Bellevue, à 5,000 mètres ; à
« Saulny, à 2,600 mètres du fort de Plappeville ;
« Les Prussiens organisaient des convois de
« paysans pour aller chercher des denrées. Ces
« convois étaient dirigés par des uhlans, revêtus
« d'une blouse, qui, le pistolet au poing, les for-
« çaient à marcher. »

On peut se rendre compte des quantités de denrées que l'on pouvait se procurer ainsi.

Il a été possible, en effet, en compulsant les procès-verbaux dressés par les autorités municipales, de constater les quantités de denrées pillées ou brûlées par l'ennemi dans les villages et fermes situés dans la plaine, au nord de Voippy, sur une surface de moins d'une lieue et demie carrée : Ladonchamp, Sainte-Agathe, Bellevue, Saint-Remy, les Grandes et Petites-Tapes et les Maxes.

Le relevé de ces procès-verbaux indique, pour ces fermes et villages, 9,084 quintaux métriques de blé, seigle, orge, et 26,536 quintaux métriques d'avoine, paille et fourrage. Il ne comprend pas les denrées enlevées et utilisées par l'armée, notamment à Sainte-Agathe et à Ladonchamp.

L'armée proprement dite, dont l'effectif s'élevait, au 2 septembre, à 144,000 hommes et 39,500 chevaux (Voir Appendice, pièce 1), y aurait trouvé 8 jours 83 de pain pour les hommes (ou 10 jours exactement en pain de boulange, c'est-à-dire sans bluter la farine), à la ration de 750 grammes, et 1,679 pour les chevaux à la ration moyenne de 4 kilog. adoptée depuis le 6 septembre (Voir Appendice, pièce VIII, tarif des rations de fourrages). En répartissant ces quantités sur l'ensemble des bouches à nourrir, on arrive à 4 jours 93 (ou 5 jours 58 en pain de boulange) de pain.

Une opération dans la plaine de Thionville, tout en assurant la rentrée des denrées qui s'y trouvaient en abondance, aurait protégé, en outre, l'arrivée des convois de vivres et de munitions dirigés sur Metz par M. l'intendant de Préval, lesquels durent rétrograder le 19 par suite de l'interruption de la voie ferrée. Il n'est pas possible de déterminer ce qui a été perdu ainsi pour l'armée. On constate cependant qu'il devait arriver à Metz, le 17 au soir, 60 wagons de poudre, 6 de biscuit, 34 de pain, 5 de vivres de campagne, 6 d'avoine; que 1,800,000 rations de biscuit parvinrent jusqu'à Thionville, et qu'enfin 5,000,000 de cartouches et 25,000 coups de canon étaient en route. Ces convois furent refoulés en arrière sur Montmédy et Longuyon.

Il est inexplicable que le maréchal, informé par les télégrammes multipliés du ministre de l'expédition d'énormes quantités d'approvisionnements de toute nature par le chemin de fer des Ardennes, et qui avait envoyé, le 17, M. de Préval pour les ramener, n'ait pris aucune disposition pour protéger cette ligne, seule voie qui restât ouverte.

Les chiffres que nous avons cités plus haut sont indiqués comme exemple de la richesse du pays, mais la statistique agricole des environs de Metz indique d'une manière assez précise l'ensemble des ressources que présentait le pays et dont il était possible de se rendre maître.

Lorsqu'au 1er septembre, et notamment du 19 au 26 août, l'ennemi conserva ses principales forces massées sur le plateau de la rive gauche, c'était de ce côté que le maréchal avait tenté de percer, et ses troupes y étaient aussi groupées sous les forts Saint-Quentin et Plappeville. Réunie sur les plateaux, l'armée du prince Frédéric-Charles était prête à rallier, au besoin, celle du prince royal et du prince de Saxe, qui opéraient en Champagne.

Par suite, la rive droite de la Moselle était à peu près complétement dégarnie, à ce point que, du 18 au 25 août, des paysans purent circuler de Metz à Saint-Avold sans rencontrer un Allemand.

L'on comptait, sur cette rive et aux abords de Metz, un grand nombre de villages et de fermes qui renfermaient des approvisionnements considérables. Rien n'eût été plus simple lorsque, le 22, le 3e corps passa sur la rive droite, de faire exécuter au besoin le même mouvement à deux, au moins, des corps d'armée qui restaient sur la rive gauche, suffisamment protégés par les feux de la place et des forts Saint-Quentin et de Plappeville, et d'en profiter pour étendre la ligne d'occupation jusqu'à la position dominante de Sainte-Barbe, qui commande toute la contrée. Si on ne croyait pas devoir conserver définitivement cette position, il était, en tout cas, facile de profiter, pour faire rentrer les denrées contenues dans un rayon de cinq kilomètres des forts de la rive droite, de ce que l'ennemi avait presque toutes ses forces sur la rive gauche.

Les moyens de transport ne faisaient pas défaut. En sus des ressources que fournissaient les habitants, on pouvait disposer de 3,500 voitures auxiliaires qui étaient restées enfermées dans Metz et dont on ne sut tirer aucun parti. (Il résulte d'un relevé exécuté par la commission de liquidation de comptes de l'armée du Rhin, que le nombre de voitures auxiliaires enfermées dans Metz pendant le blocus s'est élevé à 3,507.) On se rend compte d'ailleurs de l'activité qu'auraient déployée les habitants pour aider à l'exécution du sauvetage de leur fortune.

Des recherches statistiques, exécutées avec le plus grand soin au moyen de documents établis sur les lieux ou extraits des ouvrages qui font autorité dans la matière, ont permis de reconnaître les quantités de denrées de la nouvelle récolte existant dans les villages compris dans un rayon de cinq kilomètres des forts de Queuleu et de Saint-Julien sur la rive droite de la Moselle, ainsi que dans ceux de la plaine de Thionville sur la rive gauche, jusqu'aux limites de l'arrondissement, plaine restée complétement libre jusqu'au 22 août, comme nous l'avons vu. L'arrondissement de Metz se termine dans la vallée de la basse Moselle, à trois lieues de la ville.

Ces quantités s'élevaient à 39,592 quintaux de blé ou seigle, dont 1,528 environ de seigle seulement, 13,747 quintaux métriques d'orge, 20,813 quintaux métriques d'avoine, dont trois cinquièmes d'avoine et deux cinquièmes d'orge, 108,979 quintaux métriques de paille et 54,512 quintaux métriques de foin naturel ou artificiel. (Consulter à ce sujet, à l'appendice, pièce 10, *Statistique agricole des environs immédiats de Metz*, tableau n° 1.)

Ce relevé ne comprend pas les denrées existant dans les villages à l'intérieur de nos lignes ou qui ont pu être ramenées par nos troupes, comme à Villiers, l'Orne, Mey, Vantoux, etc. (Les villages enfermés dans nos lignes, et dont les ressources ont pu être utilisées par nos troupes, contenaient en denrées de la nouvelle récolte 17,435 quintaux métriques de blé et de seigle (voir renvoi n° 2), 6,482 quintaux métriques d'orge, 9,813 quintaux métriques d'avoine (voir renvoi n° 3), 47,536 quintaux métriques de paille et 27,713 quintaux de foin, 1,102 têtes de bétail, 977 moutons ou brebis et 931 porcs. (Voir à ce sujet appendice, pièce 10, tableau n° 2.) Le relevé ne comprend pas non plus les produits de quelques grandes fermes situées dans le rayon de cinq kilomètres des forts de la rive droite, mais dont le centre communal est en dehors de ce rayon.

En tenant compte des circonstances imprévues et de la nécessité de laisser de quoi vivre aux habitants, nous croyons demeurer au-dessous de la vérité, en affirmant qu'il eût été facile de réunir les deux tiers de ces denrées, c'est-à-dire environ 35,626 quintaux métriques de blé, seigle et orge, et 122,869 quintaux métriques d'avoine, paille ou foin, naturel et artificiel.

Ces 35,626 quintaux métriques de blé, seigle ou orge représentent, pour les 144,000 hommes de l'armée hors de Metz au 2 septembre, 34 jours de pain, 64,100 à la ration de 750 grammes ou 19 jours 33 pour l'ensemble des 258,000 rationnaires; en employant ces denrées à faire du pain de boulange, elles auraient produit 32 jours 82 de pain de boulange à la ration de 500 grammes pour les 258,000 rationnaires. Les 122,869 quintaux métriques d'avoine, paille ou foin eussent donné, pour les 39,500 chevaux de l'armée hors de Metz, 77 jours 76 de fourrages, à la ration moyenne de 4 kilogrammes adoptée depuis le 6 septembre.

On ne saurait arguer, pour contester ce résultat, de la difficulté du transport ; l'ensemble de ces denrées forme un poids de 158,500 quintaux métriques, c'est-à-dire le chargement de 5,300 voitures du pays. On comptait 3,500 voitures auxiliaires, 500 à 600 dans les villages dont on devait ramasser les denrées, autant dans la ville et dans l'intérieur des lignes, 500 du train des équipages, sans compter les fourragères de l'artillerie, les voitures à bagages, etc. Pour enlever ces denrées, il suffisait donc que chacune des voitures dont on pouvait disposer fît un ou deux voyages de 10 kilomètres, y compris l'aller et le retour.

En dehors de la question des ressources du pays, le maréchal Bazaine perdit dans les premiers jours du blocus une occasion bien extraordinaire de grossir ses approvisionnements aux dépens de l'ennemi. Nous trouvons des détails à ce sujet dans la déposition de M. Scal, inspecteur des chemins de fer de l'Est :

« Pendant la période du 18 au 25 août, dit-il, les grandes forces ennemies occupaient les plateaux de la Woëvre ; la rive droite était tout à fait dégarnie, et beaucoup de paysans des villages de Courcelles, Pont-Pierre, Hémilly, Faulquemont, Remilly, Chaville, etc., vinrent sans trouver le moindre obstacle jusqu'à Metz. M. Scal apprit par eux qu'il existait entre Hermy et Courcelles, sur la voie ferrée, deux mille wagons chargés de vivres et de grands approvisionnements dans les stations de Courcelles, Remilly et Hermy. »

Cette situation, qui lui fut confirmée plus tard, lors de la reddition de Metz, par l'agent prussien chef du service du chemin de fer à Remilly, parut à M. Scal devoir être signalée au maréchal Bazaine ; il fut le trouver à son quartier général. Après lui avoir rendu compte, il exposa qu'il avait quatre machines disponibles et 1,600 wagons vides, et qu'il serait facile d'amener en gare de Metz les convois ennemis et de recueillir tout ce qui était déposé dans les gares ; qu'il n'y avait à peu près personne sur la rive droite, et qu'il y avait là une belle occasion à saisir. Mais le maréchal ne jugea pas à propos de s'arrêter à cette proposition.

Dans les jours qui suivirent la rentrée sous Metz, aucun ordre ne fut donné pour faire amasser les denrées et bestiaux, et les troupes durent, au contraire, venir camper jusque sur les glacis de la place, où elles demeurèrent dans une complète inaction jusqu'au 26 août, jour de la première démonstration sur la rive droite de la Moselle.

Maintien de l'armée sous Metz. — Inconvénients de cette détermination. — Obligations qui en résultaient pour le général en chef et pour le commandant supérieur.

A la suite de la conférence qui eut lieu le 26 août au château de Grimont, il fut décidé, sur l'avis des commandants de corps et d'armes, que l'armée devait rester sous Metz, du moins provisoirement; il était entendu que c'était à la condition expresse de tenir les troupes en haleine au moyen de petites opérations, ayant pour but de harceler l'ennemi et de recueillir les approvisionnements existant à portée des campements.

Sans avoir besoin de l'avis des commandants des corps, le maréchal ne pouvait oublier que c'était pour lui un devoir impérieux d'agir ainsi; les règlements, la simple prudence lui dictaient cette conduite.

Néanmoins, les jours suivants s'écoulèrent sans qu'il fût donné suite aux dispositions arrêtées par le conseil.

La tentative du 1er septembre fut loin de dénoter chez le commandant en chef la volonté de s'éloigner de Metz.

Après la catastrophe de Sedan, sa résolution de demeurer sous la place ne fit que s'affermir. Les paroles qu'il adressa, le 12 septembre, aux généraux réunis l'établissement d'une manière irrécusable. Enfin, il en convient lui-même dans son interrogatoire : « Quant à une sortie pour tenir la cam« pagne, dit-il, je l'ai jugée impossible après « Sedan. »

C'était là une résolution grave; elle le devenait bien plus encore par suite de l'inaction de l'armée. En effet, elle consommait par jour une quantité de vivres double de celle nécessaire pour les habitants et la garnison de Metz, et déjà les approvisionnements, même dans le cas où l'armée ne serait pas venue y puiser, n'étaient plus assez considérables pour permettre à la résistance une durée proportionnée à l'importance de la place.

Si nous examinons ce qui serait advenu, si, le 26 août, le maréchal s'était décidé à s'éloigner de

Metz, nous voyons que, d'après la situation à cette date, il ne serait resté que pour 87 jours de vivres à ration entière pour la garnison et la population.

Le 26 et le 31 août, lorsque l'ordre de marche fut donné, la division Castagny dut rester à Metz, ce qui eût porté la garnison à près de 30,000 hommes et l'ensemble des rationnaires à 110,000 environ, chiffre qui doit être ramené à 108,000 en raison des décès nombreux survenus dans les deux mois d'août et septembre. Or, d'après les documents fournis à cette époque, il restait dans les magasins militaires environ 7 millions de rations de pain en blé, farine et biscuit, et 3 millions en ville, en tout 10 millions, dont l'armée eût enlevé 600,000 en emportant quatre jours de vivres. (Voir au sujet du chiffre des rationnaires, renvoi E.)

Ce fait indique suffisamment que la principale préoccupation du commandant en chef de l'armée devait être de prendre toutes les mesures de nature à augmenter la durée des approvisionnements et, r conséquent, celle de la résistance.

Il y avait là un devoir en quelque sorte plus strict encore pour le commandant supérieur qui n'avait à se préoccuper que des intérêts de sa place et qui, les voyant compromis par la résolution du maréchal, avait cependant cru devoir opiner, le 26 août, pour le maintien de l'armée sous les murs de Metz.

Devoir de constituer le comité de surveillance des approvisionnements de siége. — Cette mesure réglementaire n'est pas prise.

Dans leur prévoyance, les règlements militaires sur la défense de la place n'abandonnent pas au commandant le soin de régler seul les mesures relatives à l'importante question des approvisionnements. Le décret du 13 octobre 1863 institue auprès de lui un *comité de surveillance des approvisionnements de siége* qui veille à leur conservation et renseigne le commandant supérieur en lui fournissant des états périodiques. Sans avoir d'autorité par lui-même, il forme ainsi auprès du commandant une sorte de conseil consultatif qui a naturellement pour mission de l'éclairer sur la situation et de lui proposer au besoin les mesures qu'elle paraît exiger.

C'est ainsi que le comité a, du reste, compris son devoir et qu'il a agi lorsqu'il eut été tardivement constitué le 12 octobre. Ses avis ont été suivis par le général commandant supérieur.

La composition même du comité en indique le rôle. Il comprend, indépendamment d'officiers d'artillerie, du génie et des troupes de la garnison, le fonctionnaire de l'intendance chargé du service des subsistances, un médecin et enfin le maire de la ville. Tous les intérêts étant représentés dans son sein, il offre toutes les garanties de compétence désirables.

Les dispositions si sages du règlement furent négligées, et ce comité ne fut pas constitué, non plus que le conseil de défense.

Le décret du 13 octobre 1863 est pourtant formel à cet égard; en voici le texte :

« Art. 260. Le comité de surveillance des approvisionnements est créé aussitôt que l'ordre de former les approvisionnements est ordonné. Voici le texte relatif au conseil de défense : Art. 245, dernier :

« Lorsque les troupes ennemies se rapprochent « de la place et que le commandant de place ne « peut prendre les ordres de l'autorité supérieure, « il pourvoit à l'exécution de toutes les mesures « que les circonstances exigent. Il forme, conformément à l'article 258, un conseil, composé des « divers chefs de service, qu'il consulte, selon qu'il « y a lieu, ensemble ou séparément. »

M. le général Coffinières, se fondant sur la première phrase, a assuré qu'un commandant de place n'a le devoir de constituer le conseil de défense que lorsqu'il ne peut recevoir les ordres de l'autorité supérieure, et que, dans tout autre cas, comme à Metz, par exemple, il n'appartient pas au commandant de place de constituer le conseil.

Il y a lieu d'observer à ce sujet : « 1° en ce qui concerne le comité de surveillance, que le règlement n'indique nulle part l'autorité à qui incombe sa formation ; 2° en ce qui concerne le conseil de défense, que l'autorité qui doit le constituer n'est désignée qu'à l'article 245, dernier », cité textuellement ci-dessus, et il n'est question dans aucun autre article du décret de la formation de ce conseil.

Or, le même article 245, § 1er, énumère toutes les mesures commandées par les circonstances que le commandant en chef doit prescrire, tandis qu'il reste muet sur la composition du conseil. Il semblerait donc que, si l'initiative *des mesures énumérées* dans l'article n'appartient au commandant de la place que dans le cas où il ne peut prendre les ordres de l'autorité supérieure, cette exception ne s'applique pas à la constitution des conseils, et qu'il doit les former de lui-même et dans tous les cas.

Si, au début du siége, ce comité ne fut pas formé, la responsabilité de cette négligence pèse tout entière, il faut le reconnaître, sur le général Coffinières.

En effet, le jour même de sa nomination au commandement de Metz, le ministre donnait l'ordre de former dans cette place les approvisionnements de siége.

Au reçu de cet ordre, l'intendant militaire demanda au général la nomination des membres du comité de surveillance.

Le général déclare qu'il ne se souvient pas d'avoir été informé de l'ordre du ministre.

En admettant même qu'il n'ait pas reçu communication de cet ordre, sa responsabilité ne se trouve pas dégagée, car logiquement, comme d'après les dispositions formelles du règlement, la formation des approvisionnements de siège doit être antérieure à la déclaration de l'état de siège. Or, l'état de siège fut décrété pour Metz le 7 août. Le commandant supérieur n'avait donc nullement besoin de recevoir avis de la décision ministérielle relative aux approvisionnements, pour s'occuper de la constitution du comité de surveillance.

Le général allègue également qu'il n'a reçu aucune instruction dans ce sens du commandant en chef, mais les règlements ne précisent en aucune façon que l'initiative de cette formation doive appartenir au commandant de l'armée.

Du reste, entre le 15 et le 18 août, l'armée avait quitté Metz, et le général Coffinières exerçait le commandement dans toute sa plénitude ; comment a-t-il négligé alors d'exécuter les mesures du décret? Il n'a pu les perdre de vue, car, dès le 15, le général de Laveaucoupet se rendait auprès de lui et lui demandait s'il avait formé le conseil de défense, conformément au règlement. Le général Coffinières se borna à répondre « qu'appelé au com« mandement de la place de Metz par l'empereur, « il connaissait tous ses devoirs, qu'il les remplis« sait tous et qu'il en acceptait toute la responsa« bilité. »

Nous verrons enfin le commandant supérieur, à la date du 12 octobre, ordonner la formation des conseils et s'en attribuer l'initiative. Le maréchal assure, il est vrai, avoir prescrit cette mesure, mais il n'existe trace d'aucun ordre à ce sujet. Quoi qu'il en soit, le général, en déclarant avoir pris en octobre l'initiative des mesures qu'il n'a pas prescrites en août, prouve lui-même qu'il n'avait pas besoin d'ordres pour le faire.

Le commandant de la place se priva ainsi volontairement des appuis que lui donnaient les règlements militaires pour défendre les intérêts de la place. Alors que la présence de l'armée dans le camp retranché allait lui créer une situation d'autant plus difficile, pourquoi repoussait-il le concours qu'il avait trouvé dans les membres des conseils et notamment dans le maire de Metz?

Quand bien même les représentations respectueuses de ces conseils n'eussent exercé aucune influence sur les déterminations du maréchal, elles auraient fait voir du moins la situation telle qu'elle était, et aurait ainsi préparé tous les esprits aux sacrifices que cette situation devait imposer.

Du moment où le général Coffinières négligeait de remplir les devoirs qui lui étaient tracés par les règlements, c'était au maréchal à les lui prescrire, et s'il ne l'a pas fait, l'instruction est en droit de reprocher au général en chef, comme au commandant de la place, d'avoir écarté tout contrôle sérieux sur les mesures qu'ils allaient ordonner.

Mesures relatives au rationnement de l'armée.

Pour arriver au but que le maréchal devait se proposer, prolonger autant que possible la durée des approvisionnements, et par suite celle de la résistance, ces deux mesures devaient se présenter tout d'abord à son esprit :

Mettre en commun toutes les ressources et soumettre au rationnement les habitants comme l'armée ;

Réduire pour les uns comme pour les autres la ration de pain au strict nécessaire.

C'était ainsi seulement qu'on pouvait éviter les gaspillages, les doubles emplois, les consommations exagérées, et faire concourir toutes les ressources à la prolongation de la résistance.

Par une étrange et incroyable insouciance, ces mesures si simples furent négligées, et, pendant près d'un mois, le maréchal s'est conduit comme si l'abondance régnait et comme s'il eût ignoré la situation, alors que l'intendant en chef lui en rendait compte journellement dans ses rapports

La seule disposition prise à la rentrée de l'armée sous Metz fut la réduction (à partir du 29 août seulement) au taux réglementaire des rations qui jusque-là étaient perçues suivant le tarif beaucoup plus élevé arrêté le 19 juillet 1870. La ration de sel seule fut réduite de 16 à 10 grammes.

Le lendemain il n'était plus perçu de foin, mais on accordait, en compensation, un kilogramme d'avoine.

Ces mesures étaient insignifiantes.

Le commencement de septembre s'écoule dans la même inaction.

La consommation à peu près complète des animaux de boucherie force seulement, à partir du 4 septembre, à substituer à la viande de bœuf celle de cheval, dont la ration, portée d'abord à 350 grammes (au lieu de 250 grammes de bœuf), est ramenée, à la date du 6 septembre, à celle de 300 grammes.

En même temps, 4 septembre, la pénurie des denrées fourragères amène la réduction du taux de la ration des animaux. Cette réduction peu importante est suivie d'une seconde plus forte dès le surlendemain. Il n'y a plus, en effet, le 3, que dix jours de vivres pour les animaux d'après le taux antérieur de la ration.

Le 10 septembre, sur la proposition de l'intendance, les denrées fourragères existant en ville sont mises en réquisition, mais cette réquisition produit peu de chose : 5,924 quintaux métriques de denrées, soit la quantité nécessaire pour nourrir quatre à cinq jours les chevaux de l'armée.

Ainsi, le 14, la ration de fourrage est encore diminuée, elle est réduite au taux de 3 kil. 500 gr., 3 kil. ou 2 kil. 50 gr. de toutes denrées, suivant les armes.

Les premières mesures sérieuses, dans le but de réduire la ration des hommes, ne datent que du milieu de septembre.

Le 14 septembre, la ration de pain est ramenée

pour l'armée de 750 à 500 grammes, tandis que celle de la viande est portée, en compensation, de 300 à 400 grammes.

L'instruction doit noter cependant que, depuis le 7 septembre, pressé par l'intendance de réduire la ration, le maréchal avait pris le singulier parti de faire ramener secrètement à 1,400 grammes le poids du pain de munition de 1,500 grammes, ce qui venait à réduire la ration de 50 grammes.

L'adoption, à dater du 20 août, du tarif des vivres mis en vigueur le 15 septembre, dont les troupes n'eurent nullement à souffrir, aurait amené une économie de 11,000 quintaux métriques de blé, représentant, pour l'armée, douze jours de vivres (y compris la garnison, les malades e blessés, soit 190,000 hommes), ou neuf jours pour l'ensemble des rationnaires (258,000), à la ration de 500 grammes. Prise le 2 septembre seulement, cette mesure eût encore produit une économie de 4,465 quintaux métriques de pain, soit six jours pour l'armée et trois jours et demi pour l'ensemble des rationnaires.

A cette même date du 15 septembre, la ration de riz était réduite de 60 à 45 grammes, et celle de sel de 10 à 5 grammes.

Le 21 septembre, ces rations étaient réduites respectivement de 45 à 30 grammes, et de 5 grammes à 2 grammes et demi. En même temps, on prescrivait d'utiliser pour faire la soupe l'eau de la source salée de Belle-Croix, dont on avait cherché d'abord à extraire le sel, opération qui n'avait pas donné un résultat avantageux en raison du faible degré de salure de l'eau.

Le 21 septembre, la ration de viande fut portée de 400 à 500 grammes.

Il n'y eut pas de modifications jusqu'au 9 octobre.

Mesures concernant la population civile. — Actes de l'autorité municipale.

On vient de voir que près d'un mois avait été perdu depuis la rentrée de l'armée sous Metz, avant de réduire la ration du soldat. L'incurie fut bien plus encore relativement à la population, et cependant, la nourriture des habitants importe autant à la défense que celle même des troupes; aussi, le règlement fait-il un devoir au commandant en chef de donner ses soins à cette grave question.

L'attention des autorités municipales s'était, dès l'abord, tournée de ce côté, et, tandis que le commandant supérieur attendait le 12 octobre, ainsi qu'on le verra plus loin, pour établir la commission de surveillance des approvisionnements de siège, le conseil municipal, dès le 25 août, créait dans son sein une commission des subsistances chargée de tout ce qui concernait l'alimentation publique.

Cette commission ne faillit point à sa tâche et elle déploya un zèle de tous les instants et une persévérance infatigable à rechercher et à faire appliquer toutes les mesures tendant à tirer parti des ressources existantes, comme à les faire durer le plus longtemps possible.

Le 13 septembre, elle demandait de faire requérir les blés que possédaient les particuliers, proposait de taxer le pain, la viande de cheval et de prendre une décision municipale pour empêcher la sortie des blés et farines.

Le commandant supérieur, faisant droit en partie à cette demande, rendit, le 15, un arrêté qui prescrivait la réquisition des blés et farines, fixait le taux du remboursement de ces denrées et taxait le pain et la viande de cheval. Mais il attendit au 10 octobre pour interdire la sortie des blés et farines.

Le 20 septembre l'administration, dont les ressources en farine s'épuisaient rapidement, annonce à la municipalité son intention de requérir tout ou partie des moulins de la ville pour moudre ses blés. Cette exigence, qui aurait eu pour résultat d'arrêter le service de la boulangerie civile, excita des réclamations du conseil municipal, qui obtint de conserver la libre disposition de la plus grande partie des moulins. Leur réquisition eut toutefois un résultat favorable en ce qu'elle entraîna le rationnement effectif des habitants, dont la consommation se trouva limitée dans une certaine mesure par la quantité de farine produite chaque jour par les moulins laissés à la disposition de la ville. Une commission, formée par moitié de conseillers municipaux et de boulangers, dans le but de régler la répartition des ressources, reconnut que les moulins laissés à la disposition de la ville fournissaient 240 sacs de farine par jour et que cette quantité réduisait à 500 grammes la ration des habitants, et répartit en conséquence cette quantité de 240 sacs entre les boulangers.

Le rationnement de la ville commença ainsi par la force des choses, le 27 septembre. Mais, comme il ne résultait pas d'une prescription formelle et n'était qu'une conséquence indirecte de la réduction survenue dans la production de la farine, comme les boulangers étaient maîtres de disposer de leurs réserves, comme enfin leur commerce restait libre, ce rationnement put être éludé en grande partie. Cela eut lieu avec d'autant plus de facilité que, le 3 octobre, l'intendance ayant fait établir de nouveaux moulins par le génie militaire à la suite des réclamations du conseil municipal, rendait à la ville l'usage des usines qu'elle avait mises en réquisition.

L'adoption, à partir du 2 septembre, du rationnement à 500 grammes pour la population, aurait produit une économie de trois jours, 29,000 rations de pain pour l'ensemble des rationnaires de l'armée et de la ville.

Les dispositions adoptées par la commission,

réglant seulement, comme nous venons de le voir, la répartition, entre les boulangers, de la farine produite, ne suffisaient pas à assurer à chacun la ration qui lui revenait. En effet, les soldats de l'armée, dont la ration avait été réduite, le 15 septembre, accouraient en foule dans la ville acheter du pain. Ce fut en vain que le commandant supérieur, sur la demande de l'administration municipale, rendit, le 24 septembre, un arrêté pour empêcher le trafic du pain ; qu'il mit certaines restrictions à l'entrée des soldats en ville, enfin qu'il employa la gendarmerie à protéger les boulangeries.

La fraude reparaissant toujours, la commission se décida à employer le système des cartes de consommation.

Cette mesure, décidée le 4 octobre, demanda dix jours de travail préparatoire pour l'établissement des cartes, et ne put être mise à exécution que le 16 octobre.

C'est ce travail qui permit alors de reconnaître qu'il fallait pour la population civile (en accordant seulement 1/2 ration aux enfants de quatre à douze ans, et 1/4 à ceux de un à quatre ans) 63,370 rations entières.

Sacrifice des intérêts de la place à ceux de l'armée.

Toutes les mesures concernant la population étaient décidées sans que l'autorité militaire eût pris aucune initiative. Quelquefois même elle ne prêtait son concours qu'avec difficulté. L'alimentation des habitants paraissait peu l'inquiéter, et il lui arrivait de prendre les dispositions les plus contraires à l'intérêt de ces derniers.

C'est ainsi que, dès le 29 août, ordre était donné de recenser les bêtes à cornes existant en ville afin de les requérir pour les besoins de l'armée. Il fallait une démarche du conseil municipal auprès du maréchal Bazaine pour obtenir que les vaches laitières fussent exceptées de la réquisition.

C'est ainsi que l'interdiction de laisser sortir les blés et farines, réclamée par le conseil le 13 septembre, ne fut prononcée, comme nous l'avons vu, que le 10 octobre, alors que l'administration avait reconnu qu'il n'y avait plus d'achats à faire en ville. Encore cette prescription ne fut-elle pas exactement observée, car le 17 octobre le conseil municipal renouvelait ses réclamations à ce sujet.

C'est ainsi enfin, nous l'avons dit plus haut, que l'intendance avait, dès le 20 septembre, voulu mettre en réquisition tout ou partie des moulins de la ville pour les besoins de l'armée, et qu'il avait fallu les observations du conseil municipal pour obtenir la réduction de ces exigences.

Consommation abusive par les troupes du pain de la ville.

Les troupes, profitant de la liberté d'aller en ville qui leur avait été laissée, venaient y acheter, comme supplément à leurs rations, des vivres de toute nature, épuisant ainsi en pure perte les approvisionnements de la population.

Les allocations que le maréchal avait accordées aux soldats leur donnaient toute facilité pour faire ces acquisitions. Une indemnité de 12 centimes par jour, puis une seconde de 25 centimes en sus de la première, leur était accordée, en compensation des denrées qui faisaient défaut ou des réductions dans le taux de la ration.

Les achats de pain surtout s'effectuaient sur une grande échelle. Ils eurent le résultat le plus fâcheux. Souvent les soldats jetaient leur pain de munition pour en acheter du blanc. Non-seulement ils assiégeaient les boulangeries, mais des trafiquants amenaient jusque dans le camp des voitures de pain. Ce commerce interlope fut interdit, par arrêté du 24 septembre, mais la sortie du pain resta libre jusqu'au milieu d'octobre.

Il est possible de se rendre compte des quantités de pain que l'armée se procura journellement aux dépens des approvisionnements de la ville.

D'après un relevé officiel établi par la municipalité de Metz, la consommation normale du pain dans la ville était de 31,538 kilog. par jour avant le blocus ; pendant celui-ci la consommation journalière s'éleva, du moins jusqu'au 15 octobre, date du rationnement des habitants, à 59,032 kil. en moyenne, présentant ainsi un excédant de 27,494 kilog. Ce chiffre ne comprend pas les quantités de pain fabriquées chaque jour par la boulangerie civile pour le compte de l'armée.

Mais la population urbaine s'était élevée, nous l'avons indiqué, de 48,000 à 70,000 âmes. En outre, la ville nourrissait, à la fin du blocus, environ 8,000 habitants des communes voisines. L'augmentation de la population à nourrir était donc en réalité de 30,000 âmes, c'est-à-dire des 5/8 du chiffre normal. Cette augmentation dut entraîner un accroissement correspondant de 19,710 kilogrammes dans la consommation journalière du pain. On vient de dire que cet accroissement atteignit 27,494 kilogrammes par jour. C'est donc une quantité de 7,784 kilogrammes de pain que l'armée enlevait en moyenne journellement à la ville.

Cette consommation a été beaucoup plus forte jusqu'au 18 septembre, époque à laquelle l'entrée en ville ne fut plus autorisée que pour les soldats en corvées régulières. Elle a notablement diminué depuis. Toutefois, l'interdiction d'entrer en ville ne fut jamais rigoureusement appliquée et ne fit qu'atténuer le mal. L'abus ne prit fin qu'après le rationnement des habitants et l'emploi des cartes.

Cette consommation abusive pendant ces cinquante-sept jours de durée, du 19 août au 15 octobre, a absorbé 443,700 kilogrammes, ou 887,400 rations de 500 grammes. La faiblesse du commandant, qui n'a pas su empêcher ce gaspillage, a donc diminué par ce fait la durée des approvisionnements de trois jours, 44 p. 100, à la ration de 500 grammes pour l'ensemble des 258,000 rationnaires.

Achats de denrées en ville par l'administration militaire.

Depuis le commencement et presque jusqu'à la fin du blocus, les services de l'intendance, soit de l'administration centrale, soit des corps, ne cessèrent d'acheter toute espèce de denrées à Metz, nourrissant ainsi l'armée au détriment de la population. On se procura ainsi, à partir du 19 août seulement, des quantités énormes de vivres de toute espèce, au moins 165,000 rations de viande (à 300 grammes), plus de 900,000 rations de pain, blé ou farine, de 1,270,000 rations de riz ou légumes secs, de 500,000 rations de sel, de 700,000 rations de sucre, de 1,300,000 rations de café, de 73,000 rations de lard, de 7 millions de rations de vin ou d'eau-de-vie, de 1,275,000 rations de fourrages (à 5 kil.). Ce relevé ne comprend pas les denrées recueillies dans les petites sorties, payées aussi, du reste, à leurs propriétaires.

En adoptant, pour équilibrer les ressources, la ration de 500 grammes de pain et de 400 grammes de viande, ces quantités représentent vingt jours et demi de vivres pour la population civile (63,400 rationnaires), ou 12 jours environ pour la population, la garnison et les malades et blessés (108 à 110,000 rationnaires).

Ces denrées furent souvent payées au-dessus du cours établi par le commandant supérieur, ce qui amena la hausse des prix et contribua à faire dissimuler les ressources à l'administration centrale de l'armée.

En présence des plaintes qui lui étaient adressées à ce sujet, le maréchal annonça, il est vrai, officiellement, le 15 septembre, que « l'administration « militaire avait renoncé à effectuer des achats de « blés dans Metz, du jour où elle avait su que la mu- « nicipalité faisait faire un recensement de cette « denrée et recherchait une combinaison à l'effet « de modérer l'élévation du prix du pain. » Mais cette interruption dans les achats fut en tout cas de courte durée, car on lit dans une dépêche du 27 septembre du maréchal à l'intendant en chef, qu'il « autorise ce dernier à faire rechercher le blé « existant à Metz et à le faire acheter secrètement « par un agent sûr, » tentative qui, d'ailleurs, n'a pu être exécutée, car le 1er octobre, l'intendant en chef répondait « qu'en raison de l'état de l'esprit de « la population, ce n'était qu'à grand'peine qu'il avait « été possible de trouver un agent pour cette mis- « sion et que cet agent n'avait pas réussi. »

La lettre du 15 septembre répondait aux plaintes de la population que le général Coffinières avait transmises au maréchal par une dépêche de la veille, dans laquelle il s'exprimait ainsi :

« J'ai l'honneur d'informer Votre Excellence de « ce que produisent à Metz les premiers symptômes « de la disette.

« Un des griefs les plus admissibles de cette po- « pulation est que les soldats et les officiers surtout « viennent en masse dans la ville et qu'ils font des « acquisitions à tout prix, ce qui fait remonter la « valeur de toutes les denrées.

« Les boulangeries seraient assiégées par l'ar- « mée qui achèterait le pain blanc et gaspillerait le « pain de distribution.

« On affirme avoir vu du pain de l'armée donné « aux chevaux, tandis que les habitants en man- « quent absolument, etc., etc.

« Je prends la liberté de soumettre ces questions « à Votre Excellence, qui prendra telle mesure « qu'elle jugera convenable pour satisfaire, dans « la limite du possible, aux réclamations de la po- « pulation civile.

« Si vous voulez bien me permettre de donner « mon avis, je proposerai les dispositions sui- « vantes :

« 1° De concert avec l'administration municipale, « je vais publier une taxe du pain et de la viande « de cheval ;

« 2° Je demande à ce qu'on restreigne le plus « possible les permissions de venir en ville, tant « pour les soldats que pour les officiers de tout « grade ;

« 3° Que des mesures sévères soient prises pour « éviter le gaspillage du pain de distribution ;

« 4° Qu'il soit distribué le moins possible de blé « aux chevaux ;

« 5° Que l'armée fournisse à la ville environ « quinze chevaux par jour pour assurer l'alimenta- « tion. »

Il fallait que les abus fussent criants et les griefs palpables pour que le général Coffinières, qui se retranchait d'ordinaire dans un effacement systématique, ait consenti à se faire l'interprète des habitants dans cette circonstance. Il devait, du reste, en être ainsi pour qu'il se crût autorisé à rappeler officiellement le commandant en chef à l'exécution des mesures les plus élémentaires et les plus indispensables à l'intérêt de l'armée comme à celui de la place ; il est regrettable qu'il n'ait pas adressé plus souvent de semblables représentations.

Consommation du blé par les chevaux de l'armée.

En protestant contre les plaintes formulées dans la lettre du commandant supérieur, le maréchal se gardait, toutefois, de relever un des principaux griefs des habitants, celui qui avait trait à la consommation du blé par les chevaux.

C'est, qu'en effet, il venait de donner l'ordre, le 12, d'employer le blé à cet usage. Dès le 7, il avait prescrit l'emploi du seigle. Cette dernière céréale fut employée exclusivement à la nourriture des animaux tant qu'on put s'en procurer. Quant au blé, l'intendant en chef proposa, le 1er octobre, de le réserver pour les hommes. Néanmoins, les distributions générales de blé par le magasin de fourrages continuèrent jusqu'au 7 octobre, et il a été reconnu qu'il en avait été distribué, soit en graines, soit en gerbes, sur les ressources particulières des corps d'armée, divisions et régiments, tant avant le 14 septembre qu'après le 7 octobre.

Le 8 octobre, le maréchal se décidait à interdire l'emploi du blé pour nourrir les chevaux. Sa circulaire à ce sujet était ainsi conçue :

« Je suis informé que des militaires de l'armée
« achètent du blé pour nourrir leurs chevaux et
« prélèvent ainsi une partie des denrées qui doi-
« vent être exclusivement réservées aux hommes.
« Ce fait est contraire aux recommandations ren-
« fermées dans ma lettre du 15 septembre, n° 477.
« Je vous prie de renouveler de la manière la
« plus formelle la défense de donner aux chevaux
« ni pain ni blé. »

C'était la première fois que cette défense était faite en ce qui concerne le blé; nous venons de voir que la lettre du 15 septembre ne renfermait pas, et pour cause, d'interdiction de ce genre.

La lettre du 8 octobre était donc destinée à donner le change à l'opinion en faisant croire que, s'il avait été distribué du blé aux chevaux, c'était contrairement aux ordres du commandant en chef. La responsabilité était rejetée ainsi sur les fonctionnaires de l'intendance qui avaient fait faire toutes les distributions, et sur les officiers qui, voyant leurs montures s'éteindre dans les tortures de la faim, cherchaient au prix des plus lourds sacrifices à les conserver pour la sortie sans cesse annoncée et toujours différée.

Il serait impossible de déterminer rigoureusement les quantités de céréales propres à l'alimentation de l'homme qui ont été ainsi détournées de leur emploi ordinaire. Il résulte toutefois du travail établi à ce sujet que ces quantités ont atteint au minimum le chiffre de 10,777 quintaux métriques.

Cette mesure, qui enleva ainsi à l'armée et à la population treize jours deux tiers de pain à la ration de cinq cents grammes, et diminua d'autant la résistance sans aboutir à autre chose qu'à prolonger de deux semaines environ la vie des malheureux chevaux, fut l'une de celles qui ont soulevé le plus vivement l'opinion publique.

On ne saurait contester, en principe, le droit du commandant en chef, de procéder comme il l'a fait.

Nourrir les chevaux avec du blé, pour les consommer ensuite comme viande de boucherie, revient en effet à une simple transformation de vivres, et, dans le cas où le pain eût été en excédant par rapport à la viande, c'eût été non-seulement un droit, mais un devoir pour le commandant en chef de procéder ainsi. C'eût été le moyen d'éviter l'épuisement de l'un de ces deux aliments indispensables et d'arriver simultanément au terme des approvisionnements de l'un et de l'autre. Mais résolu, comme il l'était, à ne pas sortir, il devait ne nourrir que le nombre de chevaux nécessaires pour l'alimentation publique, et s'attacher avec un soin extrême à réunir toutes les ressources possibles de denrées fourragères et à les faire consommer avant de s'attaquer à l'approvisionnement en céréales, déjà si restreint.

C'est pour avoir négligé de se conformer à ces principes que le maréchal est blâmable. Sa conduite a eu, comme nous allons le voir, les plus fâcheuses conséquences.

Si, comme c'était son devoir, le maréchal se fût préoccupé de l'avenir, soit le 26 août, quand le maintien temporaire de l'armée sous Metz fut décidé, soit le 1er septembre, quand il annonçait lui-même l'insuccès de ses efforts pour sortir, soit enfin à la nouvelle du désastre de Sedan, quand il renonça définitivement à tenir la campagne; si, au lieu de vivre au jour le jour, il eût tenu compte des renseignements de l'intendant en chef, lui annonçant, à la date du 2 septembre, qu'il ne restait que pour dix jours d'avoine, il aurait été amené insensiblement à prendre les déterminations décisives que commandait impérieusement la situation.

On connaissait alors l'importance des approvisionnements en blé de l'armée et de la ville, et par suite leur durée. Rien n'était donc plus facile que de déterminer le nombre d'animaux nécessaires pour fournir de la viande pendant la même durée.

Ce chiffre fixé, deux partis restaient à prendre à l'égard du surplus devenu inutile :

Il fallait renoncer immédiatement à nourrir ces chevaux, comme on a dû faire un peu plus tard, et réserver les ressources en fourrages pour ceux que l'on conserverait et qu'on eût pu d'ailleurs employer pour le service jusqu'au dernier moment.

On pouvait encore combiner une attaque à la faveur de laquelle la cavalerie, sauf à éprouver des pertes, aurait traversé les lignes prussiennes et gagné l'intérieur du pays.

Pour se trouver en sûreté et à l'abri de toute poursuite, il lui suffisait, une fois hors des lignes, de faire une pointe d'une quinzaine de lieues. En donnant le change à l'ennemi et choisissant comme de juste les cavaliers les plus déterminés et les chevaux les plus vigoureux, l'opération était loin d'être impossible.

C'est une opération de ce genre qui avait été exécutée avec succès en 1805, par la cavalerie autrichienne, avant la capitulation d'Ulm.

Le maréchal, à qui cette combinaison fut proposée, dit ne pas l'avoir adoptée parce que l'opération ne lui paraissait pas praticable. Puisque tel était son sentiment, il ne lui restait que l'autre alternative : se débarrasser des chevaux qu'il n'était

26

pas utile de conserver pour le service de la boucherie.

En ne nourrissant que le nombre d'animaux nécessaires pour l'alimentation des hommes, non-seulement il eût pu facilement éviter d'avoir à leur donner du blé et du seigle, mais il aurait réussi à prolonger notablement la résistance.

Les calculs faits à ce sujet montraient qu'on eût pu aussi conserver des chevaux pour nourrir l'ensemble des rationnaires, à partir du 2 septembre, au taux de 350 grammes par homme, pendant 89 jours, soit jusqu'au 29 novembre.

En utilisant en outre les ressources qu'il eût été possible de réunir dans les environs, la limite atteinte eût été le 1er janvier inclus, à la ration de 400 grammes de viande pour les hommes et de 4 kilogrammes 1/2 de fourrage pour les chevaux. Dans ce dernier cas, tous les chevaux eussent été conservés.

Rôle joué par l'intendance. — Ignorance où elle est laissée par le commandant en chef. — Résultat de cette manière d'agir.

Des critiques sévères ont été formulées contre l'administration militaire, tant en raison de la distribution du blé aux chevaux que pour les divers actes rapportés plus haut.

Il est incontestable que les expédients auxquels elle eut recours n'étaient guère susceptibles de modifier sensiblement les conséquences de l'imprévoyance du début et qu'ils avaient le grave inconvénient de créer un antagonisme fâcheux entre la ville et l'armée.

Il est profondément regrettable surtout que les mesures commandées par la situation : réduction, en temps utile, du taux de la ration ; mise en commun des ressources ; rationnement général, etc., n'aient pas été appliquées ou ne l'aient été que tardivement et d'une manière incomplète. Nous venons de constater les résultats qu'auraient amenés ces dispositions, en ce qui concerne la nourriture des chevaux et les approvisionnements en viande. Nous verrons plus loin que, pour le pain, ces résultats eussent été non moins favorables.

L'instruction constate que la plupart des mesures susceptibles de prolonger la durée des vivres ont fait l'objet de propositions au commandement. Non-seulement, il n'y a pas été donné suite, mais le maréchal n'adopta jamais que tardivement et avec répugnance les demi-mesures auxquelles il s'est arrêté.

Le commandant en chef, en laissant l'administration militaire dans l'incertitude au sujet de ses projets, dans l'ignorance de ses intentions, la place dans une position des plus difficiles ; l'intendance a toujours agi en prévision d'une sortie prochaine. Les dispositions des fonctionnaires de ce corps établissent ce fait qui ressort également de toute la correspondance administrative adressée au maréchal.

Leurrée par cet espoir, comme tout le monde du reste, elle vivait au jour le jour ; reléguant au second plan les intérêts de la place et n'ayant d'autre préoccupation que d'assurer aussi bien que possible les besoins du moment sans s'inquiéter des conséquences qui en pourraient résulter pour le cas d'un séjour indéfini sous les murs de Metz, hypothèse à laquelle nul ne s'arrêtait.

Il est juste de dire que le commandant en chef, tout en ne voulant plus sortir après Sedan, se trouvait dans une disposition d'esprit qui lui faisait partager le point de vue auquel se plaçait l'administration militaire. Il pensait, lui aussi, que l'armée ne devait plus demeurer longtemps sous Metz et qu'il importait plus de la conserver intacte et vigoureusement constituée que de chercher à faire durer les vivres en recourant à des mesures susceptibles d'affaiblir les hommes et de détruire la constitution de l'armée en la privant de ses chevaux. Mais ce n'était pas sur la force des armes qu'il comptait pour sortir d'embarras, c'était sur les négociations avec l'ennemi. On sait, en effet, qu'elles furent entamées le 23 septembre, par l'intermédiaire du sieur Régnier.

Aussi, le 28, M. le sous-intendant Gaffiot étant venu l'entretenir de la pénurie des denrées fourragères, le maréchal, après avoir consulté son aide de camp sur l'époque probable du retour de l'international, c'est-à-dire de la réponse à ses ouvertures, prescrit de ménager les dernières ressources, de manière à avoir pour deux jours d'avoine pour le 1er octobre. D'après les pourparlers engagés, c'est à cette date qu'il attend la solution à intervenir, ainsi que le prouve l'assertion contenue dans la brochure du sieur Régnier.

Il n'est pas douteux que, si l'intendant en chef avait su, dès le commencement de septembre, que le maréchal ne comptait plus sortir, ses dispositions eussent été tout autres.

S'il eût été ainsi mis au courant, il n'aurait pas été détourné de prendre les mesures les plus propres à prolonger la résistance par la crainte d'affaiblir les hommes, ni par la préoccupation de conserver l'armée fortement constituée en vue de la reprise des opérations en rase campagne.

Que dans les conditions où l'a placée le commandant en chef, l'administration militaire se soit cru obligée d'avoir recours à certaines mesures d'un résultat fâcheux ; que notamment elle ait employé le blé pour l'alimentation des chevaux, rien de plus facile à concevoir, mais rien non plus qui puisse couvrir le maréchal, ainsi qu'il semble le donner à entendre.

Toutes ces mesures, en effet, étaient basées sur l'erreur dans laquelle il entretenait l'armée. A la responsabilité encourue par les dispositions ainsi prises, doit donc s'ajouter, pour le commandant en chef celle d'avoir trompé ses subordonnés, et le maréchal, loin d'être couvert, comme il semble le donner à entendre, par les fautes commises par l'intendant, peut, à juste titre, passer pour leur premier auteur.

En outre des résultats fâcheux signalés plus haut, la préoccupation d'une prochaine sortie motiva, à plusieurs reprises, la distribution de vivres de réserve portés dans le sac. Ces vivres furent en grande partie consommés en sus de la ration, malgré les recommandations faites à ce sujet. Cet abus ne cessa qu'au moment où l'on se décida en octobre à ne plus les confier aux hommes, mais à les déposer dans les magasins des corps d'armée. Il en avait été déjà gaspillé ainsi pour un nombre de jours variable suivant les corps d'armée, qui tous n'avaient pas reçu le même nombre de distributions. Cette consommation s'est élevée au 3e corps d'armée, suivant la déposition de l'intendant de ce corps, à la quantité de quatorze jours de vivres.

D'après le sous-intendant chargé de la direction générale du service des subsistances, on peut l'évaluer à sept ou huit jours pour l'ensemble de l'armée.

La direction supérieure faisait d'ailleurs défaut. Au lieu de remplacer M. l'intendant général Wolff, soit comme celui-ci le demandait, par M. l'intendant Friant, soit par l'intendant le plus ancien, le maréchal, on ne sait pourquoi, avait préféré laisser intérimairement un sous-intendant à la tête du service. Le zèle, l'activité et l'intelligence bien connus de ce fonctionnaire, de grade relativement inférieur, ne pouvaient suppléer à l'autorité du grade et de l'âge.

Contraint par les circonstances à prendre des dispositions rigoureuses, il lui était difficile d'en poursuivre auprès des intendants des corps, ses supérieurs hiérarchiques, l'exécution immédiate et complète, et il était inévitablement amené à laisser à chacun d'eux une grande indépendance d'action au lieu d'imprimer à tous une impulsion unique. Faute de direction, ces fonctionnaires étaient conduits à leur tour à ne se préoccuper que des troupes dont les intérêts leur étaient directement confiés, et cela souvent au détriment de la ville ou du reste de l'armée.

L'instruction en a relevé plusieurs fois la preuve. Pénétré de la gravité de ces inconvénients, M. le sous-intendant Gaffiot demanda à plusieurs reprises à être déchargé de ses fonctions intérimaires, mais ses instances n'amenèrent pas, avant le 1er octobre, le maréchal à prescrire son remplacement. M. l'intendant Lebrun, de la garde impériale, le plus ancien de l'armée, fut alors désigné pour remplir les fonctions d'intendant en chef.

Un autre inconvénient résulta également de cette organisation défectueuse. Privée de chef, l'administration militaire perdit l'autorité nécessaire pour faire prévaloir ses avis. Aussi les propositions adressées au maréchal, soit pour diminuer le taux des rations, soit pour augmenter les ressources, ne recevaient-elles qu'une sanction tardive quand elles n'étaient pas rejetées.

Entre autres exemples : l'intendance avait fait connaître au maréchal qu'il existait des denrées à Châtel-Saint-Germain et qu'il était possible d'aller s'en emparer. Il se borna à faire répondre que, quand il jugerait utile de tenter une opération de ce genre, il en prendrait l'initiative lui-même.

Peut-être le maréchal eût-il agi différemment, si les fonctions d'intendant en chef eussent été remplies par un fonctionnaire de grade élevé dont la position personnelle serait venue appuyer ces propositions.

Petites sorties. — Fourrages.

Le 17 août, aussitôt après la conférence de Grimont, le maréchal avait invité les commandants de corps d'armée à tenter de petites opérations en avant des positions occupées par les troupes. Mais ces prescriptions, conçues en termes généraux, ne spécifiaient aucun point à attaquer, aucune mesure d'exécution. Les commandants de corps à qui elles s'adressaient, n'étant ni renseignés sur la situation ni initiés aux desseins du commandant en chef, ne pouvaient comprendre toute l'importance de ces opérations. Devant agir sans avoir à exécuter aucun ordre précis et déterminé, ils pouvaient craindre qu'en cas d'insuccès la responsabilité fût rejetée sur eux seuls. Dans ces conditions, les prescriptions du maréchal ne pouvaient avoir et n'eurent en effet aucune suite.

Un peu plus tard, il témoigna de son intention de faire tenter certaines de ces opérations et en fit étudier le projet ; mais l'intention de les voir exécuter n'était pas sans doute bien arrêtée, car le maréchal y renonçait à la moindre objection, et il contremanda lui-même au dernier moment et sans motif bien sérieux les opérations de Ladonchamp et de Courcelles-sur-Nied.

Ce n'est que dans la seconde quinzaine de septembre, quand les murmures, soulevés dans l'armée et en ville par son inaction, parviennent jusqu'à lui, qu'il se décide à reprendre ses projets abandonnés. Il ne s'en rapporte plus, comme auparavant, à ses commandants de corps, et il donne des ordres formels.

Le 18 septembre, un fourrage est fait au village de Magny que l'ennemi n'occupait pas. Le 22 et le 23 une opération est exécutée à Lauvallier, Vany, Nouilly, Chieulles et la Grange-aux-Bois ; le 27, à Peltre, Mercy-le-Haut et Colombey ; le 1er octobre, à Lessy, le 3 à Sainte-Agathe ; le 7 enfin, on dirige contre les Tapes la dernière tentative que l'armée devait effectuer.

L'instruction n'a pas cru devoir examiner comment furent conduites ces opérations, il suffit de dire ici qu'annoncées généralement trop publiquement et trop à l'avance, exécutées un mois plus tard et sans plus d'ensemble, la plupart d'entre elles échouèrent. On ne recueillit dans les autres qu'une minime partie des ressources qui se trouvaient dans les localités au commencement du blocus et dont la majeure partie avait été enlevée par l'ennemi. On doit ajouter que dans chaque opération, sauf peut-être pour Magny, les troupes chargées de l'exécution conservèrent une grande partie des approvisionnements qu'elles trouvèrent.

Ces opérations ne pouvaient réussir qu'à la condition d'occuper les villages jusqu'au lendemain, ce qui était peut être devenu très-difficile depuis qu'on avait laissé l'ennemi s'établir solidement : on aurait pu ainsi profiter de la nuit pour enlever les denrées; mais tout au contraire, les dispositions adoptées indiquaient que l'enlèvement devait s'effectuer sous le feu de l'ennemi. Il y aurait eu d'autant plus d'intérêt à pousser les sorties à fond, que si l'on avait pu parvenir à Thionville, on y aurait trouvé, à partir du 25 septembre, 1,200,000 rations de biscuit et farine toutes préparées pour l'armée, que M. l'intendant Richard était parvenu à y introduire. Le maréchal en fut informé avant la fin du mois.

Il avait été proposé au commandant en chef d'utiliser les convoyeurs, habitués aux travaux de la campagne et dont les voitures étaient disposées de manière à recevoir une grande quantité de fourrages et de gerbes. Mais il ne fut pas donné suite à cette proposition : l'on employa exclusivement les soldats, fort inexpérimentés dans ce service, et l'on fit seulement usage des voitures militaires, généralement peu propres à ces transports.

Par suite des motifs qui viennent d'être indiqués, l'ensemble des fourrages exécutés du 18 septembre au 8 octobre ne fit rentrer dans le magasin de l'armée que les quantités suivantes :

	BLÉ EN GERBES.		FOIN.		PAILLE D'ORGE.		PAILLE DE BLÉ.	
	q.	mét.	q.	mét.	q.	mét.	q.	mét.
Magny........	2.913	60	»	»	»	»	»	»
Lauvallier......	70	50	9	»	»	»	»	»
Colombey......	70	60	7	20	»	»	»	»
La Maxe.......	»	»	»	»	102	»	»	»
Sainte-Agathe....	358	»	»	»	»	»	36	»
Totaux.......	3.413	70	16	20	102	»	36	»

Soit en tout 1,153 quintaux métriques 29 de blé et 3,413 quintaux métriques 41 de fourrages, c'est-à-dire 2 jours 25 pour 100 pour l'effectif des chevaux de l'armée, au 1er octobre, à la ration de 3 kilogr. et un jour, 24 pour 100 de pain pour l'armée et la garnison, ou 94 pour 100 pour l'ensemble des rationnaires, au taux de 500 grammes par jour.

Or, la récolte du seul village de Magny avait produit trois fois plus de blé et près de sept fois plus de denrées fourragères que n'en rapportèrent toutes ces opérations réunies.

L'éveil était donné, l'ennemi occupait en forces les positions dominantes, il voyait que l'armée française, renfermée dans le camp retranché, paraissait vouloir y demeurer ; il connaissait la pénurie où elle se trouvait, son rôle était donc tout tracé. Il fallait empêcher l'armée d'accroître ses ressources au moyen des denrées à proximité. Pour arriver à ce but, tous les moyens lui furent bons. Après avoir puisé abondamment pendant la fin d'août et la première quinzaine de septembre dans les fermes et villages des environs, il ne manqua jamais de les incendier dès qu'il craignit d'y voir faire des fourrages.

C'est ainsi que Ladonchamp fut brûlé le 26 septembre, les Maxes, le 27 et le 28, Bellevue et Saint-Rémy le 29, Franlonchamp le 30, Colombey, le château de Mercy, Peltre, la Maison-Rouge d'Amont le 27 septembre, les Tapes le 27 octobre, etc., etc.

Cette conduite barbare semble dépasser la limite des droits de la guerre, mais elle atteignait le but que se proposait l'ennemi.

Épuisement des approvisionnements de l'armée.

A la date du 7 octobre, la situation des vivres n'indiquait plus de pain pour l'armée que pour cinq jours seulement. Il devenait urgent d'aviser. En conséquence, le taux de la ration du pain pour l'armée et la garnison fut réduit, à partir du 9, à 300 grammes, tandis que celui de la ration de la viande de cheval était porté par compensation à 750 grammes.

L'emploi de la farine non blutée, à la boulange, avait été proposé dès la fin de septembre. Le 8 octobre, le maréchal se décida enfin à prohiber la sortie des blés et farines; le commandant supérieur requérait de nouveau ces denrées. Il ordonnait à cet effet des visites domiciliaires et frappait de confiscation celles qui n'auraient pas été déclarées dans un délai de trois jours. Ces visites, qui furent exécutées avec peu de vigueur et qui ne s'appliquaient qu'au blé et à la farine, paraissent n'avoir atteint qu'imparfaitement le but proposé, qui était d'utiliser les réserves cachées pour la consommation générale. Du reste, le produit des perquisitions, au lieu d'être affecté à l'alimentation des habitants, fut enlevé par l'autorité militaire et versé dans les magasins de l'armée.

Tous ces expédients ne pouvaient conduire bien loin.

Déjà l'administration aux abois avait fait usage de toutes les denrées qu'elle avait pu trouver pour remplacer l'avoine ; elle avait employé successivement, outre le blé et le seigle, les graines fourragères : minette, raygrass, etc., le sorgho, la betterave, les tourteaux de colza, la drèche, enfin les feuilles d'arbre et les sarments de vigne. Elle avait tout épuisé, et, dès le 11 octobre, il ne fut plus rien distribué aux chevaux par le magasin central de l'armée.

Le 13, la situation des vivres n'indique plus qu'un jour de pain dans les magasins militaires.

Réquisition des ressources de la ville pour la nourriture des troupes. — Rationnement de la population.

Jusqu'à ce jour, voulant prévenir l'augmentation du mécontentement produit dans la ville par l'inaction de l'armée, mécontentement déjà formulé officiellement par l'adresse du 26 septembre au maire de Metz, et par une démarche de celui-ci auprès du maréchal, on avait évité d'attirer l'attention du conseil municipal sur la véritable situation. Mais il n'était plus possible de reculer. Le 13 octobre, le commandant général supérieur, après avoir parlé la veille à quelques conseillers, écrit au maire pour lui annoncer que les magasins de l'armée seraient vides à partir du jour même, et pour requérir de lui la livraison de blé nécessaire à la consommation de l'armée à partir du 15 inclus. Il informe en même temps qu'en partageant avec l'armée l'approvisionnement de la ville, on avait des vivres pour huit jours environ.

On conçoit aisément l'émotion qu'une pareille communication fit naître dans la population. On en trouve la trace dans la réponse du conseil municipal.

Sans refuser de se prêter aux mesures que commandait la nécessité, le conseil témoigne au général son regret de recevoir aussi tardivement communication de l'état des ressources.

Bien qu'en effet aucun avis antérieur n'ait été adressé officiellement au conseil municipal par le commandant supérieur ou le commandant en chef, l'instruction doit reconnaître toutefois que le conseil n'est pas demeuré dans une ignorance complète au sujet de la situation, puisque le 21 septembre un sous-intendant attaché au service des subsistances annonçait au premier adjoint, en présence du commandant supérieur, que l'armée était largement approvisionnée pour vingt-cinq jours au moins en blé et farine. Mais cette communication, faite, il est vrai, incidemment, à l'occasion de la réquisition des moulins de la ville, accompagnée de déclarations rassurantes, paraît ne pas avoir frappé les esprits sur le moment.

Quoi qu'il en soit, on ne saurait considérer ce fait comme constituant, de la part du commandant supérieur, une mesure suffisante de prévoyance. C'était un avertissement officiel, une mise en demeure d'avoir à économiser les ressources que, dès le début du blocus, il devait adresser à l'autorité municipale. Il est hors de doute que le commandant supérieur, en agissant ainsi, eût trouvé dans le patriotisme des habitants un auxiliaire précieux et qu'il eût pu leur demander toutes les privations et tous les sacrifices, sans soulever un murmure ou une résistance.

La meilleure manière d'éviter tout reproche à ce sujet eût été de créer, dès le mois d'août, le comité de surveillance des approvisionnements de siége, comité dont le maire de la ville doit faire partie, comme nous l'avons indiqué. Il appartient naturellement à ce magistrat de veiller à la subsistance des habitants. Il a pour mandat de proposer, dans le comité, toutes les décisions relatives à cette importante question, et d'en assurer l'exécution.

L'impression produite par la communication du général Coffinières fut plus vive encore chez le public que dans le conseil municipal. Une certaine effervescence se manifesta, et, le jour même, une adresse était rédigée par un certain nombre d'officiers de la garde nationale et envoyée au général Coffinières. On y lisait ces mots :

« Général, le bruit s'est répandu dans la ville
« qu'il restait à la population pour dix jours de
« vivres, et pour deux seulement à l'armée qui
« campe sous nos murs.

« Qui de nous eût pu s'attendre à cette nouvelle,
« après avoir vu, il y a peu de jours encore, le blé
« distribué aux chevaux de l'armée, après être
« nous-mêmes restés libres jusqu'à ce jour de man-
« ger à notre faim, sans avoir été prévenus par
« aucune note officielle qu'il y avait lieu de ménager
« les vivres ?

« Quoi qu'il en soit, en présence de circonstances
« si graves... nous venons réclamer de l'autorité
« concentrée dans vos mains depuis la mise en état
« de siége, l'application des mesures les plus éner-
« giques pour faire face à la situation : — que tous
« les habitants soient rationnés et toutes les rations
« réduites à leur minimum ; que, si la réalisation
« de cette mesure doit entraîner quelque délai, on
« fasse, dès aujourd'hui, placarder une proclamation
« dans laquelle les habitants seront avertis de la
« situation et invités à se rationner eux-mêmes. »

« Metz, le 13 octobre 1870. »

Le lendemain, 14, un arrêté du général commandant supérieur règle le rationnement de la population civile ; le taux de la ration est fixé à 400 grammes pour les adultes, à 200 grammes pour les enfants de quatre à douze ans, et à 100 grammes pour ceux de un an à quatre ans. Il ne doit, à l'avenir, être fabriqué que du pain de boulange.

En raison du temps nécessaire pour la remise des cartes de consommation, ces mesures ne devaient être exécutées qu'à partir du 16 octobre. Il eût fallu un délai beaucoup plus considérable si ces cartes n'avaient été préparées à l'avance sur l'heureuse initiative du conseil municipal, car cette opération avait demandé dix jours d'un travail continu. Enfin, le 19 octobre, la ration entière fut réduite à 300 grammes seulement.

Constitution tardive d'un comité de surveillance. — Mesures du comité. — Appui prêté par lui au commandant supérieur.

En même temps qu'il informait le conseil municipal que les approvisionnements de l'armée étaient épuisées, le commandant supérieur, qui n'avait pas jugé jusque-là nécessaire de constituer le comité de surveillance des approvisionnements du siége, parut comprendre enfin qu'il y avait lieu de se conformer aux dispositions réglementaires. Dans ces notes journalières, le général s'exprime à ce sujet dans les termes suivants, qu'il a confirmés dans sa déposition :

« Dans la ferme conviction que la place de
« Metz allait être livrée à elle-même, il s'empressa,
« le 12 octobre, d'organiser le conseil de défense et
« le comité de surveillance des approvisionnements
« de siége. »

La raison invoquée par le général Coffinières pour prendre cette déclaration tardive paraît singulière. Si la formation de ces conseils a été déterminée par la probabilité du départ de l'armée, on ne s'explique pas pourquoi elle n'a pas eu lieu aux époques où l'armée avait commencé son mouvement pour s'éloigner de Metz, soit le 14 août, soit le 15, jours où, comme on sait, il a positivement refusé de le faire ; soit le 26 ; soit enfin le 31 du même mois.

Il convient de rappeler, du reste, que le 12 octobre, au moment où le commandant supérieur prenait ces dispositions, il était moins que jamais question d'une tentative de l'armée pour s'ouvrir un passage en combattant.

Non-seulement aucun préparatif de ce genre n'était ordonné, mais au conseil des commandants de corps et d'armes tenu le 10, auquel le général avait assisté, on avait renoncé à toute tentative de ce genre et décidé l'ouverture de négociations avec l'ennemi.

Le 9, il avait écrit au maréchal que « le projet
« de sortie de l'armée ne pouvait amener que des
« catastrophes, » que l'armée une fois hors des lignes « serait une armée perdue. » Il annonçait en même temps que les approvisionnements de l'armée permettaient d'arriver au 15 octobre, et qu'en prélevant sur les vivres de la ville, on gagnerait encore cinq jours, soit jusqu'au 20 octobre, limite extrême, en épuisant « la totalité des ressources
« alimentaires ; mais, comme on ne saurait attendre au dernier moment, » disait-il, « à cause de
« l'impossibilité d'approvisionner instantanément
« une population civile et militaire de 250,000 âmes,
« il y a nécessité de prendre un parti avant le di-
« manche 16 octobre ; » il ajoutait que les magasins de la place étaient vides, et que la ville ne possédait plus que 4,000 quintaux de blé, qu'on comptait 20,000 malades ou blessés, ce qui portait les rationnaires militaires à 50,000, que la population civile s'élevait à 70,000 âmes. Donc, l'armée partie, les 4,000 quintaux de blé ne pourraient suffire que pour huit ou dix jours environ, et la place serait forcée de se rendre. « Nous concluons de ces con-
« sidérations, » disait-il enfin, « que le départ de
« l'armée serait funeste et qu'il doit être écarté,
« comme ayant pour conséquence forcée la perte
« certaine de la place et la perte très-probable de
« l'armée. »

Ainsi, lorsqu'il se montrait convaincu du prochain départ de l'armée, le général Coffinières comptait bien plus sur le résultat des négociations à entamer que sur le sort des armes, et il ne se faisait pas d'illusions sur la durée de la résistance.

Il semblerait donc qu'en constituant le comité de surveillance des approvisionnements, alors que les magasins étaient vides, le commandant supérieur ait moins songé à prolonger la défense dont les jours étaient comptés, qu'à sauvegarder sa responsabilité personnelle, en prévision d'une capitulation, qu'il savait imminente, et dont sa manière d'agir avait contribué à hâter l'instant.

Il commençait sans doute à comprendre qu'on pourrait lui reprocher un jour son imprévoyance avant le blocus, son inaction depuis, son effacement systématique devant le maréchal Bazaine, et son manque d'énergie qui lui avait fait accepter sans protestation les mesures les plus opposées à l'intérêt de la défense.

Le 14 octobre, il offre sa démission, alléguant les dissentiments qui se seraient produits entre lui et le maréchal, ainsi que l'état de sa santé, qui exige un repos de quelques mois.

Le comité de surveillance des approvisionnements de siége, dont la première séance eut lieu le 13 octobre, paraissait n'avoir plus à remplir que la dérisoire mission de constater l'épuisement des magasins de la place.

Sa création eut cependant pour résultat d'amener la reconnaissance de quelques ressources qui permirent d'assurer la nourriture des troupes jusqu'au 15 inclus, sans qu'il soit rien demandé à la ville. Puis le comité réclame, de concert avec le conseil municipal, les versements, dans les magasins de la place, des réserves des corps d'armée qui avaient subsisté jusqu'à cette époque au détriment de l'intérêt général ; il propose des réductions aux taux de la ration du pain, la mise en consommation des vivres des forts ; il presse les perquisitions à domicile, etc. Fort de cet appui, le commandant supérieur se décide enfin à prendre, vis-à-vis du maréchal, la position que lui imposaient ses fonctions. Tandis que jusqu'alors il n'avait hasardé que de timides observations ; il écrit, le 17, au commandant en chef pour lui déclarer qu'il ne fournira plus déormais ni blé, ni farine à l'armée qui, à ce moment, se trouvait pourvue jusqu'au 18 inclus.

En vain le maréchal s'élève-t-il contre cette mesure et insiste-t-il pour obtenir que la ville continue à nourrir l'armée ; il est seulement délivré, pour la journée du 19, 80,000 rations de pain, quantité représentant à peu près un versement de 270 quintaux de blé et de seigle fait le 17 par le 3ᵉ corps dans les magasins de la place.

Si, dès le début, le général Coffinières eût montré la même fermeté, il eût sans doute empêché le maréchal de laisser l'armée s'épuiser et se démoraliser dans l'inaction.

En changeant aussi tardivement de ligne de conduite, le commandant supérieur semblait reconnaître implicitement le tort grave qu'il avait eu de ne pas se conformer plus tôt aux prescriptions du règlement et de s'effacer systématiquement devant le commandant en chef. Le fait de ce changement sert à constater à la fois l'irrégularité et les fâcheux effets de la manière d'agir du général Coffinières. Loin de couvrir sa responsabilité, il ne fait donc que l'aggraver.

Consommation par l'armée des approvisionnements de la ville. — Épuisement des ressources.

A partir du 19, il ne fut plus distribué, par l'administration centrale, de pain aux troupes qui n'appartenaient pas à la garnison. Les magasins de la place continuèrent néanmoins à fournir du vin, ainsi que du sucre et du café, à la ration de dix grammes, qui étaient remplacés par de l'eau-de-vie un jour sur trois, avec la viande qu'elles avaient du reste en abondance ; les troupes n'avaient plus dès lors pour vivre que les dernières petites réserves des corps, et les deux jours de biscuit et de vivres de campagne en dépôt dans les magasins depuis le 3 octobre.

La ville n'eut donc à fournir, en définitive, de pain à l'armée, avant la capitulation, que pour les journées des 16, 17 et 18 octobre.

En ajoutant aux trois jours de pain fournis aux troupes les quantités qui, en dehors de la ration journalière, ont été consommées par les soldats, on constate que l'armée a prélevé, sur les approvisionnements de la population civile, du 19 août au 19 octobre, environ 569,500 kilogrammes de pain, ou 1,138,869 rations de 850 grammes, ce qui représente 10 jours et demi de pain pour les habitants, la garnison et les malades.

Dans ce calcul, il n'est pas fait mention des quantités de denrées achetées par l'administration militaire pendant le blocus. Ces quantités sont plus considérables encore et représentent, comme nous l'avons indiqué plus haut, douze jours environ de vivres de toute nature pour la population civile et militaire de la place.

Il n'est pas tenu compte non plus des achats de denrées autres que le pain, effectués directement par les officiers et les soldats, achats assez fréquents et assez importants pour motiver, nous l'avons dit, de nombreuses réclamations de la part des habitants de la ville.

Il n'y avait plus à se faire illusion : le moment était venu où, après avoir affamé la place, le commandant en chef allait fatalement l'entraîner dans la perte de l'armée.

L'épuisement des ressources ne permettait pas qu'il en fût autrement. Le commandant supérieur le fit comprendre au conseil municipal. Le 22 octobre, s'étant rendu dans son sein, il déclara que les vivres seraient épuisés, pour la ville le 29, pour la garnison le 27, et que, par conséquent, c'était au 28 que s'arrêtait la durée des ressources.

Telle était la situation. M. Bouchotte l'avait, du reste, fait connaître la veille au conseil municipal. On n'avait pas compté d'abord sur une aussi longue durée des approvisionnements ; mais grâce aux dernières réquisitions, aux petites réserves des particuliers, on se trouvait dans des conditions relativement moins mauvaises. Le commandant en chef, qui avait fait appeler M. Bouchotte à son quartier général le 24, reçut de lui la confirmation de ces renseignements.

Capitulation. — Le maréchal commandant en chef néglige de profiter des dernières denrées.

Après avoir communiqué ces indications au conseil des commandants de corps d'armée et des commandants d'armes, le maréchal, conformément à leur avis, envoie au prince Frédéric-Charles le général Changarnier.

Cette mesure ayant échoué, comme aussi une démarche dont fut chargé le général de Cissey, le général Jarras, chef d'état-major général, est expédié le 26 pour traiter de la capitulation.

Le maréchal écrit le même jour au commandant supérieur pour lui rappeler qu'après avoir décidé l'ouverture des négociations, les membres du conseil s'étaient prononcés pour la mise en commun des vivres, et il l'invite à donner des ordres en conséquence.

Le général Coffinières, qui refusait, depuis le 19, de fournir du pain à l'armée, avait réclamé, dit-il, cet ordre par écrit pour revenir sur son refus. Pourquoi n'avait-il pas montré les mêmes exigences dès le moment où il devint évident que la consommation des vivres par l'armée allait entraîner la chute de la place à bref délai ?

Déjà, M. l'intendant de la 5ᵉ division militaire, quelques jours auparavant, n'avait pas voulu laisser mettre en consommation pour l'armée la farine des forts. Le maréchal avait invité le commandant supérieur à prescrire à M. Denecey d'avoir à obtempérer aux ordres de l'intendant en chef. « En agis-
« sant autrement, écrit-il, M. l'intendant méconnaît
« la situation actuelle. C'est à vous de lui appren-

« dre que le sort de l'armée et celui de la place sont « liés d'une façon irrésistible. »

C'était la première fois qu'il était officiellement question de la mise en commun des ressources. Si le maréchal l'a réclamée, c'était en se basant uniquement sur une situation dont l'issue à courte échéance était dès lors connue et inévitable.

D'après ses propres déclarations, le général Coffinières était d'avis que, pendant le mois de septembre, l'armée devait, si elle s'éloignait, rayonner au loin, de manière à ravitailler Metz au lieu de l'épuiser.

L'incident que nous venons de rapporter fait voir combien il est regrettable qu'il n'ait pas cherché alors à faire prévaloir son avis et qu'il ait attendu, pour réclamer, l'époque où il reconnaissait lui-même que le départ de l'armée ne pouvait plus avoir qu'un résultat funeste pour la place de Metz. En effet, la raison que le maréchal faisait valoir le 7 octobre, pour faire attribuer à l'armée les ressources de la place, valable peut-être à cette date, ne l'eût pas été assurément un mois auparavant.

Au moment où les négociations allaient être entamées, le 26 octobre, dans l'après-midi, quelques moments avant le départ du général Jarras, M. l'intendant Lebrun, remplissant les fonctions d'intendant en chef, qui avait déclaré au conseil du 24 qu'il ne pouvait plus donner aux troupes qu'un peu de riz et de café pour un jour, et le matin même qu'il n'avait plus de vivres, vint annoncer au maréchal, qu'après avoir pris connaissance de l'ensemble des ressources encore existantes, il croyait pouvoir assurer la distribution du pain aux troupes pour trois et peut-être quatre jours. — Le maréchal ne parut pas attacher une grande importance à cette déclaration, et il répondit à l'intendant que « cette faible res« source ne pourrait modifier la situation de l'ar« mée. »

Il oubliait cette prescription si sage du règlement, aux termes duquel « le commandant d'une place de « guerre ne doit jamais perdre de vue qu'il défend « l'un des boulevards de la France, l'un des points « d'appui de ses armées, et que de la reddition d'une « place, avancée ou retardée d'un seul jour, peut « dépendre le salut du pays. »

En vain, le maréchal allègue-t-il que, d'après ses souvenirs, le général Jarras était déjà parti pour Frascati lors de la visite de l'intendant en chef. C'est une erreur. En effet, M. le chef d'escadron Samuel, qui a accompagné le général Jarras, se trouvait dans le cabinet du maréchal lorsque M. Lebrun y est venu, et il n'a été appelé que quelques moments plus tard par le général Jarras. Les négociations n'étaient donc pas entamées en ce moment, et le commandant en chef était libre de ses déterminations. On ne saurait prétendre, non plus, que le maréchal jugeait ces vivres nécessaires pour permettre d'attendre le ravitaillement, puisque leur existence lui était inconnue avant la communication de l'intendant en chef et qu'il avait attendu néanmoins jusqu'à ce moment pour traiter.

Des vivres avaient été préparés par l'administration militaire allemande en vue d'une capitulation; le prince Frédéric-Charles l'avait annoncé au général Changarnier en lui montrant les wagons chargés de denrées préparées pour le ravitaillement. Le maréchal savait cela : il avait donné des ordres pour réparer à l'avance la voie ferrée, de manière à permettre la circulation des trains. Aussitôt après l'ouverture des portes, 1,000 quintaux métriques de farine et 3,000 moutons furent mis par l'intendance allemande à la disposition de la municipalité de Metz.

D'ailleurs, si l'épuisement des ressources l'eût exigé, rien n'eût empêché, en signant la capitulation, de stipuler le ravitaillement pour le lendemain, au lieu de ne rien fixer à ce sujet, omission dont le résultat fut de retarder de trois jours l'arrivée des vivres.

On peut donc affirmer que la résistance pouvait être prolongée au moins de trois jours ; le maréchal l'a su et n'a pas voulu mettre à profit ce délai ; c'est une faute grave qui doit lui être reprochée.

Le retard qui a eu lieu dans le ravitaillement aurait eu, du reste, de graves inconvénients sans l'existence des ressources signalées, qui ont été ainsi employées en partie. La ville reprit, dès le 26 octobre, la fabrication du pain pour l'armée. Les troupes purent recevoir ainsi, le 27 et le 28, 280 grammes de pain par jour. Mais elles ne reçurent rien pour le 29 octobre, jour où elles furent constituées prisonnières, et rien n'ayant été stipulé dans le protocole au sujet de la nourriture des soldats prisonniers, l'autorité militaire allemande négligea de faire des distributions ce jour-là et ne délivra les jours suivants qu'une nourriture insuffisante. Aussi, les soldats eurent-ils à éprouver les tourments de la faim, dont l'action sur des organisations débilitées eut les plus funestes conséquences : un grand nombre dut être envoyé aux ambulances de Metz et beaucoup succombèrent.

Ce triste résultat aurait pu facilement être évité. Il existait en effet, à ce moment, une certaine quantité de denrées dans les magasins de la place, plus les approvisionnements des forts ; l'ensemble représentait plus d'un jour de vivres, sans compter les dernières ressources des habitants ; il suffisait de faire distribuer ces vivres. Mais aucune disposition ne fut prise à ce sujet ; et, quand la ville ouvrit ses portes, il fut remis à l'autorité militaire allemande, suivant le procès-verbal d'inventaire établi par l'intendance le 29 octobre, 816 quintaux métriques 79 de denrées alimentaires de toute nature et 138 hectolitres 78 de vin et eaux-de-vie, représentant ensemble 188,000 rations de pain (à 300 grammes), 98,600 rations de lard (à 200 grammes), 230,000 rations de riz (à 30 grammes), 257,000 rations de sel (à 5 grammes), 123,190 rations de sucre (à 21 gr.), 156,733 rations de café (à 16 grammes), enfin 125,240 rations de vin (à un quart de litre), ou d'eau-de-vie (à un seizième de litre).

Il est pénible de penser que ces denrées allaient servir à l'ennemi, tandis que des soldats français mouraient de faim et de misère.

La responsabilité de cette impardonnable négligence doit remonter au commandant en chef qui, après la capitulation signée, au lieu de veiller aux intérêts de ses soldats pendant cette période si douloureuse, n'eut d'autre préoccupation que de s'éloigner au plus vite.

Résultats de l'imprévoyance du commandement. Diminution de la résistance.

Si, pour apprécier les résultats produits par l'imprévoyance du commandant en chef et l'absence de toute mesure de précaution, on récapitule le nombre de jours de pain ainsi perdus, on arrive au résultat suivant, calculé pour l'ensemble des 258,000 rationnaires. On aurait obtenu :

En réduisant à 500 grammes le taux de la ration du pain de l'armée, le 2 septembre, au lieu d'attendre au 11................	3 j. 46 c.
En ramenant au même taux le 2 septembre, la ration de la population qui n'a été réduite que le 27 septembre....	3 j. 29 c.
En employant à la fabrication du pain le blé et le seigle consommés par les chevaux (rations de 500 gr.).............	13 j. 65 c.
Augmentation en employant ces céréales ainsi consommées par les chevaux, sans bluter la farine obtenue....	1 j. 80 c.
En empêchant les soldats d'acheter du pain en ville en sus de leur ration (500 grammes).....................	3 j. 44 c.
En ne blutant plus, à partir du 2 septembre, la farine produite par les moulins au lieu d'attendre le 8 octobre pour ceux qui travaillaient pour l'armée, et le 14 octobre pour ceux qui fournissaient la population civile, et en employant à faire le pain la farine non blutée (rations de 500 grammes de pain de boulange).....................	2 j. 02 c.
En réduisant à 300 grammes à partir du 9 octobre, comme pour l'armée, le taux de la ration de la population civile, au lieu d'attendre au 19........	1 j. 49 c.
En employant le gaspillage des vivres de réserve distribués aux soldats (7 jours et demi pour l'armée hors de Metz, rations de 500 gr.).............	1 j. 21 c.
En distribuant aux 258,000 rationnaires les vivres qui ont été remis à l'ennemi.............................	0 j. 73 c.
Ensemble............	34 j. 09 c

Dans le calcul qui précède, on a pris pour base les évaluations les plus modérées et les hypothèses les plus défavorables : on peut donc considérer le résultat comme un minimum.

On voit ainsi qu'uniquement en ménageant les ressources on réduisait la ration à 500 grammes, et en employant la boulange, non pas à partir du 20 août, jour de la rentrée de l'armée sous Metz, mais seulement à dater du 2 septembre, après la dernière démonstration de sortie, on aurait pu avoir du pain jusqu'au 29 novembre inclus.

Nous avons dit déjà qu'en ne nourrissant plus, à partir du 2 novembre, que le nombre d'animaux nécessaires pour la boucherie, on aurait eu de la viande jusqu'au 29 novembre, sans employer, pour la nourriture de ces animaux, ni blé ni seigle.

C'est donc cette date du 29 novembre qu'eussent permis d'atteindre, avec une sage administration, les ressources existant dans la place le 2 septembre.

Il ne s'agit dans les résultats qui viennent d'être exposés que d'un meilleur emploi des approvisionnements existants. Si l'on ajoute à ces ressources les denrées qu'il était facile de réunir, soit les deux tiers de la récolte, dans un rayon de 5 kilomètres des forts sur la rive droite et dans la plaine de la basse Moselle, sur la rive gauche de la limite de l'arrondissement, on constate qu'il eût été possible de garder toute la cavalerie, en donnant 4 kilog. 1/2 de fourrages par jour à chaque cheval, et qu'on aurait conservé du blé, seigle et orge et des animaux en quantité suffisante pour nourrir l'ensemble des rationnaires jusqu'au 1er janvier, en fixant la ration de pain à 500 grammes et celle de la viande à 400 grammes.

Si l'armée se fût éloignée de Metz le 1er septembre et que le commandant supérieur eût pris les mesures énumérées plus haut, pour ménager les ressources, les vivres eussent duré jusqu'au 30 janvier pour les 108,000 rationnaires de la place (habitants, garnison, malades et blessés) à la ration de 300 grammes de viande et de 650 grammes de pain de boulange. En utilisant, en outre, les denrées des environs, ainsi que cela vient d'être indiqué, les subsistances n'auraient été épuisées que beaucoup plus tard.

On ne saurait infirmer la valeur des résultats ci-dessus énoncés en alléguant que ces calculs ont été faits après coup et qu'il n'était pas possible de les établir lors de la rentrée de l'armée sous Metz. En effet, ils ne se basent que sur les faits accomplis et puisent leurs éléments dans les situations adressées régulièrement au maréchal ou dans les renseignements qu'il lui eût été facile d'obtenir en s'adressant à la municipalité.

Si les documents qui lui étaient fournis s'écartaient de la vérité, c'était en restant au-dessous d'elle. Ainsi, au commencement du blocus et pour ainsi dire jusqu'aux derniers jours, nous voyons l'intendant en chef, le commandant supérieur, le maire, M. Bouchotte, lui-même, en un mot toutes les personnes compétentes, représenter les ressources comme notablement moindres qu'elles ne l'étaient réellement, et, par suite, leur assigner une durée moins longue que celle qui fut atteinte. Cette opinion généralement répandue constituait un motif de plus pour recourir sans délai aux mesures que comportaient les circonstances. Le commandant en chef ne pouvait ignorer les dispositions à prendre ni les perdre de vue ; car, si mal informée qu'elle fût de ses véritables intentions, l'intendance ne cessait de le presser de prendre ces mesures et ne lui arrachait souvent les décisions qu'après avoir éprouvé de longs retards et de grandes difficultés.

La ration prise pour base dans les évaluations ci-dessus : 400 grammes de viande et 500 grammes de pain, qui a été la ration de l'armée au milieu de septembre, n'était pas de nature à entraîner de sérieux inconvénients pour la santé des hommes.

Il suffit, pour être édifié à ce sujet, de citer ces mots qu'écrivait au commandant en chef le maréchal Le Bœuf dans sa lettre confidentielle du 9 octobre :

« Jusqu'à présent, dit-il, le soldat ne souffre « d'aucune privation réelle, il a même été mieux « nourri qu'en garnison ; grâce à cette alimenta- « tion, à la sollicitude de ses chefs et à la pré- « voyance de l'administration militaire, les forces « et la santé du soldat se sont maintenues en par- « fait état. »

Sans chercher dans l'histoire des sièges des exemples de privations autrement grandes, il suffit de rappeler qu'à Paris la population civile n'a reçu, pendant la plus grande partie du siége, que 100, puis 50 grammes de viande, quantité réduite à 30 grammes depuis le mois de décembre, et que la ration de pain des habitants, après avoir été fixée à 4 ou 500 grammes, suivant les arrondissements, a été uniformément tarifée à 300 grammes dans la dernière quinzaine de janvier.

En conséquence, considérant que tous les résultats qui viennent d'être indiqués sont des minima, qu'il n'est tenu aucun compte de l'exagération du taux des rations avant le 2 septembre ; enfin, qu'il n'est pas question de privations extraordinaires, on arrive à cette conclusion que si, résolu le 19 août à ne plus s'éloigner de Metz, comme tout démontre qu'il l'était dès cette époque, le maréchal avait pris sans délai des mesures énergiques, tant pour faire rentrer les denrées que pour en régler l'emploi, — s'il se fût souvenu de la conduite de Masséna et de Kléber, dont il osa plus tard invoquer l'exemple ; — si, enfin, il eût demandé à l'armée et aux habitants des sacrifices que leur patriotisme leur aurait fait supporter avec joie, il aurait certainement pu atteindre le commencement de janvier et peut-être même l'époque de la capitulation de Paris et de l'armistice.

Sans se demander si cette prolongation de résistance n'aurait pas changé le sort des armes, on peut aisément apprécier quelle eût été son influence sur les négociations entamées dès la fin d'octobre par M. Thiers et qui n'échouèrent que par suite de la capitulation prématurée du maréchal Bazaine.

On ne saurait douter que les charges imposées au pays n'eussent été singulièrement allégées, et il est permis de croire que Metz serait resté à la France, et qu'au lieu de deux provinces une seule fût devenue la proie de l'ennemi.

Appréciation de la conduite du maréchal pendant le blocus.

En présence de l'incroyable inertie du maréchal, de la conduite du commandant supérieur ne demandant que quatre jours de vivres aux paysans réfugiés, envisageant avec tranquillité la situation faite à la place par le maintien, sous ses murs, d'une armée qui allait l'affamer à bref délai, ne prenant enfin aucune disposition pour éloigner ce désastreux résultat et sauvegarder les intérêts qui lui étaient confiés, on se trouve amené invinciblement à cette conviction : c'est que dans l'esprit du général en chef, comme dans celui du général Coffinières, il n'était pas besoin d'user de leurs moyens pour prolonger la défense et qu'ils comptaient tous deux sur des événements étrangers aux opérations propres de l'armée du Rhin, pour amener une solution avant d'en être réduits à la famine.

En d'autres termes, au lieu de chercher à faire durer la résistance, ils espéraient qu'elle n'aurait pas à durer.

Tout autres étaient les convictions et les espérances de l'armée. Il faut le dire à sa louange, jamais elle ne s'arrêta à la pensée qu'elle pouvait laisser arriver la capitulation dans une attente passive, et, tandis que son chef se voyait désormais confiné dans le camp retranché de Metz, elle n'avait d'autre pensée que celle d'en sortir. Le moral qui animait ces troupes, leurs sentiments énergiques, devenaient donc un embarras pour le maréchal. Devant cette préoccupation générale : sortir, comment aurait-il pu ordonner, sans démasquer ses desseins, les mesures que comportait sa détermination prise d'attendre, à l'abri des forts de Metz, la soumission de la France ou le triomphe de ses armées de nouvelle formation ?

On ne peut expliquer que par cet antagonisme entre les aspirations de ses soldats et sa temporisation calculée la conduite du commandant en chef.

Le résultat final de ces combinaisons, qui ont amené la perte de l'armée et l'humiliation du pays, montre où peut conduire l'oubli des règles les plus élémentaires du devoir militaire, qui ordonne à tout général de ne songer qu'à combattre l'ennemi, sans se laisser jamais détourner par des considérations politiques ou personnelles.

Versailles, le 6 mars 1873.

Le général rapporteur,

Signé : De Rivière.

RÉSUMÉ GÉNÉRAL.

Le succès de la campagne de 1870 fut compromis dès le début par le défaut de préparation administrative, par la dispersion de l'armée sur la frontière, et surtout par les hésitations du commandement supérieur. Une initiative hardie aurait pu changer les conditions de la guerre ; l'heure favorable écoulée, c'était l'ennemi qui allait prendre l'offensive : nous devions attaquer, nous fûmes réduits à nous défendre.

Malgré ce renversement des rôles, en aussi complet désaccord avec l'attitude de notre politique, si tout était compromis, rien n'était perdu. Le prestige de nos armes était intact : l'armée, peu nombreuse il est vrai, était parfaitement encadrée et pleine d'ardeur ; le terrain sur lequel elle allait combattre avait été étudié depuis plusieurs années. Aussi, lorsque le 5 août, les 2e, 3e et 4e corps, reportés en arrière de la Sarre, furent placés sous les ordres du maréchal Bazaine, il était en mesure de répondre à une attaque par une victoire. Rarement plus belle occasion fut offerte à un général en chef.

Si, au lieu d'une victoire, l'armée française eut à subir le lendemain, 6 août, un véritable désastre, la responsabilité en incombe, pour la plus grande partie, au maréchal Bazaine, qui, demeuré loin du champ de bataille, laissa sans secours efficaces le général Frossard. Cette situation fut connue plus tard. L'instruction l'a mise au jour de la manière la plus complète ; mais au lendemain du 6 août, comme auparavant, l'opinion publique continua à voir, dans le maréchal Bazaine, le seul général capable d'exercer le commandement de l'armée ; aussi, sous sa pression, le maréchal Bazaine fut-il investi, le 12, de ces hautes et redoutables fonctions.

Pendant la période qui s'écoula depuis la prise de possession de son commandement jusqu'à la capitulation de son armée, le maréchal Bazaine a-t-il fait tout ce que lui commandaient le devoir et l'honneur ? Le conseil d'enquête a déjà répondu négativement à cette question. L'instruction a confirmé cette appréciation.

Le maréchal avait à remplir des devoirs envers le pays et envers son armée.

Deux gouvernements se sont succédé pendant la période de son commandement. Quelle a été la conduite du maréchal vis-à-vis de chacun d'eux ? A la suite du désastre de Sedan et après que le maréchal Bazaine eut associé le sort de son armée à celui de la place de Metz, a-t-il fait, pour prolonger la résistance de cette place, tout ce que lui commandaient les circonstances ? Quelle a été enfin sa conduite envers ses lieutenants et envers ses soldats ? Telles sont les questions que nous allons examiner.

§ I. *Période du 12 août au 1er septembre.*

En abandonnant le commandement sous la pression de l'opinion publique, l'empereur avait donné un dernier ordre au maréchal Bazaine, celui de ramener l'armée à Châlons. En présence de la supériorité numérique de l'ennemi, supériorité qui lui permettait de déborder notre armée, il était extrêmement urgent de la reporter en arrière, afin de pouvoir encadrer dans ses rangs les réserves rappelées sous les drapeaux.

Par suite de circonstances sur lesquelles il n'y a pas à revenir, et notamment de l'exiguïté des effectifs, on avait dû envoyer à la frontière la presque totalité des régiments et engager la guerre presque uniquement avec des cadres. Rien n'était plus pressé que de reconstituer, au moyen des réserves, les effectifs de guerre ; car, ces cadres une fois bloqués sous Metz, il devenait impossible de constituer d'une manière solide de nouvelles armées. L'événement ne le prouva que trop.

Cette situation frappait tout particulièrement l'esprit de l'empereur, qui ne cessa, dans les journées des 13 et 14 août, d'insister auprès du maréchal pour qu'il activât son mouvement de retraite, et qui ne quitta l'armée qu'au moment où, arrivé sur les plateaux, elle allait se mettre en marche sur Verdun.

Quant au maréchal Bazaine, dont les hésitations de l'empereur avaient souvent augmenté les embarras, il n'avait qu'un désir : se soustraire à la tutelle du souverain ; et cette unique préoccupation allait, dès l'origine, l'entraîner aux plus regrettables décisions.

Ainsi, alors que son expérience devait lui faire voir quel puissant intérêt il y avait pour lui à se dégager par une prompte retraite du flot de l'invasion, et, pour cela, à activer la marche de l'armée, le maréchal Bazaine, au lieu de partir le 13 août, ne se mit en marche que le 14, dans l'après-midi.

Tout lui commandait d'entraver la marche de l'ennemi en rompant les ponts de la Seille et de la Moselle, et cependant il les laissa intacts.

Enfin, au lieu d'utiliser les quatre routes qui relient Metz aux plateaux, il entasse toute l'armée sur le grand chemin de Verdun, où se produit immédiatement une confusion inexprimable, cause de nouveaux retards. A la vue de cette confusion, le maréchal, malgré les représentations de l'intendant en chef, donne l'ordre de licencier le train auxiliaire qui portait les vivres, et cependant, le 16 au soir, il cherchera, dans une pénurie de vivres qui n'existait heureusement pas, mais que cette mesure aurait pu causer, un motif pour ne pas continuer sa marche.

Dès le matin du 16, l'empereur, que les nécessités pressantes du gouvernement rappelaient dans l'intérieur de la France, voyant l'armée massée sur les plateaux et au moment de s'ébranler définitivement dans la direction de Verdun, part en avant. Aussitôt après, et bien qu'un retard de quelques heures puisse tout compromettre, le maréchal ajourne le départ. La résolution de ne plus exécuter les ordres qu'il avait reçus, dès qu'il serait éloigné, était déjà arrêtée dans son esprit. La déposition de l'intendant général Wolff, qui vint prendre ses intructions, le 16, avant le jour nous montre le maréchal concevant pour le jour même le projet d'une opération sur Pont-à-Mousson. Dès la veille, le maréchal avait laissé entrevoir à un officier supérieur d'artillerie son intention de ne pas passer la Meuse.

Déjà l'ennemi a su profiter des premières fautes commises, et nous sommes attaqués. La bataille de Rezonville s'engage : nous demeurons maîtres du terrain. Les routes d'Étain et de Briey sont libres ; en se mettant en marche dès le lendemain 17 et en couvrant sa retraite par cinq divisions d'infanterie qui n'avaient pas été engagées la veille, le maréchal aurait pu devancer l'ennemi dans la direction du nord, puisque ce fut seulement dans l'après-midi du 18 que les masses prussiennes, arrivant à marches forcées, purent atteindre Saint-Privat.

Nous avons vu combien étaient peu fondées les raisons que le maréchal allégua pour justifier sa détermination de suspendre, le 17, la marche de l'armée. Il voulait se ravitailler, a-t-il dit, en vivres et en munitions ; mais ni les vivres ni les munitions ne lui faisaient défaut, et quand bien même ce besoin eût été réel, il ne nécessitait aucun mouvement en arrière.

Le maréchal découvre le fond de sa pensée lorsqu'il annonce à l'empereur, le 16 au soir, qu'il va s'établir sur la ligne de Vigneulles-Lessy, c'est-à-dire sur les glacis des forts de la rive gauche.

Une fois décidé à suspendre sa marche, un devoir impérieux lui commandait d'en informer l'empereur et le ministre. Le télégraphe est à sa disposition ; il n'en use pas pour rendre compte de l'issue du combat qu'il vient de livrer, de la situation de son armée et pour faire connaître ses besoins.

En confiant le rapport rédigé aussitôt après la fin du combat à un courrier qu'il dirige par Verdun et qui ne doit arriver que le lendemain soir, il retarde d'un jour le moment où l'empereur, informé, pourra prendre une décision et lui réitérer l'ordre de reprendre sa marche.

Le lendemain, 17, ne recevant pas de nouvelles, l'empereur en réclame : « Dites-moi la vérité pour que je règle ma conduite ici. » Au lieu de lui répondre par le télégraphe, c'est par un nouveau courrier, le commandant Magnan, que le maréchal envoie un second rapport, retardant ainsi, encore une fois, d'une journée le moment où les ordres du souverain pourront lui parvenir.

Le commandant Magnan apportait-il au moins la vérité à l'empereur ? Loin de là, il dépeint la position de l'armée de Metz, l'état de ses ressources, sous un jour tel que le maréchal de Mac-Mahon, ainsi que nous l'apprend la déclaration de M. Rouher devant la commission d'enquête du 4 septembre, ne croit pas qu'il aura le temps d'arriver assez tôt pour dégager le maréchal Bazaine. De qui le commandant Magnan tenait-il ces renseignements, sinon de celui qui l'envoyait ? Or, le 17 au soir, au moment où cet officier partait, le maréchal devait être rassuré, si jamais il avait été sérieusement inquiet sur la situation de ses ressources, et savoir qu'il possédait largement les moyens de reprendre sa marche.

Le 16 au soir, nous avons vu le maréchal décidé tout d'abord à se retirer sur la ligne de Vigneulles-Lessy, puis hésiter devant ce mouvement trop franchement rétrograde et établir son armée en haut des berges du vallon de Monvaux. Dès le 17, une déposition nous le montre reprenant la pensée de regagner le jour même la ligne de Vigneulles-Lessy ; il fait étudier ce mouvement le 17 au matin, et donne à ce moment même l'ordre au maréchal Canrobert, auquel il signale l'approche de l'ennemi, de faire exécuter à ses troupes, qu'il s'est trop vivement pressé, une conversion à droite, pour aller occuper des positions en arrière. Le maréchal a cherché à établir qu'il voulait livrer le 18 une bataille défensive, afin de pouvoir, après un succès, reprendre sa marche vers l'intérieur. L'ordre dont il vient d'être question démontre combien le maréchal était éloigné de cette pensée. S'il eût voulu reprendre sa marche vers le nord, et non se retirer devant le premier choc sur le contre-fort du Saint-Quentin, il aurait placé à la droite de son armée ses meilleures troupes et tenu à portée de ce point la garde, sa belle cavalerie et la réserve générale de l'artillerie, restée muette pendant cette bataille qui décida du sort de la guerre.

Les ordres qu'il donna le 18 au soir, et dont le détail était arrêté dès le matin, prouvent combien peu il se préoccupait de reprendre sa marche. S'il eût voulu de nouveau déboucher, il aurait nécessairement cherché à conserver les positions par lesquelles le contre-fort du Saint-Quentin se rattache aux plateaux. Au lieu de cela le maréchal ne prescrit aucune disposition dans le but de se maintenir dans les bois de Saulny, et par là laisse pour ainsi dire tirer le verrou derrière lui.

Cependant le maréchal écrit le 19 à l'empereur : « Je compte toujours prendre la direction du nord. » Devant cette affirmation, l'empereur doit penser que le maréchal Bazaine est encore libre de ses mouvements, et le maréchal de Mac-Mahon, qui le croit déjà en marche, part, le 22, pour venir lui donner la main.

Le 20 août, alors que le maréchal Bazaine déclare au maréchal de Mac-Mahon qu'il le préviendra de sa marche, si toutefois il croit pouvoir l'entreprendre sans compromettre l'armée, il tait cette réserve si essentielle à l'empereur et au ministre et les entretient ainsi l'un et l'autre dans la pensée qu'il n'hésite pas à se conformer aux ordres reçus.

Enfin, le 26, quand il est sûr que le maréchal de Mac-Mahon a entamé son mouvement et quand il a obtenu de ses lieutenants, on sait par quelles manœuvres, un avis conforme à ses secrets desseins, il démasque ses intentions en annonçant au ministre qu'il est impossible de forcer les lignes ennemies, invoquant ainsi un motif faux pour justifier son inaction ; et cependant, le lendemain 27, partait de Thionville une dépêche pour le maréchal de Mac-Mahon où on lisait ces mots : « Nous sommes cernés, mais faiblement, nous pourrons percer quand nous voudrons. »

Devant cet ensemble de faits, l'instruction conclut que le maréchal Bazaine, bien loin de remplir ses devoirs envers l'empereur, l'a constamment trompé, et qu'en déterminant par ses faux renseignements cette marche vers Montmédy, qui aboutit au désastre de Sedan, le maréchal a assumé une grande part dans la responsabilité de cette catastrophe.

§ II. *Période du 1er septembre au 20 octobre.*

La nouvelle des événements de Sedan parvint au maréchal Bazaine dans les premiers jours de septembre. Dès ce moment, celui-ci, qui avait jugé nécessaire d'attendre la venue du maréchal de Mac-Mahon pour sortir du camp retranché, considéra comme impossible de quitter Metz. L'existence de son armée était donc désormais liée à celle de la place.

Quelques jours après, le maréchal apprit les événements de Paris et reçut les premières proclamations du gouvernement de la Défense nationale.

Une guerre à outrance est décidée. Paris peut tenir trois mois. Une assemblée nationale sera élue le 16 octobre et fera entendre la voix du pays. Tel est le résumé des nouvelles apportées par Pennetier. Le maréchal accepte sans protestation le nouvel ordre de choses. Le 12 septembre, en annonçant à ses généraux les événements de Sedan et de Paris, il terminait son discours en disant qu'il ne restait plus qu'à attendre les ordres du gouvernement. De quel gouvernement parliez-vous ? a-t-il été demandé au maréchal. — Du gouvernement de la Défense nationale, a-t-il répondu.

Le 16 septembre, un ordre du maréchal porte à la connaissance de l'armée la constitution du nouveau gouvernement. Le commandant en chef de l'armée du Rhin ne figurait pas au nombre des membres du pouvoir qui venait de se constituer ; nous avons vu avec quelle habileté l'ennemi sut tirer parti de cette circonstance.

Le 11 septembre, un communiqué officiel du gouvernement prussien déclarait que les puissances allemandes ne traiteraient de la paix qu'avec l'empereur, l'impératrice ou le maréchal Bazaine. A quel moment ce communiqué est-il parvenu dans les mains du maréchal ? L'instruction n'a pu le préciser ; mais l'ennemi avait un trop grand intérêt à le lui faire connaître, et une trop grande facilité à le lui faire parvenir, pour que l'arrivée de ce document à Metz puisse être de beaucoup postérieure à sa publication. Cette affirmation est justifiée par ce fait que le 11 septembre des relations étaient déjà établies entre le prince Frédéric-Charles et le maréchal.

Dès le 16 septembre, l'influence de ce communiqué se fait sentir. Ce même jour, le commandant en chef, qui vient d'enregistrer officiellement l'avénement du pouvoir nouveau, demande au prince Frédéric-Charles de lui dire *franchement* la vérité sur la situation. A partir de ce moment, si ce n'est plus tôt, s'engagent, pour durer jusqu'à la fin du blocus, des communications personnelles et secrètes entre les deux généraux en chef, communications indiscutables, avérées, mais dont presque toutes les traces ont été supprimées.

Le 23 septembre, entre en scène le sieur Régnier ; il arrive de Hastings, il a vu M. de Bismark, il fait connaître au maréchal Bazaine que les gouvernements allemands désirent restaurer le régime impérial et constituer, en dehors du gouvernement de la Défense nationale, un pouvoir régulier avec lequel ils puissent traiter. Régnier veut savoir si l'armée de Metz est engagée vis-à-vis du pouvoir nouveau, ou si elle est encore libre, et, dans ce cas, si son chef consentirait à prêter son concours pour réaliser la combinaison admise par M. de Bismark. En face des brillantes perspectives qui s'ouvrent devant lui, le maréchal, non-seulement adhère sans hésitation, en son nom et au nom de ses lieutenants, aux propositions de Régnier ; mais, chose inouïe, et pour lui démontrer la nécessité de précipiter le dénoûment, il lui livre le secret de la durée de ses vivres. Sur le conseil du maréchal, le général Bourbaki se rend auprès de l'impératrice.

Régnier repart ; un malentendu surgit avec l'ennemi. Le maréchal cherche à le dissiper, mais en vain, en écrivant au général de Stiehle et en offrant de nouveau de capituler avec les honneurs de la guerre.

Mais Régnier ne donne plus de ses nouvelles ;

son silence, après le 28 octobre, signifie que les négociations ont échoué.

Ainsi, le maréchal Bazaine, à l'instigation du premier venu que n'accréditent aucuns pouvoirs, dont l'entente avec l'ennemi est patente, entre dans une intrigue politique, nouée en vue du renversement du nouveau pouvoir dont il vient de notifier l'avénement à son armée.

Dès le 23 septembre, alors que son armée est en état de combattre, qu'il a des vivres et des munitions et que depuis le 1er septembre il n'a fait aucun effort pour forcer le blocus, il offre de capituler et de concourir à l'établissement d'un pouvoir régulier, bien que cette capitulation, en rendant à l'ennemi toute liberté d'action, dût permettre à l'armée de blocus d'accabler les autres armées françaises, bien que le renversement du nouveau gouvernement dût fatalement provoquer une guerre civile.

Le devoir du maréchal était cependant parfaitement défini. Il devait combattre. S'il se croyait hors d'état de tenir la campagne, il pouvait du moins opérer autour de Metz, et, par des attaques incessantes, détruire en détail l'armée de blocus. Le mois de septembre s'écoule pourtant dans une inaction funeste; pendant ce temps, les vivres vont s'épuisant. Aucune précaution n'est prise pour en prolonger la durée; et cependant le maréchal, résolu à ne pas quitter le camp retranché, sait parfaitement que la question des vivres domine tout, puisque la capitulation sera la conséquence de leur épuisement.

Pourquoi, au lieu de prêter l'oreille aux suggestions de l'ennemi, le maréchal Bazaine ne se mit-il pas en relations avec le gouvernement de la Défense nationale? Son intérêt personnel, engagé dans ses trames avec l'ennemi, peut seul l'en détourner; on ne peut considérer comme des tentatives sérieuses l'envoi des deux dépêches banales que, pendant toute la période du blocus jusqu'à la veille de la capitulation, il se contenta d'expédier au ministre de la guerre.

Au moment même (le 25 septembre) où il vient de livrer au sieur Régnier le secret de ses vivres, il fait au ministre de la guerre le terme inévitable et précis de la résistance et ne donne aucune information sur ses projets. Enfin il oublie ses devoirs envers son pays au point de ne pas songer à prescrire au général Bourbaki de transmettre au gouvernement qui combat l'invasion des nouvelles de son armée, dans le cas où la mission près de l'impératrice échouerait.

Les occasions abondaient d'ailleurs pour correspondre avec l'intérieur de la France. Les gens du pays allaient et venaient; les émisssaires de l'état-major sortaient journellement; ils rendaient compte de ce qui se passait au delà des lignes de l'armée de blocus, mais ils ne recevaient jamais l'ordre d'aller chercher des nouvelles dans l'intérieur. Des ballons emportaient des milliers de lettres, mais jamais une dépêche du maréchal pour le ministre de la guerre.

Devant cet ensemble de faits on est en droit de conclure que si le maréchal ne s'est pas mis en communication avec le ministre de la guerre, c'est qu'il ne l'a pas voulu.

Pendant que le maréchal Bazaine s'isolait de parti pris du gouvernement de la Défense nationale, celui-ci multipliait ses tentatives pour communiquer avec le commandant en chef de l'armée de Metz, et, tandis qu'il réussissait à faire arriver des nouvelles dans les places assiégées, et notamment à Strasbourg, à Belfort et Bitche, rien, au dire du maréchal Bazaine, ne parvenait à Metz. Or, l'instruction sait positivement aujourd'hui qu'un émissaire venu de Thionville, le sieur Risse, est entré à Metz dans les derniers jours de septembre, apportant au maréchal la nouvelle que de grands approvisionnements avaient été réunis à Thionville et à Longwy.

En ne se mettant pas en communication avec le gouvernement de la Défense nationale, alors qu'il le pouvait, le maréchal a manqué à tous ses devoirs envers la France. Son armée était le seul espoir de la nation : tant qu'elle restait debout, rien n'était perdu; chaque jour on espérait voir le maréchal, brisant l'étreinte de l'ennemi, regagner l'intérieur du pays, que les nouvelles levées, privées de cadres, étaient impuissantes à protéger.

Dans cette situation, si le maréchal se fût mis en relation avec le gouvernement qui avait pris en main la défense du territoire, pour combiner avec lui une action commune, soit dans les Vosges, soit dans une autre direction, qui peut dire ce qui en serait résulté?

A ce moment suprême, qu'importait la question de la forme du gouvernement? Nous étions exposés à perdre l'Alsace et peut-être la Lorraine, et c'est le moment que choisissait le général en chef pour garder l'inaction et négocier avec l'ennemi. L'impératrice était autrement inspirée lorsque, dans l'audience de congé qu'elle donna au général Bourbaki, elle lui conseillait d'aller à Tours offrir le secours de son épée à la cause de l'indépendance nationale. Si un pareil acte honore celle qui savait imposer silence à ses regrets, il fait d'autant plus ressortir les calculs ambitieux du maréchal qui, dans les malheurs de la patrie, ne cherchait qu'une occasion pour élever encore sa fortune.

Devant cet élan de l'impératrice, on comprend avec quelle hauteur, après avoir désavoué l'intrigue Régnier, elle aurait repoussé une convention dont la première clause était fatalement un démembrement du territoire.

Si devant le silence de Régnier le maréchal a repris des négociations qu'il savait à l'avance devoir échouer, ce ne fut pas un retour de fidélité qui l'inspira.

Le communiqué de Reims avait associé sa fortune politique aux succès des desseins poursuivis par l'ennemi, c'est là qu'il faut chercher le mobile de sa conduite et non dans les intérêts d'une cause qu'il avait abandonnée et vers laquelle le ramenaient maintenant les visées égoïstes de son ambition.

DEVOIRS ENVERS LA PLACE DE METZ.

Lorsque, après la bataille de Saint-Privat, le maréchal Bazaine ramena son armée dans le camp retranché de Metz, il changeait complétement les conditions de la défense de ce boulevard du pays; les approvisionnements qu'il avait laissés à Metz étaient loin de suffire à une résistance aussi prolongée que le comportait l'importance de cette place. Le retour de l'armée aggravait singulièrement cette situation. Et cependant, le maréchal ne prit aucune mesure pour recueillir les ressources existant à portée de ses camps, et restituer ainsi à la place les vivres que son armée consommait.

Lorsque, à la suite du désastre de Sedan, il jugea impossible de quitter le camp retranché que la présence de son armée rendait inattaquable, tout se réduisait à une question de vivres. Nous avons vu quelle négligence avait présidé à la constitution des approvisionnements et quelle responsabilité incombe à ce sujet au commandant supérieur de Metz. La première préoccupation du maréchal aurait dû être, dans ces conditions, de chercher à recueillir de nouvelles ressources ou tout au moins de prendre des mesures pour en prolonger la durée, en mettant en commun les vivres de la ville et de l'armée, et en ordonnant un rationnement général.

Au lieu de cela, le maréchal, préoccupé seulement de maintenir, dans l'intégrité de ses forces, l'armée que ses menées politiques destinaient à quitter le camp retranché, d'accord avec l'ennemi, a gaspillé ses ressources, se croyant toujours à la veille de réussir dans ses négociations; non-seulement il n'a pas ménagé les magasins militaires, mais au moyen d'achats administratifs ou individuels, il a absorbé pour les besoins de son armée et notamment pour nourrir des chevaux qu'il a dû, plus tard, laisser mourir de faim ou remettre à l'ennemi, une grande partie des blés de la place. La quantité de pain provenant des réserves des particuliers, qui fut ainsi consommée, dépasse vingt jours de subsistances pour la garnison et la population de Metz.

La conduite du maréchal condamnait à une capitulation prématurée la place de Metz, dont le commandement avait été confié au général Coffinières. Cet officier général, qui sut protester dans les derniers jours, mais alors qu'il était trop tard, contre les exigences du maréchal, garda le silence au moment opportun. Malgré les prescriptions formelles du décret de 1863, le conseil de défense et le comité de surveillance des approvisionnements, qui auraient pu faire entendre également leur voix, ne furent constitués que lorsque les magasins étaient vides, alors seulement qu'il n'y avait plus qu'à constater l'absence de ressources et l'impossibilité de prolonger la résistance. On ne saurait voir dans cette dérogation à la loi dont le maréchal devait assurer l'exécution, que la volonté de soustraire à tout contrôle une situation qui aurait provoqué des réclamations embarrassantes.

La durée des subsistances pour l'armée et la ville, sur le pied de 258,000 rationnaires, pouvait être tout autre qu'elle ne fut. Si le maréchal eût fait son devoir, ce n'est pas le 28 octobre que les vivres auraient fait défaut, mais bien le 7 janvier.

Quand on se reporte aux efforts tentés par l'armée de la Loire et aux dates où ils se produisirent le plus énergiquement, on est en droit de conclure que la négligence du maréchal dans la question des vivres devait faire échouer fatalement ces efforts. Si le maréchal était parti le 1er septembre, après avoir recueilli les ressources existant à portée de ses camps, la place aurait pu prolonger sa résistance bien au delà de la guerre.

S'il en eût été ainsi, les efforts patriotiques de M. Thiers pour conserver la Lorraine auraient été couronnés de succès.

DEVOIRS ENVERS SES LIEUTENANTS.

Le maréchal Bazaine a-t-il rempli ses devoirs envers ses lieutenants et envers ses soldats ? C'est ce qu'il nous reste à examiner.

Que doit un général en chef à ses lieutenants? La vérité lorsqu'il consulte, l'appui lorsqu'ils combattent, la loyauté lorsqu'il ordonne.

La vérité, le maréchal Bazaine l'a constamment cachée à ses lieutenants, même lorsque, par une dérogation étrange aux devoirs du commandement, il cherchait à se décharger de la responsabilité de ses résolutions sur les commandants de corps, résolutions que la loi lui faisait un devoir de prendre de lui-même, le conseil entendu et la séance levée.

Le 26 août, dans la conférence de Grimont, le maréchal garde le silence sur la marche du maréchal de Mac-Mahon et laisse dire que l'armée n'a de munitions que pour une seule bataille, accréditant ainsi par son silence cette étrange assertion.

Le 10 octobre, alors que des résolutions du conseil va sortir la décision qui fixera le sort de l'armée, le maréchal ne fait pas connaître ses pourparlers avec le prince Frédéric-Charles, l'incident Régnier, la mission du général Bourbaki, l'échec des négociations qu'il a déjà entreprises.

Le 18 octobre, le maréchal laisse le général Boyer dépeindre au conseil l'état de la France sous un aspect désespéré, dont il connaît pourtant la fausseté; les journaux rapportés par le général Boyer et remis au maréchal Bazaine pouvaient éclairer les commandants de corps sur la situation : il ne leur en donna pas connaissance.

En passant sous silence les circonstances les plus

essentielles pour apprécier les diverses situations sur lesquelles il demandait leur avis à ces commandants de corps, en provoquant ainsi des résolutions dont la connaissance de la vérité aurait détourné ses lieutenants, le maréchal, qui leur écrivait le 7 octobre : « Le devoir d'un général en chef est de ne rien laisser ignorer en pareille occurrence aux commandants de corps placés sous ses ordres », et qui, par cette déclaration, ne cherchait à leur inspirer confiance que pour en abuser, a manqué à ses devoirs envers eux.

Le maréchal Bazaine a-t-il soutenu ses lieutenants quand ils étaient engagés contre l'ennemi ? Nous avons vu quel appui il donna au général Frossard, alors que les troupes dirigées vers celui-ci, le 6 août, n'avaient pas l'ordre de se mettre à sa disposition.

Nous avons vu comment, le 18 août, le maréchal Bazaine resta sourd aux appels pressants, réitérés du maréchal Canrobert, engagé dans un combat inégal où il devait succomber.

Nous avons vu le maréchal faire passer, le 26 et le 31 août, son armée sur la rive droite de la Moselle, alors que le maréchal de Mac-Mahon devait arriver par la rive gauche, réservant ainsi à son lieutenant tout le poids de la lutte.

Comment, dans les circonstances critiques, le maréchal transmettait-il ses ordres ? Il suffit, pour l'indiquer, de rappeler l'ordre confidentiel adressé, le 1er septembre au matin, aux commandants de corps, par lequel il leur laissait le soin de prendre une décision dont il pouvait ainsi décliner les conséquences et la responsabilité.

Devant l'écroulement du régime impérial, il n'eût pas été surprenant de voir se produire, parmi les chefs de l'armée, que des sentiments personnels de reconnaissance rattachaient bien naturellement à l'empereur, des regrets en opposition avec le nouvel ordre de choses.

Rien de semblable ne se produisit ; ils restèrent fidèles à leurs devoirs militaires. Pourquoi fallut-il que leur chef, dont le rôle aurait été au besoin de détourner leur esprit de toute préoccupation politique, s'efforçât au contraire de les pousser dans une voie que ses paroles montraient comme seule ouverte au salut de l'armée !

Le maréchal Bazaine a formulé à diverses reprises des plaintes contre ses lieutenants, et cependant il a toujours trouvé chez eux un concours actif et dévoué. Tout entiers aux devoirs de la discipline, ils donnèrent l'exemple de la déférence et de la subordination. En revanche, le maréchal les a-t-il constamment couverts de sa propre responsabilité ? Il n'est pas besoin de répondre : les faits parlent assez haut.

DEVOIRS ENVERS SES SOLDATS.

Un général en chef doit savoir verser sans hésitation le sang de ses soldats, lorsque le salut du pays le commande. Mais autant, dans ce cas, il doit demeurer absolument sourd à la voix d'une fausse humanité, autant il doit être ménager de leur existence quand un douloureux sacrifice serait inutile.

11,000 soldats de l'armée de Metz sont morts de maladie et de misère en Allemagne. N'eût-il pas mieux valu que ces existences eussent été immolées pour assurer la sortie de l'armée ? Quel sacrifice eût été plus légitime et plus glorieux ?

Par contre, pourquoi le maréchal, alors qu'il était résolu, le 18 août, à rentrer dans le camp retranché, a-t-il sacrifié douze mille hommes pour tenir un jour de plus en haut des berges du vallon de Monvaux, position qu'il devait abandonner le lendemain ?

Un général en chef est le gardien de l'honneur de ses soldats ; si l'éclat d'une résistance glorieuse rejaillit sur tous ceux qui y prirent part, le général doit toujours se rappeler que sa propre faiblesse pourra provoquer un jour contre ses soldats les injustices de l'histoire. Après avoir combattu vaillamment jusqu'au 1er septembre, et eu quarante mille hommes mis hors de combat, il fut doublement douloureux pour l'armée de demeurer dans l'inaction la plus funeste depuis ce moment jusqu'au jour du désastre. Une destinée meilleure était due à une armée qui ne marchanda ni ses efforts, ni son sang.

L'honneur d'une armée se symbolise dans les drapeaux. Le devoir d'un général, si la fortune des armes lui devient contraire, est de les soustraire aux humiliations de la défaite. Le maréchal Bazaine a-t-il rempli ce devoir ? L'histoire dira que lorsqu'il pouvait détruire les drapeaux de son armée, il les livra à l'ennemi.

Après une lutte acharnée, si les armes deviennent le prix de la victoire de l'ennemi, l'honneur des vaincus est sauf. Mais si une longue inaction a précédé le moment de la capitulation, que peut-il y avoir de plus amer pour une armée que de déposer ses armes ? Du moment où le temps ne lui faisait pas défaut pour les détruire, le maréchal Bazaine aurait dû épargner à ses soldats cette dernière humiliation, en leur ordonnant de les briser. Ne devait-il pas comprendre d'ailleurs qu'en les remettant à l'ennemi, celui-ci allait les retourner contre d'autres soldats français ?

Il est un sentiment qui adoucit l'amertume des plus tristes situations, la sollicitude du chef pour ses soldats. Les soldats ont besoin de voir leur général. Sa vue ranime la fierté et l'espoir. Plus qu'à tous les autres, des marques de sympathie sont dues aux blessés ; or il est triste d'avoir à dire que le maréchal ne passa jamais de revues et que jamais il ne visita les nombreuses ambulances où les habitants de Metz, de toute condition, rivalisaient de zèle et de dévouement avec nos médecins militaires pour soigner les malades et les blessés.

Une des clauses de la capitulation épargnait la captivité aux officiers qui prenaient l'engagement de ne rien faire contre les intérêts de l'Allemagne pendant la durée de la guerre. Pourquoi le maréchal Bazaine admit-il une condition qui pouvait provoquer de blâmables défaillances? Pourquoi, dans la remise de l'armée à l'ennemi, sépara-t-il le sort du soldat de celui des officiers? Pourquoi n'a-t-il pas tracé à ce sujet le devoir des officiers d'une manière assez nette pour éviter toute confusion? On ne trouve pas de réponse plausible à ces demandes.

Une fois la capitulation signée, il restait au maréchal un dernier devoir à remplir : demeurer jusqu'à la fin au milieu de ses malheureux soldats, afin de pouvoir intervenir en leur faveur en cas de difficultés avec l'ennemi. C'était la seule marque de sollicitude qu'il pût encore leur donner ; mais le maréchal Bazaine, qui aurait dû partir le dernier, quitta son quartier général avant que la place eût été remise à l'ennemi. Une semblable conduite devait engendrer la confusion la plus regrettable. On oublia de pourvoir aux besoins des troupes pendant la journée du 29, tandis qu'on laissait dans les magasins des forts et de la place un jour de vivres qui furent officiellement remis à l'ennemi.

En résumé : En demeurant contre les ordres de l'empereur dans le camp retranché de Metz ; en déterminant par de faux renseignements la marche de l'armée de Châlons vers lui, le maréchal Bazaine a été la cause principale du désastre de Sedan.

En s'isolant de parti pris du gouvernement de la Défense nationale, après l'avoir reconnu ; en demeurant dans l'inaction, alors qu'il était possible de percer les lignes de blocus ; en foulant aux pieds ses devoirs militaires pour s'engager avec l'ennemi dans des trames politiques ayant pour but la satisfaction de son ambition personnelle, prêt à se soumettre, pour en assurer le succès, à un démembrement du territoire ; en trompant ses lieutenants toutes les fois qu'il les consulta ; en surprenant la confiance de ses soldats, pour leur retirer les drapeaux destinés à être remis à l'ennemi ; en sacrifiant la durée de la résistance de Metz au succès de ses trames , le maréchal Bazaine a manqué à ses devoirs envers le pays et envers son armée.

CONCLUSION.

Entreprise sans préparation, sans alliances sérieuses, sans plan de campagne, contre un ennemi qui, depuis longues années, étudiait le moyen de nous combattre, la guerre de 1870 n'a été qu'une série de désastres.

Parmi ces désastres, celui de l'armée de Metz est demeuré le plus grand, parce qu'une fois qu'il fut consommé, tout espoir fut perdu pour les armées nationales ; si la lutte continua, c'est que les Français, en dehors de toute préoccupation politique, comprenaient que, devant un démembrement inévitable, il fallait engager jusqu'au dernier de leurs enfants, afin d'avoir le droit de dire, comme autrefois un de nos rois en semblable infortune : Tout est perdu, fors l'honneur.

Les luttes de l'armée de Metz et sa fin lamentable forment donc le nœud de la guerre de 1870. Les destinées de cette armée avaient été confiées au maréchal Bazaine ; il n'a pas répondu à cette confiance, qui faisait de lui l'arbitre du sort de la patrie.

L'infortune est sacrée quand elle a pour compagne la loyauté ; mais si les calculs misérables de l'ambition personnelle ont dicté les résolutions qui précipitèrent le désastre, il faut que justice soit faite.

L'instruction a établi les faits suivants, accomplis postérieurement à la prise de commandement du maréchal Bazaine, et desquels il résulte qu'il n'a pas fait, avant de traiter, tout ce que le devoir et l'honneur lui commandaient de faire.

Le maréchal Bazaine a trompé la confiance de l'empereur, qui avait prescrit de battre rapidement en retraite :

1° En retardant le départ de l'armée jusqu'au 14 août dans l'après-midi.

2° En ne faisant pas détruire les ponts dont l'ennemi pouvait faire usage.

3° En n'utilisant à la sortie de Metz qu'une route pour la marche de l'armée, alors qu'il en existait quatre disponibles.

4° En donnant l'ordre de licencier le train auxiliaire qui portait les vivres de l'armée.

5° En ne continuant pas sa marche le 17 août.

Le maréchal Bazaine a laissé écraser dans la bataille du 18 août un de ses lieutenants, le maréchal Canrobert, malgré ses appels pressants et réitérés, alors qu'il maintenait dans l'inaction la presque totalité de ses réserves.

Le maréchal Bazaine a trompé l'empereur et le ministre de la guerre jusqu'à la fin du mois d'août sur sa situation et sur ses projets :

1° En se représentant comme dépourvu de vivres en quantité suffisante pour reprendre sa marche.

2° En annonçant le 19 août son intention de partir pour Montmédy, ce qui devait donner à croire, après la bataille de Saint-Privat, qu'il pouvait toujours déboucher dans cette direction, nouvelles qui ont déterminé le départ du maréchal de Mac-Mahon vers la Meuse.

3° En annonçant faussement au ministre, le 26 août, alors qu'il connaissait la marche de l'armée de Châlons, qu'il était impossible de forcer les lignes ennemies, tandis qu'il écrivait au maréchal de Mac-Mahon qu'il pourrait les percer quand il voudrait.

Le maréchal Bazaine n'a fait aucune tentative sérieuse afin de venir en aide au maréchal de Mac-Mahon, après avoir provoqué sa marche, ce qui, en laissant supporter à son lieutenant tout le poids de la lutte, a amené le désastre de Sedan.

Le maréchal Bazaine a abusé de la confiance de

ses lieutenants dans la conférence tenue à Grimont, le 26 août :

1° En leur cachant la marche de l'armée de Châlons ;

2° En ne leur donnant pas communication des dépêches transmises par lui à l'empereur, au ministre et au maréchal de Mac-Mahon ;

3° En laissant affirmer que l'armée n'avait de munitions que pour une bataille, alors qu'il savait, depuis le 22 août, que les approvisionnements étaient reconstitués.

Le maréchal Bazaine n'a pas ordonné, dès le 12 août, au moment où, la retraite de l'armée de Châlons décidée, la place de Metz allait être abandonnée à elle-même, les mesures prescrites par le décret du 13 octobre 1863, en vue de l'éventualité d'un siège.

Le maréchal Bazaine a négligé, au moment où il est rentré dans le camp retranché, de recueillir les ressources des environs de Metz, afin de restituer à la place les vivres que consommait son armée, comme le prescrit formellement le décret précité.

Le maréchal Bazaine n'a ordonné, une fois résolu à ne plus quitter le camp retranché, aucune opération dans le but de constituer des ressources spéciales pour son armée.

Le maréchal Bazaine a laissé gaspiller ses approvisionnements :

1° En ne réduisant pas immédiatement le taux de la ration de l'armée ;

2° En ne prescrivant pas le rationnement de la population civile ;

3° En permettant aux soldats d'acheter du pain et des denrées en ville en sus de leur ration ;

4° En donnant du blé et du seigle aux chevaux alors qu'il y avait assez de fourrages pour nourrir le nombre d'animaux nécessaire pour la consommation des hommes jusqu'à l'épuisement du pain.

Le maréchal Bazaine a propagé des nouvelles données par l'ennemi à M. Debains, lesquelles étaient de nature à porter atteinte au moral de l'armée, et dont quelques-unes étaient fausses.

Le maréchal Bazaine, alors que le décret du 13 octobre 1863 prescrit de demeurer sourd aux nouvelles que l'ennemi ferait parvenir, a demandé au général en chef ennemi de le renseigner sur la situation de la France.

Le maréchal Bazaine, après avoir reconnu le nouveau gouvernement, a prêté l'oreille aux propositions apportées de Ferrières par le sieur Régnier et aux projets de restauration formulés par cet agent.

Le maréchal Bazaine a chargé le sieur Régnier de déclarer qu'il était prêt à capituler avec son armée, sous la condition d'obtenir les honneurs de la guerre, alors qu'il avait encore des vivres pour plus d'un mois et des munitions au delà de ses besoins.

Le maréchal Bazaine a fait connaître au sieur Régnier la date à laquelle ses vivres seraient consommés, livrant ainsi un secret d'État à un individu dont l'identité n'était établie que par une passe de M. de Bismark.

Le maréchal Bazaine a renouvelé ses offres de capitulation le 29 septembre au général de Stiehle.

Le maréchal Bazaine s'est isolé systématiquement du gouvernement de la Défense nationale :

1° En négligeant de profiter des nombreuses occasions qu'il avait de communiquer avec lui, soit au moyen d'émissaires, soit au moyen de ballons ;

2° En ne transmettant aucun renseignement précis sur la situation de l'armée dans les deux seules dépêches qu'il a adressées au ministre de la guerre, du 1er septembre au 20 octobre.

Le maréchal Bazaine est demeuré dans l'inaction pendant tout le temps que son armée était encore en état de combattre et n'a jamais fait aucun effort pour échapper à la nécessité de capituler, soit en essayant de percer les lignes, soit en livrant une série de combats pour faire lever le blocus.

Le maréchal Bazaine a trompé la confiance de ses commandants de corps et des commandants d'armes dans le conseil du 10 octobre :

1° En leur taisant ses pourparlers secrets avec le général en chef ennemi, l'incident Régnier, les motifs du départ du général Bourbaki, enfin les dépôts de vivres préparés à Longwy et à Thionville ;

2° En leur cachant que les négociations que le conseil était d'avis d'entamer avaient été tentées par lui et sans succès.

Le maréchal Bazaine a remis au général Boyer, lors de son départ pour Versailles, des instructions qui dépassaient les intentions manifestées par ce conseil.

Le maréchal Bazaine a ainsi entamé avec l'ennemi des négociations politiques, entraînant inévitablement un démembrement du territoire, alors qu'il n'avait aucune qualité pour traiter et qu'il savait que dans quelques jours allait se réunir une Assemblée nationale à qui seule appartenait de décider de la paix et de ses conditions.

Le maréchal Bazaine a trompé la confiance de ses lieutenants dans le conseil du 17 octobre, en ne leur communiquant pas les journaux apportés par le général Boyer, ce qui, en les empêchant de contrôler les fausses nouvelles qu'il donnait, devait les amener à conclure que, la France étant dans un état de complète anarchie, il n'y avait qu'un seul parti à prendre, celui auquel il s'était arrêté, et où il voulait les amener : invoquer l'intervention de l'impératrice.

Le maréchal Bazaine a fait propager dans l'armée les nouvelles rapportées par le général Boyer, nouvelles qu'il savait au moins en partie fausses, et qui étaient de nature à abattre le moral de ses troupes.

Le maréchal Bazaine a cherché, par la manière dont il exerçait la censure sur la presse et par les communiqués transmis aux journaux, à affaiblir l'esprit public et à décourager les sentiments de résistance.

Le maréchal Bazaine a entretenu, pendant les mois de septembre et d'octobre, avec le général en chef ennemi :

1° Des relations directes par parlementaires dont l'objet a été tenu secret ;

2° Des correspondances multipliées dont il n'est pas resté trace.

Le maréchal Bazaine, une fois décidé à capituler, n'a pas retardé l'envoi du général Jarras quand l'intendant en chef lui a annoncé qu'il venait de retrouver trois ou quatre jours de vivres, alors qu'il savait que l'ennemi avait pris des mesures pour ravitailler immédiatement la place et nourrir les prisonniers.

Le maréchal Bazaine, une fois décidé à traiter de la capitulation, n'a pas détruit l'immense matériel de guerre de l'armée et de la place, dont l'ennemi allait tirer parti dans la continuation de la guerre.

Le maréchal Bazaine a livré les drapeaux de son armée à l'ennemi après avoir usé de subterfuges pour empêcher les troupes de les détruire.

Le maréchal Bazaine n'a pas accepté pour un détachement de son armée les honneurs militaires que l'ennemi consentait à lui accorder.

Le maréchal Bazaine a séparé le sort des officiers de celui des soldats dans la remise de l'armée à l'ennemi.

Le maréchal Bazaine a accepté la clause par laquelle les officiers qui prenaient l'engagement de ne rien faire contre les intérêts de l'Allemagne pendant la durée de la guerre étaient autorisés à rentrer dans leurs foyers.

Le maréchal Bazaine a négligé de stipuler que des vivres seraient distribués par l'ennemi au moment de la remise de l'armée.

Le maréchal Bazaine a négligé de donner des ordres pour que les vivres que renfermaient encore, le 29 octobre, les magasins des forts et de la place, et qui ont été remis postérieurement à l'ennemi, fussent distribués à l'armée.

Le maréchal Bazaine, au lieu de demeurer au milieu de ses troupes après la remise de l'armée, pour intervenir en leur faveur en cas de besoin, est parti le premier de Metz.

Le maréchal Bazaine a énoncé dans son ordre général n° 12 et dans l'ordre adressé au colonel de Girels une assertion fausse en ce qui concernait le retour du matériel de guerre à la France, assertion qui eut pour conséquence de prolonger pendant plus de deux mois les humiliations de cette remise, sans autres résultats que de mieux assurer la conservation en bon état de ce matériel et sa remise intégrale.

En conséquence des faits établis par l'instruction, notre avis est qu'il y a lieu de demander la mise en jugement du maréchal Bazaine :

Pour avoir signé une capitulation ayant eu pour résultat de faire poser les armes à son armée et de rendre à l'ennemi la place de Metz sans qu'avant de traiter il eût fait tout ce que lui prescrivaient le devoir et l'honneur ;

Crimes prévus et punis par les articles 209 et 210 du Code de justice militaire.

Fait à Versailles, le 6 mars 1873.

Le général de brigade, rapporteur spécial près le 1er conseil de guerre.

Signé : SERRÉ DE RIVIÈRE.

Suivent un certain nombre de documents qui, sous le nom de pièces annexes, sont insérés à la suite du rapport à titre de renseignements.

Ces pièces, au nombre de treize, sont les suivantes :

Pièce n° I. Situation d'effectif : Relevé des situations de l'armée du Rhin.
— II. Relevé des situations de la garnison de Metz.
— III. Relevé des situations des malades et blessés de l'armée du Rhin.
— IV. Relevé général des pertes subies par l'armée du Rhin dans ses rencontres avec l'ennemi.
— V. Relevé général des situations d'approvisionnements en subsistances de l'armée de Metz. Vivres.
— VI. Relevé général des situations d'approvisionnements en subsistances de l'armée de Metz. Fourrages.
— VII. Tableau indiquant les modifications successives dans la composition des rations de vivres de l'armée du Rhin.
— VIII. Tableau indiquant les modifications successives dans la composition des rations de fourrages.
— IX. Statistique agricole de l'arrondissement de Metz.
— X. Statistique agricole des environs immédiats de Metz.
— XI. Relevé des chevaux de l'armée laissés au service des vivres. Viande.
— XII. Relevé des quantités de blé et de seigle, ainsi que des denrées diverses étrangères à leur nourriture habituelle consommées par les chevaux de l'armée.

Pièce n° XIII. Note sur l'accroissement de durée des vivres qui aurait pu résulter soit de l'emploi rationnel des ressources existantes, soit de la mise à profit de celles qu'il eût été possible de recueillir.

MÉMOIRE ET RAPPORT

SUR LES OPÉRATIONS DE L'ARMÉE DU RHIN ET SUR LA CAPITULATION DE METZ.

Considérations générales.

Une guerre à courte échéance avec la Prusse était depuis quelque temps dans les idées, et l'armée la désirait.

Le monde militaire sentait la nécessité de modifier notre tactique, comme conséquence de la facilité des mouvements stratégiques par les voies ferrées, de la puissance des armes à chargement rapide, désavantageuse aux races nerveuses, impressionnables comme la nôtre.

Des conférences multipliées furent faites sur les trois armes, tant au ministère de la guerre que dans les camps d'instruction et les garnisons.

Les intentions, comme les idées des nombreux conférenciers, pouvaient être bonnes, mais le résultat obtenu fut de jeter la perturbation dans les esprits, de ne plus avoir une instruction tactique inspirant confiance aux troupes, parce que ces innovations n'étaient pas consacrées par l'expérience du champ de bataille.

Il n'en était pas de même dans l'armée allemande, qui avait acquis de l'expérience dans la guerre des Duchés et la campagne stratégique de 1866.

Mobilisation, matériel, études topographiques, en prévision d'une guerre avec la France, tactique modifiée des trois armes, tout cet ensemble était bien coordonné, bien dirigé par un chef d'état-major général, pour ainsi dire inamovible ; et, sur un ordre du roi de Prusse, *émanant de son cabinet militaire*, cette puissante, obéissante et savante machine militaire germaine entrait immédiatement en action, munie de tous ses moyens, avec des chances certaines de succès dès le début des opérations, ce qui donne une grande force morale aux troupes pendant la continuation de la guerre.

Il était donc rationnel, puisque cette funeste guerre a éclaté avant que les ressources militaires de la France soient effectivement prêtes à agir, de ne livrer, autant que possible, que des combats défensifs, sur des positions connues et fortifiées par des travaux rapides.

A un tel jeu, l'armée ennemie se serait usée rapidement, son moral en aurait été éprouvé, et sa marche envahissante certainement ralentie.

En principe, tant qu'une armée n'a pas acquis une supériorité morale sur son adversaire, comme conséquence d'un premier succès, ou par suite d'une disproportion notable entre les effectifs qui permet d'opérer des mouvements tournants à longue distance, il est préférable de faire la guerre méthodiquement comme au dix-septième siècle.

Nos places de guerre avaient toutes besoin de *modifications urgentes* et d'ouvrages extérieurs sur les positions dominantes, pour obvier à la portée de la nouvelle artillerie, aux effets destructeurs de son tir plongeant. Des travaux avaient été entrepris, mais ils n'étaient pas terminés, et on avait paré au plus pressé, en multipliant les traverses sur les remparts, les dotant de l'armement de sûreté, moins toutefois le personnel pour le servir, ce qui était insuffisant ; enfin en blindant les magasins à poudre.

Les instructions avaient été données dans le commandement de l'Est, en 1868, pour que les projets des ouvrages à élever fussent établis de façon à y mettre immédiatement des travailleurs civils en cas d'urgence ; on en était resté là faute de fonds.

Du reste, bon nombre de nos places de guerre n'ont plus, sous le rapport stratégique, la même importance que par le passé, si elles ne commandent pas ou n'utilisent pas les voies ferrées que l'ennemi peut suivre pour les tourner et pour couper les communications avec l'intérieur de la France. Metz, entre autres, est une de ces places par rapport au chemin de fer de Saverne à Nancy, Frouard, etc. Ses forts n'étaient pas achevés, et celui de Saint-Privat (en avant de Montigny), un des plus importants à l'est de la place, était à peine commencé et n'a jamais été armé.

Le grand quartier impérial n'aurait pas dû, dès le début, s'établir en première ligne comme à Metz, mais d'abord au camp de Châlons avec la garde et les corps d'armée en formation, comme armée de réserve, pendant que les deux premières armées se constituaient sur les frontières. Les principaux éléments de ces armées elles-mêmes auraient dû être complètement organisés en arrière des lignes frontières : la 1re armée, celle d'Alsace, à Lunéville, Nancy et Pont-à-Mousson, etc.; la 2e armée, celle de Lorraine, de Verdun à Metz, etc.; puis, au moment des hostilités, les deux premières se jetant en avant, s'établir avec l'armée de réserve, de Nancy à Frouard et le plateau de Haye, centre stratégique autour duquel les armées de Strasbourg et de Metz auraient pu opérer pendant la période défensive.

Un projet avait été établi en 1869 pour construire des ouvrages de campagne, afin de couvrir le point important de Frouard et tirer parti du plateau et de la forêt de Haye comme camp retranché, pour y rallier, le cas échéant, les corps opérant en Alsace et en Lorraine. L'attention du ministre fut de nouveau appelée sur cette position importante, peu de jours encore avant la déclaration de la guerre; il fut répondu :

« Quand nous serons là, nous serons bien malades. »

Dans les départements de l'Est, les douaniers, les agents forestiers, les compagnies de sapeurs-pompiers qui comptent dans leurs rangs bon nombre d'anciens soldats pouvant rendre d'excellents services dans une guerre défensive, les uns comme guides attachés par petits détachements à chaque division d'infanterie, les autres pour la défense des places ou postes, étaient si mal armés que la compagnie de Thionville entre autres, qui avait l'apparence d'une compagnie du génie, par sa belle tenue, était encore armée de fusils à silex en 1868 !

Quant à l'organisation de la garde nationale mobile, qui devait devenir une institution militaire réelle et utile comme réserve, elle fut enrayée, malgré le bon vouloir de tous, faute de fonds nécessaires alloués. Les cadres restèrent sur le papier, les hommes dans leurs foyers, les armes dans les arsenaux, pendant que nos ennemis se préparaient. On ne fit appel à son dévouement que dans les derniers moments, et alors tout se fit avec une précipitation regrettable, nuisible au bon emploi de cette jeune et vaillante troupe.

L'appel des réserves, fait à la dernière heure, ne permit pas de retremper dans la discipline et l'instruction ces anciens soldats éloignés des rangs depuis longtemps, et bon nombre d'entre eux n'étaient pas familiarisés avec le nouveau fusil (modèle 1866), ni à la marche. Les détachements rejoignirent par les voies ferrées leurs corps déjà échelonnés sur les frontières, et, aux premières marches faites avec des souliers non brisés, chaussures dont nos hommes de la campagne se servent rarement, il y eut une grande quantité de blessures aux pieds, et par suite, de traînards.

Le moral de ces hommes quittant inopinément leur famille, leurs travaux n'était pas à la hauteur des circonstances, et leur arrivée, loin de fortifier celui des jeunes soldats, a plutôt contribué à l'ébranler.

Notre infanterie est trop chargée, le paquetage est à modifier par la suppression de la demi-couverture, de la tente-abri, la simplification des ustensiles de campement par une division plus pratique de leur capacité, puisque avec le système actuel par escouade, dès qu'une marmite est perdue, plusieurs hommes restent alors sans aliments chauds, ou bien il faut emprunter à ses voisins, s'il reste le temps de s'en servir.

Il faut supprimer une grande partie des bagages, avoir un meilleur mode d'approvisionnements en employant les conserves alimentaires, tant que les troupes sont en opérations préliminaires de combat.

Un des grands inconvénients d'établir un campement sous la tente est d'indiquer à l'ennemi votre effectif, de faire choix d'un emplacement convenable, d'y réunir les bagages derrière chaque corps, l'artillerie, l'ambulance, les services administratifs dans l'intérieur du camp, etc., etc.

Que de temps perdu le lendemain pour regagner les routes et se mettre en marche ! Quel désordre peut en résulter dans le cas d'une alerte ou d'une attaque sérieuse !

Si cette façon de camper est bonne en Afrique, elle est nuisible en Europe, et cette campagne en est la preuve, puisqu'en mainte circonstance les troupes ont dû abandonner tentes, sacs et effets de campement.

Il est préférable de cantonner les troupes quand elles sont encore loin de l'ennemi, de les faire bivouaquer, autant que possible, sur les directions qu'elles doivent suivre, quand on prévoit un choc.

Les cantonnements ont en outre l'avantage que, par le contact avec la population, on a plus d'occasions d'avoir des nouvelles de l'ennemi par les impressions qu'elles éprouvent.

La puissance de destruction de l'armement actuel exige des commandants de corps d'armée une grande prudence dans leurs mouvements offensifs afin de ne rien livrer au hasard, puis une prompte exécution des ordres de mouvement qu'ils reçoivent du commandant en chef de l'armée.

A cet égard, nous devons encore modifier notre manière de faire et ne pas accepter les observations qui surgissent souvent au moment d'une opération pour des motifs qui peuvent avoir leur valeur, mais qui la retardent toujours : cela est arrivé mainte fois dans cette campagne.

Il est impossible de deviner la pensée du général en chef, et à celui-ci de la développer complètement dans ses ordres, puisque c'est le secret dans les opérations qui ordinairement en assure le succès.

L'instruction de notre infanterie doit avoir surtout pour but de lui donner la dose de sang-froid qui manque à son tempérament, dont les impressions ne peuvent être modifiées que par une longue et solide éducation militaire et une forte discipline morale. L'enthousiasme vient aujourd'hui se briser contre la puissance des engins perfectionnés de destruction, et la science seule peut lutter contre leur emploi à la guerre.

On ne doit plus faire un aussi fréquent usage des tranchées abri, faire coucher les soldats pour les défiler. Cette dernière disposition finit par les rendre timides, et, à un moment donné, il devient difficile de les faire lever spontanément, pour les porter en avant par un mouvement d'élan. Il est préférable d'amener la troupe à manœuvrer régulièrement dans l'ordre mince, lorsqu'elle est dans la zone d'action, pour obtenir un bon résultat de ses feux, sans gaspiller ses munitions qui, aujourd'hui, sont plus difficiles à confectionner, en campagne, qu'avec l'ancien armement.

La cavalerie légère doit être augmentée, en diminuant les régiments de cavalerie de ligne, ou bien en faisant faire le même service à ces derniers, en modifiant l'équipement des dragons (surtout la coiffure et la chaussure), afin qu'elle puisse fournir de nombreux détachements pour *battre l'estrade* autour des corps en marche, dans un rayon de 3 à 5 lieues, surveiller les mouvements de l'ennemi, enlever ses espions, sa correspondance, ne laisser passer personne pour lui en porter, enfin, répandre de fausses nouvelles pour l'inquiéter.

Nous devons être moins insouciants dans le service des avant-postes, qui *sont les yeux de l'armée*. Les officiers, sous-officiers et brigadiers qui les commandent doivent être constamment à observer les indices le jour, à écouter la nuit, à interroger les habitants, etc. Nous avons toutes les qualités désirables pour bien faire ce service et, à cet égard, on n'a qu'à se conformer au règlement sur le service des troupes en campagne (1833), qui est parfait, même pour notre époque; mais il faut revenir au caractère militaire de nos pères qui étaient moins frondeurs, plus disciplinés, plus patients à supporter toutes les vicissitudes de la guerre, et comprenaient mieux le sentiment du devoir à tous les degrés de la hiérarchie.

Un travail avait été adressé à M. le maréchal Niel, après la première série du camp de Châlons de 1869, sur le service de la cavalerie détachée auprès des divisions d'infanterie et corps d'armée. Il reçut l'approbation du ministre, qui m'adressa la lettre ci-après :

« Paris, le 28 juillet 1869.

« Monsieur le maréchal,

« J'ai reçu le rapport que vous m'avez adressé à l'issue de la première série du camp de Châlons, sur la répartition de la cavalerie dans les divisions et corps d'armée.

« Je l'ai lu avec la plus sérieuse attention; je partage toutes vos idées, et je considère ce travail comme destiné à exercer une très-heureuse influence sur l'esprit de nos officiers d'infanterie et de cavalerie.

« Je vous en remercie, et je m'empresse de le mettre sous les yeux de l'empereur.

« *Le maréchal, ministre de la guerre.*

« *Signé* : Niel. »

L'artillerie divisionnaire doit être rendue à elle-même, je veux dire qu'une plus grande initiative doit être laissée aux commandants des batteries qui, toutes, doivent pouvoir remplir le rôle de l'artillerie légère comme dans les campagnes du premier Empire, et engager les combats presque au même titre que les tirailleurs. Les batteries devraient être de huit pièces et les projectiles armés de fusées percutantes; les coffrets ne doivent, dans aucun cas, être surchargés de sacs, cordes, etc., comme l'habitude paraît en être prise.

Enfin, pour bien éclairer le commandant en chef, il est nécessaire, dans les comptes rendus des opérations journalières, d'exposer les faits et les résultats obtenus sous leur véritable jour militaire, et se conformer au règlement sur les citations à l'ordre de l'armée qui, si elles sont trop nombreuses et ne remplissent pas les conditions exigées pour l'obtention de cette récompense honorifique, en diminuent la valeur morale et causent souvent des jalousies, des antagonismes nuisibles au service.

INTRODUCTION.

Ce rapport, écrit en grande partie de mémoire, les archives de l'état-major général devant être au ministère de la guerre (1), est un exposé des faits militaires et politiques qui se sont produits pendant la campagne de 1870, du 17 juillet au 29 octobre, période dans laquelle j'ai la conscience d'avoir rempli mes devoirs avec énergie et loyauté.

L'honneur d'être placé à la tête de cette vaillante armée du Rhin, je ne l'ai pas recherché, mais j'ai dû l'accepter comme un impérieux devoir à remplir, malgré la situation critique où elle se trouvait dès le 7 août, parce que sur mon objection que MM. les maréchaux Canrobert et de Mac-Mahon étaient plus anciens et plus aptes que moi, il m'a été répondu que l'opinion publique unie à celle de l'armée me désignait pour cette redoutable mission.

La non-réussite qui est malheureusement le thermomètre de l'opinion publique dans notre impres-

---

(1) Lettre du 9 décembre 1870, et lettre du 2 janvier 1871, par lesquelles M. le général Jarras déclare ne savoir où sont les archives.

« Monsieur le capitaine, je vous prie de faire connaître à M. le maréchal Bazaine que je n'ai à ma disposition, ni ici, ni ailleurs, aucun des documents qu'ils vous a chargé de me demander une seconde fois.

« J'ai déjà fait cette réponse à votre première lettre le jour où elle m'est parvenue.

« Recevez, monsieur le capitaine, l'assurance de ma considération distinguée,

« *Signé* : Jarras. »

« Francfort-sur-le-Mein, le 9 décembre 1870.

« Monsieur le maréchal,

« J'ai l'honneur de vous faire connaître qu'il ne m'est pas possible de vous envoyer le renseignement que vous me demandez par votre lettre du 29 décembre, qui m'est parvenue hier dans la soirée.

Recevez, monsieur le maréchal, l'assurance de mon respect.

» *Signé* : Jarras.

« Francfort-sur-le-Mein, le 2 janvier 1871. »

sionnable pays, même sur les hommes de son choix, m'a exposé aux accusations les plus iniques, les plus perfides, et livré, étant prisonnier, aux appréciations malveillantes d'esprits aussi faux qu'ignorants, aux colères et au dédain de la multitude.

Les malheurs de la patrie servaient d'excuse aux détracteurs, et mieux valait garder le silence pour ne pas amoindrir ceux dont les services pouvaient encore être utilisés.

Mais aujourd'hui il importe que les faits qui ont eu plus ou moins d'influence sur les opérations soient connus, afin que les hommes impartiaux puissent asseoir leur jugement et soient convaincus que cette armée qui est restée isolée pendant deux mois du reste de la France, et avec laquelle le gouvernement de la Défense nationale ou ses délégués en province ne se sont pas mis en relation, a lutté autant qu'il lui a été humainement possible de le faire.

Pendant cette longue période de privations morales et physiques, à l'exception de quelques officiers turbulents et ambitieux qui se sont séparés d'elle, l'armée ne s'est pas écartée un seul instant des sentiments de discipline et de loyauté qui font la force morale des armées régulières, sont la sauvegarde de la société et assurent obéissance et respect à ses gouvernants.

Le moment suprême amené par la famine étant arrivé, et lorsqu'il fut bien démontré qu'un dernier effort était impossible, j'ai fait abandon de personnalité, en me rappelant mes impressions de simple soldat volontaire en Afrique, il y a quarante ans, et je n'ai pas cru que mes droits allaient jusqu'à faire sacrifier inutilement, pour une folie glorieuse, des existences aussi précieuses à la patrie qu'aux familles.

Je n'en ai nul regret, puisque la plus grande partie de cette armée, à sa rentrée en France, a pu concourir puissamment au salut de l'ordre social, au maintien du gouvernement national et à la réorganisation de l'armée.

RAPPORT.

Arrivé à Metz le 17 juillet, pour prendre le commandement du 3e corps qui s'y formait et centraliser, jusqu'à l'arrivée de l'empereur, le commandement de toutes les fractions de troupes se réunissant sur la frontière, j'entrai immédiatement en relation avec les autorités civiles, quoique l'état de siège ne fût pas encore proclamé, pour les inviter à faire activer les récoltes, à augmenter les ressources en locaux pour les ambulances, etc., etc.

Sans attendre que mon état-major fût constitué, j'allai le même jour à Thionville, où on commençait les travaux complémentaires de défense; mais l'armement n'était pas achevé et il n'y avait pas d'artilleurs.

J'eus une conférence avec les chefs de service, afin de signaler au ministre ce qui était indispensable pour cette place désignée comme point de concentration du 4e corps.

A Metz comme à Thionville, des régiments arrivèrent sans leurs effets de campement, leurs voitures à bagages, les divisions sans leur ambulance et leurs cacolets.

Il fallut organiser des commissions de remonte afin d'acheter les attelages nécessaires, les chevaux de selle pour les officiers qui, ayant le droit d'être montés, etc., etc. Tous ces détails administratifs, qui prennent des jours, immobilisent l'armée, ce dont l'ennemi, mieux préparé, profite pour se concentrer et se disposer à prendre l'offensive sur plusieurs points à la fois.

Quant à la mise en état de défense de la place de Metz, beaucoup de travaux importants restaient à exécuter. Les forts extérieurs étaient loin d'être achevés et armés, et celui de Saint-Privat, en avant de Montigny, n'existait pour ainsi dire que par son tracé, non plus que la redoute des Bottes.

En ce qui concerne les approvisionnements de toutes natures, l'insuffisance en fut signalée au ministre.

Je me mis également en relation avec Bitche, point de concentration du 5e corps, Strasbourg, du 1er corps, et Belfort du 7e corps.

Le 5e corps était à peu près complet, mais il lui manquait ses services administratifs. Quand au 1er, il n'avait que deux divisions, et le 7e n'avait encore qu'un noyau.

Les commandants de ces troupes recevaient également des ordres directs du ministre de la guerre, et n'étaient probablement pas mieux renseignés qu'à Metz, pendant ces quelques jours qui ont précédé l'arrivée du major général et de l'empereur, puisqu'ils m'ont envoyé fort peu de renseignements sur les préparatifs de mobilisation de l'ennemi.

Partout il manquait un détail pour compléter les services nécessaires. Cela vient du défaut de trop concentrer les magasins généraux, au lieu de les répartir dans les places qui doivent servir de base d'opération.

On croyait avoir paré à la difficulté par la rapidité des communications qu'offrent les voies ferrées, mais on ne tenait pas assez compte de l'encombrement, des chargements, des répartitions à faire aux troupes, des erreurs de direction. (Ce cas s'est présenté même pour des détachements appartenant à la réserve.)

Des cantonnements occupés par les troupes n'étaient pas reliés au grand quartier général par des lignes télégraphiques.

Je mis à la disposition de la place les travailleurs d'infanterie qu'elle pouvait employer pour activer ses travaux de défense, le personnel et les chevaux de l'artillerie divisionnaire pour aider à l'armement des forts.

Quant aux approvisionnements, les intendants

me rendirent compte qu'ils étaient loin d'être suffisants et que les marchés passés par les fournisseurs n'étaient pas encore en voie d'exécution. M. l'intendant en chef quitta Metz pour activer les livraisons et ne put revenir (1).

Comme chaque corps d'armée avait son personnel administratif, pourvoyant à ses besoins journaliers par des marchés passés sur les lieux, je me bornai à signaler au ministre de la guerre ce qui était le plus urgent.

Plus tard, quand M. le général Coffinières fut nommé commandant supérieur de la place, il avança dans un de ses rapports, qu'au recensement qui fut fait, j'ignore à quelle époque, les magasins contenaient pour cinq mois de vivres pour la garnison normale. Reste à savoir ce qu'il entend par l'effectif normal.

D'après un travail établi par la direction du génie en 1868, ce chiffre n'avait été que d'environ 20,000 hommes, chiffre bien au-dessous de celui qu'il a atteint en août 1873, et que le gouverneur regardait comme devant être exclusivement de troupes de ligne.

Venaient ensuite les petits dépôts des divisions de l'armée, les mobiles, les francs-tireurs, les compagnies d'ouvriers du chemin de fer, qui augmentèrent de beaucoup l'effectif des rationnaires. Puis on aida les pauvres de la ville et des villages de la banlieue.

L'armée a donc vécu longtemps sur les ressources que son administration se procurait sur les lieux ou par ce que produisaient des expéditions sur les villages environnant le camp retranché. Seulement, l'ennemi, pour nous empêcher de continuer à profiter de ces ressources, commença par incendier les villages que nos troupes visitaient, et nous dûmes restreindre ces expéditions afin d'éviter la destruction totale du pays.

Lorsque l'honorable général Changarnier avance que nous aurions pu étendre notre action à 22 kilomètres, la seule réponse à faire est que si nous avions réussi à parcourir cette distance, qui équivaut à une marche, nous aurions continué en avant.

Quand l'état de siège fut déclaré à Metz, les autorités civiles et militaires ne prirent pas immédiatement les dispositions réglementaires, quand il en était temps encore, pour faire rentrer dans son enceinte les ressources en vivres et en fourrages des cantons voisins, en activant les récoltes. On ne fit pas sortir de la ville les bouches inutiles ni les étrangers, la plupart Allemands, et pouvant être nuisibles. Les sages dispositions prescrites par le règlement sur le service des places ne furent pas sévèrement appliquées, afin de ne pas inquiéter la population.

Le commissaire central de la police de Metz ne put me trouver des agents inspirant confiance, pour aller, en territoire allemand, savoir ce qui s'y passait et me tenir au courant des mouvements de l'ennemi.

Le commissaire de la gare de Thionville seul me tenait au courant de ce qui arrivait à sa connaissance, d'après ses conversations, ses investigations auprès des voyageurs venant du Luxembourg.

Nous étions donc fort peu renseignés; tandis que l'ennemi entretenait de nombreux espions autour de nos camps et des quartiers généraux, parce que, par suite d'une tolérance fâcheuse, les ouvriers ou autres, appartenant aux nationalités allemandes, étaient restés dans le pays messin.

Lors de l'arrivée des états-majors à Metz, on eut le tort de ne pas les installer dans des maisons particulières, au lieu des hôtels publics qui étaient fréquentés par les correspondants de tous les journaux de l'Europe.

L'ennemi devait être très-exactement informé de nos préparatifs, de nos projets, de nos mouvements, d'autant mieux que bon nombre des domestiques de ces hôtels étaient Allemands ou Luxembourgeois, et que les communications n'étaient pas interrompues entre les pays frontières (1).

Le major général arriva le 26 juillet, et l'empereur le 28 du même mois.

J'avais quitté Metz le 25 juillet, sur un ordre du major général pour établir le quartier général du 3e corps à Boulay, et j'y revins, pour quelques heures, le 28, également par ordre du major général, pour saluer Sa Majesté et recevoir ses instructions.

La 2e quinzaine de juillet se passa sans événements de guerre, mais en marches et contre-marches pour occuper différents cantonnements sur l'extrême frontière.

Ces mouvements fatiguaient les troupes sans résultats apparents quant aux opérations, et influençaient leur moral.

Le 1er août, les divisions du 3e corps étaient ainsi échelonnées pour concourir à l'opération offensive qui eut lieu le 2 sur Sarrebruck (2).

3e et 4e à Saint-Avold.
2e à Haut-Hombourg.
1er à Merlebach et à Rosbruck.

Par ordre de l'empereur, une conférence eut lieu le 31 juillet (3) à Forbach, entre :

MM. le général de Failly, commandant le 5e corps;
le général Frossard, commandant le 2e corps ;
général Soleille, commandant l'artillerie de l'armée;

---

(1) Il en était de même pour les munitions destinées à l'armée; en outre, le grand parc n'a jamais rejoint.

(1) Consulter la note allemande saisie sur un officier tué aux avants-postes.
(2) Voir l'ordre et dépêche télégraphique relatifs à l'opération sur Sarrebruck. Lettre du 30 juillet, signée : Lebrun.
(3) D'après la lettre du major-général, le quartier du général Frossard aurait dû être à Morsbach, et non à Forbach. (Lettre citée page 9.)

le général Coffinières, commandant le génie de l'armée, pour arrêter les détails de cette opération qui aurait dû être entreprise, mais à titre de coup de main seulement, dès la déclaration de la guerre.

Je n'étais pas d'avis que l'on entreprît cette opération sur une grande échelle, puisque nous n'étions pas complétement organisés pour en poursuivre les résultats favorables, et que c'était provoquer l'ennemi qui se concentrait depuis une dizaine de jours, à prendre l'offensive sur nos corps disséminés. C'était sans doute un résultat que d'inutiliser les voies ferrées de Mayence, de Trèves et de Manheim vers leur point de jonction, mais pas assez important pour compromettre, en s'engageant intempestivement, les débuts de la campagne.

J'émis l'avis qu'il serait préférable de faire une opération sérieuse sur Deux-Ponts ou sur Trèves, après avoir enlevé Sarrelouis, afin de porter la guerre chez l'ennemi.

Il me fut répondu que ce serait faire la guerre comme du temps de Turenne, que les places se masquaient et tombaient par suite des traités.

On tomba d'accord pour que l'opération projetée se bornât à occuper les positions de la rive gauche de la Sarre, dominant la gare, qui serait battue par le canon.

L'empereur donna son consentement à ce projet, qui fut mis à exécution le 2, à 11 heures du matin, et terminé à une heure de l'après-midi. Cette affaire, à laquelle assistèrent l'empereur, le prince impérial et le major général, fut livrée par des troupes du 2ᵉ corps, qui rejetèrent l'ennemi sur la rive droite et lui firent des prisonniers.

La division Montaudon, du 3ᵉ corps, avec laquelle je marchai, fit une diversion en avant de la Grande-Rosselle, explorant les bois et poussant un détachement jusqu'à portée de canon de Verdun, pour surveiller Sarrelouis. Quelques obus furent envoyés sur des détachements prussiens, qui se retirèrent rapidement sur la rive droite.

Le général de Failly opérait au même moment une diversion de Sarreguemines par la rive droite de la Sarre, mais sans rencontrer l'ennemi, et rentra, à six heures du soir, dans ses cantonnements.

Les troupes du 3ᵉ corps firent de même. Quant à celles du 2ᵉ corps, elles s'établirent militairement sur les positions conquises.

Dans l'après-midi du 5 août, une dépêche télégraphique me prévenait que j'étais nommé commandant en chef des 2ᵉ, 3ᵉ et 4ᵉ corps, pour les opérations militaires seulement.

Cette dépêche fut confirmée par une lettre de service en date du 9 août.

Un ordre émané du quartier impérial, le 4 août, prescrivait aux troupes des 2ᵉ, 3ᵉ, 4ᵉ et 5ᵉ corps, d'occuper, le 5 août, les cantonnements suivants :

ORDRE

Il faut toujours supposer à ses ennemis le projet le plus raisonnable. Or, d'après ce qu'on lit dans les journaux anglais, le général Steinmetz occuperait une position centrale entre Sarrebruck et Deux-Ponts, et serait appuyé par derrière par un corps du prince Frédéric-Charles, et sa gauche se relierait à l'armée du prince royal, qui se trouve dans la Bavière rhénane.

Leur but serait de marcher droit sur Nancy. En conséquence, je désire que les troupes prennent les positions suivantes :

Le général de Ladmirault aura son quartier général à Boulay, une division à Boucheporn et la troisième à Teterchen.

Le maréchal Bazaine aura son quartier général à Saint-Avold, une division à Marienthal, une troisième à Puttelange, la quatrième sera placée suivant ses convenances, soit en avant, soit en arrière de ses positions.

Le général Frossard restera dans la position où il est.

Le général de Failly ira rejoindre, à Bitche, la division qui y est déjà : ces deux divisions seront sous les ordres du maréchal de Mac-Mahon. Celle qui restera à Sarreguemines se mettra en relation avec la division qui est à Puttelange et sera sous le commandement du maréchal Bazaine.

La division de cavalerie qui est à Pont-à-Mousson se portera à Faulquemont.

Le maréchal Canrobert sera à Nancy avec trois divisions.

Il est bien entendu que celle de ces divisions que le général de Ladmirault enverra à Boucheporn ne se rendra sur ce point que dans la journée du 6 de ce mois.

Signé : NAPOLÉON.

Dépêche télégraphique modifiant l'ordre précédent.

A M. le maréchal Bazaine à Boulay.

Metz, le 4 août 1870, 9 heures 10 du soir.

Demain 5, portez la division Decaen à Saint-Avold, où vous aurez votre quartier général et vos réserves; portez également demain la division Metman à Marienthal, la division Montaudon à Sarreguemines et la division Castagny à Puttelange.

Signé : NAPOLÉON.

M. le général commandant le 4ᵉ corps crut devoir modifier cet ordre, par suite des renseignements sur l'ennemi, et m'en rendit compte par la lettre ci-après :

Boulay, le 6 août 1870, 11 h. du matin.

Monsieur le maréchal, conformément aux instructions que vous m'avez adressées le 4 août, je viens vous faire connaître qu'aujourd'hui 6 août je devrais occuper Teterchen, Boulay et Boucheporn, chacun par une division entière.

Tous les renseignements que je reçois et ceux que vous m'adressez m'indiquent qu'il y a sur les rives de la Sarre un corps d'armée prussien assez considérable et qui aurait l'intention de nous attaquer.

Dans cette éventualité, l'occupation de Boulay par une division entière ne pourrait prêter à une attaque qu'un concours trop tardif. Aussi ai-je fait diriger sur Coume la 3ᵉ division Lorencey qui, à midi, devait quitter Bouzonville pour se diriger sur Boulay.

De cette façon, le 4ᵉ corps d'armée occupera aujourd'hui 6 août les positions ci-après :

1ʳᵉ division, de Cissey, à Teterchen ; 3ᵉ division, de Lorencey, à Coume ; 2ᵉ division, Grenier, à Boucheporn.

Mon quartier général, avec une brigade de dragons et les réserves d'artillerie, restent à Boulay, prêts à se porter au point le plus menacé, et avec des routes libres de tous côtés.

11 heures du matin : Je n'ai pas encore reçu les rapports des grandes reconnaissances exécutées ce matin, par Bouzonville et Teterchen.

Le général Grenier, commandant la 2ᵉ division, est arrivé. Il sera ce soir à Boucheporn, où se trouvera sa division. Je lui donne l'ordre d'établir un poste de cavaliers à Longville-les-Saint-Avold, pour le service des correspondances.

Signé : DE LADMIRAULT.

De son côté, le maréchal major général appelait mon attention sur les mouvements de l'armée allemande sur la Sarre :

Le major général à M. le maréchal Bazaine, à Saint-Avold :

Metz 5 août, 10 h. du soir.

Toujours les mêmes renseignements, indiquant que des forces ennemies considérables se portent par Trèves vers Sarrelouis et Sarrebruck.

On pense qu'il y a exagération dans l'évaluation des forces prussiennes dont il s'agit. Il convient néanmoins que l'on redouble d'attention aux avant-postes et que l'on fasse de sérieuses reconnaissances sur notre front.

Une autre dépêche du 6 août, 5 h. 5 m. du matin, me prévient que je puis être attaqué (voir aux annexes, le n° 4).

Le 6 août, à 10 h. 25 du matin, M. le commandant du 2ᵉ corps (1) me prévint par dépêche télégraphique ci-après des reconnaissances de l'ennemi :

---

(1) M. le général Frossard avait été autorisé directement par l'empereur à transporter son quartier général à Forbach et à concentrer ses divisions autour de lui. (Voir aux Annexes.)

Le général Frossard au maréchal Bazaine, à Saint-Avold :

Forbach, le 6 août 1870, 10 h. 6 m. du matin.

L'ennemi a fait descendre des hauteurs de Sarrebruck vers nous de fortes reconnaissances infanterie et cavalerie, mais il ne prononce pas encore un mouvement d'attaque. Nous avons pris nos mesures sur les plateaux et sur la route.

Je n'irai pas à la gare de Saint-Avold.

Les dépêches se succédèrent et des ordres furent expédiés aux divisions Castagny, Metman, Montaudon et à la brigade de dragons du général de Juniac, toutes ces troupes appartenant au 3ᵉ corps, les deux premières divisions, ainsi que la brigade de cavalerie, de se diriger sur Forbach en s'échelonnant, et la division Montaudon de se diriger sur Spickeren en passant par Grosbliederstrof (itinéraire tracé par M. le général Frossard).

Malheureusement cette division, qui était à peine arrivée à Sarreguemines et qui s'attendait à une attaque (1), ne put commencer son mouvement que vers cinq heures de l'après-midi (2).

DÉPÊCHE TÉLÉGRAPHIQUE.

Maréchal Bazaine au général Frossard à Forbach,
1 heure après midi, 6 août 1870.

Quoique j'aie très-peu de monde sous la main pour garder la position de Saint-Avold, je fais marcher la division Metman sur Macheren, Betting et Saint-Avold, Castagny sur Farchviller et Theding. Je ne puis faire plus.

Mais, comme vous avez vos trois divisions réunies, il me semble que celle qui est à Ating peut très-bien envoyer une brigade, et même plus, sur Morsbach, afin de surveiller Rosbruck, c'est-à-dire la route de Assuert, par Emerweiller, et Gross-Rosselle vers Sarrelouis.

Notre ligne est malheureusement très-mince, par suite des dernières dispositions prises, et, si ce mouvement est vraiment aussi sérieux, nous ferons bien de nous concentrer sur la position de Cadenbronn.

Tenez-moi au courant.

Vers le soir, j'envoyai également à Forbach le 6ᵉ de ligne par le chemin de fer, et ne conservai, pour couvrir l'importante position de Saint-Avold, qui n'est qu'à quatre heures de Sarrelouis, et à trois kilomètres de la frontière, que trois régiments de la division Decaen, du 3ᵉ corps, et le restant de la division de cavalerie.

---

(1) Voir aux Annexes les dépêches du chef d'état-major de la division Montaudon et du commandant de place de Sarreguemines (dépêches télégraphiques).

(2) Je n'avais pas de lignes télégraphiques pour relier les postes de Marienthal et de Puttelange avec Saint-Avold.

Général de Juniac au maréchal Bazaine, à Saint-Avold :

7 août, 5 heures du matin.

Après votre dépêche reçue le 6 août à trois heures, à Haut-Hombourg, j'ai mis la plus grande rapidité à me rendre à Forbach.

A mon arrivée à quatre heures, j'ai eu l'honneur de voir le général Frossard qui, après m'avoir félicité de ma prompte arrivée, m'a renvoyé occuper les trois points de Morsbach, Bening et Merlebach.

A la fin de la soirée et du combat qui s'était passé en partie en face de moi, j'ai conservé mes positions. Mais dans la nuit, ayant envoyé une reconnaissance sur Forbach, j'ai appris que le général Frossard l'avait complétement évacué pour se diriger sur Sarreguemines, m'ayant oublié.

Toutes les troupes étant parties, et me trouvant seul observé par l'ennemi, qui m'aurait enlevé à la pointe du jour, ma position n'était plus tenable. J'ai fait monter à cheval à une heure du matin, dans le plus grand silence, pour dérober mon mouvement. J'ai, en même temps, envoyé un adjudant prévenir les détachements de Bening et Merlebach, pour les rallier à moi.

La brigade Arnaudeau, du 2ᵉ corps, se trouvait dans la même position que moi : nous prîmes ensemble la route de Puttelange, où je viens d'arriver à cinq heures du matin, me ralliant sur une division de votre corps d'armée. J'attends les ordres de Votre Excellence. Les détachements que j'avais rappelés ne vont pas, je pense, tarder à me joindre. Mes hommes et mes chevaux sont épuisés de fatigue et de besoin.

Signé : DE JUNIAC.

Général de Castagny au maréchal Bazaine :

7 août, 3 heures 30 du matin.

J'ai l'honneur de rendre compte à Votre Excellence que M. le capitaine d'état-major Thomas, qui conduisait les bagages de M. le général Frossard, m'a informé, lorsque je suis arrivé à Folckling, que je ne pourrais pas rejoindre Forbach, qui était évacué.

J'ai alors arrêté ma colonne, j'ai pris les dispositions que j'ai expliquées au chef d'escadron Calex, de votre état-major général, puis je me suis décidé à envoyer deux officiers dans la direction de Forbach, pour tenter de prendre les ordres du général Frossard, sous le commandement duquel vous m'aviez mis par votre ordre du 6 août (6 heures 15).

Ces officiers n'ont trouvé que le général Metman, qui leur a dit qu'il était à Forbach depuis six heures, que le général Frossard était parti depuis deux heures dans la direction de Sarreguemines ; que la division Bataille, la moins maltraitée, se dirigeait aussi sur Sarreguemines ; que lui-même allait prendre la même route, déjà très-encombrée ; qu'au jour j'allais me trouver seul dans la position que j'occupais entre Folckling et Theting ; que l'ennemi était très en force, et que ce que j'avais de mieux à faire était de me replier sur Puttelange, pour me diriger sur Sarreguemines.

La route entre Saint-Avold et Puttelange est complétement dégarnie ; mon aide de camp n'a trouvé personne en la parcourant entre ces deux points ; et, quand il est arrivé à Puttelange, porteur de la dépêche de Votre Excellence, j'y arrivais de mon côté.

Je fais parvenir votre lettre au général Frossard par un espion.

A l'instant le général Montaudon m'envoie un officier. Il sera ici dans une heure avec sa division. Je reste avec lui et j'attends vos ordres.

Signé : DE CASTAGNY.

Général de Montaudon au maréchal Bazaine.

7 août, Puttelange.

Je suis parti à cinq heures de Sarreguemines. Arrivé près de Grosbliederstroff, j'ai su par des renseignements ainsi que par la direction des feux que je ne pouvais, en passant par ce point, entrer en communication avec le général Frossard. J'ai pris ma direction sur Esling, mais la nuit étant arrivée, je me suis trouvé en arrière de la position de Spickeren, vers Bousbach, où je me suis arrêté jusqu'à 1 h. 30 du matin.

Ayant appris que le général Frossard battait en retraite sur Sarreguemines, je me suis dirigé sur Woustwiller, pour appuyer sa gauche ; mais j'ai eu en chemin qu'il battait en retraite sur Puttelange, et comme le général de Castagny me fit savoir qu'il avait ordre de vous rallier, je me suis établi sur Puttelange, qu'il venait d'occuper.

Le 2ᵉ corps vient d'arriver sur ce point.

Je reçois à l'instant votre dépêche en date de ce jour.

Signé : DE MONTAUDON.

DÉPÊCHES TÉLÉGRAPHIQUES.

Le général Bataille au maréchal Bazaine, à Saint-Avold.

7 août, 3 heures du matin.

On évacue Forbach. Le général Metman, le seul avec qui j'ai pu communiquer, m'a appris que le général Frossard était parti depuis deux heures pour Sarreguemines, et que toutes les troupes fraîches s'y rendaient aussi.

Bening, 7 août. (Dépêche reçue à 9 heures du mat.).

Général Metman, au maréchal Bazaine, à Saint-Avold.

Parti de Béning hier soir, à 7 h. 30, dépêche télégraphique du général Frossard ; cherché toute la nuit général; reparti ce matin de Forbach pour Puttelange. Les hommes sans vivres.

Il résulte suffisamment de ces pièces :

1° Que le commandement du 3e corps a immédiatement envoyé, et même au delà, au soutien du 2e corps.

2° Que les causes de l'arrivée tardive de ces renforts sont indépendantes de sa volonté.

3° Que l'arrivée successive pendant la nuit de ces renforts qui se composaient des divisions Montaudon, Castagny, Metman, du 62e de ligne (division Decaen) et de la brigade de cavalerie de Juniac, aurait été un appui efficace pour le 2e corps, si sa concentration avait eu lieu sur Forbach, et sa retraite sur Cadenbronn.

Sans le mouvement exécuté le 5 août par les divisions du 3e corps, le général Frossard aurait reçu plus tôt les renforts qu'il demandait, puisque dans leurs anciens cantonnements ces divisions étaient échelonnées sur la communication directe de Saint-Avold à Forbach, tandis que dans les nouveaux il leur fallait parcourir des terrains accidentés par des chemins vicinaux, et que je ne pouvais dégarnir complétement Saint-Avold.

La position de Spickeren était du reste défavorable sous le rapport tactique, puisque, par la configuration de la frontière, la gauche des troupes qui occupent cette position, ainsi que celle de Styring, peut être facilement tournée par Verdun et la Petite-Rosselle, l'ennemi venir s'établir sur les derrières.

Il est à regretter que l'on n'ait pas été plus vigilant de ce côté, ou que la concentration du 2e corps n'ait pas eu lieu plus tôt sur Forbach, ainsi que l'empereur en avait donné l'autorisation au commandant de ce corps. (Dépêche du général Frossard, en date du 5 août. Voir aux Annexes.)

Le 2e corps ayant évacué Forbach à la suite du combat de Spickeren, j'envoyai l'avis de se concentrer sur Cadenbronn, position stratégique très-forte, dont l'occupation aurait retardé momentanément la marche de l'ennemi victorieux ; mais nos divisions étaient trop disséminées, les ordres n'arrivèrent pas à toutes et elles se dirigèrent de préférence sur Puttelange, qui avait été indiqué par l'empereur.

J'envoyai également au commandant du 4e corps l'ordre de me rallier à Saint-Avold ; mais, comme il avait reçu directement du quartier impérial l'ordre de se retirer sur Metz, il obtempéra de préférence à cet ordre.

Il fallut également faire récidive par le major général, les ordres donnés au commandant du 2e corps.

Il était impossible, par suite de cette manière de faire, de pouvoir opérer régulièrement, efficacement, et de coordonner les mouvements de façon à ne pas perdre de temps sans fatiguer les troupes, tout en en imposant à l'ennemi.

Les dépêches ci-après feront apprécier le peu d'ensemble qu'il y avait dans la direction générale des opérations.

Dépêche au général Frossard à Forbach.

5 août.

Je n'ai pu répondre à votre dépêche d'hier, mandé que j'étais par l'empereur à Boulay. Je reviens ce matin. Les divisions du 3e corps font les mouvements suivants, par ordre de l'empereur : la division Montaudon va à Sarreguemines, la division Castagny à Puttelange, la division Metman à Marienthal, et la division Decaen vient à Saint-Avold, où reste mon quartier général.

Avez-vous reçu des instructions du major général?

Signé : BAZAINE.

Dépêche : Maréchal Bazaine à général Frossard à Forbach, et à général de Ladmirault :

5 août, 4 heures.

Comme conséquence de la dépêche que vous avez dû recevoir aujourd'hui de l'empereur, envoyez-moi par courrier la situation d'emplacements et d'effectifs de vos divisions, ainsi que les renseignements que vous aurez recueillis sur l'ennemi que vous aurez devant vous.

L'empereur au maréchal Bazaine à Saint-Avold :

Metz, le 6 août 1870, 8 h. 20 du soir.

Le mouvement de l'ennemi tend à nous séparer du général Frossard ; appelez à vous tout le corps du général de Ladmirault. Assurez, s'il est nécessaire, la retraite du général Frossard et des troupes de Sarreguemines sur un point en arrière, que je crois être Puttelange. La garde doit être à moitié chemin de Courcelles à Saint-Avold.

Signé : NAPOLÉON.

Saint-Avold, le 7 août 1870.

Ordre. — La division Grenier, du 4e corps, restera jusqu'à nouvel ordre à la disposition du maréchal Bazaine.

Signé : LE BŒUF.

Dépêche télégraphique de Metz pour Faulquemont (reçue le 17 août, à 10 h. 30 du soir) :

Le major général à M. le maréchal Bazaine.

Faites rentrer la garde demain à Metz, si vous n'en avez aucun besoin, mais s'il y a apparence de lutte, gardez-la;

En tous cas, donnez l'ordre à Ladmirault de continuer à vous couvrir.

Vous seul avez des ordres à donner. Faites donc ce que les circonstances vous inspireront.

Il est possible que nous ayons une bataille à livrer sous Metz dans deux ou trois jours. L'ennemi paraît se concentrer en attendant des renforts qui sont en marche. Failly est à Phalsbourg sans être inquiété, Mac-Mahon à Blamont, tous deux se retirent sur Nancy.

Les nouvelles de Paris sont bonnes.

Éclairez-vous très au loin avec votre cavalerie, tâchez d'enlever quelques uhlans pour avoir des nouvelles de l'ennemi.

DÉPÊCHE TÉLÉGRAPHIQUE.

Le général Ladmirault à M. le maréchal Bazaine,
à Saint-Avold.

Boulay, 7 août, 6 h. 8, matin.

J'informe Votre Excellence que j'ai reçu l'ordre direct de l'empereur de me replier sur Metz avec tout mon corps d'armée.

Je donne des ordres à mes trois divisions pour qu'aujourd'hui elles viennent prendre position à Boulay. Elles ne se porteront donc pas sur Saint-Avold.

Lettre du général Ladmirault au maréchal Bazaine,
à Saint-Avold.

Boulay, le 7 août 1870.

Votre Excellence m'avait adressé pendant la nuit, et à la date du 6 août, une dépêche me prescrivant de mettre les trois divisions de mon corps d'armée en marche sur Saint-Avold. Cette dépêche m'est parvenue à 3 heures du matin, elle avait été, sans doute, expédiée avant minuit.

Aujourd'hui, 7 août, j'ai reçu, à 4 heures 15 minutes du matin, une dépêche télégraphique expédiée de Metz à 4 heures, ainsi conçue :

« Retirez-vous sur Metz après avoir rallié toutes vos divisions.

« *Signé* : NAPOLÉON. »

Cet ordre est donc le dernier qui m'ait été expédié et auquel je dois me conformer. J'ai donné tous mes ordres à cet effet, et aujourd'hui 7 août, mes trois divisions occuperont les positions de Boulay.

Signé : DE LADMIRAULT.

Lettre du major général.

8 août 1870.

Par ordre de l'empereur, le général Frossard, qui en ce moment est avec son corps d'armée en marche de Puttelange sur la route de Puttelange à Nancy, reçoit l'avis itératif qu'il doit se porter sur Metz, pour joindre son corps aux trois corps que vous y amenez de Saint-Avold. Il est invité à marcher de telle façon qu'il ne contrarie pas les mouvements des troupes qui sont avec vous.

L'empereur attend de vos nouvelles.

Signé : LE BŒUF.

Dépêche télégraphique de Metz à Faulquemont, reçue le 9 août à 3 heures 30 du matin :

Le major général à M. le maréchal Bazaine.

Séjournez à Faulquemont pour rester lié avec le général Frossard. Conservez la garde en lui indiquant une position qui lui permette de vous appuyer efficacement au besoin. Un nouvel avis qui m'arrive m'indique que l'ennemi est en marche sur notre gauche.

Donnez l'ordre au général Ladmirault de rester en position sur votre gauche pour la couvrir.

J'écris directement aux généraux Bourbaki et Ladmirault pour éviter tout malentendu. J'écris également au général Frossard, par un de ses officiers, de rester en communication constante avec vous et de se conformer à vos ordres. Donnez-leur vos instructions sans tarder.

Tâchez de concentrer le plus tôt possible sous Metz les 2e, 3e, 4e corps et la garde, qui sont tous placés sous vos ordres et doivent s'y conformer strictement.

Faites-vous éclairer très au loin par votre cavalerie légère.

Dès le 7 août, la situation stratégique des 3e et 4e corps de l'armée du Rhin devenait périlleuse, et tout mouvement rétrograde difficile, par suite de la retraite précipitée des 1er et 5e corps après le combat de Wissembourg ; le 4, la bataille de Reichshoffen, le 6, et l'évacuation de Forbach par le 2e corps, dans la soirée du même jour, après le combat de Spickeren.

Ces deux batailles, qui eurent lieu simultanément le 6, furent la réponse de l'ennemi à l'attaque intempestive sur Sarrebruck, le 2 août.

L'ennemi se trouvait maître à la fois des voies ferrées de Wissembourg par Saverne à Nancy, et de Forbach et Sarreguemines à Metz par Saint-Avold.

Il est à regretter que le temps ait manqué pour opérer des destructions importantes et inutiliser ainsi ces diverses lignes que les basses Vosges et les tunnels de leur parcours n'aient pu être défendues pied à pied par les troupes du 1er corps, mais surtout par celles du 5e corps qui avaient été peu engagées et qui, occupant Phalsbourg à la date du 7 août, n'y étaient pas inquiétées par l'ennemi (1).

Les approvisionnements réunis à Lunéville, dans la pensée d'une campagne offensive, tombèrent ainsi au pouvoir de l'ennemi et lui permirent de pousser rapidement sa marche en avant.

Dès que la perte et la bataille de Reichshoffen fut connue, on aurait dû faire rétrograder les approvisionnements de Metz.

Le 1er et le 5e corps (2) formant l'aile droite de

---

(1) Voir la dépêche télégraphique citée plus haut.
(2) Ces deux corps auraient dû être ralliés à Nancy, y faire leur jonction avec le 6e corps, qui, d'après la dépêche

l'armée, les 2ᵉ, 3ᵉ et 4ᵉ corps se trouvèrent bientôt débordés sur leur flanc droit, malgré la marche en retraite sur Metz, commencée le 8 et continuée jusqu'au 11 inclus, suivis de près par l'ennemi.

Lettre du général Montaudon au maréchal Bazaine :

8 août 1870. — Conformément aux prescriptions de Votre Excellence, je me suis retiré aujourd'hui avec ma division de Puttelange sur Faulquemont. Mes premières troupes sont arrivées à hauteur de Pontpierre vers quatre heures; à 5 heures toute la division était campée comme me l'a ordonné Votre Excellence.

D'après ce que m'a rapporté mon arrière-garde, et d'après les renseignements qui m'arrivent de toutes parts, une colonne prussienne, infanterie et cavalerie, m'aurait suivi et serait à 8 kilomètres environ.

Cette colonne ramassait les traînards de tous les corps.

Sur mon flanc droit s'étend une crête qui domine tous les environs et dont la longueur est d'environ trois kilomètres. Ce coteau forme une très-belle position dont le flanc droit s'appuie à une colline boisée et le flanc gauche à la Nied et à Pontpierre.

Afin de couvrir ma droite, j'ai placé un bataillon sur la crête Pontpierre et la grande route, et deux compagnies à l'autre extrémité.

Afin de savoir au juste ce qui se passe, j'ai envoyé sur la route que nous avons à suivre un escadron en reconnaissance.

La marche d'aujourd'hui a assez fatigué les troupes de la division, déjà épuisées par les marches de nuit et les alertes des jours précédents; aussi, prierai-je Votre Excellence de vouloir bien donner, si cela est possible, un jour de repos à la division.

Signé : MONTAUDON.

Les terrains détrempés par une pluie presque incessante, les deux Nied à passer sur des ponts étroits, rendirent ces marches-manœuvres lentes, pénibles et tristes. Le moral du soldat, sans être complétement affecté, était inquiet par suite des mauvaises nouvelles qui voltigeaient dans l'air.

Lettre du général Decaen au maréchal Bazaine :

Positions en face de Bionville (Morlange et Bonnay).

Le 9 août 1870, à 10 heures et demie.

Je vous prie en grâce de ne pas me faire faire de mouvements aujourd'hui. Les hommes sont rendus de fatigue, la soupe n'est pas mangée et il faudrait encore y renoncer ce soir. Enfin, j'ai dit à M. Duvernet, chef d'escadron, l'état moral que j'ai constaté. Hier, arrivés à 11 heures et demie du soir avec une pluie battante, manquant de moral (je regrette de le dire); il leur faut un peu de repos et de la soupe ce soir.

De plus, arrivé hier soir à onze heures, j'ai dû ce matin de bonne heure aller rectifier les emplacements pris sans y voir. Ils n'ont donc pu se reposer, j'attends vos ordres.

Et puis pour faire ce mouvement après la soupe mangée, je n'en aurais pas le temps. Les étangs peuvent bien attendre à demain, puisqu'ils sont si près de cette position à occuper.

Signé : DECAEN.

L'empereur vint visiter les troupes à Faulquemont, accompagné de M. le général Changarnier, qui, dans la courte conférence tenue au quartier général, n'exprima pas d'opinion sur la situation et la conduite militaire à suivre. J'émis l'avis qu'il serait peut-être préférable de se porter sur Nancy et Frouard pour y rallier les troupes des 1ᵉʳ et 5ᵉ corps (1), mais il me fut objecté que l'on découvrait ainsi Paris.

Je fis détruire et obstruer une partie de la voie ferrée à Faulquemont.

L'empereur vint également visiter les troupes à Pont-à-Chaussy, et recommanda de ne pas perdre de temps dans la marche sur Metz. On n'en perdit pas, mais il fallait bien relier les corps entre eux, surtout le 2ᵉ, qui était encore en arrière.

Les 2ᵉ, 3ᵉ et 4ᵉ corps, et la garde, se trouvaient concentrés sur la rive droite de la Moselle, dans la journée du 11. L'empereur vint visiter les troupes dans la matinée du 12, et des ordres furent donnés pour augmenter les moyens de passage sur la rive gauche, afin de le rendre plus prompt et plus facile.

Malheureusement un équipage de pont avait été abandonné à Forbach, et il avait fallu avoir recours aux chevalets. Une crue subite de la Moselle rendit impraticables les ponts de chevalets, ainsi que les abords des autres, et il fallut forcément attendre jusque dans la matinée du 14.

La veille (13 août), j'avais pris le commandement en chef de l'armée du Rhin, qui m'avait été conféré le 12 au soir, date à laquelle je reçus de Sa Majesté la lettre ci-après :

« Metz, 12 août 1870. — Plus je pense à la position
« qu'occupe l'armée et plus je la trouve critique.
« Car si une partie était forcée et qu'on se retirât
« en désordre, les forts n'empêcheraient pas la
« plus épouvantable confusion.
« Voyez ce qu'il y a à faire, et si nous ne sommes
« pas attaqués demain, prenons une résolution.

« *Signé* : NAPOLÉON. »

---

de l'empereur, en date du 4 août et citée plus haut devait s'y trouver, ainsi que le 7ᵉ venant de Belfort, ce qui aurait donné un minimum de 100,000 combattants.

(1) Voir plus haut la dépêche du major général en date du 7 août, 10 h. 30 du soir, qui indique Nancy comme point de concentration de ces deux corps.

Lettre du maréchal Bazaine aux généraux de Ladmirault et Frossard :

« Borny, le 13 août 1870. — Faites de suite reconnaître les ponts qui ont été jetés derrière vous et donnez des ordres pour que l'on soit prêt à exécuter un mouvement ce soir dès que la lune sera assez haute, si l'installation des ponts le permet, car la crue des eaux de la Moselle a couvert d'eau les ponts de chevalets et d'un blanc d'eau les prairies par lesquelles on débouche.

« On signale à droite à Ars-Laquenexy et à Retonfey de fortes reconnaissances ennemies, et il y a constamment des coups de fusils échangés entre nos grand'gardes et elles.

« *P.-S.* — Il est probable que le mouvement ne pourra se faire que demain. »

Le maréchal Bazaine à l'empereur, à Metz.

« Borny, le 13 août.

« J'ai reçu l'ordre de Votre Majesté de hâter le mouvement de passage sur la rive gauche de la Moselle; mais M. le général Coffinières, qui est en ce moment avec moi, m'affirme que, malgré toute la diligence possible, les ponts seront à peine prêts demain matin. D'un autre côté, l'intendant déclare ne pouvoir faire de distributions immédiatement.

« Je n'en donne pas moins les ordres pour que l'on reconnaisse les abords et les débouchés des ponts et pour que l'on se tienne prêt à commencer le mouvement demain matin.

« Au moment de terminer ma lettre, je reçois de M. le général Decaen l'avis qu'une forte reconnaissance prussienne se présente à Retonfey ainsi qu'à Ars-Laquenexy. »

Le passage d'une rive à l'autre se fit par les deux ailes à la fois, 2ᵉ et 4ᵉ corps.

L'ordre de mouvement était réglé de telle sorte que le 3ᵉ corps devait suivre de très-près les derniers échelons des 2ᵉ et 4ᵉ corps et venir s'appuyer sous les feux de la place, puis franchir la Moselle sur les ponts extérieurs, la garde passant sur ceux de la ville.

Ce mouvement s'exécutait en bon ordre et assez rapidement, quand, vers trois heures de l'après-midi, l'ennemi attaqua le dernier échelon du 3ᵉ corps qui, ayant fait son mouvement avec lenteur, était encore en avant de Borny.

Les divisions du même corps l'appuyèrent immédiatement. Le 4ᵉ corps, dont deux divisions avaient déjà passé la Moselle et marchaient au canon, revinrent sur la rive droite, contribua à refouler l'aile droite de l'ennemi, qui paraissait vouloir tenter un coup de main sur les ouvrages inachevés de Saint-Julien.

Ce combat, qui prit le nom de Borny, et dans lequel nous perdîmes :

Généraux blessés ;

Maréchal commandant en chef;
Général Decaen, commandant le 3ᵉ corps, mort des suites ;
Général de division de Clérembault;
Général de division de Castagny;
Général de brigade Duplessis ;
194 officiers supérieurs et autres tués ou blessés ;
3,408 sous-officiers ou soldats tués, blessés ou disparus, eut pour conséquence de retarder vingt-quatre heures au moins notre marche sur Verdun et influa gravement sur la suite des opérations (1).

Cette diversion de l'ennemi avait surtout pour but de masquer et d'activer son mouvement de flanc par Pont-à-Mousson et Corny, de pousser ses têtes de colonne vers les débouchés du plateau stratégique entre Meuse et Moselle en retardant notre passage sur la rive gauche.

Avant d'entreprendre le passage de la Moselle, j'aurais voulu profiter de la concentration des troupes sur la rive droite, dont nous connaissions le terrain, puisque nous venions de le parcourir, pour faire un retour offensif sur les corps allemands en marche sur nous.

Quel qu'en eût été le résultat, il aurait bien certainement retardé la marche de l'ennemi sur notre droite, peut-être même l'aurait fait rétrograder d'une journée. Nous pouvions même obtenir un succès, car l'offensive va mieux à notre caractère national que les marches en retraite. Mais l'empereur y trouva probablement des inconvénients, puisqu'il m'adressa l'avis suivant :

Lettre de l'empereur au maréchal Bazaine.

Le 13 août 1870.

« Les Prussiens sont à Pont-à-Mousson et à Corny. D'un autre côté, on dit que le prince Frédéric-Charles fait un mouvement tournant vers Thionville. Il n'y a pas un moment à perdre pour faire le mouvement arrêté.

« *Signé* : Napoléon. »

Lettre de l'empereur.

13 août, 8 h. 1/2 du soir.

« Je reçois votre lettre dans ces circonstances, c'est à vous de voir si le passage en arrière est possible. »

« *Signé* : Napoléon. »

Lettre de l'empereur au maréchal Bazaine.

13 août, 12 heures du soir.

« La dépêche que je vous envoie de l'impératrice montre bien l'importance que l'ennemi attache à

---

(1) À la guerre, il n'y a rien d'absolu, les circonstances doivent modifier les déterminations, et certes il eût mieux valu, dans le cas dont il s'agit, que les divisions du 4ᵉ corps ne vinssent pas au canon.

« ce que nous ne passions pas sur la rive gauche.

« Il faut donc tout faire pour cela, et, si vous
« croyez devoir faire un mouvement offensif, qu'il
« ne nous entraîne pas de manière à ne pouvoir
« opérer notre passage. Quant aux distributions,
« on pourra les faire sur la rive gauche en restant
« lié avec le chemin de fer. »

Dépêche de l'impératrice contenue dans la lettre précédente :

Paris, 13 août 1870, 7 h. 45 du soir.

A l'empereur :

« Ne savez-vous rien d'un mouvement au nord
« de Thionville, sur le chemin de fer de Sierk, sur
« la frontière du Luxembourg ?

« On dit que le prince Frédéric-Charles pourrait
« bien se diriger par là sur Verdun, et il peut se
« faire qu'il ait opéré sa jonction avec le général
« Steinmetz, et qu'alors il marche sur Verdun pour
« joindre le prince royal et passer, l'un par le nord,
« l'autre par le sud.

« La personne qui nous donne ce renseignement
« croit que le mouvement sur Nancy et le bruit
« qu'on en fait pourraient n'avoir pour but que
« d'attirer notre attention vers le sud, afin de faci-
« liter la marche que le prince Frédéric-Charles
« fera dans le nord. Il pourrait tenter cela avec les
« huit corps dont il dispose.

« Le prince opère-t-il ainsi ou essaye-t-il de re-
« joindre le prince royal en avant de Metz pour
« franchir la Moselle ?

« Paris est plus calme et attend avec moins d'im-
« patience.

« Signé : L'IMPÉRATRICE. »

Pour que cette opération offensive eût été efficace, il fallait pouvoir profiter d'un premier avantage par la surprise que l'ennemi en aurait éprou-
vée et pouvoir le mener, l'épée dans les reins,
jusqu'à la Nied française et même au delà. Dans
des conditions restreintes, c'était plus nuisible
qu'utile.

Le 14, des divisions de cavalerie des généraux
de Forton et du Barrail furent envoyées, la 1re sur
la route de Verdun par Mars-la-Tour, la 2e sur
celle de Verdun par Conflans, Étain, afin de battre
le pays, d'éloigner les coureurs ennemis et de faciliter l'arrivée des troupes d'infanterie sur le plateau.

Le même jour, le quartier impérial s'établit à
Longeville et le grand quartier général à Moulin-
les-Metz.

Immédiatement après la bataille, j'envoyai successivement plusieurs officiers au général Ladmirault, pour lui prescrire de reprendre, sans retard,
son mouvement de passage sur la rive gauche de
la Moselle.

Extrait d'une lettre écrite le 15 août par le général Ladmirault au maréchal Bazaine, pour lui
rendre compte du combat du 14 :

« J'ai dû garder les positions jusqu'à une heure
« de la nuit et diriger alors les troupes vers les
« ponts de la Moselle. A peine ai-je pu rallier tout
« le monde, aujourd'hui 15, à midi. »

Le 15 au matin, l'ennemi se rapprocha de Montigny, et envoya des obus sur le quartier impérial,
ainsi que sur les troupes massées à la sortie de ce
village, et qui attendaient qu'elles pussent monter
sur le plateau par la seule route carrossable montant à Gravelotte.

C'est à ce moment que l'on fit sauter une des
arches du pont du chemin de fer, afin d'éviter d'être
obligé de livrer un nouveau combat d'arrière-garde,
si l'ennemi s'en était emparé.

A peu près au même moment, la division de cavalerie du général de Forton livrait un combat entre
Puxieux et Mars-la-Tour, qui aurait dû être conservé, si le 2e corps, qui était déjà en position à
Thionville, l'avait appuyée et s'y était établi solidement.

Rapport du général de Forton sur le combat de
Puxieux, livré le 15 août par sa division de cavalerie à Mars-la-Tour.

« D'après les ordres de M. le maréchal comman-
« dant en chef, la division partit de Gravelotte à
« cinq heures un quart du matin pour aller occuper
« Mars-la-Tour, en se faisant éclairer en avant et
« sur son flanc gauche par deux escadrons de dra-
« gons ; elle dépassa ainsi Rezonville et Vionville.

« En approchant de Tronville, nos éclaireurs signa-
« lent des vedettes ennemies et ne tardent pas à
« apercevoir des détachements assez nombreux de
« cavalerie.

« Je fis soutenir aussitôt l'avant-garde par trois
« escadrons du 1er dragons sous les ordres du
« colonel, et le prince Murat, prenant avec lui
« l'autre régiment de sa brigade, refoulait les
« détachements prussiens au delà de Puxieux qui
« était occupé. Il continue ensuite son mouvement
« de reconnaissance offensive vers les villages de
« Sponville et de Tronville.

« Là il aperçut l'ennemi en force assez considé-
« rable, deux régiments de cavalerie formés en
« colonne, une batterie entre ces deux colonnes,
« une autre sur la droite, masquée par un petit bois,
« et une colonne d'infanterie peu profonde.

« Après avoir observé avec soin cette position,
« la brigade Murat se replie vers Mars-la-Tour, où
« je venais d'arriver avec le reste de ma division,
« en me mettant constamment en communication
« avec le général du Barrail.

« D'après les renseignements obtenus, je fis
« mettre mes deux batteries en position en avant
« du village de Mars-la-Tour, un régiment de cui-
« rassiers à droite, l'autre à gauche. Aussitôt que
« la brigade de dragons fut ralliée, je la fis placer

« à gauche de l'artillerie, et le régiment de cuiras-
« siers qui occupait cette position rejoignit l'autre
« régiment de sa brigade (général de Grammont),
« que je fis placer derrière un pli de terrain, pour
« le défiler du feu de l'ennemi.

« La brigade de dragons était masquée en partie
« par le rideau de peupliers de la route qui conduit
« de Mars-la-Tour à Pont-à-Mousson.

« A peine ces dispositions étaient-elles prises que
« l'ennemi ouvrait le feu. Notre artillerie riposta
« aussitôt. L'engagement dura une heure environ ;
« le feu de l'artillerie prussienne était exclusive-
« ment dirigé sur nos batteries. Trois obus seule-
« ment portèrent sur elles, tandis qu'elles firent
« sauter un caisson prussien et forcèrent l'ennemi
« à se retirer.

« Le village de Puxieux resta occupé par l'infan-
« terie.

« Je fis prévenir le général Frossard, comman-
« dant du 2e corps, de la position où je me trouvais,
« et sur son avis, après être resté deux heures en
« position devant Mars-la-Tour, je me repliai sur
« Ronville où je trouvai la division Valabrègue et
« les troupes du 2e corps. J'avais fait prévenir le
« général du Barrail, du mouvement que j'allais
« exécuter.

« Dans cette affaire, trois hommes du 1er dragons
« furent faits prisonniers, un officier blessé, per-
« sonne ne fut tué, nous prîmes deux éclaireurs
« ennemis, appartenant au 11e hussards.

« Pendant le combat, la division du Barrail s'étai
« rapprochée de moi, ainsi que la division Valabrè-
« gue qui avait pris position sur la route impé-
« riale n° 3, à hauteur du village de Tronville. »

Dans l'après-midi, le 6e corps (1) arrivé depuis
peu à Nancy et qui venait d'être relevé dans les
forts qu'il occupait par une division du 2e corps,
prenait position à Rezonville.

La garde arrivait sur le plateau vers la fin de la
journée et prenait position en avant de Gravelotte
où fut établi le quartier impérial.

Les 3e et 4e corps étaient encore en arrière, le 3e
suivant par les chemins qui débouchent de Plappeville et le 4e, afin d'éviter l'encombrement, ayant
pris la route de Woippy jusqu'à Saint-Martin-aux-
Chênes.

Le mouvement se continua pendant la nuit du 15
au 16 ; malgré cela, il y avait encore des fractions
considérables de troupes qui n'étaient pas arrivées
en ligne dans la matinée du 16.

L'empereur partit à cinq heures du matin par la
route de Conflans et d'Étain, escorté par une brigade de cavalerie de la garde (dragons et lanciers)
qui fut plus tard relevée par la brigade Margueritte,
des chasseurs d'Afrique.

Sa Majesté laissa comme instruction de hâter la
marche sur Verdun, où de grands approvisionnements
en vivres avaient été réunis.

Les rapports des reconnaissances de cavalerie ne
modifiaient pas sensiblement ce qu'elles avaient vu
dans leur combat du 15. D'un autre côté, on signalait la présence de l'ennemi dans les environs de
Briey, c'est ce qui me fit engager l'empereur à
prendre la route du centre (1).

Les instructions furent immédiatement données
pour la marche de l'armée sur Verdun, les 2e et
6e corps devaient suivre la grande route de Verdun
par Mars-la-Tour, les 3e et 4e devaient suivre la
route, passant par Conflans et Étain ; enfin, la garde
impériale, à l'arrière garde, devait suivre les traces
de la colonne de gauche.

D'après cet ordre de marche, l'armée aurait été
prête à se former sur deux lignes, par un à gauche
ou par un à droite, selon le flanc sur lequel l'attaque aurait eu lieu, enfin, par un avant en bataille
des 2e et 3e corps, si on avait eu une attaque de
front à repousser.

Le départ devait avoir lieu dans la matinée, afin
de donner aux troupes encore en arrière le temps
de s'allier. Mais l'ennemi prononça résolument son
offensive vers neuf heures du matin sur la division
de Forton (2), puis sur le 2e corps.

Il fallut faire face au danger le plus pressant,
veiller sur le flanc gauche, tout en repoussant les
attaques de front, faire charger les cuirassiers de
la garde et la division de Forton, pour ralentir la
marche de l'ennemi.

C'est dans un de ces mouvements offensifs, vers
une heure de l'après-midi, que, chargé par des hussards de Brunswick, je fus séparé de mon état-major,
un moment entouré et obligé de mettre l'épée
à la main pour me dégager. Cette séparation fut
d'assez longue durée et apporta du retard dans
l'exécution des mouvements, n'ayant personne auprès de moi pour envoyer des ordres.

Je me dirigeai vers la droite de notre ligne, où
je ralliai le premier échelon du 3e corps, conduit
par le maréchal Le Bœuf, à qui j'indiquai la direction de Mars-la-Tour comme objectif, les 3e et
4e corps devant exécuter une conversion l'aile droite
en avant, afin de refouler les Allemands dans les
défilés de Gorze, Chambley, enfin dans la vallée de
la Moselle, si cela avait été possible.

Les autres échelons de ce corps arrivèrent successivement, mais lentement, et une de ces divisions

---

(1) L'organisation de ce corps était loin d'être complète (une de ces divisions n'avait qu'un régiment), pas de
génie, pas de services administratifs, ni d'artillerie de réserve, et un seul détachement de cavalerie. (Voir le rapport confidentiel du maréchal Canrobert, en date du
20 août.)

(1) Se reporter à la dépêche de l'impératrice citée plus
haut, confirmée par des renseignements d'espions.

(2) Voir aux archives de la guerre, le rapport du général
de Forton sur la belle conduite de sa division.

(division Metman) n'arriva qu'à la nuit à Gravelotte. Quant au 4e corps, comme il avait débouché sur le plateau par Saint-Privat-la-Montagne et Sainte-Marie-aux-Chênes, il eut une assez longue distance à parcourir pour se rabattre sur Doncourt-en-Jarnisy, mais ne put parvenir à hauteur de Mars-la-Tour.

Deux divisions seulement de ce corps furent engagées : une division (division Lorencez) ne s'étant montrée qu'au loin, vers la fin de la journée.

Lettre du général de Ladmirault au maréchal Bazaine :

« Château du Sansonnet, le 15 août 1870.

« Conformément aux ordres de Votre Excellence, « je vais mettre en route les troupes du 4e corps « pour les diriger sur Doncourt-en-Jarnizy.

« Je suis loin d'avoir rallié tous les hommes des « régiments, mais ils arrivent successivement, et « je regarde comme complète la 3e division (Lo-« rencey), qui, ce matin, à six heures, est arrivée la « première au bivouac. Je fais remplacer ses mu-« nitions, surtout celles de ses batteries d'artillerie « qui, hier 14, ont pris une part très-active au com-« bat qui s'est livré sur le plateau de Saint-Julien. « Je lui fais distribuer les vivres dont elle a be-« soin, et enfin je compte la mettre en route à deux « heures.

« Le reste des troupes du 4e corps suivra cette « division à de très-courts intervalles, mais de ma-« nière à empêcher les encombrements.

« Enfin, demain, dans la matinée, j'espère que « tout le 4e corps sera réuni à Doncourt-en-Jar-« nisy.

« *Signé* : DE LADMIRAULT. »

Cette bataille imprévue que, dès le début, l'on ne croyait pas devoir être aussi sérieuse, mais seulement pour entraver notre marche, prit le nom de Rezonville et dura jusqu'à neuf heures du soir. Les deux armées passèrent la nuit sur leurs positions (1).

Nos pertes dans cette glorieuse journée furent de 6 officiers généraux, 831 officiers supérieurs et autres, 16,117 sous-officiers ou soldats.

L'armée montra ténacité et bravoure dans cette bataille, qui eut pour conséquence d'empêcher, le 17, sa marche en retraite sur la Meuse, dans de bonnes conditions tactiques, du moment que nous n'avions pu chasser l'ennemi des positions de Mars-la-Tour et que tous les débouchés le conduisant sur le flanc gauche de notre ligne de retraite lui appartenaient.

---

(1) Lire le rapport pour les corps qui se sont distingués (Voir aux archives de l'état-major général).

DÉPÊCHE TÉLÉGRAPHIQUE

Le ministre de la guerre au maréchal Bazaine :

« Paris, le 18 août 1870, à 10 h. 45 du matin.

« Les renseignements que je vous ai adressés « hier sur une concentration de l'ennemi à Saint-« Mihiel et surtout Apremont sont confirmés.

« Le préfet de la Meuse est informé de l'arrivée « à Void d'un détachement prussien qui se dit suivi « du prince Albert et se dirige sur Châlons.

« Le général de Failly me télégraphie qu'un « corps prussien considérable a fait séjour le 16 à « Bayon, et fait préparer à Charmes-sur-Moselle « 25,000 rations pour une autre colonne. »

Il ne fallait pas songer à changer immédiatement d'itinéraire, en prenant Briey pour objectif, puisque, par ce changement de tête de colonne à droite, on aurait eu l'ennemi sur ses derrières et sur le flanc gauche. De plus, on avait signalé son apparition dans cette direction.

On ne pouvait, à plus forte raison, redescendre dans la vallée pour se diriger sur Thionville, puisque l'armée allemande avait laissé un corps considérable sur la rive droite de la Moselle. On aurait été canonné des deux rives, dont les hauteurs sont très-dominantes.

Les diverses phases de cette bataille avaient, du reste, produit une certaine dissémination des corps, et il était urgent de les rallier.

Les corps d'armée furent en conséquence établis le 17 sur les positions qui couvrent de Rozerieulles à Amanvillers, le 6e corps devant occuper Verneville afin de reformer l'armée, de l'approvisionner en vivres et en munitions, et d'être en mesure de recevoir dans de bonnes conditions tactiques l'attaque de l'ennemi, dont le nombre allait croissant (1), la cavalerie de réserve au pied de Rozerieulles, près du moulin Longeau.

La garde fut placée en réserve sur le prolongement des plateaux de Plappeville et Saint-Quentin, afin de pouvoir se porter sur un des flancs de la ligne et veiller sur la vallée de la Moselle, ainsi que sur les forces ennemies qui y manœuvraient venant de la rive droite.

Lettre du maréchal Canrobert au maréchal Bazaine.

Verneville, le 17 août 1870.

« Un dragon qui m'a rencontré au moment où « je traçais le bivouac de mon corps d'armée, m'a « dit qu'il était envoyé vers les commandants de « corps d'armée pour les prévenir qu'ils devaient

---

(1) Voir le rapport allemand sur la bataille du 16, qu'il désigne sous le nom de bataille de Mars-la-Tours ou de Vionville. (Extrait des journaux allemands, à lire à titre de renseignements.)

« se tenir prêts à recevoir et à exécuter l'ordre de
« reprendre aujourd'hui les positions si glorieuse-
« ment conservées hier par l'armée du Rhin.
« Je suis prêt à exécuter cet ordre.
« Je demande à Votre Excellence de ne pas ou-
« blier que je n'ai plus de cartouches, plus de mu-
« nitions d'artillerie, qu'en dehors de la viande que
« je fais acheter sur place, je n'ai pas d'approvi-
« sionnement. Je la prie de me faire expédier tout
« ce qui me manque, le plus tôt possible.
« Nous ferons bien sans cela, nous ferions
« mieux si nous étions bien approvisionnés.
« Comme détail, un habitant de Vaux me signale
« le retour dans ce village de blessés et de fuyards
« se dirigeant sur Novéan, pour passer la Moselle.
« Deux prisonniers qu'on m'amène et que je fais
« interroger, annoncent des pertes énormes dans
« l'armée prussienne.
« D'un autre côté, des renseignements me disent
« que l'armée ennemie est restée en position à
« Vionville, compacte et résolue,. On ajoute que ce
« sont les Bavarois qui occupent cette localité.

» *Signé* : Canrobert. »

« P.-S. Un renseignement qui me vient à l'ins-
« tant m'annonce que Gravelotte est attaqué par les
« Prussiens.

« *Signé* : par ordre, le général Henry.
« chef d'état-major. »

Dans la soirée du 17, je fis partir par un train express de la ligne du Nord le commandant Magnan, l'un de mes aides de camp, et M. l'intendant Préval, le premier pour le camp de Châlons afin de renseigner l'empereur sur notre situation, et le deuxième pour faire filer sur Metz les convois chargés de vivres qui pourraient être échelonnés sur cette ligne du Nord.

Aucun de ces messieurs ne put revenir, et aucun convoi n'arriva.

Lettre du maréchal Bazaine à l'empereur et au ministre de la guerre, le 17 août 1870 :

« J'ai l'honneur de confirmer à Votre Majesté ma
« dépêche télégraphique en date de ce jour, et de
« joindre à cette lettre copie de celle que j'ai
« adressée à l'empereur hier soir à 11 heures.
« Je ne puis connaître encore le chiffre exact de
« nos pertes.
« Dès que je l'aurai, je m'empresserai d'en
« adresser les états nominatifs au ministre de la
« guerre.
« M. le général Bataille a été blessé au ventre
« par une balle; mais, jusqu'à présent, aucun acci-
« dent n'est venu compliquer son état.
« On dit que le roi de Prusse serait à Pange ou
« au château d'Aubigny, qu'il est suivi d'une ar-
« mée de 100,000 hommes, qu'en outre, des trou-
« pes nombreuses ont été vues sur la route de
« Verdun et Mont-sous-les-Côtes.
« Ce qui pourrait donner une certaine vraisem-
« blance à cette nouvelle de l'arrivée du roi de
« Prusse, c'est qu'en ce moment où j'ai l'honneur
» d'écrire à Votre Majesté, les Prussiens dirigent
« une attaque sérieuse sur le fort de Queuleu.
« Ils auraient établi des batteries à Magny, à
« Mercy-le-Haut et au bois de Pouilly. Dans ce
« moment le tir est même assez vif.
« Quant à nous, les corps sont peu riches en vi-
« vres. Je vais tâcher d'en faire venir par la ligne
« des Ardennes, qui est encore libre. M. le général
« Soleille, que j'ai envoyé dans la place, me rend
« compte qu'elle est peu approvisionnée en muni-
« tions, et qu'elle ne peut nous donner que 800,000
« cartouches, ce qui, pour nos soldats, est l'affaire
« d'une journée.
« Il y a également un petit nombre de coups par
« pièce de 4, et enfin, il ajoute que l'établissement
« pyrotechnique n'a pas les moyens nécessaires
« pour confectionner des cartouches.
» M. le général Soleille a dû demander à Paris
« ce qui est indispensable pour remonter l'outil-
« lage; mais cela arrivera-t-il à temps ?
« Les régiments du général Frossard n'ont plus
« d'ustensiles de campement et ne peuvent faire
« cuire leurs aliments.
« Nous allons faire tous nos efforts pour re-
« constituer nos approvisionnements de toutes sor-
« tes, afin de reprendre notre marche dans deux
« jours si cela est possible. Je prendrai la route de
« Briey.
« Nous ne perdrons pas de temps, à moins que
« de nouveaux combats ne déjouent nos combinai-
« sons.
« J'adresse à Votre Majesté la traduction d'un
« ordre de combat trouvé sur un colonel prussien
« tué à la bataille du 16. Il mettra Votre Majesté au
« courant des mouvements de l'ennemi dans cette
« journée. J'y joins une note de M. le général So-
« leille, commandant l'artillerie de l'armée, qui in-
« dique le peu de ressources qu'offre la place de
« Metz pour le ravitaillement en munitions de l'ar-
« tillerie et de l'infanterie. »

Le mouvement du 17 ne fut qu'une concentration des divers corps pour occuper une nouvelle ligne de bataille sur des positions plus militaires que le terrain ondulé qui est en avant de Gravelotte.

Les corps avaient l'ordre de se déployer sur deux lignes, de se fortifier non-seulement par des tranchées-abris, mais par des travaux de fortification passagère, d'établir des communications en arrière (sous bois) par des abatis.

C'était une bataille défensive que je voulais recevoir, celles du 14 et du 16 m'ayant suffisamment prouvé qu'une action défensive nous donnerait de meilleurs résultats, tout en perdant moins de monde que l'ennemi, et je suis encore convaincu qu'une deuxième bataille, livrée dans les mêmes conditions, nous eût laissé libres les routes que l'armée devait suivre, par suite des pertes considérables que l'ennemi aurait éprouvées et qui, bien certainement, auraient influencé son moral.

D'un autre côté, les débuts de la campagne nous prescrivaient de ne rien livrer au hasard. J'espérais, en outre, donner le change à l'ennemi et lui faire supposer que notre intention n'était pas d'aller immédiatement sur Verdun, mais de manœuvrer sur ses derrières. Il aurait ralenti la marche de ses troupes en amont de la Moselle, et j'aurais essayé, à un moment donné, de dérober mon mouvement vers Longuyon.

M. le commandant du 6ᵉ corps ne trouvant pas que la position de Verneville satisfaisait aux conditions d'une bonne défense, me demanda à occuper avec tout son corps Saint-Privat-la-Montagne.

Je l'y autorisai, quoique d'un avis différent, en ui adressant les instructions suivantes :

Lettre du maréchal Bazaine au maréchal Canrobert, le 17 août 1870 :

« Le maréchal commandant en chef autorise le « maréchal Canrobert à se porter un peu en arrière « de Verneville ou sur la droite d'Amanvillers vers « Saint-Privat-la-Montagne.

« On va lui envoyer des vivres et des muni-
« tions. »

Lettre du maréchal Bazaine à maréchal Canrobert, le 18 août, à dix heures du matin :

« M. le maréchal Le Bœuf m'informe que des « forces ennemies qui lui paraissent considérables « marchent vers lui; mais à l'instant où je vous « écris, il m'envoie l'extrait ci-joint du rapport de « ses reconnaissances.

« Quoi qu'il en soit, installez-vous le plus solide-
« ment possible sur vos positions, reliez-vous « bien avec la droite du 4ᵉ corps, que les troupes « soient bien campées sur deux lignes et sur un « front aussi restreint que possible.

« Vous ferez également bien de faire reconnaître « les routes qui de Marange viennent déboucher « sur votre extrême droite, et je prescris à M. le « général de Ladmirault d'en faire autant par rap-
« port au village de Noroy-le-Veneur.

« Si, par cas, l'ennemi, se prolongeant sur votre « front, semblait vouloir attaquer sérieusement « Saint-Privat-la-Montagne, prenez toutes les dis-
« positions nécessaires pour y tenir et per-
« mettre à toute l'aile droite de faire un change-
« ment de front pour occuper les positions en « arrière si c'était nécessaire, positions qu'on est « en train de reconnaître. Je ne voudrais pas y « être forcé par l'ennemi, et, si ce mouvement « s'exécute, ce ne sera que pour rendre les ravi-
« taillements plus faciles et permettre aux hommes « de se laver.

« Votre nouvelle position doit rendre vos ravi-
« taillements plus faciles par la route de Woippy.
« Profitez du moment de calme pour demander ou « faire venir tout ce qui vous est nécessaire.

« J'apprends que la viande a été refusée parce « qu'elle était trop avancée. Nous ne sommes pas « aux économies, et l'intendance aurait bien pu « faire abattre de façon à donner de la viande « fraîche.

« Je vous envoie la brigade Bruchard qui sera « provisoirement détachée du 3ᵉ corps, jusqu'à ce « que la division de cavalerie qui vous est destinée « soit reconstituée.

« Je pense que votre commandant d'artillerie a « reçu les munitions pour compléter vos parcs. »

Ce changement de position du 6ᵉ corps augmenta notre front, affaiblit notre ligne de bataille et permit à l'ennemi de déboucher sur notre centre, par Verneville (1).

On pouvait penser que l'ennemi n'attaquerait pas sérieusement notre forte position, qui a cependant le grave inconvénient d'avoir des communications difficiles avec ses derrières, par suite de la configuration accidentée et boisée du terrain. Il en fut autrement, et, le 18, à onze heures du matin, l'armée allemande, sous les ordres du roi, attaqua nos lignes, mais sans faire le moindre progrès pendant toute la journée.

Tous les rapports qui m'étaient adressés disaient que l'action allait très-bien sur tous les points.

C'est en raison de ces rapports que, répondant à une dépêche de l'empereur, je lui adressai la dépêche télégraphique suivante :

« Metz, le 18 août, 7 h. 50 m. du soir.

« J'ignore l'importance de l'approvisionnement « de Verdun.

« Je crois qu'il est nécessaire de n'y laisser que « ce dont j'aurais besoin si je parviens à gagner la « place.

« J'arrive du plateau, l'attaque a été très-vive.
« En ce moment, 7 heures, le feu cesse. Nos « troupes sont constamment restées sur leurs po-
« sitions. Un régiment, le 60ᵉ, a beaucoup souffert « en défendant la ferme de Saint-Hubert. »

Malgré cela j'avais envoyé une brigade de voltigeurs de la garde prendre position au-dessus de Châtel-Saint-Germain, pour servir de réserve aux 2ᵉ et 3ᵉ corps. Vers le soir, l'ennemi ayant couvert son mouvement tournant sur notre droite, par l'occupation de Verneville, et ayant concentré beaucoup d'artillerie et ses réserves d'infanterie, y compris la garde, autour de Saint-Privat-la-Montagne, l'extrême droite de notre ligne fut écrasée malgré les renforts de l'artillerie que j'avais en-

---

(1) Consulter le rapport allemand sur la bataille du 18, qui désigna cette bataille sous le nom de Gravelotte. (Extrait des journaux allemands).

voyés (deux batteries de 12 et le régiment d'artillerie à cheval de la garde), et la division de grenadiers de la garde conduite par le général Bourbaki, qui ne put arriver que tardivement sur le plateau.

Cette division avait l'ordre de se mettre à la disposition du maréchal Canrobert, qui, malgré sa bravoure et le dévouement de ses troupes, dut évacuer Saint-Privat et replier sa droite, mouvement qui fut effectué en bon ordre.

Dans cette défense de positions retranchées, qui fut très-meurtrière pour l'ennemi, je dus me tenir avec les réserves d'artillerie et la garde, sur le plateau de Plappeville ou de Saint-Quentin, par suite de la configuration du terrain; pour parer aux tentatives de l'ennemi, soit par Vaud et Sainte-Ruffine, soit par Woippy, sur les derrières de nos positions, surtout par les troupes de l'armée de Steinmetz, restées sur la rive droite pour remplir cette mission; enfin rester en communication avec le télégraphe des forts, relié à la ville, qui me prévenait des mouvements de l'ennemi et me transmettait encore des dépêches de l'intérieur.

Cette bataille prit le nom de défense des lignes d'Amanvillers, et nos pertes furent de :

6 officiers généraux,
589 officiers supérieurs et autres,
11,678 sous-officiers ou soldats.

Dans la matinée du 18, j'avais reçu la dépêche télégraphique ci-après du maréchal de Mac-Mahon (par la ligne du Nord) :

Le maréchal de Mac-Mahon à M. le maréchal Bazaine, à Metz.

« Camp de Châlons, le 18 août 1870, 8 h. du matin.

« Demain toutes les troupes sous mes ordres « seront réorganisées.

« Failly est à Vitry-le-François, Marguerite avec « une division de cavalerie à Sainte-Menehould.

« Si l'armée du prince royal arrive en force sur « moi, je prendrai position entre Épernay et Reims, « de manière à être prêt à me rallier à vous ou à « marcher sur Paris, si les circonstances me forcent à le faire. »

C'est la dernière dépêche que je reçus par cette voie.

La droite du 4e corps dut se conformer au mouvement rétrograde du 6e corps, et, le 19, l'armée vint s'établir près des forts de Saint-Quentin et de Plappeville.

Le 18, dans l'après-midi, j'avais pu évacuer un convoi de blessés par le chemin de fer de Thionville, sous la protection du drapeau de la convention de Genève, mais ce fut le dernier (1).

(1) On pourrait conclure de cette circonstance qu'il n'existait pas de trains de vivres sur la ligne, et que M. l'intendant de Préval n'a pu remplir la mission qui lui était confiée.

Après une succession si rapprochée de si rudes combats, il ne fallut plus songer à une reprise immédiate de l'offensive; l'armée avait besoin de respirer, mais surtout de reconstituer ses cadres en officiers de tous grades. Du reste, je consultai à cet égard les commandants de corps d'armée, et leur opinion est consignée dans les rapports confidentiels du 21 août. (Voir aux Annexes.)

Le 19 août, j'écrivis la lettre ci-après à l'empereur :

« 19 août 1870.

« L'armée s'est battue hier toute la journée sur
« les positions de Saint-Privat et Rozerieulles et
« les a conservées.
« Les 4e et 6e corps seulement ont fait, vers
« 9 heures du soir, un changement de front, l'aile
« droite en arrière, pour parer à un mouvement
« tournant par la droite que des masses ennemies
« tentaient d'opérer à l'aide de l'obscurité.
« Ce matin, j'ai fait descendre de leurs positions
« les 2e et 3e corps, et l'armée est de nouveau
« groupée sur la rive gauche de la Moselle, de
« Longeville à Sansonnet, formant une ligne courbe
« passant par le haut du Ban-Saint-Martin, derrière
« les forts de Saint-Quentin et de Plappeville.
« Les troupes sont fatiguées de ces combats incessants, qui ne leur permettent pas les soins
« matériels, et il est indispensable de les laisser
« reposer deux ou trois jours.
« Le roi de Prusse était ce matin, avec M. de
« Moltke, à Rezonville, et tout indique que l'armée
« prussienne va tâter la ville de Metz.
« Je compte toujours prendre la direction du Nord
« et me rabattre ensuite par Montmédy sur la route
« de Sainte-Menehould et Châlons, si elle n'est pas
« fortement occupée. Dans le cas contraire, je continuerai sur Sedan et même Mézières, pour gagner Châlons.
« Il y a dans la place de Metz 700 prisonniers qui
« deviendraient un embarras pour la place en cas
« de siège.
« Je fais proposer un échange à M. le général de
« Moltke, pour un pareil nombre d'officiers et de
« soldats français. »

Des suppositions ont été faites sur la possibilité de continuer la marche sur Verdun; elles étaient erronées, ceux qui les émettaient ne connaissaient pas la situation. L'ennemi recevait à chaque instant des renforts considérables (1) et avait dirigé par Pont-à-Mousson, Thiaucourt, ainsi que par Apremont et Saint-Mihiel, des forces pour occuper les positions de Fresnes et de Handiomont en avant de Verdun, positions faciles à défendre avec peu de monde.

(1) Tous les renseignements nous donnaient un effectif d'environ 300,000 hommes pour les armées opérant sur le plateau.

L'armée française, en manœuvre depuis plusieurs jours, venait de livrer deux sanglantes batailles sans son grand parc de réserve, qui ne l'a jamais rejointe; elle pouvait éprouver un échec très-sérieux dans cette longue marche de flanc, qui aurait eu une influence des plus fâcheuses sur les opérations ultérieures, mais surtout sur le moral du pays.

L'ennemi ne perdit pas un instant pour compléter notre investissement sur les deux rives, en détruisant les ponts sur l'Orne, rendant impraticable la voie ferrée de Thionville, coupant les routes et épuisant les ressources des villages à sa portée.

Dépêche du maréchal de Mac-Mahon au maréchal Bazaine, expédiée le 20 août, à 11 heures 35 minutes du matin.

« Camp de Châlons, 19 août, 3 h. 35 m. soir.

« Si, comme je le crois, vous êtes forcé de battre
« en retraite très-prochainement, je ne sais, à la
« distance où je suis de vous, comment vous venir
« en aide sans découvrir Paris.

« Si vous en jugez autrement, faites-le-moi sa-
« voir.

Dépêche du maréchal Bazaine au maréchal de Mac-Mahon.

« Ban Saint-Martin, 20 août.

« J'ai dû prendre position près de Metz, pour
« donner du repos aux soldats et les ravitailler en
« vivres et en munitions.

« L'ennemi grossit toujours autour de nous, et
« je suivrai très-probablement, pour vous rejoin-
« dre, la ligne des places du Nord.

« Je vous préviendrai de ma marche, si je puis
« toutefois l'entreprendre sans compromettre l'ar-
« mée. »

Voulant cependant faire une diversion pour aider aux mouvements qu'aurait pu entreprendre l'armée réunie au camp de Châlons et qui, d'après la dépêche télégraphique du maréchal de Mac-Mahon, en date du 18, et citée page 48, devait être complétement réorganisée le 19, et comme conséquence de ma dépêche en date du 19, l'armée prit position le 26 sur la rive droite de la Moselle.

Mon but était d'attirer l'attention de l'ennemi vers le nord-est, de retarder sa marche sur la Meuse, et, si un combat avait été accepté, et que le résultat en eût été favorable, d'en profiter pour marcher sur Thionville. Mais le mauvais temps qui survint arrêta tout mouvement dans des terrains aussi détrempés et glaiseux. Comme il était à craindre que la crue des eaux rendît le retour sur la rive gauche difficile et lent, une partie des troupes repassa sur cette rive, pour occuper les positions désignées par le commandant supérieur de Metz, s'y retrancher par des travaux de campagne et fournir de nombreux travailleurs pour activer l'achèvement des forts.

Le même jour les commandants des corps d'armée et les chefs d'armes spéciales furent réunis en conférence à la ferme de Grimont, et ils émirent l'avis que l'armée devait rester sous Metz, parce que sa présence maintenait devant elle au moins 200,000 ennemis, qu'elle donnait le temps à la France d'organiser la résistance, aux armées en formation de se constituer, et qu'en cas de retraite de l'ennemi elle le harcèlerait et, peut-être même, lui infligerait une défaite décisive.

Quant à la ville de Metz, elle avait besoin de la présence de l'armée pour terminer les forts, moins toutefois celui de Saint-Privat, en avant du remblai du chemin de fer qui, tout en couvrant Montigny, peut servir de couvert à l'assaillant, et qui a été laissé inachevé.

En ce qui concerne les redoutes de Montigny, du Coupillon et de Saint-Éloy, les travaux exécutés pour le camp retranché y ont suppléé plus tard.

Malgré ces travaux, on reconnut que la place ne pourrait tenir plus de 15 ou 20 jours sans la protection de l'armée.

Il fut en outre convenu dans cette conférence que, pour soutenir le moral des troupes, on ferait des coups de main pour harceler l'ennemi et augmenter nos ressources. A cet effet, des compagnies de partisans furent organisées dans les régiments d'infanterie, des pelotons dans les régiments de cavalerie, et ces détachements rendirent de très-bons services.

Le 29 août, je reçus du commandant de Thionville une dépêche qui me prévenait de ce qui suit :

« Dépêche venue de Thionville (commandant de
« place).

« Arrivée le 29 août 1870. Général Ducrot com-
« mande corps Mac-Mahon. Il doit se trouver, au-
« jourd'hui 27 à Stenay, gauche de l'armée; géné-
« ral Douay à la droite, sur la Meuse.

« Se tenir prêt à marcher au premier coup de
« canon.

« *Signé* : TURNIER. »

Le 30 août, à dix heures du matin, je reçus par le retour d'un émissaire que j'avais envoyé à l'empereur au camp de Châlons la dépêche suivante :

L'empereur à maréchal Bazaine.

« Reçu votre dépêche du 19 dernier, à Reims;
« me porte dans la direction de Montmédy; serai
« après-demain sur l'Aisne, où j'agirai suivant les
« circonstances pour vous venir en aide. Envoyez-
« moi de vos nouvelles. »

Je réunis l'armée le 31, en avant des forts de Queuleu et de Saint-Julien. Je réunis sur le terrain, entre midi et une heure, les commandants de corps d'armée. Je leur lus la dépêche de l'empereur et leur donnai verbalement les premières instructions sur les mouvements offensifs qu'ils auraient à faire à deux heures précises, au signal qui en serait donné par une salve de pièces de siège que j'avais retirées de Saint-Julien pour battre les pentes de la position de Sainte-Barbe.

INSTRUCTIONS SOMMAIRES.

« Le 3ᵉ corps cherchera à aborder la position de
« Sainte-Barbe par sa gauche (Château de Cheuly)
« et prendra position à la cote 317 du bois de
« Cheuly et à Avancy, cote 270.

« Le 4ᵉ corps, abordera la position de Sainte-
« Barbe par sa droite, Villers-l'Orme, Failly et
« Vremy, et fera son possible pour aller prendre
« position à Sanry-les-Vigy (cotes 241 et 243).

« Le 6ᵉ corps abordera les positions au delà de
« Chieulles-Charly et Malroy et se portera jusqu'à
« Antilly où (cote 193) il prendra position, appuyant
« sa gauche à Argancy (cote 186).

« Le 2ᵉ corps suivra la marche du 3ᵉ, en veillant
« sur la droite, et est placé sous les ordres du ma-
« réchal Le Bœuf.

« La garde en réserve. »

J'appelai l'attention de ces messieurs sur la gravité des circonstances, la nécessité qu'il y avait de réussir, et j'indiquai comme objectif à enlever de vive force la position de Sainte-Barbe, ayant le projet, en cas de succès, de gagner Thionville par Bettlenville et Kedange, avec les 6ᵉ, 4ᵉ et 3ᵉ corps, en faisant filer la garde et le 2ᵉ corps par la route de Malroy.

Les services administratifs restés massés à Chambières et à Saint-Julien auraient suivi cette dernière route (1). La division Castagny, du 3ᵉ corps, qui devait rester à Metz pour concourir à la défense de la place, et qui avait reçu l'ordre d'observer Mercy-le-Haut et Ars-Laquenexy, aurait couvert ce mouvement à l'extrême arrière-garde, jusqu'à proximité de Chieulles et Vany. C'est dans cette hypothèse que je fis faire des travaux de terrassement pour couvrir les batteries de position en avant de Grimont et de Saint-Julien.

La rive droite offrait l'avantage de ne pas traverser l'Orne. Puis, en prenant Sainte-Barbe pour objectif, l'ennemi était incertain si je me dirigerais vers l'est pour couper ses communications, ou vers les places du Nord ; enfin de dégager le plateau de la rive gauche.

Des guides, fournis par le personnel des eaux et forêts et des douanes, furent donnés à chaque corps, et ces braves gens se montrèrent des mieux disposés à se rendre utiles.

Malgré mes instructions, la salve tirée, les officiers envoyés pour activer l'attaque, le combat ne s'engagea qu'à 3 heures par suite de la lenteur et de l'indécision apportée dans les mouvements d'exécution. Chacun attendait que son voisin de droite ou de gauche eût bien prononcé son mouvement tournant.

L'ennemi fut cependant repoussé vers Sainte-Barbe, et on s'empara de Savigny-lès-Sainte-Barbe, de Noiseville et de Failly, mais on n'obtint pas les résultats immédiats que j'avais espérés par la prise et l'occupation du plateau de Sainte-Barbe le même jour, lorsque la nuit suspendit le mouvement offensif.

Les opérations de nuit sont d'une difficulté extrême, en présence d'un ennemi avec de gros effectifs comme une armée.

Le tempérament de nos hommes est trop impressionnable, et une panique aurait eu des effets désastreux.

J'étais si convaincu que l'opération marchait aussi bien que possible, qu'après être resté quelque temps vers Poix avec le lieutenant-colonel Regley de Kœnigseck à la tête du 73ᵉ, je revins sur les derrières pour donner les ordres de bivouaquer chacun sur son terrain, et rentrai entre onze heures et minuit au village de Saint-Julien, pour avoir des nouvelles de la rive gauche.

J'en repartis le 1ᵉʳ septembre, à la pointe du jour, et j'appris que les Prussiens, ayant fait un retour offensif pendant la nuit sur le village de Servigny-lès-Sainte-Barbe, avaient réussi à s'en emparer de nouveau (1), parce que nos soldats, au lieu de s'y fortifier solidement, de bien veiller, s'y laissèrent surprendre, répandus qu'ils étaient dans les maisons du village.

Je n'en donnai pas moins l'ordre de continuer l'opération offensive commencée la veille.

Malheureusement un brouillard intense retarda l'attaque. Décidé à la pousser très-énergiquement, je fis préparer une charge par la garde, la division de cavalerie de réserve sur un terrain convenable pour enlever les batteries légères de l'ennemi et retremper le moral de l'infanterie, qui ne montrait pas son entrain habituel, et dont un certain nombre d'hommes commençaient à établir, en arrière des lignes, cette filière non interrompue d'isolés s'en retournant sans permission dans les lignes ou même à la ville.

Vers 10 heures, M. le maréchal Le Bœuf, qui défendait vaillamment Noiseville, me donna avis par le billet ci-après, qu'étant écrasé par un feu violent d'artillerie (l'ennemi dirigea sur ce village le tir de cinquante pièces), et son flanc droit menacé par l'approche de fortes colonnes ennemies, il était

---

(1) Ayant pour arrière-garde les détachements de chaque corps qui avaient été laissés à la garde des lignes.

(1) Voir aux Annexes la lettre du 2 septembre du maréchal Le Bœuf.

contraint à la retraite, n'étant pas efficacement appuyé par les troupes du 2ᵉ corps (1).

Billet du maréchal Le Bœuf :

« 1ᵉʳ septembre, 9 heures trois quarts du matin.

« La division Bastoul, du 2ᵉ corps, ayant battu en retraite, il y a une heure, contrairement à mes ordres, mon flanc droit est diamétralement découvert. Je suis enveloppé de feux et de colonnes d'attaque, de front et de flanc. Après avoir tenu jusqu'au dernier moment, je me vois forcé de battre en retraite.

« *Signé* : Maréchal Le Bœuf. »

Le général Manèque, chef d'état-major du 3ᵉ corps, fut blessé mortellement ; le capitaine de Vaudrimey du 2ᵉ corps y fut tué. Des officiers furent blessés à l'état-major du grand quartier général. Le général Jarras et le colonel Lamy eurent leurs chevaux tués sous eux.

L'ennemi devenait entreprenant et prenait de l'ascendant par son feu ; il était à craindre qu'il ne nous inquiétât pendant notre retour sur la rive gauche, car les projectiles fouillaient déjà le terrain entre les deux forts (la redoute des Bottes n'ayant aucune action protectrice, puisqu'elle n'était ni achevée, ni armée).

Nos pertes furent de :

4 généraux.
142 officiers supérieurs et autres.
3401 sous-officiers et soldats.

Il fallut renoncer à cette opération, afin de pouvoir agir sur les plateaux de la rive gauche, dès que j'aurais eu des nouvelles de l'approche de l'armée du maréchal Mac-Mahon.

Les 4ᵉ, 6ᵉ corps et la garde repassèrent sur la rive gauche, par les ponts en aval de la Moselle, l'inondation produite par la Seille ne permettant pas le passage en amont, pour s'établir sur des positions plus étendues et plus favorables à l'installation des troupes que les anciennes.

Je prévins l'empereur et le ministre de la guerre de notre insuccès par la dépêche suivante :

Lettre à l'empereur et au ministre de la guerre.

« Saint-Julien-les-Metz, le 1ᵉʳ septembre 1870.

« Après une tentative de vive force qui nous a amenés à un combat qui a duré deux jours, dans les environs de Sainte-Barbe, nous sommes de nouveau dans le camp retranché de Metz, avec peu de ressources en munitions d'artillerie de campagne, ni viande ni biscuit, mais du blé pour cinq semaines, enfin un état sanitaire qui n'est pas parfait, la place étant encombrée de blessés.

« Malgré ces nombreux combats, le moral de l'armée reste bon. Je continue à faire des efforts pour sortir de la situation dans laquelle nous sommes ; mais l'ennemi est très-nombreux autour de nous.

« Le général Decaen est mort.

« Blessés et malades, environ 18,000. »

Cette dépêche, envoyée le 1ᵉʳ septembre, fut expédiée en duplicata le 3, puis expédiée de nouveau le 7.

Le 9 septembre, vers les huit heures du soir, l'ennemi ouvrit un feu très-vif d'environ 60 pièces d'artillerie sur les faces du camp retranché occupé par les 2ᵉ et 4ᵉ corps. Ce feu, qui dura un peu plus d'une heure, ne nous causa heureusement que peu de pertes, quoique les projectiles dépassassent d'un côté le talus du chemin de fer et de l'autre le village de Plappeville.

J'appris presque aussitôt le résultat du combat de Beaumont, par un médecin français de l'Internationale, qui avait été soigner sur le champ de bataille les blessés du 1ᵉʳ septembre, et, peu après, la catastrophe de Sedan, par les hourras poussés par les avant-postes allemands.

Enfin, la nouvelle de la formation du gouvernement de la Défense nationale et de la proclamation de la République à Paris nous parvint par un prisonnier qui avait pu s'échapper d'Ars-sur-Moselle.

La connaissance de ces événements produisit une pénible impression sur l'armée. On croyait à une manœuvre de l'ennemi pour influencer son moral, et généraux, officiers et soldats repoussaient comme invraisemblable une révolution éclatant pendant que l'ennemi foulait le sol de la France et que l'on combattait encore sur ses frontières. Notre loyauté militaire ne pouvait croire que l'ambition des meneurs d'un parti politique fût capable de sacrifier les intérêts, les plus sacrés du pays pour arriver au pouvoir convoité.

Ne recevant aucune confirmation officielle de l'installation du nouveau pouvoir exécutif, j'écrivis au prince Frédéric-Charles pour lui demander franchement la signification et l'importance des événements qui seraient survenus. Il me répondit la lettre ci-après, qui contenait un morceau découpé du journal la *Patrie* :

Lettre du prince Frédéric-Charles au maréchal Bazaine.

« Quartier général devant Metz, le 16 septembre 1870, 8 h. du soir.

« Je regrette de ne pouvoir répondre qu'en ce moment, par suite d'une excursion, à l'estimable lettre de Votre Excellence.

« Les renseignements que vous désirez savoir sur le développement des événements en France, je vous les communique volontiers ainsi qu'il suit :

« Lorsque, pendant la capitulation de l'armée du

---

(1) Voir aux Annexes la lettre du général Frossard du 2 septembre relative à la matinée du 1ᵉʳ septembre.

« maréchal de Mac-Mahon près de Sedan, Sa Majesté l'empereur Napoléon se fut rendu personnellement à Sa Majesté mon seigneur et roi, « l'empereur déclara être hors d'état d'entrer en « négociations politiques, parce qu'il avait laissé « la direction politique à la régence à Paris.

« L'empereur se rendit ensuite comme prisonnier de guerre en Prusse et choisit le château « de Wilhelmshohe, près de Cassel, pour son « séjour.

« Deux jours après la capitulation, survint, *hélas!* « à Paris, un bouleversement qui établit, sans répandre du sang, la république à la place de la « régence.

« Cette république ne prit pas son origine au « Corps législatif, mais à l'Hôtel-de-Ville, et n'est « pas d'ailleurs reconnue partout en France. Les « puissances monarchiques ne l'ont pas reconnue « non plus.

« L'impératrice et S. A. I. le prince impérial « se sont rendus en Angleterre.

« S. M. le roi a continué sa marche de Sedan « sur Paris sans rencontrer de forces militaires « françaises devant elle ; nos armées sont arrivées « aujourd'hui devant cette ville.

« Quant à la composition et aux tendances du « nouveau gouvernement improvisé à Paris, l'extrait d'un journal ci-joint vous en donnera les « détails.

« Du reste, Votre Excellence me trouvera toujours prêt et autorisé à lui faire toutes les communications qu'elle désirera. »

Dès la réception de cette réponse, je convoquai au grand quartier général MM. les commandants de corps d'armée, les généraux de division et chefs d'armes spéciales pour leur en donner connaissance, et j'ajoutai :

« Dans les circonstances actuelles et ignorant « les opérations et l'importance des armées de « l'intérieur, nous devons rester sur la défensive, « mais chaque commandant de corps d'armée « devra faire exécuter des coups de main dans sa « zone d'action pour inquiéter l'ennemi, le forcer « de maintenir de gros effectifs autour de nous, et « surtout augmenter nos ressources (1).

« En communiquant à vos troupes ces affligeantes nouvelles, dites-leur bien que la discipline, honneur de l'armée, la loyauté envers le « souverain prisonnier doivent rester intacts, tant « que nous ne serons pas déliés de notre serment « militaire. »

Aucune observation ne fut faite par les assistants. Dès la veille l'ordre du jour suivant avait été adressé à l'armée :

---

(1) Malheureusement, cette première quinzaine de septembre fut très-pluvieuse et entrava beaucoup les opérations.

A l'armée du Rhin.

« D'après deux journaux français, du 7 et du « 10 septembre, apportés au grand quartier général « par un prisonnier français qui a pu franchir les « lignes ennemies, S. M. l'empereur Napoléon aurait été interné en Allemagne après la bataille de « Sedan, et l'impératrice ainsi que le prince impérial ayant quitté Paris le 4 septembre, un pouvoir « exécutif, sous le nom de gouvernement de la Défense nationale, s'est constitué à Paris. Les membres qui le composent sont...(Suivent les noms.) « Généraux, officiers et soldats de l'armée du Rhin, « nos obligations militaires envers la patrie restent « les mêmes.

« Continuons donc à la servir avec dévouement « et la même énergie en défendant son territoire « contre l'étranger, l'ordre social contre les mauvaises passions.

« Je suis convaincu que votre moral, ainsi que « vous en avez déjà donné tant de preuves, restera « à hauteur de toutes les circonstances et que vous « ajouterez de nouveaux titres à la reconnaissance « et à l'admiration de la France.

« Ban Saint-Martin, le 16 septembre 1870. »

A diverses reprises (15 et 25 septembre), j'ai tenté de me mettre en relations avec le nouveau gouvernement de la Défense nationale, et j'ai adressé au ministre de la guerre, en trois expéditions, la dépêche ci-après :

« Il est urgent pour l'armée de savoir ce qui se « passe à Paris et en France. Nous n'avons aucune « communication avec l'extérieur, et les bruits les « plus étranges sont répandus par des prisonniers « que nous a rendus l'ennemi, qui en propage également de nature alarmante.

« Il est important pour moi de recevoir des instructions et des nouvelles.

« Nous sommes entourés de forces considérables « que nous avons vainement essayé de percer, après « deux combats infructueux, le 31 août et le 1er septembre. »

Mes missives restèrent toujours sans réponse et aucun des émissaires, qui parfois n'étaient autres que des militaires de bonne volonté, ne revint.

Nous n'avions de nouvelles que par les journaux allemands trouvés sur les prisonniers que l'on faisait dans les combats journaliers ou par les parlementaires quand ils voulaient bien en donner, ce qui était rare.

Cette première ressource ne tarda pas à nous manquer par suite des ordres sévères qui interdisaient aux troupes allemandes d'emporter des journaux aux avant-postes.

Dès le 15 septembre, la ration de pain fut réduite à 500 grammes, quantité à peine suffisante pour des hommes jeunes vivant en plein air et travaillant une grande partie de la journée.

La première quinzaine de septembre ayant été très-pluvieuse, les opérations se bornèrent aux coups de main des compagnies de partisans.

D'un autre côté, l'état sanitaire, d'après l'extrait du rapport du médecin en chef de l'armée, laissait à désirer; la gravité qui a pesé jusqu'à présent sur les blessés s'étend aux maladies internes.

Dans la soirée du 23 septembre, un bourgeois portant le brassard à la croix de Genève se présenta aux avant-postes de la 1re division (général de Cissey) du 4e corps, et fut conduit à mon quartier général par M. le capitaine d'état-major Garcin, qui l'annonça à l'officier de service comme courrier de l'empereur.

Il fut conduit dans mon cabinet, où il déclara se nommer Régnier et venir de la part de l'impératrice et du consentement de M. de Bismark; que sa mission était toute verbale, et qu'elle avait pour but de proposer soit à M. le maréchal Canrobert, soit à M. le général Bourbaki, de se rendre en Angleterre, pour se mettre à la disposition de la régente.

Comme passe, il me montra la signature du prince impérial sur une photographie de Hastings et me demanda la mienne.

N'en ayant pas, il me pria d'apposer ma signature à côté de celle du prince impérial, comme souvenir de notre entrevue, m'a-t-il dit.

Il me donna du reste tant de détails sur ses soi-disant relations avec l'impératrice et son entourage que, malgré l'étrangeté de son apparition, je crus à sa mission et pensai, dans l'intérêt général, ne pas devoir repousser l'occasion qui s'offrait de me mettre en communication avec l'extérieur.

En conséquence, je lui répondis : « Vous serez « mis en rapport avec ces messieurs que je vais « faire prévenir et laisserai libres de prendre un « parti. »

Il m'exposa qu'il était à regretter qu'un traité de paix n'eût pas mis fin à la guerre après Sedan; que l'entretien des troupes allemandes sur le territoire français était une ruine pour le pays; que ce serait un grand service à lui rendre que d'obtenir un armistice pour arriver à la paix; qu'à cet égard, l'armée sous Metz restant la seule organisée donnerait des garanties aux Allemands si elle avait sa liberté d'action, mais que sans doute ils exigeraient comme gage la remise de la place de Metz.

Je répondis que bien certainement, si nous pouvions sortir de l'impasse où nous étions avec les honneurs de la guerre, c'est-à-dire avec armes et bagages, en un mot entièrement constitués, nous maintiendrions l'ordre dans l'intérieur et ferions respecter les clauses de la convention, mais qu'il ne pouvait être question de la place de Metz, dont le gouverneur, nommé par l'empereur, ne relevait que de lui.

Tout ce qui précède ne fut qu'une simple conversation à laquelle je n'attachai qu'une importance secondaire, puisque M. Régnier n'avait aucun pouvoir écrit de l'impératrice ni de M. de Bismark.

En outre, l'officier général qui accepterait la mission devait sortir incognito du camp retranché, mêlé aux médecins luxembourgeois de l'Internationale qui étaient réclamés par le comité central du Luxembourg par lettre du 20 septembre que portait M. Régnier.

Ce personnage semblait donc agir à l'insu de l'autorité militaire allemande, et ce ne fut que plus tard, lors de la remise de la note ci-après, que je fus convaincu de son attache dans la venue de M. Régnier à Metz.

« Note concernant la rentrée du général Bour« baki à Metz, remise par un aide de camp du « prince Frédéric-Charles.

« Sur l'ordre de S. A. R., le chef d'état-major gé« néral a répondu à la demande faite par M. Ré« gnier pour être autorisé à se rendre à Metz, dans « le but de déterminer un général commandant à « accepter une mission politique : qu'on n'oppose« rait aucun obstacle au voyage dudit général, mais « qu'il était bien entendu que, pendant la durée du « siège, ce général ne pourrait rentrer dans la for« teresse.

« M. Régnier était chargé de faire connaître cette « condition au général en question avant que ce « dernier se décidât à entreprendre le voyage.

« S. A. R. fut en conséquence fort surprise, lors« qu'il y a plusieurs jours le général fit demander « d'un territoire neutre s'il pourrait rentrer à Metz.

« La demande transmise à S. M. le roi n'a pas « encore reçu de réponse, mais le général a fait « savoir depuis lors qu'il n'attendrait pas plus long« temps la décision demandée à cet égard. »

La soirée étant trop avancée, M. Régnier retourna à Moulins-les-Metz, où il passa la nuit chez M. Arnoux-Rivière, commandant une troupe de partisans; et c'est dans la journée du 24 qu'il eut un entretien en tête à tête, premièrement avec le maréchal Canrobert, qui déclara ne pas accepter la mission, et ensuite avec le général Bourbaki qui, au contraire, l'accepta.

J'avais si peu entendu le sens de l'interdiction citée dans la note ci-dessus (si toutefois elle a été dite devant moi), que je recommandai au général Bourbaki de revenir le plus vite possible et de me tenir au courant des événements de l'extérieur; il fut convenu qu'il m'adresserait ses lettres au château de Verneville, d'où on me les enverrait.

Je n'en reçus aucune.

J'avais prévenu à l'avance ces messieurs que je ne connaissais aucunement M. Régnier et que leur détermination devait être réfléchie, toute volontaire, et que je ne m'y opposerais pas dans l'intérêt de l'armée et du pays, puisque nous n'avions aucune nouvelle du gouvernement.

Les seules recommandations verbales que je fis à M. le général Bourbaki furent les suivantes :

« Exposer à l'impératrice la situation morale et

« militaire de l'armée sous Metz; demander dans
« quelle phase politique et diplomatique se trouvait
« le gouvernement de la régence établi en vertu
« de la constitution de 1870, et, s'il n'existait pas, de
« nous défier de notre serment. »

Je lui donnai mes effets civils, moins la coiffure, et, sur sa demande, afin de régulariser sa position militaire, une autorisation de se rendre auprès de l'impératrice régente.

Cet officier général partit le 24 à la nuit tombante, muni du passe-port de M. Régnier, en compagnie des médecins luxembourgeois; je n'appris son retour à Luxembourg que par la note allemande citée page 67.

Comme je ne l'ai pas revu, j'ignore complètement ce qui est advenu pendant cette mission, volontairement et loyalement acceptée par M. le général Bourbaki.

Voilà dans toute sa vérité la soi-disant ténébreuse intrigue qui fit quitter l'armée au général Bourbaki. Il aurait peut-être pu la rejoindre avant la capitulation, s'il avait cru devoir attendre à Luxembourg l'autorisation demandée au roi de Prusse.

Pour éviter à l'avenir que les étrangers ne fussent admis aussi facilement aux avant-postes, un officier d'état-major général fut envoyé tous les jours à Moulins-les-Metz, seul point par où les communications officielles entre les deux armées devaient avoir lieu.

Si l'article 95 sur le service en campagne avait été bien observé, M. Régnier aurait dû être classé parmi les gens suspects et ne pas dépasser le quartier général de la première division du 4ᵉ corps sans autorisation de l'état-major général.

Le 29 septembre, je reçus, par l'intermédiaire de M. le général de Stiehle, chef d'état-major général de l'armée allemande, une dépêche télégraphique datée de Ferrières, 28 septembre, dans laquelle on me demandait si j'accepterais les propositions énoncées par M. Régnier concernant une convention militaire relative à l'armée de Metz.

Je répondis immédiatement à M. le général de Stiehle que je ne connaissais nullement M. Régnier, qui s'était présenté à moi comme autorisé de M. le comte de Bismarck, et, en outre, comme envoyé de Sa Majesté l'impératrice régente, mais sans pouvoirs écrits;

Que dans notre conversation, par conséquent tout officieuse, j'ai répondu aux idées qu'il émettait sur une convention militaire à intervenir, « que la seule
« acceptable était la sortie de l'armée avec ses armes
« et son matériel, mais toujours sans y comprendre
« la place de Metz (1). »

Bien entendu, M. Régnier ne revint plus.

Pendant la deuxième quinzaine de septembre, le temps étant devenu plus favorable, on put entreprendre les opérations suivantes, indépendamment des coups de main exécutés presque toutes les nuits par les compagnies de partisans, sur les avancées de l'ennemi :

(Ces compagnies se conduisirent généralement bien; cependant je fus obligé d'en licencier par suite des actes de maraudage qu'elles commirent dans les villages et maisons de campagne.)

22 septembre, sur Lauvallier.
23 septembre, sur Vany et Chieulles.
27 septembre, sur Mercy et Peltre, et enlèvement du château fortifié de Ladonchamps.

Nos pertes dans ces divers combats furent de 28 officiers, 635 sous-officiers ou soldats.

L'expédition sur Peltre, fort bien menée par le général Lapasset, aurait pu produire des résultats plus importants, et on devait s'établir à Mercy-le-Haut, ce qui ne fut pas fait.

Malgré le secret qui avait été recommandé, cette opération avait été éventée par des ouvriers occupés au blindage des wagons, et le train portant le 4ᵉ bataillon de chasseurs à pied fut obligé de s'arrêter avant Peltre, les rails de la voie ayant été soulevés par des coins, afin d'amener un déraillement.

Quant au château de Ladonchamps, les troupes l'évacuèrent, par suite d'instructions mal interprétées.

Ces combats étaient la conséquence des instructions données, et que je renouvelai souvent, de tenir constamment l'ennemi sur le qui-vive par des attaques incessantes (1) afin de le forcer à maintenir devant Metz un gros effectif, etc.

Ils avaient, en outre, pour but, dans chaque corps d'armée, d'étendre son action extérieure et surtout d'augmenter les ressources alimentaires et fourragères. Mais leur exécution, par suite des observations sans doute judicieuses de ceux qui en étaient chargés, n'a pas toujours répondu à l'intention et à l'idée qui les avait fait ordonner.

Quant à l'initiative des commandants de corps, elle a toujours fait défaut. Ainsi, l'expédition sur Courcelles-sur-Nied, arrêtée en principe, ne fut jamais exécutée (2).

Le 1ᵉʳ octobre, le 4ᵉ corps enleva le chalet Billaudel.

Le 2 octobre, sur des renseignements donnés par des habitants qui affirmaient que dans les fermes des Grandes et Petites-Tapes, à Saint-Rémy, à Bellevue, il existait encore des approvisionnements en grande quantité, je mis la division de voltigeurs de la garde à la disposition de M. le maréchal Canrobert qui fut chargé de diriger cette opération. — Les 3ᵉ et 4ᵉ corps devaient y concourir en faisant

---

(1) Voir aux annexes la dépêche citée plus haut et la réponse.

(1) Voir aux annexes la note allemande prise aux Tapes le 7 octobre.
(2) Voir aux annexes la lettre du colonel Merlin, en date du 1ᵉʳ octobre.

une diversion sur les deux rives et étendant leur action, le 3ᵉ jusqu'à Malroy et le 4ᵉ jusqu'au Vémon, afin de flanquer les troupes opérant dans la vallée.

Les voltigeurs et les chasseurs à pied de la garde montrèrent un élan et une bravoure dignes de ces corps d'élite, en chassant l'ennemi des villages cités plus haut dans lesquels on trouva fort peu de fourrages. On dut les évacuer à la suite du jour, les corps chargés d'opérer sur les flancs n'ayant pas été jusqu'aux points extrêmes indiqués, de sorte que les troupes manœuvrant dans la vallée étaient battues de partout par l'artillerie de position des Allemands.

Quelques projectiles, tombés dans les prolonges réunies en arrière des lignes, y jetèrent la panique et elles retournèrent aux allures vives vers le camp retranché.

Ce glorieux combat nous coûta 3 généraux, 61 officiers, 1,193 sous-officiers et soldats.

Les pertes de l'ennemi furent sensibles, et il laissa près de 800 prisonniers entre nos mains.

Je me déterminai à livrer ce combat plutôt pour l'honneur de nos armes que pour le résultat que j'en attendais. Cependant, j'aurais tenté d'en tirer parti pour échapper par Sémécourt, Mézières, etc., si les deux rives avaient été tenues par les 3ᵉ et 4ᵉ corps.

Dans l'après-midi, j'avais fait venir les zouaves et le 1ᵉʳ régiment de grenadiers de la garde comme échelon de soutien, pour relever, à Saint-Rémy et à Bellevue, les voltigeurs qui se seraient portés en avant; une fois le mouvement bien accentué, j'aurais fait filer, par brigade, tous les corps sans bagages, les tentes restant dressées pour donner le change à l'ennemi.

Des ordres avaient été donnés pour faire rentrer en ville les malades et les malingres.

J'avais consulté le colonel Marion, commandant les pontonniers, pour savoir si quelques bateaux contenant les madriers d'un pont de 30 ou 40 mètres pourraient descendre la Moselle en même temps que les troupes.

Mais je n'entrai pas dans de plus grands développements, afin d'éviter les indiscrétions qui nous ont été si nuisibles pendant cette campagne.

Lettre de M. le général Coffinières en date du 5 octobre 1870 :

« Je me suis occupé, en rentrant à Metz, de l'in-
« stallation des malades venant des corps et même
« de ceux qui pourront survenir.

« Ce problème est bien difficile, car toutes nos
« casernes et établissements sont combles. J'aurai
« l'honneur de vous écrire demain matin pour vous
« faire connaître nos ressources. Je crains bien
« qu'elles soient insuffisantes.

« Le général Soleille demande deux compagnies
« de pontonniers. Ce sont ces hommes qui servaient
« les pièces de nos forts.

« Je vous prie instamment de les remplacer par
« d'autres canonniers.

« Les petits dépôts sont prévenus de recevoir les
« malingres des différents corps. Ces malingres
« seront bientôt des malades.

« J'entrevois un chiffre de 25,000 malades, et
« nous n'avons plus ni médecins ni médicaments,
« ni ustensiles d'aucune sorte.

« Dieu veuille que les 150,000 habitants et gar-
« nison, ainsi que notre armée, ne soient pas vic-
« times de la détermination que vous allez prendre.

« *Signé* : COFFINIÈRES. »

Je restai jusqu'à la nuit en avant et sur la droite de Ladonchamps, suivant les mouvements de l'ennemi qui amenait de gros renforts sur cette ligne d'investissement.

C'est alors que j'envoyai au général de Cissey l'avis de voir s'il n'y avait pas moyen de tenter un coup de main sur Ars pour faire une diversion, puisque l'ennemi avait son attention dirigée vers le nord, en aval de la Moselle. Cet officier général me fit observer qu'il était nécessaire qu'il fût couvert sur sa gauche par des troupes du 2ᵉ corps et que l'heure était déjà bien avancée (1).

Cela devenait alors une opération plus longue et plus complexe que les événements ne le permettaient.

Je dus renoncer à ce projet comme à tant d'autres, car, combattre dans une vallée étroite comme celle de la Moselle, en butte à la portée actuelle de l'artillerie, lorsque l'ennemi n'est pas chassé des deux rives dominantes, ne peut tourner qu'au désavantage de l'assaillant, et c'eût été commettre une grande faute tactique.

Du reste, M. le maréchal Le Bœuf était du même avis et me déclara, lorsqu'il fut question d'opérer dans la vallée et que le 3ᵉ corps, appuyé par le 2ᵉ, devait suivre la rive droite, que ses troupes seraient compromises, peut-être même refoulées dans la Moselle, et qu'il croyait tactiquement impossible une marche de flanc le long de cette rivière.

Depuis le 14 août, l'armée avait livré trois grandes batailles, tenté trois grandes sorties, effectué de fréquentes attaques sur les positions de l'ennemi, dont l'effectif a toujours été maintenu à près de 200,000 hommes munis d'une nombreuse et puissante artillerie.

Les environs de Metz sont accidentés, boisés, ont peu de bonnes et larges routes permettant à une armée de se fractionner sans se compromettre et lui facilitant l'approche des positions à enlever dans un ordre tactique indispensable à de pareilles

---

(1) Voir aux annexes la lettre du général de Cissey (8 octobre).

opérations offensives sous le feu destructeur des armes actuelles.

Dans de telles conditions de terrain, toute armée, quel que soit son effectif, réfugiée dans un camp retranché d'où elle ne peut sortir qu'en livrant des combats offensifs sur un front restreint, ses colonnes battues d'écharpe par l'artillerie de position, ne peut réussir à percer les lignes d'investissement, si une diversion n'est pas faite en sa faveur par une armée de secours qui, sans arriver jusqu'à elle, force l'ennemi à replier ses ailes pour lui faire face.

Cette armée de secours venant frapper sur l'un des points convexes de l'immense circonférence de l'investissement a beaucoup plus de chance d'amener l'ennemi à se replier que l'armée investie qui ne peut frapper que sur des points de la concavité, et a, par conséquent, longtemps ses deux flancs selon la profondeur de ses colonnes exposés au feu de l'ennemi.

Le moral de la troupe en éprouve toujours une influence des plus fâcheuses, les pelotons se confondent, les rangs se rompent, et, comme elle sait qu'elle a un abri assuré dans le camp retranché et dans la place, cela devient une attraction irrésistible pour un grand nombre.

Pendant cette période, les pertes éprouvées par l'armée du Rhin, tués, blessés et disparus, furent de :

25 officiers généraux ;
2,099 officiers de tous grades ;
40,339 sous-officiers et soldats.

Les malades étaient nombreux et on pouvait craindre une épidémie (1).

Extrait du rapport du médecin en chef en date du 24 septembre :

« D'après les documents qui me sont fournis par tous les médecins en chef des corps d'armée, et d'après ce que j'ai vu moi-même, j'ai constaté que l'état sanitaire de la troupe hors de Metz se trouve actuellement dans des conditions peu satisfaisantes.

« La dyssenterie, les fièvres typhoïdes deviennent plus graves, sinon plus nombreuses. Le nombre des malades des hôpitaux de Metz est toujours très-élevé, malgré le concours actif des ambulances et hôpitaux temporaires situés hors la ville. Dans Metz même, l'infection purulente a déjà enlevé un grand nombre de blessés. Les maladies scorbutiques, dyssenteries graves, apparaissent dans les hôpitaux, et nous font redouter une épidémie qui ne peut manquer de se produire prochainement par cette raison que l'agglomération des malades sur un seul point en sera certainement la cause déterminante.

« L'absence du sel dans la fabrication du pain le rend lourd et d'une digestion difficile. La diminution progressive que l'on applique à la ration et les modifications des rations journalières ne me paraissent pas suffisamment compensées par l'augmentation de la ration de viande de cheval. Les hommes mangeraient sans doute cette viande avec plaisir pendant longtemps, mais elle finira par provoquer des troubles gastriques à cause du manque de condiments nécessaires.

« Le médecin du 4ᵉ corps m'écrit que les fièvres ont un cachet anynamique plus ou moins prononcé, mais qu'elles ne sont point encore le typhus.

« Le typhus qui n'existe point encore, tous les médecins le pressentent dans les conditions exceptionnelles où nous nous trouvons. »

« Notre situation devenant de plus en plus critique par l'épuisement des approvisionnements, la ration de pain qui, depuis le 8 octobre, était fixée à 300 grammes, fut réduite, le 10 du même mois, à 250 grammes sans blutage, limite extrême, d'après l'opinion du médecin en chef de l'armée, surtout pour des hommes vivant en plein air. Les chevaux qui servaient à nourrir l'armée et la ville (celle-ci recevait 50 chevaux par jour), ne mangeant que des feuilles et des écorces d'arbres, succombaient rapidement sous l'influence d'une pareille alimentation et d'une intempérie persistante. »

« Ne comptant plus sur une armée de secours, et ayant eu connaissance par les journaux pris aux avant-postes ennemis de l'insuccès de M. Jules Favre, comme de la non-convocation d'une Constituante, j'écrivis la lettre confidentielle ci-après aux commandants des corps d'armée et aux chefs des armes spéciales.

« Ban Saint-Martin, le 7 octobre 1870 (1).

« Le moment approche où l'armée du Rhin se trouvera dans la situation la plus difficile, peut-être, qu'ait jamais dû subir une armée française.

« Les graves événements militaires et politiques qui se sont accomplis loin de nous et dont nous ressentons le douloureux contre-coup n'ont ébranlé ni votre force morale, ni votre valeur comme armée, mais vous n'ignorez pas que des complications d'un autre ordre s'ajoutent journellement à celles que créent pour vous les faits extérieurs.

« Les vivres commencent à manquer (2), et dans

---

(1) Voir la lettre du général Coffinières, citée plus haut.

(1) A cette date, le *Journal officiel* disait : « La position de Bazaine est excellente ! » article signé par tous les membres du gouvernement de la Défense nationale ; et cependant, le 15 ou 25 septembre, une dépêche avait été remise à M. Tachard, par la femme Antermet, dont la lettre est aux annexes.

(2) Voir aux annexes les renseignements donnés à cet égard par M. le général commandant supérieur de Metz et par M. l'intendant en chef de l'armée.

« un delai qui ne sera que trop court, ils nous
« feront absolument défaut. L'alimentation de nos
« chevaux de cavalerie et de trait est devenue un
« problème dont chaque jour qui s'écoule rend la
« solution de plus en plus improbable. Nos res-
« sources sont épuisées, les chevaux vont dépérir
« et disparaître.

« Dans ces graves circonstances, je vous ai ap-
« pelés pour vous exposer la situation et vous faire
« part de mon sentiment.

« Le devoir d'un général en chef est de ne rien
« laisser ignorer, en pareille occurrence, aux com-
« mandants des corps d'armée placés sous ses
« ordres et de s'éclairer de leurs avis et de leurs
« conseils.

« Placés plus immédiatement en contact avec les
« troupes, vous savez certainement, M......., ce
« que l'on peut attendre d'elles, ce que l'on doit en
« espérer.

« Aussi, avant de prendre un parti décisif, ai-je
« voulu vous adresser cette dépêche pour vous
« demander de me faire connaître par écrit, après
« un examen très-mûri et très-approfondi de la
« situation et après en avoir conféré avec vos gé-
« néraux de division, votre opinion personnelle et
« votre appréciation motivée.

« Dès que j'aurai pris connaissance de ce docu-
« ment, dont l'importance ne vous échappera point,
« je vous appellerai de nouveau dans un conseil
« suprême d'où sortira la solution définitive de la
« situation de l'armée dont Sa Majesté l'empereur
« m'a confié le commandement.

« Je vous prie de me faire parvenir dans les
« 48 heures l'opinion que j'ai l'honneur de vous
« demander et de m'accuser réception de la pré-
« sente dépêche. »

Depuis la connaissance des événements de Paris, une partie de la population de la ville de Metz était dans une certaine agitation. La chute de Strasbourg et de Toul mit en ébullition le parti démocratique, qui voulait que l'on proclamât la République, que l'on changeât les fonctionnaires.

Ce parti créa des journaux à bas prix pour les répandre dans les camps, y semer l'indiscipline et la méfiance vis-à-vis des chefs de l'armée.

Des officiers, principalement de la garnison de Metz, prirent part à ces menées, pérorèrent dans les cafés, dans les réunions provoquées par les plus turbulents, qui voulaient en outre le remplacement du commandant en chef et de plusieurs comman-dants de corps, afin de donner le commandement, soit à M. le général de Ladmirault, soit à M. le général Changarnier.

Ils trouvèrent des hommes loyaux qui repoussèrent avec indignation ces projets de pronunciamiento militaires.

Des démonstrations tumultueuses eurent lieu devant l'hôtel du commandant supérieur de Metz. Une députation, à la tête de laquelle était un jeune journaliste, M. Colignon, entra même dans les appartements, vociféra devant le général Coffinières et brisa le buste de l'empereur.

Les émeutiers terminèrent leurs exploits en arrachant l'aigle du drapeau de la mairie.

On disait que je donnais à dessein connaissance des mauvaises nouvelles et que je cachais les bonnes; que l'on savait au contraire de source certaine que les armées de province et de Paris avaient obtenu d'éclatants succès et que l'armée allemande était en retraite, enfin qu'une armée de secours était dans les Vosges.

Ces fausses nouvelles étaient-elles le jeu d'agents provocateurs pour compromettre l'armée dans une sortie générale? On ajoutait que je recevais des nouvelles tous les jours par l'intermédiaire du quartier général allemand, avec lequel j'aurais été en rapports intimes.

Tous ces perfides mensonges trouvaient des crédules dans la population et l'armée, et, à la sollicitation du général Coffinières, commandant supérieur, j'adressai aux habitants la proclamation suivante :

« 10 octobre.

« Le maréchal commandant en chef l'armée sous
« Metz, n'ayant reçu aucune nouvelle affirmant les
« faits de guerre qui se seraient passés à Paris, se
« borne à en souhaiter la réalisation et assure les
« habitants de Metz que rien ne leur est caché.
« Qu'ils aient donc confiance dans sa loyauté.

« Du reste, jusqu'à ce jour, le maréchal a tou-
« jours communiqué à l'autorité militaire de Metz
« les journaux français ou allemands tombés entre
« nos mains.

« Il profite de l'occasion pour assurer que, depuis
« le blocus, il n'a jamais reçu la moindre commu-
« nication du gouvernement, malgré toutes les
« tentatives faites pour établir nos relations.

« Quoi qu'il advienne, une seule pensée doit en
« ce moment absorber tous les esprits, c'est la dé-
« fense du pays, un seul cri sortir de toutes les
« poitrines :

« Vive la France ! »

Le 10 octobre, un conseil de guerre eut lieu au grand quartier général, dans lequel il fut décidé à l'unanimité que le général Boyer serait envoyé au grand quartier général du roi de Prusse, à Versailles, pour tâcher de connaître la situation réelle de la France, les intentions des autorités allemandes au sujet d'une convention militaire, les concessions que l'on pourrait en attendre dans l'intérêt de l'armée de Metz, comme dans celui de la paix.

Il fut en outre convenu et arrêté :

1° Que l'on tiendra sous Metz le plus longtemps possible.

2° Que l'on ne fera pas d'opérations autour de la place, le but à atteindre étant plus qu'improbable.

3° Que des pourparlers seront engagés avec l'ennemi, dans un délai qui ne dépassera pas 48 heures, afin de conclure une convention militaire honorable et acceptable par tous.

4° Que, dans le cas où l'ennemi voudrait imposer des conditions incompatibles avec notre honneur et le sentiment du devoir militaire, on tentera de se frayer un passage les armes à la main.

Du reste, le moment était arrivé où il fallait éviter les combats inutiles : les cadres sont devenus insuffisants, les hôpitaux se remplissent, et on sent que les soldats n'ont plus la même confiance au feu, l'artillerie ennemie produisant des ravages considérables et sa supériorité sur la nôtre étant bien démontrée. D'un autre côté, chaque opération sur les villages à notre portée entraînait leur destruction par les Allemands, qui y mettaient le feu après le départ de nos troupes.

L'autorisation demandée pour M. le général Boyer, qui avait été refusée le 11 octobre, fut accordée le 12 sur une dépêche télégraphique du roi de Prusse.

Cet officier général se mit immédiatement en route pour Versailles, accompagné par deux officiers de l'état-major du prince Frédéric-Charles.

A son arrivée le 14 à Versailles, où on ne le laissa pas communiquer librement, il fut reçu par M. le comte de Bismark, qui lui donna une seconde audience le lendemain, à l'issue du conseil.

M. le général Boyer revint à Metz le 17, toujours accompagné par les mêmes officiers, et une nouvelle conférence eut lieu le 18, à laquelle voulut bien assister M. le général Changarnier, pour entendre le récit de la mission dont M. le général Boyer avait été chargé.

Il rendit compte des conditions qui étaient exigées pour que l'armée sous Metz pût sortir avec armes et matériel. Ces conditions subordonnaient à une question politique les avantages qui seraient accordés à l'armée du Rhin.

Il exposa :

1° La situation intérieure de la France, telle qu'elle lui avait été dépeinte, c'est-à-dire sous le jour le plus sombre.

2° Le refus déclaré par le gouvernement allemand de traiter avec le gouvernement de la Défense nationale, si ce n'était sous la réserve de la convocation d'une Assemblée nationale, qui seule pourrait avoir assez d'autorité morale pour garantir l'exécution du traité à intervenir.

3° L'ajournement par le gouvernement de fait, que la Prusse n'avait pas reconnu, de la convocation de cette Assemblée, circonstance de laquelle le gouvernement prussien se croyait autorisé à conclure que le pouvoir émané du plébiscite de 1870, voté en mai par le peuple français, représentait seul encore le gouvernement de droit.

En définitive, M. de Bismark exigeait comme point de départ, et comme base des négociations à engager, deux conditions de garanties préalables :

1. Une déclaration de l'armée du Rhin en faveur de la régence.
2. La remise de la place de Metz.

Il fut décidé à la majorité de sept voix contre deux que le général Boyer se rendrait en Angleterre, dans l'espoir que l'intervention de l'impératrice régente auprès du roi de Prusse obtiendrait des conditions favorables pour l'armée de Metz.

A l'unanimité, et sur ma proposition, il fut résolu que le maréchal commandant en chef ne saurait accepter aucune délégation pour signer les bases d'un traité impliquant des questions étrangères à l'armée, celle-ci devant rester en dehors de toute négociation politique.

La mission du général Boyer n'avait donc d'autre but que de tâcher de faire sortir l'armée du Rhin de la situation pénible où elle se trouvait et de la conserver à la France.

Il fallut l'insistance de la majorité du conseil et de M. le général Changarnier, qui s'offrit pour y aller, pour que je consentisse au second départ du général Boyer.

Du reste, dans ma pensée, c'était plutôt pour maintenir le moral des troupes, qui souffraient de la faim et des intempéries, que dans l'espoir d'un résultat favorable à l'armée, tout en sauvegardant l'indépendance de la place de Metz.

Cette période diplomatique n'a jamais influencé la question militaire, et les ordres les plus précis ont été répétés au rapport, pour que les compagnies de partisans, ainsi que les grand'gardes, continuassent les hostilités contre l'ennemi, avec lequel il n'y a jamais eu d'armistice.

Malgré ces ordres et la surveillance prescrite, beaucoup de nos soldats, poussés par la faim, cherchaient à se mettre en rapport avec les soldats allemands pour déterrer les pommes de terre restant dans les lignes ennemies, et il fallut une défense très-sévère pour mettre fin à cet état de choses.

Je ne reçus plus aucune nouvelle directe de la mission du général Boyer, mais j'appris, le 24 octobre seulement, par la dépêche ci-après de M. de Bismark, reçue par l'intermédiaire du prince Frédéric-Charles, que ces loyales tentatives n'avaient pu aboutir, les garanties demandées par l'autorité allemande ayant paru excessives et leur acceptation ne dépendant en aucune manière des chefs de l'armée.

Dépêche télégraphique du 24 octobre 1870.

« Le général Boyer désire que je vous communique le télégramme suivant :

« L'impératrice, que j'ai vue, fera les plus grands « efforts en faveur de l'armée de Metz, qui est l'ob« jet de sa profonde sollicitude et de ses préoccu« pations constantes. Je dois cependant vous faire « observer, monsieur le maréchal, que, depuis mon

« entrevue avec M. le général Boyer, aucune des
« garanties que je lui avais désignées comme indis-
« pensables avant d'entrer en négociations avec la
« régence impériale n'a été réalisée, et que l'avenir
« de la cause de l'empereur n'étant nullement assuré
« par l'attitude de la nation et de l'armée française,
« il est impossible de se prêter à des négociations
« dont Sa Majesté seule aurait à faire accepter les
« résultats à la nation française. Les propositions
« qui nous arrivent de Londres sont, dans la situa-
« tion actuelle, absolument inacceptables, et je
« constate, à mon grand regret, que je n'entrevois
« plus aucune chance d'arriver à un résultat par des
« négociations politiques.

« *Signé :* De Bismark. »

Le contenu de cette lettre se trouve confirmé par la lettre suivante du roi de Prusse à l'impératrice, et dont copie me fut remise à Cassel par M. le général Boyer :

« Versailles, 13 octobre 1870.

« Madame la comtesse de Bernstoff m'a télégra-
« phié les paroles que vous avez bien voulu m'a-
« dresser :

« Je désire de tout mon cœur rendre la paix aux
« deux nations; mais, pour y arriver, il faudrait
« d'abord établir la probabilité au moins que nous
« réussirons à faire accepter à la France le résultat
« de nos transactions sans continuer la guerre
« contre la totalité des forces françaises. A l'heure
« qu'il est, je regrette que l'incertitude où nous nous
« trouvons par rapport aux dispositions politiques
« de l'armée de Metz autant que de la nation fran-
« çaise ne me permette pas de donner suite aux
« négociations proposées par Votre Majesté.

« *Signé :* Guillaume. »

Le 24, une nouvelle réunion eut lieu pour donner communication de la dépêche ci-dessus de M. de Bismark.

Le conseil, désirant être définitivement et complètement édifié sur les intentions du quartier général allemand à notre égard, pria M. le général Changarnier, le glorieux vétéran de nos guerres d'Afrique, qui, pendant toute cette campagne, a été pour l'armée du Rhin un bel exemple d'abnégation et de bravoure dans les combats, un guide sage et loyal dans les conseils, de se rendre auprès du prince Frédéric-Charles, pour tâcher d'obtenir, non une capitulation, mais un armistice avec ravitaillement, ou que l'armée pût se retirer en Afrique.

L'illustre général accepta par dévouement cette délicate mission, qui n'eut pas un meilleur résultat que les précédentes.

Il fallut se résigner, parce qu'une tentative de vive force, qui déjà précédemment n'avait été considérée que comme un dernier acte de désespoir, n'était, dans les circonstances actuelles, qu'un vrai suicide, en offrant à l'ennemi une victoire facile sur une armée épuisée qui cependant n'avait jamais été vaincue, et c'eût été un crime de sacrifier inutilement des milliers d'existences confiées par la patrie à la responsabilité de chefs éprouvés.

Au retour de M. le général Changarnier, je priai M. le général de Cissey de se rendre auprès du chef d'état-major général allemand pour lui demander les conditions qui seraient faites à l'armée, dans le cas d'une capitulation qui ne devait pas comprendre la place de Metz.

Il lui fut répondu que les conditions seraient celles de Sedan, et que le sort de la place ne pouvait être séparé de celui de l'armée qui l'avait protégée jusqu'à ce jour.

Les commandants de corps durent se réunir de nouveau le 26 au matin, pour entendre le résultat de la double mission des généraux Changarnier et de Cissey, et pour prendre un parti définitif, les ressources alimentaires, depuis longtemps très-minimes, étant sur le point de faire défaut malgré l'appel fait aux ressources de la ville, et le soldat se trouvant réduit aux expédients.

Il fut convenu à l'unanimité, non sans la plus vive douleur, que le général Jarras, chef d'état-major général, serait envoyé au quartier général du prince Frédéric-Charles comme délégué par le conseil et muni de ses pleins pouvoirs, pour arrêter et signer une convention militaire par laquelle l'armée française, vaincue par la famine, se constituerait prisonnière de guerre.

Le 26, je reçus de M. le maire de Metz, au nom du conseil municipal, une lettre par laquelle il me demandait des informations sur la situation actuelle du pays et sur les négociations pendantes, telles qu'elles avaient été données à l'armée.

Cette lettre me causa de l'étonnement, car je ne pouvais supposer que M. le général Coffinières, qui avait assisté à toutes les réunions du quartier général, laissât le conseil municipal dans l'ignorance.

Je répondis immédiatement à M. le maire de Metz la lettre ci-après :

« Je m'empresse de répondre à votre lettre du
« 26 octobre et de vous dire que M. le général Cof-
« finières, commandant supérieur de la place de
« Metz, ayant assisté à toutes les réunions du
« grand quartier général, était en mesure d'ex-
« poser au conseil municipal la situation actuelle
« du pays et la marche des négociations pendantes,
« dans lesquelles nous avons toujours cherché à
« mettre la ville de Metz en dehors, afin de lui
« laisser sa liberté d'action. A l'issue de la séance
« de ce matin, il a été unanimement convenu, par
« suite des exigences de l'ennemi et de la pénurie
« actuelle des vivres, que la place et l'armée de-
« vaient subir le même sort.

« En conséquence, M. le général Coffinières a

« été invité à donner au conseil municipal les ex-
« plications nécessaires pour que la ville soit au
« courant des négociations, qui ont toujours eu
« pour but d'améliorer la grave situation dans la-
« quelle se trouve le pays, but que malheureuse-
« ment nous n'avons pu atteindre. »

Au rapport du 26 octobre, j'avais donné l'ordre au général commandant l'artillerie de l'armée de faire réunir par les soins de l'artillerie les aigles des régiments pour les déposer à l'arsenal où ils devaient être détruits; mais cet ordre ne fut malheureusement pas promptement exécuté dans tous les corps, on en demanda un nouveau avec l'attache de l'état-major général; on perdit ainsi des moments précieux, et une fois la convention signée, c'eût été manquer à la parole donnée que de ne pas en exécuter toutes les clauses, quelque pénibles qu'elles fussent.

J'avais en outre recommandé à M. le général Jarras de déclarer au chef d'état-major général allemand que, vu le changement de gouvernement, les aigles des régiments avaient été versés à l'arsenal et que j'ignorais s'ils n'avaient pas été détruits.

Cette convention militaire fut signée par les chefs d'état-major des deux armées dans la nuit du 27 au 28, au château de Frescati, pour être mise à exécution le 29 à midi (1).

Je n'approuvai pas la clause relative aux honneurs militaires pour le motif ci-après :

Sortir ou défiler avec les honneurs de la guerre sont deux faits bien différents, et personne de nous n'aurait voulu défiler tambours battants, musiques en tête, comme à une parade, devant les troupes allemandes qui, effectivement, nous auraient rendu notre salut militaire, mais qui aurait commencé?

Qui pouvait répondre de l'exaspération d'un homme?

Un seul coup de fusil partant par mégarde pouvait amener une catastrophe horrible.

A nos yeux, un défilé en armes, pour les déposer ensuite, aurait été une humiliation, et il était préférable de s'en tenir à la conservation de l'épée pour les officiers.

Quant à l'armement et au matériel, il fut déposé dans les forts et dans l'arsenal comme si l'armée avait été licenciée.

En me séparant de cette brave armée qui a toujours été un modèle de discipline et de loyauté, je lui adressai l'ordre du jour ci-après :

A l'armée du Rhin.

« Vaincus par la famine, nous sommes contraints de subir les lois de la guerre en nous constituant prisonniers.

« A divers époques de notre histoire militaire, de braves troupes commandées par Masséna, Kléber, Gouvion Saint-Cyr, etc., ont éprouvé le même sort, qui n'entache en rien l'honneur militaire quand, comme vous, on a aussi glorieusement accompli son devoir jusqu'à l'extrême limite humaine.

« Tout ce qu'il était loyalement possible de faire pour éviter cette fin a été tenté et n'a pu aboutir.

« Quant à renouveler un suprême effort pour briser les lignes fortifiées de l'ennemi, malgré votre vaillance et le sacrifice de milliers d'existences qui peuvent encore être utiles à la patrie, il eût été infructueux par suite de l'armement et des forces écrasantes qui gardent et appuient ces lignes. Un désastre en eût été la conséquence.

« Soyons dignes dans l'adversité, respectons les conventions honorables qui ont été stipulées, si nous voulons être respectés comme nous le méritons; évitons surtout, pour la réputation de cette armée, les actes d'indiscipline comme la destruction d'armes et de matériel, puisque, d'après les usages militaires, place et armement doivent faire retour à la France lorsque la paix sera signée.

« En quittant le commandement, je tiens à exprimer aux généraux, officiers et soldats toute ma reconnaissance pour leur loyal concours, leur brillante valeur dans les combats, leur résignation dans les privations, et c'est le cœur navré que je m'en sépare.

« Le maréchal de France, commandant en chef,

Signé : BAZAINE (1).

« Ban Saint-Martin, le 28 octobre 1870.

Tel est le récit succinct et fidèle de la conduite de l'armée du Rhin. J'espère que l'histoire nous rendra justice et que l'opinion publique, mieux éclairée, dira : Elle a bien mérité de la patrie !

Le 29, à 9 heures du matin, j'allai m'établir à Moulin-les-Metz d'où je me rendis le soir à Corny, pour m'y constituer prisonnier.

De là, le même jour, je fus conduit, à cheval, à Pont-à-Mousson, où nous arrivâmes dans la nuit.

Le lendemain, je fus dirigé sur Cassel, par ordre du roi de Prusse.

CONCLUSION.

Dès le début de mon commandement, les événements ont été plus forts que ma ferme volonté de faire triompher l'armée qui m'avait été confiée.

Malgré mes détracteurs militaires, dont plusieurs ont appartenu à l'état-major général de l'armée du Rhin, mais dont l'esprit est loin d'être juste et d'un bon exemple pour la discipline, ma conscience ne me reproche rien. Elle a toujours

---

(1) Voir le protocole, aux archives de l'état-major général.

(1) Voir aux annexes la proclamation du général Coffinières, en date du 27.

été guidée par ces principes, base du moral et de la discipline de toute armée régulière : PATRIOTISME, LOYAUTÉ, ABNÉGATION.

Que ces détracteurs interrogent la leur, ils y liront qu'ils ont manqué des qualités nécessaires à leurs fonctions pendant la campagne, qu'ils se sont surtout attachés à critiquer le commandement au lieu de l'aider. Ils se sont transformés en reporters en utilisant des documents n'appartenant qu'aux archives de la guerre ou bien des conversations sans caractère officiel, et par conséquent inexactes, au lieu de donner le bon exemple par leur manière de servir, leur réserve, enfin leur respect moral pour le commandement.

Une période de quarante années d'existence militaire passée presque en entier loin de la mère-patrie m'a rendu étranger aux partis politiques qui agitent mon pays, à la volonté duquel j'appartiendrai toujours comme soldat.

Le maréchal de France,

BAZAINE.

Post-scriptum. Ce rapport était prêt à être envoyé à Bordeaux, en décembre 1870, lorsque je reçus à Cassel, par l'intermédiaire de M. le général de Monts, gouverneur de la province, la dépêche télégraphique ci-après :

Le ministre de la guerre à M. le maréchal Bazaine, à Cassel.

« Bordeaux, 28 décembre 1870, 9 h. 35.

« J'ai l'honneur de vous informer que, le conseil « d'enquête relatif à la capitulation de Metz n'ayant « pas lieu à l'époque indiquée du 2 janvier, vous « n'avez pas à fournir de mémoire justificatif pour « cette date. »

A la date du 4 février, j'avais adressé à M. le général Trochu, par l'intermédiaire de l'autorité allemande, une protestation contre la proclamation lancée par MM. Crémieux, Glais-Bizoin et Gambetta, en le priant d'en donner connaissance à ses collègues de la Défense nationale, ainsi qu'au président de l'Assemblée.

N'ayant reçu aucune réponse, malgré l'affirmation de sa remise au quartier général allemand à Versailles, j'adressai une réclamation à M. de Bismark, qui me répondit par la lettre ci-après :

« Berlin, le 20 avril 1871.

« Monsieur le maréchal,

« J'ai eu l'honneur de recevoir la lettre que vous avez bien voulu m'adresser le 4 avril dernier.

« En consultant les papiers qui datent de l'époque de mon séjour à Versailles, j'ai retrouvé la lettre du général comte de Monts, par laquelle il me faisait parvenir celle que vous aviez adressée à M. le général Trochu, le 4 février dernier, avec une protestation de la même date, et j'ai constaté que la première de ces pièces porte, de mon écriture, l'ordre de faire parvenir vos lettres à leur adresse.

« En outre, elle est munie d'une note de celui de mes employés chargé de l'exécution, affirmant qu'elles ont été remises entre les mains de M. Jules Favre.

« La lettre de M. le général comte de Monts m'était parvenue le 10 février, et le 11 du même mois je l'ai invité à informer Votre Excellence que M. Jules Favre s'était chargé de faire parvenir les lettres à leur destination.

« Il en résulte que l'ordre donné par moi à ce sujet a dû être exécuté le 10 ou le 11 février.

« Je suis heureux d'avoir pu vous fournir un renseignement auquel vous attachez du prix, et je vous prie, monsieur le maréchal, d'agréer l'assurance de ma haute considération.

« *Signé* : DE BISMARK. »

ANNEXE

DEUXIÈME CORPS D'ARMÉE

Calcul des consommations pour la deuxième période comprise entre le 16 et le 26 août. (Combat de la rive gauche.)

Le 2ᵉ corps, en quittant Metz le 14 août, laissait une de ses trois divisions d'infanterie dans la place pour y tenir garnison : deux batteries de 4, campagne, disparaissaient ainsi de son effectif ; mais la brigade Lapasset, qu'il emmenait avec lui, en apportait une ; le 2ᵉ corps avait donc, à Gravelotte, 9 batteries de 4 et 2 batteries de 12, de campagne ; les batteries avaient leur premier approvisionnement complet, représentant, à raison de 4,147 projectiles par batterie de 4, et 731 projectiles par batterie de 12 :

9 batteries de 4.......	10.323 (4)	
2 batteries de 12......		1.462 (12)

Le parc n'avait pas été réduit, il était complet et chargé, il comprenait :

48 caissons de 4 portant.	5.328	
5 affûts de rechange...	185	
24 caissons de 12......		1.224
1 affût de rechange de 12		17
Soit en totalité....	15.836	2.703

Le 16 août, toutes ces batteries furent engagées, et presque toutes à fond : 66 pièces de deux calibres ont fait feu entre 10 heures du matin et 7 heures du soir.

Le 18, 4 batteries seulement, dont les 2 batteries de 12, ont été sérieusement engagées; pendant les premières heures, 2 batteries de 4 l'ont été modérément, et 5 le furent à peine ou restèrent sans emploi, soit 36 bouches à feu ayant tiré. Le rapport de la consommation du 16 à celle du 18 a été trouvé égal à :

5,5 pour le calibre 4,
1,7 pour le calibre 12.

Le 26 août, l'approvisionnement du 2ᵉ corps était intégralement reconstitué. Le total des munitions disparues le 16 et le 18 est donc égal au montant des livraisons reçues de l'arsenal du 19 au 26 août, soit, d'après les états de l'arsenal :

9,670 obus de 4 et 2,635 obus de 12.

Mais ce n'est là qu'un résultat apparent, qui doit être rectifié, car une partie de cette distribution ne constituait pas pour l'arsenal une sortie nouvelle.

Dans la nuit du 18 au 19 août, les voitures encore chargées du parc du 2ᵉ corps, furent conduites au fort Moselle, et de là, dans la matinée du 19, à l'arsenal où l'on réunit également les voitures vides, laissées la veille au ban Saint-Martin ; ce fut alors, qu'à la suite de circonstances assez obscures et d'un malentendu qu'on ne s'explique pas bien, le parc du 2ᵉ corps cessa, plusieurs jours, de fonctionner; on procéda, par ordre, et sous les yeux du général commandant l'artillerie de l'armée, à un inventaire sommaire de ses dernières ressources, et il fut décidé que celles-ci seraient distribuées aux autres corps, en remplacement des munitions consommées par eux.

On ne croyait plus possible de reconstituer ce parc considéré comme épuisé. Or, l'inventaire avait donné des résultats tout différents : il restait 52 coffres de 4 et 30 coffres de 12, complètement garnis, et en sus, beaucoup de coffres qui n'étaient qu'entamés, c'est-à-dire plus du tiers de l'approvisionnement total du parc. On revint, après quarante-huit heures, sur la mesure prescrite; mais les munitions du parc avaient été déjà utilisées au profit d'autres corps, et il fallut le reconstituer intégralement.

Des munitions qu'il reçut, 9.670 (4) et 2.635 (12)
Il convient donc de déduire 1.924   510

Pour obtenir le chiffre exact
des munitions réellement
disparues le 16 et le 18.. 7.746   2.125
Enfin, dans la journée du
16, le parc du 2ᵉ corps
céda aux batteries du 6ᵉ
corps 4 caissons de 4,
dont le chargement......   444

À reporter. . .   2.125

Report 2.125
qui se retrouvera au compte
des consommations de ces
dernières, doit être déduit
encore des livraisons, afin
d'obtenir les consomma-
tions réelles............ 7.302   2.125

Réparties suivant les rapports précédemment relevés entre les deux journées du 16 et du 18, elles se partagent ainsi :

Consommation
du 16..... 6.179 obus de 4, 1.338 obus de 12.
du 18..... 1.123   —   787   —

Totaux..   7.302   2.125

Ces chiffres, rapprochés du nombre des bouches à feu engagées, donnent une consommation moyenne, par pièce, de :

111 obus de 4 et 111 obus de 12, le 16 août.
 49   —   66   —   le 18 août.

135   177

pour les deux batailles et sur l'ensemble de toutes les pièces de l'un et de l'autre calibre du corps d'armée.

Le premier approvisionnement ou approvisionnement de batterie était de :

191 projectiles par pièce de 4.
120   —   —   12.

Le deuxième approvisionnement ou approvisionnement du parc portait ces ressources à :

293 projectiles par pièce de 4.
225   —   —   12.

TROISIÈME CORPS.

Quand le troisième corps quitta Metz, après le combat de Borny, le 15 août, son artillerie était au complet et complètement réapprovisionnée, elle comprenait donc :
14 batteries de 4, portant 16.058 pr. (4)
2 batteries de 12, portant   »   1.462 pr.(12)
Et un parc où l'on comp-
  tait :
68 caissons de 4, por-
  tant............   7.548   »
7 affûts de 4, portant   259   »
24 caissons de 12, por-
  tant............   »   1.234
1 affût de 12, portant. »   17

Soit un approvisionne-
ment total de......   23.865   2.703

Le 16 août, les batteries de la 2ᵉ division, ni celles de la 3ᵉ ne sont engagées : toutes les autres batteries de 4, au nombre de 10, prennent plus ou moins part à l'action; il en est de même des deux batteries de 12. C'est donc 72 bouches à feu qui tirèrent, ce jour-là, au 3ᵉ corps ; mais plusieurs de ces batteries n'entrèrent en ligne qu'assez tard. En somme, l'artillerie de ce corps fut ménagée, ses consommations restèrent modérées.

Mais le 18, les 16 batteries donnèrent vigoureusement, et les consommations atteignirent un chiffre relativement élevé, bien qu'il révèle encore une prévoyante économie. Dès les premières heures, on savait que le ravitaillement du parc ne s'était pas effectué sans difficulté : toutefois, les batteries avaient été réapprovisionnées, et le parc, après cet effort, n'était pas épuisé ; les munitions ne manquèrent donc pas.

Le rapport de la consommation de la journée du 16 à celle de la journée du 18 a été trouvé égal à :

0,5 pour le calibre 4.
1,1 pour le calibre 12.

Le 19, le parc avait un peu plus de la moitié de ses voitures vides ; d'un autre côté, les batteries engagées dans les deux affaires du 16 et du 18 avaient été assez éprouvées, et leurs attelages, sensiblement réduits, étaient plus ou moins désorganisés. Sous l'influence des préoccupations que provoquait cet état de choses, le commandement, trop peu confiant dans les ressources de la place, dont il ne s'était peut-être pas jusqu'alors suffisamment rendu compte, parut un instant désespérer de pouvoir réparer les pertes sérieuses qu'on venait de subir et les dépenses de munitions considérables qu'on avait faites.

Le colonel directeur du parc du 3ᵉ corps reçut, dans la journée du 19, l'ordre de verser à l'arsenal ses voitures vides et de tenir à la disposition des batteries du corps d'armée les attelages devenus disponibles. Une mesure analogue, on l'a vu, allait être prise à l'égard du parc du 2ᵉ corps, où elle recevait même un commencement d'exécution ; ces hésitations et ces inquiétudes énervantes, qui avaient pour témoin le personnel de l'arsenal et les officiers que leur service y appelait journellement, furent connues de l'armée, qui s'en affecta ; des bruits alarmants circulèrent sur la situation des approvisionnements, et ils empruntaient à leur origine même une consistance dont les plus fermes courages finirent par s'émouvoir. Heureusement, les instances opportunes du colonel directeur au corps réussirent à préserver son parc, dont le ravitaillement, commencé dès le lendemain et activé les jours suivants, était terminé le 22.

Les seules réductions qu'il eût subies consistaient en un affût de rechange de 4 et un autre de 12.

Pour obtenir les consommations du 3ᵉ corps pendant les journées du 16 et du 18, il suffit donc d'ajouter :

Le changement des coffres des :

2 affûts supprimés......	37 (4) et	17 (12)
aux livraisons reçues de l'arsenal, depuis le 16 jusqu'au 26.	7.037	816
Ce qui porte la consommation totale à.......	7.074	833

Réparties entre les deux batailles, suivant les rapports précédemment indiqués, ces consommations se partagent ainsi :

Du 16....	2.358 obus de 4,	437	obus de 12.
Du 18....	4.716 —	396	—
Total...	7.074 —	833	—

Ces chiffres, rapprochés du nombre des bouches à feu engagées, donnent une consommation moyenne de :

39 obus de 4 et	36 obus de 12,	le 16.
56 —	33 —	le 18.
84 —	69 —	

pour les deux batailles, et sur l'ensemble de toutes les pièces de l'un et de l'autre calibre du corps d'armée.

L'approvisionnement moyen, le 16 au matin, était de :

284 obus par pièce de 4.
225 —   —   12.

Le 26, le 3ᵉ corps ayant cédé une de ses quatre divisions à la défense de la place, un quart du parc de ce corps d'armée passa au 6ᵉ corps, qui ne comptait encore que des munitions d'infanterie.

QUATRIÈME CORPS.

Le 4ᵉ corps avait, sur le plateau de Gravelotte, son artillerie complète, comprenant :

10 batteries de 4 portant	11.470 (4)	» (12)
2 batteries de 12 portant	»	1.462
Et au parc :		
48 caissons de 4 portant	5.328	»
5 affûts de 4 portant...	185	»
24 caissons de 12 portant	»	1.224
1 affût de 12 portant...	»	17
Soit un approvisionnement total de.,.........	16.983	2.703

Le 16 août, toutes ces batteries, sauf celles de la 3ᵉ division, qui n'arrivèrent pas en temps utile sur le terrain, prirent part à la bataille : 60 pièces firent feu sans que les dépenses aient atteint un chiffre très-élevé.

Le 18 août, les 12 batteries furent engagées toutes à fond, et leurs consommations très-considérables témoignent de l'énergie de leurs efforts :

72 bouches à feu ont tiré pendant cette journée, sans autres interruptions que celles qu'imposaient les pertes, les avaries et la nécessité de se ravitailler ou réorganiser.

Le rapport de la consommation du 16 à celle du 18 a été :

0,35 pour le calibre 4.
0,86 pour le calibre 12.

Le 26 août, l'artillerie du 4e corps se trouvait réduite, faute d'attelages et de personnel, de :

	(4)	(12)
2 bouches à feu de 4, soit 2 coffres.	74	»
23 caisses de 4 portant.	2.553	»
En totalité, de.	2.627	»

L'approvisionnement en munitions de 12 était intégralement reconstitué.

Du 18 au 26, le 4e corps reçut de l'arsenal.	5.635	1.553
La quantité des munitions disparues s'élève donc à.	8.263	1.553
D'où il convient toutefois de déduire le chargement de quatre caissons.	444	»
Cédés, le 18, par le parc du 3e corps aux batteries du 6e corps ; ce qui réduit d'autant les consommations imputables au 4e corps.	7.818	1.553

Réparties entre les deux journées du 16 et du 18, proportionnellement aux coefficients précédemment indiqués, ces dépenses se partageaient ainsi :

Consommation
du 16..... 2.027 obus de 4,   718 obus de 12.
du 18..... 5.791   —   835   —

Totaux...   7.818   1.553

Ce qui donne en consommation moyenne par pièce engagée :

42 obus de 4 et 60 obus de 12, le 16 ; 96 obus de 4, 69 obus de 12, le 18 ; et 130 obus de 4, 129 de 12, pour les deux batailles et sur l'ensemble de toutes les pièces de l'un et de l'autre calibre du corps d'armée.

L'approvisionnement, le 16, au matin, était de :

283 obus par pièce de 4.
225 obus par pièce de 12.

SIXIÈME CORPS.

De l'artillerie de ce corps d'armée, 7 batteries seulement le rallièrent sous Metz ; c'étaient les batteries de la 1re et de la 3e division et une batterie de la 2e. Il n'avait pas été affecté de canons à balles au 6e corps, chaque division devait avoir 3 batteries de 4. Le 14 août, on améliora cette organisation incomplète en adjoignant au 6e corps 2 batteries de 12 et 2 batteries de 4 prélevées sur la réserve générale d'artillerie. Le 16, l'artillerie du 6e corps était donc constituée avec 9 batteries de 4 et 2 batteries de 12, réparties entre les 4 divisions ; elle ne comprenait ni réserve ni parc.

Les ressources disponibles, le 16 au matin, se bornaient donc au premier approvisionnement de ces 11 batteries représentant :

10.323 obus de 4 et 1.462 obus de 12.

Le 16, toutes ces batteries ont été engagées, la plupart très-vivement ; 66 bouches à feu ont tiré.

Le 18, l'engagement fut aussi vif, mais une batterie de 4, de la 1re division, n'y prit pas part, soit donc 60 pièces seulement qui ont tiré.

Le rapport de la consommation du 16 à celle du 18 a été trouvé de :

1,16 pour le calibre de 4.
0,30 pour le calibre de 12.

	(4)	(12)
Du 18 au 23 août, le 6e corps reçut de l'arsenal, en diverses livraisons, y compris le convoi amené, le 18, à Saint-Privat, par le commandant Abraham.	6.915	1.149
Pendant la bataille du 16, le parc de la garde lui a cédé deux caissons de 4.	222	»
Celui du 2e corps lui céda 4 caissons de 4.	444	»
Le 17, au matin, le parc de la garde ravitailla partiellement une batterie du 6e corps.	382	
Enfin, pendant la bataille du 18, le corps d'armée reçut encore du parc du 4e corps 4 caissons de 4.	444	»
Le total des munitions reçues par le 6e corps, du 16 au 26, s'élève donc à.	8.407	1.149

Après la bataille de Saint-Privat, l'artillerie de ce corps d'armée fut complétée et reconstituée sur des bases régulières ; les batteries subirent diverses réductions ; d'autre part, les 2 batteries de 4 de la 1re division de la réserve de cavalerie complétèrent, dès lors, au 6e corps, avec lequel elles avaient combattu le 18.

Toutes compensations faites, cette artillerie se trouva définitivement constituée avec :

	(4)	(12)
64 bouches à feu de 4, R.C. port.	2.368	»
12 — 12	»	204
24 caissons de. 12 —	»	1.224
76 — 4	8.436	»
A reporter...	10.804	1.428

	Report...	10.804	1.428
11 affûts de......	4 —	407	»
1 —	12 —	»	17
	Totaux........	11.211	1.445

Mais pour avoir à cette date la situation des munitions relativement aux seules batteries qui composaient encore, le 16 au matin, toute l'artillerie du 6ᵉ corps, il convient de retrancher des résultats précédents........	2.183	»
Apportés le 25, par les deux batteries de la 1ʳᵉ division de la réserve de cavalerie, qui ne comptaient pas antérieurement au corps d'armée.		
Ainsi modifiée, la situation se chiffre par..................	9.028	1.445
Du 16 août, où il était de....	10.323	1.462
Au 26 août, où il n'est plus que de..........................	9.028	1.445
L'approvisionnement a donc baissé de..................	1.295	17
En ajoutant aux valeurs numériques de ces réductions celle des livraisons précédemment calculées..................	8.407	1.149
On trouve, pour les consommations faites pendant cette période..........................	9.702	1.163

Réparties entre les deux journées du 16 et du 18, suivant les coefficients proportionnels indiqués plus haut, ces dépenses se partagent ainsi :

Pour le 16, 5,210 obus de 4, 269 obus de 12 ;
Pour le 18, 4,492 obus de 4, 897 obus de 12.

Ce qui donne une consommation moyenne, par pièce engagée, de :

96 projectiles de 4 et 22 projectiles de 12, le 16.
93 projectiles de 4 et 75 projectiles de 12, le 18.
Et 180 projectiles de 4 et 97 projectiles de 12, pour les deux batailles et sur l'ensemble de toutes les pièces de l'un et l'autre calibre du corps d'armée.

L'approvisionnement, le 16 au matin, était de 191 obus par pièce de 4, 122 obus par pièce de 12.

Pendant ces deux batailles, le 6ᵉ corps n'a donc pas même brûlé la totalité de cet approvisionnement restreint ; d'ailleurs, le 16, le 17 et le 18, il a reçu, soit du parc mobile établi à Plappeville, soit de divers parcs de corps d'armée :

2,824 obus de 4 ; 204 obus de 12 ; ravitaillement qui se décompose ainsi :

	(4)	(12)
Le 16, cédé par le parc de la garde, au capitaine Chalus, deux caissons de 4..................	222	»
Et par le parc du 2ᵉ corps, 4 caissons de 4......................	444	»
Le 17, par le parc de la garde pour le ravitaillement partiel d'une batterie..........	382	»
Le 18, expédié par le parc de Plappeville, sous la conduite du commandant Abraham, 8 caissons de 4, 4 caissons de 12..........	888	204
Le 18, remis au capitaine Chalus, 4 caissons de 4..................	444	»
Le 18, cédé par le parc du 4ᵉ corps, 4 caissons de 4..........	444	»
Totaux............	2.824	204

RÉSERVE DE CAVALERIE.

Deux divisions seulement sur trois, la première et la troisième, avaient rejoint Metz. Chacune d'elles avait deux batteries de 4. Les parcs de divisions de cavalerie ne furent pas constitués. Ces quatre batteries disposaient donc seulement de leur approvisionnement, soit 4,588 obus de 4.

Le 16, l'artillerie de la 1ʳᵉ division n'est pas employée ; celle de la 3ᵉ division, engagée déjà la veille dans un combat d'avant-garde, prend une part active à la bataille et souffre beaucoup.

Le 18, au contraire, les deux batteries de la 1ʳᵉ division sont engagées à fond, tandis que celles de la 3ᵉ, très-éprouvées par les combats précédents, restent en observation, soit donc à chaque affaire 12 pièces engagées.

Le rapport de la consommation du 16 à celle du 18 a été trouvé de........................ 0,85.

Le 25, les quatre batteries ont été reconstituées et réapprovisionnées, mais réduites,

Celles de la 3ᵉ division, de :

2 pièces, soit 2 coffres portant	74 obus de 4.
2 caissons..................	222 —
1 affût de rechange........	37 —

Celles de la 1ʳᵉ division de :

1 caisson..................	111 —

Soit, sur l'approvisionnement initial, une réduction totale de.. 444 obus de 4

Du 18 au 25, ces batteries reçurent, tant du parc de Plappeville :

G avant trains, le 18........2. 22 —
Que de l'arsenal, les jours suivants.................... 2.296 —

Lequel ravitaillement, ajouté à la valeur des réductions mentionnées ci-dessus, porte le total des munitions disparues à..... 2.962 obus de 4.

Réparties proportionnellement au rapport indiqué ci-dessus, entre les deux journées du 16 et du 18, ces consommations se partagent ainsi :

Pour le 16................. 1.361 obus de 4.
Pour le 18................. 1.601 —
                            2.962 obus de 4.

Ce qui représente en consommation moyenne par pièce engagée :

123 obus de 4, le 16,
133 —   le 18,
et 123 — { Pour les deux batteries sur l'ensemble des 24 pièces.

Le 25 août, les 2 batteries de la 1re division passaient au 6e corps, emportant avec elles un approvisionnement reconstitué de 2,183 obus de 4.

RÉSERVE GÉNÉRALE D'ARTILLERIE.

La réserve générale d'artillerie comprenait originairement :

8 batteries de 4 de campagne (batteries à cheval);
3 — 4 de montagne (batteries d'Afrique);
8 — 12 de campagne (batteries montées);
1 parc de second approvisionnement.

Ce dernier n'ayant pu la rejoindre en temps utile, toutes ces batteries disposaient seulement de leur premier approvisionnement.

Dès le 11 août, la réserve générale abandonnait à la défense de Metz la seule batterie de montagne qui l'eût rejointe, plus 4 batteries de 12, et cédait au 6e corps 2 batteries de 4 et 2 batteries de 12.

L'approvisionnement, le 16 au matin, était donc de :

6,882 obus de 4 et 1,462 obus de 12.

Le 16 août, les 6 batteries de 4 et les 2 batteries de 12 furent engagées, soit 48 bouches à feu qui ont tiré dans cette journée.

Le 17, les 4 batteries de 12 laissées à Metz rejoignirent l'armée sur le plateau, apportant avec elles 2,924 obus de 12.

Le 18, 2 batteries de 12 donnèrent seules et à la dernière heure ; les autres batteries ne tirèrent que quelques coups de canon à l'extrême gauche et dans des directions divergentes, sans prendre part à la véritable action ; ainsi 12 pièces seulement, sur 72, ont fait feu.

La totalité des dépenses en munitions de 4 est donc imputable à la journée du 16. Le rapport de la consommation du 16 à celle du 18 a été trouvé égal à 0,68 pour les munitions de 12.

Le 26 août, la réserve générale était intégralement reconstituée en munitions de 12, mais il lui manquait :

                          Obus de 4. Obus de 12.
7 caissons de 4, soit..   777   »
Du 16 au 20, elle reçut,
tant du parc de Plappeville que de l'arsenal... 1.804   1.290

Ce qui porte le chiffre
des munitions disparues
à....................   2 671   1.290

Dans le ravitaillement ci-dessus indiqué sont compris 4 caissons de 4 demandés d'urgence et amenés le 18 au 6e corps, par le capitaine Chalus, avec des attelages de la réserve générale, qui les ramenèrent intacts, le soir, à leur camp, et 4 caissons de 12 amenés à Amanvillers, dans les mêmes circonstances, par le commandant Abraham, qui se retrouvèrent intacts, le lendemain, au camp de la réserve générale.

Répartie entre les deux journées du 16 et du 18, la dépense totale de munitions s'est trouvée ainsi partagée :

Pour le 16, 2.671 obus de 4 et 522 obus de 12.
Pour le 18, presque nulles et 768 —

Totaux... 2.671   1.290

Ce qui représente en consommation moyenne par pièce engagée :

74 obus de 4 et 44 obus de 12, le 16;
 »   —   64   —   le 18.
74   —   108

pour les deux journées et sur l'ensemble de toutes les pièces de l'un et de l'autre calibre.

L'approvisionnement, le 16 au matin, était de :

191 obus par pièce de 4.
122 obus par pièce de 12.

GARDE IMPÉRIALE.

L'artillerie de la garde comprenait :

10 batteries de 4 de campagne
portant.................... 11.478 obus de 4
Et un parc de :
18 caissons de 4.......... 5.328
5 affûts de rechange de 4.. 185

En tout un approvisionnement de................... 16.982

Le 16 août, les 10 batteries sont engagées, mais inégalement; 60 bouches à feu tirèrent dans cette journée.

Le 18, l'artillerie de la garde reste inactive pendant la plus grande partie de la journée; le soir, 2 batteries montées, réduites momentanément à 4 pièces, et 2 batteries à cheval de la réserve viennent renforcer les batteries très-éprouvées du 4ᵉ et du 6ᵉ corps, qui couvrent la retraite de l'aile droite. Ainsi, sur 60 pièces, 20 seulement tirèrent et pendant moins d'une heure.

On citera encore, mais seulement pour mémoire, le feu d'une section engagée quelque temps à l'extrême gauche, et dont les consommations furent nécessairement restreintes.

Le rapport de la consommation du 16 à celle du 18 a été trouvé égal à 4.

Le 26, la garde était réorganisée et réapprovisionnée; mais le parc était réduit du chargement de :

13 caissons...............	1.443 obus de 4.
Du 16 au 26, elle reçut, tant du parc de Plappeville que de l'arsenal................	2.463 —
Ce qui donne pour les munitions disparues...........	3.906

Mais pour obtenir la quantité des munitions réellement consommées, il faut déduire de ce nombre :

1° Le chargement de 2 caissons délivrés, le 16, par le parc au capitaine Chalus, du 6ᵉ corps................	222 —
	3.684 —
2° Le ravitaillement d'une batterie du 6ᵉ corps effectué le 17................	382 —
	3.302

Répartie entre les deux journées du 16 et du 18, suivant le rapport ci-dessus indiqué, cette dépense se partage ainsi :

Pour la consommation du 16, 2.642 obus de 4.
        —   du 18,   660 obus de 4.

ce qui représente une consommation moyenne de :

44 obus par pièce engagée le 16
33   —   —   le 18.
55   —   —   { Pour les deux journées et sur l'ensemble de toutes les pièces de la garde.

L'approvisionnement était, le 16 au matin, de 283 obus par pièce de 4.

GARNISON DE METZ.

Le 14 août, l'armée laissait dans la place :

	Obus de 4.	Obus de 12.
2 batteries de 4 de campagne, 3ᵉ division du 2ᵉ corps, portant un premier approvisionnement de..................	2.294	»
4 batteries de 12, de la réserve générale, portant............	»	2.924
1 batterie de 4 de montagne, portant...................	800	»
Soit en tout.....	3.094	2.924
Le 14 et le 17, les 2 batteries divisionnaires dépensèrent....	80	»
Le 17, les 4 batteries de 12 rallièrent l'armée.............	»	2.924
Sur cet approvisionnement, après le 18, il restait donc....	3.014	0.000

ARSENAL.

A la date du 1ᵉʳ juillet 1870, c'est-à-dire vingt jours avant la déclaration de guerre, l'arsenal de Metz possédait :

      77.973 obus de 4
    100.095 obus de 12.

    178.068 projectiles,

les uns chargés, les autres vides.

De ces projectiles, 97.080 étaient taraudés à 25 millimètres, et le reste, 80.988, l'était à 22 millimètres.

Il se trouvait aussi, à l'arsenal, à la même date, déjà placées ou encore disponibles :

288.159 fusées métalliques (pour projectiles creux), dont un peu plus de la moitié du diamètre de 26 millimètres. Enfin les fusées percutantes entraient dans cet approvisionnement pour :

    68.212 du diamètre 25 millimètres.
    52.098   —   32   —

   120.310 fusées percutantes.

Toutes ces ressources pouvaient donc être utilisées immédiatement, toutes les modifications indiquées par l'expérience ou imposées par les circonstances étaient donc réalisables avec ces divers éléments faciles à associer et à combiner entre eux.

Il ne paraît pas qu'entre le 1ᵉʳ juillet, jour où fut arrêté l'inventaire d'où sont extraits ces renseignements, et l'époque de la déclaration de guerre, cette situation ait été modifiée.

RAPPORT DU GÉNÉRAL DE RIVIÈRE

La guerre résolue, Metz devenait naturellement le principal centre de ravitaillement de l'armée qui allait opérer dans l'Est, et l'on disposa tout pour y faire affluer les ressources disponibles ; mais, dans les premiers jours qui suivirent la déclaration de guerre, les divers établissements de l'intérieur s'appliquèrent surtout à organiser les parcs et les batteries de l'armée en formation, et, quand ce travail terminé, on songea à faire parvenir jusqu'à Metz les approvisionnements qu'on avait rassemblés, les voies n'étaient déjà plus complètement libres.

Les hésitations du commandement qui exercèrent, dès le début, sur la conduite des opérations une si funeste influence, ne furent point étrangères non plus à la situation relativement précaire des approvisionnements de la place au moment de l'investissement. Après les premiers revers, et tandis que le point de concentration de l'armée, encore indéterminé, oscillait entre Metz et Châlons, les gares intermédiaires s'encombraient de munitions qui finirent, le temps pressant et l'ennemi avançant, par refluer définitivement en arrière et furent perdues pour la place. Ces observations s'appliquent surtout aux approvisionnements en munitions d'artillerie de campagne, car Metz reçut certainement d'importants envois dans le courant d'août, notamment du matériel de siège et des cartouches d'infanterie ; mais on ne retrouve nul indice de l'arrivée de ces nombreux trains de munitions confectionnées de 4 et de 12 que l'on peut suivre, pendant les derniers jours qui précèdent l'investissement, circulant sur le chemin de fer de l'Est ou celui des Ardennes, et cherchant, sans y réussir, à se frayer un passage jusqu'à Metz. Cette circonstance est d'autant plus singulière que la voie de Metz par Thionville ne fut définitivement coupée que le 19 août.

Quoi qu'il en soit, il paraît certain que la place, au début de la guerre, ne possédait pas d'autres ressources en munitions de campagne que celles qui ont été énumérées ci-dessus, et qu'elle n'en reçut point depuis la même époque jusqu'à l'investissement. Il faut actuellement rechercher comment ces munitions ont disparu de l'arsenal, jour par jour, au profit de qui et pour quel emploi ?

A la direction de Metz incombait le soin de former le parc du 3ᵉ corps de l'armée du Rhin :

	Obus de 4.	Obus de 12.
Sur son approvisionnement initial...............	77.973	100.095
Il dut prélever pour le parc du 3ᵉ corps...........	7.807	1.241
Il resta avec....	70.166	98.854

L'arsenal fournit aussi aux deux régiments d'artillerie, alors en garnison à Metz (1ᵉʳ et 17ᵉ), le matériel de 9 batteries de 4 approvisionnées.......... | 10.323 | » |
Il resta alors avec...	59.843	98.854
Le 7 et le 8 août, après les combats de Wœrth et de Spikeren, et tandis que l'armée se repliait sur Metz, déjà directement menacée, un convoi emportant...............	4.440	1.020
Sortit de la place pour aller ravitailler le 1ᵉʳ corps, en retraite sur Nancy. Ainsi la place, dont les ressources dès lors étaient comptées, expédiait au dehors des munitions sans recevoir. Lorsque le 2ᵉ corps, fort appauvri à la suite du combat du 6, alla, le 10 et le 11, se ravitailler à l'arsenal, celui-ci possédait encore.....	35.403	97.834
A dater de cette époque, les distributions de l'arsenal ne cessèrent plus un seul jour; elles avaient atteint, le 16 au matin, c'est-à-dire après le ravitaillement de la première période et au moment où s'ouvrait la seconde....	12.180	696
Laissant, à la même date, pour le ravitaillement de la seconde, en magasin..	43.223	97.138

Le 17, l'arsenal dirigeait sur Plappeville un parc mobile emportant......	3.552	561
Le 18, l'arsenal délivrait directement............	3.326	744
Le 19.................	3.786	»
Le 20..................	5.693	1.760
Le 21..................	13.872	2.790
Le 22...................	4.478	1.519
Enfin le 23 et le 24... ...	1.425	69
Totaux des distributions effectuées du 16 au 24....	36.132	7.443

Ici, une rectification est nécessaire : l'état des livraisons de l'arsenal du 21 porte : délivrés 13,872 coups de 4 et 2,790 coups de 12 ; mais on a vu, au compte du 2ᵉ corps, que l'on avait compris dans ces distributions....... 1.924   510
reliquat des munitions trouvées dans le parc de ce corps d'armée après le 18 août, et qui, d'abord rentrées en magasin, avaient ensuite été rendues au parc, lors de la reconstitution de celui-ci ; ces munitions, simplement restituées, ne doivent donc pas figurer comme livraison dans le compte précédent ; cette réduction effectuée, on trouve pour les

Totaux rectifiés...	34.208	6.933
Si de l'avoir en magasin au 16 août...............	43.223	97.138
On retranche le montant de ces distributions........	34.208	6.933
On trouve, à la date du 26 août, un avoir en magasin égal à..............	9.015	90.205

Mais il s'en fallait de beaucoup que tous ces projectiles fussent disponibles pour l'armée. En effet, l'arsenal a toujours conservé intactes :

2 batteries de 4 de campagne, dites batteries de sortie, approvisionnées à....	2.294	»
En outre, il a approvisionné les 77 bouches à feu de 4 de campagne ou de montagne disséminées sur les remparts et dans les ouvrages de la place.......	6.912	»
On avait aussi transporté sur les remparts pour l'approvisionnement des pièces de 12.................	»	37.375
Non compris un certain nombre de coups tirés des ouvrages.................	»	229

A reporter. . .

Report. . . .

Ce qui donnait pour totaux des coups distraits de l'approvisionnement de l'armée.................	9.206	37.604
Si des résultats précédents on retranche le montant de ces munitions.......	9.015 9.206	90.205 37.604
On constate, par la différence, qu'avec..........	191	52.601

le reliquat réel en magasin était nul pour les obus de 4, et encore très-considérable pour les munitions de 12.

Le colonel directeur de l'arsenal a donc pu écrire avec vérité, le 23 août, en rendant compte de sa situation : « Il ne reste plus de projectiles de 4. »

Cette vérification a une réelle importance ; elle démontre clairement que l'arsenal n'a pu effectuer d'autres livraisons que celles dont il a été précédemment tenu compte ; or, la méthode suivie pour établir le chiffre des consommations de l'armée reposait tout entière sur cette certitude.

On a retrouvé, dans les archives de l'artillerie, la série presque complète des états de livraison fournis journellement par l'arsenal ; une seule de ces pièces, celle de la journée du 19 août, manquait, et l'on a dû la rétablir à l'aide de renseignements puisés à d'autres sources. Quelques éclaircissements sont nécessaires pour donner à ces chiffres restitués le caractère de probabilité qu'ils comportent.

Une déposition a fait connaître que le parc du 4ᵉ corps avait reçu, le 19, de l'arsenal, 900 obus de 4.

Une autre déposition apprit encore qu'une batterie du 6ᵉ corps (3ᵉ division), complétement épuisée le 18 au soir, avait été réapprovisionnée intégralement à l'arsenal dans cette même journée, soit 1,147 obus de 4.

Des batteries composant l'artillerie du 6ᵉ corps, 3 ne figurent sur aucun des états de livraison de l'arsenal postérieurs au 8 ; ce sont :

La 5ᵉ du 8ᵉ régiment d'artillerie, appartenant à la 1ʳᵉ division.

La 6ᵉ et la 7ᵉ du 14ᵉ régiment d'artillerie, appartenant à la 3ᵉ division.

La 5ᵉ batterie du 8ᵉ régiment d'artillerie, qui brûla, le 16, de 400 à 450 coups (consommation déclarée), souffrit beaucoup dans cette affaire et ne fut pas employée le 18 ; elle se trouva donc, le 18, encore approvisionnée à 730 coups environ.

Après la réorganisation de l'artillerie du 6ᵉ corps, cette batterie ne compta plus que 4 pièces sur avant-train, 5 caissons et 1 affût de rechange sur avant-train, représentant ensemble un chargement normal de 740 coups. La batterie, en raison des réductions qu'elle avait subies, n'avait donc pas besoin de munitions nouvelles.

Mais la 6e et la 7e du 14e régiment, qui étaient épuisées le 18 au soir, figurent à la date du 25, comme réapprovisionnées sur la situation de l'artillerie réorganisée du 6e corps, avec une réduction de 5 caissons, toutefois ; elles ont donc reçu ensemble :

Deux approvisionnements complets ou	2,294 obus de 4.
Moins le chargement de 5 caissons, ou	555 »
En d'autres termes, elles ont touché	1.739 obus de 4.

Comme le 6e corps n'avait pas encore de parc à cette époque, ces deux batteries n'ont pu recevoir leurs approvisionnements que de l'arsenal, et comme elles ne figurent pas sur les états de livraison des jours suivants, elles n'ont pu les toucher que le 19. Ainsi, l'arsenal a dû délivrer le 19 :

Au parc du 4e corps	900	obus de 4.
A la 5e batterie du 14e régiment (6e corps)	1.147	—
A la 6e et à la 7e batterie du 14e régiment (6e corps)	1.739	—
Total	3.786	obus de 4.

Il est à peu près certain que l'arsenal ne fit pas, le 19, d'autres ravitaillements que ceux qu'on vient d'indiquer ; ni le parc du 2e corps, ni celui du 3e, dont l'existence, à ce moment même, était mise en question, ne furent réapprovisionnés ce jour-là. La garde et la réserve générale équilibrèrent leurs dépenses les jours suivants ; la correspondance particulière des états-majors et du directeur du parc, la concordance de tous les renseignements recueillis et comparés ne laissent aucun doute à cet égard. Restent les batteries ou parties prenantes isolées : certains corps n'ayant pas de parc distinct, les batteries de ces divers groupes se réapprovisionnaient directement à l'arsenal : c'était là, d'ailleurs, une habitude qui, sous prétexte de simplification, tendait à s'introduire dans divers corps d'armée ; elle troublait l'ordre régulier du service et ne simplifiait les travaux du parc qu'en compliquant beaucoup ceux de l'arsenal, qui ne cessa de réclamer contre cette perturbation. Mais, le 19 août, les batteries n'avaient pas le loisir de songer à cela.

L'armée, refoulée la veille au soir des plateaux, se trouvait massée aux débouchés de la plaine, dans une grande confusion. La journée presque entière se passa à se reconnaitre ou à marcher pour gagner les nouveaux campements et s'y rallier ; l'installation des troupes ne fut terminée qu'à une heure très-avancée. Il est donc certain que la plupart des batteries renoncèrent à se ravitailler en ce moment, et qu'en dehors des trois qu'on a signalées précédemment, et qui d'ailleurs ne tenaient à aucun parc, l'arsenal n'en vit pas ce jour-là.

Clichy. — Imprimerie Paul Dupont, 12, rue du Bac-d'Asnières.

A LA MÊME LIBRAIRIE

Procès du Maréchal Bazaine. Compte-rendu rédigé avec l'adjonction de notes explicatives par M. A. LE FAURE. 2 beaux volumes grand in-8 colombier, contenant 1 carte de Metz et de ses environs, 1 carte des travaux d'investissement, 6 plans de bataille et plus de 100 illustrations : portraits des juges, des principaux témoins, épisodes de bataille, etc., etc. Prix des 2 volumes. . . . . 12 fr.

Histoire des deux Restaurations jusqu'à l'avénement de Louis-Philippe (de janvier 1813 à octobre 1830), par ACH. DE VAULABELLE. Nouvelle édition illustrée de vignettes sur acier gravées par les premiers artistes d'après les dessins de Philippoteaux. Paraissant par livraisons à 50 centimes et formant 10 volumes in-8°.

Histoire de la Guerre de Prusse, par AMÉDÉE DE CÉSENA, auteur de *la Campagne d'Italie*. Illustrée de portraits historiques et gravures, d'une Carte de l'Allemagne et d'une Carte des environs de Paris, coloriée avec soin. 1 vol. grand in-8 jésus. 4 fr.
Cette histoire a été conduite par l'auteur jusqu'à la conclusion de la paix.

Combats et Batailles du siége de Paris (septembre 1870 à janvier 1871), par LOUIS JEZIERSKI, rédacteur de l'*Opinion nationale*. Combats de Châtillon, de Villejuif, de Pierrefitte et de Chevilly. — Nos positions et nos troupes. — Reconnaissance de Bagneux. — Combat du Rueil. — Combat du Bourget. — Batailles de Villiers et de Champigny. — Second combat du Bourget. — Le plateau d'Avron. — Le bombardement. — Bataille de Buzenval. — L'armée. — Les forts. Illustré de nombreuses vignettes sur bois, plans de batailles, portraits et scènes historiques et orné d'une carte des Environs de Paris (une feuille grand-aigle). 1 vol. gr. in-8 jésus. 6 fr.

SUIVIS DE

L'Histoire authentique de la Commune de Paris en 1871, ses origines, son règne, sa chute, par le vicomte DE BEAUMONT-VASSY. 1 vol. grand in-8° colombier, illustré de nombreuses vignettes. . . . . 4 fr.

La France guerrière, récits historiques d'après les chroniques et les mémoires de chaque siècle, par CHARLES D'HÉRICAULT et LOUIS MOLAND. Ouvrage illustré de nombreuses et très-belles gravures sur acier. 1 vol. grand in-8 jésus. . . . . 20 fr.

1815 — Ligny — Waterloo, par A. DE VAULABELLE, ancien ministre de l'instruction publique. 1 volume grand in-8 jésus, illustré de 40 belles gravures sur bois. . . . . . . 1 fr. 50

Campagne de Russie (1812), par ALFRED ASSOLLANT. Illustrée de 40 gravures, par J. WORMS. 1 vol. grand in-8. jésus. . . . . 1 fr. 60

Campagne de Piémont et de Lombardie, par AMÉDÉE DE CÉSENA. 1 volume grand in-8 jésus. . . . . 20 fr.
L'ouvrage est orné des portraits de l'*Empereur*, de l'*Impératrice* et de *Victor-Emmanuel*, admirablement gravés sur acier par DELANNOY, d'après WINTERHALTER, de plans et de cartes, de types militaires des trois armées et de planches sur acier.

Nouveau Dictionnaire complet des Communes de la France, de l'Algérie et des autres colonies françaises, contenant la Nomenclature de toutes les communes, leur division administrative, leur population ; les bureaux de poste ; leur distance de Paris ; les stations de chemins de fer ; les bureaux télégraphiques ; l'industrie ; le commerce ; les châteaux et tous les renseignements relatifs à l'organisation administrative, ecclésiastique, judiciaire, universitaire, financière, militaire et maritime de la France, avant et depuis 1789 : précédé d'une notice sur la France, par A. GINDRE DE MANCY. 4ᵉ édition, corrigée avec soin et indiquant les communes annexées à l'Allemagne. 1 fort vol. grand in-8 d'environ 1,000 pages, imprimé à 2 colonnes, avec une carte générale des chemins de fer français, par CHARLE. . 12 fr.

Le Rhin et les pays voisins, par A. VUILLEMIN, géographe, dressé au $\frac{1}{925500}$ d'après les cartes allemandes et françaises les plus récentes. Une feuille demi-colombier, imprimée à deux teintes et coloriée. . . . . 2 fr.

Carte générale de l'Allemagne et de ses voies de communication, dressée par A. VUILLEMIN, géographe. Une feuille demi-colombier, imprimée en deux couleurs. . . . . 2 fr.

Nouvelle Carte du royaume de Prusse, dressée sur les derniers documents avec tous les chemins de fer. Une feuille grand colombier. . . . . 2 fr.

Nouvelle Carte itinéraire des chemins de fer de l'Europe centrale, indiquant spécialement les grandes communications entre les villes capitales par les principaux réseaux et les embranchements des chefs-lieux de provinces, bourgs et villages, etc., dressée par A. VUILLEMIN, géographe. Une feuille colombier. . . . . 2 fr.

Nouveau guide général du voyageur en Allemagne et dans les États prussiens et autrichiens, par E. SIMON. Avec trois cartes, routes des chemins de fer, vingt plans de villes et vingt gravures. 1 fort volume grand in-18, 11 fr. Relié toile, net. . . . . . . 7 fr. 50

Nouveau guide général du voyageur aux bords du Rhin, par EDMOND RENAUDIN, auteur du *Guide en Italie* et du *Guide à Paris*. Avec une grande carte routière, huit cartes partielles, vingt-huit plans de villes, un grand nombre de gravures et vues de monuments, etc., etc. 1 volume grand in-18, 5 fr. ; net. . . . . 4 fr.

Paris. — Typ. de Rouge, Dunon et Fresné, rue du Four-St-Germ., 43.

www.ingramcontent.com/pod-product-compliance
Lightning Source LLC
Chambersburg PA
CBHW050334170426
43200CB00009BA/1593